《易经》的智慧

人道与水道

姜文来 ◎ 编著

新华出版社

图书在版编目（CIP）数据

《易经》的智慧：人道与水道 / 姜文来编著．
北京：新华出版社，2024.9
ISBN 978-7-5166-7532-8

Ⅰ．B221-49

中国国家版本馆 CIP 数据核字第 20242SV325 号

《易经》的智慧：人道与水道

编著：姜文来

出版发行：新华出版社有限责任公司

（北京市石景山区京原路 8 号　邮编：100040）

印刷：三河市君旺印务有限公司

成品尺寸：170mm×240mm　1/16　　印张：29.5　　字数：450 千字

版次：2025 年 1 月第 1 版　　　　　　印次：2025 年 1 月第 1 次印刷

书号：ISBN 978-7-5166-7532-8　　　　定价：98.00 元

版权所有·侵权必究

如有印刷、装订问题，本公司负责调换。

微店

视频号小店

京东旗舰店

微信公众号

喜马拉雅

小红书

淘宝旗舰店

企业微信

目录

序言

1. 乾　天外有天　☰　自强不息　/　1
2. 坤　地下有地　☷　厚德载物　/　9
3. 屯　云上雷下　☳　起始为艰　/　17
4. 蒙　山下出泉　☶　蒙以养正　/　24
5. 需　云上于天　☵　守正待机　/　31
6. 讼　天下有水　☰　慎争戒讼　/　39
7. 师　地中有水　☷　行险而顺　/　46
8. 比　地上有水　☵　赤诚亲附　/　53
9. 小畜　风行天上　☴　蓄养待进　/　60
10. 履　上天下泽　☱　慎行防危　/　67
11. 泰　天地相交　☷　三阳开泰　/　73
12. 否　天地不交　☰　否极泰来　/　80
13. 同人　天下有火　☲　类族辨物　/　87
14. 大有　火在天上　☲　顺天依时　/　93
15. 谦　地中有山　☶　谦谦君子　/　98
16. 豫　雷出地奋　☳　顺时依事　/　104
17. 随　泽中有雷　☳　随时变通　/　110
18. 蛊　山下有风　☴　振民育德　/　117
19. 临　泽上有地　☷　教民保民　/　125
20. 观　风行地上　☴　观民设教　/　132

· i ·

21. 噬嗑　下雷上电 ䷔ 威明相济 / 138

22. 贲　山下有火 ䷕ 文过饰非 / 144

23. 剥　山附于地 ䷖ 厚下安宅 / 151

24. 复　雷在地中 ䷗ 至日闭关 / 158

25. 无妄　天下雷行 ䷘ 不可妄动 / 165

26. 大畜　天在山中 ䷙ 修身富德 / 171

27. 颐　山下有雷 ䷚ 慎言节食 / 177

28. 大过　泽上灭木 ䷛ 遁世无闷 / 184

29. 习坎　水上有水 ䷜ 设险守国 / 191

30. 离　明上有明 ䷝ 明照四方 / 197

31. 咸　山上有泽 ䷞ 虚怀若谷 / 203

32. 恒　雷下有风 ䷟ 恒心有成 / 210

33. 遁　天下有山 ䷠ 明哲保身 / 215

34. 大壮　雷在天上 ䷡ 壮勿妄动 / 221

35. 晋　明出地上 ䷢ 自昭明德 / 226

36. 明夷　明入地中 ䷣ 用晦而明 / 232

37. 家人　风自火出 ䷤ 齐家治国 / 238

38. 睽　上火下泽 ䷥ 求同存异 / 245

39. 蹇　山上有水 ䷦ 见险而止 / 251

40. 解　雷下有雨 ䷧ 柔道致治 / 257

41. 损　山下有泽 ䷨ 惩忿窒欲 / 263

42. 益　风下有雷 ䷩ 见善思齐 / 269

43. 夬　泽上于天　☱☰　施恩布德　/　275

44. 姤　天下有风　☰☴　品物咸章　/　281

45. 萃　泽上于地　☱☷　居安思危　/　288

46. 升　地中生木　☷☴　积善成德　/　294

47. 困　泽中无水　☱☵　致命遂志　/　300

48. 井　木上有水　☵☴　劳民劝相　/　307

49. 革　泽中有火　☱☲　革故鼎新　/　314

50. 鼎　木上有火　☲☴　正位凝命　/　320

51. 震　雷上有雷　☳☳　恐惧修省　/　326

52. 艮　山外有山　☶☶　止得其所　/　332

53. 渐　山上有木　☴☶　循序渐进　/　338

54. 归妹　泽上有雷　☳☱　永终知敝　/　345

55. 丰　雷电皆至　☳☲　日中则昃　/　351

56. 旅　山上有火　☲☶　明慎用刑　/　358

57. 巽　风上有风　☴☴　申命行事　/　364

58. 兑　泽上有泽　☱☱　朋友讲习　/　370

59. 涣　风行水上　☴☵　涣汗大号　/　376

60. 节　泽上有水　☵☱　节以制度　/　382

61. 中孚　泽上有风　☴☱　诚信立身　/　388

62. 小过　山上有雷　☳☶　适可而止　/　394

63. 既济　水在火上　☵☲　防患未然　/　400

64. 未济　火在水上　☲☵　辨物居方　/　406

系辞·上 / 412

系辞·下 / 422

说卦 / 432

序卦 / 435

杂卦 / 437

六十四卦表 / 438

《易》基础知识 / 440

《易》占筮法 / 447

参考文献 / 452

后记 / 456

序言

《周易》或《易经》（下简称《易》）早已不知不觉地渗透到我们生活的各个方面，它居《六经》之首，是中华文化的根与魂，其伟大在《易·系辞》中有深刻的阐释。《易》诞生于六千多年前，至今绵延不断，其生生不息本身胜过千言万语，我实在没有必要妄议其价值。

《易》博大精深，包罗万象，为了简要掌握其内涵，无数智士探索用一个字或者几句话来概括，尚无公认结果。有人说"易"字最精妙，无以替代，但"易"字多意且深奥，难以如愿。作者认为，如果分别用一个、二个、三个、十个关键字来精要阐述，至少应该包括：

一个字：乾。

二个字：乾坤。

三个字：乾坤中。

四个字：乾坤中正。

五个字：乾坤中正位。

六个字：乾坤中正位时。

七个字：乾坤中正位时慎。

八个字：乾坤中正位时慎终。

九个字：乾坤中正位时慎终止。

十个字：乾坤中正位时慎终止几。

乾，阳，阳刚运行。"天行健，君子以自强不息。"天道阳刚，具有"元亨利贞"无上美德。健，生生不息，是万物诞生、发展的根源，也是《易》

· i ·

的核心。

坤，阴，阴柔顺应。"地势坤，君子以厚德载物。"地道阴柔，具有"元亨利牝马之贞"的美德。坤，承载万物，也是《易》的核心。

中，中道、中庸。"龙德而正中者也……利见大人。""天道尚左，日月西移；地道尚右，水道东流；人道尚中，耳目役心（《逸周书·武顺解》）。"《尚书·大禹谟》谆谆告诫我们"允执厥中"。乾自强不息，坤厚德载物。除乾坤外，过阳过阴皆不中，不中有咎、有悔、有吝和有凶，中道吉祥。中道是人道的核心，其精髓是礼。

正，正直。在《易》中非常强调"贞"，"贞"就是正。"天地之道，贞观者也。日月之道，贞明者也。天下之动，贞夫一者也。"道有天道、地道和人道。天道地道就是自然运动法则，即规律。天地大正，人道要符合天地之道。符合则正，正则吉，否则凶。心正则洁，身正则直，行正则威。"正"是为人处世的法则。

位，位置、地位。鼠在仓厕有天壤之异，龙有"潜见惕跃飞亢"六类，皆因其位不同，行为迥异。"君子以思不出其位。"按位行道，关键是到位不越位。安其位，谋其政，干好事。有位安分守己，无位不可妄为。位决定了行为及方向，是"方向盘"。

时，时机。时变，情势随之变化，此一时，彼一时也。《易》说"六位时成""时乘六龙以御天""与时偕行""因其时而惕""动静不失其时，其道光明""君子藏器于身，待时而动"。适时是成功的必要条件。

慎，谨慎。"藉用白茅，无咎。""其出入以度，外内使知惧，又明于忧患与故，无有师保，如临父母。""惧以终始。""战战兢兢，如临深渊，如履薄冰（《诗经·小雅·小旻》）。"很好地解释了慎。慎是做事成功不可片离的态度。

终，终点、结果。卦之上爻，居物之极，意味着旧事物结束新事物开始，否极则泰，乐极生悲，塞翁失马焉知非福。"原始要终，以为质也。""慎厥终，惟其始（《尚书·商书·仲虺之诰》）。""慎终追远，民德归厚矣（《论语·学而》）。"慎终是为人处世的重要法宝。

止，停止、知止。"艮其背，不获其身。行其庭，不见其人，无咎。""知止而后有定，定而后能静，静而后能安，安而后能虑，虑而后能得（《大学》）。"水满则溢，月圆则缺。止其所止，行其所行。不知止不知行，该止不止，该行不行，皆凶。知始知终，终止新始，止而不止，无终无始，无始无终，生生不息，永续发展。止中有行，行中有止，各行其道，行止合一，最终止于不行、不止皆无不利。知止是生存的智慧。

几，细微。"履霜坚冰至。"从霜细微之处知晓坚冰到来，是大智。微几既包括始之生，也包括生未大。从几知终，以小见大，彰显天地之道有常。知几是远见卓识的基础。

上述十个关键字不是孤立的，既递进也相互有机融合，你中有我，我中有你。

本书在介绍《易》基本知识的基础上，通过原文、翻译、宗旨、体会和易水五部分对六十四卦进行了详细阐释和应用。原文是《易》的原文，方便从整体上把握《易》，原汁原味。翻译采用"原文—准直译—意译"的对照方式展开。准直译就是接近直译，直译大部分内容难以理解，于是进行了意译。意译是根据爻辞、彖辞、象辞以及现实生活等进行通俗易懂的语言转化，方便理解。在翻译中还添加了注释，对难以理解的内容进行解说，包括生僻字注音，帮助理解。宗旨主要阐释卦的要旨，有助于进一步理解卦的内涵。体会是作者对全卦的理解和认识，突出了《易》对为人处世的启示，并用名人名言、历史典故等进行阐释，加深印象，拓展视野。易水主要阐述卦与水的关系，并提出了对涉水事务的重要启示。《十翼》采用意译的方式进行处理。附录增加了《易》体会水道索引及其占筮法，有助于从综合角度理解《易》和增加读《易》的趣味。

《易》主要揭示天道、地道和人道，其体现在六十四卦和《十翼》之中，作者结合历史与现实，阐述了自己的体会。将《易》应用到水领域，通过"易—水"融合，提出了对涉水事物的重要启示，它们的集合形成了"易水思想库"，构成了"水道"。水道就是在遵循天道、地道基础上，结合人道，如何与水和谐相处之道，他给水安上了《易》的翅膀。水道重点是遵循水的本性，我们在处理与水关系时，将尊重水的本性摆在第一位，要在顺水性基础上，结合人道进行综合处理。

写完此书，我对易水关系有了新的认识。细究太极图❷，如果说太极图模拟水而成也不过分：太极图外面的圆圈（○），不和水循环高度吻合吗？水从海洋 - 陆地 - 海洋形成大循环，生生不息。中间的"S"，与水由源头流向海洋的弯曲河流极其相似。在陆地中有水 - 湖泊或靠水滋养的绿洲，在水的海洋里有陆地岛屿，即便在河流中也有洲，这不就是太极图中的两个小圆点吗！你中有我，我中有你，水进陆退，陆进水退，这和阴中有阳，阳中有阴，阳进阴退，阴进阳退不谋而合。上述十个关键字完全适用水。水健自强不息，水中适水而行，水正遵循水本性……水生生不息，他们是完美融合，也是水道的十个关键字。

本书有五个特点：一是采用"原文—准直译—意译"的对照方式，方便对照理解，利于逐渐深化认识。二是凝练卦的宗旨，对六十四卦的要旨进行提炼，利于整体把握卦的精髓。三是提炼《易》对为人处世的重要启示，并且用历史故事等进一步阐释深化，利于深化理解。四是提出具有中国特色的水道，对《易》与水融合相互阐释，利于形成具有中国特色的水思想库。五是尝试无障碍阅读，对生僻字进行注音，清除读《易》障碍，利于顺畅阅读。

自从《易》被孔子安上《十翼》翅膀后，它就来到更多人身边，读研《易》成为众多民众生活的重要内容。书海中《易》的著作可谓汗牛充栋，并且还在不断地推出。纵观《易》的源流，大部分以《十翼》为基础进行解读。孔子将其思想嵌入《易》中，《易》深深地打上了孔子烙印，儒家与《易》实现了完美的融合，相得益彰，也深刻地影响会中华文化的发展。我猜想，如果完全抛开《十翼》的影响，从不同的角度释读《易》，会不会产生新的思想体系？期待有人开展更多的探讨和实践。

《易》精华与糟粕并存，其部分思想与现代社会不相适应，如男尊女卑、君君臣臣、婚姻观念等等。我们在研读时要特别注意，不要囫囵吞枣，我们要善于汲取其精华，剔除其糟粕。

本书在编撰过程中参考了大量著作，如徐芹庭的《细说易经六十四卦》《细说易经》《易经源流—中国易经学史》、杨天才译注的《周易》、傅佩荣的《傅佩荣译解易经》、曾仕强的《易经智慧》、孔颖达的《周易正义》（余培德点校）、李鼎祚的《周易集解》、朱熹的《周易本义》等等。同时阅读了不少相关论文和网络文章，受益匪浅。由于有的文献资料难以找到确切作者没有标注，向其作者表示深深的歉意，同时在此向所有的文献资料作者表示诚挚的敬意与谢意！

本书是作者读研《易》与水的笔记或者说心得体会。在博大精深的《易》面前，我犹如刚入学的蒙童，"初生牛犊不怕虎"的我与见多识广的您分享所思所想，战战兢兢，如临深渊，如履薄冰，深怕亵渎神圣的《易》。《易》多处警示我们要慎言，我却"大言不惭""大放厥词"，深感惭愧。但若以我之不慎言，换取更多人谨言慎行，并且用《易》指导生活工作，我没有遗憾且略感欣慰。由于本人才识短浅，书中难免出现不正确之处，请您多多谅解并与我联系，以便修正。书名题写是著名书法家颜真卿的集字。

特别感谢新华出版社综合图书编辑室贾允河编审及其团队的大力支持，他给与本书第二次生命。

2022 年 7 月 15 日（初稿）
2023 年 7 月 15 日（修改）
2023 年 10 月 8 日（终稿）

1. 乾 天外有天 ☰ 自强不息

【原文】

　　乾：元、亨、利、贞。

▄▄▄▄▄▄	用九，见群龙无首，吉。
▄▄▄▄▄▄	上九，亢龙有悔。
▄▄▄▄▄▄	九五，飞龙在天，利见大人。
▄▄▄▄▄▄	九四，或跃在渊，无咎。
▄▄▄▄▄▄	九三，君子终日乾乾，夕惕若厉，无咎。
▄▄▄▄▄▄	九二，见龙在田，利见大人。
▄▄▄▄▄▄	初九，潜龙勿用。

　　《彖》曰：大哉乾元，万物资始，乃统天。云行雨施，品物流形。大明终始，六位时成，时乘六龙以御天。乾道变化，各正性命。保合太和，乃利贞。首出庶物，万国咸宁。

　　《象》曰：天行健，君子以自强不息。"潜龙勿用"，阳在下也。"见龙在田"，德施普也。"终日乾乾"，反复道也。"或跃在渊"，进无咎也。"飞龙在天"，大人造也。"亢龙有悔"，盈不可久也。"用九"，天德不可为首也。

【翻译】

原文	准直译	意译
乾：元、亨、利、贞①。	乾：首创，亨通，合宜，守正。	乾，首创万物，万物亨通，普利万物，固守正道。
初九，潜龙勿用②。	初九，龙潜伏，不宜有所作为。	初九，处乾之初，身为卑微之龙，宜于沉潜积累本领做好准备，蓄势待发，韬光养晦。
九二，见龙在田，利见大人③。	九二，龙出现在田野，适宜见到大人。	九二，出头之时，阳刚守中，应彰显大人风范、圣人之德。
九三，君子终日乾乾，夕惕若厉④，无咎。	九三，君子整天勤奋不已，深夜还像遇到危险一样警惕，没有灾难。	九三，君子不分昼夜勤勉工作，像遇到危险一样小心谨慎，没有过失。
九四，或跃在渊⑤，无咎。	九四，或向上跃升，或坠入深渊，没有灾难。	九四，可能更上一层楼飞黄腾达，也可能坠入深渊，没有过失。

九五，飞龙在天⑥，利见大人。	九五，龙在天上飞翔，适宜显现大人之德。	九五，身为九五之尊，大中至正，应展现天德。
上九，亢龙有悔⑦。	上九，龙飞得太高，有悔恨。	上九，处乾之极，位高有势无权，高高在上有悔恨。
用九，见群龙无首⑧，吉。	用九，群龙出现，没有首领，吉祥。	用九，群龙相聚不为首，彰显龙德，吉祥。
《彖》曰⑨：大哉乾元，万物资始，乃统天。云行雨施，品物流形⑩。大明终始，六位时成⑪，时乘六龙以御天。乾道变化，各正性命⑫。保合太和，乃利贞⑬。首出庶物，万国咸宁。	《彖》说：伟大的乾首创万物，万物有它才生，它统领天。云飘行雨降落，万物成形。太阳终始循环，适时形成六爻之位。循时驾六条龙巡天。乾道运动，各以本性和天命。利于守持正固，保全太和元气。首创万物，普世都安宁。	《彖》说：天伟大呀，它首创万物，是万物之父，它统领天道。它行云施雨，塑造万物。它永无终止光明正大，适时形成六阳。它乘六阳行天道。乾道变化，万物保持各自本性而自全，彰显正道。它首创万物，立君治世，天下太平。
《象》曰：天行健，君子以自强不息。"潜龙勿用"，阳在下也。"见龙在田"，德施普也。"终日乾乾"，反复道也。"或跃在渊"，进无咎也。"飞龙在天"，大人造也。"亢龙有悔"，盈不可久也。"用九"，天德不可为首也。	《象》说：天体运行刚健，君子效法它发愤图强。"潜龙勿用"是因为阳在下很微弱。"见龙在田"就要普遍施行美德。"终日乾乾"就是反复行道。"或跃在渊"就是前行没有灾难。"飞龙在天"就是成就大人。"亢龙有悔"就是过甚的行为不会长久。"用九"，天德不可以为首。	《象》说，乾德刚健，君子应效法它自强不息。即便是龙，地位卑微做平民之时也要沉潜不要作为，大夫之位出头露面就要广施恩德，三公之位更要如履薄冰勤勤恳恳反复行道，诸侯之位进退无常自强求保，努力显现天道。九五之尊天子之位要行天道。乾之极高调行事会体无完肤。天德在下不为首。

【注释】

①乾：元、亨、利、贞。乾，卦名。《说文解字》解释为"上出"。物达则上出，孔子将乾解释为健，源于"上出"。上出为乾，下注为溼（湿）。元，首创，伟大开始。亨，亨通。利，适合，合宜。贞，正直。《正义》："《子夏传》云：'元，始也。亨，通也。利，和也。贞，正也。'言此卦之德，有纯阳之性，自然能以阳气始生万物而得元始亨通，能使物性和谐各有其利，又能使物坚固贞正得终。"

②潜龙勿用：潜，藏。《集解》引沈驎士曰："称龙者，假象也。天地之气有升降，君子之道有行藏，龙之为物，能飞能潜，故借龙比君子之德也。初九

既尚潜伏，故言'勿用'。"

③见龙在田，利见大人：见（xiàn），出现，显露。《集解》引王弼曰："出潜离隐，故曰'见龙'。处于地上，故曰'在田'。德施周普，居中不偏，虽非君位，君之德也。"大人，有道德有作为的人，或者指有道德并居于高位的人。《正义》："若夫子教于洙泗，利益天下，有人君之德，故称'大人'。"

④君子终日乾乾，夕惕若厉：乾乾，勤勉不息，刚健。惕，警惕。《集解》引干宝曰："君子以之忧深思远，朝夕匪懈，仰忧嘉会之不序，俯惧义和之不逮，反复天道，谋始反终，故曰'终日乾乾'。"

⑤或跃在渊：或，疑而未定。《集解》引崔憬曰："言君子进德修业，欲及于时。犹龙自试跃天，疑而处渊，上下进退非邪，离群，故'无咎'。"《正义》："或，疑也。越，跳跃也。言九四阳气渐进，似若龙体欲飞，犹'疑或'也。跃于在渊，未即飞也。此自然之象，犹若圣人位渐尊高，欲进于王位，犹豫持疑，在于故位，未即进也。"

⑥飞龙在天：五爻为上卦中位，也为天位和君位。《王注》："不行不跃而在乎天，非飞而何？故曰'飞龙'也。龙德在天，则大人之路亨也。夫位以德兴，德以位叙，以至德而处盛位，万物之睹，不亦宜乎。"

⑦亢龙有悔：亢（kàng），过高，达到极点。《正义》："上九亢阳之至，大而极盛，故曰'亢龙'。此自然之象。以人事言之，似圣人有龙德，上居天位，久而亢极，物极则反，故'有悔'也。纯阳虽极，未至大凶，但有悔吝而已。"

⑧见群龙无首：指众龙之中不自居为首，甘居下位，展现谦虚美德。《王注》："九，天之德也。能用天德，乃见'群龙'之以焉。夫以刚健而居人之首，则物之所不与也。以柔顺而为不正，则佞邪之道也。故乾吉在'无首'，坤利在'永贞'。"

⑨《彖》曰：彖，断定，解释整个卦意涵。《正义》："夫子所作《彖》辞，统论一卦之意，或说其卦之德，或说其卦之义，或说其卦之名，故《略例》云：'彖者何也？统论一卦之体，断定一卦之义，所以名为彖也。'"

⑩云行雨施，品物流形：品物，各类事物。

⑪大明终始，六位时成：大明，太阳。六位，一说六爻之位。初为元始士位，百姓平民；二为大夫，相当于基层领导，如县市长；三为三公，如太师、太傅、太保；四为诸侯，如宰辅、部长；五为天子；六为宗庙，如太上皇。一说六个方位，天上地下，日出东方，日落西方，向日南方，背日北方。本译文

选择六爻解释。

⑫ 乾道变化，各正性命：乾道，天道。性命，本性，天命。

⑬ 保合太和，乃利贞：太和，太和之气，也就是阴阳融合之气。《正义》："纯阳则暴，若无和顺，则物不得利，又失其正，以能保安合会大和之道，乃能利贞于万物。"

【文言】

原文	意译
《文言》曰：元者，善之长也。亨者，嘉之会也。利者，义之和也。贞者，事之干也。君子体仁足以长人，嘉会足以合礼；利物足以和义；贞固，足以干事。君子行此四德者，故曰："乾，元、亨、利、贞。"	《文言》说："元"是众善之首。"亨"是美好聚合。"利"是道理和谐。"贞"是守正行事根本。君子实践仁义就是道德高尚之人，美聚就是符合礼制；利他就是符合义；坚守中正就能促成事业。君子践行此四种美德，所以说："乾：元、亨、利、贞。"
初九曰"潜龙勿用"，何谓也？子曰："龙德而隐者也。不易乎世，不成乎名，遁世无闷，不见是而无闷。乐则行之，忧则违之，确乎其不可拔，潜龙也。"	初九为什么说"潜龙勿用"？孔子说："具有龙德而隐藏的人。不会因世俗轻易改变，也不会行事张扬，隐居于世没有苦闷，不会无名而苦恼。别人乐于接受就推行，有疑虑就离开，其意志坚不可摧，这就是潜龙。"
九二曰"见龙在田，利见大人"，何谓也？子曰："龙德而正中者也。庸言之信，庸行之谨，闲邪存其诚，善世而不伐，德博而化。《易》曰：'见龙在田，利见大人'，君德也。"	九二为什么说"见龙在田，利见大人"？孔子说："有龙德而居中守正之人。平时说话守信，平素行为谨慎，防范邪恶保持内心真诚，与世为善而不夸耀，广施美德感化他人。《易》说：'见龙在田，利见大人'，是君子美德。"
九三曰"君子终日乾乾，夕惕若厉，无咎"，何谓也？子曰："君子进德修业，忠信所以进德也。修辞立其诚，所以居业也。知至至之，可与言几也。知终终之，可与存义也。是故居上位而不骄，在下位而不忧，故乾乾因其时而惕，虽危无咎矣。"	九三为什么说"君子终日乾乾，夕惕若厉，无咎"？孔子说："君子提升美德推进事业，忠信可以提升美德。谨慎说话树立诚信，可以安居乐业。达到高超的智慧，可以与他谈论几微之道。知止而止，可以与义共存。所以居上而不骄傲，居下而不忧虑，因此勤奋不已且时刻警惕，虽然危险但没有灾难。"
九四曰"或跃在渊，无咎"，何谓也？子曰："上下无常，非为邪也。进退无恒，非离群也。君子进德修业，欲及时也，故无咎。"	九四为什么说"或跃在渊，无咎"？孔子说："进退无常，但不是出于邪恶之因。进退无恒，但不会离开同伴。君子进德修业都要把握时机，所以没有过失。"
九五曰"飞龙在天，利见大人"，何谓也？子曰："同声相应，同气相求。水流湿，火就燥。云从龙，风从虎。圣人作而万物睹。本乎天者亲上，本乎地者亲下，则各从其类也。"	九五为什么说"飞龙在天，利见大人"？孔子说："同音互相感应，同气互相应合。水向低湿处流，火向干燥处烧。云随龙喷出，风伴虎显现。圣人行动万人瞩目。以天为本亲近天，与地为本亲近地，万物皆随其类。"

上九曰"亢龙有悔",何谓也?子曰:"贵而无位,高而无民,贤人在下位而无辅,是以动而有悔也。"	上九为什么说"亢龙有悔"?孔子说:"人尊贵而没有职位,地位高没有民众跟随,贤人居下而无人辅助,所以妄动就会有懊悔。"
"潜龙勿用",下也。"见龙在田",时舍也。"终日乾乾",行事也。"或跃在渊",自试也。"飞龙在天",上治也。"亢龙有悔",穷之灾也。乾元用九,天下治也。	"潜龙勿用"因为地位卑下。"见龙在田"是适中而行。"终日乾乾"是不分昼夜工作。"或跃在渊"是欲进犹疑。"飞龙在天"是居盛德高位治理天下。"亢龙有悔"是位到了极点有悔。乾元"用九"是天下大治。
"潜龙勿用",阳气潜藏。"见龙在田",天下文明。"终日乾乾",与时偕行。"或跃在渊",乾道乃革。"飞龙在天",乃位乎天德。"亢龙有悔",与时偕极。乾元"用九",乃见天则。	"潜龙勿用"是阳气潜藏不显现。"见龙在田"是阳气萌芽初显。"终日乾乾"是随天时而动。"或跃在渊"是阳气开始变革。"飞龙在天"是位高普施天德。"亢龙有悔"是阳极将尽。乾元"用九"可见天象法则。
"乾元"者,始而亨者也。"利贞"者,性情也。乾始能以美利利天下,不言所利,大矣哉!大哉乾乎!刚健中正,纯粹精也。六爻发挥,旁通情也。"时乘六龙",以御天也。"云行雨施",天下平也。	"乾元"是创始并且亨通。"利贞"是万物本性情态。乾以始创万物美德利天下,但不表功,伟大呀!乾至高无上伟大!它刚健中正,纯粹至精。六爻相互运作,贯通万物情态。"时乘六龙"是主导天体运行。"云行雨施"是天下太平。
君子以成德为行,日可见之行也。潜之为言也,隐而未见,行而未成,是以君子弗用也。君子学以聚之,问以辨之,宽以居之,仁以行之。《易》曰"见龙在田,利见大人",君德也。	君子以修德为行动目标,体现在每日行为之中。"潜"的意思隐藏不显现,默默积累能量,所以君子暂时"弗用"。君子靠学习来积累知识,向人求教分辨是非,胸怀宽广处事,行事施存仁爱。《易》说"见龙在田,利见大人",这是君子之德。
九三重刚而不中,上不在天,下不在田,故乾乾因其时而惕,虽危无咎矣。	九三上下两乾且不居中,上不达天位,下不靠地位,所以勤奋不已时刻担心警惕,虽然危险但没有灾难。
九四重刚而不中,上不在天,下不在田,中不在人,故"或"之。"或"之者,疑之也,故无咎。	九四上下皆阳爻且不居中,上不达天位,下不靠地位,中不在人位,所以用"或"。所谓的"或",是可能,故"无咎"。
夫大人者,与天地合其德,与日月合其明,与四时合其序,与鬼神合其吉凶,先天而天弗违,后天而奉天时。天且弗违,而况于人乎?况于鬼神乎?	所谓大人,其美德与天地媲美,与日月同辉,与四时相合,与鬼神吉凶相契合,其行先于天而不违于天,后于天而遵循天时。天都不违背,何况人?何况鬼神?
亢之为言也,知进而不知退,知存而不知亡,知得而不知丧。其唯圣人乎!知进退存亡而不失其正者,其唯圣人乎!	"亢"就是说,知道前进而不知晓后退,知道生存而不知道消亡,知道获得而不知道失去。圣人,只有圣人才熟知进退存亡,且恰到好处!

【宗旨】

  乾卦主要阐述天之道。乾卦居《易》六十四卦之首,是卦中唯一六爻皆阳爻的卦。乾代表"天"。该卦以"龙"为喻，阐释乾具有"元、亨、利、贞"特征，即始造万物、众物亨通、和谐协调、永恒守正的美德。它刚健、正大之德达到至善。它主导天体运行，让天下太平。君子应效法天德自强不息。

【体会】

在甲骨文、金文中目前尚未发现乾字。《说文解字》解释说："乾，上出也。从乙，乙，物之达也；倝声。"乾，向上冒出。从乙，乙表示植物有地底向地面通达，倝（gàn）声。孔子将其解释为"健"，其本义来源于"上出"。自有文字以后，乾就做卦名使用，是乾卦"专用"字。

乾卦（☰），下乾（☰）上乾（☰），乾为天，卦象是天上有天。《文言》对乾卦的阐释可谓"高山仰止"！

揣摩乾卦，至少给我们以下几点重要启示。

敬尊天道。乾卦说："大哉乾元，万物资始，乃统天。云行雨施，品物流形。大明终始，六位时成。时乘六龙以御天。乾道变化，各正性命。保合太和，乃利贞。首出庶物，万国咸宁。"天道至尊至伟，始创万物，我们必须敬尊天道。在天道面前，我们只有遵从，保持敬畏，才能不犯错误。老子说："人法地，地法天，天法道，道法自然。"又说："天之道损有余而补不足，人之道则不然，损不足以奉有余。"《庄子·在宥》说："何谓道？有天道，有人道。无为而尊者，天道也；有为而累者，人道也。主者，天道也；臣者，人道也。天道之于人道也，相去远矣，不可不察也。"《庄子·天道》说："天道运而无所积，故万物成。"庄子认为君道应该效法天道，天道有自己的运行规律，它自运自化，寂寞无为，虽然化育万物，恩及万世，但都是无心而作，在不知不觉中完成。《礼记·学记》鲁哀公问孔子：君子为什么非常重视天道？孔子回答说：看重它永不止息，好像太阳月亮东西相从永不停息，这就是天道；看重它不闭常通永恒发光，这就是天道；看重它无所作为而造就万物，这就是天道；看重它成就万物光明正大，这就是天道。古人认为天地哺育众生，是最高的神，通过祭天的方式实现人与天的交流，表达对天的敬重和报答。中国古代皇帝通过祭天方式巩固皇权，彰显"天子"的正统性。

自强不息。"天行健，君子以自强不息。"要不断地勤勤勉勉，自强不息地努力前行。天之道无终有始，生生不息。作为道德高尚君子，要学天这种精神，不断地修身养德，完善自己，积蓄力量，奉献社会。屈原《离骚》说："路漫漫其修远兮，吾将上下而求索。"曹操《龟虽寿》中说："老骥伏枥，志在千里；烈士暮年，壮心不已。"王勃在《滕王阁序》中说："穷且益坚，不坠青云之志。"

因位做事。"潜龙，勿用。""飞龙在天，利见大人。"地位不同，做事的手段和方式不一样，要因位做事。做事之前，先找好自己定位，定位准确无误，做和自己位置相关的事。身为百姓就做百姓的事情，身为九五之尊就行九五之尊的事，不能吃百姓饭操皇帝心。一言以概之，不在其位不谋其政。《论语·泰伯》说："子曰：'不在其位，不谋其政。'曾子曰：'君子思不出其位。'"告诉我们不在那个位置上，不思不做超出他职权范围的事情。《孟子·尽心上》上说："穷则独善其身，达则兼济天下。"《论语·卫灵公》说："志士仁人，无求生以害仁，有杀身以成仁。"

如履薄冰。"君子终日乾乾，夕惕若。厉无咎。"警示我们为人处世既要兢兢业业，同时也要谨小慎微，如履薄冰，小心小心再小心，谨慎谨慎再谨慎。《诗经·小雅·小旻》云："不敢暴虎，不敢冯河。人知其一，莫知其他。战战兢兢，如临深渊，如履薄冰。"《诗经》说："战战兢兢，如临深渊，如履薄冰。"又说"敬之敬之！天惟显思，命不易哉！"

大德不官。"用九，见群龙无首，吉。""用九，天下治也。"大德不为首，天下太平。《礼记·学记》说："大德不官，大道不器，大信不约，大时不齐。"意思是说德行很高的人，不限于只担任某种官职；普遍规律，不只适合一种事物；有大诚信之人，不用发誓就能信任；四季变化，无须划一也会守时。

【易水】

"易水"就是《易》与水互动，水解释《易》，或者《易》之理对水指导借鉴。

乾卦（☰）下乾（☰）上乾（☰），卦象是天上有天，这卦和水有什么关系？

1981年，科学家对美国发射的"探索者1号"发回的数据进行分析，发现图片有"洞穴"。科学家们认为，这些"洞穴"是由水造成的，可能是许多小彗星不断地把水从太空中注入大气形成。科学家还从彗星中找到了水，为水来源于天上增添了证据。平时降雨、降雪、冰雹等都是从天而降。海洋蒸发的水经过大气输送到陆地，最终以降水的方式回到陆地，形成水循环。

乾卦给涉水事务重要启示。

敬尊水道。敬尊天道，通过敬尊水道来实现敬尊天道。水道就是水的本性，即水的天性，也就是水固有的性质或个性。水向低处流，所以水从高山经过艰难曲折流向大海，这是它的本性之一。水的分布具有自然属性，是地理因素综合性的结果。降水多少是自然决定的，人的干预能力有限。水是至柔的，其形状同与其相伴的容器高度和谐，遇方则方，遇圆则圆。水是至刚，其能量巨大，能摧毁一切。水具有包容性，水是最好的溶剂，能溶多种物质于其中。上善若水，水利万物而不争。水既有自然属性，也有社会人文属性。我们要充分尊重水道，利用水道为人类服务。

水利恒强。要自强不息，水利更要永恒地保持自强不息。水是生命生存、经济发展、环境保护等不可缺少的物质，其众多的功能和作用决定了水利强才能维护生命健康和经济发展，绿色水利强才能对环境保护更加有利。水利自强要充分发挥内部动力，不断地进行完善自己，通过自身的建设发展回应社会的期待，如建立完善的水利发展机制，充分发挥政府宏观调控管理和市场激励机制，建立水利发展过程中纠错机制，对水利发展过程中存在的问题进行校正回归，使水利走在健康轨道上。建立水利发展可持续投入机制，保障水利发展所需要的人、财、物的供给。建立水利发展创新和人才保障机制，促进水利创新和高素质人才培养等等。水利通过不断自强发展，满足社会、经济和环境对水的需求。

因水制宜。因位做事，就是因水制宜，即根据水情行事。为了保持人与水的和谐进而实现人与自然的和谐，在水资源承载力范围内对水进行开发利用是前提，在此基础上宜农则农，宜工则工，宜渔则渔，不要违背水情去做事，否则就会受到大自然不同程度的惩罚。比如在水资源匮乏地区，大量发展耗水产业，水资源枯竭速度会加快，最终不能支持产业发展，同时还会破坏水资源及其相关的生态环境。再比如在水资源不丰富地区，如在沙漠地区建设特大城市，导致城市发展最终以破坏水为代价。水不能支持城市发展，自身也"伤痕累累"。

慎水用保。如履薄冰，无论水资源开发利用还是保护，都要慎之又慎，在敬尊水道的前提下，小心谨慎地开发和保护。细节决定成败，水的开发利用和保护也要在细节上做得更好。水资源开发有利有弊，我们犯的毛病就是只顾眼前利益，忽视其潜在的弊处，最终可能酿成惨祸。如早期的黄河开发利用，对泥沙重视不足，导致辛辛苦苦建立起来的水利工程运行之初就遇到沙"拦路虎"，不得不重新面对正确处理沙的问题。在河道上建设大坝，由于水深的变化、河流流速、水温的变化以及建筑物阻挡作用，会对鱼生态系统产生重要影响。尽管现在增加鱼道设施，但也只是解决了鱼上下贯通的"通道"问题。水的保护同样也要慎之又慎，应该保护没有保护，导致生态受损引发损失。保护要适度，谨慎地把握这个度非常重要。

2. 坤 地下有地 ☷ 厚德载物

【原文】

坤：元亨，利牝马之贞。君子有攸往，先迷，后得主。利西南得朋，东北丧朋。安贞吉。

	用六，利永贞。 《象》曰：用六"永贞"，以大终也。
▬▬ ▬▬	上六，龙战于野，其血玄黄。 《象》曰："龙战于野"，其道穷也。
▬▬ ▬▬	六五，黄裳，元吉。 《象》曰："黄裳，元吉"，文在中也。
▬▬ ▬▬	六四，括囊，无咎，无誉。 《象》曰："括囊，无咎"，慎不害也。
▬▬ ▬▬	六三，含章可贞，或从王事，无成有终。 《象》曰："含章可贞"，以时发也。"或从王事"，知光大也。
▬▬ ▬▬	六二，直方大，不习无不利。 《象》曰：六二之动，直以方也。"不习无不利"，地道光也。
▬▬ ▬▬	初六，履霜，坚冰至。 《象》曰："履霜，坚冰"，阴始凝也，驯致其道，至坚冰也。

《彖》曰：至哉坤元，万物资生，乃顺承天。坤厚载物，德合无疆。含弘光大，品物咸亨。牝马地类，行地无疆。柔顺利贞，君子攸行。先迷失道，后顺得常。西南得朋，乃与类行。东北丧朋，乃终有庆。安贞之吉，应地无疆。

《象》曰：地势坤。君子以厚德载物。

【翻译】

原文	准直译	意译
坤：元亨，利牝马之贞①。君子有攸往，先迷，后得主②。利西南得朋，东北丧朋③。安贞吉④。	坤，大地，首创亨通，利于母马那样正道。君子有所行动，先顺从别人找到主人。有利于在西南得到朋友，在东北丧失朋友。安于守正吉祥。	坤，像母马那样柔顺守正才能首创亨通。君子行事，顺从得道，从阳得利。柔顺得友，阳刚失朋。安顺守正吉祥。
初六：履霜，坚冰至⑤。《象》曰："履霜，坚冰"，阴始凝也，驯致其道，至坚冰也⑥。	初六，踏在霜上，知道坚冰快到了。《象》说："履霜坚冰"，阴气开始凝聚，循此规律发展，坚冰就会到。	初六，居坤之始，见微知著，做好准备，就像见霜知道坚冰将至，一叶知秋。

六二，直方大，不习无不利⑦。《象》曰：六二之动，直以方也。"不习无不利"，地道光也。	六二，正直、端正、宏大，不必修习，没有坏处。《象》说：六二的行动，既正直，又敢于坚持原则。"不习无不利"，大地之道发扬光大。	六二，柔顺守中，正直体静，持仁行事，无物不载，不修自成，发扬顺道，无所不利。
六三，含章可贞，或从王事，无成有终⑧。《象》曰："含章可贞"，以时发也。"或从王事"，知光大也。	六三，蕴含美德，可以守正，地位越高美德越广，不以成功自居才有好结局。《象》说："含章可贞"，等待时机发作。"或从王事"，知道发扬光大。	六三，蕴含美德守正，适时而行，位高德广且发扬光大，功不自伐，终局美好。
六四，括囊，无咎，无誉⑨。《象》曰："括囊，无咎"，慎不害也。	六四，扎起口袋，没有灾难也没有称誉。《象》说："括囊无咎"，说明小心谨慎从事不会有灾害。	六四，身为诸侯，顺道守正，行事审慎，言语谨慎，无灾无誉，平安无事。
六五，黄裳，元吉⑩。《象》曰："黄裳，元吉"，文在中也。	六五，黄色衣裙，最为吉祥。《象》说："黄裳元吉"，有文采又居于中位。	六五，身为九五之尊，中顺之德内蕴外显，言忠信，行笃敬，信于神明，四海无失，大吉。
上六，龙战于野，其血玄黄⑪。《象》曰："龙战于野"，其道穷也。	上六，龙在田野上交战，流出玄黄色的血。《象》说："龙战于野"，它的纯阴之道到了尽头。	上六，处坤道之巅，阴盛至极与阳争，两败俱伤。
用六，利永贞⑫。《象》曰：用六"永贞"，以大终也。	用六，有利于永久保持守正。《象》曰：用六的"永贞"，可以得到伟大的善终。	用六，永远坚持顺之正道，才有大美结局。
《象》曰：至哉坤元，万物资生，乃顺承天。坤厚载物，德合无疆。含弘光大，品物咸亨。牝马地类，行地无疆。柔顺利贞，君子攸行。先迷失道，后顺得常。西南得朋，乃与类行。东北丧朋，乃终有庆。安贞之吉，应地无疆。	《彖》说：伟大至极的大地，协助万物滋生，顺成天道。地厚载物，德性广合无边。含育一切使之发扬光大，万物能亨通。母马属于地生，驰骋无止境。柔顺宜正，君子有所行。若争先失去正道，柔顺顺从得正道。在西南方得到朋友，与同伴前行。东北失去朋友，最终有喜庆。坤道至静吉祥，地配合天无穷尽。	《彖》说：至高无上伟大的大地，顺从天道，资生万物。厚德载物，德合无疆。滋华万物，万物随性。像母马柔顺守正，行稳致远。君子行事，顺从得道，从阳守常。柔顺得友，与其同行。阳刚失朋，最终吉祥。坤静守正，无限应阳。
《象》曰：地势坤，君子以厚德载物⑭。	《象》说：大地之势就是坤象征，君子应效法大地，厚植道德承载万物。	《象》说，坤象征大地，君子效仿大地，厚德载物。

【注释】

① 坤：元亨，利牝马之贞：坤，卦名，象征阴、大地，柔顺、顺从。元亨，同乾卦。牝（pìn），雌性，母的。《集解》引干宝曰："行天者莫若龙，行地者莫若马，故'乾'以龙繇，'坤'以马象也。坤阴类，故称'利牝马之贞'矣。"

② 君子有攸往，先迷，后得主：攸（yōu），所。《集解》引卢氏曰："坤，臣道也，妻道也，后而不先。先则迷失道矣，故曰'先迷'，阴以阳为主，当后而顺之则利，故曰'后得主'，利。"

③ 利西南得朋，东北丧朋：王肃曰："西南阴类，故得朋。东北阳类，故丧朋。"后天八卦中，西南为坤卦位，东北为艮卦位。

④ 安贞吉：《集解》引虞翻曰："坤道至静，故'安'。复初得正，故'贞吉'。"

⑤ 履霜坚冰至：履，踩，踏。《正义》："初六阴气之微，似若初寒之始，但履践其霜，微而积渐，故坚冰乃至。义取所谓阴道，初虽柔顺，渐渐积著，乃至坚刚。"

⑥ 阴始凝也，驯致其道，至坚冰也：凝，凝聚。驯致，逐渐达到，逐渐招致。《正义》："驯，犹狎顺也，若鸟兽顺狎然。言顺其阴柔之道，习而不已，乃至坚冰也。"

⑦ 直方大，不习无不利：直方大，《正义》："生物不邪谓之'直'也，地体安静是其'方'也，无物不载是其'大'也。"不习无不利，《王注》："不假营修而功自成，故不习焉而无不利。"《集解》引荀爽曰："大者，阳也。二应五，五下动之，则应阳出直，布阳于四方。""物唱乃和，不敢先有所习。阳之所唱，从而和之，'无不利'也。"

⑧ 含章可贞，或从王事，无成有终：含，包含。章，美。王事，国家之事。成，成功。终，好的结果。《集解》引虞翻曰："贞，正也。以阴包阳，故'含章'。三失位，发得正，故'可贞'也。"

⑨ 括囊，无咎无誉：括囊（náng），结扎袋口，亦喻闭口不言。《王注》："处阴之卦，以阴居阴。履非中位，无'直方'之质。不造阳事，无'含章'之美。括结否闭，贤人乃隐。施慎则可，非泰之道。"

⑩ 黄裳，元吉：《正义》："黄是中之色，裳是下之饰。'坤'是臣道，五居'君位'，是臣之极贵者也。能以中和通于物理，居于臣职，故云'黄裳，元吉'。元，大也。以其德能如此，故得大吉也。"

⑪龙战于野，其血玄黄：战，交战，训为"接"。龙战即阴阳交合。玄（xuán），黑色。玄黄，天地的颜色。玄为天色，黄为地色。《集解》引九家易曰："实本坤体，'未离其类，故称血焉'，血以喻阴也。'玄黄，天地之杂'，言乾坤合居也。"《尚氏学》："万物出生之本由于血。血者，天地所遗氤氲之气。天玄地黄，'其血玄黄'者，言此血为天地所和合，故能生万物也。"《集解》引侯果曰："六称'龙'者，阴盛似龙，故称'龙'也。""乾体纯刚，不堪阴盛，故曰'龙战'。""郭外曰郊，郊外曰野。"

⑫用六，利永贞：《集解》引干宝曰："阴体其顺，臣守其柔，所以秉义之和，履贞之干，唯有推变，终归于正。是周公始于负扆（yǐ）南面而先王道，卒于复子明辟，以终臣节，故曰'利永贞'也矣。"《正义》："六是柔顺，不可纯柔，故利在'永贞'。永，长也。贞，正也，言长能贞正也。"

⑬德合无疆：无疆，广博无边。《集解》引蜀才曰："天有无疆之德，而坤合之，故云'德合无疆'。"

⑭地势坤，君子以厚德载物：林希元《易经存疑》曰："惟其厚，故能无不持载。故君子以之厚德，以承载天下之物多矣。"

【文言】

原文	意译
坤至柔而动也刚，至静而德方，后得主而有常，含万物而化光。坤道其顺乎，承天而时行。	大地最柔顺但运动起来也刚健，最安静却德播四方，坤道顺从应阳有常，孕育万物繁盛荣光。坤道柔顺，顺天时而行。
积善之家必有余庆，积不善之家必有余殃。臣弑其君①，子弑其父，非一朝一夕之故，其所由来者渐矣，由辩之不早辩也②。《易》曰："履霜，坚冰至"，盖言顺也。	行善积善之家必有喜事，行恶积恶之家必有灾祸。臣杀其君，子杀其父，不是一时兴起，是长期积累的结果，应察觉没有早预防。《易》说"履霜，坚冰至"，说的是顺理成章。
直，其正也；方，其义也。君子敬以直内，义以方外，敬义立而德不孤。"直方大，不习无不利"，则不疑其所行也。	直是正直，方是仁义。君子内修笃敬正直之德，外行秉持仁义行事，坚守笃行仁义道德不孤立。"直方大，不习无不利"，就不会怀疑自己所作所为。
阴虽有美，含之，"以从王事"，弗敢成也。地道也，妻道也，臣道也，地道无成而代有终也。	阴有阴柔含阳刚之美德。"以从王事"，是用阴柔之道为君王做事功不自伐。坤是地道、妻道、臣道，地道无所不成，有大终结局。

天地变化，草木蕃③。天地闭，贤人隐。《易》曰："括囊，无咎，无誉"，盖言谨也。	天地变化，草木繁盛。天地闭塞，贤人隐退。《易》说"括囊，无咎无誉"，可能说谨言慎行。
君子黄中通理，正位居体，美在其中，而畅于四支④，发于事业，美之至也。	君子以中庸为大道，一身正气，内含至美中庸，外行中庸之道，将其应用于事业，美轮美奂。
阴疑于阳必战，为其嫌于无阳也⑤，故称龙焉。犹未离其类也，故称血焉。夫玄黄者，天地之杂也，天玄而地黄。	阴柔强盛与阳刚抗衡必战，尽管无阳但阴盛与阳相似，所以称为"龙"，但它仍未脱离阴类，因此称为"血"。所谓玄黄，天地混杂融合之色，天青地黄。

【注释】

① 臣弑其君：弑（shì），臣杀死君主或子女杀死父母。

② 其所由来者渐矣，由辩之不早辩也：渐，渐进，逐步发展。辩，通"辨"，辨别。

③ 天地变化，草木蕃：蕃（fán），茂盛。

④ 美在其中而畅于四支：支，通"肢"。

⑤ 阴疑于阳必战，为其嫌于无阳也：疑，《正义》："音凝。"又曰："阴凝阳，即阴牝阳。"嫌，《说文解字》："不平于心也。"

【宗旨】

坤卦主要阐述坤之道，也就是地之道，坤道伟大至极。该卦以母马为象征，展现坤卦柔顺利贞美德，其核心是顺阳柔刚、厚德载物、含弘光大、德合无疆。他顺从天道含育万物并使之发扬光大，柔顺守正，安顺守道。坤道就是地道、妻道和臣道，君子要学习他厚德载物，提升自己素质。

【体会】

坤字在甲骨文和金文中暂时未找到。《说文解字》解释说："坤，地也。《易》之卦也。从土从申。土位在申。"即：坤，土地，又指《易》的卦象，由土、由申会意，因为坤的位置在西南方的申位上（《二十四方位图》）。

坤卦（☷）上坤（☷）下坤（☷），坤为地为顺，地上有地，地不可谓不厚，顺上有顺，顺不可谓不顺。

《文言》对坤卦进行了深入地阐释。坤卦给我们众多启示，下面只略谈五点。

厚德载物。"地势坤，君子以厚德载物。"想成为正人就应该厚德载物，也就是用大德为人处世。大德之人是得道之人，是促进社会进步、风清气正的高尚之人，是社会的良心。诸葛亮在《诫子书》中说："夫君子之行，静以修身，俭以养德，非淡泊无以明志，非宁静无以致远。"韩愈在《与孟尚书书》中说："仰不愧天，俯不愧人，内不愧心。"

柔顺守正。"万物资生，乃顺承天。""安贞之吉，应地无疆。"柔顺地顺承于天，才能让万物生存，只有安顺守正，才能应和地道，柔顺守正是地道。只有天，无以成万物，同样只有地，万物也难成，天地只有相互应和万物才始盛。天高高在上，地厚厚于下，天阳刚，地柔顺，地柔于刚，不刚也刚。朱熹说："守正直而佩仁义。"是说做人要存正直之心，行仁义之德。管仲在《管子·弟子职》中说："志毋虚邪，行必正直。"

见微知著。"履霜坚冰至。"要见微知著，即发现事情苗头能预知其实质和发展趋势，这体现了人的智慧。高尚君子应该有这样的本领，这样在为人处世之时才更加主动，采取有力措施，减少或者避免不利事件发生。《劝学》说："积土成山，风雨兴焉；积水成渊，蛟龙生焉；积善成德，而神明自得，圣心备焉。"《法句经》说："莫轻小恶，以为无殃。水滴虽微，渐盈大器，凡罪充满，从小积成。莫轻小善，以为无福。水滴虽微，渐盈大器，凡福充满，从纤纤积。"深刻地告诉我们小和大的关系，小是大的浓缩，大是小的成长。根据《韩非子》记载，箕子见到纣王使用象牙筷子就预知国家的未来，真可谓一叶知秋，是大智慧呀。

彰直方大。"直方大，不习无不利。"为人处世要正直中正宽宏大量，这样才能得到别人的拥戴，才能将事情处理得更好。《尚书·洪范》说："三德，一曰正直，二曰刚克，三曰柔克。"《尚书·皋陶谟》说："宽而栗，柔而立，愿而恭，乱而敬，扰而毅，直而温，而廉，刚而塞，强而义。"《周礼·地官》说六德："知、仁、圣、义、中、和。"这是对直方大很好的注解。

蕴德时行。"含章可贞，或从王事，无成有终。"身有美德守正，适时而行，即便有功而不自居会有好的结果。美德是护身符，能保证你平安无事。即便有美德，也要适时而行，才能发挥更美好的作用，否则可能好心办坏事。古人对待美德十分推崇，将其作为修身齐家治国平天下的基础。汉代刘向在《说苑·法戒》中说："德行广大而守以恭者荣。"品德高尚并且保持谦虚的人能够光荣。《孔子家语》说："芝兰生于幽林，不以无人而不芳；君子修道立德，不为穷困而改节。"兰花生长在偏僻山谷之中，不会因缺少人的观赏而停止芬芳；品德高尚的人修道立德，不会因穷苦改变亮节。《管子·君臣》说："所求于己者多，故德行立。"

【易水】

坤卦（☷）上坤（☷）下坤（☷），坤为地，双地叠加，地厚上加厚。坤卦六爻皆阴，只要二、三、四、五任何一爻发生变化，坤卦就会变成含坎（☵）之卦。坎即为水，坤卦与水密切相关。坤为顺，水的顺性很突出，水无形，遇方则方，遇圆则圆，顺的不能再顺，和坤卦特性高度吻合。

水是大地最活跃的要素，只要有水的地方，就会生机勃勃，有生命的存在。一条河流从高处向下流，奔向大海。但大海也不是它最终的归宿，它会重新上天，依然通过不同的形式回归大地，运动不息是它的特性。它虽然有坤卦的顺，也有乾卦的刚，自强不息，力大无穷，无论什么样的坚固堡垒，它也能将其摧毁，势不可挡。水润下，水通过滋润大地向下渗透，成为地下水，地下水在一定条件下又回到地表，形成地表水和地下水小循环，这种转化永不停息。

水柔顺与刚强兼济。看看长江之水，从青藏高原巴颜喀拉山山脉出发，一路披荆斩棘，劈开重重高山险阻，仅从重庆市奉节县白帝城到湖北宜昌市南津关193千米的距离，就有瞿塘峡、巫峡、西陵峡三个著名的峡谷，水在峡谷中穿行如入无人之地，展现了水至刚的刚性。

坤卦厚德载物，水德至善，水利万物而不伐，水成万物不争功，好像没有发生过一样，一切都与它无关，其博大的胸怀犹如天空无边无际。上善若水恰如其分！水德就是天德、地德的有机结合体。

坤卦对涉水事务给予重要启示。

水利万物。厚德载物就是水利万物。水的功能是多样的，作为构成大自然的重要要素，它参与自然的塑造，高山峡谷都有它的杰作。它能维持生物生命生存，无论是动物还是植物，都离不开水的滋润，它是生命不可或缺的。它是生态环境的重要组成要素，对生态环境有至关重要的影响。它具有生产功能，作为重要的生产和生活资料，维护人类和经济再生产。它具有文化功能，参与文化塑造等等。因此，我们在开发利用水的时候，人不能自私自利，仅仅满足人类生存发展的需求，只顾追求自己利益最大化，不顾其他死活，要将水放在多功能体系下进行综合均衡，不能只重视一方面而忽略其他，只有这样才能实现人与水的和谐。

顺水守正。柔顺守正就是顺水守正，即遵守水道不放弃。水道属于地道，地道遵循天道。我们不能违背水的规律去办事,应该在充分认识水规律的基础上遵循水规律为人类社会服务,这样才不与水相违逆,才能实现人与水的和谐。当然遵循水规律同时要充分发挥人的主观能动性,不能墨守成规,在规律面前无动于衷。如水性向下,在水利开发时要充分利用这个功能,引导水的流向。我们也可以通过人工辅助适当地提水,实现"逆下而上"。在水利用和保护方面,我们都要顺水而行才能事半功倍,忠实地尊重水道是人与水和谐相处的前提,也是获得成功的根基。

水微知著。见微知著就是水微知著,通过水展现的现象或者事实来判断未来发展趋势,防患于未然,或者加油打气鼓励发展。千里之堤,毁于蚁穴。蚁穴虽小,但能破坏水利工程。在水利工程维修检查时,要通过现象看出本质,不要忽略微小问题,对其要进行深入分析,把握其实质,提出正确的处理方式。如水坝出现裂缝,要深入探究是什么原因引起的,是结构性问题还是其他问题,必须搞清楚弄明白再采取对策,这样才能彻底消除隐患。对于涉水事务出现的任何问题,都不要轻易放过或者下结论,需要经过缜密的调研得出科学结论,采取正确的解决方法。对于水中出现的好现象,也要实事求是地分析,能够加快其生长的就用实际行动去促进。

水德时行。蕴德时行,我们应该学习水德,因地制宜,将其在实践中运用,展现水利人的高素质。水利万物而不争,水运行不息,水至柔至刚,水持之以恒流向大海,水包容一切,水视万物如一,不分贵贱高低等等。水的美德至善,上善若水。水利人与水长期打交道,水不再仅仅是普通的自然物质,而是具有人文精神的文化之水。我们要让水利人变成水德人,成为社会道德的典范。这是水利人追求的境界。

3. 屯 云上雷下 ䷂ 起始为艰

【原文】

屯：元亨，利贞。勿用有攸往。利建侯。

《彖》曰：屯，刚柔始交而难生。动乎险中，大亨贞。雷雨之动满盈，天造草昧，宜寻建侯而不宁。

《象》曰：云雷，屯。君子以经纶。

▬▬ ▬▬	上六，乘马班如，泣血涟如。 《象》曰："泣血涟如"，何可长也
▬▬▬▬▬	九五，屯其膏，小贞吉，大贞凶。 《象》曰："屯其膏"，施未光也。
▬▬ ▬▬	六四，乘马班如，求婚媾，往吉，无不利。 《象》曰：求而往，明也。
▬▬ ▬▬	六三，即鹿无虞，惟入于林中，君子几，不如舍，往吝。 《象》曰：即鹿无虞，以从禽也。君子舍之，往吝穷也。
▬▬ ▬▬	六二，屯如邅如，乘马班如，匪寇婚媾。女子贞不字，十年乃字。 《象》曰：六二之难，乘刚也。十年乃字，反常也。
▬▬▬▬▬	初九，磐桓，利居贞。利建侯。 《象》曰：虽磐桓，志行正也。以贵下贱，大得民也。

【翻译】

原文	准直译	意译
屯①：元亨，利贞。勿用有攸往。利建侯。	屯卦，开始亨通，适宜守正。不要前行，有利于建立诸侯。	屯，初创事业成功，需要坚守正道。宜立君治政，不能安居于事。
《彖》曰：屯，刚柔始交而难生。动乎险中，大亨贞。雷雨之动满盈，天造草昧②，宜寻建侯而不宁。	《彖》说，屯卦，天地阴阳开始交接，艰难地孕育万物。在险恶中行动，守中才能大成功。雷雨交加，天造万物盈满暗昧，适宜努力建立诸侯，不安居于事。	《彖》说，屯卦，天地阴阳开始接触，艰难地孕育万物。雷雨交加，万物蒙昧艰辛萌生。只有正义行为克坚攻难才能圆满成功，宜立君治理不安。
《象》曰：云雷，屯。君子以经纶③。	《象》说：上坎下雷，屯卦。君子努力经营筹划事业。	《象》说：云雷相聚，屯卦卦象。君子体察此象精髓，兢兢业业地开创事业，治理国家。

· 17 ·

初九，磐桓④，利居贞。利建侯。 《象》曰：虽磐桓，志行正也。以贵下贱，大得民也。	初九，徘徊不进，宜坚守正道，宜建侯。 《象》说：虽然徘徊不前，但是前进的心意是正当的。尊贵而处于卑贱之下，这样可以广泛得到百姓的支持。	初九，创业之始，虽然彷徨，但志行守正，以上贵下，获得民众广泛支持，就能立君建功立业。
六二，屯如邅如，乘马班如⑤，匪寇婚媾⑥。女子贞不字⑦，十年乃字。 《象》曰：六二之难，乘刚也。十年乃字，反常也。	六二，多人聚集在一起，骑着马徘徊，来求婚非强盗。女子不答应，十年之后才出嫁。 《象》说：六二的难局，是因为凌驾于阳刚之上。十年才出嫁，返回常规。	六二，创业之时，居中正位但凌驾阳刚，上应九五之尊但遭胁迫，进退维谷，很久才回归常道。犹如浩浩荡荡马队来求婚，女子守正不应嫁，十年之后才嫁。
六三，即鹿无虞⑧，惟入于林中，君子几，不如舍⑨，往吝。 《象》曰：即鹿无虞，以从禽也。君子舍之，往吝穷也。	六三，追逐野鹿却没有虞官引领进入林中，君子紧追不舍，不如放弃，因为前往会有困境。 《象》说：即鹿无虞，随兽而追赶。君子应该放弃，若一意孤行，就会陷入困境。	六三，创业之时，君子当止则止，否则就会追悔莫及。恰似前往林中打猎，若没有虞人做向导贸然进入，追鹿不舍，会陷入困境。
六四，乘马班如，求婚媾，往吉，无不利。 《象》曰：求而往，明也。	六四，庞大整齐的马队徘徊，若是前往求婚是吉祥的，没有什么不合适的。 《象》说：去求婚是明智之举。	六四，创业之时，身居诸侯之正位，下应百姓，上合君意，主动进取是聪明之举，犹如庞大马队去求婚，没有不利。
九五，屯其膏，小贞吉，大贞凶⑩。 《象》曰："屯其膏"，施未光也。	九五，只顾自己囤积财富而不顾别人，小事正吉利，大事不能博施凶险。 《象》说："屯其膏"，没有发挥光大。	九五，创业之时，作为九五之尊，大中至正，若有惠不施，只能成小事，大事凶险。
上六，乘马班如，泣血涟如。 《象》曰："泣血涟如"，何可长也？	上六，庞大整齐的马队彷徨，眼睛哭出了血，血泪涟涟。 《象》说："泣血涟如"，这种状况怎能维持长久呢？	上六，创业之极虽然功成，但凌驾君王，居不获安，无所适从，悲惨至极，难以长久，就像庞大马队徘徊，血泪涟涟，怎么能长久？

【注释】

① 屯（zhūn）：卦名，象征难生。《说文解字》："屯，难也，像竹木之出生，屯然有难。"《正义》："'屯'之四德，劣于'乾'之四德，故'屯'乃'元亨'，亨乃'利贞'。'乾'之四德无所不包，此即'勿用有攸往'，又别言'利建侯'，

不如'乾'之无所不利。""侯"字在商代和西周时有两个重要用法：一指殷代外服诸侯，二指方国或封国的诸侯。

②天造草昧：昧（mèi），暗昧不明。《正义》："草谓草创，昧谓冥昧，言天造万物于草创之始，如在冥昧之时也。于此草昧之时，王者当法此屯卦，宜建立诸侯以抚恤万方之物，而不得安居于事。"

③君子以经纶：《说文解字》："经，织从丝也。""纶，青丝绶也。"经纶，治理国家。《本义》："屯难之世，君子有为之时也。"

④磐桓：磐（pán），大石。磐桓，徘徊不进。《集解》引荀爽曰："磐桓者，动而退也。谓阳从二，动而退其出，虽磐桓，得其正也。"《王注》："处'屯'之初，动则难生，不可以进，故'磐桓'也。处此时也，其利安在？不唯居贞建侯乎？夫息乱以静，守静以侯，安民在正，弘正在谦。屯难之世，阴求于阳，弱求于强，民思其主之时也。"

⑤屯如邅如：屯（tún），囤积。邅（zhān），转悠，难行。《释文》："难行不进之貌。"如，样子，貌。

⑥屯如邅如，乘马班如，匪寇婚媾：《王注》："屯难之时，正道未行，与初相近而不相得，困于侵害，故屯邅。'屯'时方屯难，正道未通，涉远而行，难可以进，故曰'乘马班如'也。寇谓初也。无'初'之难，则与'五'婚矣，故曰'匪寇婚媾'也。"

⑦字：许嫁。《礼记·曲礼上》："女子许嫁笄（jī）而字。"

⑧即鹿无虞：虞，官名，舜、禹时有此官，掌管草木鸟兽。《王注》："虽见其禽而无其虞，徒入于林中。"

⑨君子几，不如舍：几（jī），接近。

⑩屯其膏，小，贞吉，大，贞凶：膏，恩泽、膏泽。《王注》："处屯难之时，居尊位之上，不能恢弘博施，无物不与，拯济微滞，亨于群小，而系应在二，屯难其膏，非能光其施者也。固志同好，不容他间，小贞之吉，大贞之凶。"

【宗旨】

屯卦主要阐释万物始创之道。万事创始之时艰难有危，切勿轻举妄动，一定要善于积聚力量。只有中正的行动才能度过层层难关，最后发展壮大。屯卦从"建侯""婚媾""乘马""即鹿""屯膏""泣血"等多种象征告诉我们，居中守正、相机取舍、因时进退是克难攻坚的"钥匙"，只有经历艰难困苦，才能玉汝于成。

【体会】

屯字甲骨文是 𡳿，像一颗发芽的种子，上有嫩茎，下有细根，在根部加一横表示种子扎根，本义艰难。"屯"是"春"的古字，是春草破土而出的象形。《说文解字》说："难也。象艸（cǎo）木之初生。屯然而难。从中（chè，草）贯一。一，地也，尾曲。"上述解释都指向物之初生，可以帮助我们理解屯卦的含义。

屯卦，是乾坤后第一卦。《序卦》说："有天地然后万物生焉，盈天地之间者唯万物，故受之以《屯》。屯者，盈也，物之始生也。"也就是说有了天地之后产生万物，万物充盈天地之间，所以接着是屯卦。屯就是万物充满，事物开始诞生。《杂卦》说："《屯》见而不失其居。"也即万物生于世各居其所。

屯卦（䷂），下震（☳）上坎（☵），震为雷为动，坎为水为险，为云为雨为水。动万物者莫疾乎雷，润万物者莫过于水。云在雷上或者说雷上有云。给我们图像是乌云密布，雷声滚滚，随之而来的可能是下雨。小雨润物，润物细无声，大雨则可能淹物。特别是刚孕育的种子或者刚出土的小苗，雨大则有可能淹死或者被直接砸死。风调雨顺才能国泰民安。君子看到此现象得到启示，将国家治理好民众才安。如何治理好国家，《礼记·大学》给出了路径："古之欲明明德于天下者，先治其国；欲治其国者，先齐其家；欲齐其家者，先修其身；欲修其身者，先正其心；欲正其心者，先诚其意；欲诚其意者，先致其知，致知在格物。物格而后知至，知至而后意诚，意诚而后心正，心正而后身修，身修而后家齐，家齐而后国治，国治而后天下平。"即修身齐家治国平天下。

万事开头难。这是一个从无到有、从小到大到强的过程，充满了艰辛。既然有开头，就有了一股向上的力量，尽管开始时很弱小很脆弱，甚至有点风吹草动就夭折，但只要有坚定不移的目标和方向，充满正气，那么一定能成功地到达胜利彼岸。"山穷水尽疑无路，柳暗花明又一村。"面对前进的征程和远大理想目标，不可能平坦轻松实现，可能会遇到各种艰难险阻，需要不断地探索、追求，走不平凡的路，这正是自我实现人生价值的过程。

突破困境不能靠鲁莽，鲁莽永远难成大事，需要有正确的态度，需要智慧，需要时和势。不同位和时采取行动不同，这就是所谓"时势造英雄"。一件事别人能干你却不能干，有些事情你能干他人不能干，有时能干，有时不能干，时机地位不同。正确地把握自己的时位，是成就事业的基础。

屯卦告诉我们在创业之时，不同的地位、不同的环境应该如何行动：

身居士农工商，在成事之初，身要正，要谨慎从事，要立志向前，发挥主动积极性，同时和同事处理好关系，寻求他们的支持。处于大夫之位，在成事之时，做事既要考虑上级的意图，又要斟酌亲近下面群众的意思，尽管身处艰难境地，但只要有上进之心，尽管上进很迟缓，如果不上进就被抛弃。处于三公之位，要在成事之时，要懂得取舍，不能冒险，不取不义之财，要见危而止，同时做事情要考虑后果。处于诸侯之位，在成事之时，既要考虑照顾基层的利益，同时要迎合最高领导的意思，这两方面条件都符合，要主动勇往直前，不要犹豫。处于君王之位，是最高领导，成事之时要享受在后，普遍地施恩泽，不要小气，否则只顾自己敛财，或者囤财不施，为成事带来隐患，甚至做不成大事。处于屯之极，事情已经成功，凌驾于国君之上，尽管处于正位，也是很危险的。如果无事可为，会后悔莫及，也不会长久，此时要积极有为，调整心态和行为，与国君协力，维护事情的成功，否则，成事不会长久。

事物初生发育，也是事物长远发展的必经过程。其一，要认识到，事物必经初生发育的艰难过程；其二，要认识到，事物初生发育的艰难过程，必须符合自然进程；其三，要认识到，事物初生发育，不必拘泥于一般路径，或许有更有利的路径；其四，要认识到，事物初生发育的艰难，不可强行完成，而应等待自然时机；其五，要认识到，事物初生发育，需要适当的有利条件；其六，要认识到，事物初生发育的艰难过程，都是自然而然的过程，也是事物发展不得不经历的过程。

屯卦给我们的启示：

万事举步维艰。"屯，刚柔始交而难生，动乎险中，大亨贞。"万事初创之时都举步维艰，这是普遍存在的现象，建功立业，开始时都充满艰辛荆棘。一些事情看上去很简单，但实际上做起来却困难重重。所以在事情开头，我们要将事情想得复杂些，将遇到的各种困难都想想，才能应对自如。

创业视位谋政。"初九，磐桓，利居贞。利建侯。"身为百姓创业之初志向正，以上贵下获得民众支持，才能利于建功立业。《论语·泰伯》说："子曰：'不在其位，不谋其政。'"在其位谋其政，这是职业道德，不在其位不谋其政，这也体现了一个人的修养。做好自己的工作是本分，干涉到别人权力的事情会招来麻烦。做与自己地位相适应的事，说与自己地位相符的话，这才叫得体。同样一句话，他可以说你不能说，因为你和他地位不同，或者说话的时空不同。

创业当止则止。"即鹿无虞，惟入于林中，君子几不如舍，往吝。"做事情当止则止。没有向导进入茫茫的森林之中，即便有利可图，但也面临巨大的风险，明知山有虎偏向虎山行，虽然勇气可嘉，但如果做不必要的牺牲是否值得？当止则止充满人生智慧。王阳明在《传习录》中说："当行则行，当止则止，当生则生，当死则死，斟酌调停，无非是致其良知，以求自慊而已。"作为一个智慧之人应该根据实际情况顺应变化，该做的做，不该做的不要做，没有必要牺牲生命的时候要珍惜生命，当舍生取义之时杀身成仁义不容辞。

创业守正不移。"元亨，利贞。"要想创业成功必须坚守正道。正道是通往成功的秘诀，尽管有时很艰难，比走歪门邪道艰难得多，但是踏实，具有可持续性。《孟子》说："穷不失义，达不离道。"人穷之时不丧失仁义，发达之时不背大道，就是要坚定不移地守正。

【易水】

距今六千多年前，伏羲氏对世界构成曾有深刻的思考。他上观天文，俯察地理，经过苦苦思索，抽丝剥茧，提炼出万千世界是由"天地风雷水火山泽"八大基本要素构成，这八大要素相互作用，形成了万紫千红的世界，构建了《易》的基本框架。公元前五百多年前，西方思想史上"科学和哲学之祖"古希腊哲学家泰勒斯认为一切万物由水而生。公元前三百多年前，古希腊哲学家恩培多克勒认为水、火、空气和土是"万物之根"，即万物的本原。我们的祖先提出水是构成世界万物的重要要素比西方哲学发源地希腊早500多年，真的很伟大！

屯卦是下震（☳）上坎（☵），震为雷，坎为云为水，通过云雷具体形象象征事物之初的形态，告诉我们万物始生的艰难。

屯卦给涉水事务重要启示。

治水助治国。纵观我国历史，历代朝代更迭与水有密切关系。凡是大旱或者大涝之年，民众生活受到严重影响，甚至民不聊生，百姓对统治者心里充满抱怨，灾情会成为政权的掘墓人。我国古代智者早已经将治水与治国放在一起高度重视。《管子·度地》说："故善为国者，必先除其五害，人乃终身无患害而孝慈焉。""水，一害也；旱，一害也；风雾雹霜，一害也；厉，一害也；虫，一害也。此谓五害。五害之属，水最为大。五害已除，人乃可治。""故五害之属，伤杀之类，祸福同矣。知备此五者，人君天地矣。"善治国者，必须先除去五害，人们才可以终身免除祸患而做到父慈子孝。水是一害，旱是一害，风雾雹霜是一害，瘟疫是一害，虫是一害。五害之中，以水害为最大。

治水治世界。世界是有众多国家或者地区组成的，每个国家和地区都与水和平相处，通过治水来治理好自己的国家。《道德经》指出："天地之所以能长且久者，以其不自生也，故能长生。是以圣人后其身而身先，外其身而身存，非以其无私邪？故能成其私。"天地之所以能长久存在，是因为它们不为了自己生存而存在，所以能够永世长存。圣人明白这个道理，身退反而领先，不看重身而保全自身。国与国之间存在着水联系，这就需要两国人民友好协商，共同开发利用水资源，不能因本国的利益损害他国的利益，水协商共识是最佳方案。与水和谐相处的经验可以相互借鉴，水技术可以相互交流。水为全人类服务，是人类共同的财富。

治水之初难。治水并不是一件容易的事，治水难，我们从大禹治水中可以管窥一二。当时洪水滔天，治水成为迫切的重要课题。尧命令大禹父亲鲧治水，鲧采用堵的办法，最后失败了，天帝让祝融在羽山近郊杀死鲧。后来鲧的儿子大禹担任了治水的重任，他汲取父亲治水失败的教训，顺应水性，以疏为主。"禹疏九河，瀹济漯，而注诸海；决汝汉，排淮泗，而注之江；然后中国可得而食也。当是时也，禹八年于外，三过其门而不入。"

4. 蒙 山下出泉 ䷃ 蒙以养正

【原文】

蒙：亨。匪我求童蒙，童蒙求我。初筮告，再三渎，渎则不告。利贞。

《彖》曰：蒙，山下有险，险而止，蒙。蒙亨以亨，行时中也。"匪我求童蒙，童蒙求我"，志应也。"初筮告"，以刚中也。"再三渎，渎则不告"，渎蒙也。蒙以养正，圣功也。

《象》曰：山下出泉，蒙。君子以果行育德。

	上九，击蒙，不利为寇，利御寇。 《象》曰：利用御寇，上下顺也。
	六五，童蒙，吉。 《象》曰：童蒙之吉，顺以巽也。
	六四，困蒙，吝。 《象》曰：困蒙之吝，独远实也。
	六三，勿用取女，见金夫，不有躬，无攸利。 《象》曰："勿用取女"，行不顺也。
	九二，包蒙，吉。纳妇，吉。子克家。 《象》曰："子克家"，刚柔节也。
	初六，发蒙，利用刑人，用说桎梏，以往吝。 《象》曰："利用刑人"，以正法也。

【翻译】

原文	准直译	意译
蒙①：亨。匪我求童蒙②，童蒙求我。初筮告③，再三渎④，渎则不告。利贞。	蒙：亨通。不是求求幼童，是幼童求我。首次问，耐心解答，再三地问，不回答。宜守正道。	蒙卦，亨通。不是我去求蒙童，是蒙童求我。首次问老师耐心回答，同一问题再三问，对先生不尊重不回应。宜守正。
《彖》曰：蒙，山下有险，险而止，蒙。蒙亨以亨，行时中也。"匪我求童蒙，童蒙求我"，志应也。"初筮告"，以刚中也。"再三渎，渎则不告"，渎蒙也。蒙以养正，圣功也。	《彖》说：山下有险，遇险而止，蒙卦。教育亨通，以亨通行事，适时中道。不是我有求幼童，是幼童求我，志向相应。首次解答，因为阳刚正中。多次问不解答，亵渎教育。培养幼童正气，圣人功德。	《彖》说：退则有险，进则遇阻，不知所适，蒙昧。蒙昧亨通，因为以适时、中道的方式行事。心志相通，所以不是我去求蒙童，是蒙童求我。首次问老师耐心回答，因为阳刚守中。同类问题再三追问是不尊重老师教诲，老师不回应。从童年开始养成正道，居功至伟。

《象》曰：山下出泉⑦，蒙。君子以果行育德。	《象》说，山下出泉水，蒙卦。君子以果断行动培养品德。	《象》说：山下涌泉，蒙卦卦象。君子体悟此象，雷厉风行施教，培养高尚美德。
初六，发蒙，利用刑人，用说桎梏⑧，以往吝。《象》曰："利用刑人"，以正法也⑨。	初六，启发蒙昧，利用榜样去规范行为，前行有困难。《象》曰："利用刑人"，用之严正法律。	初六，处蒙之初，严格要求，以案例开展启发式教育，树立正确法纪，摆脱桎梏，防止不正道。
九二，包蒙⑩，吉。纳妇，吉，子克家。《象》曰："子克家"，刚柔节也。	九二，包容教育，吉祥。迎娶淑女一样吉祥。儿子成人可以养家为其娶亲了。《象》说："子克家"，因刚柔相应。	九二，蒙昧之时，老师阳刚中正地包容学生，吉祥。循序渐进地教育，像娶媳妇一样按礼而行吉祥。对子孙刚柔兼济、亲而得中，子孙能治家立业。
六三，勿用取女，见金夫，不有躬，无攸利⑪。《象》曰："勿用取女"，行不顺也。	六三，不要娶这样女子，见到美男子不顾礼节接近，娶她不利。《象》说："勿用取女"，行为不当呀。	六三，蒙昧之时，教育蒙童信守常规，不羡权势。就像不娶行为不轨、势利眼的女人，没有好处。
六四，困蒙，吝。《象》曰：困蒙之吝，独远实也。	六四，困于蒙昧，有困难。《象》说："困蒙"之吝，远离师教之故。	六四，蒙昧之时，远离阳刚君子之道，因于蒙昧无知，不比贤求进，有过失。
六五，童蒙，吉。《象》曰：童蒙之吉，顺以巽也。	六五，幼童受教，吉祥。《象》说："童蒙"之吉，幼童谦让如风接受教诲。	六五，蒙昧之时，居于尊位，幼童虚怀若谷委事于人，诚心好学，欣然受教，吉祥。
上九，击蒙，不利为寇，利御寇⑫。《象》曰：利用御寇，上下顺也。	上九，用责罚方式教育，不应伤害，宜防止伤害。《象》曰：利用御寇，上下之间意志相通。	上九，处蒙之极，上下心愿相融，进行以不伤害为底线的严苛教育。

【注释】

①蒙，亨：蒙（méng），卦名，象征着幼稚，蒙昧无知，没有知识。《正义》："蒙者，微昧暗弱之名。物皆蒙昧，唯原亨通，故云'蒙，亨'。"

②匪我求童蒙：匪，非。童蒙，幼童。《正义》："物既暗弱而意愿亨通，即明者不求于暗，即匪我师德之高明往求童蒙之暗，但暗者求明，明者不谙于暗，故云'童蒙求我'也。"

③初筮告：筮（shì），蓍（shī）叫筮，即用蓍草算卦。

④再三渎：渎（dú），亵渎，轻慢，冒犯，轻侮。

⑤时中也：得时，不偏不歪。

⑥志应也：心志相应。孔颖达："以童蒙暗昧之志，而求应会明者，故云'志应'也。"

⑦山下出泉：艮（☶）为山，坎（☵）为水为泉，山下有水。

⑧利用刑人，用说桎梏：利用，利于。刑人，一说受刑之人，一说榜样人物。说，通脱，脱离。桎梏（zhì gù），桎，足械；梏，足械。现代可以理解为手铐脚镣。《正义》："蒙既发去，无所疑滞，故利用邢戮于人，又利用说去罪人桎梏，以蒙既发去，疑事显明，刑人说桎梏皆得当。"

⑨以正法也：用中正的方法。

⑩包蒙：包，包容，包涵，包养。《王注》："以刚居中，童蒙所归，包而不距，则远近咸至，故'包蒙，吉'也。"

⑪勿用取女，见金夫，不有躬，无攸利：取，娶。金夫，一说有钱人，一说刚强人，一说美人。此言上九，有势之人。《正义》："女之为礼，正行以待命而嫁。今先求于夫，是为女不能自保其躬，固守贞信，乃非礼而动。行既不顺，若欲取之，无所利益，故云'不有躬，无攸利'也。"

⑫不利为寇，利御寇：寇，伤害，危害。御，抵御，禁止。《正义》："若因物之来即欲取之而为寇害，物皆判矣，故'不利为寇'也。若物从外来，为之捍御，则物咸附之，故'利御寇'也。"

【宗旨】

蒙卦主要阐释教育之道。教育的根本目的是远离蒙昧，走向正道。受教者要虚心求教，勤于思考，举一反三，心诚志坚，尊师重道。施教者要宽而严，循循善诱，启发教学，动机纯正，有教无类，恪尽职守，辅之以必要的约束。

【体会】

蒙字甲骨文是 ，上面是蒙盖物，下面是一个人，遮蔽的意思。《说文解字》解释说蒙是最大的女萝草。女萝草是指松萝。松萝是松萝科、松萝属地衣类的植物。象征着幼稚，蒙昧无知，没有知识。《序卦》说："物生必蒙，故受之以《蒙》。蒙者，蒙也。物之稚也。"刚出生一定懵懂，所以接着就是蒙卦。蒙，懵懂，是事物还处在稚嫩幼小的阶段。《杂卦》说："《蒙》杂而著。"蒙卦是蒙昧无知，教育方法多样，成效显著是关键。

蒙卦（䷃），上艮（☶）下坎（☵），艮为山为止，坎为水为险为陷阱，卦象是山下有水。山下有水，就是山下之水以泉水的形式出现。在山下有一个水泉，不断地向外涌水，如果没有人为干预，泉水会四溢，时间长了会形成一片沼泽，人难以进入，如果有人适当引导干预，如挖一条水沟或者渠道，水会被引导到江河湖泽，或者用来灌溉，或者用来饮用，水就如人所愿。这如刚出生的小孩一样，在大人的不断影响下，学会说话，其行为不断形成，带他的人对他有至关重要的影响。所以山下有泉象征着启蒙可以得到解释。还有一种情况，水被埋没在山下，若见水或者用水需要挖掘，这和孩童幼小天真无邪无知需要进行教育培养本领，将来才能成为社会有用人才的道理是相通的。

为什么君子看到蒙卦的卦象，产生"君子以果行育德"？泉水涓涓不断涌出，源源不断，君子修德不也应该像泉水一样持续不断吗？艮象征着瓜果，瓜果外软种子坚硬，如西瓜皮软但西瓜子却很坚硬，所以果有外柔内刚之象。果作为种子可以让其再生，蕴含着巨大的生命力，所以"果行"有像"果子一样的行为"，进一步引申为果决之行。当然，艮对木而言，内坚硬；坎对木而言，内坚硬。艮坎相叠，更加坚硬。君子从中受到启发，即雷厉风行地来告诉求知者，同时培养美德，同时也用自己掌握的美德知识和美德去教育别人。

蒙卦主要阐释教育之道。教育是一项复杂伟大的事业，由于传道受业解惑者是人，受教育者也是人，可能是懵懂无知、不知深浅的幼儿。人的脾气、性格、聪慧、地位、条件等存在各种差异，教育必须找到合适的方法才能有的放矢，事半功倍。教育是综合性教育，具有普适性。教育包括启蒙教育、家庭教育、社会教育等等。该卦对受教育者和施教者都提出了要求。对受教者而言，要虚心求教，勤于思考，举一反三，心诚志坚，尊师重道。对施教者而言，要循循善诱，启发教学，动机纯正，有教无类，克尽职守，辅之以必要的约束。同时指出教育的根本目的是远离蒙昧，走向正路。

蒙卦教育思想虽然是古人的，仍然对我们如何开展教育具有重要启发。

旁推侧引。"发蒙，利用刑人，用说桎梏，以往吝。"教育要旁推侧引进行启发式教育。启发式教育是通过激发学生思考，老师将其引导到教学目标。方式有多种，其中榜样是最常用的。所谓的榜样就是以典型的人物或者事件为例子，让学生充分了解分析成为榜样的原因，激发学生向其学习，强化学生的意志或志向，如大家以崇拜的英雄为榜样，学习其优秀品质，熏陶学生心灵。或者以典型反面人物为教材，以此为鉴。如到监狱参观，或者让犯人现身说法，达到教育的目的。启发式教育古代就普遍推广提倡，是教育的精髓之一。《论语·述而》说："不愤不启，不悱不发，举一隅不以三隅反，则不复也。"也就是说不到他努力想弄明白的程度不去开导他；不到他心明却不能表达出来不去启发他。如果他不能举一反三，就不再答复了，展现的就是启发式教育。

循序渐进。"纳妇，吉。"教育要循序渐进，就像古代女子出嫁要经过系列步骤才完婚一样。教育具有阶段性特征，由浅入深、循序渐进是重要的过程。这与人的理解过程有密切关系。简单的懂了，再进一步，最终就能达到理想的高度。如果教育学生的过程本末倒置，先将最难的教给学生，学生一是不理解难以奏效，二是太难，容易挫伤学生的学习积极性，甚至厌学；三是给教师带来不良情绪，教师也因为没有成就感而缺乏积极性。循序渐进对教师和学生都很重要。《道德经》说："合抱之木，生于毫末；九层之台，起于累土；千里之行，始于足下。"合抱的大树，生成于细小的树苗；九层的高台，起于一筐筐泥土；千里远的路程，从脚下起步。《朱子语类》对朱熹读书法集中总结了"朱子读书法"：循序渐进、熟读精思、虚心涵泳、切己体察、着紧用力、居敬持志。

尊师重教。"初筮告，再三渎，渎则不告。"要尊师重教。《礼记·学记》说："是故君之所以不臣于其臣者二：当其为尸，则弗臣也；当其为师，则弗臣也。大学之礼，虽诏于天子无北面，所以尊师也。"君王不以对待臣子的态度对待臣子的有两种情况。一是当他在祭祀中作为祭尸时[①]，则不以臣子相待；当他作为君主老师时，则不以臣子相待。根据大学礼制，给天子授课，授课的臣下无须北面而居臣位，这就是为了表示尊师重道的缘故。《吕氏春秋·劝学》说："尊师则不论其贵贱贫富矣。"尊师重教对学生而言是必须遵守的首要原则。尊重老师，对老师有礼貌，这既是对老师长者的尊重，更是对知识的尊重，也是学生具有礼貌的一个标志。古时开学仪式有入泮（pàn）礼。这是非常重要的礼节，其过程包括端正衣冠、行拜师礼、朱砂启智、蒙师授笔、开笔破蒙、学童诵读、鞠躬谢恩等，其目的就是树立学生尊师崇礼的优秀品德。

海纳百川。"包蒙，吉。"教育要海纳百川，即包容性。包容性教育是我国古代教育思想和理论的精髓。《孟子·离娄下》说："爱人者，人恒爱之；敬人者，人恒敬之。"爱别人的人，别人也永远爱他；尊敬别人的人，别人也永远尊敬他。将其应用在教育上就是对学生爱和尊重，就是包容性教育。学生来源多样，素质不一，经验有别，对学生教育不能"一刀切"，要采取因材施教的方式。如果采取"一生一策"方式最佳，但由于学生多难以做到，孔子就能因材施教，他对

[①] 祭尸：古代在祭祀祖先时，必先设尸以代表死者，并接受亲友们的祭拜。尸就是祭祀时代表死者受祭的人。

同一问题不同人给予不同答案，这对教师提出了更高的要求。有教无类也是包容性教育的重要内容，不管你来自什么家庭，都一视同仁，不分富贵与贫穷，都是学生。这是教师必须把握的原则。对于学生不能都客气，对于犯错误的学生该惩罚就惩罚。惩罚也是教育的一种，要善用。蒙卦"击蒙"体现了惩罚教育，对我们有借鉴意义。

修身养德教育。"君子以果行育德。"教育者要修身养德，不断提高自己的道德修养水平，才能更好地教育别人，影响社会。《资治通鉴·周纪》说："才者，德之资也；德者，才之帅也。"作为教师必须德才兼备，高标准要求自己，才能承担起为人师范的重任。高素质的教师才可能教出高素质的学生，高品德的教师才能培养出高品德的学生，高质量的教育对教者提出更高的要求。教者首先要学识渊博，给学生一碗水，教者得有一桶水或者更多的水才可以，这就需要教者不断地丰富自己，提高自己的知识水平。教者品德至关重要。教者"三观"正确，品行要端正，是正人君子。那种戴着"教授"头衔实质"叫兽"的教者绝对不能担任教者，如果已经是教者一定要从教者中清除出去，教育的圣堂绝不允许被玷污。蒙卦指出教育的目的是"蒙以养正，圣功也"，教者本身就应是"养正"的先锋，否则身不正影子必斜，怎么做好学生的"刑人"？

【易水】

蒙，上艮（☶）下坎（☵），山下有水是蒙卦的卦象，受此启发，君子要"以果行育德"。水除了以泉的形式存在外，还以多种形式存在，如湖泽、江河等。山下有湖泽，山湖协调，湖中有山，山被水润泽，水山交融，可以陶冶情操，可以作为隐居之处。

教育与水密切结合就是水教育。

水情教育。让民众充分了解中国水情，对于高效利用水资源、对水友好是十分必要的。我国总体水资源短缺，南方水多，北方水少，干旱、洪涝频繁。我国水资源利用效率还不高，和发达国家相比低很多，提高水资源利用效率是我们今后相当长一段时间内的重任。我国产业结构和水情还不匹配，耗水型结构需要进行调整。我国华北地区由于地下水过度开采，成为世界上最大的漏斗区，影响了生态环境，由于地下水超采引发的海水入侵、地表沉降等生态环境问题突出。我国水生态退化严重，曾经自由自在的白鱀豚减少甚至灭绝，水污染在局部地区还比较严重。需要我们每个公民行动起来，对水友好，成为惜水、爱水、护水的模范，需要将我国的水情真实地传递给百姓，让他们掌握水情家底，就像过日子一样知道自己有多少财产，是赔了还是赚了。这需要对民众进行教育，建立水情教育体系。目前我们做得还远远不够，不能满足实际需要。

育人教育。水资源开发、利用和保护需要多种层次的人才，培养不同层次的人才是非常重要的。高等教育是培养水利人才的重要途径，包括专科、本科、研究生层次教育。目前，我国水利方面吸收优秀人才的能力还比较差，本科学水利相关专业的学生大部分是调剂而来，更优秀的人才大多对水利不感兴趣，这是水利的一块"心病"，在短时间内难以有大的改变。我们要积极创造条件，让更多的优秀学子投入到水利行业上来。纵观水利培养人才，通识人才较稀缺，专业人才较多。只懂水利，而相关的专业知识懂得不多，水文化相关知识更缺乏，水利人缺乏人文情怀这是"通病"，这种情况要有所改变。培养水利人才既博又专这是今后的发展方向。

教者教育。师者所以传道授业解惑也。培养出高素质的师者，对水教育至关重要。对于开展水情教育的老师需要有丰富的专业知识，同时要将这些专业知识通俗易懂地传授给民众，这样民众才能听得懂，水情教育才更有效。而我们的社会正缺乏这种专业扎实科普语言丰富的教师，这是我们水情教育的一块短板。对于水专业老师，既要掌握扎实的水专业知识，包括本专业的历史、名人名事，同时要站在专业前沿，高瞻远瞩。对学生指点迷津，既要会做科研，同时也要做好教师工作。对于一些知识老化的师者要进行知识更新，对于年轻教者厚实其经验、站好讲台都十分必要。建立教者教育体系至关重要。

官员教育。治水先治官，水教育先教育官员。教育由官员来主导决策，如果官员没有重视，则水教育难以得到政府的有力支持，大面积的推广存在困难甚至寸步难行。如果主管水的官员没有掌握水的特性，对水的复杂性和关联性认识不清，简单粗暴地决策，对水的危害会很大，甚至对社会造成不可挽救的损失。主管水利的官员必须懂水利，懂得中国水情，一切工作从水情实际出发，既要实事求是地解决当前面临的急迫水问题，同时又要高瞻远瞩地进行谋划水利，当前与长远有机结合。

饮水教育。科学饮水关系到每个公民的身心健康，如何正确地饮水关系到国计民生。我国国民饮水教育极端薄弱，国民饮水误区很多。一些民众对水的硬度厌恶至极，认为烧开的水有沉淀是不合格，是水脏的标志。实际上符合国家标准的水硬度是合格的，他们根本不会产生结石等问题，可惜大多数民众不知道。

5. 需 云上于天 ䷄ 守正待机

【原文】

需：有孚，光亨，贞吉。利涉大川。

《彖》曰：需，须也。险在前也，刚健而不陷，其义不困穷矣。"需，有孚，光亨，贞吉"，位乎天位，以正中也。"利涉大川"，往有功也。

《象》曰：云上于天，需。君子以饮食宴乐。

▬▬ ▬▬	上六，入于穴，有不速之客三人来，敬之，终吉。 《象》曰：不速之客来，"敬之，终吉"，虽不当位，未大失也。
▬▬▬▬▬	九五，需于酒食，贞吉。 《象》曰："酒食，贞吉"，以中正也。
▬▬ ▬▬	六四，需于血，出自穴。 《象》曰："需于血"，顺以听也。
▬▬▬▬▬	九三，需于泥，致寇至。 《象》曰："需于泥"，灾在外也。自我致寇，敬慎不败也。
▬▬▬▬▬	九二，需于沙，小有言，终吉。 《象》曰："需于沙"，衍在中也。虽"小有言"，以吉终也。
▬▬▬▬▬	初九，需于郊，利用恒，无咎。 《象》曰："需于郊"，不犯难行也。"利用恒，无咎"，未失常也。

【翻译】

原文	准直译	意译
需：有孚[1]，光亨，贞吉。利涉大川。	需：有诚信，光明通达，坚守正道吉利。利于跋涉大河。	需卦，诚信等待，光明亨通，守正吉祥，刚健而进不患于险。
《彖》曰："需"，须也[2]。险在前也，刚健而不陷，其义不困穷矣。"需，有孚，光亨，贞吉"，位乎天位，以正中也。"利涉大川"，往有功也。	《彖》说：需就是等待。危险在前，刚健不陷入险境，道义不困穷。等待，心怀诚信，光明亨通，守正可获吉祥。九五居于天位，守正守中，利于像涉越大河一样冒险行动，前往获成功。	《彖》说：需卦，需要等待，刚健才能突破前险，这是真理。由于身居九五之尊，守正守中，诚信等待，光明亨通，吉祥，行险有功。
《象》曰：云上于天，需。君子以饮食宴乐[3]。	《象》说，云在天上，需卦。君子通过饮食宴乐作乐方式等待时机。	《象》说：云上于天，需卦卦象。君子体察此象精髓，饮食宴乐养心养体等待时机做事。

· 31 ·

初九，需于郊，利用恒④，无咎。《象》曰："需于郊"，不犯难行也。"利用恒，无咎"，未失常也。	初九，在郊野等待，适宜守常不动，没有灾难。《象》曰："需于郊"，不冒险前进。利用恒无咎，这是因为待机而动没有违反正常的原则。	初九，在等待之初，守常待时远避其害，不冒险蛮干，没有过失。
九二，需于沙，小有言，终吉。《象》曰："需于沙"，衍在中也⑤。虽"小有言"，以吉终也。	九二，在沙滩之中等待，虽然稍有风言风语，最终吉祥。《象》曰："需于沙"，水在沙中流，虽小有责难，最后的结果还是好的。	九二，等待之时，处健居中，离险虽近，宽衍其中，虽小有责难，但最终吉祥，犹如在有水的沙滩中等待，虽有危险但终未发生。
九三，需于泥，致寇至。《象》曰："需于泥"，灾在外也。自我致寇，敬慎不败也。	九三，在泥沼中等待，招致强寇。《象》曰："需于泥"，身外有灾。自我致寇，敬重谨慎不会失败。	九三，等待之时，灾害就在眼前，小心谨慎才能避免灾害。恰如在泥沼中等待，小心才不至于陷入深渊。
六四，需于血，出自穴⑥。《象》曰："需于血"，顺以听也。	六四，在血泊之中等待，从洞穴爬出。《象》曰："需于血"，顺从地听命于君王（九五）。	六四，等待之时，待时于难，处险之时，顺从地听命救援者，化险为夷，就像在血泊中等待救援，最终能获救。
九五，需于酒食，贞吉⑦。《象》曰："酒食，贞吉"，以中正也。	九五，在享用酒食中等待，守正吉祥。《象》曰："酒食，贞吉"，是因为守中守正。	九五，身为九五之尊，居中守正，等待之时，调养心志，吉祥如意。
上六，入于穴，有不速之客三人来，敬之，终吉⑧。《象》曰：不速之客来，"敬之，终吉"，虽不当位，未大失也。	上六，进入洞穴之中，有多位不速之客不请自来，尊敬他们，最终吉祥。《象》曰：不速之客来，"敬之，终吉"，虽然不当位，没有大的损失。	上六，在等待之极，在深陷险境之时，有不速之客来救援，敬重来客最终吉祥。

【注释】

①需，有孚，光亨：需，卦名，等待。《正义》："'需'者，待也，物初蒙稚，待养而成。无信即不立，所待唯信也，故'需，有孚'。"孚(fú)，古又同"孵(fū)，使人信服，引申为诚信。光，光明。

②需，须也：须，等待、等到。

③君子以饮食宴乐：宴，《郑注》："宴，享宴也。"以酒菜请客。《本义》："云上于天，无所复为，待其阴阳之和而自雨尔。事之当'需'者，亦不容更有所为；但饮食宴乐，俟其自至而已，一有所为，则非需也。"

· 32 ·

④需于郊，利用恒：郊，《尔雅·释地》："邑外谓之郊。"《正义》："难在于坎，初九去难既远，故待时在于郊。郊者是境上之地，亦去水远也。恒，常也，远难待时，以避其害，故宜保守其常，所以无咎。"

⑤需于沙，衍在中也：衍，《说文解字》："衍字水在旁，衍字水在中。在中者，盛也，会意。"《集解》引虞翻曰："衍，流也。中谓五也。"《正义》："衍，谓宽衍。去难虽近，犹未逼于难，而宽衍在其中也。"

⑥需于血，出自穴：《本义》："血者，杀伤之地；穴者，险陷之所。四交坎体，入乎险矣，故为'需于血'之象。然柔得其正，需而不进，故又为'出自穴'之象。占者如是，则虽在伤地而终得出也。"《正义》："'需于血'者，谓阴阳相伤，故有血也。九三之阳而欲上进，此六四之阴而塞其路，两相妨害，故称'血'。"

⑦需于酒食，贞吉：《周易学说》引王逢曰："酒食，德泽之谓也，九五之君，当天中正，以泽乎民。"

⑧入于穴，有不速之客三人来，敬之终吉：入于穴，《本义》："阴居险极，无复有需，有陷而入穴之象。"有不速之客三人来，《本义》："下应九三，九三与下二阳需极并进，为'不速客三人'之象。"敬之终吉，《本义》："柔不能御而能顺之，有'敬之'之象。""敬而待之，则得'终吉'也。"

【宗旨】

需卦主要阐述等待之道，凡事皆当顺其理而待其成，不可妄为。遇到险境或者进取之时怎么办？需要等待时机。等待之时要心平气和，用"饮食宴乐"，即以养生养心的心态积极等待，满足诚实、耐心、慎重、守中、守正条件时行动才能获得成功。等待是一个漫长坚忍熬人的过程。

【体会】

需字甲骨文是 ，像是人身上往下滴水。《说文解字》解释说："須也。遇雨不进，止須也。从雨而声。"須（xū），待。人遇雨不行止步，等待雨停再行动，所以将需解释为等待。

需卦（☵），下乾（☰）上坎（☵），乾为天，坎为水，水在空中为云为雾。卦象是天上有云，等待时机成熟，云会下雨，所以将需卦解释为等待之卦。《序卦》说："物稚不可不养也，故受之以《需》。需者，饮食之道也。"万物幼稚需要养育，所以需卦排在蒙卦之后。《杂卦》说："《需》不进也。"需就是不进、停滞、等待。

天上有云，云变化多端，云态万千，如白云飘飘、云净天空、蓝天白云、天高云淡、浓云密布、满天乌云、云开见天、东边日出西边雨等等。天云世界是一个丰富多彩的世界，变幻无穷，我们先人深察天上有云的自然现象，凝练出需卦，并且将其与为人处世密切结合，得出有险境或者需要满足条件才能吉祥，这条件大多不能立即满足，需要等待。

现代研究表明，降水是云的水汽以液体或固体形式降落到地面的自然现象，包括雨、雪、露、霜、霰（xiàn）、雹等样态。云是必不可少的，但有云未必有雨，犹如不是每个人都能成为国家栋梁。降水要满足三个条件：一是有充足的云，即有充足的水汽；二是气流抬升及冷却过程；三是有足够凝结水汽的凝结核。三者缺一不可。古人未必有如此丰富的气象学知识，但一定察觉到下雨需要特定条件，需要等待满足条件后才能降雨，从有云到降雨需要一个过程，有时还相当漫长，需要等待时机。等待十分重要，不仅是降雨，对社会经济和生活诸事同样需要等待。

需卦设定了几种等待的情景，有的缓，有的急，有的危险不大，有的充满大危险，但无论如何，该等待还得等待，如果不等待就不会成功。要想成功，就得经受得起等待的煎熬。需卦设定了六种等待的情景：

情景一：本身地位低但正位，在"郊"等待。基层百姓最辛劳，经常遇到险境，如何避险，就是墨守成规，不冒险而行，等待时机度过险境。守常是度过险境的重要方式，突破常规冒险行为不值得提倡。情景二：不正位的士大夫，在"沙"中等待。水流形成沙，其下有水，"沙"代表了一种危险境地，身处危险境地，本身不正，但值得庆幸的是其位处中，此时需要等待不冒险。等待过程中可能有人责难，风言风语都有，但依然要坚持等待。情景三：正位的三公，在"泥"中等待。泥是水土混合物，容易使人陷落，其情景比在"沙"中险恶，比"沙"危机，更可怕的是此时还招来了强寇，更增加了危险系数，危境就在眼前，尽管如此，此时仍然不能冒险，依然坚持等待，仍然坚守诚信谨慎，这样才会迎来成功。情景四：正位的诸侯，在"血"中等待。血令人惊悸，血泊更让人心惊胆战，情景危及，此时也需要等待，等待过程中只要顺从救援之人，就能化险为夷。这仿佛是战场上的情景，死人无数，血流成河，等待救援。情景五：正位的君王，在"酒食"中等待。君王位高权重，似乎可以为所欲为，尽管如此，也需要等待。君王等待用"酒食"的方式，酒食并非是喝酒吃美食，并不是吃喝玩乐，他只是一种比喻，比喻养心养体，用愉快的心情积极准备迎接验境，能有这种心境等待，是等待的一种高境界。情景六：正位的宗庙，在"穴"中等待。身处需之极，有位无民，有尊无职，已经到了等待的顶点，身心疲惫，此时又有不速之客来打扰，此时此景，一定烦上加烦。但对来客要敬重，才能吉祥如意。

等待是艺术。如何等待，用什么方式来等待，这本身是一门高超的艺术。有人等待心平气和，有人等待心急火燎，有人等待很文明，有人等待很粗野。三国时期诸葛亮等待贤人，刘备三顾茅庐成为历史佳话。姜子牙渭水直钩钓鱼，其心不在鱼，在贤主。

等待是美德。等待能充分体现一个人的综合素质。修养不好的人等待，心急如焚，做事潦草，为人不敬。修养好的人等待展现其美德，在等待中进一步提升自己的美德。舜在当政之前的漫长阶段都可以看成等待。舜的家庭不幸，一家人都害他，他都能想办法脱离伤害，但他不怨家人，依然以德报怨。娶舜的女儿娥皇娥英为妻，进一步提升自己的美德。

等待是收获。等待是果实的培养基，等待是为了更好地收获。《诗经·郑风·子衿》描绘了男女等待的心情："青青子衿，悠悠我心。纵我不往，子宁不嗣音？青青子佩，悠悠我思。纵我不往，子宁不来？挑兮达兮，在城阙兮。一日不见，如三月兮！"在等待中强化了爱情。

等待是煎熬。《孟子》云："故天将降大任于斯人也，必先苦其心志，劳其筋骨，饿其体肤，空乏其身，行拂乱其所为，所以动心忍性，曾益其所不能。人恒过，然后能改；困于心，衡于虑，而后作；征于色，发于声，而后喻。入则无法家拂士，出则无敌国外患者，国恒亡。然后知生于忧患而死于安乐也。"

等待是考验。《诗经·王风·君子于役》："君子于役，不知其期。曷至哉？鸡栖于埘（shí），日之夕矣，羊牛下来。君子于役，如之何勿思！君子于役，不日不月，曷其有佸（huó）？鸡栖于桀，日之夕矣，羊牛下括。君子于役，苟无饥渴！"这首诗是妻子思念丈夫，期盼他早日归来，对妻子来说是一场心的考验。

等待是奋进。等待是为前进积累能量，并不是消极等待。唐代颜真卿《劝学》给我们很大的激励："三更灯火五更鸡，正是男儿读书时。黑发不知勤学早，白首方悔读书迟。"

等待有时也不一定成功，等待也可能是一场空。等待是一门复杂的学问，既可以成功，也可能失败，关键是用智慧通过等待获得成功，这才是王道。

等待，等待，还是等待，多种情景下等待，强调等待突破困境或者是进取的前提，有其重要的意义。揠苗助长最终苗亡，这是不等待的典型案例。等待绝对不是消极等待，而是积极创造条件促进时机的成熟，是一种特殊的进。没有时机可以创造时机，关键是否在尊天道的人为。人要自强不息，自强不息地等待。古人如此重视等待，经过几千年的演变，等待依然散发出高超智慧，指导我们做人做事，促进事业成功！

等待之时持中守正。"需于酒食，贞吉。"在等待之时要持中守正，修身养性，不可懈怠，要时刻准备战斗。等待之时最容易放松自己，对自己要求也相对宽松，作为君子越是等待之时越要严格要求自己。持中守正，身正影不斜，方能大道直行。

等待之时养心养体。"君子以饮食宴乐。"在等待之时要养心养体，也就是养德养身，为奉献国家做好道德、身体准备。等待之时，不是什么都不做，要通过学习等各种方式来提升自己的美德，通过调理生活饮食让自己更强大。诸葛亮在《诫子书》中告诫孩子养德修身的重要性："夫君子之行，静以修身，俭以养德，非淡泊无以明志，非宁静无以致远。"根据《史记》，周王朝取得天下历经四代两百年的等待，周文王的祖父太王古公亶（dǎn）父躬行修身养德，仁义天下传给季历，季历传给文王。文王韬光养晦，也不轻举妄动，传位给武王。武王时机成熟后，天下人心归顺，打败纣王，取得了天下。

等待之时抓住时机。"入于穴，有不速之客三人来，敬之终吉。"在等待之时要小心谨慎地应对，及时抓住有利时机，避免错过。机不可失时不再来，都说明时机把握对事业成败具有关键作用。据《史记·史太公世家》，周文王死后，周武王即位，周武王要完成父亲未竟的大业，取代商朝。在东征商纣王之前，在孟津进行诸侯会盟，检视一下诸侯响应的情况，结果竟然来了八百诸侯。诸侯纷纷地说可以攻打商纣了。周武王说，现在时机还不成熟，于是各诸侯班师而归。又过二年，商纣王杀死忠心耿耿的比干，囚禁了忠言进谏的箕子，酒池肉林，荒淫暴虐到了极点。姜子牙感到时机已经成熟，就向周武王提出伐纣的建议。周武王于是通告诸侯共同参战，姜子牙挑选精兵强将组成攻纣大军。在发兵前周武王用龟占卜，其兆不吉，在行军途中又遇暴风雨，一度让周武王有所动摇。姜子牙认为机不可失，力排众议，坚定了周武王的信心。周军和商军在牧野决战，商军虽然人多势众，但士兵临阵纷纷倒戈，周军趁势进攻，商军大败。纣王见大势已去，逃回朝歌，登上鹿台自焚而死。

等待之时不可冒进。"需于沙，小有言，终吉。"在等待之时要学会忍耐，不可冒进，不可被闲言碎语所动摇。等待是一种煎熬，像一团火在心中燃烧，很容易惹是生非。冒进是常有的现象，一定要提高修养尽可能避免。《中庸》说："行远必自迩，登高必自卑。"要到远处，必须从近处起步；要登上高处，必须从低处开始，凡事须循序渐进，不可急躁冒进、一蹴而就。《论语》：子夏为莒（jǔ）父宰，问政。子曰："无欲速，无见小利。欲速则不达，见小利则大事不成。"即子夏做了莒父地方的长官，问怎样治理政事。孔子说：不要急于求成，不要贪图小利。急于求成，反而达不到目的，贪小利则办不成大事。孔子告诫弟子不可冒进。

等待之时小心谨慎。"需于泥，致寇至。"在等待之时越是接近危险，越不能掉以轻心，要小心谨慎，不可轻举妄动，以免招灾惹祸。等待之时也要提高警惕，越是在危险边缘，越应该提心吊胆、如履薄冰，只有这样才为成功奠定基础。汉代贾谊在《新书·大政上》说："言必可行也，然后言之；行必可言也，然后行之。"苏轼在《拟进士对御试策》说："慎重则必成，轻发则多败。"也就是说谨慎做事一定成功，轻举妄动大多以失败而告终。都是告诫我们要小心谨慎。

【易水】

需卦的卦象是天上有水。对水而言，这是水循环不可缺少的重要过程。由于水的不断循环，水圈成为地球四圈（地圈、大气圈、水圈、生物圈）较为活跃的圈层，对万物产生至关重要的影响。

地球上的水处于不断循环的过程。地面上的水一部分蒸发到空中，形成水汽构成云，云飘四海。水一部分被动植物利用，通过蒸发的形式进入空中，大部分水不断流向大海。海水面积大，海水通过蒸发进入空中，再通过大气流动将水输送到各地，达到降水条件后以降水的形式回到地面，形成一个大循环。

天上有云，天有不测风云。天气有很大的不确定性，想准确地预报天上有云的吉祥也是很难的，常常出现意外也不足为怪。需卦给涉水事物重要启示。不管怎么说，等待对水而言是至关重要的。

重大水利工程需要等待。由于重大水利工程涉及面广，或者在技术层面尚无法完全解决，或者在经济层面不经济无法可持续，或者对生态影响短时间内无法确定，或者政治方面的原因无法快速运转，或者资金因素无法开工建设，或者因移民太大无法立即修建，这都需要等待，等待条件成熟时再建设。等待是重大水利工程无法逾越的过程。

国际纠纷处理需要等待。全世界有国际河流（湖泊）214个，流经200多个国家和地区。国际河流是水纠纷多发地区，处理起来比较复杂，涉及国家利益，有时互不相让，产生冲突，甚至引发局部军事对峙。处理这样的纠纷需要时机满足才能得到缓解，等待是不可避免的。那种想速战速决地解决国际纠纷是不现实的，也是不可行的。时间是最好的融合剂，一些短时间内无法解决的问题，随着时间的流逝会慢慢解决，化干戈为玉帛的例子不胜枚举。

水资源开发利用要等待。我们面临着水资源供需矛盾，加大水资源供给是解决水资源供需矛盾的重要手段，通过加大水资源开发力度是最常用的手段。随着水资源开发利用的不断加大，水资源开发利用率逐渐提升，过度水资源开发带来了系列生态环境问题。人们也不断地反思如何解决这种问题。未来水资源供需矛盾依然存在，开发利用水资源也不可避免，但我们一定要更加慎重，将人的行为限制在水资源承受弹性范围内，防止对水资源造成破坏性开发。我们要对水资源利用进行优化，对水资源开发利用进行深入地评估，科学地进行方案比较，是提高水资源利用效率还是充分利用污水等非常规水资源，或者多源并举，哪个效率更高，哪个更具有经济性等，等待科学论证结论，避免盲目草率带来隐患。

修复水生态也需要等待。病来如山倒，病去如抽丝。对水生态的损害很快，但对水生态的修复却很慢，甚至短时间内难以恢复，如已经灭绝的物种我们怎么能将其恢复？系统修复是抽病根，效果需要慢慢展现，犹如人的身体元气大伤，需要慢慢调养，我们不能急于求成，但要创造条件加快这个进程，等待健康的水生态慢慢恢复。

6. 讼 天下有水 ䷅ 慎争戒讼

【原文】

讼：有孚，窒惕，中吉，终凶。利见大人，不利涉大川。

《彖》曰：讼，上刚下险，险而健，讼。"讼，有孚，窒惕，中吉"，刚来而得中也。"终凶"，讼不可成也。"利见大人"，尚中正也。"不利涉大川"，入于渊也。

《象》曰：天与水违行，讼。君子以作事谋始。

▅▅▅▅▅	上九，或锡之鞶带，终朝三褫之。 《象》曰：以讼受服，亦不足敬也。
▅▅▅▅▅	九五，讼，元吉。 《象》曰："讼，元吉"，以中正也。
▅▅▅▅▅	九四，不克讼，复即命渝，安贞吉。 《象》曰："复即命渝，安贞"，不失也。
▅▅ ▅▅	六三，食旧德，贞厉，终吉。或从王事，无成。 《象》曰："食旧德"，从上吉也。
▅▅▅▅▅	九二，不克讼，归而逋。其邑人三百户，无眚。 《象》曰："不克讼"，归逋窜也。自下讼上，患至掇也。
▅▅ ▅▅	初六，不永所事，小有言，终吉。 《象》曰："不永所事"，讼不可长也。虽"小有言"，其辩明也。

【翻译】

原文	准直译	意译
讼：有孚，窒惕①，中吉，终凶。利见大人，不利涉大川。	讼，信用受阻，警惕，中途息讼吉祥，最终凶险。适宜显现大人，不宜涉渡大河。	讼，诉讼之时，有诚信，有惕惧之心，适可而止息讼吉祥，诉讼到底凶险。宜用中正之德断讼，勿陷诉讼之深渊。
《彖》曰：讼，上刚下险，险而健，讼。"讼，有孚，窒惕，中吉"，刚来而得中也。"终凶"，讼不可成也。"利见大人"，尚中正也。"不利涉大川"，入于渊也。	《彖》说：争讼，阳刚居上危险居下，临险而强健，引发争讼。争讼是诚信阻塞，心生恐惧所致，阳刚持中，中庸可获吉祥。争讼到底有凶险，不能成功。利见大人就是崇尚中正，不利涉大川就是不陷深渊之中。	《彖》说：讼卦，内心险恶又刚健，引发争诉。刚健居中，有诚信，有惕惧之心，适可而止息讼。若争讼到底凶险。诉讼之时需要中正之人主持，不要冒险深陷其中。

· 39 ·

《象》曰：天与水违行，讼。君子以作事谋始。	《象》说：天与水行为相违，讼卦象。君子行事之初谋划杜绝争讼。	《象》说：太阳西行水向东流，讼卦卦象。君子体察此象精髓，谋事之初慎防争讼。
初六，不永所事，小有言，终吉②。《象》曰："不永所事"，讼不可长也。虽"小有言"，其辩明也。	初六，不要长久纠缠于争讼之事，虽有语言摩擦，最终吉祥。《象》说："不永所事"，就是争讼不可长久，虽然有语言摩擦，通过分辨泾渭分明。	初六，诉讼之初，不可长久陷入诉讼，虽有小争议，通过明辨是非早日息讼，最终吉祥。
九二，不克讼，归而逋。其邑人三百户，无眚③。《象》曰："不克讼"，归逋窜也。自下讼上，患至掇也④。	九二，不能诉讼，回归采邑三百户地方躲避，没有灾害。《象》说："不克讼"，逃回躲藏起来，以下讼上，祸患是咎由自取呀。	九二，诉讼之时，凭刚以下犯上，只有败诉，咎由自取。败诉逃到小邑躲藏，没有灾害。
六三，食旧德，贞厉，终吉⑤。或从王事，无成。《象》曰："食旧德"，从上吉也。	六三，享用往日的功劳，虽然正也有危险，最后吉祥，跟君王做事，不居有功。《象》说："食旧德"，因为听从君上吉祥。	六三，诉讼之时，处两刚之间，听从上级，吉祥安享俸禄，虽守正有危但最终吉祥如意。辅助王事，不居功自傲。
九四，不克讼，复即命渝⑥，安贞吉。《象》曰："复即命渝，安贞"，不失也。	九四，不能胜诉，回归本位改变诉讼想法，安于守正吉祥。《象》说：《象》曰："复即命渝，安贞"，没有过失。	九四，诉讼之时，不能胜讼，回归正理不争诉，安于守正，吉祥。
九五，讼，元吉。《象》曰："讼，元吉"，以中正也。	九五，诉讼大吉。《象》说："讼，元吉"，是因为中正之德。	九五，诉讼之时，身为阳刚居中九五之尊，以中正之德解决争诉，大吉。
上九，或锡之鞶带，终朝三褫之⑦。《象》曰：以讼受服，亦不足敬也。	上九，或许赐予鞶带，最终一日被剥夺多次。《象》说：因为争诉得到服饰，不足为人敬重呀。	上九，诉讼至终，或许被赐高官厚禄，最终被再次剥夺，靠诉讼来获取，不足为敬。

【注释】

①讼，有孚窒惕：讼，卦名，郑也。窒（zhì），阻止，阻塞。《正义》："窒，塞也。惕，惧也。凡讼者，物有不和，情相乖争而致其讼。凡'讼'之体，不可妄兴，必有信实，被物止塞，而能惕惧，中道而止，乃得吉也。"

②不永所事，小有言，终吉：不永所事，《正义》："永，长也，不可长久为斗讼之事，以讼不可终也。"小有言，终吉，《正义》："初六应于九四，然九四刚阳，先来非理犯己，初六阴柔，见犯乃讼，虽不能不讼，是不获已而讼也，

故'小有言'。以处'讼'之始,不为讼先,故'终吉'。"

③ 不克讼,归而逋,其邑人三百户,无眚:逋(bǔ),逃避,躲避。《王注》:"以刚处讼,不能下物,自下讼上,宜其不克。"邑,古代行政区域,邑是大夫之家的采地,拥有三百户人家的采邑属最小的邑。眚(shěng),眼球上生薄膜病。《集解》引虞翻曰:"眚,灾也。"《王注》:"若能以惧归窜其邑,乃可以免灾;邑过三百,非为窜也,窜而据强,灾未免也。"

④ 自下讼上,患至掇也:掇(duō),拾取,摘取。《集解》引荀爽曰:"下与上争,即取患害,如拾掇小物而不失也。"

⑤ 食旧德,贞厉,终吉:《本义》:"食,犹食邑之食,言所享也。六三阴柔,非能讼者,故守旧居正,则虽危而终吉。"

⑥ 不克讼,复即命渝:不克讼,《正义》:"九四既非理陵犯于初,初能分辩道理,故九四讼不胜也。"渝(yú),改变。

⑦ 或锡之鞶带,终朝三褫之:锡,通"赐"。鞶(pán),古代佩玉的皮带或系在鞶带上盛物的小囊。《集解》引虞翻曰:"鞶带,大带,男子鞶革。"褫(chǐ),剥夺。《王注》:"处'讼'之极,以刚居上,讼而得胜者也。以讼受锡,荣何可保?故终朝之间,褫带者三也。"

【宗旨】

讼卦主要阐述诉讼之道。诉讼是由于信誉受损心生恐惧引发,诉讼要有中正之德的人断讼,不深陷诉讼之中,以下讼上常常咎由自取,通过诉讼获得不长久,赢取诉讼的最好办法就是不诉讼,大多忍让息讼是有益无害,君子慎讼于谋生之初。

【体会】

讼的金文是 ,是会意字,表示通过语言争辩以求公断,有在法律的公正中辩诉的意思,也就是在法庭上争辩是非曲直,打官司。《说文解字》解释说:"讼,争也。从言公声。一曰:謌讼。""言"作偏旁,"公"作声旁。一种说法"讼"是歌颂。《序卦》说:"饮食必有讼,故受之以《讼》。"《杂卦》说:"《讼》不亲也。"即饮食不公免不了争执,所以接着就是讼卦,争诉不相亲。将讼卦的排序和内涵说得比较清楚了。

讼(䷅),上乾(☰)下坎(☵),乾为天,其强劲向上,坎为水,其性向下,一个在天向上,一个在地向下,相背而行。若将乾解释成太阳,坎解释为水,太阳向西运行,水向东流,运动方向正好相反。上述两种解释都是相背。相背

· 41 ·

容易产生纠纷，这与诉讼十分相似。君子深知诉讼的原因，尽可能避免诉讼，从根上消除诉讼，防诉讼于根源。

讼卦，主要讲诉讼，用现代的话来说就是打官司。该卦说出了诉讼过程可能出现的现象，诉讼过程中吉祥，最终也是凶险的，劝诫人们尽可能不诉讼。如果非要诉讼，需要中正之人断讼，并且自己展现诚信中正，不深陷诉讼之中。深陷诉讼，不会有好结果，讼卦两次强调诉讼的不良后果，告诫慎讼。家人或者亲戚走上诉讼之路，亲情就不存在了，即便赢了官司，输掉了亲情，也是一种输，输掉的亲情是无法补偿的。以下讼上更是不可取，通过诉讼获得的也会很快失去，赢取诉讼的最好办法就是不诉讼。孔子对待诉讼格外慎重。《论语·颜渊》说："听讼，吾犹人也，必也，使无讼乎？"即："审理案子，我和别人一样，如果一定要说有什么不同的地方，大概是我希望天下不再有诉讼案件。"这是古代人对待诉讼的态度，他所展现的是先哲对诉讼的看法，和现代法制社会要求不完全适应。现代诉讼过程中也有庭外调解，法庭尽可能让双方坐下来，分辩是非，庭外和解，既可以解决问题，同时也保证诉讼双方情分，防止诉讼至终出现不良后果。现代社会，诉讼是解决纠纷的重要手段，通过这手段维护双方的权益，体现了现代法制精神，公正的审理具有权威性，其判决结果具有严肃性，必须无条件执行，如果不执行会强制执行。

乾为君，坎为臣，臣在君下，无君哪里有臣，君臣是相对应的关系，既然是君臣关系，如果君对臣不公平，如过分地使用臣子，侵犯臣的利益，让臣忍无可忍，就会产生纠纷，这种纠纷一种是心里埋怨愤恨，存而不发，一种是表现出来，产生诉讼，臣讼君。当然，也存在臣不忠，如臣贪污受贿、违法乱纪，君终于受不了，对臣进行制裁。

乾为父亲，坎为儿子，为中男。父在子之上，没有错位，符合天伦之道。尽管大力提倡孝道，子对父绝对孝。孝有真心实意地孝，对父母没有丝毫怨言，哪怕父母有再大的不是，如果能做到这一点，在传统的价值理念中这是"真孝子"，大部分是心有怨言不坦露，仍然做着儿子应该做的事，这已经很难得了。还有一部分父子关系紧张，在传统伦理里，长子主器，父权长子接位，中男很难有份，中男觊觎长子之位，明争暗斗，父子矛盾激烈，史书也历历在目。现在社会父子之间走上法庭的也屡见不鲜，争诉发生在父子之间也不稀奇。

消灭诉讼需要做事始谋。"君子以作事谋始。"在谋事之初就要避免争诉，消除争诉的根源。诉讼是由争端引发的，引发争端的原因是多样的。正如《荀子·礼论》所言："人生而有欲，欲而不得，则不能无求；求而无度量分界，则不能不争。"或者权益受到严重侵犯，受害者要维护自己的权益，或者乱诉获取钱财，连环网络贷诈骗诉讼就属于此。诉讼纷起，影响社会和谐，铲除诉讼土壤是减少诉讼的根本之道。我们在做事的时候，要多个考虑，考虑做的事情是否会引发不必要的纠纷，产生纠纷怎么补救。有可能做事之初事情本身就有纠纷，此时要慎之又慎，防止事情没有做纠纷就已经潜伏。做事开始，想法远离纠纷，这是成事之大要。

和解是诉讼最好的结果。"不克讼，复即命渝。安贞吉。"回归正理、安于守正是正确的道理，诉讼最好的结果是和解。现实生活中，纷争不可避免，走向诉讼也在所难免。诉讼是解决纷争的法律保障，但诉讼也充满不确定性，加之时间成本、人情关系、无关案情的干扰、证据是否充足等，都决定诉讼的结果。通过诉讼双方沟通交流，相互让步达到妥协，圆满地解决纠纷，是诉讼最好的落幕。诉讼是手段，目的是通过和解达到解决问题。

及时停诉避免烂泥缠身。"有孚窒惕，中吉，终凶。"争诉中途停下来比诉讼到底要吉祥，见好就收及时停诉是处理诉讼的好方法。有了诉讼，要见好就收，不要得理不饶人，得饶人处且饶人。及时停诉是智者的选择，诉讼到底未必有理想的结果，那种"不蒸馒头争口气"的想法害人害己。诉讼是耗神费力的事，其精神折磨更加令人难以忍受，谁诉讼谁知道内心的煎熬和滋味，有的诉讼到最终已经失去初心，为诉讼而诉讼，这更加可悲可叹。在诉讼过程中及时脱身，千万别陷入诉讼的漩涡之中，否则可能赔进你的人生，这是人生悲剧！

以下讼上需要莫大勇气。"自下讼上，患至掇也。"以下诉上需要经受各种磨难，最后可能受到各种刁难，咎由自取。以下诉上，需要很大的勇气，因为上级有权有势，他时刻主宰着你的命运。下级受到上级欺负，严重侵犯了其权益，或者上级贪污受贿、贪赃枉法，下级存在正义感对其举报，都会产生以下讼上。和上过不去，会有极大的大祸临头风险。早在西周就有"子不能告父，卑不能告尊"，以下犯上是大忌。现实生活中，你是上级的手下，他在某种程度上决定你的命运，不和上级处理好关系，升迁等机会就少得多。如果真的要讼上，需要很大的勇气，特别是为了正义对上开火，更需要大无畏的牺牲精神，同时做好牺牲自我的准备，尽管有时候成功的概率渺茫，为了正义而献身，值得尊敬。

断讼争诉需要守中持正。"讼，元吉。"无论是断案还是诉讼都要走中正之路，不能走歪门邪道。诉讼要保持正道，那种诈骗式的诉讼本身就是一种犯罪，最终会被绳之以法，会被反诉。即便走正道，但诉讼受多种因素的影响，虽正也可能败诉。要正确地进行判断，冷静地分析，正确地对待诉讼结果。作为法官，要公正廉明，不贪不枉法，公正对待每一个案件，因为每一个案件背后都有复杂的故事，让诉讼得到公正的处理，不愧明镜高悬，也对得起自己的良心。

【易水】

讼卦象征是天下有水，和水的关系非常密切。天就是那个天，无论在哪里，天就是天，天道不可欺。水变化多端，可多可少，恰好是最好。但非常遗憾的是，水不是多就是少，恰好反而很少见。天下水多，容易引起纠纷，产生诉讼。水太多容易引发水灾，造成洪涝灾害。我家的水要经过你家地盘，水势浩大，你为了自身安全不让通过或者采取堵塞的方式，矛盾因此产生，不可调和就会产生争诉。天下水少，同样引起纠纷，也产生诉讼。争夺水资源成为水少的重要特征，明争暗斗在所难免，严重时可能引发人命，诉讼在所难免。两种形式引发诉讼，表象是水资源过多或者过少引起的，其实质是维护各自利益，利益争夺是诉讼的根本原因。

讼卦给我们处理水诉讼有很好的警示。

水诉讼不要久拖不决。水的开发利用和保护是水相关利益的再分配，和平协商解决相关利益问题是最理想的。但在实际上常常存在激烈的利益冲突，有时需要通过诉讼来解决。一旦发生水诉讼，见好就收，宜速战速决，不要缠讼，不要长久地陷入诉讼之中，早结束早解脱早没有烦恼，拖久了耗神费力，即便最后胜诉了也是一种失败，最终可能得不偿失。缠讼是水诉讼大忌。水诉讼时间拖得太久，水利用或保护将受到一定影响，也影响政府或者法院的办事效率。起诉方也要根据实际变化，适当时候撤诉或者和解都是重要选择。

流域纠纷建长效机制。河流有上下游、左右岸，这不是以人的意志为转移的，是客观存在。上下游存在水纠纷，关键是上游水处理不公引发的。比如上游利用水较多，或者因发展经济等导致水污染。上游行为让下游无水可用，或者水质不理想，最终导致纠纷。由于上下游利益诉求不一样，产生纠纷也属于正常现象。处理纠纷最好本着友好协商、互谅互让、共饮一河水的原则处理，处理问题时既要解决现实同时兼顾长远，本着上下游是命运共同体的理念，建立长效的可持续机制，防止类似案件多次发生。

国际河流开发重协商。国际河流众多，水资源开发利用容易引发国家之间纠纷，甚至发生战争。因此国际河流的利用更应该站在更广的角度考虑问题，既要维护国家主权不能损害国家利益，同时又要考虑不能引发国际纠纷，特别要避免通过战争的方式解决争端，本着友好协商的原则来处理，直至解决问题，让国际河流成为国家友好之河、连接两国友好的桥梁，这应该成为处理国际河流普遍遵守的原则。

　　缺水要相互理解礼让。争水常常发生在缺水地区。由于水资源短缺，水资源成为重要的资产，水成为被争夺的财富。遇到这种情况，本着互谅互让、将心比心、生命共同体的理念处理问题，不能自私自利，避免一方用水奢侈消费，另一方望水止渴。

　　水诉讼宜消灭于萌芽。水属于生活必需品，不当利用容易产生水纠纷，这种纠纷体现在人与人之间、人与组织之间、国家之间，如果想没有水诉讼就需要将水诉讼消灭于萌芽之中。因此关键是做事始谋，水资源开发利用之前做好顶层设计，将预防水纠纷作为重要内容纳入其中考虑。

7. 师 地中有水 ䷆ 行险而顺

【原文】

师：贞。丈人吉，无咎。

《彖》曰：师，众也。贞，正也。能以众正，可以王矣。刚中而应，行险而顺，以此毒天下，而民从之，吉又何咎矣。

《象》曰：地中有水，师。君子以容民畜众。

▅▅ ▅▅	上六，大君有命，开国承家，小人勿用。 《象》曰："大君有命"，以正功也。"小人勿用"，必乱邦也。
▅▅ ▅▅	六五，田有禽，利执言，无咎。长子帅师，弟子舆尸，贞凶。 《象》曰："长子帅师"，以中行也。"弟子舆尸"，使不当也。
▅▅ ▅▅	六四，师左次，无咎。 《象》曰："左次，无咎"，未失常也。
▅▅ ▅▅	六三，师或舆尸，凶。 《象》曰："师或舆尸"，大无功也。
▅▅▅▅▅	九二，在师中，吉，无咎，王三锡命。 《象》曰："在师中，吉"，承天宠也。"王三锡命"，怀万邦也。
▅▅ ▅▅	初六，师出以律，否臧凶。 《象》曰："师出以律"，失律凶也。

【翻译】

原文	准直译	意译
师：贞。丈人吉，无咎①。	师卦，守正，伟大受人崇敬之人做统帅吉祥，没有灾难。	师卦，坚守正道，德高望重有才之人做统帅吉祥，没有灾难。
《彖》曰：师，众也。贞，正也。能以众正，可以王矣。刚中而应，行险而顺，以此毒天下，而民从之，吉又何咎矣。	《彖》说：师就是众多人。贞是坚守正道。能做到军队正道，可以做君王了。刚健中正并且上下呼应，执行危险任务顺应民心，以此治理天下，民众跟随他，吉祥，怎么会有过失呢。	《彖》说：师就是众多人。贞是坚守正道。能让众多人走正道可以做君王。刚健中正并且上下呼应，行险而顺应民心，以此治理天下，民众接踵而至，怎么会有过失呢。
《象》曰：地中有水，师。君子以容民畜众。	《象》说：地中有水，师的象征。君子效仿此象，君子容纳百姓蓄养民众。	《象》说：地中有水，师卦的象征。君子效仿此象，宽容百姓蓄养民众。

初六，师出以律，否臧凶②。 《象》曰："师出以律"，失律凶也。	初六，出师要有严明的纪律，否则蕴含着凶险。 《象》说："师出以律"，即出师必须有严明的纪律，如果没有严明纪律，凶险。	初六，出师之初，必须有严明的纪律，否则有凶险。
九二，在师中，吉，无咎，王三锡命③。 《象》曰："在师中，吉"，承天宠也。王三锡命，怀万邦也。	九二，带兵守中，吉祥，没有过失，君王多次赐命嘉奖。 《象》说："在师中吉"，得到君王的宠幸。王三锡命，是说怀有治国平天下使万邦悦服的弘大志向。	九二，出师之时，以刚居中，带兵守中且得到君王的恩宠，吉祥无咎。心怀治国万邦悦服之大志，多次受到君王嘉奖。
六三，师或舆尸，凶④。 《象》曰："师或舆尸"，大无功也。	六三，出师或许运回尸体，凶险。 《象》说："师或舆尸"，没有任何功绩可言。	六三，出师之时，位不正且乘刚，进退无据，出师不利，损兵折将，无功而返，凶险。
六四，师左次，无咎⑤。 《象》曰："左次，无咎"，未失常也。	六四，军队在高危左侧，没有过失。 《象》说："左次无咎"就是没有失去常规。	六四，出师之时，得位无位，军队在高危处撤退符合常规，没有过失。
六五，田有禽，利执言，无咎。长子帅师，弟子舆尸，贞凶⑥。 《象》曰："长子帅师"，以中行也。"弟子舆尸"，使不当也。	六五，狩猎获得禽兽，利于发布命令，没有过失。长子率队出师，兄弟负尸而还，守正也凶险。 《象》说："长子帅师"，以守中行动。"弟子舆尸"，使用不当呀。	六五，出师之时，身为柔顺九五之尊，出兵获胜，说明获胜原因没有过失。长子帅军，守正而行，大获全胜。弟子失位失德，领军大败而归。
上六，大君有命，开国承家，小人勿用⑦。 《象》曰："大君有命"，以正功也。"小人勿用"，必乱邦也。	上六，天子颁布诏命，分封诸侯大夫，小人不要重用。 《象》说："大君有命"，是公正地封赏。"小人勿用"，重用小人必然危害国家。	上六，处师之终，天子颁诏，公正地论功行赏，功大封侯，功小立大夫。勿用小人，重用必然危害国家。

【注释】

① 师，贞。丈人吉，无咎：师，卦名，众多、军队意思。丈人，古时对老年男子的尊称。《正义》："丈人，谓严庄尊重之人。"结合全卦，这里指老成持重、威望高有才的人。《正义》："若不得丈人监临之，众不畏惧，不能齐众，必有咎害。"

② 师出以律，否臧凶：律，纪律，规则法规。否（pǐ），本义为闭塞、阻隔不通。《说文解字》："否，不也。"臧（zāng），善，好。

· 47 ·

③ 王三锡命：三，非指确数三，指多次。锡，通赐。《周礼》："一命受职，再命受服，三命受位"。《正义》："以其有功，故王三加锡命。"

④ 师或舆尸，凶：舆（yú），指车厢，引申为车或者轿子，进一步引申为运载。《重定周易费氏学》引梁锡玙（yú）曰："古者兵虽败，不忍弃死者，故'载尸'。"

⑤ 师左次，无咎：左，按古礼习俗，大多场合以右为尊，左引申为卑下。古代的军队也崇尚右，右是前进，而左则撤退。《道德经》："夫兵者，不祥之器，吉事尚左，凶事尚右。"君子居则贵左，用兵则贵右。《左传》："凡师，一宿为舍，再宿为信，过信为次。"《尚氏学》："古人尚右，左次则退也。"

⑥ 长子帅师，弟子舆尸，贞凶：长子，丈人，也就是德高望重有才能的人。与之相反，弟子指不如长子之人。《王注》："柔非军帅，阴非刚武，故不躬行，必以授也。授不得王则众不从，故'长子帅师'可也，'弟子'之凶，故其宜也。"

⑦ 大君有命，开国承家，小人勿用：大君，君王，天子。国，诸侯的领地。家，大夫的领地。开国承家即封为诸侯封为大夫。《正义》："上六处师之极，是师之终竟也。大君谓天子也，言天子爵命此上六，若其功大，使之开国为诸侯，若其功小，使之承家为卿、大夫。'小人勿用'者，言开国承家须用君子，勿用小人也。"

【宗旨】

师卦主要阐述用人之道，以军队为象征，通过"用兵之道"，阐释"用人之道"。用人之道，首先是正派；其次是有行动的能力，而且行动之时要中正；第三是上下关系和谐，上呼下应；第四要有闯劲，敢于冒险并且顺应民心。要做到这些，必须有将才带领，用人得当是首选。"丈人吉小人危""小人勿用。"作为众人组织，纪律严明是非常重要的。用人之道关键是"正"。"能以众正，可以王矣。"

【体会】

师字甲骨文是𠂤、𠂤。《说文解字》解释说："二千五百人为师。从帀从𠂤。𠂤，四帀，众意也。"𠂤（duī），帀（zā）。孔广居《说文疑疑》进一步解释说："𠂤，俗作堆，积聚也。聚则众，散则寡，故𠂤有众意。帀，俗作匝，周遍也。众则周，寡则不周，故匝亦有众意。"师为众多。商周时代，"师"为军队编制单位之一。《周礼·地官·小司徒》："五人为伍，五伍为两，四两为卒，五卒为旅，五旅为师，五师为军。"按此推算，一师有2500人。《左传·成公十八年》说"旅不偏师"，杜预注解："师，二千五百人之师也。"师被引申为军队，或者为师的首领。《诗经·大雅·文王》："殷之未丧师，克配上帝。"郑玄笺（jiān）："师，众也。"师被引申为众人。

《序卦》说："讼必有众起，故受之以《师》。师者，众也。"在讼卦之后接着师卦。诉讼之人总要找人助威，不管有理还是无理，人多力量大，人多助英雄胆。诉讼经常伴随着众人，当然独自参与诉讼也有，但毕竟不多见。师卦紧随讼卦其后也是正常现象。另外，诉讼常由不公引起，和平不能解决，就要动武力。军队就是武力的重要象征，通过战争解决纠纷，以武求和、以武逼和、以武得和，古今中外不胜枚举。《杂卦》说："《比》乐《师》忧。""师"意味着战争，战争就有伤亡，就有失败的风险，总是伴随着忧愁。战争即便胜利了，对于伤亡之人也伴随着哀伤，失去亲人和伤痛的痛苦不是本人难以真实体验，哪怕有很小的和平机会都要百分之百地争取，尽可能避免战争。有"师"是为了无"师"，这是"师"的最高境界。

师卦（☷）上坤（☷）下坎（☵），坤为地为众，坎为水为险，卦象就是地下有水，或者说众在险上。为什么君子体察此象，得到"君子以容民畜众"启示呢？地能容纳水，水又众多，是容民畜众之象。坤为众，众也是民，地养万物，故曰"畜"。畜，养也。《荀子·王制》说："君者，舟也；庶人者，水也。水则载舟，水则覆舟。"坎为水，人离不开水，人要靠水的滋养才能生存，水能畜，江河湖泽的水都是众多的水滴蓄积而成。要如何对民众有恩德，对民众好，体现了君子高尚的情操。

战争对于国家来说是头等大事。《左传·成公·成公十三年》刘子曰："国之大事，在祀与戎，祀有执膰（fán），戎有受脤（shèn），神之大节也。今成子惰，弃其命矣，其不反乎？"国家的大事情在于祭祀和战争。祭祀有分祭肉之礼，战争有受祭肉之礼，这是和神灵交往的大节。

师卦是阐述如何用人之道。乌合之众不仅干不成大事，可能是乱源之一，要有一个德才兼备、德高望重的人做领导，坚守正道才会平安无事，和谐相处行事。你的威望足够高，动则守正，一呼百应，众人愿意跟随你，你就是王者。民众跟随你就不会干坏事，社会风气就会和谐向上。每个人都有自己的想法，众人想法更是多如牛毛，但众人组成一个组织行动必须有纪律作为约束，共同遵守。否则犹如一盘散沙，一事无成，还会带来危险，所以军队讲究军纪。军纪如山，无论谁违反都会按军法从事，铁的纪律是战胜一切艰难险阻的法宝。作为好的队伍领导，不仅得到众人的拥护，也要得到上级领导的重视，心怀治国安邦、万人皆悦的远大理想，才是一个积极向上的好领导。带领一支队伍，用人非常重要。用人对，万事皆无往不胜；用人不对，好事也办得砸锅，葬送美好前程，危害事业。

师卦给我们重要启示。

师出正道是组织战无不胜的法宝。"能以众正，可以王矣。"正道是战胜一切的法宝，不走正道，可能一时会取得所谓的"胜利"，但最终会成为失败者。《孙子兵法》曰：兵者，国之大事，死生之地，存亡之道，不可不察也。故经之以五事校之以计而索其情：一曰道，二曰天，三曰地，四曰将，五曰法。道者，令民与上同意也，故可以与之死，可以与之生，而不畏危。天者，阴阳，寒暑、时制也。地者，远近、险易、广狭、死生也。将者，智、信、仁、勇、严也。法者，曲制、官道、主用也。凡此五者，将莫不闻，知之者胜，不知者不胜。故校之以计而索其情，曰：主孰有道？将孰有能？天地孰得？法令孰行？兵众孰强？士卒孰练？赏罚孰明？吾以此知胜负矣。孙子视兵为国之大事，必须慎之又慎，需要考虑五大因素，都与"道"有关，都必须走"正道"。

纪律严明是组织健康发展的保障。"师出以律，否臧凶。"出师必须有严明的纪律，否则有凶险。严明的纪律是战胜敌人的重要因素。没有严明的纪律，就没有铁打的军队，军队就像一盘散沙，各吹各的号，想获胜只是幻想。《淮南子》说："矩不正，不可为方；规不正，不可为圆。"《吕氏春秋》说："欲知平直，则必准绳；欲知方则圆，则必规矩。"强调规矩的重要性。

"领头羊"是组织成败的关键。"丈人吉。"帅才大获全胜，因为守正而行。庸才大败而归，因为用人不当。从正反两方面强调率领军队的"领头羊"的重要性。军队中好的将帅是战胜敌人的关键，一个组织能否在激烈的竞争中获胜或者长足地发展，关键是有一个好的带头人。将帅无能累死三军。俗话说：兵熊熊一个，将熊熊一窝。军队之帅无能，等于将士兵送上死亡的前线。领导是无能之辈，会加速组织消亡。《资治通鉴》说："秤砣虽小压千斤，以其德足以教化正俗，其才足以顿纲振纪，其明足以烛微虑远，其强足以结仁固义；大则利天下，小则利一国。"足以说明"领头羊"德才兼备是成败的关键。

小人是组织团结发展的祸端。"小人勿用。"小人是阻碍组织健康发展的祸端，小人得志，则组织一定受到不同程度的伤害。孔子说："君子坦荡荡，小人长戚戚。"小人追逐名利、患得患失、心胸狭窄，一切从自己小利益小集团出发，私欲名利心重，受各种利欲所驱使，忙于算计个人得失，没有得到之前担心得不到，得到了又担心失去，看不得别人比自己好，也容不得自己不如人，对别人的好是羡慕嫉妒恨。遇到困难和问题，不从自身找原因，把一切归结于外因。

【易水】

师卦上卦为坤（☷），坤为地，下卦为坎（☵），坎为水，卦象就是地下有水，简称地下水。在水资源专业中，地下水同地表水一起构成水资源。

地下水资源丰富，水位高，地下水就以泉水的形式涌出。泉水给人以美的享受，让生活充满乐趣。

地下水具有独特的性质。它相对稳定，经过地层过滤，水质清洁甘冽，能提供稳定的水源。井能养人，围绕着井形成居住的群落，能充分地解释"地中有水，师。君子以容民畜众"。君子要像地下水那样，容畜人民，滋养人民。这是对地下水人文化的高度概括，升华了地下水。

师卦对水有重要启迪：

正道是与水友好相处的大道。正道是与水友好相处之道。什么是正道？正道就是遵循水的运行规律，顺应水的本性，在充分利用水性的基础上为人类为社会服务，不造成水的伤害。水是自然流淌的，因此水利工程过多会将自然河道变成人工河道，截弯取直也违背水的特性。想消灭干旱和洪涝也是不现实的，那是水的自然规律。水的过度利用将造成生态等系列问题，如地下水过度利用会形成地表沉降、海水入侵导致地下水变咸、地裂缝等系列生态经济问题。遵循水性地利用水是与水友好相处的根本大道。

水是影响战争胜败重要因素。师卦适用于众人组成的组织。军队是由众多士兵组成的严密组织，其功能就是保家卫国。水作为影响战争的重要因素，在行军作战中必须作为重要因素加以考虑。中东地区战争频繁，其中一个重要原因是争夺水资源。马谡刚愎自用，固守兵书，将军营建立在高山上之，结果被魏军断绝水源，最后失去街亭。诸葛亮冒巨大风险唱一次"空城计"，诸葛亮挥泪斩马谡，那泪水至今尚在人们的心中不能释怀。街亭败北让诸葛亮苦心经营的北伐再一次失败。《孙子兵法》等诸多兵书对水都有精彩论述。当帅不知水等于无能之帅。

正确思想是水利阔步向前源。组织健康需要正确思想引导，需要正派的"领头羊"，需要摒弃小人当道。水利队伍是专门从事水利工作的团体，必须在正确的思想引导下开展工作。建立以人民为中心的水利队伍，想人民之所想，急人民之所急，全心全意为人民服务。要正确处理水利与环境、生态和经济社会关系，通过水利发展创造环境、生态和经济社会多赢的体系。作为水利队伍的"领头羊"，必须用正确的思想武装自己，真心实意地将其贯彻到实践中去，公正正道，有公信力和影响力，有能力创造性地工作，团结水利人向着目标迈进。

  奖惩分明是水健康发展的途径。水利建设要充分利用奖惩制度，激励水利人将工作做好。对于成绩突出、水利工作做得好、符合人民期待的个人和组织，要及时奖励，鼓励他们继续做好相应的工作。对于玩忽职守、水利工作不符合人民期待的个人和组织要及时给予批评甚至惩罚，让其充分地认识到自己的不足，向先进学习。对于水利有功之人的小人，可以给其奖励，承认其贡献，但不能让他承担重任。奖惩与提拔既要相结合，同时也要考虑适当的分离，因人因地灵活掌握，从水利长远角度进行布局。

8. 比 地上有水 ䷇ 赤诚亲附

【原文】

比：吉。原筮，元永贞，无咎。不宁方来，后夫凶。

《彖》曰：比，吉也。比，辅也，下顺从也。"原筮，元永贞，无咎"，以刚中也。"不宁方来"，上下应也。"后夫凶"，其道穷也。

《象》曰：地上有水，比。先王以建万国，亲诸侯。

▬▬ ▬▬	上六，比之无首，凶。 《象》曰："比之无首"，无所终也。
▬▬▬▬▬	九五，显比。王用三驱，失前禽，邑人不诫，吉。 《象》曰：显比之吉，位正中也。舍逆取顺，失前禽也。"邑人不诫"，上使中也。
▬▬ ▬▬	六四，外比之，贞吉。 《象》曰：外比于贤，以从上也。
▬▬ ▬▬	六三，比之匪人。 《象》曰："比之匪人"，不亦伤乎？
▬▬ ▬▬	六二，比之自内，贞吉。 《象》曰："比之自内"，不自失也。
▬▬ ▬▬	初六，有孚比之，无咎。有孚盈缶，终来有它，吉。 《象》曰：比之初六，有它吉也。

【翻译】

原文	准直译	意译
比：吉。原筮，元永贞，无咎①。不宁方来，后夫凶②。	比卦，吉祥。卜筮，伟大永恒守正，没有过失。四方不安宁者皆来亲附，迟到者有凶险。	比卦，吉祥。追本溯源，永远守正没有过失。天下人踊跃来亲附，后来者凶险。
《彖》曰：比，吉也。比，辅也，下顺从也。"原筮，元永贞，无咎"，以刚中也③。"不宁方来"，上下应也。"后夫凶"，其道穷也。	《彖》说：比，吉祥。比即亲附，在下者顺从于上。"原筮，元永贞，无咎"，因为君王刚健居中。"不宁方来，上下应也。后夫凶"，说明亲附之道穷尽。	《彖》说：比，吉祥如意。比，亲近依附。追本溯源永远守正没有过失，君王刚健坚守中正，上能满足下的需求，下顺从上，天下踊跃来亲附，迟来者因无亲附之道凶险。
《象》曰：地上有水，比。先王以建万国，亲诸侯。	《象》说：地上有水，比卦卦象。先王受此启示，建立诸侯国，亲近诸侯。	《象》说：地上有水，比卦的卦象。先王受到此启发，建万国亲诸侯。

· 53 ·

原文	译文	解说
初六，有孚比之，无咎。有孚盈缶，终来有它，吉④。《象》曰：比之初六，有它吉也。	初六，有诚信地亲附，没有过失。诚信如充满缶，终究有意外的吉祥。《象》说：比卦初六，有意外的吉祥。	初六，处比之始，有诚信地亲附没有过失，如果诚信十足亲附，最终会有意外的吉祥。
六二，比之自内，贞吉。《象》曰："比之自内"，不自失也。	六二，中正地亲附君主，吉祥。《象》说："比之自内"，自己没有过失呀。	六二，亲附之时，身正守中地亲附君王，不失其道，守正吉祥如意。
六三，比之匪人⑤。《象》曰："比之匪人"，不亦伤乎？	六三，亲附行为不正的人。《象》说："比之匪人"，不会受到伤害吗？	六三，亲附行为不正之人，会受到伤害。
六四，外比之，贞吉。《象》曰：外比于贤，以从上也。	六四，自外亲附君王，守正吉祥。《象》说：外比于贤，因为从九五之尊呀。	六四，亲附之时，居得其位，亲附贤人，亲附大中至正的九五之尊，守正吉祥。
九五，显比。王用三驱，失前禽⑥，邑人不诫⑦，吉。《象》曰：显比之吉，位正中也。舍逆取顺，失前禽也。邑人不诫，上使中也。	九五，光明之德吸引四方来归，就像先王三面围猎，网开一面让猎物选择，邑人知先王仁德之心不恐惧，吉祥如意。《象》说：显比之吉，位正居中。舍弃悖逆获取顺从，不猎杀逃跑的猎物。邑人不诫，因为君王守中呀。	九五，亲附之时，身为九五之尊，靠中正美好之仁德招各方亲附，就像先王围猎网开一面，尽显仁心。
上六，比之无首，凶⑧。《象》曰："比之无首"，无所终也。	上六，亲近归依之时不能领先，凶险。《象》说：比之无首，意思是无所依附。	上六，处比之极，亲附之时不积极领先落后，有凶险，最终没有好结果。

【注释】

① 比，原筮，元，永贞，无咎：比，卦名，亲附，也就是亲近依附。原筮，追问卜筮。《正义》："原穷其情，筮决其意。"

② 不宁方来，后夫凶：宁，安乐。方，天下四方。后夫，后来者。《集解》引荀爽曰："'后夫'谓上六，逆礼乘刚，不比圣王，其义当诛，故'其道穷'凶也。"《正义》："此是宁乐之时，若能与人亲比，则不宁之方皆悉归来。""亲比贵速，若及早而来，人皆亲己，故在先者吉；若在后而至者，人或疏己，亲比不成，故'后夫凶'。"

③ 以刚中也：刚中，九五为阳，阳为刚，处于上卦正中。

④ 有孚盈缶，终来有它，吉：盈，充满。缶，口小腹大的陶器。《说文解字》："缶，瓦器，所以盛酒浆。"盈缶，充满缶器，引申为百分之百，十足。来，使之来。朱熹注："比之初，贵乎有信则可以无咎矣，若其充实则又有他吉矣。"

⑤ 比之匪人：匪，通"非"，指行为不正之人，非正道之人，小人。《集解》引虞翻曰："匪，非也，失位无应，三又多凶，体剥伤象，弑父弑君，故曰'匪人'。"《本义》："阴柔不中正，承、乘、应皆阴，所比皆非其人之象。其占大凶，不言可知。"

⑥ 显比，王用三驱，失前禽：《本义》："一阳居尊，刚健中正，卦之群阴皆来比己，显其比而无私，如天子不合围，开一面之网，来者不拒，去者不追。"也就是网开一面，让愿者入网，不愿者走离，显示王德受惠于禽兽，何况人呢。

⑦ 邑人不诫：邑人，六二与六五相应，六二在坤中，坤为国，为城邑，为民，所以称为邑人。不诫，上下相亲，内外比和。

⑧ 比之无首，凶：首，首领，领头人。《集解》引荀爽曰："阳欲无首，阴以大终，阴而无首，不以大终，故'凶'也。"《本义》："以上下之象言之，则为无首；以终始之象言之，则为无终。无首则无终矣。"

【宗旨】

比卦主要阐述亲近依附之道，人与人之间如何亲附。和谐相处是人与人关系的准则，比卦特别强调下如何对待上，卑如何对待贵。该卦从德、上下、内外等多层次进行阐述。从德的角度，与人亲附要有正直的美德，亲附要有诚信，从内心深处亲附，不是外在因素所逼迫，要同贤于己的人亲附。上对下要有仁爱之德，对下充满仁爱。实现上下融合的和谐关系是比卦的理想追求。

【体会】

比字最早见于甲骨文，其字为𠊧，像两个人紧靠相依向前，本义是比并、紧靠、亲近的意思。《说文解字》解释说："比，密也，二人为从，反从为比。"引申为并列、亲近、挨近、相连接、比较等义。《序卦》说："师者众也，众必有所比，故受之以《比》。"师就是众多，人多了一定会有所亲近有所比较，所以接着是比卦。《杂卦》说："《比》乐《师》忧。"意为比卦喜乐，师卦忧苦。

《周礼·大司徒》记载："令五家为比，使之相保；五比为闾，使之相受；五闾为族，使之相葬；五族为党，使之相救；五党为州，使之相赒（zhōu）；五州为乡，使之相宾。"令五家组成一比，使他们互相担保。五比组成一闾，他们有事可以互相托付。五闾组成一族，使他们有丧葬事互相帮助。五族组成一党，他们有灾荒互相救助。五党组成一州，使他们互相周济。五州组成一乡，他们对乡中的贤者以宾客之礼相待。比为组织中一个基本单位。比要设置比长，管理五家，谁来当比长，一定是五家之中的人相互比较，最后选出合适的人选，五家的人都亲近他，辅佐他。

比卦（䷇）下坤（☷）上坎（☵），坤为地，坎为水，卦象是地上有水。人类诞生于水，每个人都在羊水中孕育，对水有种天然的亲切感，亲近水是一种天性。水可能是世界上第一面自然镜子，在平静的水面上人可以看到自己的形象。地上有水展现亲近顺理成章。君子为什么看到地上有水的卦象产生"建万国，亲诸侯"的联想？这可能是君子看到了地水相亲相融的关系。水依附大地，润下，和大地相融为一体。地是国家的领土，建立国家，让诸侯来治理这个国家，百姓才能安家乐业。百姓乐，君王荣，社会才和谐繁荣。

比卦就是阐述亲附的卦。亲附之时要永远守正，要随大势，早亲附比晚亲附好。作为亲附的核心，更要刚健守正，能给亲附的人莫大的好处。亲附之时不能三心二意，百分之百的诚意说不定有意外的惊喜。我们不要亲附不正之人，否则会受到伤害。亲附要靠网开一面的上德，不是靠收买。以德为吸引力，坚持守正。

人们为什么要亲附你，这魅力主要包括：一是财大气粗，富甲一方；二是权大势大，威风凛凛；三是财势双全，虎虎生威；四是刚健中正，仁爱有加。尽管人们常常羡财羡势，但这为正人君子所不齿，所以常常抛弃前三者不谈，只论刚直不阿、中正品德为亲附之要。社会都亲附刚健中正，社会的风气就会变好。

社会人人亲附刚健中正，从内心深处真诚地亲附，一定是风正水清的社会。如果你迟迟地不来亲附，就会被社会所淘汰，所以一定要踊跃向善。大家都来亲附你，你要有仁爱之心，让投奔来的人有一定好处，这好处一定大于远离你的坏处，这是永远亲附你的秘诀。

人是群居的高等动物，物以类聚人以群分，亲附人是正常的生理和心理行为，如何做才让亲附人更符合社会要求？比卦给我们重要启示。

刚健中正是吸引人的核心特质。"原筮，元，永贞，无咎。"亲附要坚守中正。金钱令贪婪之人趋之若鹜，权势让势力之人趋炎附势，如果集金钱权势于一身，更是令俗人蜂拥而至。但在君子眼中，这是世俗，不屑一顾，君子视金钱如粪土，视权势如草芥。"君子有三畏：畏天命，畏大人，畏圣人之言。"古人云:"凡善怕者,必身有所正,言有所规,行有所止,偶有逾矩,亦不出大格。"君子三畏,实质上就是内心刚健中正,以一颗静笃、坦荡、正宁之心,勤劳公正地为众生操劳,达到与天地大道合一的至高境界,心中无我,只有为他。这金子般的特质具有强大的吸引力,引人向上,净化社会空气,让人永生。

认准亲附之人不要迟疑不决。"不宁方来,后夫凶。"有合适的亲附之人就要马上行动,迟疑不决会带来不良后果。人不能独立生存于世,任何组织或者国家也是如此,必须形成一个生命共同体来维护生存或者生存得更好。亲附是重要手段,无论是强大还是弱小,都要有所亲附。大亲附小是为了更加强大,小亲附大是为了获得更大的权益保障。但亲附谁不亲附谁确是一门学问,选择谁将决定自己的命运。亲附就亲附刚健中正之人,认准之后,不要拖泥带水迟疑不决,而要奋勇向前,早日献诚。早也亲附,晚也亲附,早亲附比晚亲附好,所获得的益处更大,说明你目光远大,有真诚,更能获得青睐。姗姗来迟,就会给自己带来凶险。

亲附之人定要内心充满真诚。"有孚比之,无咎。有孚盈缶,终来有它,吉。'亲附要真诚,发自于内心。《史记·鲁周公世家》说:"一沐三捉发,一饭三吐哺。"周公洗一次头三次提起头发,吃一顿饭三次吐出口中的食物,为的是接待来客。可见周公之真诚。既然要亲附,就要内心充满真诚,不能三心二意,或者是墙头草,哪边风大哪边倒。只有真心亲附,才能换得真心的仁爱。那种两面三刀,当面说好话背后下毒手的亲附,或者说得天花乱坠,做的与说的背道而驰,都是亲附的大敌。举目世界,大凡做大事者,必有一批诚心亲附的人来做事。

被亲附之人一定要仁爱有加。"显比,王用三驱,失前禽,邑人不诫,吉。"被亲附之人仁德高尚才能吸引更多人钦羡仰慕亲附,仁爱有加是好招牌。亲附人内心真诚,被亲附之人不能骄傲自满,要更加富有亲附魅力,对被亲附之人仁爱有加,才能更增加被亲附能力,让亲附他的人心服口服,增加亲和力。《史记·商君列传》说:"恃德者昌,恃力者亡。"

远离行为不正之人避免伤害。"比之匪人。"亲附不正之人要受到伤害,远离他才是避免伤害的重要途径。《论语·子路》说:"其身正,不令而行;其身不正,虽令不从。"亲附一定要亲近刚健中正之人,避免亲近行为不端的小人。当发现你亲近的是卑鄙不正的小人,要当机立断尽快远离,否则容易对自己造成伤害。诸葛亮在《出师表》中告诫后主刘禅："亲贤臣，远小人，此先汉所以兴隆也；亲小人，远贤臣，此后汉所以倾颓也。先帝在时，每与臣论此事，未尝不叹息痛恨于桓、灵也。"

【易水】

比卦，上坎（☵）下坤（☷），坎为水，坤为地，卦象是地上有水，也就是地表水。地上的水可以以河流、湖泊、大海等方式存在。无论如何，水都依附大地，离不开大地。水在地上行进，由高到低，先填平低洼之处，再走向远方。水亲大地，水润下，透过层层的土层向下渗透，形成地下水。大地托起水，给水以安家之地。水地之间如此亲附，相依相存，处于一种和谐状态。君子看到此种现象，启发要建国亲侯，提升自己的修养，最终达到国泰民安。

地表水不多不少，要水有水，要风有风，风调雨顺，才是百姓的期待。但大自然并不尽如人意，地表水不是多就是少。比卦给我们更多的启示，让我们正确地处理好人水关系。

人水和谐是处理人水关系的核心。水会以各种不同的方式表达对人的情感。当过度用地表水的时候，河流会断流，下游尾闾湖会缩小甚至干涸，产生系列的生态环境问题，这会给人类本身带来巨大的伤痛，人们不得不校正自己的行为。事实表明，损害水的各种行为，最终都是损害人类自身，喝被污染的水造成各种各样的疾病都是人自身造成的。水性是自然的，而人的行为可以不断地进行调节。人水和谐就是以人为中心的社会经济系统和以水为中心的自然生态系统各自保持健康状态，两个系统的互动不相互造成伤害，处于协同发展的理想状态，更哲学地表达就是"人水合一"。

刚健中正是人水和谐的重要途径。人水和谐重要的途径就是调整人的行为，刚健中正是我们的手段。在对待水的问题上，刚健就是有所为有所不为，积极发挥人的主观能动性，不等不靠，要用自己的双手和智慧应对水资源形势，适应水利用水。刚健不是莽撞地去开发，而是科学地开发，一切行为建立在科学评估的基础上，建立在对水的干扰尽可能小的基础上，控制在水资源的弹性范围之内。既不能对水资源进行大规模的开发，超过水资源的承载力，又不能走向另一个极端毫无作为。保持既开发又保护的状态，就是人的行为要公正，不能完全站在以人为中心的立场上对待水资源，而是将人放在自然系统中统筹考虑利用水资源，创造人、水、自然多赢的格局。约束人的行为，将人的思想和行为调整到刚健中正是人水和谐的重要途径。

对水友好要发自于诚挚的内心行为。人水和谐关键是调整人的思想，建立正确的对水友好的价值观，从内心深处对水友好，对水珍爱，对水珍惜。杜绝高调对水友好，实际操作我行我素，对水造成伤害。对水友好一定要建立在内心诚挚的基础上；要有社会对水不友好行为进行排斥和鞭挞的社会舆论气氛；要有一套监督纠正的体系。将对水友好作为社会基本规范，是人高素质的重要一环。诚心对水友好，就会约束自己对水不友好的行为，从内心深处抑制对水贪婪索取的行为，对于建立"利水型社会"是极为有利的。

纠正对水不友好行为避免更大伤害。由于对水的认识存在着阶段性，对水的行为不友好一直伴随着人的历史。人类认识水平不高时对水不友好可以原谅，人的认识达到相当程度依然对水不友好不可宽恕。我们不能容忍人类自私行为对水造成过重的伤害。任意排污造成水质恶化的行为应该立即得到纠正；为了人类繁荣严重伤害水生态的行为应该马上停止；过度利用水资源导致生态恶化的行为不应再继续下去了！我们要适时将开发利用水资源的脚步暂时慢下来，综合评估哪些行为对水造成的伤害最大，采取有力措施纠正这种行为，避免对水造成更大的伤害。但为了更可持续地发展，我们必须纠正对水不友好行为，向人水和谐目标不断迈进。

9. 小畜 风行天上 ䷈ 蓄养待进

【原文】

小畜：亨。密云不雨，自我西郊。

《彖》曰：小畜，柔得位而上下应之，曰小畜。健而巽，刚中而志行，乃亨。"密云不雨"，尚往也。"自我西郊"，施未行也。

《象》曰：风行天上，小畜。君子以懿文德。

▬▬ ▬▬	上九，既雨既处，尚德载。妇贞厉。月几望，君子征凶。 《象》曰："既雨既处"，德积载也。君子征凶，有所疑也。
▬▬▬▬	九五，有孚挛如，富以其邻。 《象》曰："有孚挛如"，不独富也。
▬▬ ▬▬	六四，有孚，血去惕出，无咎。 《象》曰："有孚，惕出"，上合志也。
▬▬▬▬	九三，舆说辐，夫妻反目。 《象》曰："夫妻反目"，不能正室也。
▬▬▬▬	九二，牵复，吉。 《象》曰：牵复在中，亦不自失也。
▬▬▬▬	初九，复自道，何其咎？吉。 《象》曰："复自道"，其义吉也。

【翻译】

原文	准直译	意译
小畜①：亨。密云不雨，自我西郊②。	小畜：小有积蓄，通达。浓云密布但不下雨，云从城邑西郊升起。	小畜：小有积蓄，通达。时机尚未成熟，尚需积德累功才能成功，就像城邑西郊浓云密布但不下雨。
《彖》曰：小畜，柔得位而上下应之，曰小畜。健而巽，刚中而志行，乃亨。"密云不雨"，尚往也。"自我西郊"，施未行也。	《彖》说：小有积蓄，六四以柔居正位并且上下呼应，这是小畜卦。下卦乾为健，上卦巽为顺，九二九五刚健居中志向得以施展，于是通达。密云不雨，是阳气上升吹散云。自我西郊，是云散未能下雨。	《彖》说：逐渐累积，阴柔得位且与下呼应，叫小畜。刚健、柔顺、阳刚中正和大展鸿图才能成功。阳气蓄聚不足，阴阳不和，时机尚未成熟，需要积德累功才能如愿，就像浓云密布不下雨。

《象》曰：风行天上，小畜。君子以懿文德③。	《象》说：风行天上，小畜卦卦象。君子受此启发，提高自己的文明之德，待时而发。	《象》说：风在天上行，小畜卦卦象。君子体察此象，积才积德，待时而发。
初九，复自道④，何其咎？吉。《象》曰："复自道"，其义吉也。	初九，返回到原有正道，怎么会有过错？吉祥。《象》说："复自道"，其行为正当吉祥呀。	初九，小畜之初，自觉回归正道，行为正当，怎么会有过错呢，吉祥。
九二，牵复，吉⑤。《象》曰：牵复在中，亦不自失也。	九二，牵引复归正道，吉祥。《象》说：牵引复归正道且居中，也没有自失其道。	九二，小畜之时，阳刚居中，牵引复归正道，不失其道，吉祥。
九三，舆说辐⑥。夫妻反目。《象》曰："夫妻反目"，不能正室也。	九三，车脱落轮子，夫妻反目成仇。《象》说："夫妻反目"，夫妻彼此不和，难以齐家呀。	九三，小畜之时，阳刚得正不上进，被畜于阴柔，犹如车掉轮子，或者夫妻反目。
六四，有孚，血去惕出⑦，无咎。《象》曰："有孚，惕出"，上合志也。	六四，心怀诚信，免去伤害，脱离恐惧，没有灾难。《象》说："有孚惕出"，和君王心意相通呀。	六四，小畜之时，心怀诚信居正，虽乘刚，但与君王心意相通，远离苦恼和恐惧，没有灾难。
九五，有孚挛如，富以其邻⑧。《象》曰："有孚挛如"，不独富也。	九五，心怀诚信，上下紧密配合，与相邻同福。《象》说："有孚挛如"，是不独自富裕。	九五，小畜之时，身为九五之尊，心怀诚信，上下同心，不独富，有福同享。
上九，既雨既处，尚德载⑨。妇贞厉。月几望，君子征凶⑩。《象》曰："既雨既处"，德积载也。"君子征凶"，有所疑也。	上九，密云已经降雨，阳气已被畜止，皆以德而行。妇人守正防止危险。月亮几乎盈满，君子出征凶险。《象》说："既雨既处"，就是积德而行。"君子征凶"，就是有所疑虑。	上九，处小畜之极，应积德而行，功德圆满。妇女宜守正防危。君子行事将有危险，犹如月近满将亏，当三思而行。

【注释】

① 小畜：卦名，小有积蓄的意思。小，此卦五阳一阴，阳大阴小。畜，多音字，xù、chù，小畜读音有争议，本人偏向此卦读 chù。

② 密云不雨，自我西郊：自，从。西郊，城邑西面，文王居住在商纣王之西。《程氏传》："云，阴阳之气。二气交而和则相畜，故而成雨。阳倡而阴和，顺也，故和。若阴先阳倡，不顺也，故不和，不和则不能成雨。云之畜聚虽密，而不成雨者，自西郊故也。东北阳方，西南阴方。自阴倡，故不和而不能成雨。以人观之，云气之兴，皆自四远，故云'郊'。据四而言，故云'自我'。畜阳

· 61 ·

者'四',畜之主也。"

③ 君子以懿文德：懿（yì），美好。文德，文辞道德。《正义》："懿，美也。以于其时施未得行，喻君子之人但修美文德，待时而发。"

④ 复自道：复，回归，复还。《正义》："处乾之始以升巽，初四为己应，以阳升阴，反复于上，自用己道，四则顺而无违，于己无咎，故云'复自道，何其咎？吉'。"

⑤ 牵复，吉：牵，《广雅》解释为"引"，牵复，可以解释为牵引复归。《集解》引崔憬曰："四柔得位，群刚所应，二以中和，牵复自守，不失于行。"《折中》引何楷曰："与初相牵连而复居于下，故吉。"

⑥ 舆说辐：说（tuō），同"脱"。辐（fú），车轮中连接车毂和轮辋的物品，辐条。舆说辐，车脱了辐条，轮子就不在车上了，也就是车掉了车轮。

⑦ 血去惕出：血（xuè），忧，忧虑，后作"恤"。惕，恐惧。血去，远离忧伤。惕出，离开恐惧。《集解》引荀爽曰："血以喻阴。四阴，臣象，有信顺五。惕，疾也。四当去初疾，出从五，故曰'上合志也'。"

⑧ 有孚挛如，富以其邻：有孚，有诚信。挛（luán），互相牵系。富，增富。《集解》引虞翻曰："挛，引也……以，及也。五贵称富，临谓三。"

⑨ 既雨既处，尚德载：既雨，已雨。既处（chǔ），已止。载（zài），乘坐。《集解》引虞翻曰："既，已也。"《程氏传》："九以巽顺之极，居卦之上，处'畜'之终，从畜而止者也，为四所止也。既雨，和也，既处，止也。阴之畜阳，不和则不能止，既和而止，畜之道成矣。"

⑩ 月几望，君子征凶：几，接近。《集解》引虞翻曰："几，近也。"望，十五的月亮，月满为望。月满则亏，几望接近月圆，也将近月亏，是阳近盛极阴将开始增长。

【宗旨】

小畜卦主要讲时机尚未成熟，如何为成功做准备。在等待之时，要效仿"风行天上"修"文德"打下根基。要积累刚健、柔顺、中正的能量。不断地检视自己，如有不正，立即回归正道。特别是累积到一定程度之后不要骄傲自满、轻举妄动，更应该走正道。身在上位要上下同心，心怀诚信，不独享荣华富贵，有福同享有难同当。身居高位之人更应严格要求自己，绝对不能以下欺上。

【体会】

畜字甲骨文是 ，有解释说像牛鼻被牵着。《说文解字》解释说，畜是尽力种田所得的积蓄。小畜就是小积蓄。《序卦》说："比必有所畜，故受之以《小畜》。"比合必有所积蓄，所以接着是小畜卦。《杂卦》说："《小畜》寡也。"即小畜卦是少有积蓄。

小畜卦名是首次出现两个字，之所以称为小，主要原因是本卦中阳大阴小，六爻之中五个阳爻，一个阴爻，阴爻很少为小。以小畜大，所以称为小畜。从卦的结构来看，下乾（☰）上巽（☴），乾为老男，巽为少女，老男配少女，以小配大，卦中"小"特征明显。

小畜卦（䷈）上卦为巽（☴），下卦为乾（☰）。巽为风，乾为天，风在天上吹，云彩会被吹跑，一种可能是准备下雨，但还没有下雨云彩就被吹跑了，没有云彩怎么会下雨？另外一种可能已经下雨，但风一来将云吹走，雨也下不成了，难以滋润禾苗。两种情况都不能做到风调雨顺，保障谷物正常生长。

从另一象征来看，上卦巽（☴）为风为鸡，下卦乾（☰）为乾为天为马。风常常象征着政令，风行天上则有政令迅速普及全国的含义，让大家畜养鸡马，六畜兴旺，财富不断地进行积累，人民的生活水平就会逐渐提高。作为君子，其品德远远高于黎民百姓，自然不会以小积蓄为乐，会以提高自己的文明之德为追求目标，不断地增加自己的才识，提高自己的修养，尽可能做到尽善尽美，所以君子"以懿文德"。小人积财，君子积才，小人积物，君子积德，这就是小人与君子的重要区别之一。

小畜是以小畜大，以阴畜阳，阴为小为臣，阳为大为君，所以臣畜君德，因比臣不能越位，更不能制约君，这是必须要把握的。之所以畜，是因为距离成功还有一段距离，需要不断地积德累功创造条件，逐渐创造成功的基础，为此下者要呼应上，上也要响应下，培养刚正不恶、柔顺大志，逐步补制约成功的短板。如果身不正立即回归正道，即便被迫回归也是正确的选择。特别是小有积蓄之后，不要骄傲自满，更要奋进向上，不能和同伴闹矛盾。积聚要心怀诚信，走正道，与上呼应，上下一条心，富有了照顾不富有的人，身居高位，更应积德，三思而行。小畜卦给正人君子深刻启示：君子要"以懿文德"，就是不断地提升自己的素质和道德水平，以小积大，逐步向至善目标迈进。

小畜卦给我们更多的启示。

积极创造条件促进成功。"密云不雨，自我西郊。""密云不雨"就是降雨条件不足，需要继续积累条件才能降下甘霖。遇到这种天气，我们可以采用人工降雨的方式达到目的。为了避免失败，我们需要对环境和自身条件进行充分地预估，找出可能导致失败的"短板"，并针对"短板"进行攻关，功成名就就成为自然。

心怀诚信乃成功之根本。"有孚，血去惕出，无咎。"诚信能去除烦恼和恐惧。诚信在积蓄过程中占有多么重要的地位。《论语·为政》说："人而无信，不知其可也。"也就是说人不讲信用是不行的。内心充满真诚是成功的重要因素，但只有心诚也不够，要有一定的资本，自己积累一定的本事，同时心诚感动周边的人，他们就会成为助你成功的动力源之一，至少你在需要帮助的时候，他们会伸出友爱的手推你一把。上下同心同德更是成功的重要条件。你的事情得到你上级同意，或者你就是按照上级的意图办的，领导支持是成功的重要保障，他们在人力、物力、信息等各方面提供支持，不成功都难。有上下人的支持，自己心怀诚信地努力，一定会如鱼得水，诸多事情顺风顺水，马到成功。东征结束后，周公用诚信礼乐治国，加强民众的凝聚力，并且发展经济，西周国力得到大力发展，奠定了安邦治国的根基。

有福同享积蓄成功要件。"有孚挛如，富以其邻。"有福同享，无论是金钱、财富或者荣誉等，都不要独享，要学会分享，这样不仅能维护和谐的上下关系，而且能进一步积累你的资本，为你进一步前进积累条件。如果你独享快乐和幸福，自己就会承受独享的成本，就会付出相应的代价。当然这分享在世俗社会大多指物质名利方面，精神层面大多不包括其中。在一个团体中，大家都处于饥饿之中，这时候你大快朵颐，尽管你收获了羡慕的目光，但也可能埋下仇恨的种子。积蓄之时尤其要注意这点，防止与你关系密切的人反目。

位高之人更应积德积才。"既雨既处，尚德载。"地位高的人更要积德积才，严格要求自己。《易·系辞》说："德薄而位尊，知小而谋大，力小而任重，鲜不及矣。"也就是说德行浅薄却地位尊崇，智慧不足却图谋大事，力量弱小却担负重任，这样的情况，很少有不招致灾祸的。从反面说明位尊之人更应该修德才能适应其位。初生牛犊不怕虎，人在年轻气旺之时，刚劲十足，如果自己的力量还不足以成事之前，不要逞能，停下来慢慢积累资本，就像下雨之前，水蒸气酝酿成云，然后聚集着，到一定程度就会下起雨来，水到渠成，否则容易撞得头破血流。年轻人失败并不可怕，只要能充分地意识到自己的错误而回归到本位上，自守其身，也是好事。可怕的是固执不汲取教训，一味蛮干，未来前景不妙。人到了一定地位就会骄傲自满，自以为了不起，到处炫耀自己，好为人师，这是通病，尽量要避免，要知道山外有山人外有人，在与你同行的队伍中说不定就有高于你的人，对于你的夸耀不屑一顾，这事更应该谦虚积蓄，才能有更大的进步。特别是到了"太上皇"，即那些曾经打下江山立下赫赫战功的人来说，辉煌已经成为历史，荣耀已经成为过去，更应该保持谦虚谨慎，紧守分寸，才能平安无事，否则轻则受辱，重则灭身，历史的教训不能不牢记。

【易水】

小畜卦上卦为巽（☴），下卦为乾（☰），从自然现象来看，就是风行天上。天有阴晴，风有大小。风在天上在一定条件下对水有重要影响。

万里无云，风在天上刮，对水影响程度不一。微风在天上吹，对地面的影响小，在春天人们会感到春风吹拂杨柳青，给人以舒适的感觉。风吹在水面上，产生层层涟漪，物在涟漪中飘浮，也是一种美的享受。当风很大，特别是寒冷的冬天，寒风刺骨。大风吹在水面上，波浪翻滚，可能给水利工程造成伤害，这是要千万注意的。大风的日子，远离水边，特别是水利工程附近的下游，以防不测。

小畜卦给水利带来更多的启示。

蓄积是前进的动力。君子积才积德才能更加丰富自己，让自己更加高尚，体现了君子对自己的高要求，蓄积是向前的动力。观察流动的水，它向前流动的时候，首先是滋润大地，然后将坑洼的地方填平，才继续前进。填平的过程就是蓄积，因为蓄积了才有力量，才能推动水走向远方。黄河决堤，以万钧之力横扫一切，这庞大的力量从哪里来？一滴一滴的水很温柔，刀可进入，什么东西都可以投入水的怀抱。但积累到一定程度，水的力量是巨大的，能冲破一切阻挡，高山可以穿破，水滴可以石穿。

蓄水是进步的必然。流淌的水有流淌的功能，被蓄积的水有蓄积的功用。降水存在着时空不均现象，降水大的时候洪水滔天给人带来危害，不降的时候又给人带来旱灾同样带来危害。人类生存和发展，需要稳定的水资源供给，否则人的生活和经济发展就会动荡。为了获得稳定水源，开采相对稳定的地下水成为人类的重要方法，将江河中的水储存起来也是不可或缺的。所以，我们要兴建一些池塘、水库、水窖等水利设施，蓄积一定量的水供我们利用，促进人和社会的发展，这是人类社会发展必需的。流动的江河才是水的本性，水利工程是对水的一种约束。只要在生态可接受的范围内修建水利工程蓄积水资源，都是允许的，这是创造用人水与生态平衡的格局需要。

蓄水是美德的良药。水在不同人眼中具有不同的特性。在哲学家里水是哲学，在道德家里是道德，在教育学家里是教育，在科学家里是科学。在普通人眼里，它就是普通得不能再普通的能解渴的水，能浇地的水，能洗衣服的水。从美德的角度来看，水蓄积着众多美德。在孔子眼中，水虽然还是水，但这水变得非常圣洁，水变得非常伟大，水是集德、仁、义、智、勇、察、包、易、正、道、度、意等众多优点于一身的圣物，堪称孔子所倡导的仁义礼智信完美代表的实物。孔子从仁义道德等多个视角审视水，将其与他终身倡导的仁义礼智信完美地结合。

水利人修身积才德。俗人重财重名利，君子重才重品德，两者高低可判，一个天上一个地下。水利人有俗人，有君子，也有偏君子的俗人。做水利需要吃苦耐劳，看看驻扎在偏远水文监测站的人员，在暴雨中坚守在第一线的观测人员，他们的奉献精神感天动地，令人钦佩。水利人与水打交道，对水有更深的感情和认识，他们更了解认识水德，有更多的机会了解水、认识水、爱水和护水，更应该向水学习。学习水无私奉献润万物而无声；学习水包容万物的博大情怀；学习水蕴含的无限的能量。水利人更要修身积才积德，让自己更精神更崇高伟大，实现自己的飞越带动整个行业的飞越，进而影响社会的飞越。小畜卦给水利人道德的修养提供重要参考。

创造人水自然新局。人少时，水相对多，人对水和自然的影响不大，人—水—自然处于原始的和谐状态。随着人口的不断增多，人类对水与自然的干预能力逐渐增强，人对水的开发利用强度不断增大，对水与自然的负面影响逐渐凸显，甚至部分地区造成人水矛盾加剧，导致人—水—自然关系不协调，最终会形成不利的格局。为了人—水—自然的和谐发展，我们必须积极创造条件，迈向人—水—自然多赢的格局，构建新时代新的人—水—自然和谐相处的新局面。当我们在兴建水利工程的时候，要多注意可能造成的负面影响，采取有力措施将这种影响降到最低；当出现没有预料到的负面影响时要积极补救；当条件不成熟时先缓上项目，积极创造条件，条件具备的时候再上。要未雨绸缪，切莫为了眼前的利益蛮干。

10. 履 上天下泽 ☰☱ 慎行防危

【原文】

履：履虎尾，不咥人，亨。

《彖》曰：履，柔履刚也。说而应乎乾，是以"履虎尾，不咥人，亨"。刚中正，履帝位而不疚，光明也。

《象》曰：上天下泽，履。君子以辨上下，定民志。

▬▬▬	上九，视履考祥，其旋元吉。 《象》曰：元吉在上，大有庆也。
▬▬▬	九五，夬履，贞厉。 《象》曰："夬履，贞厉"，位正当也。
▬▬▬	九四，履虎尾，愬愬，终吉。 《象》曰："愬愬，终吉"。志行也。
▬ ▬	六三，眇能视，跛能履，履虎尾，咥人，凶。武人为于大君。 《象》曰："眇能视"，不足以有明也。"跛能履"，不足以与行也。咥人之凶，位不当也。"武人为于大君"，志刚也。
▬▬▬	九二，履道坦坦，幽人贞吉。 《象》曰："幽人贞吉"，中不自乱也。
▬▬▬	初九，素履往，无咎。 《象》曰：素履之往，独行愿也。

【翻译】

原文	准直译	意译
履：履虎尾，不咥人①，亨。	履：踩老虎尾巴，老虎不咬人，亨通。	履：踩老虎的尾巴却没有被咬，亨通。
《彖》曰：履，柔履刚也。说而应乎乾②，是以"履虎尾，不咥人，亨"。刚中正，履帝位而不疚，光明也③。	《彖》说：履，轻柔之足行走在坚刚上，以和悦应合刚健，所以踩着老虎尾巴不被咬。阳刚中正，履行帝位没有差错，显现道德光明，所以亨通。	《彖》说：柔乘刚，由于和悦应对刚健，就像踩老虎尾巴不会被咬，亨通。阳刚守中正直，能胜任天子之职，彰显光明之道。
《象》曰：上天下泽，履。君子以辨上下，定民志。	《象》说，天在上泽在下，履卦卦象。君子受此启发，分辨上下名分，端正百姓心志。	《象》说，履卦卦象是天在泽上，君子受此启发，君子以礼定尊卑，安定民心。
初九，素履往，无咎④。《象》曰：素履之往，独行愿也。	初九，质朴的态度而行，没有灾祸。《象》说：素履之往，虽独行也是自己的意愿呀。	初九，处履之初，按照自己的意愿，质朴行事，没有灾祸。

· 67 ·

九二，履道坦坦，幽人贞吉⑤。《象》曰："幽人贞吉"，中不自乱也。	九二，履行大道平平坦坦，安静恬淡的人守正吉利。《象》说："幽人贞吉"，居中道自己心中不乱呀。	九二，阳刚守中谦虚，平易无险，像行走在平坦的大道上，像隐士守正心定，吉利。
六三，眇能视，跛能履，履虎尾，咥人，凶。武人为于大君⑥。《象》曰："眇能视"，不足以有明也。"跛能履"，不足以与行也。咥人之凶，位不当也。武人为于大君，志刚也。	六三，目盲能视物，足跛能行，行走在老虎尾巴后面被咬，凶险。武士竭力效劳君王。《象》说："眇能视"，不足以辨明事物。"跛能履"，不足以远行。"咥人之凶"，占位不适当呀。"武人为于大君"，因为志向刚健。	六三，犹如眼睛能看，不足以辨明事物，恰似脚虽跛能行走，履非其位，刚武之人得志为君王服务，就像踩老虎尾巴被咬，有凶险。
九四，履虎尾，愬愬，终吉⑦。《象》曰："愬愬，终吉。"志行也。	九四，踩老虎尾巴，战战兢兢，最终吉祥。《象》说："愬愬，终吉。"是志向得以实行。	九四，以谦为本，以谦行事，虽有危惧，志向如愿吉祥。恰似小心地踩老虎尾巴，虽然胆战心惊，但最终平安无事。
九五，夬履，贞厉⑧。《象》曰："夬履，贞厉"，位正当也。	九五，刚愎自用地行事，正道防止危险。《象》说："夬履，贞厉"，是由于占位正当。	九五，身为九五之尊，守中阳刚正位，行事果断守礼，宜守正防危险。
上九，视履考祥，其旋元吉⑨。《象》曰：元吉在上，大有庆也。	上九，检视所行之善恶，考察吉凶祸福，因上九能回应九三，这是吉祥的。《象》说：元吉在上，是上九有大的福庆。	上九，处履之极，三省吾身，检视利弊得失，不坠于履，履道大成，非常吉利。

【注释】

①履，履虎尾，不咥人：履，卦名。《正义》："履，谓履践也。"虎，老虎，《易》中"虎"，多指九五爻，代指君王。尾，尾巴，事物的末端，后面。咥（dié），为咬、啮的意思。读 xī 时，为笑或讥笑的意思。《王注》："'履虎尾'有'不见咥'者，以其说而应乎乾也。乾，刚正之德者也。不以说行乎佞邪，而以说应乎乾，宜其'履虎尾'不见咥而亨。"

②履，柔履刚也。说而应乎乾：柔履刚也，指六三阴爻在二九阳爻上面。《集解》引荀爽曰："谓三履二也。"说而应乎乾，卦下为兑（☱），兑为悦，说通悦。上卦乾（☰）。

③刚中正，履帝位而不疚，光明也：刚中正，九二与九五皆为阳爻，分别居上下卦的中间。疚，弊病、积弊。《广韵》："疚，病也。"《集韵》："疚，久病。"

《诗·小雅·采薇》："忧心孔疚，我行不来。"

④ 素履往，无咎：素，指未经加工的细密的本色丝织品，后引申指白色，又引申为颜色不艳丽、素雅，进一步引申为不加修饰，还引申指本性、本质。《集解》引荀爽曰："初九者，潜位，隐而未见，行而未成。素履者，谓布衣之士，未得居位，独行礼仪，不失其正，故'无咎'也。"

⑤ 履道坦坦，幽人贞吉：坦坦，平，光明正大。幽人，隐士。《正义》："'履道坦坦'者，坦坦，平易之貌。九二以阳处阴，履于谦退，己能谦退，故'履道坦坦'，平易无险难也。'幽人贞吉'者，既无险难，故在幽隐之人，守正得吉。"

⑥ 眇能视，跛能履，履虎尾，咥人，凶。武人为于大君：眇（miǎo），原指一只眼睛瞎，后来也指两只眼睛瞎。跛（bǒ），足有毛病，行走身体不平衡。《王注》："居'履'之时，以阳处阳，犹曰不谦，而况以阴居阳，以柔乘刚者乎？故以此为明，眇目者也，以此为行，跛足者也，以此履危，见'咥'者也。"

⑦ 履虎尾，愬愬，终吉：愬愬（shuò shuò），恐惧。此字为多音字，读（sù）时同"诉"。《集解》引侯果曰："愬愬，恐惧也。"

⑧ 夬履，贞厉：夬（guài），决，决断。夬字另一读音 jué，钩弦用的扳指，损伤、伤坏或通"缺"，空缺。《集解》引干宝曰："夬，决也。居中履正，为'履'贵主，万方所履，一决于前。恐夬失正，恒惧危厉，故曰'履，贞厉'。"

⑨ 视履考祥，其旋元吉：考祥，考察吉祥。旋，回旋，返回。《王注》："祸福之祥，生乎所履，处'履'之极，'履'道成矣，故可'视履'而'考祥'也。"

【宗旨】

履卦主要阐述慎行防危之道。该卦以"履虎尾"为象征，告诉我们如何在危险之中保持平安吉祥。和悦、阳刚、中庸、正直、谨小慎微、脚踏实地是遇险为安之道，这和守"礼"本质相同。为此找准自己定位，诚实，心定坦荡，志向坚定，上下心灵相通，避免刚愎自用，同时要三省吾身等。作为君子，尊礼安定民心。履卦用踩老虎尾巴比喻可能遇到的危险，形象生动，令人印象深刻。

【体会】

履字甲骨文是𠬝，主体为人形，下部突出人足，足下添一短横，像鞋或象征鞋。《说文解字》解释履时说："履，足所依也。"即履是穿在脚上的鞋子，履本义是鞋。《序卦》说："物畜然后有礼，故受之以《履》。履者，礼也。"这是说，物资蓄积后，就要有礼，所以接着就是履卦。履就是礼。《杂卦》说：《履》，不处也。"履就是前进不停留，此处将引申为践履、履进。《尔雅·释言》："履，礼也。"为什么将"履"与"礼"等同起来，原因可能是："礼"是为人处世的核心，必须履行，像鞋一样是前行不可缺少的东西。还有一种可能就是"礼（lǐ）"与"履（lǚ）"音近，我更倾向于前者。"礼"是维持人类社会秩序的各种行为规范的总称。

在《系辞》和《杂卦》中进一步解释了履卦的作用和重要性。《系辞》说："履信思乎顺，又以尚贤也。""履，德之基也。""履，和而至。"《杂卦》说："履，以和行。"由此可见，履卦在指导我们日常行为中占有非常重要的地位。《论语·学而》论述礼的功效和作用："有子曰：'礼之用，和为贵。先王之道斯为美，小大由之。有所不行，知和而和，不以礼节之，亦不可行也'。"

履卦（☰），兑（☱）下乾（☰）上。兑（☱）为泽，乾（☰）为天，泽在天下。泽是由水汇集低洼之地而形成，天与泽界线分明。君子看到此现象，联想到人上下分明，通过礼节来进行分辨，上下各尊其礼，各守其责，安分守己，民心安定，民心稳则天下太平。《礼记·乐记》说："天高地下，万物散殊，而礼制行矣。"孔颖达解释说："以天高地下不同，故人伦尊卑有异。"

履卦用象征的手法阐释慎行防危的重要。此卦中的老虎只是一种象征，是指危险的情境。古代有的易学家认为，"履虎尾，不咥人"是盛世的象征。盛世五谷丰登，人畜兴旺，大自然也不会被破坏，草长得旺盛，动物也多，老虎的食物丰富，就不会轻易地伤人。

履卦给我们展示了几个情境如何处理。初九的"素履"，需要诚实质朴；九二的"幽人"之履，心定中道，坦坦荡荡；九四的"愬愬"之履，心志与上级相通；上九的"视履"，自省吾身。总之，需要慎行正道。刚猛危险，失位也危险，从另一层面告诫我们要定好位，要中正，总的说来要尊礼。履卦给我们很多启示。

和悦刚健中正是战胜的武器。"柔履刚也。说而应乎乾，是以'履虎尾，不咥人亨'。"和悦刚健中正是战胜险境的武器。阳刚中庸正直是执政做事的根本，彰显光明之道。遇到危险能做到这些，天下无敌，它是战胜险境的武器。

找准定位是立于不败的法宝。"履虎尾，咥人。"老虎咬人的原因是用力过大，没有把握好力度，占位不对。关键是找好自己的定位才能充分发挥作用，否则小则失败，大则亡国。找准自己的位置才能战无不胜攻无不克，否则会一败涂地。

刚愎自用是成就事业的大敌。"夬履，贞厉。"即便君王正位走正道，但刚愎自用地行事也危险。听人劝吃饱饭，刚愎自用难以成大事。

上下心灵相通是成功的关键。"履虎尾，愬愬，终吉。"跟随虎尾，心中害怕但平安吉祥，是因为上下同心。一个人要成就事业，需要支持，特别是来自上级的支持更是重要，想办法说动上级站在你这边占有重要地位。上下同心，心灵相通是成功的阶梯。

自省吾身是完善自己的利器。"视履考祥，其旋元吉。"包含自省吾身的深刻内涵。金无足赤，人无完人，孰能无过？《论语·学而》说："曾子曰：'吾日三省吾身：为人谋而不忠乎？与朋友交而不信乎？传不习乎？'"我们要有自我反省的能力，从三个方面进行反省。古人非常重视反省。唐太宗李世民曾说："夫以铜为镜，可以正衣冠；以史为镜，可以知兴替；以人为镜，可以明得失。""君子之遇险阻，必自省于身，有失而致之乎？有所未善则改之，无歉于心则加勉，乃自修其德也。"

【易水】

履卦，上乾（☰）下兑（☱）。乾（☰）为天，兑（☱）为泽，泽在天下。乾象征天、圆、君王、父亲、冰等，兑象征泽、少女、坚硬多盐碱地，兑也象征着和悦。一滴水能反映太阳光辉，泽是众多水聚焦低洼之处，是大自然美丽的镜子，更能映射天上的一切，它不仅能真实地反映天的情况，同时也会对天产生影响。

细品履卦，对涉水事物产生重要的启示。

对水行之于礼。人与人之间要讲礼，同样人对水也要有礼。就是尊重水性，按照水性来办事，不做违背水性的事情。或者对水施加影响在水的可承受能力范围之内。如水往低处流这是水性，我们尽可能充分尊重它并且因势利导地利用。水在流动过程中弯弯曲曲，我们在治理江河的时候，尽可能保持弯曲，不进行截弯取直。人对水多么有礼，水对人的恩惠就有多大。

反思水利功过。由于我们对水和自然的认识有限，在建造水利工程的时候，一些没有想到或者想到了没有意识到对水的伤害，在水利工程建设或者运行一段时间后才会显现，这纯属正常的现象。我们要学会"回头看"，建立水利工程后评估制度，对水利工程的功过进行定量定性的评价，对人的行为进行合理的评估，评估水利工程的正负效应，反思人的行为改进之处。对于人的不好行为及时纠正，对于造成水伤害的要采取一切可能的措施进行补救，将不利影响降低到最低。我们现在缺乏对水反省，对水利工程的后评价尚未建立完善的制度。

找准水利定位。水、水利、水利工程有自己的功能，所以找好自己定位异常重要。水利在不同功能中具有不同的定位，我们要找好定位，才能提供更好的服务，否则可能带来巨大损失。如在国民经济中，水利定位就是基础性、支撑性行业，它对其他行业具有基础性支撑地位，缺少它寸步难行。对于一个具体水利工程而言，我们也要将其定好位，不管发电为主，还是防洪为主，还是供水为主，还是保护环境为主等等，在综合分析的基础上进行定位，按照定位进行开发利用和管理。

高度重视论证。人无远虑必有近忧。为了人类用水需求，只靠天然的水资源难以保障稳定的用水需求，人类必须想方设法开发利用水资源。但如何开发利用，却包含着大学问。水利工程特别是大型水利工程要进行充分论证，听取不同的意见，在综合的基础上进行决策，这样才避免决策失误。值得提出的是，要特别注意反对者的意见，要反复研究反对者提出意见的动机、科学性和合理性，不能因人废言，更不能因为是少数而忽略，说不定他独到的见解更有价值，大多数人的意见未必是对的。论证一定要站在科学的立场上，用科学说话，也要考虑民意。多听、多查证，从不同的角度进行论证，在必要的时候同时开展可行性论证和不可行性论证，相互比较，最终将论证做扎实，千万杜绝刚愎自用的决策。

回避涉水风险。行走在老虎尾巴后面不被咬是幸运的，行走的力度很重要。水的开发利用等全过程都充满风险，我们所采取的策略就是如何将涉水风险降到最低，尽可能不发生风险，保障涉水的安全。和悦中正是战胜险境的武器，我们要以柔克刚，风险特别大我们就避开，找出哪个环节是风险最大点，采取措施将其降低。

11. 泰 天地相交 ䷊ 三阳开泰

【原文】

泰：小往大来，吉，亨。

《彖》曰："泰，小往大来，吉，亨。"则是天地交而万物通也，上下交而其志同也。内阳而外阴，内健而外顺，内君子而外小人，君子道长，小人道消也。

《象》曰：天地交，泰。后以财成天地之道，辅相天地之宜，以左右民。

▬▬ ▬▬	上六，城复于隍，勿用师，自邑告命。贞吝。 《象》曰："城复于隍"，其命乱也。
▬▬ ▬▬	六五，帝乙归妹，以祉元吉。 《象》曰："以祉元吉"，中以行愿也。
▬▬ ▬▬	六四，翩翩，不富以其邻，不戒以孚。 《象》曰："翩翩不富"，皆失实也。"不戒以孚"，中心愿也。
▬▬▬▬▬	九三，无平不陂，无往不复。艰贞，无咎，勿恤。其孚于食，有福。 《象》曰："无往不复"，天地际也。
▬▬▬▬▬	九二，包荒，用冯河，不遐遗。朋亡，得尚于中行。 《象》曰："包荒，得尚于中行"，以光大也。
▬▬▬▬▬	初九，拔茅茹，以其汇。征吉。 《象》曰："拔茅，征吉"，志在外也。

【翻译】

原文	准直译	意译
泰：小往大来[①]，吉，亨。	泰卦，通达安泰，小去大来，吉祥，亨通。	泰卦，平安通泰，犹如小本万利，吉祥成功。
《彖》曰："泰，小往大来，吉，亨。"则是天地交而万物通也，上下交而其志同也。内阳而外阴，内健而外顺，内君子而外小人，君子道长，小人道消也。	《彖》说："泰，小往大来。吉，亨。"这是天地阴阳交合、万物生养通畅，君臣上下交合志向相同。阳者居内阴者居外，刚健者居内柔弱者居外，君子居内，小人居外，君子之道昌盛，小人之道消亡。	《彖》说：阴去阳来，小本万利，平安通泰。天地阴阳和谐，万物兴旺，君臣交融心志相通。内刚外柔，内健外顺，君子之道渐增，小人之道渐亡。
《象》曰：天地交，泰。后以财成天地之道，辅相天地之宜[②]，以左右民。	《象》说：天地交合，通泰。君主因此裁制成天地运行之道，辅助天地以化生之宜，保佑天下百姓。	《象》说：天地交融，泰卦卦象。君子效法此象，君主制订顺天地之道，辅助天地繁育万物，保护黎民百姓。

· 73 ·

初九，拔茅茹，以其汇。征吉③。《象》曰："拔茅，征吉"，志在外也。	初九，拔茅草，根系牵连带着同类。征进吉样。《象》说："拔茅征吉"，因为志向在外呀。	初九，居泰之初，志向远大，与上级志同道合，犹如拨茅带根，行事吉祥如意。
九二，包荒，用冯河，不遐遗。朋亡，得尚于中行④。《象》曰："包荒，得尚于中行"，以光大也。	九二，有包容大川宽广胸怀，用徒步涉过大河急流的勇气，对远方之人不遗弃，摒弃私心，行中正之道。《象》说："包荒，得尚于中行"，将其发扬光大。	九二，居泰之时，居中阳刚呼应君王，用包容大川的胸怀、徒步涉河的勇气，怀柔远方之人，铲除私心，行中正之道，并且将其发扬光大。
九三，无平不陂，无往不复⑤。艰贞，无咎，勿恤。其孚于食，有福。《象》曰："无往不复"，天地际也。	九三，没有只是平地而没有陡坡的，没有只出去而不回来的。在艰难困苦之中守正没有灾害，不要怕不能取信于人，享用俸禄有福分。《象》说："无往不复"，这是因为天地循环运行。	九三，居泰之时，阳刚守正三公，天地相融，没有平地不变陡坡，没有只去不归，这是天道。艰辛之时守正无错。有诚信勿忧虑，心安忠职，有福自来。
六四，翩翩，不富以其邻，不戒以孚⑥。《象》曰："翩翩不富"，皆失实也。"不戒以孚"，中心愿也。	六四，像鸟一样轻快地翱翔，不给邻居民众财物，有诚信不用告诫。《象》说："翩翩不富"，因为阴虚而缺实。"不戒以孚"，内心愿望呀。	九四，居泰之时，居诸侯之正位，见命则行，内心诚信，不施财物，不用告诫民众则言听计从，像鸟轻快地飞翔一样自如。
六五，帝乙归妹，以祉元吉⑦。《象》曰："以祉元吉"，中以行愿也。	六五，帝乙下嫁妹妹于诸侯，以此获得幸福，大吉。《象》说："以祉元吉"，因为行中正之道实现自己的心愿。	六五，居泰之时，身为九五之尊，就像帝乙下嫁妹妹一样，履中柔顺，诚心礼贤下士，中顺地实现自己的夙愿，获得幸福。
上六，城复于隍，勿用师，自邑告命⑧。贞吝。《象》曰："城复于隍"，其命乱也。	上六，城墙倒塌在城壕里，不可用兵，自己在都邑里发布命令。守正也有灾难。《象》说："城复于隍"，命令混乱。	上六，居泰之极，政令混乱，犹如城墙倒塌在城壕里，此时不可用兵，应减少繁琐的政令。守正防止土崩瓦解的危险。

【注释】

① 泰，小往大来：泰，卦名，成功，通达。小，小谓阴，大谓阳。出外曰往，在内曰来。

② 后以财成天地之道，辅相天地之宜：后，君王，上古之君称"后"，后世之君称"王"。财，《释文》："裁。"《集解》引郑玄曰："财，节也。辅，相。左右，助也。"宜，适当。

③拔茅茹以其汇。征吉：茅，茅草。茹（rú），《释文》："茹，牵引也。"虞翻说："茹，茅根。"茹是根系牵连的样子。汇，类。征，前进。《集解》引王弼曰："茅之为物，拔其根而相牵引者也。'茹'相牵引之貌也。三阳同志，俱志在外。初为类首，己举则从，若'茅茹'也。上顺而应，不为违距，进皆得志，故以其类'征吉'。"

④包荒，用冯河，不遐遗。朋亡，得尚于中行：包，包容，囊括。荒，大川。冯（píng），徒步过河。不遐遗，即远而无所遗忘。《王注》："用心弘大，无所遐弃，故曰'不遐遗'也。"朋亡，九二上应六五，六五处坤中，坤方位指东北，东北丧朋，此处指大公无私。

⑤无平不陂，无往不复：陂，通"坡"。《集解》引虞翻曰："陂，倾，谓否上也。"无往不复，乾在天，坤在地，泰卦天地颠倒。

⑥翩翩，不富以其邻，不戒以孚：翩翩，快飞的样子。不戒以孚，不用诚信之心停止其行为。

⑦帝乙归妹，以祉元吉：帝乙，班固《白虎通·姓名篇》说："《易》曰帝乙，谓成汤。《书》曰帝乙六代孙也。"《史记》："帝乙长子曰微子启……少子辛（纣王）。"帝乙是古代君主，有人认为他是商朝第二十九任君主，夏商周断代工程将他在位时间定为公元前1101年—公元前1076年，在位26年。归，古女子出嫁曰归。妹，古指女子、少女。祉（zhǐ），本义祖先神降临，引申为福气。

⑧城复于隍，勿用师，自邑告命：复，通"覆"，颠覆。隍，护城的壕沟。《集解》引虞翻曰："隍，城下沟。无水称隍，有水称池。"《王注》："居'泰'上极，各反所应。泰道将灭，上下不交。卑不上承，尊不下施。是故'城复于隍'，卑道崩也。"告，传达，颁布。命，训令，命令。

【宗旨】

泰卦主要阐述安泰之道。国泰民安人人所求，如何达到平安，如何永保平安，泰卦给了我们明确的答案。即人之道与天之道融合一体，天地阴阳协调万物丛生，人上下交融心意相通，要内刚外柔，让君子之道发扬光大，小人之道无处容身。要有大海般胸怀，行中正之道，心诚广施恩泽，广结善缘，居安思危。泰卦充满了喜悦的气氛，六爻之中唯有上六有"吝"，其他爻都很喜兴。

【本会】

作者没有找到泰的甲骨文和金文。《说文解字》中说："泰，大也。"《礼记·曲礼上》疏："泰者，大中之大也。"可见泰是大中之道极其博大，由此可以有更多的延伸，富裕平安、社会稳定、丰衣足食、国泰民安等等。《序卦》中说道："履而泰然后安，故受之以《泰》。泰者，通也。"履，通"礼"，非礼勿行就可以通达，并且平安，于是接着是泰卦。泰是通泰。

泰卦（☷）上坤（☷）下乾（☰），坤为地，乾为天，地气上升，天气下降，天地阴阳交合交融，阴阳协调，万物祥和，生机勃勃，一片繁荣景象。君子看到此现象，受到启发，学习天地融合之精神，制定遵守的规范，适应天地之变，更好地爱护保护百姓，让百姓安泰地过着幸福生活。

如何实现安泰并保持呢？对于大自然而言，天地相交、阴阳协调就能让万物繁荣；对于人世而言，相互交流、心灵沟通就能和谐相处。做人要做君子，不做小人，内刚外柔，心诚中正，善缘广结，恩泽普施，安不忘危。

泰卦是六十四卦中唯一一个"交流""相应""变通"全部具备的卦。交流就是下与上交流、相应就是爻与爻之间阴阳属性相对应，即初与四、二与五、三与上，如一为阳爻，四为阴爻。相应与交流存在，自然实现变通。本来在自然界中我们看到的是天在上地在下，此卦却呈现地在天上的"反常现象"，这正是天地交融、不分彼此的结果，也说明泰卦强调"交"而后"泰"的义理。清朝李光地在《周易折中》中对天地之泰与人事之泰有过精要的阐述："天地之形不可交而以气交，气交而物通者，天地之泰也。上下之分不可交而以心交，心交而志同者，人事之泰也。阴阳以气言，健顺以德言，君子小人以类言。"全卦呈现喜庆的气氛，六爻中五爻有喜气，只有上六因"泰"极"否"来出现"吝"，泰中有否，否中也有泰。

泰卦给我们重要启示。

交流促进融合发展。"泰，小往大来。吉，亨。"只有交流才能通泰吉祥，即交流促进融合发展。我们人类追求发展，发展让人类更加强大，生活更加富裕。如何促进发展，发展的模式如何，世界各国都在进行探索。泰卦给出了发展的通用模式："天地交而万物通也。"天地阴阳交流，万物欣欣向荣。由此可以借鉴到人世，人类通过交流才能互通有无，才能取长补短，共同发展。中国的历史和现实实践证明了这一点。古代丝绸之路打通了中西方文化交流，一定程度上促进了世界的交融发展。只有交流才能发展，相互取长补短，互利互惠。当然交流要走正道，在交流过程中要善于吸收好的东西，摒弃坏的东西，这是交流过程中要十分注意的。

思危才能确保居安。"无平不陂，无往不复。艰贞无咎。"要有居安思危意识才能确保平安。安逸容易让人产生麻痹,享受安逸会让人乐不思蜀,最终在安逸中销蚀安逸的根基,安逸随之消亡。"无平不陂,无往不复。"天地是不断循环往复的,泰可以变否,否可以转换为泰,平地会变成斜坡,斜坡也会变成平地。同样平安可以变成危险,危险也可以演变为平安。如何保平安,那就是在平安中要有忧患意识。

人道适天国泰民安。"后以财成天地之道,辅相天地之宜,以左右民。"人道要适合天道才能国泰民安。人是大自然的一分子,有思想,有语言,而且还有高超的智慧,能制造工具,但依然改变不了他是大自然的一个成员的事实。老子说:"天地不仁,以万物为刍狗;圣人不仁,以百姓为刍狗。"人要在世界中获得自由,就要适应自然,适应自然规律。人类有自主能动性,但这种能动性不能无限发挥,一定要在不破坏自然规律的前提下发挥。人道只有适应天道,人类才能更长久更幸福,才能国泰民安。

内心诚信言听计从。"翩翩不富以其邻,不戒以孚。"《淮南子·缪称训》说:"两心不可以得一人,一心可得百人。"《孟子·离娄章句》说:"至诚而不动者,未之有也;不诚,未有能动者也。"真诚是通往人心的通行证。

人脉广结通泰屏障。"帝乙归妹,以祉元吉。"建立广泛的人际关系异常重要,连帝乙这么权高位重的君主都高度重视人际关系。人是群居的高等动物,人际关系决定你的命运。能力超强没人拥戴,难以发挥作用。能力一般但万人簇拥,可以为人上人。当然拥有超人智慧同时又有众人拥护,那一定是天下无敌。人际关系也是重要生产力。

【易水】

泰卦下乾(☰)上坤(☷),乾为天,坤为地。乾本应在上,地原本在下,可此卦乾坤颠倒,并赋予了通泰的内涵,让人有些想不明白。从一般视角来看,如果人站在地上看,自然天高高在上,但是如果以天为地,地当然在上面,角度不同,结果不一样。实际上天还是那个天,地还是那个地,但认识却发生了很大变化。《易》精髓之一就是你中有我,我中有你,我极变你,你极变我。天地相互变通符合义理。从另一个角度来看,地中有天也是自然。水是大地的龙脉,江河湖泊是大地的镜子,在平静之处,水映射出天上的一切,水将天装下了,天在地下也是一种独特的景观。

泰卦是十二消息卦之一,属于一月(正月)。阳爻代表阳气,阴爻代表阴气。三个阳爻组成乾,可以说是"三阳开泰",在节气上代表雨水节。因此泰卦代表春天的光临，万物开始萌发生长。古人认为上卦坤代表阴与地，其性质向下，下卦乾代表阳与天，其性质向上，上下性质相向，可以相交，万物繁衍。正因为如此，春雨格外金贵。相传解缙幼时雨中摔倒，引发路人大笑不止，他随口作了一首诗："春雨贵如油，下得满街流。跌倒解学士，笑死一群牛。"

泰卦给水利不少启示。

和谐水利主题永恒。和谐、和平是世界的普遍追求，和谐水利有自己的特殊性，不仅要求水利系统内部的和谐，还包括水与自然、水与人的和谐、水与经济、社会的和谐，追求水利和谐是水利发展永恒的主题。只有与水相关的重要因素都和谐，水利和谐才做得更加完美。要水利和谐，水利行业要和其他行业及相关人员进行深入交流，了解他们的需求，同时对他们的用水、排水提出要求，共同促进水利的和谐发展。发展好水利，只有和社会经济环境密切融合才有更广阔的天地，才能更符合社会需求。这与水是环境资源、生态资源、经济资源、战略资源、生活资源等多功能有密切关系。水利和谐是一项复杂的系统工程，做好沟通融合工作异常重要。

居安思危安全水利。我们今天能享受这样的幸福生活，水利贡献功不可没。我们在享受水利便利的同时，要考虑到我们面临的危机。由于人类经济社会发展，对水资源需求加大，过度的水资源开发利用已经超出水资源的承受能力。我们必须有忧患意识，对破坏的水资源进行修复，将我们的行为限制在水的承受能力范围之内。水库等水利工程平安运行带给我们无穷的红利，我们不能不思虑可能带给我们的溃坝等风险，要及时监测修复，将危险降到最低。我们要居安思危，对可能的危险采取系列预防措施。

适水发展适应自然。水利必须适应自然才能得到发展，这是水利持续发展的必然要求。人对水的需求在某种程度上存在"贪得无厌"，有时提出超出水承载力的需求，我们时常破坏自然来满足这种不可持续发展的需求。我们需要调整人和利用水这两种行为，彻底满足人的基本用水需求，有效抑制奢侈用水需求。人的发展方式由人的需求导向转向人的需求与自然可供给密切结合起来。通过调整产业结构等多种措施，提高水的利用率和利用效率，用最少的水创造更多的价值和服务，采取有多少水办多少事的模式约束自己。开发利用水资源时不过度，根据可利用水量进行有效供给，确保不破坏自然环境。适水发展是人与水和谐的重要途径，是人与水友好的自我约束，是人的发展走向绿色发展的重要手段之一。我们也要正确认识洪水和干旱，他们的发生都是自然现象，不以人的意志为转移。干旱地区因地制宜适当发展旱作农业。我们要不占用洪水通道，不与洪水争地，充分利用洪水发展自己。我们要因水制宜，适合养殖的养殖，适合景观的就建造景观，适合建设水电站的建设水电站。

水利诚信天下祥和。通过水利诚信为天下祥和创造条件。世界各地都存在水利诚信问题。水利诚信就是通过水利真诚服务吸引更多人投入水利工作，爱护水，保护水，促进水利健康发展。我们需要不断地调整人的行为，包括采取强化约束、双向调整、动态均衡等多种措施，创造水利诚信。

水网畅通国富民安。水利本身要发展，也要广结人缘，包括和用水户关系协调，与供水户关系良好，与上下级关系和谐，与国外好的联结，充分吸取他们的经验，或者利用外资等等。江河湖泽大部分自然分布，我们要根据社会发展的需要，建立相对完善的水网体系。水网分为两种：一是自然水网，在自然的基础上进行适当的人工干预，使水网更加合理，如适当的江河连通；一是人工水网，如通过水利工程建设人工网络，建立供水、排水网络等。水网畅通是国富民安的重要基础设施，作为公益性较强的水利工程，国家要高度重视，加大投资力度，对于已经建成的设施做好维护。

12. 否 天地不交 否极泰来

【原文】

否：否之匪人，不利君子贞，大往小来。

《彖》曰："否之匪人，不利君子贞，大往小来。"则是天地不交而万物不通也，上下不交而天下无邦也。内阴而外阳，内柔而外刚，内小人而外君子，小人道长，君子道消也。

《象》曰：天地不交，否。君子以俭德辟难，不可荣以禄。

▬▬▬	上九，倾否，先否后喜。 《象》曰：否终则倾，何可长也。
▬▬▬	九五，休否，大人吉。其亡其亡，系于苞桑。 《象》曰：大人之吉，位正当也。
▬▬▬	九四，有命，无咎，畴离祉。 《象》曰："有命无咎"，志行也。
▬ ▬	六三，包羞。 《象》曰："包羞"，位不当也。
▬ ▬	六二，包承，小人吉，大人否，亨。 《象》曰："大人否，亨"，不乱群也。
▬ ▬	初六，拔茅茹，以其汇，贞吉，亨。 《象》曰："拔茅，贞吉"，志在君也。

【翻译】

原文	准直译	意译
否：否之匪人，不利君子贞，大往小来①。	否卦，象征闭塞不通，小人当道，不利君子守正之道，刚大者往外，柔小者来内。	否卦，象征世道闭塞不通的乱世，君子之道难行，小人之道渐长，君子外避隐世，大本小利。
《彖》曰："否之匪人，不利君子贞，大往小来。"则是天地不交而万物不通也，上下不交而天下无邦也②。内阴而外阳，内柔而外刚，内小人而外君子，小人道长，君子道消也③。	《彖》说："否之匪人，不利君子贞，大往小来。"是说天地阴阳不交合万物生养之道不畅通，君臣上下交流堵塞不成邦国。阴者居内、阳者居外，柔顺者居内、刚健者居外，小人居内、君子居外，小人之道增长，君子之道消亡。	《彖》说："否之匪人，不利君子贞，大往小来。"因为天地阴阳不交，万物难以生养，君臣上下沟通不畅难以治国。小人得势把持朝政，君子失势远走他乡，小人之道增长，君子之道消亡。

《象》曰：天地不交，否。君子以俭德辟难，不可荣以禄④。	《象》说：天地不相交，否卦卦象。君子以勤俭美德躲避灾难，不可追求荣华厚禄。	《象》说：天地不交，否卦卦象。君子从中受到启发，韬光养晦，避世绝俗，不追逐高官厚禄。
初六，拔茅茹，以其汇，贞吉，亨。《象》曰："拔茅，贞吉"，志在君也。	初六，连根拔掉茅草及其同类，守正吉祥，亨通。《象》说："拔茅，贞吉"，心志在君王。	初六，居否之初，乱世之时，愿为君主建功立业，团结志同道合的君子拯救国家，犹如拔草连根一样团结，如此守正，吉利亨通。
六二，包承，小人吉，大人否，亨⑤。《象》曰："大人否，亨"，不乱群也。	六二，小人阿谀奉承吉祥，德高望重大人反之亨通。《象》说："大人否亨"，不被小人群党所乱。	六二，乱世之时得位，小人阿谀奉承君王，得意洋洋。与此相反，德高望重大人居中守正，出污泥而不染，亨通。
六三，包羞⑥。《象》曰："包羞"，位不当也。	六三，小人之道奉承上级，受辱。《象》说："包羞"，位置不当呀。	六三，乱世之时，德不配位，用小人之道奉承上级，胡作非为，招致羞辱。
九四，有命，无咎，畴离祉⑦。《象》曰："有命无咎"，志行也。	九四，接受天命，没有灾难，众人依附而得福。《象》说："有命无咎"，心志实施。	九四，乱世之时，阳刚诸侯，奉行天命，清除小人拯救天下，吉祥无祸，众人齐心协力而得福。
九五，休否，大人吉。其亡其亡，系于苞桑⑧。《象》曰：大人之吉，位正当也。	九五，小人之道停止，大人吉祥。要灭亡要灭亡，将其维系在韧性极强的苞桑上。《象》说：大人之吉，九五居中位得当。	九五，乱世之时，君王阳刚大中至正，制止乱世复归太平，只有德高望重者能做到。居安思危，常常告诫自己：灭亡在前，灭亡在前，要筑牢根基安然无恙，像绑在韧性极强的众多桑树上那样牢固。
上九，倾否，先否后喜⑨。《象》曰：否终则倾，何可长也。	上九，将要改变闭塞不通格局，发生巨变，始闭终畅，皆大欢喜。《象》说：闭塞之极发生倾覆，局面不会持久不发生变化。	上九，处否之极，否极泰来，皆大欢喜。

【注释】

① 否，否之匪人，不利君子贞，大往小来：否（pǐ），卦名，闭塞，阻隔不通，乱世。匪，通"非"。非人，不是人，指坏人或者小人。《正义》："阳气往而阴气来，故云'大往小来'。阳主生息，故称大，阴主消耗，故称小。"

② 上下不交而天下无邦：邦，本意是指建立土界，引申为国家、城镇等。《集解》引何妥曰："'否'中云'无邦'，言人志不同必致离散而乱邦国。"

③ 小人道长，君子道消也：小人之道渐长，君子之道渐消，隐含君子当戒防小人含义。

④ 君子以俭德辟难，不可荣以禄：俭，勤俭，俭约。辟，通"避"，辟难，躲开危难。禄（lù），古代官吏的俸给。《集解》引孔颖达曰："言君子于此'否'时，以节俭为德，辟其危难，不可荣华其身以居禄位。此若据诸侯公卿言之，辟其群小之难，不可重受官爵。若据王者言之，谓节俭为德，辟阴阳厄运之难，不可自重荣贵而骄逸也。"

⑤ 包承：包，包容，容纳在里头。承，顺承，顺从上，六二顺承九五，大夫顺承君王。《王注》："居'否'之世，而得其位，用其至顺包承于上，小人路通。"朱熹注："阴柔而中正，小人而能包容承顺乎君子之象，小人之吉道也。"

⑥ 包羞：羞，耻辱。《王注》："俱用小道，以承其上，而位不当，所以'包羞'也。"

⑦ 有命，无咎，畴离祉：命，天命，天之命令。畴，同"俦"，是指同类或众人。离，同"丽"，附丽或依附。

⑧ 休否，大人吉。其亡其亡，系于苞桑：休：停止。其亡，将要灭亡。苞桑，苞，《说文解字》："苞，草也，南阳以为粗履。"苞指能编织草鞋和席子的一种柔韧的草。桑，《说文解字》："桑，蚕所食叶木。"即桑树，一种木质坚韧的树，古代制作弓和车辕的木材。《集解》引京房曰："桑有衣食人之功，圣人亦有天覆地载之德，故以喻。"《正义》："若能其亡其亡，以自戒慎，则有系于苞桑之固，无倾危也。"

⑨ 倾否，先否后喜：倾，倾覆。《正义》："处否之极，否道已终，此上九能倾毁其否，故曰'倾否'。'先否后喜'者，否道未倾之时，是'先否'之道，否道已倾之后，其事得通。"

【宗旨】

否卦主要阐述如何应对乱世之道。否卦象征闭塞不通，代表事物不好、乱世。由于上下沟通不畅，各自封闭，结果万物不宁，小人得势君子危。君子困厄之时，不与小人同流合污，仍然保持君子高风亮节，为了避免伤害，选择避世绝俗、韬光养晦。小人得志，天下大乱，但终不会长久，否极泰来，正气终究会战胜邪气，邪不压正。在处否境之时，要团结一心，拯救天下，要忍辱负重，勇帮君王清君侧，相信先苦后甜。

【体会】

否字金文是否。《说文解字》："否，不也。从口，从不，不亦声。"即否，不赞同，字形采用"口、不"会意，"不"也是声旁。《序卦》说："物不可终通，故受之以《否》。"事物永远通达是不可能的，会有阻塞，所以接下来就是否卦。《杂卦》说："《否》《泰》反其类也。"

否卦（☰），上乾（☰）下坤（☷），乾代表阳气，坤代表阴气，阳气上升，阴气下降，阴阳两气没有交集，其结果是天地不相融，万物劫难，天下大乱。在否卦中，内柔外刚，其实就是色厉内荏。小人居内把持朝政，君子居外被排挤出局；小人得势，趾高气扬，君子失位，怀才不遇；小人之道猖狂行于世，君子之道默然隐于地。阴阳颠倒，乾坤倒置，世界处于光明前的黑夜。正直的人会团结志同道合的人反抗，还社会一个公道和清洁。否卦告诉君子怎么做：保存实力准备东山再起，这时候要韬光养晦，远离是是非非，要视荣华富贵、高官厚禄为粪土，不为五斗米折腰，保持君子之风范。

在十二消息卦中，否卦代表的节气是处暑，六爻代表立秋至白露的三十余天。秋天尽管属于丰收的季节，带给人们丰收喜悦的同时，寒冬即将到来，特别是深秋，北风呼啸，秋风扫落叶，万物开始凋零，动物们开始长出绒毛准备过冬，万物也开始为度严寒做充分准备。作为君子，看到秋风瑟瑟，意识到社会炎凉，要适应这种环境，最好的办法就是远离危险，保持美德，保证自己的纯洁不受污染。

孔子对否卦高度重视，在《系辞》中孔子说：安逸其职位的危险，自以为保持长久者灭亡。有乱就有人治。所以君子安不忘危，存不忘亡，平安不忘动乱。如此才能安身保国。《易》说国家将要灭亡，将要灭亡，就像系在包桑上一样警惕自己。

否卦给我们重要启示。

困境之时，筑牢正道根基。"包承，小人吉，大人否，亨。"困境之时不忘正道，为坚守正道筑牢根基。"咬定青山不放松，立根原在破岩中。千磨万击还坚劲，任尔东南西北风。人不能总处于顺风顺水，总有低谷之时。身在困境怎么办？"拔茅茹，以其汇"是一种积极的精神状态，特别是在天下大乱的时候，能做到这一点更难能可贵。困境之时要寻找机会，充分利用自己的智慧，为突破困境创造条件，筑牢正道根基。孔子一生宣扬仁义道德，周游列国，宣传自己的主张，尽管其主张属于救世之正道，但所处的环境不允许实践他的主张；周室权威渐渐衰落，诸侯称霸成为大势，公平受阻，谁胳膊粗力气大谁就是王道，此时怎么会有孔子立足之地呢？但孔子不放弃正道，依然坚持，只好到处奔波，被讥讽为"丧家之犬"。孔子坚信自己道路的正确性，尽管在官场上屡屡失意，但他扛起教育大旗，有教无类，为正道发扬光大留下了火种，逐步筑牢正道的根基。后来弟子整理出的《论语》，半部论语治天下，对后世正道起到顶梁柱作用，其思想后来被统治阶级所利用，深刻地影响了中华文化。

困境之时，坚守有为有节。"有命，无咎，畴离祉。"困境之时要坚持有为有节。王勃在《滕王阁序》中说："老当益壮，宁移白首之心？穷且益坚，不坠青云之志。"人遇到困境，不能困守牢笼，要有所为有所不为，消极等待永远不能摆脱困境，最终要依靠自己，外援是动力，外援存在着很大的不确定性，心脱困才是真正的脱困，才更有动力去摆脱困境。

困境之时，善于韬光养晦。"天地不交否，君子以俭德辟难，不可荣以禄。"在困境之时不要为荣禄所收买，要韬光养晦，等待机会厚积薄发。人在困境之时，要对自己有信心，相信自己总会有美好的未来。"俭德辟难，不可荣以禄"是明智君子应对乱世之道，保存自己，等待时机。春秋时期社会动荡，以老子为代表的一批隐士们隐居起来，韬光养晦，不追逐高官厚禄，冷眼旁观世界风云变幻，躲过了小人的威胁。他们身隐心不隐，对世界局势变化了如指掌，并且不断地增强自己的本领，准备东山再起，待势而动，这是处于泰极否来困境之时君子应当做的。消极地等待，不如积极地进取，韬光养晦是困境之时高超的处事态度，蕴含了无穷的智慧。

困境之时，不忘匹夫有责。"拔茅茹以其汇，贞吉，亨。"困境之时团结起来守正是吉祥的，所以每个人都有责任。乱世小人当道，君子难以生存。小人之所以猖狂，是因为君子正气被压抑，众多君子忍气吞声，更加助长了小人的嚣张气焰。作为正直的匹夫，团结起来拧成一股绳，和小人斗，不仅体现了社会责任，而且可以实现自己的价值。历史是人民创造的，其巨大的力量是任何人都阻挡不住的。小人只能猖狂一时，小人内心是胆怯的，小人引发众怒，一人一口唾液也能将他淹死。匹夫可以自发，但这种个人力量太渺小，要组织起来，参加到一个集体之中就能助长火焰旺盛。善于组织群众，引导群众，充分发挥群众的智慧和力量，就能战胜困境。

困境之时，点亮希望盏灯。"倾否，先否后喜。""休否，大人吉。"困境之时也有光明前途。黎明之前的夜更黑暗，但也意味着光明即将到来。人在最困难的时候，预示着会逐渐变好，要坚持渡过难关。否极泰来这是规律，我们要相信否泰之间的转换。艰苦地努力才能到达胜利的彼岸，我们不能等靠要，要靠奋斗争取，要靠阳刚的力量，逐渐排除困境，学会包容地生存，忍辱负重，在希望之灯指引下排除万难，争取最后的胜利。

【易水】

否卦上乾（☰）下坤（☷），乾为天，坤为地。天在地上，符合自然现象。天主宰万物，地承载万物。从水的角度来解释，地上之水来自天上，天上的水通过地面水的蒸发，两者相互配合，才有可能风调雨顺。

乾卦还象征冰，地上有冰，落地就是冰雹，从天而落，砸坏物品，作物和果树等都受到不同的损失，严重者绝收，造成灾害。冰雹来袭，令人恐惧，人一定会躲避防止被砸伤，远离灾难是人的本性。否卦对水有重要启示。

面对水利困境勇于进取。由于对水规律认识不清，水资源的开发利用常常面临着困境甚至完全失败。位于福建省莆田市的木兰溪，现有中国第一批省级重点文物保护单位木兰陂（bēi），它是中国现存最完整的古代灌溉工程之一，被国际灌溉排水委员会列入首批世界灌溉工程遗产名录。木兰溪全长168公里，是闽中最大的河流，受海潮顶托时常泛滥成灾。公元1064年，长乐人氏钱四娘捐家资万缗（mín），在木兰溪将军滩上筑陂，未建成即被洪水冲毁，钱四娘愤而投江。不久，其同乡林从世又在下游重建，遗憾的是工程刚建成即被海潮冲垮。公元1075年，县令李宏奉召将坝址选在木兰溪出山口下游约1公里处筑陂，由于选址好方法对终于建成。面对两次失败，人们没有气馁，想方设法再战，终于成功。

正确应对旱涝自然灾害。阴阳不合自然不会风调雨顺。万物生长所需要的适宜温度、水分、营养等环境，如果不能充分满足，万物生存遇到困难，甚至崩溃灭亡。从水利的角度来看，温度不正常的升高或者降低，降水非正常地多，导致洪涝灾害，降水异常地少发生干旱灾害，风异常地大产生台风等灾害。总之各种灾害都可能摆在面前，万物受到前所未有的考验。对于这种自然现象，人类难以干预，是无法改变的，我们只能去适应，认识其发生发展规律，调整自己的行为，谋求将损失降低到最低。要超前谋划，居安思危。如我们做好备用水源工作，预防可能发生的极端干旱。我们远离河道，不与洪水抢地，给洪水以空间，将占用的洪水通道还给洪水，就减少洪水对我们的威胁。灾害永远不会消灭，正确地对待旱涝等自然灾害是科学的选择。

建立和谐水利任重道远。闭塞不通对水利而言就是水利不和谐，人水矛盾、水与自然矛盾、水与社会经济矛盾尖锐，甚至到了难以调和的地步。解决这个矛盾需要我们拿出符合规律的科学办法。大自然不会有错，水资源也不会有错，它们都是按照自己的本性在运转，错的应该是人，是人的选择和行为等诸多方面没有适应水与自然的本性。我们应该做的就是反思人类自己，改掉不合理行为，向不利水利的行为开战。

铺就美好水利未来之路。水是生产生活不可缺少的自然资源、环境资源、生活资源和经济资源，人类的美好未来与水的美好密切相关。尽管我们对水进行了多方位深层次的研究，但对水的认识特别是与水相关联的各种认识还有限，对其复杂联动机制尚未掌握，在开发利用水资源的时候，难免犯错误，建设不适宜的水利工程。我们要在困境时给自己希望，在矛盾面前给出解决问题的途径。

13. 同人　天下有火 ☰ 类族辨物

【原文】

同人：同人于野，亨。利涉大川。利君子贞。

《彖》曰：同人，柔得位得中而应乎乾，曰同人。同人曰："同人于野，亨。利涉大川"，乾行也。文明以健，中正而应，君子正也。唯君子为能通天下之志。

《象》曰：天与火，同人。君子以类族辨物。

	上九，同人于郊，无悔。 《象》曰："同人于郊"，志未得也。
	九五，同人先号咷而后笑，大师克相遇。 《象》曰：同人之先，以中直也。大师相遇，言相克也。
	九四，乘其墉，弗克攻，吉。 《象》曰："乘其墉"，义弗克也。其吉，则困而反则也。
	九三，伏戎于莽，升其高陵，三岁不兴。 《象》曰："伏戎于莽"，敌刚也。"三岁不兴"，安行也。
	六二，同人于宗，吝。 《象》曰："同人于宗，吝"，道也。
	初九，同人于门，无咎。 《象》曰：出门同人，又谁咎也。

【翻译】

原文	准直译	意译
同人：同人于野①，亨。利涉大川。利君子贞。	同人：志同道合的人相聚在原野，亨通。有利于渡过大河急流。有利君子坚守正道。	同人：与广远之人同道，世界大同，亨通。君子宜坚守正道，利于战胜艰难险阻。
《彖》曰：同人，柔得位得中而应乎乾②，曰同人。同人曰："同人于野，亨。利涉大川"，乾行也。文明以健，中正而应，君子正也。唯君子为能通天下之志。	《彖》说：同人，六二阴爻得正位且中，上与九五阳爻相应，上下志同道合。同人说："同人于野，亨。利涉大川"，用刚健行事。内文明外刚健，正位守中与君王相呼应，这正是君子之正道。唯有君子才能通达天下之志。	《彖》说：行为柔顺中道得位，与阳刚相呼应，就是同人。同人就是与广远之人同道，世界大同，亨通。自强不息有利战胜艰难险阻。阳刚文明，中正应和上级，正人君子之道。唯有君子才能通晓天下之志，让世界大同。
《象》曰：天与火，同人。君子以类族辨物③。	《象》说：上天下火，同人卦象。君子通过类别辨别万物。	《象》说：天下有火，同人卦象。君子效法此精神，物以类聚人以群分，分门别类辨识万物。

·87·

初九，同人于门，无咎。 《象》曰：出门同人，又谁咎也。	初九，出门与人同心同德，没有灾难。 《象》说："出门同人"，不会相互伤害。	初九，居同人之初，与志同道合的人处事，不会有伤害，没有过错。
六二，同人于宗，吝④。 《象》曰："同人于宗，吝"，道也。	六二，只与同宗之人求同，有过错。 《象》说："同人于宗，吝"，在大道上有过错。	六二，和同之时，身为柔中得正大夫，若只与宗亲大同，大道不周，有过错。
九三，伏戎于莽，升其高陵，三岁不兴⑤。 《象》曰："伏戎于莽"，敌刚也。"三岁不兴"，安行也。	九三，把军队埋伏在密林草莽之中，登上高坡观察，三年不发动战争。 《象》说："伏戎于莽"，敌人强大，"三岁不兴"，何可行也。	九三，和同之时，身为正道三公，面对强大的对手，深藏自己实力，提高警惕，韬光养晦，不妄动安行，就像遇到强大的敌军，隐蔽自己军队，加强警戒按兵不动。
九四，乘其墉，弗克攻，吉⑥。 《象》曰："乘其墉"，义弗克也。其吉，则困而反则也。	九四，登上城墙，不能进攻，吉祥。 《象》说："乘其墉"，道义上不被攻克。"吉"，因困而返遵从法则。	九四，和同之时，身为不正阳刚诸侯，不义行动前幡然悔悟，回归正道，仁义行事，吉祥，就像登上城墙准备进攻，但发现不义停止而遵道一样。
九五，同人先号咷而后笑，大师克，相遇⑦。 《象》曰：同人之先，以中直也。大师相遇，言相克也。	九五，与人同心同德，先嚎啕大哭，后放声大笑，大军告捷，同人相聚。 《象》说：同人先哭后笑，因为中正正直。大军相聚，克敌制胜。	九五，和同之时，身为阳刚居中九五之尊，中正正直，虽有艰困，但最终制胜，就像先哭后笑、大军出战告捷、志同者会师一样。
上九，同人于郊，无悔。 《象》曰："同人于郊"，志未得也。	上九，同心同德相聚于原野，没有悔恨。 《象》说："同人于郊"，还没有得志。	上九，处同人之极，身居远处，未得同人，壮志未酬，但没有遗憾。

【注释】

① 同人，同人于野：同人，卦名，志同道合之人，和同。野，古时市外为邑，邑外为郊，郊外为野。此处指旷野，原野。同人于野，偏僻原野都有志同道合之人，寓意天下大同。《集解》引郑玄曰："风行无所不变，变则会通之德大行，故曰'同人于野，亨'。"《正义》："'同人'，谓和同于人。""'野'是广远之处。借其野名，喻其广远。言和同于人必须宽广无所不同，用心无私，处非近狭，远至于野，乃得亨进。"

② 柔得位得中，而应乎乾：柔得位得中，六二阴爻柔，得正位，而且居下卦中间。应乎乾，六二与九五相应，九五阳爻，乾。

③ 君子以类族辨物：类，类别，归类。族，聚，有共同属性的一类，如家族。辨，辨别，分辨。辨物，分辨事物。《集解》引虞翻曰："谓'方以类聚，物以群分'。孔子曰：'君子和而不同。'故于同人家见'以类族辨物'也。"

④ 同人于宗，吝：宗，本义宗庙、祖庙，引申为宗亲、宗党、宗族。《集解》引荀爽曰："宗者，众也……阴道贞静，从一而终，今宗同之，故'吝'也。"

⑤ 伏戎于莽，升其高陵，三岁不兴：戎，兵，军队。莽，草丛。兴，兴起。陵，《尔雅·释地》："大阜曰陵。"大土山。三岁不兴，多年不发兵打仗。

⑥ 乘其墉，弗克攻，吉：墉（yōng），城墙。《正义》："乘其墉者，履非其位，与人斗争，与三争二，欲攻于三，既是上体，力能显亢，故乘上高墉，欲攻三也。"弗，不。克，《尔雅·释言》："克，能也。"能，能够。攻，攻打。弗克攻，不能攻打。

⑦ 同人先号咷而后笑，大师克，相遇：号咷（háo táo），也作"嚎啕"，大声痛哭，比喻艰难困苦。大师，指大军。克，本义攻下、战胜、打败。《集解》引侯果曰："乾德中直，不私于物，欲天下大同，方始同二矣。三四失义而近据之，未获同心，故先'号咷'也。时需同好，寇阻其途，以言相克，然后始相遇，故'笑'也。"

【宗旨】

同人卦主要阐述大同之道。卦象天下有火，君子应效仿以类辨物，即物以类聚、人以群分。大同之原则是坚守柔顺、中道、阳刚，自强不息，大中至正，有世界大同之志，与志同道合者处事，亲众人，遇超强则韬光养晦，不妄动，时刻反省自己，纠正自己的错误。

【体会】

同的甲骨文是𠔼，上边是"凡"，有的说是高脚方盘，也有人认为是风帆形，究竟是什么尚无定论。下边是"口"，为容器口，表示盘与其他容器相同，是会合各种东西的器物。《说文解字》解释说："同，合会也。"也就是会合、聚集。进一步引申为相同、一样、一起、共同。同人是在同后面加人，会和人，相同人，志同道合人。《序卦》说："物不可以终否，故受之以《同人》。"任何事物不可能一直处于否中，最终会聚其同类会合，所以接下来就是同人卦。《杂卦》说："《同人》，亲也。"说出了同人卦的排序由来和重要内涵。

同人卦（䷌）下离（☲）上乾（☰），离为火，乾为天，天下有火，火光上升，即天火相照相融，相互亲和，同人之象。同时，乾为阳，高高在上，天之道无私，给万物温暖，带来生机。离为火熊熊燃烧，带给人热呼呼的食物，在寒冷的冬季给人温暖，两物虽然差异很大，但同样带给人光明和温暖，作用相一致，可谓志同道合，比拟同人。君子观察到此象，自我深省，效法此精神，对事物分门别类，既看清事物之间的差异，也深刻认识其相同，这样才能认识事物的本质，把握事物的本性。所以君子"以类族辨物"。孔子在解释本卦"同人，先号咷而后笑时"说：君子之道，入仕或者隐退，不言或者发言，二人同心，其利断金，同心之言，其臭如兰。同乃是心志相同。

本卦阐述大同之道，给我们描绘了一个美好的大同世界。亲则和，和则同。如何实现大同世界，就是《中庸》所言："不见而章，不动而变，无为而成。"不分你我，不分远近，不分贫富美丑，彼此同心同德，同道合的人在一起，没有纷争，没有战争，到处一片祥和的景象，人人过上幸福的生活。如何才能实现此愿景，需要做得正，保持中道，柔顺行事，并不断进取；需要光明正大，上下相互应和，心志相通；需要广阔无私、光明磊落；需要内心填满美德，而且不断地实践予以彰显，就像太阳一样，正大光明，影响众人。可以概括为"大道之行也，天下为公"同并非完全一致，是求同存异、大同小异的大同世界。但我们也要注意，即便是大同，肯定有小异，这不影响合作，就像两国战略方向一致，只是实现的方式略有差异，但最终都能实现战略目标。《论语·子路》中说："君子和而不同，小人同而不和。"

同人卦给我们很多启示。

志同道合成功伴侣。"同人于野，亨·利涉大川。"志同道合的人能共同对付困境，达到成功的彼岸。每个人都生活在复杂的社会关系中，生活中有邻居，事业中有合作伙伴，志同道合的人在一起才能凝聚更大的力量。一个人打天下能力有限，可能一事无成，但一群志同道合的人却能成就大事业。桃园三结义成为志同道合的典范。

团结方能战胜艰险。"同人于宗，吝。"大同需要团结一切可以团结的力量，团结是战胜艰难险阻的法宝，团结是应对困境的好武器。团结靠什么，靠利益联结的团结会因利益而分开，靠志同道合结合在一起方能行稳致远。二人同心其利断金，会给战胜困难提供有利的炮弹。吐谷浑是我国鲜卑族的一支，在我国西北曾建立吐谷浑国。据《魏书》记载，吐谷浑国国王阿豺曾用1支筷子容易折断，19支筷子难以折断教育20个儿子要团结保家卫国。

谨慎方能稳中求胜。"伏戎于莽，升其高陵，三岁不兴。"遇到强大困境之时要谨慎才能取得胜利，俗话说小心驶得万年船，谨慎才是稳中求胜的重要基础。湘军的创立者和统帅曾国藩，功高盖主但最后保全自己度过圆满的人生，其中一条重要秘诀就是谨慎。他警示世人"慎独，则心安"，这是他用一生凝练的官场经验。无论你是在创业还是在守业，无论你从事学术研究还是从事生产，要将谨慎放在重要位置上。当然要处理好谨慎和进取的关系，谨慎不是缩手缩脚不前进，而是为了更好地前进。

守道才能摆脱困境。"乘其墉，弗克攻，吉。"守正道才能吉祥，才能摆脱困境，这是《易》给我们的重要智慧。守道才是做人的根本，守道才是战胜困难的武器。得道多助失道寡助，这是大家常用的警句，道出了守道的重要性。《论语》曾记载孔子周游列国在陈国受困时对话："在陈绝粮，从者病，莫能兴。子路愠见曰：'君子亦有穷乎？'子曰：'君子固穷，小人穷斯滥矣。'"受困之时还严守道方显君子本色。当然守道说起来容易做起来难，要做到无欲，正如孟子所说："无欲者，可王矣。"

中正才能克敌制胜。"同人先号咷而后笑。""同人之先，以中直也。"中正才是克敌制胜的重要因素。战胜困难、带兵打胜仗都是人之追求，如何才能做到这一点，同人卦给出了答案。诸葛亮在《诫外甥》中告诫外甥："夫志当存高远，慕先贤，绝情欲，弃凝滞，使庶几之志，揭然有所存，恻然有所感；忍屈伸，去细碎，广咨问，除嫌吝，虽有淹留，何损于美趣，何患于不济。"核心是要坚守中正，只有中正，则进可成、败可守。

【易水】

同人卦下离（☲）上乾（☰），乾为天、为寒、为冰。离为火、为日、为鳖、为蟹、为蠃（luǒ，指人、蚯蚓、青蛙等裸露无毛无鳞的生物）、为蚌、为龟。下面从与水有关的视角谈谈此卦。

冰在火上，火是热的，火烧冰，最终结果是冰融化，火冰温度趋于一致。如果上为寒，同样具有此种效果，两者皆有大同之趋向，与大同卦辞一致。如果离为鳖、为蟹、为蠃、为蚌、为龟，鳖等都是水生生物，天下有这么多水生生物，意味着万物兴旺，连水生生物都这么多，地无私载，天无私覆，这不正是大同世界的真实写照吗？

大同卦给水有重要启示。

人水和谐水利终目标。大同世界是中国人的梦想，大同卦描绘了这一理想。水作为大同世界中的重要物质，本身要大同，同时也要对大同做出自己的贡献。

大同重要特征之一就是和谐，人与水和谐、水与万物和谐、人—水—自然和谐成为我们追求的重要目标。水本身就存在时空分布不均，存在丰水期、枯水期，即便每一年的每个月降水都存在很大差异。用水的时候来水不充足，不用水的时候来水特别多的现象很普遍。干旱洪涝伴随着人类的发展，适应干旱洪涝灾害成为人类历史的一部分。

努力解决水贫困问题。水资源分布不均是自然现象。但由于存在变化，多水地方有时降水偏少也存在水短缺，水少的地方有时降水偏多发生洪灾。水少不能满足人类和万物需求就是水贫困。针对水贫困问题要因地制宜地处理，我们追求大同不是平均分配水资源，平均分配水资源是对大同卦的误解。解决水贫困主要通过以下途径：一是适当增加水供给。二是深度节水。三是调整产业结构。因地制宜地解决水贫困是大同世界的一部分，要智慧地解决。

谨慎地对待涉水事务。涉水事务中存在各种风险，既有自然风险，也有社会风险，更有人为决策失误的风险。哪怕有一种风险发生，都会对涉水事务产生不同程度的影响。因此对涉水事务要保持高度谨慎，特别是大的水利工程决策，由于涉及面广，工程一旦建成具有难以可逆性的特点，所以更要用如履薄冰的态度来处理，切莫盲目自大决策。看不清的事情缓一缓，一时不能知道影响的可以通过模拟等多种方式探求答案。大的远距离调水工程，涉及面更广泛，更应该慎之又慎。一代解决不了问题就等待下一代来解决，要保持耐心。要让我们的决策更加科学合理化，经得起历史考验，经得起自然考验。

民众共同保护水资源。水利为民众服务，但我们不能只享受，也要对水资源服务进行回报。服务与回报相互融合，避免只享受不付出。一个人的力量是有限的，众人的力量是强大的。民众要拧成一股绳，共同来保护为我们提供恩惠的水资源。一方面对它的服务给予"感谢"，另一方面通过努力让这种服务持续下去。我们要做好教育工作，要对大自然服务包括水的服务进行"感恩"。人是知道感恩的高等动物，我们没有充分地认识到应该对水服务进行感恩回报。因为水服务和受人恩惠不一样，水服务具有一定程度的自然属性，觉得水服务是自然的，这个理念要逐渐调整。

尊重水规律合理用水。中正才能克敌制胜，守道才能摆脱困境。对水而言，如何才算中正，如何才算守道？通俗地说就是井水不犯河水，各走各道。水有水道，人有人道，人道别侵犯水道就是最大的守正。尊重水的规律，别违背干扰水的运行规律，尊重水的规律才能不犯错误。

14. 大有 火在天上 ☰ 顺天依时

【原文】

大有：元亨。

《彖》曰：大有，柔得尊位大中，而上下应之，曰大有。其德刚健而文明，应乎天而时行，是以"元亨"。

《象》曰：火在天上，大有。君子以遏恶扬善，顺天休命。

	上九，自天祐之，吉，无不利。 《象》曰：大有上吉，自天祐也。
	六五，厥孚交如，威如，吉。 《象》曰："厥孚交如"，信以发志也。"威如之吉"，易而无备也。
	九四，匪其彭，无咎。 《象》曰："匪其彭，无咎。"明辩晰也。
	九三，公用亨于天子，小人弗克。 《象》曰："公用亨于天子"，小人害也。
	九二，大车以载，有攸往，无咎。 《象》曰："大车以载"，积中不败也。
	初九，无交害，匪咎。艰则无咎。 《象》曰：大有初九，无交害也。

【翻译】

原文	准直译	意译
大有：元亨①。	大有，盛大富有，伟大成功。	大有，非常富有，伟大成功。
《彖》曰：大有，柔得尊位大中，而上下应之，曰大有②。其德刚健而文明，应乎天而时行，是以"元亨"。	《彖》说：丰裕富有，六五柔顺居天子尊位，非常坚守中道，上下纷纷响应，所以说大有。其德性秉持刚健而文明，顺应天道而且按时行事，所以伟大成功。	《彖》说：非常富有，天子柔顺，坚守大中之道，君臣上下应和，富有天下。刚健文明，顺天行道，循道而行，必能成就伟业。
《象》曰：火在天上，大有。君子以遏恶扬善，顺天休命③。	《象》说：火在天上，大有卦象。君子效仿此象，抑恶扬善，顺天道完善政令。	《象》说：火在天上，大有卦象。君子效仿此象，抑恶扬善，顺天知命。
初九，无交害，匪咎。艰则无咎④。《象》曰：大有初九，无交害也。	初九，没有交往没有伤害，没有过错。永记曾经的艰难，免于祸患。《象》说：大有卦初九爻，没有交往就没有祸患。	初九，处大有之始，刚健不谦，虽然无不交之害，久必有凶。若铭记曾经的艰难，没有祸患。

93

九二，大车以载，有攸往，无咎⑤。《象》曰："大车以载"，积中不败也。	九二，用大车装载财物，有所前往，没有灾害。《象》说："大车以载"，物积聚，身有中和，不至于失败。	九二，大有之时，身为阳刚守中且应和国君大夫，中道堪当重任，没有灾祸，就像大车装载财物不倾危。
九三，公用亨于天子，小人弗克⑥。《象》曰："公用亨于天子"，小人害也。	九三，公侯向天子献礼致敬，小人不能。《象》曰："公用亨于天子"，如果小人献礼致敬会变乱。	九三，大有之时，身为三公，守正得位权势显赫，得通天子之道吉祥，若行小人之道德不配位，必招至祸害。
九四，匪其彭，无咎⑦。《象》曰："匪其彭，无咎。"明辨晣也。	九四，不过分盛大，没有灾难。《象》说："匪其彭，无咎。"聪明智慧，明辨是非。	九四，大有之时，身为阳刚不正诸侯，如果不过分盛大，富而无骄、聪明智慧、明辨是非，就没有灾难。
六五，厥孚交如，威如⑧，吉。《象》曰："厥孚交如"，信以发志也。"威如之吉"，易而无备也。	六五，交往有诚信，有威信，吉祥。《象》曰："厥孚交如"，以诚信引发他人志向。"威如之吉"，平易近人，无人戒备。	六五，大有之时，身为九五之尊，以柔治国，君臣和谐，以诚公正彰显心志，不言而教，人人敬服，吉祥。
上九，自天祐之，吉，无不利⑨。《象》曰：大有上吉，自天祐也。	上九，自有天保佑，吉祥，没有不利的。《象》曰：大有上吉，来自上天保佑。	上九，居大有之极，不累于位，一心向贤，顺天应人，上天保佑，吉祥如意，没有不利。

【注释】

① 大有，元亨：大，盛大，众多。有，富裕，富有。大有，卦名，非常富有，收获非常大。朱熹注："大有，所有之大也。"

② 柔得尊位大中，而上下应之，曰大有：柔，指六五。上下，指六五阴爻上下阳爻和九二阳爻，都呼应六五阴爻。《正义》："柔处尊位，是其大也。居上卦之内，是其中也。"六五阴爻柔顺，处于君王之尊位，又是上卦的中位。

③ 君子以遏恶扬善，顺天休命：遏（è），阻止、断绝。扬，本义向上播散，引申为高举、向上、传播等，《说文解字》："扬，飞举也善"。休，美，美化，称赞，赞美。《集解》引虞翻曰："遏，绝。扬，举。"

④ 无交害，匪咎。艰则无咎：交，交往、往来。害，《集解》引虞翻曰："害，谓四。四离火为恶人，故'无交害'。"咎，过错。《正义》："以夫刚健为'大有'之始，不能履中谦退，虽无交切之害，久必有凶。"

⑤ 大车以载，有攸往，无咎：大车，《正义》解释为牛车。载（zài），用交通工具装运。攸，所。《正义》："能堪受其任，不有倾危，犹若大车以载物也。"

此假外象以喻人事。"

⑥公用亨于天子，小人弗克：公，公侯。亨，通"享"，用亨：接受款待。小人，品行不端之人，此处指九四。《正义》："小人德劣，不能胜其位，必致祸害。"

⑦匪其彭，无咎：彭，通"旁"，也有人认为骄满。《程氏传》："九四居'大有'之时，已过中矣，是'大有'之盛者也。过盛则凶咎所由生也。故处之之道，'匪其彭'则得'无咎'。"

⑧厥孚交如，威如：厥（jué），语气助词。如，语气词。威，畏。《王注》："君尊以柔，处大以中，无私于物，上下应之，信以发志，故'其孚交如'也。"

⑨自天祐之，吉，无不利：祐（yòu），同"佑"，指天、神等的佑助。《正义》："上九而得吉者，以有三德，从天已下，悉皆佑之，故云'自天祐之'。"

【宗旨】

大有卦主要阐述大有之道。"火在天上"，大有卦象，君子得其精髓，遏恶扬善，顺天知命。大有之时，满足三个条件：一是君王以柔治国，二是坚守中道，三是君臣上下心志相通。要达到这个目标，这就需要顺天行道，需要稳健地行动，需要光明正大。如此，则非常通达。

【体会】

有字甲骨文是㇇，手持肉的样子。拿着肉，象征着生活富裕、富有，殷代流行，周代流行㇇。《说文解字》解释说："不宜有也。"《序卦》说："与人同者物必归焉，故受之以《大有》。"与人大相同的，万物必归服他，所以接着是大有卦。《杂卦》说："《大有》众也。"大有卦非常多的意思。大有就是非常富裕、非常富有。从大有卦阴阳爻来看，五阳一阴，真可谓富有阳刚，有大有之意。

大有卦（䷍）下乾（☰）上离（☲），乾为天，离为日为火，太阳在天上照耀，万物享受着温暖和光明，光明灿烂，大地五谷丰登，丰收就富有，所以是大有收获，或者说非常富有。

大有卦的卦象就是天上有太阳。太阳的光辉无私地普照万物，不会因你是天子就多关照你，也不会因你是乞丐就少给你。太阳光明正大，他是阴暗的死对头，一缕阳光就能照亮千年暗室，给人温暖，给人希望，给人力量，给万物生机。君子看到此现象，联想到君子应该怎么办，应该向天上的太阳学习，"遏恶扬善，顺天休命"，显扬善德，顺从上天美好的安排。去除坏的，发扬好的，社会将更加美好。顺从上天的安排，让万物各显本性，世界和谐。

大有卦给出了实现大有的路径：身居高位，以柔行事，坚守中道，上下融洽，行事光明正大，顺天行道，富而无骄，这样就成就大业，才实现真正的大有。德高配天财富也会随之而来，德高国治，国家必定安稳，百姓的日子好过，万业兴旺，富裕是自然的事。

小人追求财富，富饶自己。君子积才厚德，奉献社会。这就是小人、君子对待富有的态度。《论语》子贡曰："贫而无谄，富而无骄，何如？"子曰："可也。未若贫而乐，富而好礼者也。"孔子提出了富之后怎么做，与大有卦有异曲同工之妙。

大有卦描绘的情景适合我们生活中的诸多方面，如生意兴隆、投资顺畅、官路亨通、爱情甜蜜、学业进步、高朋满座等等。

争做君子不做小人。"公用亨于天子，小人弗克。"君子行为高尚有为，小人难当大事并且做坏事，因此我们要争做君子勿做小人。正人君子是社会的良心，在人们的心目中都具有崇高地位，是钦佩的对象。小人尽管腰缠万贯、富可敌国，在小人面前有些人低三下四阿谀奉承，但其内心瞧不起小人，甚至唾弃。《论语·里仁篇》说："君子怀德，小人怀土；君子怀刑，小人怀惠。"君子考虑的是德行，小人考虑的是利益；君子思刑法而治国，小人贪小利而为家。君子坦荡荡，小人长戚戚。这就是君子和小人的区别。

富而无骄远离灾难。"匪其彭，无咎。"富而无骄远离灾难这是不能不牢记的一条警训。人穷志短，马瘦毛长，人穷只会掩藏。但人富了就不一样，好多富人不炫耀一下就憋得难受，怕别人不知道一样，暴发户炫富是社会常有的现象，结果会招致许多麻烦，甚至是杀身之祸。

诚威并举成就大业。"厥孚交如，威如，吉。"只要诚威并举才能吉祥如意。既要做到有诚信，又要做到有威信，诚威并举，就为成就大业打下坚实的基础。即便不想干大事业，既诚信又有威信，也是正人君子应该做到的。《论语·为政篇》："人而无信不知其可也，大车无輗（ní），小车无軏（yuè），其何以行之哉？"

求福有道远离恶害。"无交害，匪咎。"大有之初就要远离恶害，求之有道，这样才能获得幸福。求富求福，人之常情。但求之有道，通过有害的方式获得福富，有害无益，要远离这种不正之道。

【易水】

大有卦下乾（☰）上离（☲），乾为天，离为日、为火、为靓丽、为野鸡、为目、为电，也为鳖、蟹、蠃虫、蚌、龟。乾、离不同结合，会有不同的意义。

大有卦主要讲天上有太阳，照耀世界，君子从中体会到"顺天休命"。

天上有火，我们平时看到的火烧云就是这种现象。火烧云出现在日出或者日落，通红一片，像火烧似的。俗话说："早上火烧云，午后一阵雨。""傍晚火烧云，来日天气晴。"火烧云冬季少见，通常出现在夏季，特别是在日落前的雷雨之后。它的出现预示着天气暖热、雨量丰沛，暗示生物蓬勃生长季节即将到来。如果离为电、为目，电闪雷鸣，常常伴随着降雨。电闪雷鸣的雨常常是疾风骤雨。

大有卦给涉水事务不少启示。

与水情深交友。针对人水关系，我们要主动做水的朋友，不做伤害水的事情。与水做朋友，我们要将水看作是有生命的特殊物质，构建人与水的命运共同体。水好人好，水好养人，水不好害人。人喝了被污染的水会给身体带来伤害，我们人类众多疾病与不干净的水有密切的关系。人看到黑水体、闻到臭水河，影响情绪等等，这些都是我们对水体造成的伤害反弹给我们的警示。

水利富国扎根。土地是财富之母，这是经济学名言。其实，如果土地上不依附水很难成为财富之母。水利是支撑发展的基础性产业，它是富国富民的基础。当水利很好支撑国民经济发展的时候，说明水利做得不错。但我们没有骄傲的资本，应该进一步深思还存在哪些问题，进一步改进，将水利做得更好，即"富而无骄"。当水利还不能完全满足国民经济发展需要的时候，一定要采取有力措施迅速地将这块短板补齐。水利发展要有一定的超前性，因为水利建设需要一定的周期。

诚实面对水利。诚威并举成就大业。我们要诚实地面对水利，既要看到水利发展取得的成就，也要看到水利面临的问题；既要总结水利过去的经验，也要总结水利发展过程的教训；既要描绘美好的未来，又要脚踏实地，不要好高骛远。诚实地面对成绩容易，总结得头头是道，潇潇洒洒，但面对存在的问题则艰难得多，特别是曾经的失误更是小心翼翼，生怕担责任，或者得罪人。诚实面对水利需要勇气。没有诚实面对水利的心，是很难将水利做得更好的。

依水道谋水利。水利就是要顺水道，水道就是水的本性和规律。大规模长距离调水要慎重，这是打破水分布自然格局的大事，涉及面很广，要从社会、经济和环境等多角度进行论证。可调可不调尽可能不调，可多调可少调尽可能少调。依据水道获得的水利是和谐水利，不依据水道得到的水利对水会造成不同程度的伤害，尽可能避免。

15. 谦 地中有山 ䷎ 谦谦君子

【原文】

谦：亨。君子有终。

《彖》曰：谦，亨。天道下济而光明，地道卑而上行。天道亏盈而益谦，地道变盈而流谦，鬼神害盈而福谦，人道恶盈而好谦。谦尊而光，卑而不可逾，君子之终也。

《象》曰：地中有山，谦。君子以裒多益寡，称物平施。

▬▬ ▬▬	上六，鸣谦，利用行师，征邑国。 《象》曰："鸣谦"，志未得也。可"用行师"，征邑国也。
▬▬ ▬▬	六五，不富以其邻，利用侵伐，无不利。 《象》曰："利用侵伐"，征不服也。
▬▬ ▬▬	六四，无不利，㧑谦。 《象》曰："无不利，㧑谦"，不违则也。
▬▬▬▬▬	九三，劳谦，君子有终，吉。 《象》曰："劳谦君子"，万民服也。
▬▬ ▬▬	六二，鸣谦，贞吉。 《象》曰："鸣谦贞吉"，中心得也。
▬▬ ▬▬	初六，谦谦君子，用涉大川，吉。 《象》曰："谦谦君子"，卑以自牧也。

【翻译】

原文	准直译	意译
谦：亨。君子有终。	谦，谦虚，亨通。君子若谦虚就有美好的结局。	谦，谦虚，亨通。谦虚君子才有完美的结局。
《彖》曰：谦，亨。天道下济而光明，地道卑而上行。天道亏盈而益谦，地道变盈而流谦，鬼神害盈而福谦，人道恶盈而好谦①。谦尊而光，卑而不可逾，君子之终也。	《彖》说：谦虚，亨通。天道自上而下彰显其光明，地道自下向上方能上升。天道亏损盈满补益谦虚，地道变易盈满充实谦虚，鬼道危害盈满施福谦虚，人道憎恶盈满爱好谦虚。谦虚之人，尊贵有光辉，虽处卑位难以超越。君子有此谦虚品德，会有美好的结局。	《彖》说：谦虚，亨通。天道谦虚下济万物显光辉，地道谦卑上行生万物。天道减盈增益谦虚，地道亏减有益谦虚，明德为馨满盈施福谦虚，人道满损谦益喜爱谦虚。谦虚处尊有荣光，居谦卑难以逾越，君子有此完美结局。
《象》曰：地中有山，谦。君子以裒多益寡，称物平施②。	《象》说：地中有山，谦卦卦象。君子效仿此精神，减盈补缺，权衡事物公平施予。	《象》说：地中有山，谦卦卦象。君子效仿此精神，取长补短，称物平施。

初六，谦谦君子③，用涉大川，吉。《象》曰："谦谦君子"，卑以自牧也④。	初六，谦而又谦的君子，可以过大河，吉祥。《象》说："谦谦君子"，用谦卑自养其德。	初六，处谦之初，谦而又谦，修身养德，可以跋涉千难万险，吉祥如意。
六二，鸣谦，贞吉⑤。《象》曰："鸣谦贞吉"，中心得也。	六二，宣扬谦虚，守正吉祥。《象》说："鸣谦贞吉"，以中和为心，得其所。	六二，谦虚之时，弘扬谦虚声闻，内心诚挚，坚守正道吉祥。
九三，劳谦，君子有终⑥，吉。《象》曰："劳谦君子"，万民服也。	九三，有功劳而谦虚的君子，有美好结局，吉祥。《象》说："劳谦君子"，天下万民佩服。	九三，谦虚之时，功而不伐，万民敬服，结局完美，吉祥。
六四，无不利，㧑谦⑦。《象》曰："无不利，㧑谦"，不违则也。	六四，没有不利，能发挥谦虚的美德。《象》说："无不利，㧑谦"，不违背法则。	六四，谦虚之时，不违背法则，发扬谦虚之美德，无往不胜。
六五，不富以其邻，利用侵伐，无不利⑧。《象》曰："利用侵伐"，征不服也。	六五，不富裕，将财富施予民众，适宜出征讨伐，没有不利的。《象》说："利用侵伐"，征服不服之人。	六五，谦虚之时，身为九五之尊，谦卑做人做事，即便不送财物自招邻追随，征服骄横不服之人，战无不胜。
上六，鸣谦，利用行师，征邑国⑨。《象》曰："鸣谦"，志未得也。可"用行师"，征邑国也。	上六，宣扬谦虚，宜于兴师出征，讨伐邻近小国。《象》说："鸣谦"，因为未得志。可"用行师"，征伐小国。	上六，处谦之极，弘扬谦虚美德，声名远扬，即便安邦定国壮志未酬，可征伐骄横的小国。

【注释】

① 天道下济而光明，地道卑而上行：下济而光明，《集解》引荀爽曰："乾来之坤，故'下济'。阴去为离，阳来为坎，日月之象，故'光明'也。"《正义》："'下济'者，谓降下济生万物也。光明者，谓三光垂耀而显明也。"《集解》引侯果曰："坤之六三上升乾位，是故'地道卑而上行'。"

② 君子以裒多益寡，称物平施：裒（póu），聚或取出。益，增补。称，权衡。《集解》引侯果曰："裒，聚也。象云'天道益谦'，则谦之大者天益之以大福，谦之小者，天益之以小福。故君子则之，以大益施大德，以小益施小德，是'称物平施'也。"《程氏传》："山而在地下，是高者下之、卑者上之，见抑高举下、损过益不及之义；以施于事，则裒取多者，增益寡者，称物之多寡以均其施与，使得其平也。"称物平施，根据物品的多少，做到施与均衡。

· 99 ·

③谦谦君子：谦谦，谦而又谦。《王注》："处谦之下，谦之谦者也。能体'谦谦'，其唯君子。用涉大难，物无害也。"

④卑以自牧也：牧，一说修养，一说约束。《集解》引九家易曰："承阳卑谦，以阳自牧养也。"

⑤鸣谦，贞吉：鸣，本义指鸟类鸣叫，后来引申为鸣响。《王注》："鸣者，声名闻之谓也。得位居中，谦而正焉。"《集解》引姚信曰："三体震为善鸣，二亲承之，故曰'鸣谦'。得正处中，故'贞吉'。"

⑥劳谦，君子有终：劳，功劳。《集解》引荀爽曰："阳当居五，自卑于下众，降居下体，君有下国之意也。"《王注》："居谦之世，何可安尊？上承下接，劳谦匪解，是以吉也。"

⑦无不利，㧑谦：㧑（huī），《本义》解释为发挥。《集解》引荀爽曰："四得位处正，家性为谦，故'无不利'。音欲㧑三，使上居五，故曰'㧑谦'。㧑，犹举也。"《王注》："处三之上而用谦焉，则是自上下下之义也。承五而用谦顺，则是上行之道也。"

⑧不富以其邻，利用侵伐，无不利：《正义》："六五居于尊位，用谦与顺，邻自归之，故不待丰富能用其邻也。""居谦履顺，必不滥罚无罪，若有骄逆不服，则须伐之，以谦得众，故'利用侵伐，无不利'者也。"

⑨利用行师，征邑国：利，可。师，兵，军队。邑，封地，君主分封给诸侯，或诸侯分封给大臣的土地。《折中》引何楷曰："所征止于邑国，毋敢侵伐，亦谦之象。"

【宗旨】

谦卦主要阐述谦虚之道。以地中有山为卦象，君子体悟到应取长补短，称物平施。谦卦强调"贵谦反盈""一谦四益"和"谦尊而光"，阐释了"哀多益寡"的哲理。告诉我们谦虚会有完美结局。谦虚是战胜艰难险阻的钥匙，是守正、治国的重要根基，也是带兵打仗的基础。无论地位高低，都应该保持谦虚的情操，这是正人君子必有的高尚品德。

【体会】

没有找到谦字甲骨文或者金文。"谦"字由"讠"和"兼"左右两部分构成。"讠"（yán）有说的意思。"兼"也指一手拿着两束禾苗，合并的意思。人讲话的时候考虑对方的想法，替对方着想，多么谦卑呀。《说文解字》解释说："谦，敬也。"对他人的恭敬。《说文解字注》解释说："敬也。敬，肃也。谦与敬义相成。"总之，谦是谦虚、尊敬的意思。《序卦》说："有大者不可以盈，故受之以《谦》。"即大人不可以自满，需谦虚，所以接着是谦卦。

从卦象来看，谦卦（☷）下艮（☶）上坤（☷），艮为山为止，坤为地为顺，山在地中。在谦卦中，高山不仅不在地上，而且隐藏在大地，本在上而在自愿在下，谦卑至极，蕴含着多么大的崇高，需要多么大的胸怀才能做到如此"低三下四"。君子看到此卦象，效法此精神，以谦虚作为必备的高尚美德，修身养性，减多补少，权衡事物公平对待。

谦卦在《易》六十四卦中具有特殊地位。细心考察《易》六十四卦，每一卦都泰否相伴，唯有谦卦相对完美，六爻皆吉。这说明古人非常崇拜谦卦，饱含了对谦卦的高度认可，同时也告诉我们谦卦是洁白无瑕的。

《系辞》的解释更助于我们理解谦卦。"知崇礼卑，崇效天，卑法地，天地设位，而易行乎其中矣。"智慧崇高，礼节谦卑，崇高仿效天，谦卑效法地，天地定位，《易》在天地之间实行，将谦卦作为天地之大道。同时进一步阐释"谦，德之柄也。""谦，以制礼。"谦卦教人以礼自制。

西汉史学家刘向的《说苑·敬慎》对谦卦的重要地位阐述得淋漓尽致，具有一定的典型性。昔成王封周公，周公辞不受，乃封周公子伯禽于鲁。将辞去，周公诫之曰："去矣，子其无以鲁国骄士矣！我，文王之子也，武王之弟也，今王之叔父也，又相天子，吾于天下亦不轻矣。然尝一沐而三握发，一食而三吐哺，犹恐失天下之士。吾闻之曰：'德行广大而守以恭者荣，土地博裕而守以俭者安，禄位尊盛而守以卑者贵，人众兵强而守以畏者胜。聪明睿智而守以愚者益，博闻多记而守以浅者广。'此六守者，皆谦德也。夫贵为天子，富有四海，不谦者，失天下，亡其身，桀纣是也，可不慎乎？故《易》曰：'有一道，大足以守天下，中足以守国家，小足以守其身，谦之谓也。夫天道毁满而益谦，地道变满而流谦，鬼神害满而福谦，人道恶满而好谦。是以衣成则缺衽衣角，宫成则缺隅，屋成而加错，示不成者，天道然也。'《易》曰：'谦，亨。君子有终，吉。'"

无论是高贵还是卑微，都要有一颗谦卑之心。谦卑谦卑再谦卑，实际上就是高贵高贵更高贵。不同地位谦卑的方式不一样，如地位较低，本来就没有什么炫耀的资本，即便炫耀也没人相信你，会更让人瞧不起，更应该谦卑，约束自己的行为。当你高官厚禄，前呼后拥，树大招风，谦卑能让你在大风中保持不败。越是富有，越不应该趾高气扬，可以富其邻，但也讲究方式方法，注意保护做人的尊严。谦虚是维护人际关系的润滑剂。

谦虚有一定的限度，不诚实的过度谦虚等于虚伪，不该谦虚的时候谦虚也是不应该的。谦虚的目的是守正道，是更好地发展，有更好的结果，如果用谦虚沽名钓誉，则脱离了谦虚的本意。要注意的是，当仁不让和谦虚也不矛盾，毛遂自荐才能脱颖而出。谦虚是一种美德，是处事的高超智慧，它适合于每个人，给我们许多重要启示。

谦虚铸就美好结局。"谦，亨，君子有终。"谦虚是美好结局的润滑剂，也是美好结果的助推剂。水满则溢，月满则亏；自满则败，自矜则愚。《尚书·大禹谟》说："满招损，谦受益，时乃天道。"

谦虚让人更加伟大。"天道下济而光明，地道卑而上行。"谦虚才能让人更伟大。谦虚并不会使人渺小，反而增加伟大的形象。伟大源于谦虚，谦虚助长伟大，两者互助。印度诗人泰戈尔说："当我们是大为谦卑的时候，便是我们最近于伟大的时候。"明代方孝孺在《候域杂赋》中说："虚己者，进德之基。"

谦虚让你战无不胜。"无不利，扬谦。"谦虚是取胜的基石。谦虚使人进步，骄傲使人落后。只要谦虚适宜，会让你战无不胜。《论语·子路》说："君子泰而不骄，小人骄而不泰。"晚清创立湘军的曾国藩在湘军创立之初，他发奋图强，并用法家的严厉手段治军，结果打胜仗的时候不多。后来他读了《道德经》，恍然开朗，觉得谦卑、低下才是战胜对手的武器。

谦虚让人战胜困险。"谦谦君子，用涉大川，吉。"谦虚君子能度过千难万险。《弟子箴言·崇礼让》说："有一分谦退，便有一分受益处；有一分矜张，便有一分挫折来。"

谦虚助你万民敬服。"鸣谦，利用行师，征邑国。"谦虚是万民敬服的重要基础。越谦虚，越容易获得民众认同，民众越认为你伟大，从内心佩服你。

【易水】

谦卦的卦象是山在地下，本来山应该在地上，地承载万物。现在反过来被山承载，山承担地的责任，展现了山勇担责任的好品德。

谦卦初六卦辞是："谦谦君子，用涉大川，吉。"大川就是大江大河，直接与水相关。六二、九三和六四组成了坎（☵），坎为水。初六本应该与四应，但初六应该阳爻正位但失位不能应四，动而变正（即阴爻变成阳爻）则上应六四，但应越过川而应四。

谦卦给涉水事务重要启示，有助于将我们的水利事业做得更好。

谦虚之水是我们导师。谦虚是人的美德，纵观世界上有成就之人，谦虚是他们成功的重要阶梯。水就是我们的老师，他虚怀若谷。老子《道德经》多次提到水，向我们阐述深刻的人生哲理。《道德经》第八章："上善若水，水利万物而不争，处众人之所恶，故几于道。"第六十六章："江海所以能为百谷王者，以其善下之，故能为百谷王。"第七十八章："天下莫柔弱于水，而能攻坚强着莫之能胜，以其无以易之。"

构建人水平等价值观。谦虚是做好工作的基础，好的价值观是指导正确行为的推动力。面对谦卦，我们应该建立谦虚精神的水价值观。就是控制人类自己不合理欲望，去除人高高在上的优越感，从俯视水向平视水再向仰视水转变。俯视水价值观就是不顾水的规律，以人为中心任意改造水，让水为人服务，将水作为人的奴隶。平视水就是建立人与水平等的观念，人与水都是大自然的物质，地位是平等的，水为我们服务，我们也要为水服务，相互尊重，各自安好。仰视水就是崇拜水，将水作为尊贵的贵客来看待，敬仰他，保护他，不容亵渎他。

水是劳而不伐好模范。"谦谦君子，用涉大川，吉。"非常谦虚的君子，有利于度过艰难困险。因为谦虚让他谨慎，谦虚让他多闻，谦虚让他多技，谦虚让他多勇，谦虚让他多智，所以多能在身，度过危险就有了底气和本领。水本身就是谦谦君子，它劳而不伐，它让万物生长，让地球充满生机。宽阔的大海让人心胸开阔，提供丰富的食物，但仍然处于最低处。

水利要听取反对意见。好的方案和规划是做好水利工作的前提，是基础性工作。如何做好这项工作？除了制订方案的人具有良好的专业修养之外，就是多听各方的意见，不断修改完善自己的方案，使之不断完美。好的意见我们要听，反对的意见更应该听，而且应该重点听，细心分析反对意见的理由是否成立。将听取反对意见作为水利工作的重要内容纳入工作之中非常必要，解决反对意见不仅增加和谐，更重要的是有利于水利工作的改善。水利要做可行性论证，更要做不可行性论证，将不可行和可行都充分揭示出来，我们再进行选择和改进，避免更大的失误。

16. 豫 雷出地奋 ䷏ 顺时依事

【原文】

豫：利建侯，行师。

《彖》曰：豫，刚应而志行，顺以动，豫。豫顺以动，故天地如之，而况建侯行师乎？天地以顺动，故日月不过，而四时不忒。圣人以顺动，则刑罚清而民服，豫之时义大矣哉！

《象》曰：雷出地奋，豫。先王以作乐崇德，殷荐之上帝，以配祖考。

▅▅　▅▅	上六，冥豫，成有渝，无咎。 《象》曰："冥豫"在上，何可长也？
▅▅　▅▅	六五，贞疾，恒不死。 《象》曰："六五，贞疾"，乘刚也。"恒不死"，中未亡也。
▅▅▅▅▅	九四，由豫，大有得，勿疑。朋盍簪。 《象》曰："由豫，大有得"，志大行也。
▅▅　▅▅	六三，盱豫悔，迟有悔。 《象》曰："盱豫有悔"，位不当也。
▅▅　▅▅	六二，介于石，不终日，贞吉。 《象》曰："不终日贞吉"，以中正也。
▅▅　▅▅	初六，鸣豫，凶。 《象》曰："初六鸣豫"，志穷凶也。

【翻译】

原文	准直译	意译
豫：利建侯，行师①。	豫，快乐，有利于建立诸侯，开展军事行动。	豫，和悦欢乐，利于功成名就，讨逆安民。
《彖》曰：豫，刚应而志行，顺以动，豫。豫顺以动，故天地如之，而况建侯行师乎？天地以顺动，故日月不过，而四时不忒②。圣人以顺动，则刑罚清而民服，豫之时义大矣哉！	《彖》说：欢乐，阳刚与阴柔相应实现心愿，顺物性而动，所以快乐。顺物性而动，天地大道不过如此，何况建立诸侯、出师征战？天地顺物性而动，日月运转没有过失，四季更替没有差错。圣人顺事物本性而动，于是运用刑罚清明、百姓信服。豫时机和意义多么伟大啊！	《彖》说：和悦欢乐，阳刚与阴柔相应实现心愿，顺物性而动，所以和悦欢乐。天地大道顺性而动，何况建功立业、讨逆安民？天地顺性而动，日月运转无差错，四季更替准时。圣人顺性而行，刑罚清明、百姓信服。和悦欢乐之时机意义重大呀。

· 104 ·

《象》曰：雷出地奋，豫。先王以作乐崇德，殷荐之上帝，以配祖考③。	《象》说：雷出地上是豫卦卦象。从前君王制作庄重的国乐歌颂美德，将盛乐敬献给伟大的天帝，让祖先配享。	《象》说，豫卦的卦象是雷出地上。先王制作盛乐崇敬美德，敬献给至高无上的天帝，祖先配享。
初六，鸣豫，凶④。《象》曰："初六鸣豫"，志穷凶也。	初六，过分享乐，凶险。《象》说："初六鸣豫"，没有志向，所以凶险。	初六，处豫之初，过分享乐，玩物丧志，有凶险。
六二，介于石，不终日，贞吉⑤。《象》曰："不终日贞吉"，以中正也。	六二，正直如磐石，不到一天，守正吉祥。《象》说："不终日贞吉"，是因为居中持正。	六二，在欢乐之时，居中守正，正直品德坚如磐石，见恶即离，不待一天，深悟欢乐适可而止之道，守中守正，吉祥。
六三，盱豫悔，迟有悔⑥。《象》曰："盱豫有悔"，位不当也。	六三，献媚取悦上司欢乐，势必悔恨，悔悟迟更后悔。《象》说："盱豫有悔"，阴居阳位，不当位也。	六三，在欢乐之时，履非其位，献媚取悦上司，必生悔恨，若迟迟不纠正，会更加悔恨。
九四，由豫，大有得，勿疑。朋盍簪⑦。《象》曰："由豫大有得"，志大行也。	九四，别人因你得到欢乐，大有所得，不必怀疑。朋友会像聚拢头发一样聚在一起。《象》说："由豫大有得"，心愿大为成功。	九四，在欢乐之时，为大家创造享乐，心志得以实现，必有后报，不要犹豫不决，朋友们会像簪子束发一样聚集。
六五，贞疾，恒不死⑧。《象》曰："六五贞疾"，乘刚也。"恒不死"，中未亡也。	六五，守正有痛苦，永恒坚持正道不会死亡。《象》说："六五贞疾"，因为乘刚。"恒不死"，有大中之道不会死亡。	六五，在欢乐之时，身为阴柔九五之尊，乐而忘忧，虽有强臣欺凌难免受到伤害，但因守中大道不至于有大害。
上六，冥豫，成有渝，无咎⑨。《象》曰："冥豫"在上，何可长也？	上六，深沉地迷恋安乐，如能改变就没有灾祸。《象》说："冥豫"高高在上，怎么会长久呢？	上六，处豫之极，过分沉醉于享乐，醉生梦死，怎么会长久？只要及时醒悟，改弦易辙，则可避免灾祸。

【注释】

①豫：利建侯，行师：豫，卦名，一说预备，但此说与整体卦意不相匹配。一说欢乐，享乐，《尔雅》解释为："豫，安乐。"本处取后者。侯，爵位，建侯，古代帝王创业成功，论功行赏，引申为功成名就。行师，聚众兴师，引申为讨逆安民。

②天地以顺动，故日月不过，而四时不忒：过，过失，差错。忒（tè），差误。四时，春夏秋冬四季。《集解》引虞翻曰："过谓失度。忒，差迭也。"

③ 雷出地奋，豫，先王以作乐崇德，殷荐之上帝，以配祖考：奋，震动。崇，尊重。殷，丰盛，此处指盛乐。荐，举而进之，敬献。《祭礼》："无牲而祭曰荐。"作，创制，赞颂；配，配享。祖，先祖，祖父以上的先人。考，故去的父亲。《礼记·曲礼下》："生曰父曰母曰妻，死曰考曰妣（bǐ）曰嫔（pín）。"祖考，祖先。

④ 鸣豫，凶：鸣，一般鸟叫声。《王注》："处豫之初，而特得志于善，乐过则淫，志穷则凶，豫何可鸣？"《集解》引虞翻曰："应震善鸣，失位，故'鸣豫，凶'也。"

⑤ 介于石，不终日，贞吉：介：一说通扴（jiá），弹奏。一说正直；一说通砎（jiè），坚硬。本处取正直。石，一般解释为石头。也有解释为特指石磬。石磬是一种乐器，《书·尧典》："予击石拊石，百兽率舞。"孔传："石，磬也"。根据上下文，本处取石头。终日，一整天，不终日就是不一整天。《王注》："处豫之时，得位履中，安夫贞正，不求苟'豫'者也。顺不苟从，豫不违中，是以上交不谄，下交不渎。明祸福之所生，故不苟说；辩必然之理，故不改其操：介如石焉，'不终日'明矣。"

⑥ 盱豫悔，迟有悔：盱（xū），张目仰视，比喻阿谀奉承，也有解释忧伤。《王注》："居下体之极，处两卦之际，履非其位，承动豫之主，若其睢（huī）盱而豫，悔亦生焉。迟而不从，豫之所疾，位非所据，而以从豫进退，离悔宜其然矣。"《集解》引向秀曰："睢盱，小人喜悦、佞媚之貌也。"

⑦ 由豫，大有得，勿疑。朋盍簪：由，抽生，树木生新枝。盍（hé），合。簪（zān），用来束发的头饰。《正义》："众阴既由之而豫，大有所得，是志意大同也。"

⑧ 贞疾，恒不死：恒，长久。此喻六五处"欢乐"之时柔居君位，下有九四强臣，有沈乐忘忧之危，故诫其守正防疾，才不至于招灾。《折中》引何楷曰："六五柔居尊位，当豫之时，易于沈溺，必战兢畏惕，乃得恒而不死，所谓'生于忧患'者也。"

⑨ 冥豫，成有渝：冥豫，天昏地暗欢乐。渝，变。《王注》："处'动豫'之极，极豫尽乐，故至于'冥豫成'也。过豫不已，何可长乎？故必渝变，然后无咎。"

【宗旨】

豫卦是如何对待和悦欢乐的卦。在和悦欢乐之时，要建功立业，乐不忘忧。如何才能实现和悦欢乐？豫卦给出了答案，就是"顺以动"，也就是按照

·106·

事物的本性即规律而行动，天地运行如此，人事处理也应如此。在欢乐之时，要把握分寸。沉迷欢乐、玩物丧志是不行的。只有为大家谋取欢乐的之人才能受到爱戴。在欢乐之时，作为组织最高领导人要头脑清醒，要守正，防患于未然。告诫人们沉湎于享乐、醉生梦死就会带来灾难。

【体会】

《说文解字》豫是䂊，解释为"象之大者"，也就是特大的象。大必宽裕，宽大则乐，所以豫引申为欢喜、欢乐、快乐、高兴。《尔雅》解释："豫，乐也。"《序卦》说："有大而能谦必豫，故受之以《豫》。"即有大能且谦虚一定快乐，所以接着是豫卦。《杂卦》说："《豫》怠也。"即是快乐长久，防止懈怠。

豫卦（䷏），下坤（☷）上震（☳），坤为地，震为雷，即地上有雷，雷鸣地震。春雷一声响，震动大地山河草木鸟兽，冬眠的动物要结束冬眠，蛰伏于冬天严寒的草木要萌动，万物即将复苏，给地球带来盎然生机，这是生命的乐章在奏响，大地充满祥和的音符，欣欣向荣。雷声就是大自然创作的最自然乐律，奏响和谐欢乐的生命韵律，万物在各自舞台上尽显风采，这是一幅多么迷人的和悦欢乐呀。

君子看到豫卦的卦象见几知著，深知雷声的意涵，不能独享这华美的韵律，他要将这份欢乐敬献给天帝、敬献给先祖，同时强化修身养性，使自己更加完美，让社会更加和谐。君子将大自然的雷声赋予浓厚的人文内涵，展现了君子向大自然学习，汲取其精华，丰富完善自己的高雅境界。

大地和谐乐章是如何形成的？阴阳和谐，顺应本性。简单答案背后蕴藏着深厚的内涵。天地大道就是顺乎本性，日夜运转、四季更替都因顺大道而行没有差错。处理社会复杂的事物，按照规律办事，顺应事物本性，无论做什么事情，万民信服，国泰民安。

身处和悦安乐之时，我们不能只图享受，而是要考虑上进，进一步建功立业，要在快乐中想到忧伤。特别是在欢乐之中，领导者更要有忧患意识。和悦孕育着不和悦，乐极常常伴随着生悲，乐悲相伴。

孔子对豫卦给予了特别关注，在《系辞》中说："见几知著算是神奇吧。君子与上交往不谄媚，与下交往不怠慢，这是知道几微吧。几是微小的演变，有先见之明是吉祥的。君子见几而行动，不等事情完结。《易》'正直如磐石，见恶即离，不待一天，正吉'。不正道应当机立断脱离，何需一整天？君子见微知著，知柔知刚，万众敬仰。"

豫卦给我们很多重要启示。

顺性是成功欢乐的源泉。"刚应而志行，顺以动，豫。"顺性而行才能成功欢乐。天下万物都有自己的本性，包括人本身，只有按照他的本性因势利导，就能成功。培养人才也是如此，更加重视他的爱好，根据他的实际情况进行培养，定能成器。爱好是最好的推动力，不用这个推动力，横加干预，最终没有什么好结果。

享乐之时更要饮水思源。"先王以作乐崇德，殷荐之上帝，以配祖考。"欢乐之时要饮水思源。滴水之恩当涌泉相报，吃水不忘挖井人，饮水思源这是中华民族的美德。当享乐之时，更应该想到享乐来之不易，不能忘记为此提供契机的大自然，不要忘记曾为此付出的先贤，不能忘记祖先的庇护和父母的教诲。《孝经》说："夫孝，始于事亲，中于事君，终于立身。"《汉志》说："自皇帝下至三代，乐各有名。"东汉应劭的《风俗通义》卷六《声音》："夫乐者，圣人所以动天地，感鬼神，接万民，成性类者也。"通过乐的形式感谢纪念先人，以此教化百姓，这都是饮水思源的最好展现。

避免沉溺欢乐玩物丧志。"鸣豫，凶。"告诫我们不能沉湎于欢乐，否则会玩物丧志。《尚书·周书》说："玩人丧德，玩物丧志。"即一个人喜欢戏耍他人，就会丧失自己的德行。一个人沉迷于玩乐，就会丧失做人的志向。

为大家欢乐定受人拥戴。"由豫，大有得，勿疑。朋盍簪。"创造欢乐的人会有核心团聚力，这是事业成功的基础。自己快乐重要，能为别人创造快乐的人更容易受到礼赞，得到拥戴。

位高欢乐更不能忘忧虑。"贞疾，恒不死。"欢乐之时不能忘忧。如果位高之人不能如此，失败很快就会到来。

【易水】

豫卦，下坤（☷）上震（☳），也就是地上雷声滚滚。从水的视角来看，雷声伴随着降水，天降水到大地，给大地带来生命之水。

我国属于季风区，春季暖湿空气逐渐增多，与冷空气在高空中相遇，会形成浓厚的积雨云，带正负电荷的云碰撞放电，发出明显的光亮并且发出震耳欲聋的响声，雷霆万钧炸响，告诉我们寒冷的冬季即将结束，蓬勃生机的春天即将来临。休养生息、蛰伏一冬的生物要苏醒了，重新萌动青春焕发。春雷还带来了降水。中国四季降水呈现冬季—秋季—春季—夏季逐渐增多的规律，春季降水占全年降水的20%左右。降水在不同季节功效不一样。春季的雨水万物渴望,俗话说"春雨贵如油",就是因为万物生长的需要。春天雷声阵阵,给万物带来金子般的助力,万物繁荣。

豫卦本身含有水。六三、九四、六五形成坎,坎就是水。水深深地镶嵌在豫卦之内,将内卦和外卦紧紧相连融合,成为和谐欢乐不可分割的一部分,奏响大地的音符。豫卦给涉水事务很大的启示。

水利定要顺乎自然。大自然和谐是因为顺而动。水是大自然的重要组成部分,水在大自然和谐愉悦中作用是不可忽视的,它遵循顺而动的规律,只有这样才能与天地同在。水在顺自然同时,水也有自己的本性,如水润物细无声,水由高到低处流,水哺育万物同时水也容易受到伤害,即便如此它仍默默地不言。只是发出无声的抗议等。

忌沉湎水成功造景。沉溺欢乐会玩物丧志。我们受惠于水利,建设了众多的水利工程,有的工程很成功,如都江堰水利工程,有的工程并不理想甚至是败笔。我们要正确地对待成功的水利,既不能沉湎于成功的喜悦,也不能在失败的水利面前低头,在成功的水利面前保持戒骄戒躁的态度。

奏响最美的水音乐。地上有雷,是大地最美的音乐,水就是这音乐中的音符,我们要努力将这音符的魅力发挥到极致,绘出大地最美的图画。水本身就是一面镜子,水天一色,将天地融合在一起。苏州的园林,青藏高原多如牛毛的湖泊,这都是人间的盛景。

水利奉献世界繁荣。为大家欢乐必有厚报。水是最无私奉献者,它能给人送来欢乐,自己从不索取,这样大公无私的奉献者值得我们崇敬。但很遗憾的是,也许它太无私,所以人们并不在乎它的奉献,谁会珍视免费的东西?在中国西部部分地区,水窖都是上锁的,说明这地区水确实是珍贵的。

17. 随 泽中有雷 ䷐ 随时变通

【原文】

随：元亨，利贞，无咎。

《彖》曰：随，刚来而下柔，动而说，随。大亨贞无咎，而天下随时，随时之义大矣哉！

《象》曰：泽中有雷，随。君子以向晦入宴息。

▬▬ ▬▬	上六，拘系之，乃从维之，王用亨于西山。 《象》曰："拘系之"，上穷也。
▬▬▬▬▬	九五，孚于嘉，吉。 《象》曰："孚于嘉，吉"，位正中也。
▬▬▬▬▬	九四，随有获，贞凶。有孚在道，以明，何咎？ 《象》曰："随有获"，其义凶也。"有孚在道"，明功也。
▬▬ ▬▬	六三，系丈夫，失小子，随有求，得。利居贞。 《象》曰："系丈夫"，志舍下也。
▬▬ ▬▬	六二，系小子，失丈夫。 《象》曰："系小子"，弗兼与也。
▬▬▬▬▬	初九，官有渝，贞吉，出门交有功。 《象》曰："官有渝"，从正吉也。"出门交有功"，不失也。

【翻译】

原文	准直译	意译
随:元亨，利贞，无咎①。	随：随从顺应，大亨通，宜正直，没有过失。	随，随从，追随正道才有大成功。
《彖》曰：随，刚来而下柔，动而说，随。大亨贞无咎，而天下随时，随时之义大矣哉②！	《彖》说：随，阳刚居于柔顺之下，震动充满喜悦，众人相随。大亨通守正没有灾害，天下跟随四时而动，随从时机意义非常重大呀。	《彖》说：随，阳刚甘居柔顺之下，行动令人欣悦相随，就是随卦。追随之时守正才能大亨无过失。天地之道随时而动，适时随从意义重大呀。
《象》曰:泽中有雷，随。君子以向晦入宴息③。	《象》说：泽中有雷，随的卦象。君子效法此精神，在天黑时，入寝安息。	《象》说：雷在泽中，随卦卦象。君子效法此精神，随时而动，白天辛劳工作，夜晚就寝休息。

初九，官有渝，贞吉，出门交有功④。《象》曰："官有渝"，从正吉也。"出门交有功"，不失也。	初九，思想有变化，守正吉祥，出门与人交往能成功。《象》说："官有渝"，随正道吉祥。"出门交有功"，跟随正道不会有所失。	初九，追随之初，思想观念随时改变，身正追随正道吉祥，出门随正交往不会有闪失。
六二，系小子，失丈夫⑤。《象》曰："系小子"，弗兼与也。	六二，牵系依附小子，失去跟随丈夫机会。《象》说："系小子"，小子与丈夫不能兼得。	六二，追随之时，柔顺守中，若三心二意，不能兼得，顾此失彼，勿要以小失大。
六三，系丈夫，失小子，随有求，得。利居贞。《象》曰："系丈夫"，志舍下也⑥。	六三，依附大丈夫，失去小子，跟随君王有所求有所得。宜坚守正道。《象》说："系丈夫"，心志舍弃下级。	六三，追随之时，身为不正三公，舍弃下民奉承上级，贪恋权势富贵，虽追随有求必得，但要安于正道，方可无咎。
九四，随有获，贞凶。有孚在道，以明，何咎⑦？《象》曰："随有获"，其义凶也。"有孚在道"，明功也。	九四，追随君王有所获，守正防凶。正道之中有诚信，光明磊落，有什么过错？《象》说："随有获"，在义礼上有凶险。"有孚在道"，光明磊落有功劳。	九四，追随之时，身为不正位诸侯，虽有所得，但违臣道有凶险，需要守正防凶。只要心存诚信正道，光明磊落，明哲保身，有什么过错？
九五，孚于嘉，吉⑧。《象》曰："孚于嘉，吉"，位正中也。	九五，有诚信尽善尽美，吉祥。《象》说："孚于嘉吉"，位置大中至正呀。	九五，追随之时，身为九五之尊，阳刚大中至正，有诚信尽善尽美地追随大道，吉祥。
上六，拘系之，乃从维之，王用亨于西山⑨。《象》曰："拘系之"，上穷也。	上六，牵系他，甚至维护他，君王在西山献祭。《象》说："拘系之"，处于追随之极，无所追随。	上六，处追随之极，无所追随，君王牵系甚至维护他，像祭祀西山神灵一样恭敬他。

【注释】

① 随：元亨，利贞，无咎：随：卦名，追随，随从。《说文解字》："随，从也。行可委曲从迹，谓之委随。"《广雅》："随，顺也。"《正义》："'元亨'者，于相随之世，必大得亨通。若其不大亨通，则无以相随，逆于时也。'利贞'者，相随之体，须利在得正，随而不正，则邪僻之道，必须利贞也。'无咎'者，有此四德乃无咎，以苟相从，涉于朋党，故必须四德乃无咎也。"

② 刚来而下柔，动而说，随。大亨贞无咎，而天下随时，随时之义大矣哉：刚来而下柔，动而说，刚、动指下震，柔、说指上兑。说，通悦。《正义》："'刚'谓震也，'柔'谓兑也。""'随时'者，谓随其时节之义。""可随则随，

逐时而用，所利则大。"

③君子以向晦入宴息：晦，昏暗，夜晚。宴，安乐，安闲。《集解》引翟玄曰："晦者，冥也。雷者，阳气，春夏用事。今在泽中，秋冬时也。故君子象之，日出视事，其将晦冥，退入宴寝而休息也。"《集解》引翟玄曰："欲君民者，晦德息物，动悦黎庶，则万方归随也。"《程氏传》："君子昼则自强不息，及向昏晦，则入居于内，宴息以安其身，起居随时，适其宜也。《礼》：'君子昼不居内，夜不居外'，随时之道也。"

④官有渝，贞吉，出门交有功：官，一说官职；一说"主守"，即现在所言思想观念。本处取后者。渝，变化。出门交有功，所随不以私欲，故见善则往随之，以此出门，交获其功。《正义》："官谓执掌之职，人心执掌与'官'同称，故人心所主，谓之'官有渝'。"

⑤系小子，失丈夫：系小子，六二阴爻，与初九阳爻小子亲和，失去九五君王，初九士位和九五君王相比，前者为小子，后者为大人。《王注》："阴之为物，以处随世，不能独立，必有系也。居随之时，体分柔弱，而以乘夫刚动，岂能秉志违于所近？随此失彼，弗能兼与。五处已上，初处已下，故曰'系小子，失丈夫'也。"

⑥志舍下也：舍，抛弃。下指初九小子。

⑦有孚在道，以明，何咎：孚，诚信。明，显示，光明磊落。《王注》："心有公诚，著信在道以明其功，何咎之有？"

⑧孚于嘉，吉：嘉，美善。《程氏传》："九五居尊，得正而中实，是其中诚在于随善，其吉可知。嘉，善也，自人君至于庶人，随道之吉惟在随善而已。下应二之正中，为随善之义。"

⑨拘系之，乃从维之，王用亨于西山：拘，拘捕，此处指强迫追随自己。乃，便。维，结，维系。王，九五，君王。亨，祭祀。西山，指岐山，周的发祥地。《王注》："随之为体，阴顺阳者也。最处上极，不从者也。随道已成，而特不从，故拘系之乃从也。'率土之滨，莫非王臣'，而为不从，王之所讨也，故'维之王用亨于西山'。"

【宗旨】

随就是随顺、跟随、追随。随卦主要阐述追随之道。天道随时，人道随时从善，时行则行，时止则止，随顺天道，动静不失其时，随从大道，追随美德。用行动给人愉悦，追随者会不招自来。追随之时不要贪心，追随正直的大人，心有诚信，光明磊落，特别是身处高位，更应该诚信追随至善至美的大道。

【体会】

没有找到随字甲骨文或金文。《说文解字》为𨑔，解释说："随，从也。"《序卦》说："豫必有随，故受之以《随》。"快乐一定有人跟随，所以接着是随卦。《杂卦》说："《随》无故也。"随卦是心悦诚服无条件追随。随，就是追随、随从等意思。

随卦（䷐），下震（☳）上兑（☱）。震为雷为动，兑为悦为泽，雷在泽中。《说卦》说："动万物者莫急乎雷……说万物者莫说乎泽。"泽中有雷，是动说之象。在自然之中，雷应该在天上，在地面包括泽在内上面。雷在泽中怎么解释？一种解释，泽是一面镜子，将天"收藏"其中，低头看，雷鸣电闪都在泽中。这种现象就是雷泽融合，雷随泽。还有一种解释，古人观察到春雷响起后，雷声经常响起，可是到了秋天农历八月以后就闻不到雷鸣。雷到了哪里？一定是藏起来了。藏到哪里了，人们观察到泽会发出类似雷鸣的声音，人们便认为雷藏到沼泽里。

为什么"君子以向晦入宴息"？原来从方向来看，震东兑西。太阳从东边升起，从西边落下，人们日出而作日入而息，都是随着时间变化不断调整，这既是自然规律，也是人活动规律，作为君子也要随时而动，日出入仕工作，夜晚回家休息，这是符合天道的。

追随谁，什么时候追随？答案是随时，在《象辞》中强调了两次随时。《说文解字》将时作为"旹"（shí），"日"为太阳，"之"为行走。《尔雅·释诂》解释："之，往也。"由此可知"日"与"之"在一起含义就是"太阳运行"，随时就是随太阳运行，也就是随大道。时也指春、夏、秋、冬四季。追随大道是随的精髓。"刚来而下柔"，对君民而言，君为刚，民为柔，君王礼贤下士，以谦卑之道随从百姓，颇有"俯首甘为孺子牛"的精神，也有"以民为本"的思想。随正是核心要义。要以正义之道行动，去吸引民众跟随，成为百姓的榜样。在追随之时，要抓大放小，心存诚信，光明磊落，做一个真正的君子。

俗话说："羊随大群不挨打。""三人行必有我师。"人属于群居高等动物，独立生存很困难，必有所随。在追随之时，我们应该怎么做，随卦给我们许多启示。

随时而动。"天下随时，随时之义大矣哉。"随时是第一大事，是首要条件。我们在日常生活中，随时有根据形势调整自己行为之意。实际上随卦更注重天道。我们平时完成一项事情，需要天时地利人和，三者缺一不可。天时需要等待，不能去创造，我们要随时而动，才能获得如愿的成果，否则常常是空悲叹。

追随守正。"大亨贞无咎。"追随之时要守正，但如何追随却是一门学问。追随好的人你会变好，追随错的人你会变坏。《孔子家语》说："子曰：'与善人居，如入芝兰之室，久而不闻其香，即与之化矣；与不善人居，如入鲍鱼之肆，久而不闻其臭，亦与之化矣。'"要跟随正道之人。你才能走正道。宋代文学家苏轼文学上成就斐然，道德上追随守正善良，勇于助人。

学会取舍。"系小子，失丈夫。"在追随之时要学会取舍。每天我们都面临着选择，在重要的关口，一个选择决定着你的命运。司马迁曾经慨叹："人固有一死，或重于泰山，或轻于鸿毛。"是重于泰山还是轻于鸿毛，选择决定结果。《孟子·告子上》云："生，我所欲也，义，亦我所欲也。二者不可得兼，舍生而取义者也。"舍生取义成就千古芳名者数不胜数，这就是舍小取大的选择智慧。我们在日常处理问题时，为了将事情处理得圆满，通常采取兼顾的情况，但实际上两者很难兼顾。在这艰难选择时如何办？"亦余心之所善兮，虽九死其犹未悔。"

正大光明。"随有获，贞凶。有孚在道，以明，何咎。"追随之时要正大光明。在追随之时，我们要做到正大光明，切莫偷偷摸摸干见不得人的事情。正大光明反过来读就是光明正大，告诉我们要正直善良，不违背良知，不违背世俗，更不能违法乱纪。光明正大就是告诉我们如何做人，如何处理人与人的关系。

诚信十足。"孚于嘉，吉。"追随之时要有十足的诚信。诚信是正人君子的"标配"，无论做什么，君子都以诚信为基石。在追随之时，更应表现出诚信，发自内心地真诚追随，不能想一套做一套、两面三刀、三心二意追随。秦国商鞅变法就充分利用了诚信这个法宝。

【易水】

随卦下震（☳）上兑（☱），震为雷为动为龙，悦为泽，可以说震在泽中。随卦与水的关系十分密切，泽就是由众多的水汇集到低洼地带形成的水体。泽在物随，水鸟云集，植物茂盛。

泽下有龙也是一件很有意思的事情。龙不能不动，龙动水就跟着动。这龙可以是传说中的龙，如果有这样龙在泽中，这条龙一定受到"委屈"，因为龙主要在海中。《山海经·海内东经》说："雷泽中有雷神，龙身而人首，鼓其腹则熙。"这水中就生存大量水陆两栖动物北方湾鳄，每逢雷雨，狂叫长啸，先民不知，尊为雷神，也即神龙。泽下有震既有自然现象，也有人工引发的。水下火山爆发是经常提到的现象。2019年5月法国巴黎地球物理研究所所长Marc Chaussidon在查看最近完成的海底地图时发现了一座新的山峰。研究小组推测是一个深处的岩浆库将熔融的岩浆注入海底然后收缩，导致周围地壳开裂并发出隆隆声。水下火山爆发会引发海水的异常变化，可能导致海啸等，一连串的现象发生，有随的特征。泽下有震，也有人工诱发的地震。修建大型水利工程常常引发地震。1967年12月11日，印度戈伊纳水库发生地震，震级为6.5级，这是迄今已知的水库地震中最大的一次。1962年3月19日，广东新丰江水库发生6.4级地震，这是国内已知最大水库地震。震则泽动，震大则泽动也大，震泽互动相随。所以在修建水库的时候要充分考虑地震这个风险，尽可能避免因地震引发的灾害。

随卦给涉水事务有重要启示。

水利发展定要随时而动。随时而动是随卦的重要提示，也是随卦的核心。水利如何随时而动并且落实到操作层面，需要我们认真思考，我们在水利随时而动上还需要下很大功夫。社会上无限夸大人的能力，违背自然的大调水等声音不绝于耳，这与随时而动有矛盾，水利违背随时而动的事情不能做。

适水行事作为基本准则。水是大自然的血脉，其重要性如人的血液，血液出现病灶，人的健康就会受到不同程度的影响，保护好血液异常重要。我们要像保护血液那样保护自然之水，它不仅关系到人的健康，而且关系到地球的健康。水是自然物，有其本性，人也是自然物，也有其本性。但人的本性有其特殊性就是有主观能动性，能干扰自己和自然。人水本性要随时而动，人类活动要适水，这应该成为一项基本准则。

水利发展学会取舍大道。舍小取大是随卦重要原则之一。水利发展也要学会取舍。水利发展过程中面临着众多利益，如何进行取舍考验着水利人的智慧。如我们常遇到各业争水，如何对水进行分配？生活用水、工业用水、生态用水、农业用水如何选择？要分清轻重缓急，急的重的要排在前面，轻的缓的要排在后面。人的生存是第一的，所以生活用水要优先保证。在当代和后代人利益选择上，我们不能吃祖宗饭，砸后代的锅，也要将祖宗留给我们的资源传承给下一代，这样我们才能，对得起子孙。水利发展勿贪小利，要算大账，要算整体利益，整体利大于弊，这就是水利取舍大的原则。

诚信正大光明发展水利。水利发展要讲究诚信,既要一诺千金,又要通过诚信去创造性地工作。答应民众的事情要兑现,即便一时因主客观原因暂时无法兑现,也要取得民众谅解,待条件成熟时兑现。在水利工程招投标方面,要光明正大,不走歪门邪道,这样的水利工程才减少腐败或者豆腐渣工程。水利移民工作最难做,我们要通过诚信去感动移民,真情换真情,移民的工作就会做得通。

18. 蛊 山下有风 ䷑ 振民育德

【原文】

蛊：元亨。利涉大川。先甲三日，后甲三日。

《彖》曰：蛊，刚上而柔下，巽而止，蛊。蛊，元亨而天下治也。"利涉大川"，往有事也。"先甲三日，后甲三日"，终则有始，天行也。

《象》曰：山下有风，蛊。君子以振民育德。

▬▬▬	上九，不事王侯，高尚其事。 《象》曰："不事王侯"，志可则也。
▬ ▬	六五，干父之蛊，用誉。 《象》曰："干父用誉"，承以德也。
▬ ▬	六四，裕父之蛊，往见吝。 《象》曰："裕父之蛊"，往未得也。
▬▬▬	九三，干父之蛊，小有悔，无大咎。 《象》曰："干父之蛊"，终无咎也。
▬▬▬	九二，干母之蛊，不可贞。 《象》曰："干母之蛊"，得中道也。
▬ ▬	初六，干父之蛊，有子，考无咎。厉，终吉。 《象》曰："干父之蛊"，意承考也。

【翻译】

原文	准直译	意译
蛊：元亨①。利涉大川。先甲三日，后甲三日②。	蛊，拨乱反正，伟大亨通。利于度过艰难困险，应当在开始前三天准备，开始后三天行动。	蛊，拨乱反正，大亨通。只要治理前精心筹划准备，治理后再三叮咛告诫避免重蹈覆辙，有利于度过艰难困险。
《彖》曰：蛊，刚上而柔下，巽而止，蛊。蛊，元亨而天下治也。"利涉大川"，往有事也。"先甲三日，后甲三日"，终则有始，天行也。	《彖传》说：拨乱反正，阳刚居上而阴柔处下，柔顺能抑止弊乱。拯弊治乱大亨通天下得治。"利涉大川"，前往有艰险但能成功。"应当在开始前三天准备，开始后三天行动"，说明事物总是结束后则有开始，这是天道呀。	《彖传》说：拨乱反正之时，刚健制令柔顺实施，以柔克乱，蛊卦内涵。弊乱之时，只要有为就能大亨通，天下得以大治，进德修业。只要治理前精心筹划准备，治理后力避重蹈覆辙，深思熟虑行事就能成功。乱则治重新开始，就像冬去春来，这是天道。

《象》曰：山下有风，蛊。君子以振民育德③。	《象》说：山下风吹，象征着拨乱反正，君子培养道德拯救民众。	《象》说，风在山下吹拂，蛊卦卦象。君子体察此象，培育美德，恩拯百姓。
初六，干父之蛊，有子，考无咎④。厉，终吉。《象》曰："干父之蛊"，意承考也。	初六，纠正父辈过失，有这样的儿子。去世的父辈没有灾难。虽有危险，最终吉祥。《象》说："干父之蛊"，意在继承父亲的事业。	初六，治乱之初，纠正父辈的过失，继承父亲的事业，有这样的儿子，父辈无过失，即使遇到危险，最终是吉利的。
九二，干母之蛊，不可贞⑤。《象》曰："干母之蛊"，得中道也。	九二，纠正母亲过失，不可固执守正。《象》说："干母之蛊"，符合中庸之道。	九二，治乱之时，纠正母辈的过失，要符合中庸之道，刚柔兼济，不可强求，耐心等待时机。
九三，干父之蛊，小有悔，无大咎。《象》曰："干父之蛊"，终无咎也。	九三，纠正父亲过失，有小的忧虑，没有大的灾难。《象》说："干父之蛊"，最终没有灾难。	九三，治乱之时，过刚不中地匡正父辈弊端，没有人呼应会有一些懊悔，但最终没有大错。
六四，裕父之蛊，往见吝⑥。《象》曰："裕父之蛊"，往未得也。	六四，纵容父亲的过失，前往会遇到忧虑。《象》说："裕父之蛊"，前往不会有所得。	六四，治乱之时，柔顺乘刚，宽容父辈的过失，埋下祸端，有过失。
六五，干父之蛊，用誉⑦。《象》曰："干父用誉"，承以德也。	六五，纠正父亲过失，用荣誉治理天下。《象》说："干父用誉"，用道德继承大业。	六五，治乱之时，身为九五之尊，柔顺守中，与老前辈协调挽救父辈过失，用美德继承父辈事业，获得人们的赞誉。
上九，不事王侯，高尚其事⑧。《象》曰："不事王侯"，志可则也。	上九，不侍奉王侯，将事业更加高尚。《象》说："不事王侯"，这种志向可以效法的。	上九，处治乱之极，治乱成功，不问世事，不恋高位，不迁就王侯，致力于自己份内的事，值得效仿。

【注释】

① 蛊：元亨：蛊，卦名，有坏事，乱。朱熹注："坏极而有事也。"《集解》引伏曼容曰："蛊，惑乱也。万事从惑而起，故以蛊为事也。"大多解释为事，弊乱之事，出事。相传百虫于器皿中，最终生存者就是蛊。或说蛊是使人致病的寄生虫。

② 先甲三日，后甲三日：《程氏传》曰："甲，数之首，事之始也。""治蛊之道，当思虑其先后三日，盖推原先后，为救弊可久之道。先甲，谓先于此，究其所以然也；后甲，谓后于此，虑其将然也。一日、二日至于三日，言虑之深，推之远也。"此为一说。此句有多种解释，有的解释为祭祀的日期，也就是十天

干中的偶数的日子；有的以"甲乙丙丁戊己庚辛壬癸"基础解释，先甲三日即辛字，辛即新也，从新开始。后甲三日即丁字，丁即叮咛也，反复告诫不要重蹈覆辙。本处根据蛊卦整体意思，解释为"治理前精心筹划准备，治理后力避重蹈覆辙"。

③ 君子以振民育德：振，《说文解字》："举救之也。"《释文》："济也。"综合两者说法就是帮助、接济。《王注》："蛊者，有事而待能之时也，故君子以济民养德也。"

④ 干父之蛊，有子，考无咎：干，有 gān、gàn 二种读音，本处读 gàn，做（寻），本处取纠正、匡正、整饬等意思。考，《礼记·曲礼下》说："生曰父，曰母，曰妻，死曰考，曰妣（bǐ），曰嫔（pín）。"后以"先考"称亡父。先秦时"考"常用对父亲的称呼，在世和去世都称考。《集解》引虞翻曰："干，正；蛊，事也。"

⑤ 干母之蛊，不可贞：贞，守正。不可贞，《王注》："妇人之性难可全正，宜屈己刚，既干且顺，故曰'不可贞'也。"母亲柔弱，治理弊乱之时过分谴责，会羞愧难当，受不了伤害亲情。

⑥ 裕父之蛊，往见吝：裕，宽容，宽缓，宽裕，指"治蛊"宽缓不急。《集解》引虞翻曰："裕不能争也。孔子曰'父有争子，则身不陷于不义。'四阴体大过，本末弱，故'裕父之蛊'。"《正义》："体柔当位，干不以刚，而以柔和能容裕父之事也。'往见吝'者，以其无应，所往之处，见其鄙吝，故'往未得'也。"

⑦ 干父之蛊，用誉：用，因而，因此。誉，赞誉。《正义》："以柔处尊，用中而应，以此承父，用有声誉。""奉承父事，唯以中和之德，不以威力。"

⑧ 不事王侯，高尚其事：事，本义指治事、从事，引申义指事业、事情。《集解》引虞翻曰："年老事终，不当其位，体艮为止，故'不事王侯'。"《正义》："最处事上，不复以世事为心，不系累于职位，故不承事王侯，但自尊高慕尚其清虚之事，故云'高尚其事'也。"

【宗旨】

蛊卦是告诫如何整治前辈引发的弊乱。在整治弊乱之时，要深思熟虑，思前虑后，整治前要精心筹划，整治后要防止重蹈覆辙，从根上整治弊乱。面对弊乱，正直君子应该培育美德，恩泽拯救百姓。整治弊乱是一件艰难的革新工作，会触及前辈的利益，产生阵痛，但这是继承前辈事业的大事，用美德来继承，最终会功成名就。

【体会】

蛊字甲骨文是 𧉗、𧉘，像器皿中有蛇或者虫子，似将毒蛇或毒虫盛放在器皿中。《说文解字》解释说："蛊，腹中虫也。《春秋》传曰：'皿虫为蛊。'晦淫之所生也。枭磔（zhé）死之鬼亦为蛊。"在中国有独特的蛊术，用来诅咒害人，并不断地被神话，让人胆怯。《通志·六书略》曰："造蛊之法，以百虫置皿中，俾（bǐ）相啖食，其存者为蛊。"相传取百虫于器皿中，封闭器皿，百虫互相吞噬，最后活下来的就是蛊。此虫毒最大。范晔《后汉书·清何王庆传》说："因诬言欲作蛊道祝诅，以菟（tú）为厌胜之术。"据传人中蛊之后行为古怪，难逃性命。《序卦》说："以喜随人者必有事，故受之以《蛊》。蛊者，事也。"追随别人久了，不可能好事永在，就会有坏事，蛊来是必然，这符合自然规律。蛊就是有乱事。《杂卦》说："《蛊》则饬也。"蛊卦是治理坏事。

蛊卦（䷑），下巽（☴）上艮（☶），巽为风，艮为山，总体卦象为山下有风，或者说风在山下。风在什么季节刮结果不一样，二月春风似剪刀，秋风扫落叶。风遇到山被挡住而回吹，风进风回，万物散乱，有乱之特征。这和世间有坏事或者祸乱相似，人不能长期处于坏事或者祸乱之中，需要调动积极性将其变好，要调整制止坏事发生，拨乱反正，治弊改革是人类发展所必须。

宋代苏东坡在《东坡易传》对蛊卦作了精辟阐释，可作为蛊卦的重要参考：器久不用而虫生之，谓之"蛊"。人久宴溺而疾生之，谓之"蛊"。天下久安无为而弊生之，谓之"蛊"。《易》曰"蛊"者，"事"也；夫"蛊"非事也，以天下为无事而不事事，则后将不胜事矣，此"蛊"之所以为"事"也。而昧者乃以"事"为"蛊"，则失之矣。器欲常用，体欲常劳，天下欲常事事，故曰："'巽'而止，蛊。"夫下"巽"则莫逆，上止则无为，下莫逆而上无为，则上下大通，而天下治也。治生安，安生乐，乐生偷，而衰乱之萌起矣。"蛊"之灾，非一日之故也，必世而后见，故爻皆以父子言之，明父养其疾，至子而发也。

从人的角度来看，巽象征长女，艮象征少男，长女在少男之下，从生理和心理角度来看，此时男女意乱情迷，女惑男，男诱女，情发不可收拾，不顾后果。此时男女百头牛也难以拉回，如果男女非正常恋爱等，容易出现祸乱，情斗、情杀也有可能。所以一些注释认为蛊卦与男女有关。杨雄《太玄经》注释为："关其门户，用止狂蛊。"刘勰《灭惑论》解释为："糜费产业，蛊惑士女。"

蛊卦的卦象是山下有风，春风能让万物发育，山能涵养万物，动物、植物和微生物都能在山上涵养，山风相遇，有振育万物之象。君子看到这种现象，效仿其，像春风一样振奋民众，济助民众，像山那样涵养自己的道德。山高而静，风宣而疾，有似君处上而安静，臣在下而行令。因此，"君子以振民育德"。

整治父辈弊端需要勇气。纠正父母的过错本身就冒着不孝的风险，父母不在了，但父母的亲朋好友还在，利益集团还依然盘根错节，纠正父辈的弊乱意味着利益重新再分配，会引起既得利益者的强烈反对，可以说举步维艰。同时也不敢保证你的整治方法就正确，也不排除"以毒攻毒"，即用另一种弊乱代替前一种弊乱，从社会的角度来看未必有很大的改善，受益者更换而已。为了避免这种不利情况的发生，改革弊端应该慎重，深思熟虑后才能进行，要建立防止重蹈覆辙的长效机制。改革弊乱要有信心、有勇气，其过程是艰难的，有很大的阻力，你要用自己的美德去克服，让大家相信你没有私利，才能得到大多数人的拥护，改革才能向前推进。容忍父辈的过失不是对父辈的尊重，反而是对父辈的亵渎，要确立这个信念。

拨乱反正是件艰难的工作，没有勇气和智慧是难以成功的。只有拨乱反正事物才能沿着正确的道路前进。任何事物发展到一定阶段都会出现弊端，所以纠正弊端是不断改进的过程，永远没有结束，正所谓"终则有始"。

蛊卦给我们重要启示。

治乱要系统谋划。"利涉大川。先甲三日，后甲三日。"治乱要思前虑后，做好系统的规划。乱形成不是一时的，是多种因素共同作用的结果，治乱也很复杂，盘根错节，涉及众多利益相关者，必须进行系统谋划，否则可能顾头不顾尾，或者在治一乱的同时新的乱已经酝酿。《孙子兵法》说："多胜算，少算不胜。"就是未雨绸缪，防患于未然。我国历史上贞观之治就是系统谋划的典型案例。唐太宗李世民在位期间，深刻地总结了隋亡的教训，对社会发展进行了系统谋划安排。在用人方面，他任人廉能，知人善用，将能人收于囊中，为他所用。他广开言路，虚心纳谏，不同意见能够顺达，避免了偏听则暗。他尊重生命，自我克制，让生命更有尊严。同时他还采取了以农为本、厉行节约、休养生息、文教复兴、完善科举制度等系列政策，从而使社会稳定，政治较清明，经济发展较快，国力逐步增强，百姓生活有所改善，赢得了"贞观之治"的美誉。

以德止乱成效大。"君子以振民育德。"通过培育美德拯救百姓，以德止乱。止乱方式有多种，可以以武止乱，但只止乱于一时，不能治本。也可以通过贿赂等物质财富止乱，但财尽乱起，也不是长久之计。只有以德治乱，才能治本，消除乱源。

  治乱需勇气信心。"干父之蛊，小有悔，无大咎。"面对乱源，想治理需要勇气和信心，特别是面对前辈造成的乱源，治理之时更需要勇气和信心，因为弄不好就会背上"不孝"的骂名，或者如果治乱没有好的进展，就会贴上"无能"的标签，或者抹上"前怕狼后怕虎"动摇的标签。所以没有异常的勇气和信心难以推动治乱行动。

  治乱要刚柔兼济。"干母之蛊，不可贞。"治乱需要勇气，需要刚健的行动，但是只靠强大的手腕并不能完全治乱，可能造成暂时止乱的现象。需要用柔顺手段相配合，刚柔兼济，让乱者深刻了解乱下去没有什么好果子吃，增添乱厌恶感，同时对治乱美好的结果充满向往。所以治乱要"软硬兼施"，软的更软，暖化人心深受感动，支持你治乱。硬的更硬，让乱者知晓乱下去只会死路一条，断了乱的后路。曾国藩说："从古帝王将相，无人不由自立自强做出，即为圣贤者，亦各有自立自强之道，故能独立不惧，确乎不拔。昔余往年在京，好与诸有大名大位者为仇，亦未始无挺然特立，不畏强御之意。近来见得天地之道，刚柔互用，不可偏废，太柔则靡，太刚则折。刚非暴虐之谓也，强矫而已；柔非卑弱之谓也，谦退而已。趋事赴公，则当强矫，争名逐利，则当谦退。开创家业，则当强矫，守成安乐，则当谦退。出与人物应接，则当强矫，入与妻孥享受，则当谦退。"曾国藩对刚柔如何处理进行了阐述，体现了刚柔兼济的为人之道。

  容乱是成功大忌。"裕父之蛊，往见吝。"宽容是正人君子的美德之一，但宽容是有条件的，有的可以宽容，有的则万不可以。宽容的目的是为了更圆满地解决问题，背离这个目标的宽容都值得商榷。特别是当宽容会动摇国本，会带来更大的祸患或者隐藏着巨大隐患之时，绝对不能宽容。宽容是一门大学问，要用得恰如其分才能发挥其最大的功效。

  在蛊卦中，初六爻到六五爻，都提到了父或者母。本人认为，父母指父亲母亲，也可指前辈、前人、前任等。父母只是一个象征，完全理解为父母就太狭窄了。在古代社会，父位子承，用父来说事恰如其分，现如今社会父位子承的世袭已经不存在了，再将蛊卦只适用于父母范畴就太狭窄了。

【易水】

  蛊卦，由巽（☴）卦和艮（☶）卦组成，艮在上，巽在下。巽象征着风，艮象征着山，风在山下，风吹向上，这从水的视角看别有一番景象。

降水中有一种降水形式是地形雨。顾名思义，地形雨与地形有密切的关系。当暖湿气流在前进过程中，遇到高地如山的阻挡，气流会沿坡上升，温度会降低，从而引起水汽凝结而形成降水，这种雨被称为地形雨。地形雨一般只发生在山地迎风坡，而在背风坡由于气流下沉不断温度升高，不易形成地形雨。在水资源丰富的地区，特别是在水汽丰富的时候，地形雨集中来临，会加大降水，导致洪涝灾害的发生，给当地带来"蛊"。

从蛊卦的结构来看，蛊卦本身含有"水"，初六爻、九二爻、九三爻和六四爻形成坎象，坎就是水。所以在卦辞中有"利涉大川"。实际上，水过多或者过少都会给人类带来"蛊"。水过多形成洪涝灾害，水过少形成干旱，"蛊"与水密切地联系在一起。蛊卦给涉水事业有重要借鉴价值：

治理水害要系统谋划。治乱要系统谋划。水害就是重要的乱。水多或者水少都是自然现象，都是天道。但对人类而言，由于涉及利害关系，人就会从好坏去进行价值判断，水也自然带上好坏利害色彩。治理水害不能头痛医头脚痛医脚，要采取中医的办法，探究病源将病根拔掉。治理水害，首先要做好顶层设计，从世界或者国家的战略高度，立足全局，考虑自然、社会、经济前提下对水害治理进行谋划，避免片面治理或者缺乏指导。其次，针对水害关键问题进行重点突破。治理水害选择"瓶颈"或者短板的关键问题进行重点攻关，解决"卡脖子"问题。第三，从工程、技术、经济、法律、政策、机制等方面入手，形成合理治理水害，避免出现漏洞。

构建水德从根上止乱。以德止乱。构建美好水德是防止水破坏的重要方法，这是从思想深处制止水乱的方法。水德就是人正确对待水的优秀品德，水德在一定程度上反应人的素质。水德至少包含以下几方面的内容。首先是高度尊重水性。其次是建立与水和谐相处的友好关系。三是约束人的欲望和行为。四是有水资源代际不折损理念。将上辈遗传给我们的水资源财富不折扣地遗传给下一代，我们只靠水资源"利息"来维持生产和生活，不吃"子孙饭"。五是牢固树立水利绿色发展的理念。建立可实现的路径，通过技术提升来实现水利绿色发展。

刚柔兼济与乱水决战。治乱要刚柔兼济。我们目前水资源问题很多，这些都是不正确地开发利用水资源造成的，既有认识不清的原因，也有不顾自然规律"蛮干"的行为。为了人类社会永续发展，我们要与这些乱水行为作斗争。首先要有和乱水行为作斗争的勇气和信心。其次注意斗争策略性。要刚柔兼济，对于那些对水危害大、罪大恶极的首要分子，充分利用法律武器进行惩罚，绝对不能姑息，展现治水乱的刚性一面。同时对于那些违法较轻或不构成违法、但背离水德的行为进行批评教育，提高他们的水德，做爱水护水的使者，展现柔性的一方面。三要建立防患于未然的保障体系。将人为的水乱消灭在萌芽之中。对水德好、保护水作出贡献、勇于对与乱水者进行斗争者给予物质和精神奖励。对于水利中犯的错误及时纠正，汲取教训不要再犯。在全社会建立起保护水、珍惜水的气氛，让乱水者感到羞耻，这是治理乱水行为的重要路径。

19. 临 泽上有地 ䷒ 教民保民

【原文】

临：元亨利贞。至于八月有凶。

《彖》曰：临，刚浸而长，说而顺，刚中而应。大亨以正，天之道也。"至于八月有凶"，消不久也。

《象》曰：泽上有地，临。君子以教思无穷，容保民无疆。

▬▬　▬▬	上六，敦临，吉，无咎。 《象》曰："敦临"之吉，志在内也。
▬▬　▬▬	六五，知临，大君之宜，吉。 《象》曰："大君之宜"，行中之谓也。
▬▬　▬▬	六四，至临，无咎。 《象》曰："至临无咎"，位当也。
▬▬　▬▬	六三，甘临，无攸利，既忧之，无咎。 《象》曰："甘临"，位不当也。"既忧之"，咎不长也。
▬▬▬▬▬	九二，咸临，吉，无不利。 《象》曰："咸临，吉，无不利"，未顺命也。
▬▬▬▬▬	初九，咸临，贞吉。 《象》曰："咸临贞吉"，志行正也。

【翻译】

原文	准直译	意译
临：元亨利贞。至于八月有凶①。	临，伟大亨通，宜守正。到了八月有凶险。	临，伟大亨通，宜守正。物盛必衰，阳消阴长，盛不可终保，不牢记此律，将被民众推翻，凶险。
《彖》曰：临，刚浸而长，说而顺，刚中而应②。大亨以正，天之道也。"至于八月有凶"，消不久也。	《彖》说：临，阳刚正气日渐增长，和悦柔顺，刚健者居中而上下相应。因守正大亨通，符合天道。"至于八月有凶"，接近消亡不能长久。	《彖》说：临卦，阳刚正气日益增长，喜悦柔顺，阳刚居中大中至正且有呼应。因正而大亨通，这是天道。物盛必衰，盛不可终保，反道而行会被民众推翻，凶险。
《象》曰：泽上有地，临。君子以教思无穷，容保民无疆③。	《象》说：泽上有地，临卦卦象。君子体察此象，用无尽的思虑教导百姓，发扬无边的美德容纳养育民众以教思无穷，容保民无疆。	《象》说：泽上有地，临卦卦象。君子体察此象，喜悦、和顺、殚思极虑地教化百姓，无限宽厚地保护民众。

· 125 ·

初九，咸临，贞吉④。《象》曰："咸临，贞吉"，志行正也。	初九，有感应君临天下，守正吉祥。《象》说："咸临，贞吉"，志向行为纯正。	初九，临之初，志行纯正，以刚感柔，笃守正道，坦诚地君临天下，吉祥。
九二，咸临，吉，无不利。《象》曰："咸临，吉，无不利"，未顺命也⑤。	九二，有感应君临天下，吉祥，没有什么不利的。《象》说："咸临，吉，无不利"，没有顺应君王之命。	九二，阳刚居中，不完全顺应不正位柔顺君王之命，以感化之道君临天下，吉祥，无不利。
六三，甘临，无攸利，既忧之，无咎⑥。《象》曰："甘临"，位不当也。"既忧之"，咎不长也。	六三，靠花言巧语统治，无所得力，已经感到忧虑，没有过失。《象》说："甘临"，阴占阳位，占位不当。"既忧之"，过错不长久。	六三，占位不正，以柔乘刚，以邪临物，靠甜言蜜语君临天下，必无所得。若为此忧惧改过，过错不会长久，没有灾祸。
六四，至临，无咎⑦。《象》曰："至临无咎"，位当也。	六四，极为亲近地统治，没有过失。《象》说："至临，无咎"，阴占阴位，占位得当。	六四，身为正位诸侯，礼贤下士君临天下，没有过失。
六五，知临，大君之宜⑧，吉。《象》曰："大君之宜"，行中之谓也。	六五，聪明睿智地统治，君王应该如此，吉祥。《象》说："大君之宜"，实行中庸之道。	六五，身为柔顺居中九五之尊，聪明睿智地君临天下，竭其视听，尽其谋能，彰显君王之道，吉祥。
上六，敦临，吉，无咎⑨。《象》曰："敦临"之吉，志在内也。	上六，敦厚地统治，吉祥，没有过错。《象》说："敦临"之吉，说明其志在于利国利家。	上六，处临之极，敦厚地君临天下，志在助贤利国利家，吉祥，没有过失。

【注释】

① 临：元亨，利贞。至于八月有凶：临，卦名。临本义从上往下俯视，引申为从上监视着，进一步引申为统治、治理。朱熹注："临，进而凌逼于物也。"至于八月有凶，八月，非指月份的八月，而是指消息卦观卦（☷，观仰）。《程氏传》："在阴阳之气言之，则消长如循环，不可易也。以人事言之，则阳为君子，阴为小人，方君子道长之时，圣人为之诫，使知极则有凶之理而虞备之，常不至于满极，则无凶也。"《集解》引郑玄曰："临，大也。阳气自此浸而长大，阳浸长矣，而有四德，齐功于乾，盛之极也。人之情，盛则奢淫，奢淫则将亡，故戒以'凶'。"《王注》："八月阳衰而阴长，小人道长，君子道消也。"

② 刚浸而长，说而顺，刚中而应：刚，前一"刚"指初、二两爻，后句"刚

中"指九二。浸，渐也。说，即"悦"，指下兑。顺，指上坤。应，九二阳爻与六五阴爻相应。《程氏传》："化育之功所以不息者，刚正和顺而已。以此临人，临事，临天下，莫不大亨而得正也。"

③ 君子以教思无穷，容保民无疆：教、思，均作动词，犹言"施行教导""费尽思虑"。《程氏传》："君子观亲临之象，则教思无穷，亲临于民，则有教导之意思也。""观含容之象，则有容保民之心。"元代"明经胡七贤"胡炳文解释说："不徒曰'教'，而曰'教思'，不徒曰'保民'，而曰'容民'。"其意如泽那样深，如坤地那么广大。

④ 咸临，贞吉：咸，通"感"，理解为感应、感化，初九爻与六四爻相应，下感应于上。《集解》引虞翻曰："咸，感也。得正应四，故'贞吉'也。"《程氏传》："咸，感也。阳长之时，感动于阴。四应于初，感之者也。比他卦相应尤重四，近君之位。初得正位，与四感应，是以正道为当位所信任，得行其志，获乎上而得行其正道，是以吉也。"

⑤ 未顺命也：九二爻虽然与六五爻相应，但两爻都不正位，九二爻阳占阴位，六五爻阴占阳位，九二未必完全顺应六五之命。《集解》引荀爽曰："阳当居五，阴当顺从，今尚在二，故曰'未顺命也'。"

⑥ 甘临，无攸利；既忧之，无咎：甘，甜蜜动听，指甜美巧佞的言辞，花言巧语。《王注》："佞邪说媚，不正之名。"既忧之，《程氏传》："三居下之上，临人者也。阴柔而说体，又处不中正以甘说临人者也。在上而以甘说临下，失德之甚，无所利也。兑性既说，又乘二阳之上，阳方长而上进，故不安而益甘，既知危惧而忧之，若能持谦守正，至诚以自处，则无咎也。"

⑦ 至临，无咎：至，极也，六四居上卦之始，柔正应初。《集解》引虞翻曰："至，下也。谓下至初应，当位有实，故'无咎'。"《程氏传》："四居上之下，与下体相比，是切临于下，临之至也。临道尚近，故以比为至。"《正义》："履得其位，能尽其至极之善而为临，故云'至临'。以柔不失其正，故'无咎'也。"

⑧ 知临，大君之宜：知，两个读音zhī、zhì，本处读zhì，通智。大君，指六五君王。《正义》："处于尊位，履得其中，能纳刚以礼，用建其正，不忌刚长而能任之，故聪明者竭其视听，知力者尽其谋能，是知为临之道，大君之所宜以古也。"

⑨ 敦临，吉，无咎：敦，敦厚。《本义》："居卦之上，处临之终，敦厚于临。吉而无咎之道也。"《王注》："处坤之极，以敦而临者也。志在助贤，以敦为德，

虽在刚长，刚不害厚，故'无咎'也。"

【宗旨】

　　临卦是阐述如何统治、治理或者管理的卦。统治者最担忧的是统治失效失败，采取各种办法防止这种情况发生，包括循循善诱、甜言蜜语、礼贤下士、聪明睿智、温柔敦厚等。若保障统治成功，关键是正气日增、顺应民意、居中守正、尊重天道。同时警示，如果不按此道行事，就会被民众推翻，导致失败。

【体会】

　　临字金文是𦣞，像一人俯视物品，本义俯视，引申为监视，进一步引申为身居高位对百姓进行统治、治理。《序卦》说："有事而后可大，故受之以《临》。临者，大也。"坏事可能增大，所以接着就是《临》卦，临就是大坏事。《杂卦》说："《临》《观》之义，或与或求。"即《临》就是与，结合临的本意，就是上级对下级统治。

　　临卦（䷒），下兑（☱）上坤（☷），兑为泽，坤为地，泽上有地，地高泽低，泽水被地围住，如果看泽水，则居高临下，这是临卦的卦象，也说明了临卦的卦意。

　　君子看到临卦的泽上有地卦象，为什么会产生"以教思无穷，容保民无疆"？作者认为，泽润下，对大地有浸润作用，经过浸润的土地，含水量丰富，有益于水生动植物的生长，泽润无声，无穷无尽，给百姓带来恩惠。这就启示君子，人也应该像润泽一样，奉献自己。对于百姓而言，参差不齐，好坏兼有，需要进行教育，并且需要不断地进行教育，想方设法地教育好。保护民众是统治者的重要任务，要想使用人民，必须保护人民，爱护人民，用极尽宽厚的态度对待民众，既是对民众的教化，更能蓄积民众的热爱，民为我所用，君民团结一家人，国家才能得到有效治理，统治才能成功。统治者获取了至高无上的权利，享受荣华富贵，都想统治永续。但如何才能保障统治如日月永恒，却需要高超的智慧。

　　临卦说：要想获得统治大成功，必须守正道，如果不守正道，就会被民众推翻。《象辞》中说，正气要日增，天理民心不可逆，正道要坚守不可弃，通过正反两方面反复强调坚守正道。

　　临卦又告诉我们一要一身正气，不能对民众虚与委蛇，要坦诚地面对民众；二要知错必改，不能花言巧语欺骗民众，欺骗不会长久；三是对民众要尊重，要礼贤下士，尽心尽责，要鞠躬尽瘁、无私无畏，高高在上当老爷是万万不可的；四是作为领导要有智慧，要笃行中道，过左或过右都是治国大忌，中庸很重要；五要充分发挥老领导的作用，老领导不能摆老资格，摆臭架子，要发挥余热，要敦厚帮助后人，不能干政。临卦给我们重要启示：

坚守正道是治理核心。"临，元亨，利贞。至于八月有凶。"治理要坚守正道，否则会出现凶险。统治好坏是统治者最关心的事情，坏事做绝统治时间不会长久，只有坚守正道才是统治长久之道。"伏清白以死直兮，固前圣之所厚。"屈原借前贤能够坚守正道的句子来勉励自己，也道出了圣贤治理的奥秘。周武王即位之初向尚父讨教治国之道，尚父引用《丹书》的言语说："敬胜怠者吉，怠胜敬者灭；义胜欲者从，欲胜义者凶。"只要在"敬""公"二字上下功夫，就是正确的治国之道。

以人民为中心谋幸福。"君子以教思无穷，容保民无疆。"人民是历史的创造者，是执政的根基，要重视人民的福利，想人民之所想，急人民之所急，就会有坚实的执政根基。"巡粤表孤忠，耿耿丹心，奏牍两章留史册；抚民留善政，元元赤子，讴思万载仰旌常。"这是悬挂在王来任祠堂的楹联，彰显了民众对他的怀念。

智慧理政要笃行中道。"知临，大君之宜。"治理要有智慧，要笃行中道。昄天道、知人事就是最高智慧的体现。据《尚书》记载，唐尧传舜，舜传禹，都将笃行中道作为重要条件。尧曰："咨！尔舜！天之历数在尔躬，允执厥中……四海困穷，天禄永终。"舜亦以命禹。曰："予小子履，敢用玄牡，敢昭告于皇皇后帝：有罪不敢赦，帝臣不蔽，简在帝心。朕躬有罪，无以万方；万方有罪，罪在朕躬。"舜也这样告诫禹。《中庸》说："舜其大知（智）也与！舜好问而好察迩言。隐恶而扬善，执其两端，用其中于民。"他盛赞舜是有大智慧之人，舜喜爱发问又善于体察话语的含义。

敦厚为民谋划大幸福。"敦临，吉，无咎。"要用敦厚之心为民众服务，为官一任，造福一方，为民谋福利。不是冷冰冰的，要有温度，要敦厚，只有敦厚才能赢得民众的喜爱，才能赢得民众支持。根据《后汉书·卓鲁魏刘列传》，东汉中牟令鲁恭自幼喜读儒书，其为人敦厚温和，他将敦厚温和作为为政之要。上任不久，就解决了前任积压下的难案。

礼贤下士为广大民众。"至临，无咎。"要礼贤下士进行治理。礼贤下士地治理，民众感到亲切，感觉到有温度，更容易被接受，形成鱼水关系。周文王姬昌父亲季历，战功累累却招来商纣王猜忌，最后以莫须有的罪名被杀害。季历之子姬昌继承父亲的爵位，号称"西伯侯"。姬昌勤政爱民，礼贤下士，拜姜尚为师。他疑人不用，用人不疑，只要是有才能的人都礼用，很多痛恨商纣王的贤士均来投奔他，为讨伐商纣奠定了人才根基，为武王姬发讨伐商朝奠定了扎实的基础。

【易水】

临卦是与水密切相关的卦，下泽上地，就是地面高出泽水，泽水被大地包围，挡住泽水的去路。如果要观泽，一种方式是站在大地上，居高临下。一种方式是远远地观望，看到泽水一片。但两种情景都摆脱不了居高临下。泽水会发生变化。当干旱的时候，泽水会萎缩减少，地显得更加高。当降水丰富的时候，泽水会上涨，面积会扩大，地的高度相对会降低。但无论怎么变，泽水润大地，泽水甘于处低下的本质没有变，展现了君子之风范。

临卦是《周易》六十四卦中的第十九卦，它所对应的月份是阴历十二月，虽然尚处于严冬季节，但已经向春回大地迈进。此时降水不大，泽水处于比较少的状态，泽低地高。到了八月，已经到了汛期的末端，泽水正是一年之中比较丰沛的季节，泽水高涨，甚至出现泽高地低的溃堤状态，真的如临卦所说"至于八月有凶"。这和卦辞很符合，不能不令人遐想卦辞就是根据此现象拟定的。

临卦宗旨是统治、治理，给治水重要启示。

治水要坚守正道。统治要坚守正道，统治的时间才能长久。治水也要坚守正道，治水事业才可持续。治水如何坚守正道？治水不能仅仅考虑人的需求，也要考虑水的承载能力，将人的需求和水的承载力结合起来，既满足人的有效需求，同时不超过水的承载力，建立人水和谐的关系。要建立人水是生命共同体理念，人荣水荣，水坏人输，人与水同呼吸共命运，休戚相关。坚守水的规律，以不突破水规律为底线开发利用水，人的主观能动性不能干扰水的规律。节水优先，开发慎重，不仅仅虑及水，而且将与水有关的因素综合纳入进行考虑，有整体观念。人道不违背天道，自然就不违背水道。"人水合一，各遵本性"就是治水坚守正道的基本理念。

治水以民为中心。虽然统治者最终目的是为了政权的巩固，只有维护广大人民群众利益，才能赢得民众支持，才能达到统治者和民众双赢。靠维护少数人利益维持政权，最终搞得民怨沸腾，激怒民众，推翻残暴的统治。要统治好就要对人民好。同样的道理也适用于治水。要想治好水，必须解决好治水为谁服务的大问题。只有以民众为中心，维护广大人民群众的利益，让民众得到实实在在的实惠，治水才能得到众多民众的支持，才是写在民众口碑中的好水利。

治水要智慧行动。智慧理政笃行中道是统治的重要经验。治水也要靠智慧，要笃行中道，用智慧行动赢得治水成功。这智慧既要借鉴国内外先进治水经验，也要批判地吸收传统治水精华，同时充分发挥当代人智慧进行创新，这样治水才能立于不败之地，才能有高度、有广度、有创新度。大禹治水之所以成功，重要的原因是他汲取前辈堵不如疏，理念转变，行动变革，最终将洪水导入大海，治水获得成功。世界在飞速发展，人的智慧随着现代科技的发展也长上了翅膀，治水手段更加现代化。我们不能因为现代化就摒弃传统的精华，现代化水利是将传统治水精髓发挥到极致，是传统与现代治水的有效结合和延伸，他们有着深厚的继承发展的关系。

治水要厚待民众。要宽以待民，治水也要厚待民众，获得涉水民众的广泛支持，这是民众支持治水力量的重要来源。治理者不要与民争利，要将人民群众的利益放在首位，多予少取，让民众感受到治水者的敦厚和大爱。特别是治水时直接涉及民众利益，如拆迁、占用土地、淹没区、生态环境影响等诸多关系到民众生活切身利益问题时，要做好思想工作，晓之以理，动之以情，在此基础上，补偿要适当，不能让民众吃亏。

治水要礼贤下士。治水要礼贤下士。群众的智慧是无穷的，充分地利用他们的智慧是治水成功的重要基础。对待治水，既要倾听支持者意见，更要认真听取反对者意见，对双方意见进行科学分析，寻找最佳的方法协调解决。针对治水中的乱象，更要拨乱反正，礼贤下士地求取最佳办法。

20. 观 风行地上 ䷓ 观民设教

【原文】

　　观：盥而不荐。有孚颙若。

　　《彖》曰：大观在上，顺而巽，中正以观天下，观。"盥而不荐，有孚颙若"，下观而化也。观天之神道，而四时不忒，圣人以神道设教，而天下服矣。

　　《象》曰：风行地上，观。先王以省方观民设教。

䷓	上九，观其生，君子无咎。 《象》曰："观其生"，志未平也。
䷓	九五，观我生，君子无咎。 《象》曰："观我生"，观民也。
䷓	六四，观国之光，利用宾于王。 《象》曰："观国之光"，尚宾也。
䷓	六三，观我生，进退。 《象》曰："观我生，进退"，未失道也。
䷓	六二，窥观，利女贞。 《象》曰："窥观，女贞"，亦可丑也。
䷓	初六，童观，小人无咎，君子吝。 《象》曰："初六童观"，小人道也。

【翻译】

原文	准直译	意译
观：盥而不荐。有孚颙若①。	观：观仰祭祀香酒灌地降神仪式后，不需要观仰敬献贡品礼节。内心信服充满崇敬。	观，观仰香酒灌地祭祀迎神仪式后，满怀崇敬之情，无需观仰后面的敬献笾豆。
《彖》曰：大观在上，顺而巽，中正以观天下，观。"盥而不荐，有孚颙若"，下观而化也。观天之神道，而四时不忒，圣人以神道设教，而天下服矣②。	《彖》说：隆重盛大仪式在上，柔顺且润物，天下观仰中正之德，就是观。"盥而不荐，有孚颙若"，观仰之人被感化了。观察天道，春夏秋冬四季没有差错，圣人以神道教化民众，天下百姓信服。	《彖》说：最大的观仰是顺天道如沐春风，中正观天下。登泰山而小天下，因为已经观仰至极，余下被感化了。观天之神道，春夏秋冬四季无差错，圣人效法天道，不靠言教威逼，用行善感化人，天下百姓信服。
《象》曰：风行地上，观。先王以省方观民设教③。	《象》说：地上刮风，观仰。先王用此视察天下，实施教化。	《象》说：风吹大地，观卦卦象。君子体察此象，先王巡视四方，用民风民俗熏陶感化民众。

132

初六，童观，小人无咎，君子吝④。《象》曰："初六童观"，小人道也。	初六，像小孩一样观看，对小人没有害处，对于君子则可羞。《象》说："初六童观"，小人浅薄观赏之道。	初六，处大观之初，像小孩一样观看，这是小人之道，小人无害，君子无益。
六二，窥观，利女贞⑤。《象》曰："窥观，女贞"，亦可丑也。	六二，偷看，宜女子守正。《象》说："窥观，女贞"，也是丢脸的事。	六二，大观之时，居中得位，与九五之尊相应，若不能大观广鉴而似女子偷看，虽然对女子来说守正，但也不为君子所称道。
六三，观我生，进退⑥。《象》曰："观我生，进退"，未失道也。	六三，看我的行为，知道进还是退。《象》说："观我生，进退"，没有失去大道呀。	六三，大观之时，三省吾身，知道进退，没有失去大道。
六四，观国之光，利用宾于王⑦。《象》曰："观国之光"，尚宾也。	六四，有德之国君，要以身作则宾服于天子。《象》说："观国之光"，志在慕尚为王宾。	六四，大观之时，贴近九五之尊且得位，莫敢不来宾，莫敢不来王。
九五，观我生，君子无咎。《象》曰："观我生"，观民也。	九五，不断省察完善自己，君子没有灾祸。《象》说："观我生"，观民观我。	九五，大观之时，作为九五之尊，阳刚居中，亲和民众，三省吾身完善自己，观民以观我，平安无事。
上九，观其生，君子无咎。《象》曰："观其生"，志未平也⑧。	上九，为民所观，君子没有灾祸。《象》说："观其生"，志未与世俗均平。	上九，处大观之极，为民所仰，尚其高志，君子没有灾祸。

【注释】

① 观：盥而不荐。有孚颙若：观（guān），卦名。看，引申为对事物的看法。盥（guàn），一说是古代祭祀宗庙时用香酒浇灌地面以降神之礼；一说是洗手。本处取前者。荐，敬献，祭祀中向神献飨之礼。颙（yóng），大头，引申为敬仰。若，语气词。盥而不荐，《集解》引马融曰："盥者，进爵灌地以降神也，此是祭祀盛时。及神降荐牲，其礼简略，不足允也。"《王注》："王道之可观者，莫盛乎宗庙。宗庙之可观者，莫盛乎'盥'也。至'荐'，简略不足复观。故观'盥'而不观'荐'也。"《集解》引马融曰："以下观上，见其至盛之礼，万民信敬，故云'有孚颙若'。"

② 观天之神道，而四时不忒：忒，音 tè，差错。神道，天道。《正义》："'神道'者，微妙无方，理不可知，目不可见，不知所以然而然。"

③先王以省方观民设教：省（xǐng）方，视察邦国，巡守四方。《集解》引九家易曰："先王德化，光被四表，有不宾之民，不从法令，以五刑加之，以齐德教。"南宋杨万里的《诚斋易传》解释说："天王省天下而无不至，故天下日见；圣人随其地观其俗，因其情设其教，此省方之本意也。"

④童观，小人无咎，君子吝：童，幼童，儿童。童观，像小孩子一样观看，所观是感性，限于表面现象。《集解》引王弼曰："失位处下，最远朝美，无所鉴见，故曰'童观'。处大观之时而童观，趣顺而已。小人为之，无可咎责。君子为之，鄙吝之道。"

⑤窥观，利女贞：窥，暗中察看。窥观，偷看。《集解》引侯果曰："得位居中，上应于五，窥观朝美，不能大观。处大观之时而为窥观，女正则利，君子则丑也。"《正义》："既是阴爻，又处在卦内，性又柔弱，唯窥窃而观。如此之事，唯利女子所贞，非丈夫所为之事也。"

⑥观我生进退：我生，有的解释为我的行为。《本义》释："我所行也。"有的解释为民众。本处解释取前者。《正义》："远则不为童观，近则未为观国，居在进退之处，可以自观我之动出也。故时可则进，时不可则退，观风相几，未失其道。"

⑦观国之光，利用宾于王：宾，宾客。《集解》引虞翻曰："诗'莫敢不来宾，莫敢不来王'，是其义也。"（疑有误，《诗经·商颂·殷武》原文："昔有成汤，自彼氐羌，莫敢不来享，莫敢不来王。"若引用原诗，宾疑为享。）《正义》："以居近于至尊之道，志意慕尚为王宾也。"

⑧志未平：平，可以理解为"安宁无为"。《本义》："言虽不得位，未可忘戒惧也。"《正义》："和光流通，志未与世俗均平。世无危惧之忧，我有符同之虑。"

【宗旨】

观卦的宗旨是通过观仰受到感化教育。最上的观仰就是通过观神道因地制宜地教化百姓，即"神道设教"。天道如春风，中正无错，通过学习天道教化百姓，百姓心服口服。治国理政就像"盥而不荐，有孚颙若"，熏陶百姓。观仰具有层次性，地位不同，观仰感受和方法存在差异。观仰也有"登泰山而小天下"之妙。

【体会】

观字甲骨文是 ，它像一只大眼睛鸟。《说文解字》解释为"鸱属"，即鸱鸺（xiū），也就是猫头鹰。猫头鹰大眼睛炯炯有神，很形象。《说文解字》说观："谛视也。"观具有审视、观仰、参观、展示等多种意思。

观卦（☷）下坤（☷）上巽（☴），坤为地，巽为风，风在地上吹，万物因风受到不同程度影响，看青青的草地，随风摇曳。二月春风似剪刀，剪出春天；秋风扫落叶，将秋天吹走，吹进冬天。冬天寒风刺骨，像刀子一样刮脸。狂风、热带气旋风力达12级的飓风，所过之处，一片狼藉。君子心善，看到风刮大地，带来欣欣向荣的景象，君子像春风一样，熏陶国民，教化国民正道。

观卦解释很特别，一般卦解释都有"元亨利贞"中的一个或者多个，而观卦一个都没有，为什么？只能推断或者猜测。观仰最隆重祭祀，非常盛大庄重。祭祀是国家大事，"国之大事，在祀与戎。"以祭天为例，通过祭天对天表达其滋润、哺育万物的感恩之情，并祈求皇天保佑天下太平。祭天礼复杂，包括迎神、行礼、进俎、初献、亚献、终献等过程。迎神，燔柴炉内升烟火，灌香酒，营造迎神的气氛十分浓厚，耳听音乐，鼻闻香气，视旗幡招展。皇帝大臣穿着盛装，臣子和后宫之人按照职位站在各自位置上，隆重热烈，庄严肃穆。皇帝至皇天上帝神牌主位前跪拜，上香，然后到列祖列宗配位前上香，叩拜。回拜位，对诸神行三跪九拜礼，礼节复杂有序，庄重感、威严感十足。人们观仰这十分庄重的拜礼，内心充满了敬佩和感动。孔子说："禘自既灌而往者，吾不欲观之矣。"就是指仰祭礼之事，与"盥而不荐"的宗旨相同，说明观仰止于"盛大"。

观天道是最大的道。一年四季准时到来，这就是天道在四季中的一种体现，是自然存在，不以人的意志为转移，这是最大的道。正因为如此，人们才无比信赖天道，天道是最公平道，不管你地位高低，财富多少，美貌如何，父母是谁，都逃脱不了生老病死，都会走向死亡后参与自然循环。来源于土，回归于土。百姓最信服天道，通过天道教化民众，民众才信服。历代皇帝都祭天，称为天子，将自己看作是天道的化身，获得天道授权，以愚弄百姓。

观仰具有层次性，像小孩子一样观仰，看山是山，看水是水，其背后的含义是什么并不知道，这是儿童之观。还有一种观是偷窥，暗暗地观察，不能光明正大。偷观其实很可怕，因为你不知道，在不知不觉中被人窥视，暴露自己的一切。还有一种观，不是观别人，而是观自己，不是观赏自己的美，而是找自己的缺点，不断地改进自己，这种观是君子之观，让自己更加完善。对于一国之长而言，要观民风，民风决定他的安危，通过观民风观自己，因地制宜地引导民风正是他的责任。

观卦给我们重要启示。

观大道一览众道小。"盥而不荐，有孚颙若。"要观大道，学大道感化自己，小道不师自通，就是一览众山小。观仰什么最为重要，观大还是观小，这里面包含着很大的学问。

观天道是最好老师。"观天之神道，而四时不忒，圣人以神道设教，而天下服矣。"观自然之道，向其学习，熏陶自己教育民众，老百姓容易信服，因为他们更相信天道。三人行必有我师，这是学习之道。其实我们最大的老师来自自然，天道就是我们的老师，天道可以转化为人道。观天道，认真琢磨其中的道理，运用到社会，有助于"天人合一"。《道德经》说："知其雄，守其雌，为天下溪。为天下溪，常德不离，复归于婴儿。"婴儿的状态是纯自然，婴儿整天啼哭，但是嗓子不会沙哑；婴儿整天握着拳头，双掌也不会弯曲，这是他们自然本性的体现。婴儿行动时不知道要做什么，走路的时候不知道要去哪儿，像这样，祸不会到来，福也不会到来，对福祸都没有感知，就没有人能够伤害到他们了，婴儿的行为展现了天道。如果违背了天道，就会受到惩罚。

观己省身完善自己。"观我生进退。"观己省身要自己反省自己，找到进退的依据。观别人容易，观自己难，特别是观自己的缺点更难。但在观仰的时候，不仅要观别人的长处，也要观自己的短处，不断地修正自己，使自己更加完善，达到修身的目的。《论语·学而》说："曾子曰：'吾日三省吾身。为人谋而不忠乎，与朋友交而不信乎，传不习乎'。"曾子即是曾参，他是孔子的学生，十分注重自己的修养，每天省察自己的言行：第一，替人做事是否忠诚；第二，和朋友交往是否信实；第三，学业是否勤习。曾参成为圣人与其省身密不可分。

观民意顺民愿平安。"观我生，君子无咎。"作为统治者，重要的是观民意顺民愿，这样才能得到百姓拥护，才能获得执政的根基。观民意这是执政者必修的一堂课。《孟子·离娄上》说："得天下有道，得其民，斯得天下矣。得其民有道，得其心，斯得民矣。得其心有道，所欲与之聚之，所恶勿施尔也。"

【易水】

观卦（䷓）下坤（☷）上巽（☴），与水有密切关系。从卦象上来看，九六爻不正位，其变为阴爻，这样不仅上卦变成了坎（☵），而且整个卦都有大坎（☵）之象。坎就是水，雨以润之，坎也为险。"利涉大川"都与坎有关。当然九六爻变化之后，整个卦就变成比卦（䷇），《杂卦》说："《比》乐《师》忧。"观赏美丽的水景，内心充满喜悦，当然充满快乐。

观卦消息卦是八月，八月正是降水丰富季节，北方的旱地都有可能变成泽匮，大地因水充满生机，当然也可能因洪涝灾害造成损失。观水深思，水润万物而不索取，多么大的胸怀，只奉献不索取，不因为你不会说话少给，也不会因你能说会道多予。

观卦给涉水事务重要启示。

观典型提高水利水平。观大道一览众道小。观大道，就是学习自然规律，深刻认识自然规律，目的是尊重自然规律，人在适应自然规律的基础上发展自己，向"天人合一"迈进。水利作为适应自然的工程，必须满足此条件，充分尊重自然规律。此外，学习前人的经验，汲取教训，也是水利发展的必修课。

观水道学水道用水道。水道是天道的重要组成部分人都应该观水道，学水道，用水道。将水道应用到人道，并且认认真真地实践，争取成为德高望重的人物。

剖析水利利弊向前行。观己省身完善自己。面对水利，分析其利弊。利的就坚持发扬光大，弊的就改正，防止再次发生。剖析水利利弊，首先需要树立正确的价值观，身正不怕影子斜，价值观影响水利利弊的价值判断。其次要科学剖析，重证据，摆事实讲道理，避免以势压人。第三要公正，不能因个人喜爱与厌恶所左右，更不能因各种关系如老长官、老部下做的决策就畏缩不前，瞻前顾后。第四要善于运用第三方进行评价，第三方因利益瓜葛相对较少，所做的评价相对客观公正，更容易被接受。分析利弊是敏感工作，关系到政绩和利益，甚至历史地位的评价，要慎之又慎，同时又要积极作为。明白利弊，水利决策才更科学，更可持续。

顺民意为人民做好水利。涉水事务依然要顺民意，只有尊重民意，水利才能得到更多民众支持，才能做得更好。水利工作要不断倾听民意，正确对待群众来信来电，认真公正公平处理，主动征求群众意见，需要哪些地方改进，注意搜集舆情，及时回复群众的关切。修建水利工程要在科学的基础上，要倾听民众的意见。同时要注意引导民意，用正确的价值观、科学观摆事实讲道理来引导民意。注意处理好尊重与引导民意的关系，他们都围绕着水利工作而展开，体现的是以人民为中心做好水利工作。

21. 噬嗑 下雷上电 ䷔ 威明相济

【原文】

噬嗑：亨。利用狱。

《彖》曰：颐中有物曰噬嗑。噬嗑而亨，刚柔分，动而明，雷电合而章。柔得中而上行，虽不当位，"利用狱"也。

《象》曰：雷电，噬嗑。先王以明罚敕法。

▅▅▅▅▅	上九，何校灭耳，凶。 《象》曰："何校灭耳"，聪不明也。
▅▅ ▅▅	六五，噬干肉，得黄金。贞厉，无咎。 《象》曰："贞厉，无咎"，得当也。
▅▅▅▅▅	九四，噬干胏，得金矢。利艰贞，吉。 《象》曰："利艰贞，吉"，未光也。
▅▅ ▅▅	六三，噬腊肉，遇毒，小吝，无咎。 《象》曰："遇毒"，位不当也。
▅▅ ▅▅	六二，噬肤灭鼻，无咎。 《象》曰："噬肤灭鼻"，乘刚也。
▅▅▅▅▅	初九，屦校灭趾，无咎。 《象》曰："屦校灭趾"，不行也。

【翻译】

原文	准直译	意译
噬嗑：亨。利用狱①。	噬嗑，亨通。适宜诉讼断案。	噬嗑，啮合才能亨通，利于诉讼断案。
《彖》曰：颐中有物曰噬嗑。噬嗑而亨，刚柔分，动而明，雷电合而章②。柔得中而上行，虽不当位，"利用狱"也。	《彖》说：口腔中有东西叫噬嗑。啮合然后亨通，需要刚柔有别，行事光明，就像震雷闪电交合彰显。柔顺得中向前行动，即便位置不当，也可以用来决断诉讼。	《彖》说：噬嗑象征口中有物，去除口中之物才亨通。刚柔兼济、明镜高悬、廉洁公正是圆满处理诉讼的要件。用柔顺得中方法断案，即便位不正，也可行。
《象》曰：雷电，噬嗑。先王以明罚敕法③。	《象》说：雷电交合，噬嗑卦卦象。君子体察此象，先王效法它的精髓，申明刑罚，肃正法令。	《象》说：雷电交加，噬嗑卦卦象。君子受此启发，先王申明刑罚，肃正法令。

·138·

初九，屦校灭趾，无咎④。《象》曰："屦校灭趾"，不行也。	初九，戴上脚镣，遮盖脚趾，没有过错。《象》说："屦校灭趾"，日后不敢再做犯法之事。	初九，噬嗑之初，戴上脚镣，遮住脚趾，小惩大诫，以防再犯大错，没有过错。
六二，噬肤灭鼻，无咎⑤。《象》曰："噬肤灭鼻"，乘刚也。	六二，刺字、砍掉鼻子，没有灾祸。《象》说："噬肤灭鼻"，因为六二乘刚强行犯法。	六二，噬嗑之时，虽然居中守正，但乘刚无礼犯罪，给予刺字、砍掉鼻子刑罚，没有施刑过重的疑虑。
六三，噬腊肉，遇毒，小吝，无咎⑥。《象》曰："遇毒"，位不当也。	六三，像咬啮坚硬的腊肉，又遇到毒物，稍有憾惜，没有灾害。《象》说："遇毒"，以阴居阳，位置不当。	六三，噬嗑之时，阴占阳位不正，遇到非常棘手的案件，犹如吃到有毒的腊肉，断案不服，虽有遗憾，但没有大错。
九四，噬干胏，得金矢⑦。利艰贞，吉。《象》曰："利艰贞，吉"，未光也。	九四，咬坚硬带骨头的干肉，碰到金属箭头，有利于艰难中守正，吉祥。《象》说："利艰贞，吉"，没有发扬光大呀。	九四，噬嗑之时，身处不正之位，遇到特别棘手案件，恰似啃食带骨头干肉，此时断案要阳刚正直，像金箭般刚直，彰显法制，虽然艰难正固吉祥，但未能光大。
六五，噬干肉，得黄金⑧。贞厉，无咎。《象》曰："贞厉，无咎"，得当也。	六五，噬干肉得黄金一样东西。守正防备危险，没有灾难。《象》说："贞厉无咎"，得到公正处理。	六五，噬嗑之时，身为柔顺居中九五之尊，凌驾阳刚不正，处理棘手案件，如果阳刚中道得当断案，被告虽然不服，但没有过失。
上九，何校灭耳，凶⑨。《象》曰："何校灭耳"，聪不明也。	上九，肩上刑具淹没耳朵，凶险。《象》说："何校灭耳"，不聪明。	上九，处噬嗑之极，不聪明，积恶难改，罪大恶极，肩上刑具淹没耳朵，有凶险。

【注释】

① 噬嗑：亨。利用狱：噬嗑，噬（shì），咬。嗑，合，有注音 hé，字典注音 kè，《周易音义》认为是："胡腊反。"作者认为读 kè 符合现习惯。《集解》引崔憬曰："比喻人于上下之间，有乱群者，当用刑去之。"《正义》："物在于口，则隔其上下。若啮去其物，上下乃合而得亨也。此卦之名，假借口象以为义，以喻刑法也。"利用狱，《尚氏学》："上下之不能相合者，中必有物间之。啮而去其间，则合而通矣。国家之有刑狱，亦复如是。民有梗化者，以刑克之，则顽梗去，而上下通矣，故曰'利用狱'。"

② 颐中有物曰噬嗑：颐，上下颚之间的总称，即口腔。也有"养"义。中有物曰噬嗑。

③ 雷电，噬嗑。先王以明罚敕法：雷电，噬嗑卦下卦为震为雷、上卦为离为电。敕（chì），皇帝的诏令。《说文解字》："敕，诫也。"《集解》引侯果曰："雷所以动物，电所以照物，雷电震照则万物不能怀邪。故先王则之，明罚敕法，以示万物，欲万方一心也。"

④ 屦校灭趾，无咎：屦（jù），古时用麻葛等做成的鞋。校，多音字，读xiào、jiào。本处读jiào，本义查对、订正，引申为警械。屦校就是戴上脚镣。趾（zhǐ），脚指头，古代指脚。《集解》引干宝曰："趾，足也。屦校，贯械也……小惩大戒，以免刑戮，故曰'无咎'。"《王注》："凡过之所始，必始于微，而后至于著。罚之所始，必始于薄，而后至于诛。过轻戮薄，故'屦校灭趾'，桎其行也，足惩而已，故不重也。"

⑤ 噬肤灭鼻，无咎：噬肤，去掉皮肤，可以理解为黥（qíng）刑、刺字。灭鼻，割去鼻子。在夏代形成了墨（刺字）、劓（割掉鼻子）、剕（fèi，砍脚）、宫（阉割男性生殖器或将女性幽闭）、大辟（砍头死刑）处罚方式，很残忍。《集解》引侯果曰："乘刚，噬必深，噬过其分，故'灭鼻'也。刑刻虽峻，得所疾也。"

⑥ 噬腊肉，遇毒，小吝，无咎：腊（xī）肉，干肉。《正义》："坚刚之肉。"毒，原指害草。《正义》："苦恶之物。"极，而履非其位，以斯食物，其物必坚。岂唯坚乎，将遇其毒。噬，以喻刑人。腊，以喻不服。毒，以喻怨生。"《周礼》认为小物全干曰腊。

⑦ 噬干胏，得金矢：胏，多音字，fèi，通肺；zǐ，连骨的干肉。本处读zǐ。金矢，比喻刚硬。《集解》引陆绩曰："肉有骨谓之胏。离为干肉，又为兵矢，失位用刑，物也不服，若噬有骨之干胏也。金矢者，取其刚直也。噬胏虽复艰难，中得申其刚直，虽获正吉，未为光大也。"

⑧ 噬干肉，得黄金：黄，为中和之色，言"中"的意思。金，刚直之物，指阳刚。《集解》引王弼曰："干肉，坚也；黄，中；金，刚也。"《王注》："处得尊位，以柔乘刚而居于中，能行其戮者也。履不正而能行其戮，刚胜者也。噬虽不服，得中而胜，故曰'噬干肉，得黄金'也。己虽不正，而刑戮得当，故'贞厉'而'无咎'也。"

⑨ 何校灭耳，凶：何，同"荷"，扛的意思。校，刑具。灭，淹没。《集解》引荀爽曰："上以不正，侵欲无已，夺取异家，恶疾而不可掩，罪大而不可解，故宜'凶'也。"《正义》："处罚之极，恶积不改，古最及其首，何担枷械，灭没于耳，以至梏没。以其聪之不明，积恶致此。"

【宗旨】

噬嗑卦阐述处理异类之道，它用口中有物即干肉做比喻如何处理。口中之物有软有硬，因断案处理之人地位不同处理有异。但总的原则是刚柔兼济、明镜高悬、廉洁公正，以申明刑罚、肃正法令，教化百姓遵纪守法。该卦也包含了处罚的目的是防止再犯，也就是"惩前毖后治病救人"的思想，重在光明处理，并非强调刑罚严酷。

【体会】

《序卦》说："可观而后有所合，故受之以《噬嗑》。嗑者，合也。"观赏以后有所取合，所以接着是噬嗑卦。嗑是合的意思。

噬嗑卦（䷔），下卦为震（☳）上卦为离（☲），震为雷，离为电，电在雷上，不仅让我们想起雷电交加。在伸手不见五指的夜晚，一个闪电划破夜空，瞬时乌黑的夜空被划破照亮，让人感到惊吓，紧接着巨雷响起，轰隆隆像是天要塌下来，更让人恐惧。一次让人惊恐，不断地电闪雷鸣，定会让人更加瑟瑟发抖，增添恐惧的气氛。

《集解》引宋衷指出："雷动而威，电动而明，二者合而其道章也。用刑之道，威明相兼。若威而不明，恐致淫滥；明而无威，不能伏物，故须雷电并合而噬嗑备。"震为雷，离为电，雷动而威，电动而明。用刑之道，威明相兼。所以刑律和雷电在本质上有许多相似之处，用噬嗑卦象征刑律很恰当。

为什么见到雷电交加卦象君子会产生"先王以明罚敕法"启示呢？《集解》引侯果曰："雷所以动物，电所以照物，雷电震照则万物不能怀邪。故先王则之，明罚敕法，以示万物，欲万方一心也。"从噬嗑就是咬合来看，也可以得到部分解释。咬合需要上下牙齿相合，这和君民相结合完成国家治理本质相似。但是在治理过程中，有一部分人违法乱纪，干扰君民和谐团结合作，就像咬合过程中的硬物，必须将其咬碎，也就是对犯罪分子绳之以法。但处理案件的时候要光明磊落，严守法度。

《系辞》对噬嗑卦有三处解释。一是："日中为市，致天下之货，交易而退，各得其所，盖取诸噬嗑。"（规定中午交易，聚集天下货物，交易完毕退市，各取所需，可能取象于噬嗑卦），噬嗑卦在现实中被应用，也从另一方面可以解释噬嗑卦的内涵。噬嗑就是经过交易磨合各取所需，双方都获益，也可以供我们参考。二是：孔子说："小人不知羞耻、无所畏惧就不会行仁义，不见利不行动，必用刑威来惩罚才知晓利害，小惩罚使他避免大惩戒，这是小人的福气。《易》

'戴上脚镣，遮住脚趾，没有灾难。'"。三是："不积善不足以成名于；不积恶，不足以灭其身。小人认为做小善没有好处而不为，所以不断做坏事招致恶贯满盈，最终罪孽深重难以解救。《周易》噬嗑卦上九说：'刑具戴在头上，覆盖两耳，大凶'。"对于我们深刻理解噬嗑卦有重要帮助。

当我们遇到噬嗑之事怎么办？噬嗑给我们总的原则是刚柔兼济、明镜高悬、廉洁公正，这是公正处理案件的核心。脱离这个原则，案件处理会不公正，难以得到圆满解决。有罪必究，必须受到法律的惩处，惩处的目的就是防止再犯大错，这蕴含了预防为主的思想，是圆满处理诉讼的要件。案件性质千差万别，有的如有毒的腊肉，有的如带骨头干肉比较棘手难以处理，但因法官地位不同处理也有差异，有本身位置不正的，有君王之位的，越是官位大，处理越谨慎，因为其处理结果有更大的社会影响，不能不慎。案件即使再艰难，只要公正处理，最终都能有效解决。

噬嗑卦给我们以重要启示。

明镜高悬断案核心。"噬嗑而亨，刚柔分，动而明，雷电合而章。"古代审案，常常有明镜高悬的牌匾，意思是官员判案公正廉明，执法严明，判案公正，办事公正无私，这是公正断案的核心原则，也是断案者的良心。

预防为先惩治于后。"屦校灭趾，无咎。"惩罚小错误是为了防止犯大罪，惩罚与预防有机联合在一起，预防重于惩治。凡是有人的地方，违法乱纪都不可避免，正确处理好预防和惩治的关系非常重要。预防与惩治都不能缺失，只预防不惩治，预防效果打折扣；只惩治不预防，惩治不过来。建立预防在先惩治在后的顺序是非常必要的。预防是惩治的先期行动，可以减轻惩治数量；惩治是预防失效后的行动举措，对预防起警示作用。

惩前毖后治病救人。"噬肤灭鼻，无咎。"社会案件的发生，对犯案之人进行惩治是必然的，一方面是犯案之人应该为自己的过错付出代价，另方面是彰显法律的严肃性，是不可触碰的"高压线"，还有重要的功能就是教化作用，震慑教化其他人不要走这条路。惩就是警戒，毖是谨慎，惩前毖后就是要从以前的错误中吸取教训，以防以后再犯同样的错误。毛泽东曾提出："实行惩前毖后、治病救人的方针，借以达到既要弄清思想又要团结同志这样两个目的。对于人的处理问题取慎重态度，既不含糊敷衍，又不损害同志，这是我们的党兴旺发达的标志之一。"《诗经·周颂·小毖》："予其惩而毖后患。莫予荓（píng）蜂，自求辛螫（shì）。肇允彼桃虫，拚飞维鸟。未堪家多难，予又集于蓼。"

刚正无私光明磊落。"噬干肺，得金。利艰贞，吉。""噬干肉得黄金。贞厉，无咎。"刚正无私光明磊落是百姓对法官的刚性要求，刚正就是刚直方正。"大人刚正，不信鬼神。"无私就是没有自己恩怨利益在里面，公正没有偏心。

噬嗑卦不仅仅用于诉讼断案，只要是棘手、中间遇到阻碍等事件，要进行处理，都可以适用。

【易水】

噬嗑卦下震（☳）上离（☲），震为雷，离为电，雷电交加。从水的角度来解释，就是电闪雷鸣，下雨的征兆。

如果天旱了很久，地上的农作物会枯萎，甚至难以成活，民众用水都成问题，无水可饮的现象发生，民众盼甘霖。这时候电闪雷鸣意味着雨水的来临，民众会欣喜若狂地等到降雨，对电闪雷鸣不仅不害怕，而且欢迎甚至喜极而泣。

如果降雨已经足够，再增多会引发堤坝冲毁，百姓不希望再下雨了，以免引起洪灾。若此时电闪雷鸣，老百姓就会很惊恐，担心降水给他们带来灾难。电闪雷鸣，雷声滚滚，光耀天地，都是惊天动地的事情，都会增加降水的机会，对大地和人产生不同程度的影响。

噬嗑卦对涉水事务有重要启示。

水纠纷处理定要明镜高悬。水纠纷既包括利益冲突或者权力受损引发的当事人纠纷，也包括极端纠纷水犯罪。处理这样的案件要公，只对事不对人，以相关的法规为依据明察秋毫，同时考虑当地风土人情进行综合处理。断案者要公平公正，以事实为依据，以法律为准绳。

涉水犯罪消灭要防惩结合。要正确处理好预防与惩治的关系，预防优于惩治。消灭涉水犯罪也要预防与惩罚相结合，预防优于惩治，将水犯罪消灭在萌芽之中，比事后惩治社会综合效益大，但对于已经犯罪者绝不姑息，让其付出与犯罪相适应的代价，维护法律的严肃性和尊严。《中华人民共和国刑法》涉水犯罪主要包括"决水罪""妨害传染病防治罪""污染环境罪""非法捕捞水产品罪"等，这都属于刑事处罚范畴。处理这类案件，我们参考噬嗑卦给我们的启示，尽最大努力减少水犯罪同时对犯罪者严惩，让水更安全。

水犯罪案例警示以儆效尤。惩前毖后治病救人。将其精髓应用于水犯罪，警示后人别走这条危险之路，以儆效尤。警示具有潜移默化或者震慑的作用。

22. 贲 山下有火 ䷕ 文过饰非

【原文】

贲：亨。小利有攸往。

《彖》曰：贲，亨。柔来而文刚，故亨。分刚上而文柔，故小利有攸往。刚柔交错，天文也。文明以止，人文也。观乎天文，以察时变；观乎人文，以化成天下。

《象》曰：山下有火，贲。君子以明庶政，无敢折狱。

▬▬▬	上九，白贲，无咎。 《象》曰："白贲，无咎"，上得志也。
▬ ▬	六五，贲于丘园，束帛戋戋，吝，终吉。 《象》曰：六五之吉，有喜也。
▬ ▬	六四，贲如，皤如，白马翰如。匪寇，婚媾。 《象》曰：六四，当位疑也。"匪寇婚媾"，终无尤也。
▬▬▬	九三，贲如，濡如，永贞吉。 《象》曰："永贞之吉"，终莫之陵也。
▬ ▬	六二，贲其须。 《象》曰："贲其须"，与上兴也。
▬▬▬	初九，贲其趾，舍车而徒。 《象》曰："舍车而徒"，义弗乘也。

【翻译】

原文	准直译	意译
贲：亨。小利有攸往①。	贲，文饰，亨通。较有利于前往。	贲，文饰，亨通。前往较有利。
《彖》曰：贲，亨。柔来而文刚，故亨。分刚上而文柔，故小利有攸往。刚柔交错，天文也。文明以止，人文也。观乎天文，以察时变；观乎人文，以化成天下。	《彖》说：文饰亨通。柔顺来文饰阳刚，所以亨通。上卦阳刚下卦柔顺，所以有利于有所前往。阳刚与柔顺交错，形成天的文饰。离卦文明艮卦有所止，形成人的文饰。观察天文可知四时变化；观察人类文明，知晓教化成就天下万物。	《彖》说：适当文饰有助于成功。柔顺文饰阳刚，柔刚适宜所以成功。柔顺文饰刚健，有利于行事。刚柔交错、日月星辰运动形成天文。文明灿烂止于至善，礼义形成人类文明。观察天文可知四季变化，观察文明知晓教化天下。
《象》曰：山下有火，贲。君子以明庶政，无敢折狱②。	《象》说：山下有火，贲卦卦象。君子政务清楚明确，谨慎判决诉狱之事。	《象》说：山下有火，贲卦卦象。君子文明理政，小心谨慎地处理诉讼。

·144·

初九，贲其趾，舍车而徒③。 《象》曰："舍车而徒"，义弗乘也。	初九，穿上文饰的鞋，不乘车而走路。 《象》说："舍车而徒"，按照礼仪不能乘车呀。	初九，处文饰之初，始于基本礼节，安分守己，就像百姓按礼不能乘车徒步而行。
六二，贲其须④。 《象》曰："贲其须"，与上兴也。	六二，文饰他的胡须。 《象》说："贲其须"，与上级兴起呀。	六二，文饰之时，身为柔顺居中守正的大夫，与阳刚上司同甘共苦，犹如不适宜地装扮他的胡须。
九三，贲如，濡如，永贞吉⑤。 《象》曰："永贞之吉"，终莫之陵也。	九三，文饰俊雅，润泽滋润，长久守正吉祥。 《象》说："永贞之吉"，最终没有凌辱自己。	九三，文饰之时，身为三公，阳刚守正，与上下级融合相处得体，就像打扮得俊雅高洁，若持久守正终不受辱，吉祥。
六四，贲如，皤如，白马翰如。匪寇，婚媾⑥。 《象》曰：六四，当位疑也。"匪寇婚媾"，终无尤也。	六四，文饰俊美，洁白素雅，白马奔驰如飞。不是盗寇，是来寻求婚配的。 《象》说：六四，正位心中有疑虑。"匪寇婚媾"，最终没有过失。	六四，文饰之时，身为正位诸侯但乘刚，心中多疑，恰似将骏马奔驰求婚队伍疑为强盗，最终没有过失。
六五，贲于丘园，束帛戋戋⑦，吝，终吉。 《象》曰：六五之吉，有喜也。	六五，文饰山丘园圃，用一束丝绢礼聘隐士，虽有困难，最终吉祥。 《象》说：六五之吉，有喜庆。	六五，文饰之时，身为以柔治国、求实理政的九五之尊，不过俭、不过奢，就像质朴无华地装饰山丘园圃，用一束绢丝薄礼聘贤士，无大错，最终喜庆吉祥。
上九，白贲，无咎⑧。 《象》曰："白贲，无咎"，上得志也。	上九，以质朴白色文饰，没有灾咎。 《象》说："白贲，无咎"，正符合朴素无华的高尚志向	上九，处文饰之极，得文饰真传，返璞归真，朴素无华归大道，善补过矣。

【注释】

① 贲：亨。小利有攸往：贲，卦名。多音字，bēn、bì，本处读bì。《说文解字》："贲，饰也，从贝卉声。"即修饰、装饰、文饰等。小利有攸往，解释不一。《程氏传》解释说："文饰之道，可增其光彩，故能小利于进也。"《大易缉说》："文盛则实必衰，苟专尚文，以往则流，故曰'小利有攸往'。小者，谓不可太过以灭其质也。"

② 君子以明庶政，无敢折狱：庶政，各种国家政务。《程氏传》："君子观山下有火明照之象，以修明其庶政，成文明之治。而无果敢于折狱也。人君之所

致慎也,岂可恃其明,而轻自用乎,乃圣人用心也,为戒深矣。象之所取,唯以山下有火,明照庶物以用明为戒,而贲亦自有无敢折狱之义。折狱者,专用情实,有文饰则没其情矣,故无敢用文以折狱也。"

③贲其趾,舍车而徒:徒,徒步行走。《集解》引虞翻曰:"徒,步行也。位在下,故'舍车而徒'。"《王注》:"在贲之始,以刚处下,居于无位,弃于不义,安夫徒步,以从其志者也。故饰其趾,舍车而徒,'义弗乘'之谓也。"古者大夫以上方可以乘车。伏胜《尚书大传》说:"士未有命,不得乘,乘有罚。"

④贲其须:须,胡须。古人对胡子的称呼因部位不同有差异,长在上唇的叫髭(zī),长在下唇的叫须,下巴附近的叫作胡,两颊的叫作髯(rán)。《集解》引侯果曰:"上无其应,三亦无应,若能上承于三,与之同德,虽俱无所应,可相与而兴起也。"《王注》:"得其位而无应,三亦无应,俱无应而比焉,近而相得者也。须之为物,上附者也。循其所履,以附于上,故曰'贲其须'。"

⑤贲如,濡如,永贞吉:濡,润泽。如,词的后缀,表示状态。《王注》:"处下体之极,居得其位,与二相比,俱履其正,和合相润以成其文者也。既得其饰,又得其润,故曰:'贲如,濡如'也。永保其贞,物莫之陵,故曰'永贞吉'也。"

⑥贲如皤如,白马翰如。匪寇,婚媾:皤(pó),两个意思,一是形容白色,二是大(腹),本处取前者。《集解》案曰:"皤,亦白素之貌也。"翰(hàn),本义指赤羽天鸡,引申为高飞。媾(gòu),结姻,交好。

⑦贲于丘园,束帛戋戋:丘园,山丘园圃,喻朴素自然,贤能隐士定居之所。束帛(shù bó),捆为一束的五匹帛,古代用为聘问、馈赠的礼物。帛是丝织品。唐朝贾公彦编撰的《周礼义疏》:"束者十端,每端丈八尺,皆两端合卷,总为五匹,故云束帛也。"戋(jiān)形容少、小。《周易恒解》:"五艮体得中,文明以止,柔中而密比于上九之贤,贲于丘园之中以求贤士。""礼薄意厚,不过乎文。""是能求贤自辅,以成贲之治者也。"

⑧白贲,无咎:白,素也,含之意。《王注》:"处饰之终,饰终反素,故任其质素,不劳文饰,而无咎也。"

【宗旨】

贲卦象征文饰,它主要阐述"文饰之道"。文饰的功效是有利于成功行事。"观乎天文,以察时变;观乎人文,以化成天下。"要处理好"文"与"质"的辩证统一关系,文饰不尚华艳,要适度,恰如其分。朴素自然是文饰的最高境界。

【体会】

贲字甲骨文是 ![图], 像鼓上有装饰物，一般称是军中大鼓上的装饰物，其实是装有饰物的大鼓。《说文解字》为 ![图], 解释为："贲，饰也。从贝，卉声。"为形声字。贲，修饰、装饰的意思。《序卦》说："物不可苟合而已，故受之以《贲》。贲者，饰也。""贲无色也。"说明贲卦的含义是饰，就是装饰、打扮、遮掩。修饰的最高境界是朴素无华。

贲卦（☲）下离（☲）上艮（☶），离为火，艮为山，山下有火燃烧。如果是夜间，山下燃起熊熊大火，火焰四射，照亮四方，万物呈现流光溢彩，山因火照呈现美丽的山姿，好像山被装饰一样更加华美，这是贲卦的自然景象。当然，山下有火，自然会对山上动植物构成威胁，动植物因火带来灾难。这也从另一方面说明，火燃烧需要有一定限度，超过这个度就会引起负面影响，装饰要有度，超过限度就起到了相反的结果，甚至是灾祸。

君子为什么看到"山下有火"的现象会产生"以明庶政，无敢折狱"联想呢？火将山照射得绚丽多彩，这景象本身并不是山的本质。从事政务而言，不能被表象所迷惑，要寻求事物的本质才能做好事情，所以一定要去伪存真，从现象中寻求本质，要通晓各种政务，文明理政。特别是诉讼，诉讼利益相关者为了自己的利益往往采取各种手段彰显自己有利的证据或说辞，对自己不利的则进行隐瞒修饰，这样为断案带来了困惑，必须小心谨慎。

人为什么要文饰？文饰是一种普遍存在的现象，自然界万象存在，各有其形态，形成了天文地理，日月星辰昼夜不息，形成春夏秋冬四季变化，观察天文就可以知晓四时变化。人类社会也同自然社会一样，有各种形态，各种花样，这就是人文。观察人文就可以了解人的本质动态，人文环境在某种程度上影响社会发展，要想使社会理想化，通过人文精神去慢慢渗透影响是巧妙的途径。人在交往过程中对自己的行为要进行各种文饰，如何进行文饰，贲卦就阐述了"文饰之道"，说明了文饰的意义、方法和途径。文饰最终目的是行事成功，达到自己的心愿和要的效果。

文饰要按礼而行，"非礼勿视，非礼勿听，非礼勿言，非礼勿动"是基本要求，是行动的总纲领。"贲其趾，舍车而徒。"不是为了显示其漂亮的鞋子不坐车，是因为作为底层的士农工商没有命令按礼不能乘车，只能徒步，这和现代社会存在巨大差距。"贲其趾"形式上文饰其鞋，实质上是行动的开始，告诉我们言行举止之初以礼而行，不能越礼。

《孝经·开宗明义》说："身体发肤，受之父母，不敢毁伤，孝之始也。"意思是身上的一切都是父母给的，绝不能有丝毫的损伤，爱护身体如同敬爱父母，这是孝的开始。为了应和上司兴起"贲其须"，修剪自己胡子，有不孝的意思，就是文饰过头了，这是不应该的。当然，社会观念不断发生变化，《幼学琼林·人事》第二句话就是："其容固宜有度，出言尤贵有章。"不同历史阶段要求不一样，这是历史发展的必然。

文饰要适度，要恰如其分，过度就会产生相反的效果，一点不修饰又不能展示其本质，正确处理好本质和文饰的关系非常重要，修饰要为本质服务，不能本末倒置。当然文饰一定要正，如果犯了罪无论怎么文饰都改变不了犯罪的事实。文饰的最高境界是自然朴素，天地的本质就是自然朴素，不加任何修饰，原原本本地呈现出来，人类效法天地，展现自然朴素，自然而然，从而显现天地之原本法则，追求人道与天道的和谐统一。

贲卦说："刚柔交错，天文也；文明以止，人文也。""知止"成为中华文明的重要要素之一，被高度重视。《大学》明确指出："知止而后有定，定而后能静，静而后能安，安而后能虑，虑而后能得。"《中庸》说："喜、怒、哀、乐之未发，谓之中。发而皆中节，谓之和。中也者，天下之大本也。和也者，天下之达道也。致中和，天地位焉，万物育焉。"《中庸》还说："诚者，天之道也。诚之者，人之道也。"这都从另一侧面道出人文的精神。

俗话说："佛要金装，人要衣裳。"《礼》云："无本不立，无文不行。"这都说明文饰的重要性。明朝王夫之提出了"及情者文，不及情者饰"和"礼者文也，政者饰也"的思想。而老子对文饰之礼持有强烈的批评态度，认为："礼者，忠信之薄而乱之首。"唐朝李白："清水出芙蓉，天然去雕饰。"朴素自然之美深深地镶嵌在中华文化之中。

贲卦给我们重要启示。

文饰有利于成功。"贲：亨。小利有攸往。"文饰能够有助于成功，这在现实生活中经常显现。同样一件商品，有了漂亮的文饰包装，就会提升其价值，提升其档次，看起来高大上，因此商品包装成为一种学科，不断地挖掘推陈出新，让人眼花缭乱。

文饰要恰如其分。"贲其趾，舍车而徒。"文饰要恰如其分。在《易》诞生那个年代，处于底层的民众按礼是不能乘车的，只能徒步，但是要文饰一下自己的鞋，这是恰如其分的表现。文饰有个限度，超过这个限度除了带来外表华丽之外，还真正掩盖其实质，起到相反的作用。《论语·子罕》载：孔子看见穿丧服、戴礼帽穿礼服的人和盲人，见面时他们即便是年轻人，孔子必定站起来。《文中子·魏相》说："不责人所不及，不强人所不能，不苦人所不好。"这就是礼的重要行为。"可与言而不与之言，失人；不可与言而与之言，失言。知者不失人，亦不失言。"（《论语·卫灵公》）这也是恰如其分的一种表现。

断事要去除文饰。"君子以明庶政，无敢折狱。"君子要通晓各种政务，特别是断案要小心谨慎，去掉文饰，不能轻易地下判断。文饰到处都存在，如果被文饰所迷惑，可能就会远离事实，断案就会出现冤假错案，因此必须去掉文饰，去伪存真，以事实为根据进行断案。

不文饰最好文饰。"白贲，无咎。"文饰质朴，质朴得没有文饰。没有文饰就是最佳的文饰。俄罗斯批判现实主义文学理论的奠基者、19世纪上半期革命民主主义文学批评家维·格·别林斯基说："朴素是艺术作品必不可少的条件，就其本质而言，它排斥任何外在的装饰和雕琢。"《庄子·外篇·天道》说："朴素而天下莫能与之争美。"

【易水】

贲卦下离（☲）上艮（☶），离为日为火，艮为山，离将山照耀，无论是太阳还是火焰，山会隐去原貌，披上光明，变得流光溢彩，山被光装饰得更加神奇漂亮。

水除了生产生活功能之外，也具有装饰的功效，这和贲卦有异曲同工之妙。看江南园林，小桥流水人家，水将园林装扮得如仙如境，令人流连忘返。水的文饰作用不容小觑。

水装点环境，风水就是这种事例的典范。风水的核心是人们对居住或者埋葬环境进行有条件地选择，达到趋吉避凶的美好愿望。古人认为："宅以形势为身体，以泉水为血脉，以土地为皮肉，以草木为毛发，以舍屋为衣服，以门户为冠带。若是如斯，是事俨雅，乃为上吉。"相宅认为，靠山面水之地是好地方，这是坐实朝空风水上旺财的格局。阴宅选穴以山环水抱为佳。以黄帝陵为例，黄帝陵以万山之祖昆仑山为太祖山，它南临拘水，聚集天地之灵气。

贲卦对涉水事务至少有四点启迪。

文饰促进水利发展。水利关系到国计民生，是支撑国民经济发展的基础性产业，需要适当超前布局发展。但发展水利需要人财物等大力支持，如何获取人财物是重要智慧。贲卦文饰有利于成功给水利很好的启迪，我们也要通过适当的文饰水利，促进水利事业的发展。文饰水利不是吹嘘水利，而是通过实事求是的文饰让有关领导和部门认识到水利不可或缺，认识到水利战略意义以及缺少水利的危害。文饰水利的路径很多，如对水利贡献和作用进行科学展示，用文字、数字、图像等进行有理有据的说明，将水文化在中华文明的作用凸显出来，通过水科普让全社会更加认识水的伟大和平凡等等，凡是能提高水利形象的我们都要努力去做，引起全社会对水利的关注和重视，对水利可持续发展会有重要促进作用。

　　水文饰要恰如其分。文饰要恰如其分，水文饰也要遵循这个原则，奢侈的水文饰实质上是一种浪费，既挥霍财力物力，滥用水资源，也造成文饰后的丑陋，犹如西施效颦，画蛇添足。如在水资源紧缺地区，修建大量的水景观，尽管局部地区因水景而美观，但从整体情况来看，水资源不用在刀刃上，而用在景观上，有本末倒置、不切合实际的虚假形式主义的工作作风之嫌。水文饰要与水资源环境相适应，不考虑水资源承载力是不行的。水宣传要适得其所，夸大宣传令人反感，适得其反。人造水景观要恰到好处，多一分显得累赘，少一分显得不足，这是人造水景观恰如其分的极致。

　　水处理要去伪存真。断事要去除文饰。将其应用到水问题处理，也很适宜。水问题多种多样，但水问题既有自然表象，也有经过人工处理的文饰之象。我们处理水问题是要抓住水问题的实质，去除其各种表象，特别是经过文饰的表象，去伪存真，抓住问题的核心，这样才能事半功倍，同时能真正地解决问题，避免眉毛胡子一把抓。处理水纠纷的时候，利益相关者都会找出对自己有利的证据，包括证言、证人和证据，甚至不排除为此作假，或者牵强附会。处理水纠纷就是要以事实为依据，通过调查研究排除掉文饰，找出真相，这样处理结果才能接近真实，双方才能心服口服。

　　尽可能少干预生态。不文饰是最好的文饰。水景观尽可能保持自然状态，少干预，这样可以欣赏到自然之美。我们为了治理洪水，经常对河道进行整治，同时也引种各种植物美化。在河川整治时，应该尽可能少干预水生态，保持水道的自然性，特别是在一般情况下不截弯取直。开采水资源，将水资源利用控制在水资源弹性范围之内，减少对水生态的干扰影响。总之，能够让其保持原始自然状态的尽可能保持，如果修复，尽可能充分利用自然力去恢复，人的干预只能是辅助，不能再造。

23. 剥　山附于地 ䷖ 厚下安宅

【原文】

剥：不利有攸往。

《彖》曰：剥，剥也。柔变刚也。"不利有攸往"，小人长也。顺而止之，观象也。君子尚消息盈虚，天行也。

《象》曰：山附于地，剥。上以厚下安宅。

▬▬	上九：硕果不食，君子得舆，小人剥庐。 《象》曰："君子得舆"，民所载也。"小人剥庐"，终不可用也。
▬▬ ▬▬	六五：贯鱼以宫人宠，无不利。 《象》曰："以宫人宠"，终无尤也。
▬▬ ▬▬	六四：剥床以肤，凶。 《象》曰："剥床以肤"，切近灾也。
▬▬ ▬▬	六三：剥之，无咎。 《象》曰："剥之，无咎"，失上下也。
▬▬ ▬▬	六二：剥床以辨，蔑贞凶。 《象》曰："剥床以辨"，未有与也。
▬▬ ▬▬	初六：剥床以足，蔑贞凶。 《象》曰："剥床以足"，以灭下也。

【翻译】

原文	准直译	意译
剥：不利有攸往①。	剥落，不利于有所前往。	剥卦，正道被剥夺，小人得势君子危，不利于行事。
《彖》曰：剥，剥也。柔变刚也。"不利有攸往"，小人长也。顺而止之，观象也。君子尚消息盈虚，天行也②。	《彖》说：剥，剥落。阴柔变成阳刚。"不利有攸往"，小人势力增长。观卦象，柔顺停止。君子崇尚阴虚消亡、阳盈阴虚，这是天道。	《彖》说，剥就是剥落，阴柔渐增剥落阳刚。因小人得志不利行事。君子明理，柔顺知止。君子崇尚消亡生息、盈盛亏虚之道，这是天道。
《象》曰：山附于地，剥。上以厚下安宅③。	《象》说：高山依附于大地，象征剥落。君子体察此象精髓，厚实地基，安全宅邸。	《象》说：高山依附在大地上，剥卦卦象。君子体察此象精髓，厚民安民，让民众安居乐业，夯实执政根基。

· 151 ·

初六：剥床以足，蔑贞凶④。 《象》曰："剥床以足"，以灭下也。	初六：剥落床脚，若没有守正，凶险。 《象》说："剥床以足"，毁灭下面基础。	初六，处剥落之始，毁灭根基，凶险。犹如锯掉床脚，床怎么立得稳。
六二：剥床以辨，蔑贞凶⑤。 《象》曰："剥床以辨"，未有与也。	六二：剥落到床腿，若没有守正，凶险。 《象》说："剥床以辨"，没有与呼应帮助之人。	六二，剥落之时，居中守正，没有人呼应帮助，若丢掉中道，凶险，犹如锯掉床腿。
六三：剥之，无咎⑥。 《象》曰："剥之，无咎"，失上下也。	六三：剥落它，没有过失。 《象》说："剥之无咎"，摆脱上下。	六三，剥落之时，能摆脱上下小人羁绊，独与硕果仅存的正派阳刚相呼应，鹤立鸡群，没有过失。
六四：剥床以肤，凶⑦。 《象》曰："剥床以肤"，切近灾也。	六四：剥落床伤及皮肤，凶险。 《象》说："剥床以肤"，很接近灾祸呀。	六四：剥落之时，剥道渐长，处于灾祸边缘，凶险，恰似剥床接近皮肤一样。
六五：贯鱼以宫人宠，无不利⑧。 《象》曰："以宫人宠"，终无尤也。	六五：宫人鱼贯而入受宠，没有不利。 《象》说："以宫人宠"，最终没有过失。	六五，剥落之时，身为柔顺的九五之尊，上亲阳刚，内宠嫔妃不害正事，最终没有过失。
上九：硕果不食，君子得舆，小人剥庐⑨。 《象》曰："君子得舆"，民所载也。"小人剥庐"，终不可用也。	上九：硕大果实没有被吞食，君子得到大车，小人剥夺房屋。 《象》说："君子得舆"，人民拥护爱戴。"小人剥庐"，最终不可利用。	上九，处剥落之巅，阳刚仅存。若守正为君子，人民拥护爱戴，国泰民安。若做小人最终遭废贬，恰似剥夺房屋无栖身之地。

【注释】

① 剥：不利有攸往：剥，卦名，剥落。《正义》："剥者，剥落也。今阴长变刚，刚阳剥落，故称'剥'也。小人既长，故'不利有攸往'也。"

② 君子尚消息盈虚，天行也：消息，消亡与生息。盈虚，盈满与亏虚。《集解》引虞翻曰："乾为君子，乾息为盈，坤消为虚，故'君子尚消息盈虚，天行也'。"

③ 山附于地，上以厚下安宅：《集解》引卢氏曰："上，君也。宅，居也。山高绝于地，今附地者，明被剥矣。"上，居上者。厚，加厚。安，安固。下，下处，基础。《正义》："剥之为义，从下而起，故在上之人当须丰厚于下，安物之居，以防于剥也。"

④ 剥床以足，蔑贞凶：床，原始床为坐具，后演化为睡具。东汉刘熙《释名·释床帐》："人所坐卧曰牀。"牀（chuáng），床。《说文解字》："床，安身之

生者。"足，脚，本处指床脚、床腿。蔑（miè），无，又作灭。《集解》引卢氏曰："蔑，灭也。坤所以载物，床所以安人。在下故称足。先从下剥，渐及于上，则君政崩灭。"

⑤剥床以辨，蔑贞凶：辨，指床足与床身之间，可以理解为床腿。《集解》引崔憬曰："以床言之，则辨在第足之间，是床梐（bì）也。"

⑥剥之，无咎：六三阴爻摆脱上下阴爻，在剥落之时独与六九阳爻呼应，所以无咎。《集解》引荀爽曰："众皆剥阳，三独应上。"

⑦剥床以肤，凶：肤，皮肤。《集解》引王肃曰："床剥尽以及人身，为败兹深，害莫甚焉，故曰'剥床以肤，凶'。"

⑧贯鱼以宫人宠，无不利：贯，穿。贯鱼，像穿在一起的鱼，排成队。以，用也。宫人，宫中妃嫔、宫女的总称。贯鱼以宫人宠，指君王对宠爱之宫人，如鱼贯排列次序，宫人不争宠相妒，乃无不利。《正义》："'贯鱼以宫人宠'者，处得尊位，为剥之主，剥之为害，小人得宠以消君子。'贯鱼'者，谓众阴也，骈头相次，似若贯穿之鱼。此六五若能处待众阴，但以宫人之宠相似。宫人被宠，不害正事，则终无尤过，无所不利，故云'无不利'。"

⑨硕果不食，君子得舆，小人剥庐：硕，大。果，指谷物、牲畜之类。舆，车。剥，剥毁。庐，房舍。

【宗旨】

剥卦主要阐述剥落之道。剥卦五阴一阳，小人极盛，阴盛阳衰，小人壮而君子病。此时，君子应内顺而外止，顺从隐忍，不宜行事。日月盈仄，盛极而衰，是天道，君子应该汲取其精髓，"上以厚下安宅"，厚待民众，让人民安居乐业，夯实执政根基。

【体会】

剥字甲骨文是 ⿱刀⿱，将人捆绑头朝下吊起来，用刀子剔割，与我们所说"凌迟""千刀万剐"相似，这是极其残忍的酷刑。《说文解字》解释说："剥，裂也。从刀从录。"本字以象形会意的形式，真实地再现商周时代的杀戮行为。或许后人感觉将人体倒挂过于残忍，于是将人形换成了录字（录的甲骨文 ，像从井中打水的吊水桶，点代表漏水，和吊人相似），表示剥皮、剥夺、剥削、剥落等含义。学者辛亚民认为，剥卦的"剥床"同《楚辞·天问》中的"击床"都是讲述商人先祖王亥被杀的场景，爻辞中的"足""辨""肤"指王亥身体的部位，这有助于我们理解剥卦的含义。

《序卦》说："贲者，饰也。致饰然后亨则尽矣，故受之以《剥》。"贲就是修饰，修饰到极点就到了尽头，所以接着是剥卦。《杂卦》说："《剥》烂也。"烂，果实腐烂，必定要剥落，也解释了剥卦的意涵。

剥卦（☷）下坤（☷）上艮（☶），坤为地，艮为山，卦象为地上有山。山经过风吹雨打，石头风化，不断地被盘剥，逐渐缩小。看剥卦，除了上九是阳爻之外，其他五爻都是阴爻，五阴一阳。阴代表小人，小人极盛，小人得志，阴盛阳衰，仅存硕果上九爻。在这种情况下，君子怎么办？力量小敌不过小人，君子采取惹不起躲得起的态度，不强拼，用柔顺对付，隐忍不采取任何行动，明哲保身，以等待时机东山再起。

剥卦是十二消息卦之一，代表的节气为霜降。霜降之后，万物生命活力大减，草木开始凋零，落叶纷飞秋寒来临，阴气渐渐加重，阳气渐渐减弱，天地间的生气被剥夺，这和山被剥落极其相像，我们也可以从中理解剥卦。

为什么君子看到剥卦的卦象，产生"上以厚下安宅"的道德启示？尽管山被剥落，但山不倒塌，其根本原因是山依附于大地，深植于大地，根基牢固。国家也可以看作是一座山，要想顺利执政，民众必须安居乐业，必须厚待百姓，才能得到人民的支持，执政基础才能牢固。正如《尚书》所言："民为邦本，本固邦宁。"唐太宗多次说："君，舟也；民，水也，水能载舟，亦能覆舟。"君子体察剥卦卦象，经过思索，将其上升为治国理政的理念，展现了深邃的智慧。

在小人壮君子病的剥落之时，这是一个黑暗的社会，没有是非，正道被剥夺，君子动辄得咎，君子又爱惜羽毛，不肯做违背道德之事，君子内心一定很苦闷，此时明哲保身最为重要，不要责备君子不为，明哲保身就是留得青山在不愁没柴烧，所以君子采取的策略就是以柔行事，知止而止，不吃嗟来之食。但君子心中明白，小人得势有其时，小人猖狂至极正是灭亡的开始，因为他知晓盛极必衰，消亡生息、盈盛亏虚是天道。善有善报，恶有恶报，不是不报，时候未到，时候一到，一切报销。

剥卦以剥床为比喻，说明小人得势步步紧逼。此床并非我们现在睡觉的床，而是坐具。从床脚、床腿、床以肤，越来越凶，从根基上开始盘剥，不断向上蚕食，当然在蚕食过程中也遇到了六三，他不与其他人同流合污，虽然自己位不正，但独保其志，与上九亲和，难能可贵。可以说是黑暗中的萤火，给人希望和信心。君子深知小人得势的危害，治理的方法就是"安内攘外"，先将身边的人稳住，团结起来，然后再对外。在小人当道之时，家中起火，一定国将不国。作为宗庙之位的上九,是小人当道之时唯一幸存的人,应该充分发挥其作用。此时作为君子,帮助君王治理国家,一定得到人民的爱戴和拥护,如果他也做小人,一定会死无葬身之地。

剥卦给我们重要启示。

民安邦固筑牢根基。"上以厚下安宅。"就是处理好执政与民众关系,厚待民众,让人民安居乐业,夯实执政根基。不仅是执政,做任何一件事至关紧要的是打下坚实的基础。基础不牢,地动山摇。《吕氏春秋》说:"天下非一人之天下,天下之天下也。阴阳之和,不长一类;甘露时雨,不私一物;万民之王,不阿一人。""先王先顺民心,故功名成。夫以德得民心以立大功名者,上世多有之矣。失民心而立功名者,未之曾有也。""安危荣辱之本在于主,主之本在于宗庙,宗庙之本在于民。"《尚书·五子之歌》说:"皇祖有训,民可近不可下,民惟邦本,本固邦宁。"成为后世奉为圭臬的治国警世恒言。荀子对此有更深的理解:"用国者,得百姓之力者富,得百姓之死者强,得百姓之誉者荣。三得者具而天下归之,三得者亡而天下去之。"

物极必反正是天道。"硕果不食,君子得舆,小人剥庐。"剥卦上升到极点,小人也猖狂至极,但最终落得"小人剥庐"的下场,这是罪有应得。《史记·田叔列传》说:"夫月满则亏,物盛则衰,天地之常也。"物极必反是普适规律,体现在任何事物上,在"位极人臣"者身上有立竿见影的效果。

乱世贵洁柔顺知止。"顺而止之,观象也。"面对小人得志的乱世,要柔顺应对,知止而止,保持出污泥而不染的高贵品质。《增广贤文》说:"知足常足,终身不辱;知止常止,终身不耻。"老子《道德经》说:"知足不辱,知止不殆,可以长久。"《红楼梦》中"智通寺"的对联:"身后有余忘缩手,眼前无路想回头。"《大学》对止进行了具体阐述:"为人君,止于仁;为人臣,止于敬;为人子,止于孝;为人父,止于慈;与国人交,止于信。"曾国藩用他一生的丰富经历告诫世人,人生之善止,可防危境出现,不因功名而贪欲,不因感极而求妄。做好自己分内的事情,才是全身而退、避免险境的良策。曾国藩之所以能明哲保身,靠的是知止常止的智慧。

理顺内部共同对外。"贯鱼以宫人宠,无不利。"要理顺内部关系,内部团结才能共同对外。面对外来侵袭,如果内部关系不理顺,一盘散沙,各吹各的号,每个人都有小九九,缺乏合作精神,最终会分崩离析,溃不成军。一盘散沙难成功,团结起来拧成一股绳才更有力量。团结一致共同对外,心往一处想,劲往一处使，要大公无私，才能无往而不胜。

善有善报修德为仁。"硕果不食，君子得舆，小人剥庐。"君子受到爱戴，小人受到惩罚。东晋葛洪在《肘后方》说："善为至宝，一生用之不尽；心作良田，百世耗之有余。"

【易水】

地上有山，仿佛与水利没有什么大的关系，但深究起来，和水利也有密切的关系。山能阻挡气流的流动，因此山在一定程度上影响小气候降水，对局部地区水产生重要影响。另外，水在大地上流动，遇到山有两条路可走，一是靠坚忍不拔的毅力穿透它，这需要多年持续不断地努力。二是山不转水转，绕山而行，形成水绕青山的景观。山的剥落如滑坡等会影响水的流动，但水不会因此受影响，依然前行。

剥卦给涉水事物重要启示。

筑牢水利发展根基。民安邦固筑牢根基，对水利而言，就是筑牢水利发展的根基。水利是支撑国民经济发展的基础性产业，水利根基不牢，水资源供给难以稳定，会给其他产业带来风险，甚至引发断水危机。水也是生活不可缺少的生活资源，人无水不能生存，生活水平提升了，我们不仅要有水喝，而且要喝好水，没有牢固的水利根基难以支撑。水也是环境资源，高质量的生活没有环境支撑是不行的。打牢水利发展根基，必须建好水利基础工程，而且要超前部署。要发展水利科技，让科技支撑水利发展。要对水利发展的基础理论进行深入研究，支撑水利绿色发展。要培养水利多层次人才，人才带动水利科技的发展。要建立起水利发展的体制、机制，通过可持续发展机制促进水利的发展。

正确判断水的趋势。物极必反，这是一个普遍的规律，促使我们正确地认识水利发展规律，以便做出正确的判断和决策。我们要对水利工程从修建到废弃进行生命周期管理。对于运行周期较长、需要更新维护的，要及时地更新维护，保证其运行安全。水利工程运行高峰之后，该废弃的就要废弃。对于整个水利形势的判断要遵循物极必反的道理，要密切地关注引发衰退的因素，进而给予适当的干预，延长其寿命。

做光明正大水利人。乱世贵洁柔顺知止，要出污泥而不染。无论是在乱世还是盛世，大公无私、光明正大都是正人君子的永恒追求。水利人受美好水德熏陶，要做一个光明正大的水利人，不以水谋私，不以水贪污受贿，不以水为少数群体和亲朋好友谋好处等等。水利人有着丰富的水利专业知识，面对水利决策，要实事求是地将决策可能带来的好处和不良后果研究清楚，一切以事实为依据，不袒护任何一方，只站在公正的立场上。特别是管人、财、物的水利人，更应该廉洁自律，严格要求自己，只留清白在人间。

理顺水利发展障碍。理顺内部共同对外。水利与社会、经济、环境组成的复杂系统，在此系统中，水利作用于社会等其他系统，社会等其他系统反过来也作用于水利系统，相互作用，相互耦合，共同影响水利的发展。为了水利可持续发展，需要从复杂系统角度出发，从战略的高度对水利进行合理研判，找出制约水利发展的障碍，并采取有力措施进行清除，对未来可能成为障碍的因素进行预测，提前有应对措施。对于水利内部，更要开展相应工作，找出影响水利发展的体制、机制、政策、管理等制约因素，并想办法进行调整。只有理顺水利发展障碍，才能促进水利健康发展。

水利为民确促发展。善有善报修德为仁。以人民为中心发展水利就是最大的善，就是水利人修德为仁的重要体现。水利产业是一项普惠产业，能为其他产业提供物质基础，促进其他产业的发展。水利是一种普惠的民生产业，人民离不开水。水利为民是水利人的光荣，也是使命。

24. 复 雷在地中 ☷ 至日闭关

【原文】

复：亨。出入无疾。朋来无咎。反复其道，七日来复，利有攸往。

《彖》曰："复，亨。"刚反，动而以顺行，是以"出入无疾，朋来无咎"。"反复其道，七日来复"，天行也。"利有攸往"，刚长也。复，其见天地之心乎。

《象》曰：雷在地中，复。先王以至日闭关，商旅不行，后不省方。

▬▬ ▬▬	上六，迷复，凶，有灾眚。用行师，终有大败，以其国君凶，至于十年不克征。 《象》曰："迷复之凶"，反君道也。
▬▬ ▬▬	六五，敦复，无悔。 《象》曰："敦复无悔"，中以自考也。
▬▬ ▬▬	六四，中行独复。 《象》曰："中行独复"，以从道也。
▬▬ ▬▬	六三，频复，厉，无咎。 《象》曰："频复之厉"，义无咎也。
▬▬ ▬▬	六二，休复，吉。 《象》曰："休复之吉"，以下仁也。
▬▬▬▬	初九，不远复，无祗悔，元吉。 《象》曰："不远之复"，以修身也。

【翻译】

原文	准直译	意译
复：亨。出入无疾。朋来无咎。反复其道，七日来复，利有攸往。①	复，阳气复来，成功。行动不要快速，朋友来帮忙没有过失。阳剥尽回复，需要七月来复，宜有所前往。	复卦，阳气初生，有助于成功。行事要缓，朋友来助没有过错。阴阳消长七月一个循环，有利于建功立业。
《彖》曰："复，亨。"刚反，动而以顺行，是以"出入无疾，朋来无咎"。"反复其道，七日来复"，天行也。"利有攸往"，刚长也。复，其见天地之心乎②	《彖传》说："复，亨。"阳刚初返，行动顺道而行，所以"出入无疾，朋来无咎"。"反复其道，七日来复"，这是大自然运行的法则。"利有攸往"，阳刚日益盛长。复卦体现着天地生育万物之心吧。	《彖传》说：恢复，亨通。阳刚初返，行动顺道而行，行事宜缓。需要朋友来帮助没有过错。阴阳消长七月一循环，这是天道。阳刚增长，有利建功立业。恢复，彰显天地造化万物、生生不息之本性。

《象》曰：雷在地中，复。先王以至日闭关，商旅不行，后不省方③。	《象》说：雷在地中，复。先王在冬至节日关闭关口，商旅不行，君王休息，不巡视四方。	《象》说：地中有雷，复卦卦象。君子体察其精髓，先王冬至闭关，停止商旅，不巡视四方。
初九，不远复，无祗悔，元吉④。《象》曰："不远之复"，以修身也。	初九，走得不远就复归正道，没有大悔恨，大吉利。《象》说："不远之复"，因为修身正己。	初九，在复之初，修身正己，稍有背离就回归正道，没有懊悔，大吉。
六二，休复，吉⑤。《象》曰："休复之吉"，以下仁也。	六二，美好恢复，吉祥。《象》说："休复之吉"，因为礼下贤德君子。	六二，恢复之时，守中守正，礼下贤德之人，恢复美好，吉祥。
六三，频复，厉，无咎⑥。《象》曰："频复之厉"，义无咎也。	六三，皱眉地恢复，凶险，没有灾祸。《象》说："频复之厉"，道理上没有灾祸。	六三，恢复之时，阴居阳位不正，艰难地恢复，虽然危险，按理没有过失。
六四，中行独复⑦。《象》曰："中行独复"，以从道也。	六四，践行中道独自恢复。《象》说："中行独复"，因为从道而行。	六四，恢复之时，阴柔守正，下应守正阳刚，从道而行，中道独得所复。
六五，敦复，无悔⑧。《象》曰："敦复无悔"，中以自考也。	六五，敦厚笃诚地恢复，没有悔恨。《象》说："敦复无悔"，中道来考察自己。	六五，恢复之时，柔顺守中尊位，中道自省，敦厚地恢复，没有悔恨。
上六，迷复，凶，有灾眚⑨。用行师，终有大败，以其国君凶，至于十年不克征⑩。《象》曰："迷复之凶"，反君道也。	上六，迷途恢复，凶险，有灾祸。若带兵打仗，最终大败，因君王凶险，以至于十年不能征伐。《象》说："迷复之凶"，违背君道。	上六，处复之极，迷途难返，非常凶险。若兴师必败，给君王带来灾祸，甚至十年难以复原出征。

【注释】

①复：亨。出入无疾。朋来无咎。反复其道，七日来复，利有攸往：复，卦名，返回，恢复。《说文解字》："复，往来也。"《集解》引何妥曰："复者，归本之名。群阴剥阳，至于几尽，一阳来下，故称反复。阳气复反，而得交通，故云'复：亨'也。"出入，犹往来也。《程氏传》："出入，谓生长。复生于内，入也。长进于外，出也。先云'出'，语顺耳。阳生非自外也，来于内，故谓之入。"疾，快速反复其道。七日来复，《王注》："以天之行，反复不过七日，复之不可远也。"也有人认为七日为七月。

②复，其见天地之心乎：《易童子问》："天地之心见乎动。复也，一阳初动于下矣，天地所以生育万物者本于此，故曰'天地之心'也。天地以生物为心者也。"

③先王以至日闭关，商旅不行，后不省方：至日，冬至之日。后，上古君主之称谓，国君。省方，巡查四方。

④不远复，无祗悔，元吉：不远复，最早恢复初九，所以是不远复。《王注》："不远而复，几悔而反，以此修身，患难远矣。"祗（zhī），大。《集解》引侯果曰："祗，大也。"

⑤休复，吉：休，有休息、喜庆、美善等多种意思，本处指美善。休复，《集解》引王弼曰："得位居中，比初之上而附顺之，下仁之谓也。既处中位，亲仁善邻，复之休也。"

⑥频复，厉，无咎：频，《尚氏学》解释为："频，古文'颦'字。"颦（pín），皱眉。也有解释说频繁，常常。此处取前者。

⑦中行独复：中行，中道。《汉上易传》引郑玄解释说："爻处五阴之中，度中而行，四独应初。"

⑧敦复，无悔：敦，敦厚。

⑨迷复，凶，有灾眚：迷，辨认不清。眚（shěng），眼睛长白翳，灾祸。

⑩用行师，终有大败，以其国君凶，至于十年不克征：行师，行军，带兵作战。十年，"天九地十"，数之终，意思是终久。征，征讨。《集解》引何妥曰："理国之道，需进善纳谏。迷而不复，安可牧民？以此行师，必败绩矣。败乃思复，失道已远，虽复，十年乃征，无所克矣。"

【宗旨】

复卦是正道恢复之道，象征恢复、复归。众阴之后一阳来复，犹如撒下一粒种子，给人无限希望，将带来勃勃生机。阳气初来，利于积极行事，彰显天地生生不息之心，要体察配合新形势，行动宜缓不宜急，要修身正己，礼贤下士，从道自省，切忌迷途难返。

【体会】

复的甲骨文是🔣，传上部分像村庄、下部分是脚，表示回到村庄；有人认为"会往返出入之意"。《说文解字》解释说："行故道也。"其本义为返回，后引申为恢复。复卦就是恢复、返回、来复的意思，与甲骨文表示的意思极其相似。《序卦》说："物不可以终尽，剥穷上反下，故受之以《复》。"即万物不可以终久剥落，剥落至上必定返下，所以接着是复卦。复卦是剥尽阳之后复生，阳爻从初诞生，具有重要的意义。

复卦（䷗）下震（☳）上坤（☷），震为雷，坤为地，雷在地中。在本卦中，初九是唯一的阳爻，是剥尽之后再生的一个阳爻，阳弱阴盛，在此环境生存本身是极端不容易。虽然阳爻刚生，根基不深，力量极其弱小，但他带给人希望，阴盛也有尽头，阳生必然是充满生机，代表着未来，犹如星星之火，可以燎原。

复卦的消息卦是十一月，节气是冬至。对北半球而言，冬至这天太阳光倾斜达到最大，太阳高度角最小，白昼最短、黑夜最长的一天，此后白昼慢慢变长，黑夜渐渐变短。从阴阳的角度来看，虽然冬至冷风飕飕，寒风刺骨，但一阳复生，蕴含着冬天到了尽头开始走向春天。正因为如此，古代民间极端重视这个节日，有"冬至大如年"的说法。南方地区有祭祖、宴饮，北方地区有吃饺子的习俗，通过这种方式庆祝。虽然阳动有潜力，但力量还极端薄弱，不足以承受外界的冲击，需要养精蓄锐以待来日。我们追求"天人合一"，古代圣王体察复卦的精髓，乃至在冬至这一天闭关静养，商人不做生意，旅客不外出，君主也不巡游四方，让人民生养休息。这样做是培养阳气，为了走向更好的未来。《礼记·月令·第六》说："土事毋作，慎毋发盖，毋发室屋，及起大众，以固而闭。"

复卦阳气初生，力量还很弱，不足以经风雨，所以阳气之初以养精蓄锐为主，不能轻举妄动，做事情要缓不要急。我们从中得到两点认识，一是有了希望的种子，已经有了星星之火的正气在萌动，对做事情是一个好消息。二是自然界是阴阳消长，生生不息，在最困难的时候要看到希望，最困难之时正是新事物酝酿之机，困难是机会。

恢复之时，要及时，特别是人的修养，如有差错，要立即修改，不能拖。孔子对复卦特别关注，对初九爻辞给予特别解说。孔子说："颜氏之子颜回，算是知几吧。有差错很快能察觉，知道了不会犯第二次。'走不远就返回，没有到懊悔地步，大吉'。"知错就改，正是复卦内涵之一。所以，《系辞》说："复，德之本也。""复，小而辨于物。""复，以自知。"将复卦的认识向前推进了一步。

在恢复之时，无论处境如何，都要努力去恢复，有时为了恢复需要冒险，但这种冒险是值得称赞的。在恢复之时，要保持诚心诚意的心志，真心实意地恢复，绝对避免口蜜腹剑，言行不一。同时要在恢复过程中，遵循恢复之道，不断地反省自己，将恢复工作做得更好。

复卦给我们重要启示。

星星之火可以燎原。"复，亨。"阳气初生，有利于成功。《尚书·盘庚上》说："若火之燎于原，不可向迩。"火星可以烧掉大片原野，虽然开始之时微不足道。千万不要小看各种星星点点的小势力或小力量，假以时日，在一定的条件下，都会发展壮大起来，成为不可忽视或具有决定意义的力量，可能是大有前途的新生事物。现在虽只有一点点，但是它是有发展前途的力量。这小的背后蕴藏着无穷的力量，千万不能忽视其背后可能产生的后果。荀子《劝学篇》说："故不积跬步，无以至千里；不积小流，无以成江海。"小的不断累积，就会从量变到质变，发生天翻地覆的变化。

事之初宜缓不宜急。"出入无疾。朋来无咎。"阳气初动，虽然办事有好兆头，但行事要缓，如果有朋友来助也是不错的。刚开始恢复，力量还非常弱小，还不能承担大事，此时最重要的是待时而动，与时偕行，不断积蓄力量，壮大自己。否则会撞得头破血流，萌芽被毁灭，反而坏了大事。张居正说："势者，适也。适之则生，逆之则危；得之则强，失之则弱。事有缓急，急不宜缓，缓不宜急。因时度势，各得所安。"

阴阳消长天地之心。"复，其见天地之心乎。"阴阳消长、生生不息乃是普遍自然规律，是天地之心。《道德经》说：不自我表现，所以高明；不自以为是，所以显著；不自我夸耀，所以能建立功勋；不骄傲自满，所以能够长久。

修身正己要不远复。"不远复，无祗悔，元吉。"发现自己错了要，立即改正，没有后悔，这是最吉利的，这正是修身正己的好途径。如果人发现了自己错误，认为反正已经过去了，下次注意就是了，这是在放纵自己，同样的错误还会再次发生，为正人君子所不齿。《尚书·伊训》说："与人不求备，检身若不及。"《论语·学而》说："主忠信，毋友不如己者，过则勿惮改。"

中厚恢复方显诚意。"敦复，无悔。"要中道自省，敦厚地恢复，只有这样才好。改正错误要发自内心，心改了才是真正的改。

【易水】

复卦是阳气初生，犹如严冬中带来一股暖风，给人带来温暖和希望。水受到不同程度的损害，有的水甚至变成黑臭水体，没有任何利用价值，水生态受到严重破坏，也威胁人类自身的生存。干旱洪涝灾害时有发生，对造成损失的要救灾，要恢复正常的生活。水资源过度利用造成生态环境问题，地下水过度超采引发不少问题，这些都需要恢复。

复卦给涉水事务不少启示。

水利支持新生事物。星星之火可以燎原，也就是见微知著，正确对待水利发展的新生事物。水利发展是伴随着继承传统和改革而进行的。推陈出新，学习先进经验对水利工作进行改进，都是水利新事物，要正确地对待，不能将其一棍子打死在萌芽之中，要观察其发展动态，评估可能带来的利弊。虽然新生事物开始时很渺小，甚至微不足道，但时机和条件成熟时，他可能发展壮大，甚至成为水利发展的中间力量。对水利有益的新生事物，我们都要积极鼓励和支持；对水利可能带来危害的，也要积极主动将其消灭在萌芽之中。

　　水利大事该缓则缓。恢复之初宜缓不宜急，某些水利事务该缓则缓也是一种负责任的工作方法。如制订水利发展战略，这关系到水利发展的全局，在看不清楚或者前景十分不明的领域，不要轻易下结论，要采取暂缓的方式，不要冒进。对于一些大型水利工程，由于其涉及面十分广泛，对于一些重大问题暂时还不能做出科学判断，一旦判断失误，可能带来巨大的损失，包括经济损失和生态损失。此时正确的态度就是缓一缓，等待技术成熟或者重大问题解决出现端倪之后再做决定。缓不是退，是为了更好地进。急可能是退，给水利带来巨大损失。水利发展要正确处理好轻重缓急的关系，该急的急，该缓的缓，缓急与时偕行。

　　干旱洪涝自然现象。阴阳消长乃天地之心，天地之心有其运转规律。生生不息、阴阳消长、干旱洪涝等，都是不以人的意志为转移的，这是一种自然现象。干旱洪涝也是一种自然现象，在人类诞生之前它就存在，今后我们也不能消灭，所以我们要正确地对待干旱洪涝的现象，我们只能去适应，不能消灭。干旱洪涝灾害损失增大有多种原因，一是我们的财富不断增加，天灾人祸给我们带来的损害越来越大。二是发展的空间可能与干旱洪涝空间存在冲突，如我们侵占了洪水通道，洪水必然和我们侵夺，最终给人带来伤害。三是我们应对措施不利，虽然干旱洪涝是自然现象，我们要发挥一定的主观能动性去适应自然，我们的防洪抗旱工程与干旱洪涝还不相适应，需要我们进一步改进。

　　伤害水要及时修复。复卦给我们的启示是修身正己不远复，对水而言也给我们深刻启示。水给我们提供生活资源、经济资源和环境资源，我们不断地对水进行开发利用，并且将废水排放到环境之中。水资源过度开发带来断流等系列生态环境问题，污水排放又对洁净的水造成污染。我们有意或者无意对水造成不同的伤害，小的伤害水可以通过自我疗伤得到恢复，而大的伤害则对水造成难以恢复的剧痛，这剧痛反过来吞噬人类本身，相互伤害。

水修复要中道忠厚。对水而言，水修复、水灾害修复要中道忠厚。水被伤害了，对其进行修复是在赎罪，是人良心发现，也是人类社会健康发展所必须。水修复要有中道忠厚之道。水修复要利用水修复规律，充分发挥自然力，控制人的行为，比如减少水的开发利用，减少污水排放，水的开发利用在水承受能力范围之内，人适当干预，别过度干预，尊重水道。

25. 无妄 天下雷行 ䷘ 不可妄动

【原文】

无妄：元亨，利贞。其匪正有眚，不利有攸往。

《彖》曰：无妄，刚自外来而为主于内，动而健，刚中而应。大亨以正，天之命也。"其匪正有眚，不利有攸往"，无妄之往，何之矣？天命不祐，行矣哉！

《象》曰：天下雷行，物与无妄。先王以茂对时育万物。

▬▬▬	上九，无妄，行有眚，无攸利。 《象》曰：无妄之行，穷之灾也。
▬▬▬	九五，无妄之疾，勿药有喜。 《象》曰：无妄之药，不可试也。
▬▬▬	九四，可贞，无咎。 《象》曰："可贞无咎"，固有之也。
▬ ▬	六三，无妄之灾，或系之牛，行人之得，邑人之灾。 《象》曰：行人得牛，邑人灾也。
▬ ▬	六二，不耕获，不菑畬，则利有攸往。 《象》曰："不耕获"，未富也。
▬▬▬	初九，无妄，往吉。 《象》曰：无妄之往，得志也。

【翻译】

原文	准直译	意译
无妄：元亨，利贞。其匪正有眚，不利有攸往①。	无妄，不妄为，非常亨通，宜于守正，非走正道者有灾祸，不利于有所前往。	无妄，不妄为且守正行事非常顺利，若不走正道前行，必然一败涂地。
《彖》曰：无妄，刚自外来而为主于内，动而健，刚中而应。大亨以正，天之命也②。"其匪正有眚，不利有攸往"，无妄之往，何之矣？天命不祐，行矣哉！	《彖》说：不妄为，阳刚外来成为内主宰，行动刚健，刚正居中有呼应，因正道非常亨通。"其匪正有眚，不利有攸往"，不妄为之往去往何处？天命不祐助，行矣哉！	《彖》说：不妄为，外来刚健的领导主事，行动果断强健，居中又有呼应。走正道非常成功，这是必然的结果。背离正道必有灾祸，寸步难行。如果万物皆走正道你却不走，有你走的路吗？老天不允许你妄行。

《象》曰：天下雷行，物与无妄。先王以茂对时育万物③。	《象》说：天下有震雷之行动，万物都不妄为。先王用勤勉配合时节培育万物。	《象》说：天下雷声震行，象征万物都走正道。君子体察此象精髓，先王与时俱进，勤勉养育万物。
初九，无妄，往吉④。《象》曰：无妄之往，得志也。	初九，不妄为前行，吉祥。《象》说：无妄之往，实现他的愿望。	初九，无妄之初，阳刚守正。不妄为行事，实现其夙愿，吉祥。
六二，不耕获，不菑畬，则利有攸往⑤。《象》曰："不耕获"，未富也。	六二，不耕种收获，不开垦良田，则有利于前往。《象》说："不耕获"，不追求富裕。	六二，无妄之时，柔顺居中守正，上和九五之尊，不贪婪妄想，有耕种才有收获，勤劳才能致富。不为利而行，有利于行事。
六三，无妄之灾，或系之牛，行人之得，邑人之灾⑥。《象》曰：行人得牛，邑人灾也。	六三，没有妄为却遇到灾祸，犹如将牛栓在树上，路人之牵走，附近人遭到灾难。《象》说：路人得牛，附近人受害。	六三，无妄之时，身不正又应和不正宗庙之人，不妄为也会遇到灾祸，恰似有人将牛系在树上，行人将之牵走，附近人受到怀疑一样。
九四，可贞，无咎。《象》曰："可贞，无咎"，固有之也。	九四，能守正，没有灾祸。《象》说："可贞，无咎"，本来就有的。	九四，无妄之时，阳刚占阴位不正，若能守正，没有过错。
九五，无妄之疾，勿药有喜⑦。《象》曰：无妄之药，不可试也。	九五，不妄为却有病，不吃药病愈之喜。《象》说：无妄之药，不可以尝试呀。	九五，无妄之时，作为阳刚守中九五之尊，上下皆无妄，偶然有疾，可喜的是不治自愈，但不能尝试。
上九，无妄，行有眚，无攸利。《象》曰：无妄之行，穷之灾也⑧。	上九，不妄为行事，有灾祸，没有所利之事。《象》说：无妄之行，穷极之灾害。	上九，处无妄之极，不妄为行事也有灾祸，事事不利。

【注释】

①无妄：元亨，利贞。其匪正有眚，不利有攸往：无妄，卦名，不妄为。《释文》认为"无妄"即"无所希望"。朱熹注："实理自然之谓。"匪，通"非"。眚，眼睛长白翳，过错，祸患。

②刚自外来而为主于内，动而健，刚中而应：指乾居外卦，震居内卦。

③天下雷行，物与无妄，先王以茂对时育万物：与，皆。《王注》："与，辞也，犹'皆'也。"茂，《释文》："勉也。"勉励，努力。《集解》引虞翻曰："天下雷行，阳气普遍，无物不与，故曰'物与'也。"《集解》引侯果曰："雷震天

下，物不敢妄，威震惊洽，无物不与，故先王以茂养万物，乃对时而育矣。时泰，则威之以无妄；时否，则利之以嘉遁，是对时而化育也。"

④ 无妄，往吉：《王注》："体刚处下，以贵下贱，行不犯妄，故往得其志。"

⑤ 不耕获，不菑畬，则利用攸往：菑（zī），刚开垦的田地。畬（yú），开垦三年的熟田。《尔雅·释地》曰："田一岁曰菑，二岁曰新田，三岁曰畬。"《本义》："柔顺中正，因时顺理而无私意期望之心，故有'不耕获，不菑畬'之象。言其无所为于前，无所冀于后也。"

⑥ 无妄之灾，或系之牛，行人之得，邑人之灾：或，有人。《正义》："此则得牛，彼则为灾，故云'邑人灾'也。"

⑦ 无妄之疾，勿药有喜：《正义》："九五居得尊位，为无妄之主，下皆无妄而偶然有此疾害，故云'无妄之疾'。""若疾自己招，或寒暑饮食所致，当须治疗。若其自然之疾，非己所致，疾当自损，勿须药疗而有喜也。"

⑧ 无妄之行，穷之灾也：穷，穷尽，无妄之极的意思。《集解》引崔憬曰："居无妄之中，有妄者也。妄而应三，上下非正，穷而反妄，故为灾也。"

【宗旨】

此卦主要阐述无妄之道。无妄，不虚妄，不妄为。无妄为天道，是正理，动以天理、贞守正道才能无患。天时养育万物，妄行则不利。它彰显了诚、正、天理，无妄是仁德的重要表现。君子应该与时俱进，勤勉养育万物。

【体会】

妄字金文是𡚾，《说文解字》解释为："妄，乱也。"《广韵》说："妄，虚妄。"妄渐渐背离原来的含义，逐渐引申为虚妄、极不真实、悖乱的意思。《大戴礼记·文王官人》中说"故得妄誉"，妄的意思与上言相同。《序卦》说："复则不妄矣，故受之以《无妄》。"也即返回正道就不会虚妄了，所以接着是无《妄卦》。阳气的复生同时也是阴气的消亡开始，所以《杂卦》中说："大畜时也，无妄灾也。"

无妄卦（䷘）上乾（☰）下震（☳），乾为天，震为雷，天下有雷，雷声滚滚，震行万里，声势浩大，振聋发聩，万物惊惧，哪里敢胡作非为，乃无妄。无妄就是不妄为，不妄为就合乎正道，正本求源，不违事实。人不妄为，不妄时，不妄事，就会亨通顺利，万事亨通，否则祸患丛生，不利行事。

为什么君子看到无妄卦的卦象，体悟到"先王以茂对时育万物"？雷震人惧，不敢干坏事，不妄为。不妄为符合天道，万物随其道而行，繁荣昌盛。天下有雷，雷带雨水，雨润万物，万物因水繁茂成长。春雷一声响，吹响万物竞自由的号角。君子德大，心装天下，效仿天道，时育万物，取之于天，运用于人，此乃精神升华，顺应天命，尽其所能地遵循天时以养育万物。

整体看无妄卦，二阴上下皆为阳，可以简化为 ☲，☲ 为离，离象征着日，日运行规律不变，从东边出西边落，日日如此，年年如此，从没有违背过。这与无妄之义高度一致，也可以帮助我们理解无妄卦的内涵。

无妄卦阐释了无妄意义以及如何做。无妄行事就能成功，否则就会失败。无妄要坚决果断，要守中道，同时有人响应，无妄是天道，老天不允许妄为，若妄为必然受到惩罚。作为君子，更不能妄为，用自己的言行化育万物，协助他们走正道并且顺利成长。不妄为，要放空自己，不贪婪，要守正，但也要防止无妄之灾，同时不能走无妄极端，过度无妄也是妄为，也会招致失败。

无妄卦给我们重要启示。

不妄为是成功大道。"元亨，利贞。其匪正有眚，不利有攸往。"不妄为走正道才能成功，否则就会失败。诸葛亮非常清楚这个道理，所以他在《出师表》中苦口婆心地告诉后主刘禅："亲贤臣，远小人，此先汉所以兴隆也；亲小人，远贤臣，此后汉所以倾颓也。先帝在时，每与臣论此事，未尝不叹息痛恨于桓、灵也。侍中、尚书、长史、参军，此悉贞良死节之臣，愿陛下亲之信之，则汉室之隆，可计日而待也。"

不妄为乃化育万物。"先王以茂对时育万物。"要与时俱进勤勉养育万物，不妄为就是不乱作为，走正确的路，尊重规律，这是成功的重要因素，也是有德的基本构成要件。有德要化育，勤勉地做善事，让更多的人得到正能量，使人不妄为做善事，社会的正能量就会增大，有利于社会的和谐与稳定，善的力量会增加。不妄为不是不作为，而是作为的时候不走歪道，任由万物自然而然。《道德经》说："为者败之，执者失之。是以圣人无为故无败，无执故无失。民之从事，常于几成而败之。慎终如始，则无败事。是以圣人欲不欲，不贵难得之货，学不学，复众人之所过，以辅万物之自然而不敢为。"《尚书·洪范》说：若龟卜赞同，蓍草不赞同，视为"作内吉"；龟甲和蓍草占筮结果皆与人意愿相背，仍然要说"用静吉"。因此，吉凶在于自身，圣人之训非常明确。自身决定吉凶，不可轻举妄动，需要以极其谨慎的态度，依循常道而为之，就能得到吉利的结果。

要努力避无妄之灾。"无妄之灾，或系之牛，行人之得，邑人之灾。"不妄为也可能有灾受牵累，这是社会常见现象。城门失火殃及池鱼，鱼就是无妄之灾。人在家中坐，祸从天上来，也是无妄之灾。瓜田地上系鞋带、李子树下整理帽子，都有极大可能被误解为摘瓜偷李，成为无妄之灾。

心纯杜绝非分之想。"不耕获，不菑畲，则利有攸往。"放弃非分之想，不耕耘哪有收获，只有吃得苦中苦方知甜中甜，那种只想收获不想耕耘是非分之想，我们要从内心摒弃这种不切实际的思想。纪晓岚曾说：真正是自己修成的，这是自己的福报，别人夺不去；用其他手段抢来的，不是自己修的福，别人能抢去。所以，为人要诚实一些，杜绝非分之想，踏踏实实做事，老老实实做人，半夜不怕鬼敲门，平安一生。

顺自然不剑走偏锋。"无妄，行有眚，无攸利。"不妄为，守正，就会非常顺利，否则就会一败涂地，实质上就是要顺其自然。《道德经》说："无为而无不为。"无为不是无所作为，而是不妄为、不乱为。其强调的是要顺应自然规律办事，这样就可以无不为。无为而治是老子的重要思想。

【易水】

无妄卦与水有着密切的关系。无妄卦本身不含有水，但间接有水。无妄卦上乾（☰）下震（☳），震为雷，雷在天下。按理雷应该在天上，此卦却是雷在天下。什么情况会发生这种现象？

最常见的是地震或者火山爆发。地震之时，地的震动让人感觉地陷了，同打雷一样，让人惊惧。地震可能引发海啸，海啸时掀起几十米的狂涛骇浪，犹如倒塌的"水墙"扑来，给沿海人类生命和财产造成严重威胁。

无妄卦对水利也有重要借鉴意义。

确保水利不妄为。不妄为是成功大道，要确保水利不妄为。客观地说，开展水利就是充分利用水之利为人服务，被服务的人不是妄为，但提供服务的人却存在妄为的可能。水利要确保对大多数人来说不妄为，这是水利必须遵循的重要原则。水利决策要站在大多数人的立场上，站在社会经济环境等综合立场上进行衡量定夺。违背水规律的就是妄为；只为了人的利益牺牲环境也是妄为；只维护当代人利益牺牲后代人的利益也是妄为；粗放地利用对水造成浪费也是妄为；肆意排放污水污染环境也是妄为。

水利应造福万物。水造福万物，大公无私，水润万物不自夸，默默地奉献。我们开展水利的时候，尽可能确保水利服务功能与水服务功能相一致，减少对水功能的破坏。水利服务社会经济不能以牺牲生态环境为代价，要确保生态不受到损害。对于已经受损的生态环境，我们尽可能在充分利用自然力的基础上，采用人工辅助的方式予以修复，努力将生态恢复到原有的状态，实现水利在造福人的同时造福万物。

水利避无妄之灾。水利非常容易产生无妄之灾，我们要尽力避免发生。在修建水库的时候，地下水位上升可能引发土壤盐渍化，给土地使用者带来损失，因水库放水水温过低导致水生生物受损，或者因蓄水导致要河道断流引发下游生态环境恶化等等。我们要对水利可能引发的无妄之灾进行科学的估计，在修建水利工程的时候，将其纳入设计工程中综合规划，将无妄之灾尽可能减少。

水利要顺应自然。水利只有顺应自然才能可持续发展，逆自然而行必然受到惩罚，最后导致失败。在水利发展历史上，有无数水利失败的例子，其根本原因是没有顺应自然，被自然否定。水利要适应自然，就是要讲科学，不违背自然规律，遵循水道，这是水利必须遵守的核心规则。

26. 大畜　天在山中 ䷙　修身富德

【原文】

　　大畜：利贞。不家食，吉。利涉大川。

　　《彖》曰：大畜，刚健笃实辉光，日新其德，刚上而尚贤，能止健，大正也。"不家食，吉"，养贤也。"利涉大川"，应乎天也。

　　《象》曰：天在山中，大畜。君子以多识前言往行，以畜其德。

▬▬▬▬▬	上九，何天之衢，亨。 《象》曰："何天之衢"，道大行也。
▬▬　▬▬	六五，豶豕之牙，吉。 《象》曰：六五之吉，有庆也。
▬▬　▬▬	六四，童牛之牿，元吉。 《象》曰：六四"元吉"，有喜也。
▬▬▬▬▬	九三，良马逐，利艰贞，日闲舆卫，利有攸往。 《象》曰："利有攸往"，上合志也。
▬▬▬▬▬	九二，舆说輹。 《象》曰："舆说輹"，中无尤也。
▬▬▬▬▬	初九，有厉，利已。 《象》曰："有厉，利已"，不犯灾也。

【翻译】

原文	准直译	意译
大畜：利贞。不家食，吉[①]。利涉大川。	大畜，大有蓄积，宜于守正，不在家自食，吉祥。利于涉越大河。	大畜，大有蓄积，宜守正，贤人为国家服务，吉祥。有利于克服艰难困险。
《彖》曰：大畜，刚健笃实辉光，日新其德[②]，刚上而尚贤，能止健，大正也。"不家食，吉"，养贤也。"利涉大川"，应乎天也。	《彖》说：大有蓄积，刚健笃实，光耀让美德日日增新，道德向上崇尚贤人，能刚健知止，是最大正道。"不家食，吉"，畜养贤人。"利涉大川"，应合天道。	《彖》说：大有蓄积，刚健厚实发扬光大，美德日益增新，君子处上崇尚道德和贤人，刚健知止，是大正。蓄养贤人为国家服务。顺应天道，利于克服艰难困险。
《象》曰：天在山中，大畜。君子以多识前言往行，以畜其德。	《象》曰：天蓄于大山中，大畜。君子多多记住前代圣贤事迹，蓄积其美德。	《象》说：天蓄于大山之中，大畜卦卦象。君子体察此象精髓，铭记先贤言行，厚己之美德。

初九，有厉，利已③。《象》曰："有厉，利已"，不犯灾也。	初九，有危险，宜停止行动。《象》曰："有厉，利已"，不冒险行事。	初九，大畜之初，阳刚守正，见险而止，不冒险行事。
九二，舆说輹④。《象》曰："舆说輹"，中无尤也。	九二，大车脱掉车轴。《象》曰："舆说輹"，居中没有忧虑。	九二，大畜之时，阳刚守中应九五之尊，遇险则止，就像前面有险刹车似车轴脱落，不用担忧。
九三，良马逐，利艰贞，日闲舆卫，利有攸往⑤。《象》曰："利有攸往"，上合志也。	九三，良马奔驰，宜在艰难中守正，不断地练习防卫技能，利于有所前往。《象》曰："利有攸往"，心志与上相合。	九三，大畜之时，阳刚守正，与上级心志相通，显进贤谋，宜艰难中守正，前行才会安然无恙，就像闲暇之时娴熟防卫本领，飞驰的骏马小心路障。
六四，童牛之牿，元吉⑥。《象》曰：六四"元吉"，有喜也。	六四，将木牿绑在小牛头上，至为吉祥。《象》曰：六四"元吉"，有喜庆之事。	六四，大畜之时，身处诸侯高位，柔顺守正，日新其德，未雨绸缪，禁于未发，犹如小牛头上绑横木防止长大犄角撞人，吉祥有喜。
六五，豮豕之牙，吉⑦。《象》曰：六五之吉，有庆也。	六五，制约阉割过的猪尖牙，吉祥。《象》曰："六五之吉"，有庆也。	六五，大畜之时，身为九五之尊，以柔治国，去除大夫阳刚烈性，恰似去除公猪獠牙防止伤人，吉祥有庆。
上九，何天之衢，亨⑧。《象》曰："何天之衢"，道大行也。	上九，四通八达、畅通无阻的大道，亨通。《象》曰："何天之衢"，大畜之道非常畅通。	上九，处大畜之极，阳刚道行天下，畜养积聚贤士服务国家，畅通无阻，成功。

【注释】

① 大畜：利贞。不家食，吉：大畜，卦名，大有积蓄。《本义》所云："畜之大者也。"家食，在家自食其力。《正义》："己有大畜之资，当须养赡贤人，不使贤人在家自食，如此乃吉也。"

② 大畜，刚健笃实辉光，日新其德：刚健笃实，刚健指下乾刚劲健强，笃实指上艮静止充实。《正义》："刚健谓乾也，乾体刚性健，故言'刚健'也。笃实谓艮也，艮体静止，故称'笃实'也。"辉光，光辉荣光。日新，日日增新。

③ 有厉，利已：厉，危险。已，停止。《集解》引王弼曰："四乃畜已，未可犯也。进则灾危，有厉则止，故能'利已'。"

④ 舆说輹：舆，车。说，通"脱"，脱落。輹（fù），《说文·车部》："輹，车轴缚也。"段玉裁注："谓以革若丝之类缠束于轴，以固轴也。缚者，束也。"

《程氏传》："二虽刚健之体，然其处得中道，故进止无失。虽志于进，度其势之不可，则止而不行，如车舆说去轮輹，谓不行也。"《王注》："居得其中，能以其中不为冯河，死而无悔，遇难能止，故无忧也。"

⑤ 良马逐，利艰贞，曰闲舆卫，利有攸往：良马逐，《程氏传》："三以刚健之才，而在上者与合志而进，其进如良马之驰逐，言其速也。"闲，《释文》："习"，犹言"熟练"。舆卫，指车马防卫之技。

⑥ 童牛之牿，元吉：童牛，《释文》："无角牛也。"犹言"小牛"。牿（gù），绑在牛角上使牛不得撞人的横木。《集解》引虞翻曰："牿谓以木楅（bī）其角。大畜，畜物之家恶其触害。"

⑦ 豮豕之牙，吉：豮（fén），阉割过的猪。《释文》："豕去势曰豮。"豕（shǐ），猪。《程传》："豕之有牙，百方制之，终不能使改，惟豮其势，则性自调伏，虽有牙亦不能为。"《王注》："豕牙横猾，刚暴难制之物，谓二也。五处得尊位，为畜之主。二刚而进，能豮其牙，柔能制健，禁暴抑盛，岂唯能固其位，乃将有庆也。"

⑧ 何天之衢，亨：何（hè），荷也，担当。衢，四通八达的大路。《释文》："四达谓之'衢'。"《集解》引王弼曰："处畜之极，畜及则亨。何，辞也。犹可畜也，乃'何天之衢，亨'，'道大行也'。"

【宗旨】

大畜就是大有蓄积，大畜卦阐述大有蓄积之道。从卦象来看，二阴蓄四阳，阳大。天大，但天在山下，山比天大，形象地说明大中之大。大有蓄积之后，不能自私蓄己，而是要刚健厚实发扬光大，要养贤养天下，要崇尚贤人和美德，铭记先贤言行，厚己之美德。

【体会】

畜字甲骨文在小畜卦中已有介绍。《序卦》说："有无妄然后可畜，故受之以《大畜》。"即有无妄就可以积蓄众多，所以接着是大畜卦。《杂卦》说："《大畜》时也。"也就是说大畜卦是蓄积多而大，但有时运。

大畜卦（䷙）下乾（☰）上艮（☶），乾为天，艮为山，天在山下。《集解》引向秀言："止莫若山，大莫若天，天在山中，大畜之象。天为大器，山则极止，能止大器，故名大畜也。"天大，但山能将天囊括其中，山可谓更大，大有蓄积。为什么看到此象联想到"君子以多识前贤往行，以畜其德"？先贤之士，其言与行都是知识、智慧与经验的总结，博大精深，我们应该向其学习，增长自己的才干，厚实自己的美德，诚心实意汲取其精髓，修身成大畜之才。物大，但物再大也大不过德，因为德能养物，让物更能发挥其作用，显得比原来的物更大。

大有蓄积之时，不能挥霍无度，不能只顾自己小家没有大家，不能为富不仁，应该守正走正道，要视野开阔，发扬家国情怀，为国家为民族服务，这样大德才能发挥。要将正气、美德发扬光大，不断地增加自己美德，让正人君子掌管国家要务，使崇尚道德和贤人成为一种社会风气，给贤人应有地位，让他们感到荣光。要知止而止，特别是见险而止，顺应天道。

大畜卦给我们重要启示。

蓄才蓄德为国奉献。"大畜：利贞。不家食吉。"有大才大德要正派，要为国家服务，这才是大德大才真正的归宿。良禽择木而栖，良臣择主而侍，其关键木值得良禽而栖，其主值得良臣而侍。蓄才蓄德之人，以天下之家为家，以天下人幸福为幸福，不是为自己小利益盘算，这才是大德大才之人。那些有才有德之人归隐山林不值得提倡，因为他的格局只顾及自身，没有以天下为家。

模范先贤厚德修身。"君子以多识前贤往行，以畜其德。"先贤说过的话，做过的事，都饱含着为人处世的精髓，是智慧的结晶。我们仔细琢磨，将其变成自己的言行和习惯，就是厚己之德。

积财聚富源于正道。"良马逐，利艰贞，日闲舆卫，利有攸往。"在蓄积道路上要有娴熟的本领，要坚守正道与上级心志相应。财富来源有多种渠道，为富不仁，发黑心财，不是正道得来的富裕长远不了，晚上睡觉都不踏实。"天下熙熙，皆为利来；天下攘攘，皆为利往。""人不为利，谁愿早起。"虽然都为"利"而来，但"仁中取利真君子，义内求财大丈夫""利从诚中出，誉从信中来""财自道生，利缘义取"。正是所谓的"君子爱财，取之有道。"孔子曰："富与贵，是人之所欲也；不以其道得之，不处也。"

未雨绸缪有备无患。"童牛之牿，元吉。"小牛头上绑根横木，牛自小养成不触人的习惯，牛长大后也会温顺，不轻易撞人。一个人的好习惯是从小逐渐养成的，高官厚禄之人，刚健笃实荣光换发，日新其德，这美德是从小逐渐形成的。做任何事情都要未雨绸缪，才能处于不败之地。《诗经·豳风·鸱鸮》说趁着天还没有下雨，用桑根的皮把鸟巢加固，把巢坚固了，不怕别人侵害，这就是未雨绸缪。"居安思危，思则有备，有备无患。"

行事之时知止而止。"其德刚上而尚贤，能止健，大正也。"君子处上位崇尚道德和贤人，要刚健同时知止而止。知止而止是大智慧，该止不止，会走向失败，不该止而止则达不到理想的彼岸，止的度把握非常重要。我们古人对知止而止非常重视。《道德经》说："知足不辱，知止不殆。"《增广贤文》将其上升为警句："知足常足，终身不辱；知止常止，终身不耻。"《大学》说："知止而后有定，定而后能静，静而后能安，安而后能虑，虑而后能得。""为人君，止于仁；为人臣，止于敬；为人子，止于孝；为人父，止于慈；与国人交，止于信。"

【易水】

大畜卦卦象是天在山下，只从卦象上来看，大畜卦和水似乎没有什么关系。但从爻辞来看："大畜：利贞。不家食吉。利涉大川。"川就是河流、水道，大川就是大河流、大水道，将大畜卦和水紧密地联系在一起。

水和大畜有密切关系，至少可以从两个方面进行理解。一蓄水。水库、陂塘、池塘，都是储水设施，与社会经济生活密切相关，他们储水都有一定限度，如水库没有水就会干涸，当不断增加储水的时候，水面越来越大，风光越来越美好。但储水有一定的限度，当超过警戒水位，预示着有风险，需要采取一定措施，预防不测。当超过保证水位的时候，危险就在眼前，要高度警惕密切监测，防汛进入全面紧急状态，意外可能随时发生，要想办法将水位降低。蓄水是有一定限度的，超过这个限度就会出现严重问题。二是水服务。水的功能是多样的，可以概括为"三生"功能（生产功能、生活功能和生态功能），这些功能都是大公无私的，水从来不占有，不为己谋私利，这和大畜卦提倡的大德大才要利天下是相通的。

大畜卦可应用于与水相关的事物，给我们重要启示。

蓄水蓄才为国奉献。蓄才蓄德为国奉献。水利通过水的重新调配发挥其"三生"功能，为社会经济服务。由于降水时空分布不均，需要一定的"调节池"来调蓄水资源，枯水之时调用，洪水来时拦截和调蓄，这些都是站在大多数人的利益基础上，今后更需要发挥其效益。水利也能蓄才，培养出优秀人才。大禹通过治水建立了卓越功勋，后来称帝。

中外水利取经强体。模范先贤厚德修身，水利应该向中外取经，将水利工作做得更好。中国有众多的杰出的水利工程，工程规模巨大，设计水平高，饱含了中华民族治水的智慧，闻名世界。如秦国的都江堰、郑国渠、秦渠、灵渠，黄河流域的六辅渠、白渠、龙首渠，江淮、江汉的陂池如六门陂、东南鉴湖，西北的坎儿井，以及沟通南北的大运河等等，都蕴藏了无穷的智慧。

水利聚富源于正道。积聚财富源于正道，水利聚富也要源于正道，那些非正道的发水利财是不可取的，应该受到谴责和惩罚。在遇到干旱缺水的时候，我们要互助，共渡难关，切莫发缺水财，抬高水价。在遇到洪涝灾害的时候，我们不挡水路。兴建水利工程：一是要正道，不能损害大多数人的利益，对于少数人的利益也要给予充分地补偿，努力实现利益共享目标。二是站在战略高度修建水利工程，不能只为眼前利益失去战略价值，最终赚小便宜吃大亏。三是不能损害生态环境，不能以损害生态环境为代价过度开发水利。

未雨绸缪防患未然。未雨绸缪有备无患。水利更应该未雨绸缪，防患于未然。降水具有随机性，平水、枯水和丰水都具有不确定性，存在连续丰水年和连续枯水年的可能性，特别是随着极端气候不断发生，极端干旱和降水的可能性加大，对社会生活产生不同程度的影响。社会繁荣和持续发展需要相对稳定的水资源供给，我们要针对水资源可能的变化有应对措施，这样才不至于遇到问题茫然无措。如针对可能出现的极端干旱和洪涝灾害，制订应急预案，预案详细且具有可操作性。对于生活水源，要有条不紊地建设备用水源，以便水源出现不测时备用水源及时发挥作用，防止出现水荒导致危机。水利建设应该适当超前，宁可有备无患，不可无水可用。建立水利未雨绸缪防患未然体系，和水利建设同样重要。

水利建设知止而止。行事之时知止而止。无论大江大河大湖的开发，还是小江小河小湖的利用，都或多或少对江河湖泽产生不同程度的影响。为了人与水的和谐发展，我们要对人的行为进行适当约束。

27. 颐 山下有雷 ䷚ 慎言节食

【原文】

颐：贞吉。观颐，自求口实。

《彖》曰：颐，"贞吉"，养正则吉也。"观颐"，观其所养也。"自求口实"，观其自养也。天地养万物，圣人养贤以及万民，颐之时大矣哉！

《象》曰：山下有雷，颐。君子以慎言语，节饮食。

▬▬▬▬	上九，由颐，厉吉。利涉大川。 《象》曰："由颐，厉吉"，大有庆也。
▬▬ ▬▬	六五，拂经，居贞吉，不可涉大川。 《象》曰：居贞之吉，顺以从上也。
▬▬ ▬▬	六四，颠颐，吉。虎视眈眈，其欲逐逐，无咎。 《象》曰："颠颐"之吉，上施光也。
▬▬ ▬▬	六三，拂颐，贞凶，十年勿用，无攸利。 《象》曰："十年勿用"，道大悖也。
▬▬ ▬▬	六二，颠颐，拂经于丘颐，征凶。 《象》曰：六二"征凶"，行失类也。
▬▬▬▬	初九，舍尔灵龟，观我朵颐，凶。 《象》曰："观我朵颐"，亦不足贵也。

【翻译】

原文	准直译	意译
颐：贞吉。观颐，自求口实①。	颐，颐养，守正吉祥。观察事物颐养现象，应清楚自食其力之道。	颐，细观颐养之道，颐养守正，自我养身吉祥。
《彖》曰：颐，"贞吉"，养正则吉也。"观颐"，观其所养也。"自求口实"，观其自养也。天地养万物，圣人养贤以及万民，颐之时大矣哉！	《彖》说：颐养，守正吉祥。正道颐养吉祥。"观颐"，观察所养之道。"自求口实"，颐养自己。天地养育万物，圣人养贤士和百姓，颐养之时机多么重大呀。	《彖》说：观察颐养之道，正道养正和自我颐养吉祥如意。"观颐"就是观察所养之道。"自求口实"，观察养身之术。天地颐养万物，圣人颐养圣贤和百姓，颐养的时机很重要。
《象》曰：山下有雷，颐。君子以慎言语，节饮食②。	《象》说：山下有震雷，颐卦卦象。君子言语谨慎，节制饮食。	《象》说：雷在山下是颐卦卦象。君子体察此象精髓，言语谨慎，节制饮食，养身养德。

初九，舍尔灵龟，观我朵颐，凶③。《象》曰："观我朵颐"，亦不足贵也。	初九，舍弃你的灵龟，观看我大吃，有灾祸。《象》说："观我朵颐"，这是不足珍贵的。	初九，颐养之初，抛弃灵龟般自养美德，羡慕他人奢华生活是不明智的，有凶险。
六二，颠颐，拂经于丘颐，征凶④。《象》曰：六二"征凶"，行失类也。	六二，颠倒颐养之常理，违反以下养上常规，向上位六五求养，前行有凶险。《象》说：六二"征凶"，行为失去同职本分。	六二，颐养之时，推翻颐养以下养上常规，求养于下，行为失类，行事有凶险。
六三，拂颐，贞凶，十年勿用，无攸利⑤。《象》曰："十年勿用"，道大悖也。	六三，违背颐养之道，十年不能用，没有好处，应守正防凶险。《象》说："十年勿用"，非常违背颐养之道。	六三，颐养之时，阴柔不中正，违背颐养之道，谄媚养上违大道，十年被遗弃得不到重用，应守正防危。
六四，颠颐，吉。虎视眈眈，其欲逐逐，无咎⑥。《象》曰："颠颐"之吉，上施光也。	六四，违背颐养之道，吉祥。老虎专注猎物，不断地求取猎物，没有过错。《象》说："颠颐"之吉，上级施舍了恩光。	六四，颐养之时，以上养下，向下普施恩德，下交威而不猛、不恶而严，敦实养德施贤无所求，没有过错。
六五，拂经，居贞吉，不可涉大川⑦。《象》曰：居贞之吉，顺以从上也。	六五，违背常理，静居守正吉祥，不可跋涉大河。《象》说：居贞之吉，柔顺跟从前辈。	六五，颐养之时，柔顺居中，顺从前辈，身为九五之尊不能养人，只有坚持守正，不做冒险之事，才吉祥如意。
上九，由颐，厉吉⑧。利涉大川。《象》曰："由颐，厉吉"，大有庆也。	上九，下民依赖他颐养，虽有凶险，最终吉祥。利于穿越大河。《象》说："由颐，厉吉"，大获吉庆。	上九，处颐养之极，颐养众民，位高任重，虽然阳刚失位危险，但坤助最终吉祥。利于度过艰难险阻。

【注释】

①颐：贞吉。观颐，自求口实：颐（yí），卦名，颐养，保养。《尔雅·释诂》曰："颐，养也。"口实，食物。《集解》引郑玄曰："颐者，口车辅之名也。震动于下，艮止于上，口车动而上，因辅嚼物以养人，故谓之颐。颐，养也。能行养则其干事，故吉矣。二五离爻皆得中，离为目观象也。观颐观其养贤与不肖也。颐中有物曰口实。自二至五有二坤，坤载养物，而人所食之物皆存焉。观其求可食之物，则贪廉之情可别也。"《程氏传》说："观人之所颐，与其自求口实之道，则善恶吉凶可见矣。"

②君子以慎言语，节饮食："慎言"养德，"节食"养身。《集解》引荀爽

曰："'言出乎身，加乎民'，故'慎言语'，所以养人也。饮食不节，残贼群生，故'节饮食'以养物。"《正义》："先儒云：'祸从口出，患从口入。'故于颐养而慎节也。"

③ 舍尔灵龟，观我朵颐，凶：灵龟，比喻美质。《程氏传》："龟能咽息不食，灵龟喻其明智而可以不求养于外。"朵，《说文解字》："朵，树垂朵朵也。"树木花实欲垂的样子。朵颐，鼓动腮颊嚼东西的样子。

④ 颠颐，拂经于丘颐，征凶：颠，倒，颠倒，颠颐，反过来颐养。拂，违反；经，常理，常道；拂经，违反常道。丘，小山，此处在上意思。丘颐，高级享受。征，往。《集解》引王肃曰："养下曰颠。拂，违也。经，常也。丘，小山，谓六五也。而宜应五，反下养初，岂非'颠颐'？违常于五也，故曰'拂经于丘颐'矣。拂经虽阻常理，养下故谓养贤，上既五应，征必凶矣，故曰'征凶'。"

⑤ 拂颐，贞凶，十年勿用，无攸利：十年，卦中有坤象，坤数为十，十年，时间很长，有终年意思。《王注》："履夫不正，以养于上，纳上以谄者也。拂养正之义，故曰'拂颐，贞凶'也。"

⑥ 颠颐，吉。虎视眈眈，其欲逐逐，无咎：眈眈（dān），眼睛专注看的样子。逐逐，急于得利。朱熹注："虎视眈眈，下而专也。其欲逐逐，求而继也。又能如是，则无咎矣。"《本义》："柔居上而得正，所应又正，而赖其养以施于下，故虽颠而吉。"

⑦ 拂经，居贞吉，不可涉大川：拂经，居贞吉，《程氏传》："六五，'颐'之时居君位，养天下者也。然其阴柔之质，才不足以养天下，上有刚阳之贤，故顺从之，赖其养己以济天下。"不可涉大川，《程氏传》："阴柔之质，无贞刚之性，故戒以能居贞则吉。以阴柔之才，虽倚赖刚贤，能持循于平时，不可处艰难变故之际，故云'不可涉大川'也。"

⑧ 由颐，厉，吉：由，经由。《集解》引虞翻曰："由，自，从也。体剥居上，众阴顺承，故'由颐'。失位，故'厉'，以坤艮自辅，故'吉'也。"《本义》："六五赖上九之养以养人，是物由上九以养也。位高任重，故厉而吉。阳刚在上，故'利涉大川'。"

【宗旨】

颐卦主要阐述颐养之道。天地颐养万物，圣人颐养贤能百姓，君子颐养谨言慎行、节制饮食的美德。颐养守正，养正则吉。自我颐养吉祥如意。颐养前辈、以上颐下都是常道，求颐养则违反常规。颐养时机很重要。

【体会】

　　作者没有找到颐的甲骨文和金文。《序卦》说："物畜然后可养，故受之以《颐》。颐者，养也。"物丰可以养人，所以接着是颐卦。颐就是养。《杂卦》说："《颐》，养正也。"颐卦就是养正。解释了颐卦排在大畜后面的原因和颐卦的内涵。颐，就是颐养，养正。

　　颐卦（☲）下震（☳）上艮（☶），震为雷，艮为山，山下有雷。山静雷动。我们在咀嚼的时候，上嘴巴不动属静，下巴运动属动，上静下动。咀嚼和颐卦的卦象极其相似，所以颐卦象征颐养，十分贴切生动。从养生的角度来看，养生要一静一动，静就是要心静，心如一潭静水，不起波澜，不以物喜，不以己悲，力戒喜、怒、哀、乐、贪、痴、嗔，动是要适当地运动，生命在于运动。养生精髓和颐卦如出一辙。

　　为什么君子看到颐卦的卦象，产生"君子以慎言语，节饮食"？颐养是通过口来进行的，病从口入，祸从口出，也都是通过口进行的，君子重修德，要健身防祸，所以说话要谨慎，饮食要节制。《论语》告诫我们谨言节食："君子欲讷于言而敏于行。""古者言之不出，耻躬之不逮也。""君子食无求饱，居无求安。""饭疏食，饮水，曲肱而枕之，乐亦在其中矣。"《易·系辞》说："君子居其室，出其言，善则千里之外应之……言出乎身，加乎民；行发乎迩，见乎远；言行君子之枢机，枢机之发，荣辱之主也。"

　　颐养有自养和他养，自养守正吉祥如意，靠自身调节，能充分地发挥自觉能动性，自食其力，养生养德，提高自己身体素质和道德素质。自己有能力却靠他养，向人求食，这和乞讨没有什么区别，没有尊严。特别是道德修养方面，不靠自己努力，靠别人来棍棒式教育才有记性，这是一种奴性表现。犹如放弃自己的宝贵品质和尊严，流着口水看别人吃肉，不自力更生，想不劳而获过上富裕生活，岂不是做黄粱美梦？

　　颐养可以养他，下级养上级，上级养下级，这是常道。但如果下级求上级养，上级迫使下级养就违反常道，违反常道当然存在风险甚至是灾祸。由于人所处的位置不同，颐养之道就存在差异，如身处高位，做事更要小心谨慎，既要做好自己工作让上级满意，同时不让他感到你是威胁，处理好与上级关系，通过好成绩颐养上级，上级升迁了，你也就有了机会。也要处理好与下级关系，对下级要尽可能宽厚，他出成绩实际上也是颐养你，你也有了升迁的本钱。当然对那些心术不正一心想向上爬的人也不能手软，该杀他的威风就杀他的威风。

还有一种颐养，就是颐养前辈、老人和未成年，这是一种美德，我们都应该努力将其做好，这是颐养美德的重要途径。

曹建国、楚竹书研究认为，根据竹书《周易·颐》卦，《颐》卦义旨不在于养贤，而在于兴农以自养。"颐"的本义并非口辅车或养，而是一种农具。《颐》卦反映了周人以农德自重的传统和以农兴国的治国方略。

臧守虎认为《颐卦》中"口实"当取借口、依据之义，经传"养"当训为"象""相"，卦辞"观颐，自求口实。"是"观察人的面部表情动作所传达的意见，为自己的行为寻找借口"之义，爻辞"朵颐""颠颐""拂经于丘颐""拂颐""拂经""虎视眈眈，其欲逐逐。"等都是一些暗示人不同意见的面部表情语言、动作语言。全卦实际上反映了商周之际人们思想的转变以及在人意、龟卜结果之间取舍的矛盾复杂心态。

颐卦给我们重要启示。

求己不求人吉祥。"颠颐，拂经，于丘颐，征凶。"不求己而是违反常规向上级求颐养，行事有凶险，只有求己不求人才吉祥如意。颐养之时求己不求人才吉祥，不求人才能自强，自强才是真正的强大。事物发展都有内因和外因，内因是主要的，外因只是催生内因发挥重要影响的因素。颐养之时，不自求口实，而是伸手跟别人要，别人愿意给你，你就吃饱吃得好，不给你就挨饿，完全看别人脸色行事，一点尊严都没有，更何谈独立的人格。《论语·卫灵公》说："君子求诸己，小人求诸人。"《文子·上德》说："怨人不如自怨，求诸人不如求之己。"

自食其力稳致远。"颐：贞吉；观颐，自求口实。"颐养守正、自我求食吉祥，才能行稳致远。自食其力，主动权在自己手里，想怎么做自己做主。自食其力，不仅仅是颐养自己获取生活资源，更重要的是有强大的独立人格，不在人屋檐下，不需要低头。乾卦说："天行健，君子以自强不息；地势坤，君子以厚德载物。"自食其力是正道。

养贤养民保国安。"天地养万物，圣人养贤以及万民，颐之时大矣哉！"圣人颐养贤能和百姓，颐养的时机很重要。养贤与养民一脉相承，百姓众多，需要有贤人协助君王管理，好的贤人就能管理好百姓，历来有作为的君王都重视养贤，养贤养民并重。《尚书·虞书·大禹谟》说："民为邦本，本固邦宁。""德惟善政，政在养民。"

慎言节食好修身。"君子以慎言语，节饮食。"言语谨慎，节制饮食，养身养德。口能说话，能进食，正因为如此，好话恶语皆从口出，美食病源也从口入，谨言慎语是君子对自己的基本要求，家常便饭是君子美食。百病从口入，万祸从口出，修己以清心为要，涉世以慎言为先。《孔子家语》记载，孔子到东周观光，看见周太祖后稷的祠宇铜铸人像被封了三重，其背铭文："古之慎言人也，戒之哉！无多言，多言多败；无多事，多事多患。安乐必戒，无所行悔。勿谓何伤？其祸将长；勿谓何害，其祸将大；勿谓不闻，神将伺人。焰焰不灭，炎炎若何？涓涓不壅，终为江河；绵绵不绝，或成网罗；毫末不扎，将寻斧柯。诚能慎之，福之根也；口是何伤，祸之门也。强梁者不得其死，好胜者必遇其敌。盗憎主人，民怨其上。君子知天下之不可上也，故下之；知众人之不可先也，故后之。温恭慎德，使人慕之；执雌持下，人莫逾之。人皆趋彼，我独守此；人皆或之，我独不徙。内藏我智，不示人技；我虽尊高，人弗我害，谁能于此？江海虽左，长于百川，以其卑也。天道无亲，而能下人，戒之哉！"中心思想是告诫人慎言，正如《诗经》所说："战战兢兢，如临深渊，如履薄冰。"

养身先知养德妙。"颐，贞吉，养正则吉也。"颐养养正才吉祥，实际上就是颐养要养德，养德是养身的前提，养德比养身更重要。当养身与养德有矛盾之时，将养德放在第一位。

【易水】

颐卦从表象上来看与水没有关系，但稍往深处思考，和水的关系十分密切。

从卦象来看，颐卦山下有雷，雷和雨关系不一般。山下之雷，比天上之雷更近，云更低，世界变得阴沉，声声雷鸣，犹如在耳边。雷后雨下，滋润万物，颐养万物。颐卦四阴两阳，初九和上九为阳，其余为阴，大卦象为 ☲，即离，离就是丽，离象征火、日、干燥、干枯死树，火、日无水，干燥缺水，断水树也干枯。

从水的本性来看，水滋养万物却不与万物争利，水之颐养万物多么伟大呀，这和颐卦的精髓是相融的。

颐卦对涉水事务有重要启示。

养生养水创双赢。水颐养万物，植物因水而生，动物因水而养。水养万物，水养德，养经济、养环境、养风景、养文学和养文化等。水利是水养人的重要方式，社会经济的发展得益于水利，幸福生活与水利密不可分。我们从水拿到的多，不仅没有对水进行回报，而且对水造成了很多伤害，包括过多地利用水资源导致河流干涸，地下水位下降，水质恶化，生物多样性下降等，这些都需要我们进行及时地修复。水颐养了我们，我们也应该颐养水，建立利水型社会。利水就是人的行为不仅对水的"健康"没有伤害，而且有利于水的"健康"。

水利自强才更强。求己不求人吉祥，水利要靠自身发展而发展，水利自己强才真正强水。水利自求发展动力，水利才能行稳致远，水利才更强。水利强才有吸引力、号召力，才能进一步积聚发展所需要的人才、资金、技术、政策等多方面的支持。水利自强的根基要稳固。水利自强的根基至少包括：不可替代性，若可替代早晚会被淘汰；基础性牢固，本身就是基础性资源或产业，源于为其他行业提供支撑；理论性扎实，水利相关理论基础雄厚，有其独特性和包容性；奉献性，自身奉献大，为他提供支持不求回报；自生性，水利能靠自身求生存，靠自己求发展，不靠献媚得青睐。

水利应养贤养民。养贤养民保国安。高级的颐养不是自养，而是在满足自养的基础上养贤养民，最终实现国泰民安，这是最大最善的颐养。水利也要养贤养民。水利要养贤，除了为贤人提供水利支撑，如提供安全的饮水、安全的水环境、舒适的水景观之外，培养水利人才，让他们增长才干，发挥聪明才智，尽最大努力为养贤做出贡献。

治水先知水道妙。养身先知养德妙，治水先知水德妙。水道是天道在水方面的重要体现，只有了解水道，按照水道办事，将其与人道密切结合才是上佳治水之道。水分布不均，降水具有随机性，同时具有规律性特征。水走弯道不走直、水就低不就高、水只求奉献不求回报、顺其自然、水滴石穿等等，对水认识越深刻，将其运用到水利实践中越少犯错误。

28. 大过 泽上灭木 ䷛ 遁世无闷

【原文】

　　大过：栋桡，利有攸往，亨。

　　《彖》曰："大过"，大者过也。"栋桡"，本末弱也。刚过而中，巽而说行。利有攸往，乃亨。"大过"之时大矣哉！

　　《象》曰：泽灭木，大过。君子以独立不惧，遁世无闷。

䷁	上六，过涉灭顶，凶。无咎。 《象》曰："过涉"之凶，不可咎也。
䷁	九五，枯杨生华，老妇得其士夫，无咎无誉。 《象》曰："枯杨生华"，何可久也。"老妇士夫"，亦可丑也。
䷁	九四，栋隆，吉。有它，吝。 《象》曰："栋隆"之吉，不桡乎下也。
䷁	九三，栋桡，凶。 《象》曰："栋桡"之凶，不可以有辅也。
䷁	九二，枯杨生稊，老夫得其女妻，无不利。 《象》曰："老夫女妻"，过以相与也。
䷁	初六，藉用白茅，无咎。 《象》曰："藉用白茅"，柔在下也。

【翻译】

原文	准直译	意译
大过：栋桡，利有攸往，亨①。	大过：栋梁弯曲，有利于有所前往，亨通。	大过，大大超过常规，就像栋梁弯曲需要扶正，有利于行事成功。
《彖》曰："大过"，大者过也。"栋桡"，本末弱也。刚过而中，巽而说行。利有攸往，乃亨。"大过"之时大矣哉！	《彖》说："大过"，大大超过。"栋桡"，本末都弱。刚超过而居中，柔顺喜悦行动。有利于有所前往，亨通。"大过"需要大人呀！	《彖》说：大过就是大大超过，盛大者才能拯难。"栋桡"即弯曲的栋梁，两端脆弱难以承重。若阳刚而中庸，柔顺且喜悦行事就能成功。适时大过意义重大呀！
《象》曰：泽灭木，大过。君子以独立不惧，遁世无闷②。	《象》说：泽水超过树木，太超过。君子独立不畏惧，不为世用没有郁闷。	《象》说：泽水淹没树木，大过卦卦象。君子体察此象精髓，衰难之时卓尔独立不畏惧，隐遁于世不为所用不烦闷。

· 184 ·

初六，藉用白茅，无咎③。《象》曰："藉用白茅"，柔在下也。	初六，用洁白柔软茅草垫在祭品下没有过错。《象》说："藉用白茅"，柔顺在下。	初六，处大过之始，非常谨慎柔顺地做事，就像在祭品下面垫上圣洁柔软的茅草，没有过错。
九二，枯杨生稊，老夫得其女妻，无不利④。《象》曰："老夫女妻"，过以相与也。	九二，枯槁的杨树长出嫩芽新枝，龙钟老汉娶娇妻，没有不利。《象》说："老夫女妻"，虽超过还是相互帮助。	九二，大过之时，就像枯杨生嫩枝、老夫娶少妻一样行事，虽然超过了常态，但能延续香火，相互帮助，没有什么不好的。
九三，栋桡，凶⑤。《象》曰："栋桡"之凶，不可以有辅也。	九三，栋梁弯曲，有凶险。《象》说："栋桡"之凶，不可有所辅助。	九三，大过之时，身为三公，过于阳刚不中正，不能辅佐，有凶险。就像两头皆弱的栋梁支撑房屋，有房倒屋塌灾祸。
九四，栋隆，吉。有它，吝⑥。《象》曰："栋隆"之吉，不桡乎下也。	九四，栋梁隆起，吉祥。应于下方，有过错。《象》说："栋隆"之吉，不向下弯曲。	九四，大过之时，身为阳刚诸侯居阴位，刚柔适宜，能拯救危难，就像栋梁隆起支撑房屋，吉祥。成就伟业要公而忘私，若有私心则有遗憾。
九五，枯杨生华，老妇得其士夫，无咎无誉⑦。《象》曰："枯杨生华"，何可久也。"老妇士夫"，亦可丑也。	九五，枯槁的杨树开新花，龙钟老太配少夫，没有过错没有美誉。《象》说："枯杨生华"，怎么可长久也。"老妇士夫"，也是可丑的事。	九五，大过之时，身为九五之尊，阳刚守中过刚，未能拯危，超越常规，没有过错也难有称赞，就像枯杨开新花，难以长久；老妇配少夫，羞于见人。
上六，过涉灭顶，凶⑧。无咎。《象》曰："过涉"之凶，不可咎也。	上六，涉水过深淹没头顶，有凶险。但没有过错。《象》说："过涉"之凶，没有什么可指责的。	上六，处大过之极，恰如过河淹没头顶，有灭顶之灾，无话可说。

【注释】

① 大过：栋桡，利有攸往，亨：大过，卦名，大超过。《正义》："'过'谓过越之'过'，非经过之'过'。""四阳在中，二阴在外，以阳之过越之甚也。"栋（dòng），房屋的正梁，桡（náo），弯曲。《集解》引向秀曰："栋桡则屋坏，主弱则国慌，所以桡由于初上两爻也。初为善始，末为令终，始终皆弱，所以'栋桡'。"

② 君子以独立不惧，遁世无闷：独立，独自相处。遁世，不为世用，埋名隐姓。《中庸》曰："莫见乎隐，莫显乎微，故君子慎其独也。""君子依乎中庸，遁世不见知而不悔，唯圣者能之。"《正义》："明君子于衰难之时，卓而独立，

不有畏惧，隐遁于世而无闷，欲有遁难之心，其操不改。凡人遇此则不能，然唯君子独能如此，是其过越之义。"

③藉用白茅，无咎：藉，衬垫。《释文》："在下曰藉。"即用物垫于下以承物。白茅，洁白的茅草。《集解》引侯果曰："以柔处下，履非其正，咎也。苟能絜（jié）诚，肃恭不怠，虽置羞于地，可以荐奉，况'藉用白茅'，重慎之至，何咎之有矣？"《王注》："以柔处下，过而可以'无咎'，其唯慎乎！"

④枯杨生稊，老夫得其女妻，无不利：枯杨，干枯的杨树。稊（tí），树木新生的枝条和嫩芽。老夫，年纪很大的男人。女妻，年龄小的女子为妻，娇妻。《集解》引虞翻曰："稊，稚也。杨叶未舒称稊。"《王注》："老过则枯，少过则稚。以老分少，则稚者长。以稚分老，则枯者荣。过以相与之谓也。"

⑤栋桡，凶：《集解》引虞翻曰："本末弱，故桡。"《程氏传》曰："以过甚之刚，动则违于中和，而拂于众心，安能当'大过'之任乎？故不胜其任，如栋之桡，倾败其室，是以凶也。"

⑥栋隆，吉。有它，吝：隆，隆起。《集解》引虞翻曰："隆，上也。"有它，《本义》："下应初六，以柔济之，则过于柔矣，故又戒以'有它'则'吝'。"

⑦枯杨生华，老妇得其士夫，无咎无誉：华，同花。老妇，年龄大的已嫁人妇女。士夫，年轻未娶的男人，青年男子。来知德《易经图解》曰："士夫，乃未娶者。"《集解》引虞翻曰："乾为久，枯而生华，故不可久也。妇体遘（gòu）淫，故'可丑也'。"

⑧过涉灭顶，凶。无咎：涉，涉水，跋涉。灭顶，淹没其顶。《集解》引虞翻曰："顶，首也。乾为顶，顶没兑水中，故'灭顶凶'。乘刚，咎也，得位故'无咎'。"《本义》："处过极之地，才弱不足以济，然于义为'无咎'矣，盖杀身成仁之事。"

【宗旨】

大过卦主要阐述应对大过之道，大过之时需要大德大才之人才能拯救，满足下列条件就会成功：一要有阳刚之才；二要坚守中庸；三要谦卑柔顺；四要喜悦精神；五是乐顺行动。作为君子，在大过之时，要卓尔独立不畏惧，世不用我不烦闷。做事既要慎之又慎，但同时也要有突破常规的勇气和行动。警示我们避免过于超越，以免灭顶之灾。

【体会】

过的繁体字是過，金文 （1）、 （2）。（1）上边是去肉后的骨头形状成

"冎"（guǎ），下边表示脚趾的"止"；（2）左旁是"彳"（chì），行走的意思。过的本义走过，经过。《说文解字》说："过，度也。""过"的意思是经过、超过，进一步引申为过度、超越。《序卦》说："不养则不可动，故受之以《大过》。"也即不养身养德则不可动，所以接着是大过卦。《杂卦》说："《大过》颠也。"即大过卦是说超过太多将颠覆。所以，大过就是大大超过、大超越。过什么，越什么，就是大大超过常规，大大越过常规。

大过卦（䷛）下巽（☴）上兑（☱），巽为木，兑为泽，泽在木上。一般泽是润万物，而此卦却是泽水超过了树木，将树木淹没，本来是养树木，由于太超过淹没了树木，可能导致树木死亡。看来太超过不是一件好事情，超过也要有一定限度。

为什么君子看到大过卦象，产生"君子以独立不惧，遁世无闷"？泽水淹没树木，就会要树木的命，是灭顶之灾。面对类似灾难，阳刚君子会大义凛然，毫不畏惧。君子学富五车，最大的愿望是报效国家为国出力，君子怀才而不被国家利用，也等于事业上的灭顶之灾，遇到这种情况，也要超然面对，冷静地等待机会。苦闷换不来美好前途，乐观地面对才有美好的未来。

从整体来看，大过之时是有利于做一番事业，但是有条件：一是要有阳刚之才，有勇有智，智勇双全，缺一不可；二是不偏不倚，坚守中庸，走极端是不行的，去其两端，选取中间而实践之，获取更多民众支持；三是谦卑柔顺，谦卑谦卑再谦卑，柔顺柔顺再柔顺，谦卑柔顺是前进的软实力，获取支持的源泉；四是要有乐观的精神，对自己的目标充满乐观精神，保持信心，要有不达目的决不罢休的恒心和霸气；五是善于行动，沿着既定的目标不断地行动。

身处大过之境，做事要小心谨慎。在大过背景下，要干一番大事业，就不能固守常规，要打破常规才能有所作为。程颐说："大过之时，其事甚大，故赞之以'大矣哉'。如立非常之大事，兴不世之大功，成绝俗之大德，皆大过之事也。"只要有利于完成事业，即便超过常规都值得一试，就如老夫娶少妻，老妇配少男，虽然在年龄上不符合常规，但从大理上也是阴阳相遇，只要能延续生命，实现自己的目标也不是不可以，这需要冲破传统观念的约束，需要有面对世俗异样目光的勇气。但无论如何，都应该避免走向大过至极，走到此处，必然带来灭顶之灾，无可救药。

孔子对大过卦给予了特别关注，对"初六，藉用白茅，无咎"给予特别的解释。他说："苟错诸地而可矣；藉用白茅，何咎之有？慎之至也。夫茅之为物薄，而用可重也。慎斯术也以往，其无所失矣。"办事一定要小心谨慎。同时孔子对用棺木葬俗来源进行了猜测。他说："古时丧葬，用薪柴厚厚地覆盖在遗体上，葬在荒野中，不堆土建坟，也不植树，居丧没有一定期限。后世圣人换用棺椁，可能取象于大过卦。"大过卦卦象上下为阴，中间为阳，和上下两块棺材板，中间是遗体很相像。

大过卦通常用于大大超过正道、常规，如大大超过道德标准，有过之而无不及，包含一定苛刻含义。对于那些非正道、常规的一般不适用。

大过卦给我们重要启示。

谨慎做事少出过错。"藉用白茅，无咎。"启示我们做事要谨慎。直接将祭品放在祭台上也可，但为了表示更恭敬，将其放在洁白的茅草上，可谓十分小心。俗话说，小心驶得万年船，谨慎是事情成功的前提。《论语·为政》说：多听，有怀疑的地方放一放，谨慎地说出有把握的，这样则少犯错误；多看，有怀疑的地方放一放，谨慎地去做有把握的，就能减少后悔。说话少过失，做事少后悔，官禄就在这里了。

遁世无忧修身养性。"遁世无闷。"怀才不遇也不烦闷。君子身怀为国为民之志，但因世道等多种原因不为世用，有才难有用武之地，这是一件很不幸的事情。但遇到此种情况，也不要灰心丧气，要乐观地对待，要相信天生我材必有用。

特殊情况不拘常规。"枯杨生稊，老夫得其女妻，无不利。""枯杨生华，老妇得其士夫，无咎无誉。"在特殊情况下不拘常规才能闯出一条新路，居于常规可能原地不动或者死路一条。生于乱世，世道不古，要想出人头地，就必须另谋出路，出奇招，才可能有意想不到的收获。

大是大非勇于承担。"君子以独立不惧。"作为君子应卓尔独立不畏惧，该承担时就承担，不推卸责任，毫不畏惧，这是君子应有的美德。屈原说："苏世独立，横而不流。"(《九章·橘颂》)屈原通过讴歌橘树，表达自己要坚持高尚的品德和坚定的节操的决心。苏轼说："危言危行，独立不回。"

过犹不及会酿大祸。"过涉灭顶，凶。"太超过会带来灭顶之灾，物极必反，任何事情到极端就会发生翻转。节俭是美德，但过分节俭就是吝啬，反而成了弊端。任何事物都不要过犹不及，否则会酿大祸。

【易水】

大过卦下巽（☴）上兑（☱），兑为泽，泽高高在上，甚至淹没了树木，水之大可见一斑。水大水深溃坝风险加大，水太多漫坝过堤，带来的是洪水漫溢，会给洪附近的人带来伤害，甚至剥夺生命。从这个角度来看，泽高过极并不是一件好事，这和大过卦"过涉灭顶，凶"相同，也和整体卦意相符合。

大过卦，初六为阴爻，九二、九三、九四、九五爻为阳爻，上六为阴爻，形成两阴爻包裹四阳爻的格局，可以概化为☵，☵为坎，坎象征水、沟渠等，可见大过卦与水密不可分。同时坎为险，大过当然危险，这与大过卦卦意也有相通之处。

大过卦给我们涉水事务也有重要启示。

谨慎对水防差错。大过之时，我们要谨慎做事，防止做错事。我们对水也要小心谨慎，尽可能少犯或者不犯错误。按照规律办事，特别是尊重水道，就能更好地处理人与水的关系，防止犯更大错误。对于暂时还不明了的水问题，认真研究弄清楚，然后再采取相应的措施，千万不能自以为是，匆忙决策。对于干旱要如何迅速供水，解决民众干渴，呼应人民的期待。对于洪涝要迅速排水，解决民众洪涝恐惧，解决民众急需解决的问题。这不仅仅从水的角度来考虑，要从民生、稳定大局的角度来着眼，综合解决。在干旱和洪涝之时，民众的心态很焦急，事情处理不好更容易引发民怨，激发矛盾。所以我们更应该谨慎应对。

旱洪时不拘常规。大过之时，做事不能拘于常规，这对干旱、洪涝之时处理问题同样适应。干旱、洪涝是一种自然现象，处理这类问题既要遵守常规，必要之时要因地制宜打破常规，才能将问题处理好。虽然我们如何对待降水极端事件有应急预案，但这些预案有的是从经验和理论出发做出来的，未经实践检验。或者在某地实践过，但另一地没有实践过，预案与实际可能存在或多或少的差距，这时候就应该根据实际情况对预案进行实事求是地调整，不能墨守成规，要果断处理。打破常规要做好善后处理，处理过程中或者事后该说明就说明，该报告就报告。特别是处理洪涝更要果断，因为洪水具有很大不确定性，形势瞬息万变，随时调整对策是一种必然，我们不要为对策经常变化而苦恼抱怨，这是应对临时情况应变的结果，目标就是尽可能减少生命财产损失。这就要求我们在做预案的时候，尽可能想得周全些，要想到最不利的情况，做到有备无患。向最坏方向想，向最好目标努力，这也是处理干旱、洪涝事件应有的素质。

水利要勇于承担。要勇于承担，水利更应该承担起肩负的政治、安全、民生、经济、生态、社会等诸多方面的责任，将其做得更好，为国家可持续发展和中华民族的复兴做出水利应有的贡献。水利首先要负起政治责任，以人民为中心，全心全意为人民服务就是最大的政治。水利要负起安全责任，这责任既有国家水安全，也有供水等具体安全。国家水安全事关国家和全体公民，是最重要的安全，应该摆在最重要的位置。水利也要肩负起维护生态、保护生态的责任。生态变化与水的利用有很大关系，水利不能破坏生态，应该在生态修复过程中发挥更重要的作用。

适度用水保和谐。过犹不及酿大祸，对水的利用或者珍爱都要适度，才能保证人水和谐。用水不要超过限度，此限度红线就是水资源承载能力，在水资源承载能力范围内用水是科学合理的，超过这个能力就会对水造成一定伤害。如现在华北地区成为世界最大地下水漏斗区，产生地面沉降等多方面问题，部分地区水质恶化，因水资源过度开发导致河流干涸、生态恶化等，这些不良后果都不同程度地折射给人类，最终影响人水和谐。部分缺水城市建设大型水景观也是一种过度用水。我们不能过度用水，也不能过度珍爱水。一些人喜欢水，恨不得将水窃为己有，过度营造水景观。有些人为了保护水，采取对水丝毫不能利用的态度，只要不是保护区的核心区，这种想法是不正确的。水是要利用的，但运用要适度科学，这样才能正确处理好人水关系，向人水和谐逐步迈进。

29. 习坎 水上有水 ☵ 设险守国

【原文】

习坎：有孚，维心亨，行有尚。

《彖》曰：习坎，重险也。水流而不盈。行险而不失其信。"维心亨"，乃以刚中也。"行有尚"，往有功也。天险不可升也。地险山川丘陵也。王公设险以守其国。险之时用大矣哉！

《象》曰：水洊至，习坎。君子以常德行，习教事。

▨▨	上六，系用徽纆，寘于丛棘，三岁不得，凶。 《象》曰：上六失道，凶三岁也。
▨▨	九五，坎不盈，祗既平，无咎。 《象》曰："坎不盈"，中未大也。
▨▨	六四，樽酒簋贰用缶，纳约自牖，终无咎。 《象》曰："樽酒簋贰"，刚柔际也。
▨▨	六三，来之坎坎，险且枕，入于坎窞，勿用。 《象》曰："来之坎坎"，终无功也。
▨▨	九二，坎有险，求小得。 《象》曰："求小得"，未出中也。
▨▨	初六，习坎，入于坎窞，凶。 《象》曰：习坎入坎，失道，凶也。

【翻译】

原文	准直译	意译
习坎：有孚，维心亨，行有尚①。	习坎，重重险阻，胸怀诚信，亨通，前行必被崇尚。	习坎，只要胸怀诚信，即便有重重险阻也能成功，勇敢行事会得到称赞。
《彖》曰：习坎，重险也。水流而不盈。行险而不失其信。"维心亨"，乃以刚中也②。"行有尚"，往有功也。天险不可升也。地险山川丘陵也。王公设险以守其国。险之时用大矣哉！	《彖》说：习坎，双重险阻。不息川流难以充盈。在险阻中前行不失去诚信。"维心亨"，因为阳刚且守中。"行有尚"，前往必然成功。天险不可逾越。地险山川丘陵。王公设立险阻守护国家。险之时机和用处非常伟大呀！	《彖》说：习坎，双重险阻。川流不息难以填平。在危险面前阳刚行事，守中胸怀诚信，一定成功并受到称赞。天险不可攀升。地险山川丘陵。王公设立关隘保卫国家。险之时机和效用非常伟大呀！

· 191 ·

《象》曰：水洊至，习坎③。君子以常德行，习教事。	《象》说：水不断地流入，习坎卦象。君子用恒久行其美德，熟悉政教之事。	《象》说：水不断地流入难以填满，习坎卦象，君子体察该象精髓，恒久行其美德，熟练政教防险。
初六，习坎，入于坎窞，凶④。《象》曰：习坎入坎，失道凶也。	初六，重重险陷，陷入坎坑，凶险。《象》说：习坎入坎，失道而有凶险。	初六，处险陷之初，若失道就像掉入陷阱中的坑，大凶。
九二，坎有险，求小得⑤。《象》曰："求小得"，未出中也。	九二，危险之中有凶险，小事有收获。《象》说："求小得"，尚未离开危险之中。	九二，处险之时，阳占阴位不正但守中，虽然危中有险，但小事有收获。
六三，来之坎坎，险且枕，入于坎窞，勿用⑥。《象》曰："来之坎坎"，终无功也。	六三，来去都有险陷，险中有险难安，陷入深险，不要行动。《象》说："来之坎坎"，最终没有出险之功。	六三，进退皆险陷，四面楚歌，小心落入危险的深渊，难以摆脱，不可作为。
六四，樽酒簋贰用缶，纳约自牖，终无咎⑦。《象》曰："樽酒簋贰"，刚柔际也。	六四，一樽薄酒，两簋淡食，瓦缶盛物，从窗口递给受难的人，最终没有过错。《象》说："樽酒簋贰"，刚柔之际。	六四，身处重险之中，光明守正守信，以柔近刚，终无过失，就像从窗口递送一樽薄酒、两碗淡食、瓦罐盛水给需要之人。
九五，坎不盈，祗既平，无咎⑧。《象》曰："坎不盈"，中未大也。	九五，险坑尚未填满，小丘已被铲平，没有过失。《象》说："坎不盈"，中正之道没有广大。	九五，身为九五之尊，守中但未发扬光大，虽然近乎脱险但危险依然存在，没有过错。
上六，系用徽纆，寘于丛棘，三岁不得，凶⑨。《象》曰：上六失道，凶三岁也。	上六，被绳索捆绑，投入监狱囚禁，三年不能释放，有凶险。《象》说：上六失道，凶险三年。	上六，以阴柔处重险之极，失道凶险，就像被五花大绑囚禁监狱三年不能释放一样。

【注释】

① 习坎：有孚，维心亨，行有尚：习坎，卦名。习，重复。《本义》："习，重习也。坎，险陷也。其象为水，阳陷阴中，外虚而中实也。此卦上下皆坎，是为重险。"有孚，有诚信。尚，崇尚，向往。《程氏传》："以诚一而行，则能出险，有可嘉尚，谓有功也。不行，则常在险中矣。"有一说，习，熟悉，熟悉险才利于脱险。

② 维心亨，乃以刚中也：维，同"惟"，独一无二、独此。刚中，九二、九五为阳为刚，皆在上下卦中间。

③水洊至，习坎：洊（jiàn），《集解》引陆绩曰："洊，再。习，重也。"

④习坎，入于坎窞，凶：窞（dàn），深坑。《说文解字》："坎中更有坎。"《集解》引干宝曰："窞，坎之深者也。"《本义》："以阴柔居重险之下，其陷益深。"

⑤坎有险，求小得：坎有险，下坎居中，失位有危险。求小得，《尚氏学》："二失位，故有险。阴为小，二居中，孚于上下阴，故曰'求小得'。"

⑥来之坎，坎险且枕，入于坎窞，勿用：来之，由外而内叫来，由内而外曰往。之，往，进退。《王注》："既履非其位，又处两坎之间，出则之坎，居则亦坎，故曰'来之坎坎'也。"枕，朱熹："倚着未安。"

⑦樽酒簋贰用缶，纳约自牖，终无咎：樽（zūn），古代的盛酒器具。簋贰，两簋，簋（guǐ），古代盛食物的器具，圆口，两耳。贰，二。缶（fǒu），古代一种大肚子小口儿的瓦器，瓦罐。纳，入。约，少。牖（yǒu），窗户。《王注》："处重险而履正，以柔居柔，履得其位，以承于五，五亦得位，刚柔各得其所，不相犯位，皆无余应以相承比，明信显著，不存外饰，处坎以斯，虽复一樽之酒，二簋之食，瓦缶之器，纳此至约，自进于牖，乃可羞之于王公，荐之于宗庙，故'终无咎'也。"

⑧坎不盈，祗既平，无咎：盈，《集解》引虞翻曰："盈，溢也。"祗（zhī），《释文》："小丘也。"

⑨系用徽纆，寘于丛棘，三岁不得，凶：系，系缚。徽，三股线拧成的绳索。纆（mò），两股线拧成的绳索。寘（zhì），停留。丛棘，古时囚禁犯人的地方，四周用荆棘围挡，以防犯人逃跑，故称监狱。三岁，三年，也指多年。《集解》引虞翻曰："徽纆，黑索也。""寘，置也。""不得，谓不得出狱。"

【宗旨】

习坎主要讲如何阐述应对险陷之道。在艰难险阻面前，要胸怀诚信守正道，有战胜险境的决心，越是在艰险中越是向前的行为是崇高的，而退缩则没有出路。要勇敢而不是莽撞地前行。在四面埋伏、危机重重之时，等待也是战斗，不可轻易妄为，特别是在即将脱险之际，更要刚柔兼济，处于极端危险之时，保持正道很重要。

【体会】

习字甲骨文是🪶。郭沫若《卜辞通纂》认为："此字分明从羽，从日，盖谓禽鸟于晴日学飞"。《说文解字》解释说："习，数飞也。"就是反复飞来飞去的意思。坎字甲骨文是凵，像一个土坑。《说文解字》解释说："坎，陷也，险也。"

习坎可以理解为重复土坑，即险上加险。《序卦》说："物不可以终过，故受之以《坎》，坎者，陷也。"也就是说万物不可以始终大过，所以接着是坎卦。坎就是陷阱，明确地说出了坎的内涵。本卦在坎面前加了一个习字，坎中有坎，可见是危险重重。

习坎卦（☵）上坎（☵）下坎（☵），坎为水为险，水上有水，水很深，险上有险，极其危险。现实生活中还存在一种自然现象，连雨天，降水不断，江河湖泽被充满，还继续降水，最终会发生水利设施被摧毁，河道洪水暴涨，洪涝灾害发生，威胁人的生存，这是非常危险的，这和习坎卦很类似。

水上有水，为什么君子见到此卦象，产生"君子以常德行，习教事"？答案在卦的《象》中："习坎，重险也，水流而不盈。"水不断地流入，还不能充满，这坑究竟有多深，是天坑，坑无限大，难以充满，说明危险非常大。君子看到此种现象，取其长流不止填坑，联想到德行和政教之事，德行要长久地修，没有终止；政教也不能停滞，如果不修身，可能身败名裂。

应对极险之道就是：一要有诚信。在危险之时遵守诚信，更能彰显君子本色。危险是考验诚信的试金石。在危险之时丢弃诚信，苟且偷生，人活得没有尊严。二要守正。守正是正人君子之本，天塌下来，不动君子守正本色才是真君子，在危险面前最能考验人。不守正屈膝投降，享受荣华富贵。守正宁直不弯，穷困潦倒，甚至丢掉性命，人的伟大与渺小此时立见高下。三要有为。在危险面前，有不有为充满着智慧，危中有机，危难之中才显英雄本色，但一定是有所能，不能蛮干。要有为，但巧为，瞅准机会有所作为。四要等待。在极端危险的情况下，向前是死，向后也是死，四面充满了危机，将你困住动弹不得，这时唯一能做的就是等待，等待时机的到来，等待环境发生变化。等待不是什么都不干，而是积极谋划，苦思冥想，寻求脱险之策、之机，一旦有曙光和机会，毫不犹豫地抓住。五要刚柔。面对极端危险，要有战胜危险的阳刚之气，该出手时就出手。还需要柔顺来配合，该柔的时候就十分柔顺。此时柔也刚，柔能克刚，刚柔兼济。

习坎卦警示我们，在极大危险面前，要十分小心谨慎，要学会等待机会，免得掉入深渊，万劫不复。在陷井面前，明知前行是死，只要不是为了正义，冒死前行是不明智的，甚至愚蠢。留得青山在不愁没柴烧，在陷险面前铭记这俗语，就能早日回头。学会等待是一种智慧。一粒种子，冲破覆盖的土层，长出嫩嫩的芽，再长成小树，直到参天大树，都需要等待，如果小树之时就将其当柴烧，就不会有参天大树。等待不是什么都不做，而是准备条件，等待时机成熟，一举突破障碍取得突破成功。

习坎卦给我们重要启示。

坚守信念。"习坎：有孚，唯心亨，行有尚。"坚守诚实信念，在险陷面前勇敢前行。越是艰险越向前，这需要很大勇气，同时也不可缺少智慧。泰戈尔说：信念是鸟，它在黎明仍然黑暗之际，感觉到了光明，唱出了歌。

诚信恒久。"君子以常德行，习教事。"告诉我们要诚信恒久。君子看到水不断流入险陷之中也流不满，就联想到诚信要永久，就像这川流不息的水一样，展现了时时严格要求自己的美德。《中庸》说："诚者，天之道也；诚之者，人之道也。诚者，不勉而中，不思而得，从容中道，圣人也；诚之者，择善而固执之者也。"

险中有功。"坎有险，求小得。"虽然有危险，但还是能取得成就的。俗话说："富贵险中求。""一将功成万骨枯"，都包含着危险之时，造就了成功机会。孟子说："天将降大任于斯人也，必先苦其心志，劳其筋骨，饿其体肤，空乏其身，行拂乱其所为，所以动心忍性，曾益其所不能。"在逆境中得到成功，成功的含金量更大，更值得珍重和崇敬。

【易水】

习坎卦上坎（☵）下坎（☵），坎为水，水上有水或者说水下有水，水非常多，非常深，要想涉水，当然有很大的危险，所以习坎卦非常危险，和现实十分契合。

符合习坎卦卦象的现实景象是大江大河、大海和塌陷湖。所谓的塌陷湖是指由于自然（火山）或者人为因素（采矿等）使得地表塌陷形成的湖泊。但他们是水生动植物的天堂，对于维护生物多样性具有重要的作用。水深有通航之便利，通常成为水上交通要道。在大江大河和大海沿岸，一般经济高度发达，其主要依靠交通之发达而形成的。水深是一种险，但只要利用好就能变成资源。

习坎卦对涉水事务有重要启示。

充分利用水危险。"天险不可升也。地险山川丘陵也。王公设险以守其国。"险是存在的，我们要充分利用险为自己服务。水危险确实存在，洪水滔天，旱魃（bá）遍野，确确实实给人类带来巨大遭难。但这是自然的组成部分，我们不可能去消灭它，只能想办法，去适应它。我们要充分了解水危险的特性，为我所用。如洪水来临，短时间内大量水涌来，无法消纳，我们可以想法充分利用洪水资源为我所用，如将洪水适当引入沙漠，增加沙漠的含水量，增加地下

· 195 ·

水储量，改善生态环境等。险并不是害，也有利，避其害尽其利，这是充分利用水危险的原则。

积极应对水危险。水是自然界构成的重要因素，水多、水少都是大自然运行过程中必然的结果，站在自然角度无所谓好与坏。但是站在人的视角来观察，就存在利益之分，有害有利。我们与水打交道，在获取其利过程中也会面对各种风险，如建设的水坝可能溃决导致洪水给生命财产带来巨大损失。由于过度利用水资源导致水生态破坏，给水生生物造成毁灭性打击。自然界极端的降水变化如增多或者减少，对供水造成极大的威胁等。不要怕危险，有危险是一种必然现象，要有科学的应对方式。

水险前坚守信念。在险面前坚守信念。我们有信心有能力战胜水险，这个坚定的信念是应对水险的主心骨。要采取积极行动，将信念落到实处，如个人遇到洪涝危险，要保持清醒头脑，迅速地向高地转移，以保生命为第一，切勿贪恋财物，要相信一定能脱离危险。要积极寻求救助，相信外界得到消息后会不惜一切代价来救你。在高处之时，也要防范可能发生的新危险，确信自己相对安全。坚定的信念不可少，但也要评估水危险的程度，该放弃就得放弃，不能冒大险。

要防水险于未然。"君子以常德行，习教事。"平时进身修德防险，水利一样也要防险于未然。水险会发生这是规律，重要的是要防水险于未然，预防高于治理。这就需要对可能的危险进行合理的预测，建立比较完善的预测体系，精准地预测才能精准地防范，不断提高预测水平。针对风险采取预防措施，将风险消灭在萌芽之中，如及时监测出水坝存在的隐患。对于风险有应急预案，预案尽可考虑全面，有可操作性。教导民众应对水危害，也是减少损失的重要途径。

30. 离 明上有明 ☲ 明照四方

【原文】

离：利贞，亨。畜牝牛，吉。

《彖》曰：离，丽也。日月丽乎天，百谷草木丽乎土。重明以丽乎正，乃化成天下。柔丽乎中正，故亨，是以"畜牝牛，吉"也。

《象》曰：明两作，离。大人以继明照于四方。

▬▬▬	上九，王用出征，有嘉折首，获匪其丑，无咎。 《象》曰："王用出征"，以正邦也。
▬ ▬	六五，出涕沱若，戚嗟若，吉。 《象》曰：六五之吉，离王公也。
▬▬▬	九四，突如其来如，焚如，死如，弃如。 《象》曰："突如其来如"，无所容也。
▬▬▬	九三，日昃之离，不鼓缶而歌，则大耋之嗟，凶。《象》曰："日昃之离"，何可久也？
▬ ▬	六二，黄离，元吉。 《象》曰："黄离，元吉"，得中道也。
▬▬▬	初九，履错然，敬之无咎。 《象》曰：履错之敬，以辟咎也。

【翻译】

原文	准直译	意译
离：利贞，亨。畜牝牛，吉①。	离，附丽，宜守正，亨通。蓄养母牛，吉祥。	离，附丽，守正获得成功。培养柔顺任劳任怨气概，就像蓄养母牛繁育富贵一样，吉祥。
《彖》曰：离，丽也。日月丽乎天，百谷草木丽乎土。重明以丽乎正，乃化成天下。柔丽乎中正，故是以"畜牝牛，吉"也。	《彖》曰：离，附丽。太阳月亮附丽于天，百谷草木附丽于地。双重光明附丽于正道，就能使天下百姓教化。柔顺附丽于中正，所以畜养母牛吉祥。	《彖》说：离，光明附丽。太阳月亮附丽于天，百谷草木附丽于地。双重光明附丽于正道，天下百姓得到教化。柔顺附丽于中正，因此畜养柔顺孺子牛之德，吉祥。
《象》曰：明两作，离。大人以继明照于四方②。	《象》说：光明接连升起，附丽。大人用不断光明照临天下。	《象》说：上下两卦皆为附丽，离卦卦象。君子体察此象精髓，德高望重，继承日月光明，泽被天下。

初九，履错然，敬之无咎③。《象》曰：履错之敬，以辟咎也。	初九，做事郑重不苟，保持恭敬谨慎，没有过错。《象》说：履错之敬，用来躲避过失。	初九，处离之始，做事郑重恭敬，一丝不苟，避免过失，没有过错。
六二，黄离，元吉④。《象》曰："黄离，元吉"，得中道也。	六二，保持中道附丽，大吉。《象》说："黄离，元吉"，处于中道。	六二，附丽之时，居中守正，中道附丽正道，大吉。
九三，日昃之离，不鼓缶而歌，则大耋之嗟，凶⑤。《象》曰："日昃之离"，何可久也？	九三，太阳偏西，不敲缶高歌，则年老感叹，凶险。《象》说："日昃之离"，怎么可以长久呢？	九三，附丽之时，阳刚正位，若不乐观奋斗向上，知天乐命，则难以持久，晚年空悲叹。犹如夕阳西下，若不击缶高歌乐观地生活，徒伤悲，有凶险。
九四，突如其来如，焚如，死如，弃如⑥。《象》曰："突如其来如"，无所容也。	九四，太阳起落仿佛突然，像烈焰，像死般寂静，被抛弃。《象》说："突如其来如"，无所容纳。	九四，附丽之时，居诸侯不正之位，咄咄逼人地觊觎君位，离经叛道，无立锥之地，定有被焚烧、杀死、唾弃的危险。
六五，出涕沱若，戚嗟若，吉⑦。《象》曰：六五之吉，离王公也。	六五，泪水涟涟，忧伤哀叹，吉祥。《象》说：六五之吉，附丽于王位。	六五，附丽之时，身为柔顺九五之尊，上下逼迫，泪水涟涟，忧伤哀叹，但以柔居中，依靠王位，吉祥。
上九，王用出征，有嘉折首，获匪其丑，无咎⑧。《象》曰："王用出征"，以正邦也。	上九，君王出师征讨，斩折敌首，俘获与我为敌之人，没有过错。《象》说："王用出征"，为民除害治理国家。	上九，处附丽之极，端正国家政权，君王出师征讨，斩折敌首有庆，俘获敌人，为民除害，没有过错。

【注释】

① 离：利贞，亨。畜牝牛吉：离，卦名，光明，附丽，依附。畜牝牛吉，朱熹："牝牛，柔顺之物也，故占者能正则亨，而畜牝牛则吉。"《王注》："柔处于内而履正中，牝之善者。外强而内顺，牛之善也。离之为体，以柔顺为主者，故蓄养牝牛，乃得其吉。"

② 明两作，离。大人以继明照于四方：作，起，两作是接连的意思。《正义》："继续其明，乃照于四方。若明不继续，则不得久为照临。所以特云'明两作，离'，取不绝之义也。"

③ 履错然，敬之无咎：履，践行。错然，错落有致。敬，恭敬。《集解》引荀爽曰："火性炎上，故初欲履错二，二为三所据，故'敬之'则'无咎'矣。"

④ 黄离，元吉：黄，中道。《折中》引刘牧曰："离为火之象，焰猛而易烬，

九四是也。过盛则有衰竭之凶，九三是也。惟二得中，离之'元吉'也。"

⑤ 日昃之离，不鼓缶而歌，则大耋之嗟，凶：昃（zè），太阳偏西。鼓，击鼓，引申为敲击。缶，古代一种肚大口小瓦器，或者古代一种瓦质的打击乐器，此处指乐器。耋（dié），七八十岁的年纪，泛指老年。大耋，言极年老。嗟（jiē），叹息，感叹。《集解》引九家易曰："日昃者，向下也。今不取二而上取五，则上九耋之。阳称大也。嗟者，谓上被三夺五，忧嗟穷凶也。火性炎上，故三欲取五也。"《集解》引荀爽曰："初为日出，二为日中，三为日则，以喻君道衰也。"

⑥ 突如其来如，焚如，死如，弃如：突，突然。焚，燃烧。弃，抛弃。如，古语形容词后缀，表示状态。《王注》："处于明道始变之际，昏而始晓，没而始出，故曰'突如其来如'。其明始进，其炎始盛，故曰'焚如'。逼近至尊，履非其位，欲进其盛，以炎其上，命必不终，故曰'死如'。违离之义，无应无承，众所不容，故曰'弃如'也。"

⑦ 出涕沱若，戚嗟若，吉：涕（tì），哭泣。沱（tuó），恸（tòng）哭的样子，泪如雨下的样子。戚（qī），忧愁，悲哀。若，语气助词。《王注》："履非其位，不胜所履。以柔乘刚，不能制下。下刚而进，将来害己。忧伤之深，至于沱嗟也。然所丽在尊，四为逆首。忧伤至深，众之所助，故乃沱嗟而获吉也。"

⑧ 王用出征，有嘉折首，获匪其丑，无咎：征，讨伐。嘉，吉庆。折，弄断。首，首领。匪其丑，即"非其类"。《集解》引虞翻曰："丑，类也。"

【宗旨】

离卦阐述了光明附丽之道。光明要有依靠，附着于物，就像日月附着于天一样。正大光明、柔德顺行才能万事大吉。光明与黑暗是相反的两种状态，光明里面隐藏着黑暗，光明之时不能忘记黑暗，光明之时要守本分，光明者虽然靓丽也有难言之隐。我们要借鉴日月之明，泽被天下。

【体会】

离（繁体字为離）字甲骨文有多个，如 ᛉ、ᛊ、ᛋ。它是上下结构会意字，下部像捕鸟兽的网，网里有一只小鸟"隹"（音 zhuī，短尾鸟类总称），如麻雀等。鸟被网逮住，就不能随群而行，只能离开、分开群体，本义是分开、去掉的意思。《序卦》说："陷必有所丽，故受之以《离》。离者，丽也。"掉入陷阱后必有美丽的未来，所以接着是离卦。离就光明，道出了离卦的内涵。

离卦（䷝）上离（☲）下离（☲），离为日，日为光为丽，日上有日，光明之上还是光明，光明从天上辐射下来，普照大地，给人类带来光明，这就是离卦的卦象。

为什么君子看到离卦卦象,产生"大人以继明照于四方"?日月之光,普照天下,万物皆明,不分高低上下,无私无偏。君子看到这种现象,学习日月精神,将恩泽撒遍国家的每一个角落。《尚书·尧典》说:"从前唐尧称帝的时候,耳聪目明,治理天下有谋略,他的光辉充满天下。""允恭克让,光被四表,格于上下。"他诚实恭敬礼让,光辉普照四方,充满天地。"百姓昭明,协和万邦。"

离代表光明,代表美丽。太阳从东方升起,西方落下,升起的阳光驱走黑暗,世界迎来光明。由于阳光普照,万物生长靠太阳,美丽的地球被装扮得多彩多姿。尽管阳光很伟大,但也要有所附着,否则日也无所依靠,日附丽于天,地球万物附丽于地,大地是万物的舞台。将这种卦象应用于社会,行事就能成功。但有条件:一要守正,二要柔顺,三要努力做事。

太阳升落是一种自然现象,人的生死也是如此。人有少年、青年、壮年、老年。美丽也存在这个过程,犹如花,有花蕾、花开、怒放、衰败一样。我们要认真对待这件事,无论处于哪个阶段,都要保持乐观状态。就像快要落山的太阳,也不能放弃自己,更要为自己鼓与呼。让人生的最后阶段更精彩,不留遗憾!人在光辉的时候,也有自己的苦恼,靓丽背后也有不靓丽,酸甜苦辣只有当事人知道。

离卦对生产生活和皇家文化可能有不小的影响。《系辞》说编绳结网,用来打猎捕鱼,可能取象于离卦。离卦是两离(☲)相叠,和渔网确有相似之处,中间是空虚的,但这也是一种推测。《系辞》还说:离就是光明,令万物显现,是南方的方位,圣人坐北向南听治天下,是向光明而治,可能来源于此。皇帝都朝南听政,从政治角度来说是向明而治,彰显当政者的光明磊落和政治清明。当然从物理环境而言,南面光线好,臣子拜见皇帝,光映射到皇帝脸上,满面春光,更显皇帝的光辉和荣耀威严。

离卦给我们重要启示:

光明守正筑成功。"离,利贞,亨。"在光明之时,只有守正才能亨通。我们经常会在古代皇宫、衙门看见"正大光明""明镜高悬"之类的匾额,警示光明守正。人们常说,做官要正大光明,做人要正大光明,做事要正大光明。

光明丽物增光辉。离挂说:"日月丽乎天,百谷草木丽乎土。重明以丽乎正,乃化成天下。"光明要有所依托,依附后的光明更加辉煌灿烂。好马需要配好鞍,上穿西装革履下穿布鞋总是不搭配。春秋战国时期宫之奇,高瞻远瞩,忠心耿耿辅佐虞君，推荐百里奚共同参与朝政，对外采取了联虢拒晋的策略，使国家虽小而强盛。

光明背后藏隐忧。"出涕沱若，戚嗟若，吉。"在光明靓丽的背后隐藏着艰辛和隐忧，所以不要仅看靓丽的外表，更要看到靓丽背后的问题，及早地解决，才能让靓丽更持久。一团燃烧的火焰，当它燃烧最剧烈的时候，燃料逐渐燃尽，意味着熄灭的加速，实际上发光的同时也伴随着熄灭。所以我们要乐以怀忧，忧中包含希望。身为君王之高位，黄袍加身尚存在无穷烦恼和隐忧，平民百姓更是如此。

泽被天下同欢乐。"大人以继明照于四方。"应该像日月学习，泽被天下。一个人快乐不是快乐，天下人快乐才是真正快乐。有福不独享与天下同享，为天下人民谋幸福，这是何等的胸怀和担当，只有这样才能得到人民的拥戴，才能赢得天下。范仲淹"先天下之忧而忧，后天下之乐而乐"，屈原"虽九死其犹未悔"，这正是正人君子胸怀天下的写照。

光阴似水应珍惜。"日昃之离，不鼓缶而歌，则大耋之嗟，凶。"光阴似流水，一去不复返，我们要倍加珍惜。孔子说："逝者如斯夫，不舍昼夜。"

【易水】

离卦主要阐述光明之道，光明灿烂要有依附，水灿烂也要依附，这在本质上是一样的，水依附人，才能充分发挥其生产功能；水依附大地，才能滋润万物繁荣昌盛；水依附阳光，才有美丽的彩虹；水依附天和空气流动，才有水的大循环。离卦对涉水事务有重要启示。

水利守正助辉煌。光明守正助成功。对水而言，水利守正才能更加辉煌。水利守正首先要遵循水道，水的开发、利用和废弃全过程遵循水规律，我们在水的弹性范围内利用；其次水要用于正道；第三，水开发利用以人民为中心，为大多数人服务。

水物相应增光辉。离卦给我们的启示是光明丽物增光辉，水依附合适的物才能发挥其更大价值和作用。水可以作为景观，江南园林因水而灵秀，北京颐和园因水风光旖旎。人饮水得以存活，地球因水丰富多彩。因此，水的利用要用在刀刃上，不同用处其功能不一样。在水短缺地区，我们要用最少的水发挥更大的作用，产生更大的价值，

水利辉煌顾隐忧。光明背后藏隐忧。水利辉煌之时也要顾虑隐忧，并且将隐忧最为重要的问题加以解决，以便更持续发展水利，让水利辉煌持续下去。

如水利为社会经济繁荣提供了强有力支撑，但支撑背后是水本身"伤痕累累"，水过分利用产生的系列问题影响水的可持续利用。

水利天下共繁荣。泽被天下同欢乐，水利天下共繁荣。水不仅是生产生活资源，而且还是环境资源、战略资源和经济资源，尤其他是构成地球的重要组成部分，对全球生态系统具有重要影响。因此，水利不能仅仅为人，还要考虑水生态和地球生态，用更广阔的眼光看待水利，让水利荣世界，与天下同乐，共同维护一个地球。

水利发展抓机遇。光阴似水应珍惜，水利发展抓机遇。因为机遇像东去的流水，稍纵即逝。纵观水利发展历史，每次水利能快速发展繁荣都是抓住了机遇。水利政策出台要有适当的时机，水利投资要有需求。需求有多大，水利投资就跟着增大。水极端短缺或者极端洪涝，都是引起社会广泛关注的时候，这就是水利发展的机遇。抓机遇是水利发展最有效的推动力。

31. 咸 山上有泽 ䷞ 虚怀若谷

【原文】

咸：亨，利贞，取女吉。

《彖》曰：咸，感也。柔上而刚下，二气感应以相与。止而说，男下女，是以"亨，利贞，取女吉"也。天地感而万物化生，圣人感人心而天下和平。观其所感，而天地万物之情可见矣。

《象》曰：山上有泽，咸。君子以虚受人。

䷏	上六，咸其辅颊舌。 《象》曰："咸其辅颊舌"，滕口说也。
䷏	九五，咸其脢，无悔。 《象》曰："咸其脢"，志末也。
䷏	九四，贞吉，悔亡。憧憧往来，朋从尔思。 《象》曰："贞吉，悔亡"，未感害也。"憧憧往来"，未光大也。
䷏	九三，咸其股，执其随，往吝。 《象》曰："咸其股"，亦不处也。志在随人，所执下也。
䷏	六二，咸其腓，凶，居吉。 《象》曰：虽"凶，居吉"，顺不害也。
䷏	初六，咸其拇。 《象》曰："咸其拇"，志在外也。

【翻译】

原文	准直译	意译
咸：亨，利贞，取女吉①。	咸卦，亨通，宜于正直，娶妻吉祥。	咸卦，守正才能亨通，像娶亲循礼而行吉祥。
《彖》曰：咸，感也。柔上而刚下，二气感应以相与。止而说，男下女，是以"亨，利贞，取女吉"也。天地感而万物化生，圣人感人心而天下和平。观其所感，而天地万物之情可见矣。	《彖》说：咸，就是感应。阴柔在上阳刚在下，阴柔相互感应融合。知止而且喜悦，像男子以谦卑态度对待女子，所以亨通宜于守正，娶妻吉祥。天地感应万物化育生长，圣人感化人心天下和平。观察感应现象，就知晓天地万物的性情了。	《彖》说：咸就是相互感应。柔顺在上阳刚在下，柔刚兼济相融。喜悦止于至善，男子主动取悦女人，只有守正才能亨通顺利，恰如男子娶亲一样喜庆吉祥。天地相融万物祥和，圣人美德感化人心天下太平。深究感应，就能知晓天地万物融合情态。

· 203 ·

《象》曰：山上有泽，咸。君子以虚受人。	《象》说：山上有沼泽，咸卦，君子效仿其谦虚待人。	《象》说：咸卦卦象是湖泽在山上。君子体察此象精髓，虚怀若谷，谦卑待人。
初六，咸其拇②。《象》曰："咸其拇"，志在外也。	初六，感应在大脚趾。《象》说："咸其拇"，因为其心志在外面。	初六，感应之初，受外界正道感应，心生萌动相随，就像脚趾受到感应要行动。
六二，咸其腓③，凶，居吉。《象》曰：虽"凶，居吉"，顺不害也。	六二，感应到小腿肚上，有凶险，安居吉利。《象》说：虽然凶险，安居静处，顺应就不会有灾害。	六二，感应之时，柔顺居中，受到君王感应立刻相与有凶险，要稳坐钓鱼台，顺其自然守礼才吉祥。就像感应到腿肚子立即行动凶险，不动吉祥。
九三，咸其股，执其随，往吝④。《象》曰："咸其股"，亦不处也。志在随人，所执下也。	九三，感应到大腿，控制住跟随，前往有困难。《象》说："咸其股"，不能安居静处。心志跟随他人，被别人控制。	九三，感应之时，阳刚守正，若追随感应有势无权之人，失道不安，前行遇到困难。应执着相随柔顺居中之人。就像大腿受到感应，随其动。
九四，贞吉，悔亡。憧憧往来，朋从尔思⑤。《象》曰："贞吉，悔亡"，未感害也。"憧憧往来"，未光大也。	九四，守正吉祥，没有悔恨。来来往往，朋友听从你的想法。《象》说："贞吉，悔亡"，不会感到伤害。"憧憧往来"，感应还未发扬光大呀。	九四，感应之时，要守正才吉祥，不会受到伤害，没有悔恨。尽管未发扬光大，追随之人依然会顺从你的想法。
九五，咸其脢，无悔⑥。《象》曰："咸其脢"，志末也。	九五，感应到后背上，没有悔恨。《象》说："咸其脢"，心志在上。	九五，感应之时，身为大中至正的九五之尊，虽有感应但不能实现，只能志感于上，没有悔恨。就像感应到背脊肉。
上六，咸其辅颊舌⑦。《象》曰："咸其辅颊舌"，滕口说也⑧。	上六，感应到颊骨、面颊和舌头。《象》说："咸其辅颊舌"，信口开河。	上六，处感应之极，信口开河，巧言取宠。就像感应到口舌，只靠言语行动。

【注释】

①咸：亨，利贞，取女吉：咸，卦名，交感，即相互感应。《集解》引郑玄曰："咸，感也。艮为山，兑为泽，山气下，泽气上，二气通而相应，以生万物，故曰'咸'也。其于人事也，'嘉会礼通'，'和顺于义'，干事能正，三十之男有此三德，以下二十之女，正而相亲说，娶之则吉也。"《正义》："此卦明人伦之始，夫妇之义，必须男女共相感应，方成夫妇。既相感应，乃得亨通。若以邪道相通，则凶害斯及，故利在贞正。既感通以正，即是婚媾之善。故云'咸

亨利贞取女吉'也。"

②咸其拇：拇，拇指，手、脚的大指。《集解》引虞翻曰："拇，足大指也。艮为指，坤为拇，故'咸其拇'。失位远应，之四得正，故'志在外'，谓四也。"《正义》："初应在四，俱处卦始，为感浅末，取譬一身，在于足指而已。"

③咸其腓，凶：腓（féi），腿肚子。《王注》："咸道转进，离拇升腓，腓体动躁者也，感物以躁，凶之道也。由躁故凶，居则吉矣。处不乘刚，故可以居而获吉。"

④咸其股，执其随，往吝：股，大腿。《集解》引崔憬曰："股，髀（bì）而次于腓上，三之象也。刚而得位，虽欲感上，以居艮极，止而不前，二随于己，志在所随，故'执其随'。下比二也，而随感上，则失其止义，故'往吝'穷也。"

⑤憧憧往来，朋从尔思：憧憧，形容往来不定，摇曳不定，志忘不停。《集解》引虞翻曰："憧憧，怀思虑也。之内为来，之外为往。欲感上隔五，感初隔三，故'憧憧往来'矣。兑为朋，少女也。艮初变之四，坎心为思，故'朋从尔思'也。"

⑥咸其脢，无悔：脢（méi），背脊肉。《王注》："进不能大感，退亦不为无志。其志浅末，故'无悔'而已。"

⑦咸其辅颊舌：辅，人的颊骨，即整个脸型的骨头，更具体说是连着下巴到两边耳朵上的骨头。颊，脸的两侧，面颊。《王注》："'咸'道转末，故在口舌言语而已。"

⑧滕口说也：滕（téng），本义水腾涌，引申张口放言。

【宗旨】

咸卦主要阐明事物交互感应之道，大多解经者认为此卦主要阐释夫妇人伦，揭示男女感应之理。男谦卑地追求女，男如何做，女如何应。男主动求，女被动应，但从始至终女虽静但主动，男虽主动却被动。

【本会】

咸卦名列下经之首，足见其重要位置。从本卦开始，主要讲人道。

咸的甲骨文字是 ⿰。右边是斧钺一类武器，左边是口。口代表什么众说纷纭，其中一种解释用大斧子将口（代表物品）砍碎，本义指杀伐，引申为皆、全。《说文解字》解释为："从口从戌，戌，悉也。"《序卦》说："有天地然后有万物，有万物然后有男女，有男女然后有夫妇，有夫妇然后有父子，有父子然后有君臣，有君臣然后有上下，有上下然后礼义有所错。"《序卦》中用这么长一大段文字论述咸卦，可见夫妇关系的重要和地位，他是一切人伦关系的起点。

咸卦（䷞），下艮（☶）上兑（☱），艮为山，兑为泽，泽在山上。山上之水滋润下面的山，下面的山体在托起上方的水同时充分吸收水，让万物生长，两者相互感应，因此咸卦象征感应。

为什么君子看到此卦象，产生"君子以虚受人"？观察山，有高有低，高山更容易给人更深的印象。山给人的印象就是高高在上，山止万物。山有此高贵的品质，但甘愿在泽之下，可见山甘卑下，至高而愿卑低，正与君子谦虚特征相契合。

从人的象征来看，咸卦（䷞）下艮（☶）为少男，上兑（☱）为少女，少女在少男之上，阴在阳上。少男和少女在一起，两个未经世事的女孩和男孩，异性相吸，相互感应，可能互有好感，最终发展为爱情，按礼结为夫妇。也可能相互感应只能成为朋友，没有夫妇的缘分，也可能相互感应先夫妇后分离，还有其他可能。咸卦将最美好的情景呈现出来，并且将之上升到人伦的高度，最后将之提升到认识世界的高度，展现了圣人的胸怀和伟大思想。

以最美好的感应为例，咸卦向我们展示了少男少女演变成夫妇的精彩画面。少男少女相遇了，少女对少男颇有好感，心起波澜，但少女不能表达，只能将其埋在心里。少男对少女发起的攻势，进一步搅动了少女之心，尽管内心很期待，但此时少女要保持矜持，顺其自然，如果轻举妄动，可能会招致不幸。少男继续追求少女，让少女深受感动，心已经被少男俘获，心随少男，但仍然要继续保持矜持，如果此时尽快答应，说不定也不好。少男知道少女对他已经痴情，继续向少女献殷勤，让少女更加感动，但少女没有明确说出来，仍然给人心意未定，让少男更加努力追求，对少女百依百顺，最终少女答应了少男的追求，少男抱得美人归，也了却了少女的心愿，终有所归。或许少男追求上瘾，婚后还不断赞美妻子，甚至达到了信口开河、花言巧语的程度，但由于不适时，适得其反，给人油嘴滑舌的感觉。这个过程很美，少女动心不动身，少男动身又动心，看似少男主动，实际上主动权一直在少女手上，少女展现了高超的吸引少男的艺术，令人惊叹。少男得到少女不容易，经历了过多的感情跌宕起伏，一定会更加珍惜这来之不易的情分，白头偕老，共度百年。少男追少女，一定要循序渐进，过程本身就是美，一步一步深入引人入胜，不断添加美的因素，最后完美结局。

这反映出古代男女的婚恋观，男一定主动追求女性，女不能主动追求男性，女即便心有所属，也一定想办法要男主动，否则女就被动了。在男女相感应过程中，男性辛辛苦苦追求到的婚姻相对稳定，维持时间更长，白头偕老不是少数。但女追男也大有人在，男女角色对调，这样的婚姻虽然有圆满的案例，但总体来看没有男追女更长久。古代婚恋循序渐进对我们依然有重要的参考借鉴价值。婚姻是男女两个人的事，相互感应有感情基础，真诚守正是保持爱情不老的秘方。

最美的爱情总能打动人，让人向往，令人追求。但世界不是童话，有最美的爱情，就会有不幸的爱情，有的爱情只开花不结果，有的爱情是单相思，有的爱情虽然两人心心相印但无缘在一起痛苦终身，这复杂的爱情构成了丰富多彩的感情世界。没有一对爱情是一样的，各人有各人爱的模式，适应自己的爱情就是最好的爱情。金钱可能买来一时的欢爱，但买不来长久的爱情，只有两个心心相印、互为一体的爱情才能永葆青春。

咸卦除了适用夫妇相互感应之外，也适用君臣、上下、师生等等诸多方面，只要存在感应与被感应关系，都可以适用。咸卦给我们重要启示。

适时感应。"咸其腓，凶。居吉。"感应要适时，操之过急不行，反应过慢也不可，一定要恰如其时，拿捏得当。把握时机很重要。陶渊明对适时感应有生动的感叹："人生无根蒂，飘如陌上尘。分散逐风转，此已非常身。落地为兄弟，何必骨肉亲！得欢当作乐，斗酒聚比邻。盛年不重来，一日难再晨。及时当勉励，岁月不待人。"

主动感应。"咸其股，执其随，往吝。"感应之时不可随人盲动，要有自己的主见，不可随波逐流，要适当把握自己。王冕《墨梅》："吾家洗砚池头树，个个花开淡墨痕。不要人夸好颜色，只流清气满乾坤。"是一种很有自己主见的感应。

正道感应。"贞吉。悔亡。憧憧往来，朋从尔思。"感应之时要坚守正道。我们要坚守正道感应，才能充满浩然之气。《孟子·尽心上》说："尊德乐义，则可以嚣嚣矣。故士穷不失义，达不离道。穷不失义，故士得己焉；达不离道，故民不失望焉。古之人，得志，泽加于民；不得志，修身见于世。穷则独善其身，达则兼济天下。"尊重道德酷爱道义，就可以快乐满足了。所以士人在贫穷之时不失道义，得志之时不背离原则。贫穷之时不丧失道义，士人能自得其乐；得志之时不背离原则，所以民众对他不会失望。古代贤德之人，得志之时恩施于民；不得志时，就修身世人作表率。穷则独善其身，达则兼济天下。

油然感应。"咸其脢，无悔。"感应之时要自然而然，即油然而生，是发自内心的感应，不加修饰、顺其自然地发生。《孟子·公孙丑》就是对油然感应的很好注解。公孙丑问孟子，请问你擅长什么，孟子回答说：我知道别人言辞深意，我善于培养我的浩然之气。什么是浩然之气？孟子回答说：一言难尽，其作为气，最大最刚强，用正直培养它不要对它有伤害，则该气充满天地之间。浩然之气与仁义、有道相配合，如果不是这样，浩然之气就会衰竭。浩然之气是集中仁义而生，不是靠其他方法能获得的。

极端感应。"咸其辅颊舌。"处感应之极，避免信口开河，巧言取宠。感应达到了极点，几乎实现相融深切感应，此时不分彼此，忘乎所以，信口开河是经常发生的。说话不谨慎，就容易出问题。所以儒家一直倡导慎言。《孔子家语·观周》说："无多言，多言多败；无多事，多事多患。"

【易水】

咸卦对水有什么启示，或者水对咸卦有什么新的阐释？

泽在山上是咸卦的卦象。人水感应是多层次、多方位的。渴了就要喝水，这是生理层次的需求和感应。水对人感应，激发出无数人的感慨，孔子"逝者如斯夫"这千古慨叹，至今在上空回荡，让人产生无限的遐思，慨叹人生苦短，似水流年。孔子说："水能够启发君子提升美德。它遍布天下，滋润万物没有偏私，如有道德；所到之处，万物生长，有如仁爱；水性向下，随物赋形，有如仁义；浅处流动不息，深处渊然不测，如有智慧；奔赴万丈深渊，毫不迟疑，如有临事果决和勇毅；渗入微细，无微不达，如有君子明察秋毫；蒙受恶名，默不申辩，如有包容一切豁达胸怀；泥沙俱下，最后仍然是一泓清水，有如善于改造事物；装入量器，一定保持水平，有如立身正直；遇满则止，并不贪多，有如讲究分寸，处事有度；无论怎样曲折湾流，最终东流入海，有如坚定不移的信念和意志。所以君子见到大水一定要仔细观察。"孔子将水德人文化、君子化，向水学习，像水一样能做一个完美的君子。

咸卦对涉水事务有重要启示。

适时感应水。要适时感应，适时应对水所面临的各种情况。适时应对就是适时感应，人对水、水对人因外界环境的变化会提出不同的要求，我们要根据实际情况不断地进行调整。例如我们曾经对水进行掠夺性开发，对水生态造成严重影响，地下水位下降，引发地面下沉，最终导致房屋裂缝甚至废弃、海水倒灌地下水变咸，一些鱼类减少甚至消亡，河流断流导致下游胡泊干涸沙化等等，这些都是水对我们的行为发出的强烈信号，这是一种特殊的反馈，是一种特别的感应。

正道感应水。感应之时要坚守正道，对水的感应我们也要坚守正道，即用水道的方式处理水问题。用水道理念感应水，人与水和谐相处就有了很好的基础。"天人合一"是天道地道人道和谐统一，是我们处理水问题的重要指导思想。水不言参与创造世界，但影响你我的生活。不言之言胜于言，这需要我们靠智慧去挖掘。水润万物而无声，我们对水的正道感应也要无声无息，将之变成一种习惯，人水和谐就会提升到一个新的层次。

主动感应水。感应之时要油然而生，也就是发自内心的感应。我们对水的感应要油然而生，要更主动感应，对水做好事，让水更美好。要建立"利水型社会"，伤害水就是伤害我们人类自身，人水是命运共同体。

避极感应水。要避免极端感应，对水而言就是极端感应水。所谓极端感应水就是对水感应处于两个极端，要么对其极端好，要么对其极端坏。我们爱水，但不要达到溺爱的程度，任其泛滥成灾，该治理还得治理，这体现了人的主观能动性，在适应自然的基础上，在其弹性范围内改造自然。我们开发利用水资源的时候，不能竭泽而渔，要将其控制在水资源承受能力范围之内。

32. 恒 雷下有风 ☳☴ 恒心有成

【原文】

恒：亨，无咎，利贞。利有攸往。

《彖》曰：恒，久也。刚上而柔下。雷风相与，巽而动，刚柔皆应，恒。"恒：亨，无咎，利贞"，久于其道也。天地之道恒久而不已也。"利有攸往"，终则有始也。日月得天而能久照，四时变化而能久成。圣人久于其道而天下化成。观其所恒，而天地万物之情可见矣。

《象》曰：雷风，恒。君子以立不易方。

	上六，振恒，凶。 《象》曰："振恒"在上，大无功也。
	六五，恒其德，贞，妇人吉，夫子凶。 《象》曰："妇人"贞吉，从一而终也。"夫子"制义，从妇凶也。
	九四，田无禽。 《象》曰：久非其位，安得禽也。
	九三，不恒其德，或承之羞，贞吝。 《象》曰："不恒其德"，无所容也。
	九二，悔亡。 《象》曰：九二"悔亡"，能久中也。
	初六，浚恒，贞凶，无攸利。 《象》曰："浚恒"之凶，始求深也。

【翻译】

原文	准直译	意译
恒①：亨，无咎，利贞。利有攸往。	恒卦，亨通，没有过错，宜守正。宜奋勇向前。	恒卦，守正，亨通，没有过失。宜前行。
《彖》曰：恒，久也。刚上而柔下。雷风相与，巽而动，刚柔皆应，恒。"恒：亨，无咎，利贞"，久于其道也。天地之道恒久而不已也。利有攸往，终则有始也。日月得天而能久照，四时变化而能久成。圣人久于其道而天下化成。观其所恒，而天地万物之情可见矣。	《彖》说：恒就是持久。阳刚在上而阴柔在下。雷风相互益，谦虚行事，刚柔相应，就能长久。恒卦亨通没有灾难，长久坚守正道。天地之道是永恒没有止境。有利于行事，结束就是开始。日月天道运行永远发出光明，四时运转永远不会停止。圣人持久地保持天道，天下百姓得到教化。观察恒卦，可见天地万物的情态。	《彖》说：恒就是持之以恒。阳刚在外阴柔在内。雷动与风行互助，谦虚行事，刚柔兼济，就能长久。永恒地坚守正道才能顺利无祸。天地之道恒久永续。宜有所往，终是新的开始。日月永恒光明，四时运转无穷。圣人永久保持天道，天下得以教化成功。细究恒卦，可明晰天地万物之情态。

· 210 ·

《象》曰：雷风，恒。君子以立不易方②。	《象》说：雷与风组合是恒卦。君子效法，立身修德不改其正道。	《象》说：风上有雷，恒卦卦象。君子效法它，修身进德，恒守正道。
初六，浚恒③，贞凶，无攸利。《象》曰："浚恒"之凶，始求深也。	初六，深入追求长久之道，虽正但凶险，无有好处。《象》说：深入追求恒久凶险，开始便深度的缘故。	初六，处恒之初，阴柔应和不正，深入追求永恒之道，有害无益，要守正防危。
九二，悔亡。《象》曰：九二"悔亡"，能久中也。	九二，悔恨消失。《象》说：九二爻悔恨消失，是能持久保持中庸之道的缘故。	九二，永恒之时，恒久阳刚守中应九五之尊，没有悔恨。
九三，不恒其德，或承之羞④，贞吝。《象》曰："不恒其德"，无所容也。	九三，不能恒守德行的人，常常会受到羞辱，守正有困难。《象》说：不能恒久保持德性，无处可以容纳他。	九三，永恒之时，阳刚守正但不中，心系势强不正宗庙，若不安分守己坚守美德，会不时蒙羞，无处容身，要守正防过。
九四，田无禽⑤。《象》曰：久非其位，安得禽也。	九四，打猎没有捕获到禽兽。《象》说：长久地处在非已位置上，怎么会猎到禽兽呢？	九四，永恒之时，阳刚欺君，不恒守其位，怎么会成功，犹如打猎一无所获。
六五，恒其德，贞，妇人吉，夫子凶⑥。《象》曰："妇人"贞吉，从一而终也。"夫子"制义，从妇凶也。	六五，长久地保持美德，坚守正道，女子吉祥，对男子有凶。《象》说："妇人"贞吉，是因为从一而终。男人遇事果断，像女人优柔寡断凶险。	六五，永恒之时，身为九五之尊，柔顺守中，保持永恒美德，像妇女从一而终吉祥，若男子像女人一样柔有凶险。
上六，振恒，凶⑦。《象》曰："振恒"在上，大无功也。	上六，摇摆不恒定，凶险。《象》说：高高在上，摇摆不定，一事无成。	上六，处恒之极，动摇恒久之道，将一无所成，凶险。

【注释】

①恒：卦名，持久，长久，永恒，恒久。《集解》引虞翻曰："恒，久也。"

②君子以立不易方：方，道。《正义》："方犹道也。"方就是道。《集解》引虞翻曰："君子谓乾三也，乾为易，为立，坤为方，乾初之坤四，三正不动，故'立不易方'也。"

③浚恒，贞凶：浚，挖深。《集解》引虞翻曰："浚，深也。初下称浚，故'浚恒'。"

④不恒其德，或承之羞：《本义》："位虽得正，然过刚不中，志从于上，不能久于其所，故为'不恒其德，或承之羞'之象。或者，不知其何人之辞。承，奉也，言人皆得奉而进之，不知其所自来也。贞吝者，正而不恒，为可羞吝。

· 211 ·

申戒占者之辞。"

⑤ 田无禽：田，打猎。禽，古代指鸟兽总称。朱熹注："以阳居阴，久非其位。""凡事亦不可得其所求。"

⑥ 恒其德，贞，妇人吉，夫子凶：德，美德，此处指柔德。朱熹注："以柔中而应刚中，长久不易，正而固矣。然乃妇人之道，非夫子之宜也。"《王注》："居得尊位，为恒之主，不能制义，而系应在二，用心专贞，从唱而已，妇人之吉，夫子之凶也。"

⑦ 振恒，凶：振，振动，挥动，摇摆。朱熹注："振者，动之速也。"《正义》："'振恒凶'者，振，动也。凡处于上者，当守静以制动。今上六居恒之上，处动之极，以振为恒，所以'凶'也。"

【宗旨】

恒卦主要阐述长久之道，展现了天地万物情态。像日月四季永恒，坚守正道、刚柔兼济、谦虚行事，到终如始，安分守己，坚守其位，就能亨通，顺利成功。君子要持久地修身进德，保持正道。

【体会】

恒字甲骨文是 、 ，从"二"和"月"，"二"代表天和地，月即月亮，合起来表示月亮悬于天地间，月亮在天地间已有亿万年时间，月圆缺往复而寓永恒之意。《诗经》说："如月之恒。"《毛传》解释说"如月之恒"中的"恒"为"弦"，郑笺进一步解释为"月上弦而就盈"。《说文解字》解释："恒，常也，从心，从舟在二之间，上下心以舟施恒也。"《序卦》说："夫妇之道不可以不久也，故受之以《恒》。恒者，久也。"夫妇之道是人伦大道，需要长久维持，所以恒卦出现在咸卦之后，恒就是长久。《系辞》说："恒，德之固也。""恒，杂而不厌"和"恒，以一德"，对恒德进一步阐述。

恒卦（䷟），下巽（☴）上震（☳），巽为顺、为风、为入、为长女，震为雷、为动、为龙、为长子。巽为风，震为雷，下风上雷，雷风相与，雷风相薄。雷在天上鸣，风在地上行，这是永远不会变的，这也是恒久。君子为什么见到雷风相与，联想到"以立不易方"？就是雷风有常，雷上风下永远不会变。作为君子也有一个标准，道是君子行事的核心，万变不离其道，两者在精神上是融合的。

以人象征为例，长男在上，长女在下，长男长女相处，兄妹情深，长长久久，亲情永在，持久，恒卦的象征。从卦象来看，内巽为顺外震为刚，柔下刚上，内柔外刚，刚柔兼济，这是成事的重要条件，具备恒久的基础。

怎么才能做到永恒，恒卦给我们指出了路径：谦虚行事、刚柔兼济、坚守正道。明代王阳明言："谦受益，满招损，器虚则受，实之不受，物之恒也。"曾国藩说：昔余往年在京，好与诸有大名大位者为仇，亦未始无挺然特立不畏强御之意。近来见得天地之道，刚柔互用，不可偏废，太柔则靡，太刚则折。刚非暴虐之谓也，强矫而已；柔非卑弱之谓也，谦退而已。趋事赴公，则当强矫，争名逐利，则当谦退。开创家业，则当强矫，守成安乐，则当谦退。出与人物应接，则当强矫，入与妻孥享受，则当谦退。

恒卦除此之外，还告诉我们不同时位如何处理恒。身为百姓，身不正，刚开始就追求永恒，即便初心是好的，但也失去恒之道，因为你不知道你所认为的恒是否正确。身为大夫，即便身处不正之位，只要守中就不会失误。作为君王天子，天下之首，更应该做模范，坚守其美德，不能偏听妇人之言误国害民。身为恒之极，虽然不执政，但也要坚守正道，如果动摇正道，轻则受辱，重则引来杀身之祸。恒天道、恒正道是成功的秘诀之一。

很多事物需要恒久。折腾治不了国，要保持相对稳定，有时不折腾就是最好的改革。特别是美德更要持久坚持，不能朝夕异同，要永保美德。要注意并非所有事情都持久不变，对于不适应的要勇于抛弃，所坚持的应该是正确、是真理、是美德。

正确的永恒坚持，必将开花结果，尽管有时果子成熟较晚，错误的要及时调整不能再坚持，否则会犯更大错误，自吃苦果。恒要适时适势，始终守恒也是一种策略。恒要有温度，要有情怀。

恒卦给我们重要启示。

恒是成功的阶梯。"圣人久于其道而天下化成。"恒是成功的阶梯。"有恒心者事竟成。"道出了恒是成功的基础。浅尝辄止不会成功。荀子在《劝学》中明确指出："积土成山，风雨兴焉；积水成渊，蛟龙生焉；积善成德，而神明自得，圣心备焉。故不积跬步，无以至千里；不积小流，无以成江海。骐骥一跃，不能十步；驽马十驾，功在不舍。锲而舍之，朽木不折；锲而不舍，金石可镂。蚓无爪牙之利，筋骨之强，上食埃土，下饮黄泉，用心一也。"

恒是坚守的力量。"日月得天而能久照，四时变化而能久成。"恒是一种力量，这种力量来源于永恒。水滴石穿，水很柔弱，但它靠持久将坚硬石头击穿。

恒是高贵的品质。"君子以立不易方。"恒是君子应该有的品质。白居易在《续座右铭》中说："千里始足下，高山起微尘。吾道以如此，行之贵日新。"人的高贵更重要的是精神高贵。一个人具备正直、善良、厚德、宽容、诚实、谦虚、信用和坚持的品质，才是真正的高贵。要有执着追求的精神，这是成就事业的关键。

恒是浪漫的礼赞。"雷风相与，巽而动，刚柔皆应，恒。"恒是一种特殊形势的浪漫的礼赞。雷风相伴、刚柔皆应，呈现出和谐永恒的画面。《孟子·离娄下》说："爱人者，人恒爱之；敬人者，人恒敬之。"苏轼《水调歌头》"但愿人长久，千里共婵娟"，恒成为一种期盼，一种愿望。夕阳西下，一对白发苍苍的老人，相互搀扶，共赏夕霞，他们内心平和，眼神充满爱恋，动作满含关爱，让无数人感动向往。爱的永恒让他们走过了不平凡的春夏秋冬，经历了惊涛骇浪，他们的爱情依然新鲜，这是让无数人梦想的浪漫。恒就是浪漫的根基，只要坚持，这种浪漫并不遥远。

【易水】

水永恒向低处流，这是它的特性，这与恒的特征很相似。

水永恒归大海。我国的河流除了内陆河之外，最终都流向大海，印度洋、太平洋、北冰洋是它们的最终归宿，无论春夏秋冬都奔流不息，一刻不停止，执着地奔向大海。

水永恒的奉献。生物的诞生是由于水的孕育，没有水就没有生命。水向人类和生物奉献了一切，时刻不停地奉献，是永恒的奉献！

我们应该向水学习恒向大海的志向，学习它恒于奉献的高尚，学习它恒向低处的谦虚。水有这么多永恒的优秀品质，我们要善于体察水的恒性美好品质，以此为鉴修身，提升自我素质。

永恒地对水回报。水对人、对生命、对社会、对经济竭尽全力地奉献，它不言而行，以身作则，并且有功而不夸耀。我们是受惠者，受人滴水之恩当涌泉相报，这才是人类正道。对水回报不是将其贡起来，给其烧香磕头，而是更加珍惜水、疼爱水、爱护水、保护水。

永恒地对水友好。水是我们的朋友，对我们无私奉献值得我们敬重，我们对待有恩之人和朋友就要友好。如不能对水造成污染；不能任意改变水的特性；不能任意截弯取直；不能任意地侵占水的空间，如任意在河道搞开发，任意围湖造田等等。尊重水的特性，就是对水最大的友好。

永恒地人水和谐。人水是生命共同体，人水和谐是人与自然和谐的重要组成部分，也是"天人合一"不可分割的一部分。人应该与水和平共处，共创双赢新格局。人对自己不友好的行为要调整，将其与人水和谐相适应。人要将人水和谐作为水开发利用和保护的"红线"，将其作为永恒的原则持久地坚持下去。

33. 遁 天下有山 明哲保身

【原文】

遁：亨，小利贞。

《彖》曰：遁亨，遁而亨也。刚当位而应，与时行也。小利贞，浸而长也。遁之时义大矣哉！

《象》曰：天下有山，遁。君子以远小人，不恶而严。

▬▬▬	上九，肥遁，无不利。 《象》曰："肥遁，无不利"，无所疑也。
▬▬▬	九五，嘉遁，贞吉。 《象》曰："嘉遁，贞吉"，以正志也。
▬▬▬	九四，好遁，君子吉，小人否。 《象》曰：君子"好遁"，小人否也。
▬▬▬	九三，系遁，有疾厉，畜臣妾，吉。 《象》曰："系遁"之厉，有疾惫也。"畜臣妾，吉"，不可大事也。
▬ ▬	六二，执之用黄牛之革，莫之胜说。 《象》曰："执用黄牛"，固志也。
▬ ▬	初六，遁尾，厉，勿用有攸往。 《象》曰："遁尾"之厉，不往何灾也？

【翻译】

原文	准直译	意译
遁，亨，小利贞①。	遁，通达，小人应该守正。	遁，柔弱者守正则通达。
《彖》曰：遁亨，遁而亨也。刚当位而应，与时行也。小利贞，浸而长也。遁之时义大矣哉②！	《彖》说：退避亨通，是因为退避。九五阳刚正位与六二阴柔相呼应，顺应时势。小人宜正道，因为阴柔之气正在增长。逃遁时机和意义太大了！	《彖》说：应退则退吉祥如意。阳刚守中当位与阴柔相应，顺时应势。小人宜守正，小人渐渐增长，退避时机和意义很重要。
《象》曰：天下有山，遁。君子以远小人，不恶而严③。	《象》说：天下有山，遁卦卦象。君子效法此象，远离小人，不厌恶他们而严肃地分辨清楚。	《象》说：山在天下，遁卦卦象。君子体悟此象精髓，远离小人，不动声色，正气凌人。
初六，遁尾，厉，勿用有攸往④。 《象》曰："遁尾"之厉，不往何灾也？	初六，遁退在后，危险。此时不可以前往。 《象》说："遁尾"之厉，如不前往何灾之有？	初六，退避之初，该退即退，如最后退避，怎么不招致灾祸？不要前行。

· 215 ·

六二，执之用黄牛之革，莫之胜说⑤。《象》曰：执用黄牛，固志也。	六二，用黄牛皮做成的绳子捆住，没有人能解脱。《象》说：执用黄牛，意志坚定。	六二，退避之时，坚持中和厚道之道，像被牛皮捆起来，意志坚定，难以挣脱坚守。
九三，系遁，有疾厉，畜臣妾，吉⑥。《象》曰："系遁"之厉，有疾惫也。"畜臣妾，吉"，不可大事也。	九三，眷恋而不退，像有病危险，如畜养臣仆和侍妾吉祥。《象》说："系遁"之厉，有疾病疲累。"畜臣妾，吉"，不可以办大事。	九三，退避之时，阳刚正位，恋恋不舍，难成大事，就像患疾身体疲倦。可做类似畜养仆妾小事，不可做大事。
九四，好遁，君子吉，小人否⑦。《象》曰：君子"好遁"，小人否也。	九四，适宜退避，君子吉祥，小人不吉。《象》说：君子能够急流勇退，小人做不到这一点。	九四，退避之时，有退避时机，君子及时抽身吉祥，小人留恋不舍不退招灾。
九五，嘉遁，贞吉⑧。《象》曰："嘉遁，贞吉"，以正志也。	九五，美好的退避，守正道吉祥。《象》说："嘉遁，贞吉"，中正志向。	九五，退避之时，阳刚居中，大中至正，志向正确，完美退避，守正吉祥。
上九，肥遁，无不利⑨。《象》曰："肥遁，无不利"，无所疑也。	上九，飞快退避，没有任何不利的。《象》说："肥遁，无不利"，没有什么可疑虑的。	上九，处退避之极，毫不迟疑迅速退避，无所不利。

【注释】

① 遁：亨，小利贞：遁，卦名，退避。《正义》："'遁'亨者，遁者，隐退逃避之名。阴长之卦，小人方用，君子日消。君子当此之时，若不隐遁避世，即受其害，须遁然后得通，故曰'遁，亨'。"

② 小利贞，浸而长也。遁之时义大矣哉：《正义》："叹美遁德，相时度宜，避世而遁，自非大人照几，不能如此。其义甚大，故云'大矣哉'。"

③ 天下有山，遁，君子以远小人，不恶而严：《集解》引崔憬曰："天喻君子，山比小人，小人浸长，若山之侵天。君子遁避，若天之远山，故言'天下有山，遁。'"恶，憎恶。严，威严。《正义》："君子当此逃遁之时，小人进长，理需远避，力不能讨，故不可为恶，复不可与之亵渎，故曰'不恶而严'。"

④ 遁尾，厉，勿用有攸往：尾，末尾。《集解》引陆绩曰："避难当在前而在后，故'厉'。往则与灾难会，故'勿用有攸往'。"

⑤ 执之用黄牛之革，莫之胜说：执，束缚。说，通"脱"。黄，中和之色。牛，温顺厚道。《集解》引侯果曰："体艮履正，上应贵主，志在辅时，不随物遁，独守中直，坚如革束，执此之志，莫之胜说。殷之父师当此爻矣。"

⑥系遁，有疾厉，畜臣妾吉：《正义》：“亲于所近，系在于下，施之于人，畜养臣妾则可矣，大事则凶，故曰'畜臣妾，吉'。”《集解》引王肃曰："三下系于二而获遁，故曰'系遁'，病。此系执而获危惧，故曰'有疾惫也'。"

⑦好遁，君子吉，小人否：好，有利于。《集解》引虞翻曰："否乾为好、为君子，阴称小人，动之初，故'君子吉'。阴在四多惧，故'小人否'。得位乘五，故无凶咎矣。"

⑧嘉遁，贞吉：嘉，美。《集解》引侯果曰："时否德刚，虽遁中正，'嘉遁'者也，故曰'贞吉'。"《正义》：“遁而得正，反制于内。小人应命，率正其志，不恶而严，得正之吉。"

⑨肥遁，无不利：肥，《正义》引《子夏传》曰："肥，饶裕也。"《集解》引侯果曰："最处外极，无应于内，心无疑恋，超然高举，果行育德，安时无闷，遁之肥也，故曰'肥遁，无不利'。"傅佩荣认为"肥"借为"飞"。

【宗旨】

遁卦主要阐述退避之道。该止则止，该退则退，把握退避时机。退避之时顺应时势，阳刚守中阴柔相融合，君子远离小人，不动声色逼退小人。遁卦展现的是如何隐遁、躲避、退让。它倡导的是讲求和善、适时进退的生存方式。暂时的停止或妥协，是为了日后能够成功。

【体会】

遁是形声字，由"辶"和"盾"组成。"辶"（chuò）表示走或者跑。"盾"表示防身武器，整体是保全自己而逃，本意是逃跑。《说文解字》写为遯，解释为："遁，迁也。逃也。"《广雅》中说："遁，避也。"《序卦》说："物不可以久居其所，故受之以《遁》。遁者，退也。"事物不可能长久存在不变，所以接着就是遁卦。遁就是退。

遁卦（䷠），下卦为艮（☶），上卦为乾（☰），乾为天，艮为山，天下有山或者说山在天下。天高高在上，山为止止于天。山高止于天下，山怎么高也高不过天，天是山高的上限。山要知止而止，不止也高不了天。知止而退，是绝顶聪明的人。君子作为聪明之人，观察到此种现象，知止甚至退避，不做无用功。

遁卦设定了六种情景，其中五种情况阐述遁，即"遁尾""系遁""好遁""嘉遁"和"肥遁"，通过正反的例子论说快遁和慢遁的好处和弊端，告诉我们该退避就退避，不及时退避会有祸端，退避要选择好时机。时机包括时间和机遇，两者要很好地融合才是最佳。六二专门提出不遁值得我们深思。大家都遁，唯独他不遁，这是为何？为了正义，舍生忘死、以身殉国都是不遁。正义的不遁虽然肉体可能不存，但精神却与世长存。遁是退避，但这种退避是明哲保身，不是消极地躲避，而是续存力量，以利再战。退是为了进，知退而退是一种高超的智慧，知退不退需要勇气和奉献。退避总的原则是顺应时势，刚柔结合，守正守志，适时退避。

纵观此卦，两阴爻四阳爻，阴爻见长，阳爻渐消。阳为君子，阴为小人，小人得势君子危。君子为了明哲保身就选择退避。但退避归退避，君子以小人为鉴，在言行上更加严格地要求自己，爱惜自己的羽毛，用自己的言行告诉小人不可辱。因此有了"君子以远小人，不恶而严"的警示。

从人伦的角度来看，乾为父，艮为少子。父亲虽然疼爱小儿子，但主器者还是长子，一般情况下轮不到少子。少子虽有鸿鹄之志，但不能夺嫡，如果夺嫡不成反遭害，一定慎之又慎，压制自己的欲望，该止则止，该退则退，明哲保身。如果不制止自己的欲望，最后可能身败名裂，死得很惨。

退一步海阔天空，是生活处事的艺术。为了正义迎难而上，知不可为而为之，更显过人的本事。退与不退，都需要智慧，只有正人君子能处理好。

遁卦给我们很多警示。

退避要审时度势。"好遁，君子吉，小人否。"退避要掌握好时机，审时度势非常重要。《易经·艮卦》说："时止则止，时行则行，动静不失其时，其道光明。"退避是门艺术，该退不退不合适，退的时间不对不完美，退的机遇抓不住白退。因此退避要审时度势，对退避进行整体的评估，结合自身优势和劣势，正确地评估认识自己，再与外界有机结合起来，抓住机遇和适当的时点。

退避要急流勇退。"肥遁，无不利。"退避要急流勇退。退避谈着容易，但真正做到难，特别是在成功的高峰时，容易被荣誉、胜利冲昏头脑，平时知止此时不知止，知退而不及时退，像吃了魔药，精神身体不听指挥。《道德经》说执持盈满，不如适可而止。将铁器磨出锋利的刃，不可长久保持刃的锋利。金玉满堂，不能长久守住。富贵而骄纵，是自己给自己带来祸害。功成身退才是自然之大道。

退避要洁身自爱。"君子以远小人，不恶而严。"退避是洁身自爱，所以退避之后更要洁身自爱，不能放弃自己的美德，而且要修德，将自己的美德进一步提升。君子以小人为镜子，以小人行为为耻，远离他们是怕被污染，是一种自爱的表现。作为君子，只远离小人还不够，还要更加严格要求自己的言行，做一个更高尚的君子，这样才更令人崇敬，退避才更精彩。

退避要以退为进。"嘉遁，贞吉。"退避守正吉祥如意，退避是以退为进。退避不是消极对待局势，而是为了更积极地前行。鲁迅在《朝花夕拾》说："中国的事，此退一步，而彼不进者极少，大抵反进两步，非力批其颊，彼决不止步也。我说中国人非中庸者，亦因见此等事太多之故。"

为正不退更高洁。"执之用黄牛之革，莫之胜说。"为了正义不退更高尚。退是明哲保身的策略，如果遇到不好都退却，谁来主持正义？比如遇到坏蛋都不敢斗争，坏人当道，哪有躲避之地。为了正义，迎难而上，方显英雄本色。清代林则徐《赴戍登程口占示家人二首》说："苟利国家生死以，岂因祸福避趋之。"

【易水】

遁卦有天有山，表象上看跟水没有关系，但其实质和水密不可分。我们与水相处的时候，要正确地处理好退的关系，才能更好地同水和谐相处。

我们观察水，水流向大海是它的志向，但在流向大海的过程中，它经历了太多的磨难，百折不挠，该退则退，以退为进体现得淋漓尽致，只是我们缺少对它的认识。

黄河是我们的母亲河，从青藏高原巴颜喀拉山北麓的约古宗列盆地出发，流经青海、四川、甘肃、宁夏、内蒙古、陕西、山西、河南及山东9个省（自治区），最后在山东东营流入渤海。从卫星图片来看，其弯弯曲曲。面对高大的山峦阻挡，它另辟蹊径，以绕为径，绕过阻挡，继续前进。这退不是回流，而是以"绕"的方式体现。

水在前进过程中，总是先填满坑洼再向前，水的先头部队停下了，为后头部队铺平了道路，让水走得更远，实现水的夙愿，以牺牲自我成就大我，这种精神境界多么高尚！

针对人水关系，我们对水至少应该做到"三退一不退"。

退地于水。随着人口的增加以及技术的进步，人类对土地的需求不断增长，围海造田、围湖造田、占用河道等行为不断发生，曾经的千湖之省湖北如今的湖泊只剩下300多个，而且还面临着继续减少的风险。侵占水之地埋下了不少隐患，如水灾频繁发生，水损失不断加大。为了人类社会的可持续发展，我们需要将部分占用的土地退出来归还于水。该退的一定要退，要速退，不能三心二意，否则会给我们带来更大的损失。退地于水困难重重，牵涉更多的利益，但我们也必须迎难而上。

退主于平。"天人合一"的理念在现实中并没有真正普遍落实，特别是现在人水关系上出现了主次明显的关系：以人为中心，不断地满足人的需求，对水造成不同程度的伤害。我们要逐步改变以人为中心的理念，人与水平等对待，将水真正地视为朋友。从俯视水到平视水，退主于平，改善人水关系。这种改善人看似退了，但人水和谐之后人更受益。

退治于适。治水是我们常提的名词，将水作为治理对象，真正地细究，暗含了水有"不良性"。为了正确处理人水关系，我们需要转变与水相处的方式，改治理为适应，也就是退治于适。这是思想上的重大改变，会引发治水路径的变革。适水发展是今后水利的发展方向，我们需要不断向这个方向调整。

不退友好。对水好的做法要坚持，建立和谐的人水关系是正确的理念，我们要坚持，不能改变，并且继续贯彻执行。对错误的决策，要有提出修正错误的勇气。

34. 大壮　雷在天上 ䷡　壮勿妄动

【原文】

大壮：利贞。

《彖》曰：大壮，大者壮也。刚以动，故壮。大壮利贞，大者正也。正大，而天地之情可见矣。

《象》曰：雷在天上，大壮。君子以非礼弗履。

▬▬ ▬▬	上六，羝羊触藩，不能退，不能遂，无攸利，艰则吉。 《象》曰："不能退，不能遂"，不详也。艰则吉，咎不长也。
▬▬ ▬▬	六五，丧羊于易，无悔。 《象》曰："丧羊于易"，位不当也。
▬▬▬▬	九四，贞吉，悔亡。藩决不羸，壮于大舆之輹。 《象》曰："藩决不羸"，尚往也。
▬▬▬▬	九三，小人用壮，君子用罔，贞厉。羝羊触藩，羸其角。 《象》曰："小人用壮"，君子以罔也。
▬▬▬▬	九二，贞吉。 《象》曰：九二"贞吉"，以中也。
▬▬▬▬	初九，壮于趾，征凶，有孚。 《象》曰："壮于趾"，其孚穷也。

【翻译】

原文	准直译	意译
大壮：利贞①。	大壮，十分强盛，宜守正。	大壮，大壮之时，宜坚守正道。
《彖》曰：大壮，大者壮也。刚以动，故壮。大壮利贞，大者正也。正大，而天地之情可见矣。	《彖》说：大壮就是大的一方强大。刚健而行动，所以壮。大壮宜守正，大的一方正道。持正而大，天地的情态就明晰了。	《彖》说：大壮就是强大。行动刚健所以强大。大壮之时要守正，大要正。正直伟大彰显天地之道。
《象》曰：雷在天上，大壮。君子以非礼弗履②。	《象》说：雷在天上响，大壮卦卦象。君子从中受到启示，不合礼仪的事情不做。	《象》说：雷在天上鸣，大壮卦卦象。君子从中受到启示，非礼勿动。
初九，壮于趾，征凶，有孚③。 《象》曰："壮于趾"，其孚穷也。	初九，足趾强壮，行动有凶险，但有诚信。 《象》曰："壮于趾"，其诚信走到尽头。	初九，处大壮之始，阳刚但缺乏诚信，行事凶险，只有保持诚信才确保无咎。

· 221 ·

九二，贞吉。《象》曰：九二"贞吉"，以中也。	九二，守正道吉祥。《象》曰：九二"贞吉"，是因为九二居于中位。	九二，大壮之时，身处大夫之位，坚守阳刚中道，守正吉祥。
九三，小人用壮，君子用罔，贞厉。羝羊触藩，羸其角④。《象》曰："小人用壮"，君子以罔也。	九三，小人恃强好胜，君子则不这样。如果恃强即便守正亦有危险，犹如公羊去顶藩篱，角被缠住。《象》曰：小人靠强势，君子则不这样。	九三，大壮之时，身为三公，小人恃强好胜，君子对此不屑一顾，守正防止危险。若恃强就像公羊顶撞藩篱羊角被缠住一样。
九四，贞吉，悔亡。藩决不羸，壮于大舆之輹⑤。《象》曰："藩决不羸"，尚往也。	九四，守正吉祥没有悔恨。冲破藩篱，强壮如大车的车轴。《象》曰："藩决不羸"，因为一直往前顶。	九四，大壮之时，身为诸侯，坚守正道。恰似牢固的车轴勇往直前，冲破困境，只有守正才吉祥无悔。
六五，丧羊于易，无悔⑥。《象》曰："丧羊于易"，位不当也。	六五，在边界丢了羊，没有忧悔。《象》曰："丧羊于易"，是因为六五位置不当的缘故。	六五，大壮之时，身为九五之尊，阴柔居中代替阳刚，同时凌驾阳刚，没有悔恨，就像丢了一只羊，损失不大。
上六，羝羊触藩，不能退，不能遂，无攸利，艰则吉⑦。《象》曰："不能退，不能遂"，不详也。艰则吉，咎不长也。	上六，公羊顶撞藩篱，角被缠住，不能退，不能进，前行没有好处，坚持不被艰难压垮则吉祥。《象》曰："不能退，不能遂"，行动考虑不吉祥。艰则吉，坚持不被困苦压垮，定渡难关。	上六，居大壮之极，做事考虑不周，像公羊撞藩篱被缠住一样进退两难，如果及时醒悟，坚韧待机定渡难关。

【注释】

① 大壮：利贞：大壮，卦，卦名，《正义》："壮者，强盛之名，以阳称大。阳长既多，是大者盛壮，故曰'大壮'。"

② 君子以非礼弗履：《正义》："盛极之时，好生骄溢。故于大壮，诫以'非礼勿履'也。"《集解》引陆绩曰："天尊雷卑，君子见卑乘尊，终必消除，故象以为戒，非礼不履。"

③ 壮于趾，征凶，有孚：趾，大脚趾。壮于趾实际上指大壮基于行动。《正义》："施之于人，即是在下而用壮也。在下用壮，陵犯于物，以斯而行，凶其信也。"《集解》引虞翻曰："趾谓四。征，行也。震足为趾，为征。初得位，四不征之五，故'凶'。"

④ 小人用壮，君子用罔，贞厉，羝羊触藩，羸其角：罔（wǎng），古通"網""惘"。羝（dī），公羊。藩（fān），篱笆。羸（léi），本义瘦弱，此处为缠绕、

困住的意思。《集解》引荀爽曰："三与五同功，为兑，故曰羊。终始阳位，故曰羝也。藩谓四也。三欲触四而危之，四反'羸其角'，角谓五也。"

⑤ 藩决不羸，壮于大舆之輹：大舆，大车。輹（fù），古代在车轴下面束缚车轴的东西，也叫伏兔，车轴缚也。

⑥ 丧羊于易：易，此处通"场"，边界的意思。《折中》："至六五则壮已过矣，又以柔处中，则无所用其壮矣，故虽'丧羊'而无悔。"

⑦ 艰则吉：《尚氏学》："上当位有应，艰贞自守，终吉也。"《集解》引虞翻曰："坎为艰，得位应三利上，故'艰则吉'。"

【宗旨】

大壮卦主要阐述大壮之道。该卦以天上雷鸣为象征，警示君子非礼勿动。卦要旨是"壮盛设戒，执中守礼"。不以势欺人，不感情用事，越是强盛之时，越要约束自己，保持清醒的头脑。以弱守壮是重要途径，避免盲目逞强，知止而止，当退则退就会无懊无悔。将艰难当作动力就能成就伟大的事业。处大壮之时，坚持守正、中道，只有刚柔有度才会日月常新，才会延续大壮之势。

【体会】

大字甲骨文是🧍。《说文解字注》："天大，地大，人也大焉。"壮的金文是🀆，简写为壮，像用簸箕盛土倒入板内筑墙，挺形象的。也有的解释为形容人的壮武。有的解释说男子睡觉时将武器放在床边。有的解释说"士"代表雄性人，表示强壮，是大而有力、强盛的意思。《说文解字》："壮，大也。"即壮是强大。综上，大壮就是非常强壮、非常强盛。《礼记·曲礼上》说：人生"三十曰壮"。《序卦》说："物不可以终遁，故受之以《大壮》。"事物不会总衰弱，也有强壮之时，所以紧接着是大壮卦。孔颖达《正义》说："壮者强盛之名。以阳称大，阳长既多，是大者盛壮，故曰大壮。"看本卦，四个阳爻两个阴爻，阳绝对大于阴，阳很强大，所以将本卦名叫"大壮"。

大壮（☰）下乾（☰）上震（☳），乾为天，震为雷，雷在天上是大壮卦卦象。乌云翻滚，雷声阵阵，电闪雷鸣，整个大地都笼罩在震耳欲聋的雷声中，特别是伸手不见五指的夜晚，一道闪电划破夜空，紧接着响彻云霄的炸雷响起，这强大的声势让人不寒而栗，正人君子在这样的夜晚都难以入眠，何况坏事做尽的小人，怕天雷找他算账惴惴不安。君子观察到此现象，警示自己"非礼弗履"，也就是孔子所说："非礼勿视，非礼勿听，非礼勿言，非礼勿动。"

大壮卦告诉我们处于"大壮"之时如何做，才能让大壮继续保持下去。大壮的反义词就是羸弱，大壮之时衰退已经悄悄降临，如何保持大壮之势，需要高超的智慧。人从弱小变强大难，但从强大变弱小容易，守强守壮不亚于由弱变强，要刚柔有度，刚中有柔，柔中带刚，知强守弱，自我约束，不能信马由缰，否则毁灭自己是一朝一夕的事。大壮之时关键是坚守正道，要正直无私，彰显天地之道，一切非礼行为都在禁止之列，约束强大，人们对你的观察都是在放大镜下。大壮之时不能倚强凌弱，不能以胳膊粗细论短长，更要坚守诚信，做事考虑周详。

大壮卦具有广泛的适应性，如事业发展如日中天，生意做得日进斗金，官运亨通升迁在望，学术成果红红火火，军事能力无比强大等等。

大壮卦给我们重要启迪。

进取是强大的基础。"刚以动，故壮。"只有进取才能强大，进取的行动才是强大的推动力。墨守成规，不思进取，好的守住摊位，弄不好连摊位都丢掉，最后被强大者蚕食。唐代韩愈在《进学解》中说："业精于勤，荒于嬉；行成于思，毁于随。"

守礼是续壮的根本。"大壮利贞，大者正也。"只有守礼守正才能强壮保强壮。礼是社会秩序的润滑剂，尊重礼，守礼才能让社会更有秩序。礼的内涵非常丰富，包含生老病死、君臣上下等诸多方面。礼极其多，以至于一般人都弄不明白，还得专门设立懂礼的职位。尽管很繁琐，但违礼肯定受到不同程度的责难。社会还是很享受"礼多人不怪"的，在礼仪之邦，礼是保证强大、维护强大的根本。在如今社会，遵守社会规范就是基本的礼。《管子·牧民》说："礼义廉耻，国之四维，四维不张，国乃灭亡。"

守正是维壮的灵魂。"贞吉，悔亡。藩决不羸，壮于大舆之輹。"强调守正的重要性，守正是维护强壮的灵魂。岳飞说："文臣不爱钱，武臣不惜死，天下太平矣。"正直是社会追求的永恒价值。当处于强势之时，不要趾高气扬去欺负弱小者，要一视同仁守正，越是强大守正越困难。强大之时，能够示弱也是一种智慧，是高级智慧。当然，正直并不表示非得宁折不弯最后连命都保不住，不该牺牲生命的时候就不牺牲，牺牲生命要有价值。无论采取什么措施达到守正的目的都是值得提倡的。

坚忍是再强的跳板。"羝羊触藩，不能退，不能遂，无攸利，艰则吉。"坚忍不拔是强大的跳板，尤其在进退两难之际，坚韧更显重要。当然只做到坚韧是不够的，还要用智慧再添一把火。强壮并不是一帆风顺的，要经历曲折。强大到头，弱势就会出现，这个时候更要学会坚韧，才有可能再次回到强大。苏轼在《晁错论》中说："古之立大事者，不惟有超世之才，亦必有坚忍不拔之志。"

【易水】

大壮卦异卦相叠，下卦乾（☰），上卦震（☳）。乾为天，震为雷。天上鸣雷，雷声传遍神州大地，万物为之震撼，其势甚威，特别是大雷响起，更是令人不寒而栗，真是大壮呀。

从水的角度来阐释，天上响雷，是下雨的征兆。休眠一冬的万物，在春雷中醒来，生长需要水，这水金子般的珍贵。由于水的滋润，万物迅速恢复生机。春雷带来的雨一般很羞涩，淅淅沥沥。相比春雷，雨季的雷更显得彪悍，带来的雨更强悍：暴雨连连，洪水滔天，房倒屋塌，堤坝溃决，甚至剥夺人的生命，让人产生恐惧。

大壮卦给我们涉水事务至少三点重要启示。

发展才能保障水利强盛。水利是支撑社会经济发展的基础产业，水利强大才能让其他产业有更坚强的依靠。如何才能让水利强大？发展是保障水利增强的硬道理。纵观我国水利发展历史，水利逐渐发展强大，从完全靠天吃饭到灌溉增粮，中国人所需要的食物因水利发展得到极大保障。从都江堰的"天人合一"世界级工程，到闻名世界的"三峡大坝"，充满了发展的力量。

尊重水规律才行稳致远。大壮之时，更要走正道。大壮因守正而强大，也因守正而维持强大。尊重水规律就是最好的守正。我们在充分认识水的本性基础上，充分尊重水的规律，利用水的规律为人类社会、经济服务。水的利用控制在水弹性范围之内，不对水产生重要不利影响。如水向低处流，我们可以充分利用这特性进行自流灌溉。水含有大量能量，我们可以在不破坏水生态的情况下发电为人所用。水能滋养万物，我们就充分利用这特性增加食物产量。

利用水利始终保持警惕。大壮之时始终保持警惕，居安思危，这样才可能让大壮保持下去。水利发展有起步，也有高潮和低潮。在水利发展起步和低潮之时，我们要积极谋划，排除万难，力争促进水利发展。当水利发展势头良好的时候，我们要保持清醒的头脑，切莫头脑发热，不顾自然规律和经济发展规律。越是在水利强大之时，越要保持警惕，看到水利发展存在的问题，不断地校正自己的行为，使之回归正道。特别是在水利获得大效益的时候，更要一定程度地用放大镜检视存在的问题并早日解决，避免留下后患。水利发展既要有"前怕狼后怕虎"的谨慎的度，同时也要充分发挥人的主观能动性，"自强不息"勇于开拓进取。

35. 晋 明出地上 ䷢ 自昭明德

【原文】

晋：康侯用锡马蕃庶，昼日三接。

《彖》曰：晋，进也，明出地上，顺而丽乎大明，柔进而上行，是以"康侯用锡马蕃庶，昼日三接"也。

《象》曰：明出地上，晋。君子以自昭明德。

▬▬▬	上九，晋其角，维用伐邑，厉吉，无咎，贞吝。 《象》曰："维用伐邑"，道未光也。
▬▬ ▬▬	六五，悔亡，失得勿恤。往吉，无不利。 《象》曰："失得勿恤"，往有庆也。
▬▬▬	九四，晋如鼫鼠，贞厉。 《象》曰："鼫鼠贞厉"，位不当也。
▬▬ ▬▬	六三，众允，悔亡。 《象》曰："众允"之志，上行也。
▬▬ ▬▬	六二，晋如愁如，贞吉。受兹介福，于其王母。 《象》曰："受兹介福"，以中正也。
▬▬ ▬▬	初六，晋如摧如，贞吉。罔孚，裕无咎。 《象》曰："晋如摧如"，独行正也。"裕无咎"，未受命也。

【翻译】

原文	准直译	意译
晋：康侯用锡马蕃庶，昼日三接①。	晋卦，象征晋升，天子一日多次接见兴国安邦的诸侯，赏赐众多马匹。	晋卦，晋升，晋升得到荣耀，像一天被天子多次接见并赐予众多财物。
《彖》曰：晋，进也。明出地上，顺而丽乎大明②，柔进而上行，是以"康侯用锡马蕃庶，昼日三接"也。	《彖》说，晋卦，前进晋升。犹如太阳出现在大地上，顺从地跟随太阳光明，柔顺向上前行，所以天子一日多次接见兴国安邦的诸侯，赏赐众多车马。	《彖》说，晋卦，晋升。太阳升起普照大地，万物依靠太阳顺利地繁荣昌盛，犹如一日被天子召见多次并赐予众多财物一样荣耀。
《象》曰：明出地上，晋。君子以自昭明德③。	《象》说：太阳出现在大地上，晋卦的卦象。君子效法此象，彰显自己光明的美德。	《象》说：太阳在大地上升起，晋卦的卦象。君子效法此象，彰显自己美德，光耀社会。

初六，晋如摧如，贞吉。罔孚，裕无咎④。 《象》曰："晋如摧如"，独行正也。"裕无咎"，未受命也。	初六，前进，受挫后退，坚守正道吉祥。未取信于人，宽容没有过错。 《象》曰："晋如摧如"，独行正道。"裕无咎"，尚未接受任命。	初六，处晋之初，以阴居下，应阳刚不中正诸侯，晋升被伤害，改正则正道，只有坚守正道才吉祥。若未取信于人，天命未到，从容待时，没有过错。
六二，晋如愁如，贞吉。受兹介福，于其王母⑤。 《象》曰："受兹介福"，以中正也。	六二，晋升了，愁来了，守正道吉祥。接受王母的大福。 《象》曰："受兹介福"，因为居中守正呀。	六二，晋升之时，柔顺居中守正，晋升成功后伴随着忧患，只要守正就会吉祥。接受君王众多财物。
六三，众允，悔亡⑥。 《象》曰："众允"之志，上行也。	六三，大家相信遵从，没有后悔。 《象》曰："众允"的心志，上进上行。	六三，晋升之时，有上进之志，得到众人信任拥护，没有悔恨。
九四，晋如鼫鼠，贞厉⑦。 《象》曰："鼫鼠贞厉"，位不当也。	九四，就像鼫鼠一样犹豫不决，守正防危。 《象》曰："鼫鼠贞厉"，由于位不当关系。	九四，虽然晋升了，因不中不正窃取高位，犹如鼫鼠患得患失、迟疑不决，即便守正也危险。
六五，悔亡，失得勿恤⑧。往吉无不利。 《象》曰："失得勿恤"，往有庆也。	六五，没有懊恼，不要考虑失得。前进吉祥，没有不利。 《象》曰："失得勿恤"，前进会有吉庆。	六五，身为柔顺守中九五之尊，晋升之时有吉庆，不要患得患失，前往必吉利，没有悔恨。
上九，晋其角，维用伐邑⑨，厉吉，无咎，贞吝。 《象》曰："维用伐邑"，道未光也。	上九，前进到头上的角，可以用来讨伐属国，虽有危险但吉祥，没有过错，守正防困。 《象》曰："维用伐邑"，正道没有广大。	上九，晋升到极点，沉湎阳刚，出征伐邑，有危吉祥无过失，要守正防疵。

【注释】

①晋，康侯用锡马蕃庶，昼日三接：晋，本义为前进，引申为进步、出仕、举荐、提升、进献、超过等多种意思。康侯，安邦定国的侯爵。《正义》："康者，美之名也。侯，谓升进之臣也。"顾颉刚认为康侯是西周武王之弟卫康叔，也有说"康"为国名。锡，通"赐"。马，此处并非仅指马，指财物。蕃，多音字，fán、bō、fān，此处读fán，众多，繁多。庶，众多。三接，多次接见。《集解》引侯果曰："康，美也。四为诸侯，五为天子，坤为众，坎为马，天子至明于上，

公侯谦顺于下，美其治物有功，故蕃锡车马，一昼三觌（dí）也。采菽刺幽王侮诸侯，诗曰：'虽无与之，路车乘马。'大行人职曰：'诸公：三飨，三问，三劳；诸侯：三飨，再问，再劳；子男：三飨，一问，一劳。'即天子三接诸侯之礼也。"

② 明出地上，顺而丽乎大明：明出地上，明指下卦离，离为日，为明。顺指坤，坤为地。《正义》："坤，顺也。离，丽也，又为明，坤能顺从而著于大明。"

③ 君子以自昭明德：昭（zhāo），本义指阳光明亮，引申为显著，作为使动词时指使其明显。自昭，自己彰显美德。

④ 晋如摧如，贞吉。罔孚，裕无咎：摧，摧折抑退。如，语气助词。罔孚，指交际之孚，孚，诚信。裕，《说文解字》解释为："衣物饶也。"即宽裕。《集解》引虞翻曰："晋，进；摧，忧愁也。应在四，故'晋如'。失位，故'摧如'。动得位，故'贞吉'。应离为罔，四坎称孚，坤弱为裕，欲四之五成巽，初受其命，故'无咎'也。"

⑤ 晋如愁如，贞吉。受兹介福，于其王母：愁，忧愁。介，大。王母，指居于尊位的六五以阴居君位。《集解》引虞翻曰："介，大也。谓五已正中，乾为王，坤为母，故'受兹介福于其王母'。"

⑥ 众允，悔亡：允，《说文解字》解释："允，信也。"

⑦ 晋如鼫鼠，贞厉：鼫（shí）鼠，一说是老鼠，代表贪得无厌、贪鄙。鼫鼠有五技：能飞不能上屋，能爬不能上树，能游不能过涧，能挖洞不能掩身，能走不能先人。技艺虽多，但一个都不精通，难以摆脱困境。《集解》引翟玄曰："鼫鼠昼伏夜行，贪猥无已。谓虽进承五，然潜据下阴，久居不正之位，故有危厉也。"王毅认为是"迟疑不决"。

⑧ 悔亡，失得勿恤：恤（xù），忧虑。《说文解字》："恤，忧也。"

⑨ 晋其角，维用伐邑：角，牛、羊、鹿等头上长出的坚硬的东西，如牛角。《说文解字》解释："角，兽角也。象形。"角已经到了顶点，进无可进，象极点。维，通"唯"。邑，属邑。朱熹注："角，刚而居上，上九刚进之极，有其象矣。占者得之，而以伐其私邑，则虽危而吉且无咎。然以极刚治小邑，虽得其正，亦可吝矣。"

【宗旨】

晋卦主要阐述晋升之道。该卦以太阳升起为象征，普照大地，万物欣欣向荣，君子体悟应该"自昭明德"，奉献社会。在晋升之时，要坚守正道，取信于民，勇于开拓进取，不要患得患失。晋升不可能一帆风顺，会遇到各种曲折，包括彷徨不前、前怕狼后怕虎，要坚守正道防止危险，知险修德可以转危为安。

【体会】

晋字甲骨文是⿲，其含义尚无定论。一说上部像两支倒立的矢（箭），下部像靶心，表示箭接二连三射向靶心。一说上部为两支箭，下部像太阳，表示两支箭射向太阳，也就是"二矢射日"，包含前进之义。一说上部两支箭，下部插箭的器具。但不管是哪种解释，箭射出就会前进，前进有上升的含义。《说文解字》解释说："晋，进也。"即晋就是前进、晋升的意思。《序卦》说："物不可以终壮，故受之以《晋》。晋者，进也。"即事物不可能长久壮盛，所以紧接着就是晋卦。《杂卦》说："《晋》，昼也。"晋卦就是前进。

晋卦（䷢）是异卦相叠，上卦为离（☲），下卦为坤（☷），离为日为火，代表光明；坤为地。地上有太阳，阳光普照大地，将黑暗驱除，万物依靠阳光生长，一片光辉灿烂的景象。

晋卦描绘的是一幅美好画面，是前进或者晋升的前景。看看太阳运行轨迹，早晨旭日东升，万物沐浴在阳光之下，因阳光的温暖万物生长，在冬季也驱除寒冷让人感受有些暖意。夕阳西下，一抹余晖，将天空照得绚丽多彩！太阳将美丽献给大地，是无私的普惠，君子要阳光一样温暖社会。

晋卦的前景如何实现？晋卦已经给了答案：只要顺天行道，沿着事物本性行事就会成功，枝繁叶茂，最终达到理想的境地。如果能做到这一点，是非常荣耀的事，就像一日被天子多次召见并赐予众多财物一样。处在晋升的不同阶段采取的措施是不一样的，晋卦分六个阶段给予了阐述。

晋卦不仅仅在晋升方面给我们启示，只要是与前进有关的事物，都可以参考，如爱情进展顺利，婚姻生活融洽，事业发展如火如荼，得到老板赏识被提拔等等。

顺道而行必获成功。"明出地上，顺而丽乎大明，柔进而上行，是以康侯用锡马蕃庶，昼日三接也。"顺道而行是成功的阶梯。作为正人君子，做事走正道，只奉献而不图回报，正因为不图回报，才有更大的回报，才得到成功。

彰显美德回馈社会。"君子以自昭明德。"要彰显美德奉献社会。美德是社会正能量，推动社会更美好。康熙说："国家用人，当以德为本，才艺为末。"美德是治国之本。每个人都彰显美德，就是对社会一份贡献，也是对小人的压制。社会上君子多了，小人就会减少。

正道是前进的动力。"晋如摧如，贞吉。"无论是前进成功还是行事遇挫，只有走正道才吉祥如意，但只有走正道的成功才更值得尊重。

前进不能忘记忧患。"晋如，愁如，贞吉。"好的时候不能忘记忧患。前进是世人的永恒追求，但常常前进太快，灵魂跟不上前进的脚步，也常常只看到前面胜利果实而忽略脚下的深渊，最终前功尽弃。《孟子·告子下》说："生于忧患，死于安乐。"宋代范仲淹在《岳阳楼记》最后一段议论，颇耐人寻味："嗟夫！予尝求古仁人之心，或异二者之为，何哉？不以物喜，不以己悲，居庙堂之高则忧其民，处江湖之远则忧其君。是进亦忧，退亦忧。然则何时而乐耶？其必曰'先天下之忧而忧，后天下之乐而乐'乎！噫！微斯人，吾谁与归？"不忘忧患是防患于未然。

前进定要勇往直前。晋挂说："晋如鼫鼠，贞厉。"不要迟疑不决，认定正确的方向和目标，就要勇往直前，不能前怕狼后怕虎。居里夫人曾说："如果能追随理想而生活，本着正直自由的精神，勇往直前的毅力，诚实而不自欺的思想而行，则定能臻于至善至美的境地。"迟疑不决说明信心不足，还没有拿定主意，这是成功的大忌。

【易水】

晋卦下卦为坤（☷），上卦为离（☲）。坤为地，离为日、为火。地上有火，温度太高，从地理角度来看是在热带，如赤道附近温度就高，当然在沙漠地区太阳直射的情况下也如着火一样。这种地方，如果没有水因素调节，生灵难以生存，万物萧条。这种情况同离取象干枯死树类似，地上有枯死的树，一方面可能缺水，另一方面可能温度过高，当然也存在既缺水又温度高的情况，情景是满目疮痍、生灵涂炭。作为君子要引以为戒，修德修身，远离恶劣的环境。

如果像地上有很多水生生物，意味着水多草茂，生机一片，万物祥和，这是一个和平世界。君子看到此种情况，更加激励自己，更要加强自身修养，服务社会。

晋卦给涉水事务重要启示。

对水勿只索取要奉献。有上进之志，得到众人信任拥护晋升，没有悔恨。对涉水事务而言，就是水资源开发利用要得到"水的拥护"。水尽管不能直接表达喜欢和不喜欢，但他会用行为展示自己的爱与憎。水是万物生灵的恩人，它滋润着万物，但从不求回报，体现了水的大公无私。

彰显人水和谐的美德。君子要彰显美德。对水奉献是一种美德，让人水和谐更是功德无量的大德。没有人的存在，水是自由的，无拘无束。由于人的干预，水的自由受到一定限制。我们要彰显人水和谐的美德。

掌握水道利用保护水。顺道而行必获成功，要顺水道而行。只索取不奉献既不符合人道，也不符合水道。人要生存就要发展水资源，如何科学利用水资源是我们需要认真考虑的问题。正道是前进的动力，以水治水，通过掌握水道开发利用水资源。

开发水利要牢记风险。开发水利要牢记风险的存在。如建设大型水电站，如果质量不好就存在溃坝的风险，即便质量合格，在特大洪水情况下，也有漫顶引发的风险，也可能带来生态风险，有的风险是小的，有的可能比较大，对于那些较大风险要尤其注意控制。

保护水定要勇往直前。前进要勇往直前。保护水要义无反顾勇往直前。保护水和利用水是一致的，没有很好地保护就没有很好地利用，保护水就是保护我们人类自己。

36. 明夷 明入地中 ䷣ 用晦而明

【原文】

明夷：利艰贞。

《彖》曰：明入地中，明夷。内文明而外柔顺，以蒙大难，文王以之。"利艰贞"，晦其明也，内难而能正其志，箕子以之。

《象》曰：明入地中，明夷。君子以莅众，用晦而明。

☰☷	上六，不明晦，初登于天，后入于地。 《象》曰："初登于天"，照四国也。"后入于地"，失则也。
☰☷	六五，箕子之明夷，利贞。 《象》曰：箕子之贞，明不可息也。
☰☷	六四，入于左腹，获明夷之心，于出门庭。 《象》曰："入于左腹"，获心意也。
☰☷	九三，明夷于南狩，得其大首，不可疾贞。 《象》曰：南狩之志，乃得大也。
☰☷	六二，明夷，夷于左股，用拯马壮，吉。 《象》曰：六二之吉，顺以则也。
☰☷	初九，明夷于飞，垂其翼。君子于行，三日不食。有攸往，主人有言。 《象》曰："君子于行"，义不食也。

【翻译】

原文	准直译	意译
明夷：利艰贞①。	明夷，光明受损，宜在艰难中坚守正道。	明夷，光明受损，黑暗时代，应该坚守正道。
《彖》曰：明入地中，明夷。内文明而外柔顺，以蒙大难，文王以之②。"利艰贞"，晦其明也，内难而能正其志，箕子以之③。	《彖》说：光明埋入地下，光明受到伤害。蒙受大难之时，内守文明外现柔顺，这是文王之道。艰难之时坚守正道，韬光养晦，内心经受苦难不改其志，这是箕子态度。	《彖》说：黑暗时代，光明被埋没受到摧残。文王蒙受大难，内心煎熬坚守正道，外现柔顺。此时即便受难也要守正。箕子受难，韬光养晦，内心经受煎熬但不改其道。
《象》曰：明入地中，明夷。君子以莅众，用晦而明④。	《象》曰：光明埋入地下，光明受到伤害。君子体察此现象，君子莅临民众治理时，用韬光养晦展现其正大光明。	《象》说：光明埋入地下，明夷卦卦象。君子悟察此象精髓，黑暗时代治理民众之时，韬光养晦，彰显聪明智慧。

初九，明夷于飞，垂其翼⑤。君子于行，三日不食。有攸往，主人有言。《象》曰："君子于行"，义不食也。	初九，在黑暗中飞翔垂下翅膀。君子出行，三日没有食物吃。有所往，主人有责怪的话。《象》说："君子于行"，坚守道义不食俸禄。	初九，在黑暗时代之初，就像飞鸟翅膀受伤下垂一样低调行事。君子动辄得咎，但坚守道义做事，不食俸禄。
六二，明夷，夷于左股，用拯马壮，吉⑥。《象》曰：六二之吉，顺以则也。	六二，黑暗中伤于左股，拯救的马强壮，吉祥。《象》说：六二的吉利，柔顺坚持原则。	六二，黑暗时代，受伤严重，像伤于左大腿，此时坚持柔顺中正原则，会转危为安，犹如遇难之时壮马相救。
九三，明夷于南狩，得其大首，不可疾贞⑦。《象》曰："南狩"之志，乃得大也。	九三，昏暗中寻获光明，捉获罪恶首领，不可急切，要守正。《象》说：有南方狩猎的心志，才有大的收获。	九三，黑暗时代，阳刚守正，有突破黑暗、消灭暗主之志，坚守正道，不可急于求成。
六四，入于左腹，获明夷之心，于出门庭⑧。《象》曰："入于左腹"，获心意也。	六四，进入到左腹，获得光明受损内情，走出门庭。《象》说："入于左腹"，获得光明受损内情。	六四，黑暗时代，进一步受到伤害，犹如伤于左腹，深知伤害明德内情，柔顺守正，毅然出世，离暗避难。
六五，箕子之明夷，利贞⑨。《象》曰：箕子之贞，明不可息也。	六五，像箕子那样处于昏暗之中，宜守正。《象》说：箕子之贞，光明不可以熄灭。	六五，黑暗时代，以柔居尊，像箕子受难一样守正，坚守光明不熄。
上六，不明晦，初登于天，后入于地⑩。《象》曰："初登于天"，照四国也。"后入于地"，失则也。	上六，没有光明，黑暗，开始升天，结果入地。《象》说："初登于天"，照耀四方。"后入于地"，失去大道。	上六，处黑暗之极，没有光明，极端黑暗，犹如将初耀四方太阳埋入地下，丧明失道。

【注释】

① 明夷：利艰贞：明夷，卦名，光明受到伤害，黑暗。艰，艰难，困难。《正义》："夷者，伤也。此卦日入地中，'明夷'之象，施之于人事，暗主在上，明臣在下，不敢显其明智，亦'明夷'之义也。时虽至暗，不可随世倾邪，故宜艰难坚固，守其贞正之德。故明夷之世，利在艰贞。"《集解》引蜀才曰："夷者，灭也。"《集解》引郑玄曰："夷，伤也。'日出地上，其明乃光'，至其入也，明则伤矣，故谓之'明夷'。日之明伤，犹圣人君子有明德而遭乱世，抑在下位，则宜自艰，无干事政，以避小人之害也。"

② 内文明而外柔顺，以蒙大难，文王以之：文明，下离为明，文明。柔顺，上坤为顺。以之，《释文》："唯文王能用之。"文王以之，指周文王被纣幽囚羑

（yǒu）里蒙难事殷之事情。

③ 晦其明也，内难而能正其志，箕子以之：晦（huì），常指农历每月最后一天，此处指隐藏。《正义》："明在地中，是'晦其明'也。是'晦其明'也。既处'明夷'之世，外晦其明，恐陷于邪道，故利在艰固其贞，不失其正，言所以'利艰贞'者，用'晦其明'也。"箕子，殷纣王的诸父，被囚以佯狂守志，此引箕子处内难晦明守正的例子。

④ 君子以莅众用晦而明：莅（lì），治理，莅众，临民治民。《集解》引虞翻曰："而，如也。"

⑤ 明夷于飞，垂其翼：翼，鸟的翅膀。《王注》："怀惧而行，行不敢显，故曰'垂其翼'也。"

⑥ 明夷于左股，用拯马壮，吉：左股，左大腿。拯，救。《正义》："左股被伤，行不能壮。六二以柔居中，用夷其明，不行刚壮之事者也。""'夷于左股'，明避难不壮，不为暗主所疑，犹得处位，不至怀惧而行，然后徐徐用马，以自拯济而获其壮吉也。"

⑦ 明夷于南狩，得其大首，不可疾贞：南狩，狩指冬天打猎。离就是明，万物皆因明而显现，是南方之卦，圣人南面而听天下，向明而治。大首，最高头领。疾，速，急。

⑧ 入于左腹，获明夷之心，于出门庭：左腹，人心在左腹部侧，重要位置。出门庭，逃走，远遁。《集解》引干宝曰："一为室，二为户，三为庭，四为门，故曰'于出门庭'矣。"《王注》："左者，取其顺也。入于左腹，得其心意，故虽近不危，随时辟难，门庭而已，能不逆忤也。"

⑨ 箕子之明夷，利贞：箕子，纣王叔父，殷有三仁，最后箕子为奴。《正义》："六五最比暗君，似箕子之近殷纣，故曰'箕子之明夷'也。'利贞'者，箕子执志不回，暗不能没，明不可息，正不忧危，故曰'利贞'。"

⑩ 不明晦，初登于天，后入于地：不明晦，当明而不明，变成黑暗。《王注》："处'明夷'之极，是至晦者也。本其初也，在乎光照，转至于晦，遂入于地。"

【宗旨】

明夷卦宗旨就是告诫处于逆境之君子，如何坚守中正之道，平安前行，转危为安。韬光养晦、远难藏明是在黑暗时代常采取的策略。在黑暗时代，君子要低调，但要坚持正义，外柔内刚，像周文王、箕子一样内心坚守正道，外现柔顺。同时要有突破黑暗的心志，选择时机突破黑暗走向光明。黑暗之时方显君子守道的光辉。

【体会】

　　明字甲骨文是🌛，《说文解字》："照也，从月，从囧（jiǒng）。"从月者，月以日之光为光也；从囧，取窗牖（yǒu）丽廔（lóu）闿（kǎi）明之意也。夷字甲骨文是🏹，由弓和矢两部分组成，也就是"弓矢为夷"。王献唐《炎黄氏族文化考》认为："夷人善治弓矢戈矛，或以技能取义作弟为夷。"《说文解字》："夷，从大从弓，东方之人也。"清朝朱骏声《说文解字通训定声》："东方夷人好战好猎，故字从大持弓，会意。大，人也。"即夷是持弓之人。夷字甲骨文另一种写法是🧍，用"尸"做夷，像下肢弯曲的人，象意东方民族蹲坐而不是跪坐的习惯。夷怎么与受伤、伤害密切联系在一起，或许与持弓人容易损伤或者死亡有关。夷字前面加明即明夷，光明受损的意思。《序卦》说："晋必有所伤，故受之以《明夷》。夷者，伤也。"《杂卦》说："《明夷》，诛也。"即明夷是光明受损，乱杀无辜。说出了明夷卦排在晋卦后面的原因，也道出了明夷的真正内涵。

　　明夷卦（䷣）下离（☲）上坤（☷），离就是明，坤为地，明夷卦卦象就是明在地下，光明被埋在地下，地面一片黑暗。人世间这种情况就是黑暗时代，小人当道，贪污腐败，正人君子受排挤。身处黑暗时代，先保存自己让自己生存，保持自己内心正直的心，通过韬光养晦积蓄力量。

　　在黑暗时代，正义得不到伸张，坏人当道横行，越是黑暗，越说明光明就在眼前。在黑暗之时，坚守正道，韬光养晦，不可急于求成，该隐则隐，但对未来要充满信心。君子更应深入民众，行事光明正大。

　　坚守正道，这是君子度过黑暗时代必须坚守的红线，也是君子的生命。在黑暗时代，颠倒黑白，指鹿为马，小人当道趾高气扬，正气得不到弘扬，戾气凝聚，君子受到排挤。黑暗之极，在黑暗之时已经孕育光明。君子要学会保存自己，要学会斗争技巧。在黑暗之时，还要不断地壮大自己，这样才有更大的本事与黑暗决斗。韬光养晦是最重要的策略。同时要树立斗志，与黑暗作斗争。

　　明夷卦适用于黑暗时代，也适用于受挫之时。

　　在黑暗中坚守正道。"明夷，利艰贞。"在黑暗时代要坚守正道。人在黑暗之中，心里是很脆弱的，如果没有一颗坚定守正道之心，很容易失去方向，经受不住严酷的考验。历史上不少仁人志士，在黑暗之中守住了一颗金子般的正直之心，成为人们心目中的英雄。

在黑暗中保存自己。"君子以莅众用晦而明。"就是要韬光养晦，在黑暗中善于保存自己，让自己更强大，才能战胜黑暗。"若为革命故，二者皆可抛"道出了为了真理不惜牺牲的豪情。在逆境中或者在黑暗中，保存自己是为了消灭敌人。

要有突破黑暗之志。"明夷于南狩，得其大首，不可疾贞。"在黑暗之时，要有突破黑暗之志。明知山有虎，偏向虎山行，这雄心壮志激发仁人志士。在黑暗之时，韬光养晦是普遍的做法，但不能没有突破黑暗之志，只有持突破黑暗的决心，才能战胜黑暗。黑暗之时需要一个航灯，指明前进的道路。

黑暗中经得起诱惑。"明夷于飞，垂其翼。君子于行，三日不食。"在黑暗之时要经得起诱惑。在黑暗中前行困难重重，甚至有生命危险，要有经得起诱惑考验的毅力和志向。

远黑暗乃积极策略。"入于左腹，获明夷之心，于出门庭。"远离黑暗也是和黑暗作斗争的重要积极策略。与黑暗作斗争，策略是多种的，其中远离黑暗也是一种，这种明哲保身、不与黑暗同流合污同样令人敬仰。

【易水】

明夷卦是光明被埋在地下，地面一片黑暗。自然现象就是到了黑夜，折射到人世就是是非不分、颠倒黑白的黑暗世界。

明夷卦本身也含有水。六二、九三和六四三爻形成"坎"，坎就是水。明夷本身意味着危险，正人君子前行危险重重，比如初九虽然位正，且与位正的六四相应，但前行必须经过"坎"，要实现自己的目标困难重重，像鸟翅膀受伤一样不能展翅高飞，并且面临着"三日不食"的困境。明夷太令人生畏。

明夷卦对涉水事务有重要启示。

水灾害之中保持正道。水过多或者过少都可能造成伤害，如水过少形成干旱，人畜缺乏饮水而死亡，生物因缺水而衰亡。水过多造成洪涝灾害，历史上黄河泛滥，不少家破人亡，造成人间惨案。水过多或者过少都是自然现象，我们人类无法控制，但我们人类为了生存必须去适应，在水灾害之时保持正道。首先认识这种现象是自然发生的，在心里上接受它们。其次在遇到水灾难之时，相互帮助，发扬友爱精神，共渡难关。第三采用科学办法救灾防灾，救灾防灾要讲科学。

水利人要经得起诱惑。水利工作涉及面广，影响深远，既有当前水能带来巨大好处的诱惑，又有潜在的不利影响的暗沟，水利人要经得起诱惑，不能只看眼前的利益而忽视巨大的潜在的威胁。要科学衡量，科学决策。要远近结合，权衡利弊得失，最终取得均衡。水利建设投资巨大，涉及人、财、物等庞大的金钱等资源，要保持出淤泥而不染的心。

水利失败面前持正道。水利工作是一项复杂系统工程，由于各种原因对水利认识存在盲区，在水利实践过程中难免出现失败。我们要正确地面对水利失败，不要沮丧，要认真分析失败的原因，总结经验教训，避免类似事件的发生。

37. 家人　风自火出 ䷤　齐家治国

【原文】

　　家人：利女贞。

　　《彖》曰：家人，女正位乎内，男正位乎外。男女正，天地之大义也。家人有严君焉，父母之谓也。父父，子子，兄兄，弟弟，夫夫，妇妇，而家道正。正家而天下定矣。

　　《象》曰：风自火出，家人。君子以言有物而行有恒。

▬▬▬	上九，有孚威如，终吉。《象》曰：威如之吉，反身之谓也。
▬▬▬	九五，王假有家，勿恤，吉。《象》曰："王假有家"，交相爱也。
▬ ▬	九四，富家，大吉。《象》曰："富家大吉"，顺在位也。
▬▬▬	九三，家人嗃嗃，悔厉吉；妇子嘻嘻，终吝。《象》曰："家人嗃嗃"，未失也。"妇子嘻嘻"，失家节也。
▬ ▬	六二，无攸遂，在中馈，贞吉。《象》曰：六二之吉，顺以巽也。
▬▬▬	初九，闲有家，悔亡。《象》曰："闲有家"，志未变也。

【翻译】

原文	准直译	意译
家人：利女贞①。	家人，一家人，女人宜守正道。	家人，一家人，女人宜守正道。
《彖》曰：家人，女正位乎内，男正位乎外②。男女正，天地之大义也。家人有严君焉，父母之谓也。父父，子子，兄兄，弟弟，夫夫，妇妇，而家道正。正家而天下定矣③。	《彖》说：一家人，女子处理主家守正道，男子在家外处事守正道。男女都各守正道，才合乎天地之大道。一家人要有庄严受尊重的领导，就是父母。父亲尽父亲的责任，儿子尽儿子的责任，兄长尽兄长的责任，弟弟尽弟弟的责任，丈夫尽丈夫的责任，妻子尽妻子的责任，这样家道就端正。家道端正，天下就安定。	《彖》说：一家人，女主内男主外，各守正道才符合天地大道。家要有威严的主事人，即父母。父尽父道，子尽子道，兄尽兄道，弟尽弟道，夫尽夫道，妻尽妻道，如此家风才正。齐家方能平天下。

《象》曰：风自火出，家人。君子以言有物而行有恒[4]。	《象》说：风从火生出，家人卦象。君子体悟此象，言之有物，行有恒心。	《象》说：火上有风，家人卦卦象。君子体悟此象，言之有物，行之有常。
初九，闲有家，悔亡[5]。《象》曰："闲有家"，志未变也。	初九，做好防范才有家，没有后悔。《象》说："闲有家"，防范之志不变。	初九，治家之初，立好家规，防范邪恶入侵，坚守不变，无怨无悔。
六二，无攸遂，在中馈，贞吉[6]。《象》曰：六二之吉，顺以巽也。	六二，不可随心所欲，做好饮食等内务，守正吉祥。《象》说：六二所以吉祥，因为柔顺谦逊。	六二，治家之时，柔顺谦虚，居中守正，顺道而行，不为所欲为、追求名利，主妇做好饮食分内之事，吉祥。
九三，家人嗃嗃，悔厉吉；妇子嘻嘻，终吝[7]。《象》曰："家人嗃嗃"，未失也。"妇子嘻嘻"，失家节也。	九三，治家严厉，家人怨气丛生，虽过严有点麻烦，但最终吉祥。若治家不严，母子嘻嘻哈哈为所欲为，最终出大错。《象》说："家人嗃嗃"，符合治家之道。"妇子嘻嘻"，违背治家常道。	九三，治家之时，家教严格近似残酷，但不失正道，最终吉祥。家教不严，如母子没大没小嘻嘻哈哈缺乏家规，有失家道，最终后悔莫及。
九四，富家，大吉[8]。《象》曰："富家大吉"，顺在位也。	九四，家庭富裕，非常吉祥。《象》说："富家大吉"，和顺地守正位。	九四，治家之时，柔顺守正，安于其位，家庭富贵幸福，非常吉祥。
九五，王假有家，勿恤，吉[9]。《象》曰："王假有家"，交相爱也。	九五，家长以身作则，家人各守其职，没有忧虑，吉祥。《象》说："王假有家"，家人互亲互爱。	九五，治家之时，家长阳刚中正，以身作则，家人各司其职，和睦家庭相亲相爱，没有烦恼，吉祥。
上九，有孚威如，终吉[10]。《象》曰：威如之吉，反身之谓也。	上九，有诚信有威严，最终吉祥。《象》说：威如之吉，是反省自身的关系。	上九，处治家之终，阳刚居上，有诚信有威严治家，三省吾身，最终吉祥。

【注释】

① 家人：利女贞：家人，卦名，一家人，引申为治家。《正义》："明家内指导，正一家之人。"利女贞，《程氏易传》说："夫夫妇妇而家道正，独云利女贞者，夫正者身正也，女正者家正也，女正则男正，可知矣。"《集解》引马融曰："家人以女为奥主，长女、中女各得其正，故特曰'利女贞'矣。"

② 女正位乎内，男正位乎外：女正位乎内，六二阴爻在内卦正中正位，女主内。男正位乎外，九五在外卦正中当位，又是全卦九五之尊，男主外。

③父父，子子，兄兄，弟弟，夫夫，妇妇，而家道正：父父，父亲像父亲，其他以此类推。《论语·颜渊》：齐景公问政于孔子。孔子对曰："君君，臣臣，父父，子子。"公曰："善哉！信如君不君，臣不臣，父不父，子不子，虽有粟，吾得而食诸？"正家而天下定矣，修身齐家治国平天下。

⑤闲有家，悔亡：闲，《说文解字》解释说："闲，阑也。从门中有木。"门内有木头，门栓，将门固定防止进入。本处取防范、防闲意思。《正义》："治家之道，在初即需严正，立法防闲，若黩（dú）乱之后，方始治之，即有悔矣。"

⑥无攸遂，在中馈，贞吉：攸，所。遂（suì），进。馈（kuì），本义是赠送粮食或饭食，引申为进献、输送粮食、食物及饮食之事。祭祀，《说文解字》解释说："从食，贵声。"本处取饮食之事。《集解》引荀爽曰："六二处和得正，得正有应，有应有实，阴道之至美者也。地道顺从，故无所得遂。供肴中馈，酒食是义，故曰'中馈'。居中守正，永贞其志，则吉，故曰'贞吉'也。"

⑦家人嗃嗃，悔厉吉；妇子嘻嘻，终吝：嗃嗃（hè hè），训斥声，严酷，严厉，严格。嘻嘻，笑乐貌。《集解》引侯果曰："嗃嗃，严也。嘻嘻，笑也。"

⑧富家，大吉：富家，使家富裕。

⑨王假有家，勿恤，吉：王指九五之尊，君王。假，旧音gé，《尔雅·释诂》解释说："假，大也。"有，没有实际意义，助词。恤，忧虑。《王注》："履正而应，处尊体巽，王至斯道，以有其家者也。居于尊位，而明于家道，则下莫不化矣。父父，子子，兄兄，弟弟，夫夫，妇妇，六亲和睦，交相爱乐而家道正。正家而天下定矣。故'王假有家'，则'勿恤'而'吉'。"

⑩有孚威如，终吉：孚，诚信。威，威严。朱熹注："上九以刚居上，在卦之终，故言正家久远之道。"

【宗旨】

家人卦，围绕着家这个核心展开，告诉我们治家之道：一个和谐的家是女主内男主外，各行其道，各守本分，为我们如何立家、安家、兴家和治家指明了方向。立家要女柔男刚，守正防邪于未然。安家要中正适宜，坚守正道。兴家才能治国，国泰民安。治家要互敬互爱，天下一家。修身齐家治国平天下，这是中国特有的家的概念。

【体会】

家字甲骨文是 ⌂、⌂，"宀"(mián) 表示房屋，屋里面表示"豭"(jiā) 即雄猪。《说文解字》解释说："家，居也，从宀，豭省声。"有一说雄猪繁殖能力强，家是繁衍族群的地方。也有一种说法，天子诸侯曰国，大夫为家。《序卦》说："伤于外者必反其家，故受之以《家人》。"在外受到伤害必定返家，所以接着是家人卦。《杂卦》说："《家人》内也。"家人卦是家人团聚。家是疗伤养心的地方，是家人团聚的地方，是避风的港湾。

家人卦（☲）下离（☲）上巽（☴），离为火，巽为风，风在火上，火遇到风，风助火势，越烧越旺，火也会很快得到扩散，给周边带来热度，火照万物。如果火运用得不当，如发生火灾，给家庭带来灾难性打击，涉林火灾会烧毁森林植被，让动植物无法生存，改变生态系统。风在火上，利弊兼具，看如何利用把握。若离（☲）象征着火或者干燥，巽（☴）象征着木，木在火上，或者木在干燥上，其结果是由于缺水导致树木枯死，万物不生，从生命的角度来看，木会失去生命。但木失去生命之后，又重新获得新生。木死掉了，大木可以做栋梁，修盖宫室房屋，打造家具。即便小木，也可以做柴烧，烧火做饭，煮茶取暖，给家庭带来温暖，温暖一家人。火是家庭的温暖的使者，但这火具有两面性，使用得当，温柔体贴带来无限的幸福。不幸发生火灾，小则惊吓，大则一切化为乌有。因此我们从这种卦象中可以深刻地体悟到：正确利用是福，不正则祸，作为正人君子，力求守正，而"言之有物，行之有恒"是守正的重要内容。

风自火出这是家人卦的卦象。为什么君子看到这个卦象会产生"以言有物而行有恒"？古时候钻木取火，在取火过程中，为了助燃，需要煽风增加氧气，火在煽风过程中冒出，家人卦八卦之象全部具备，所以有物。兑为口，为言，所以解释为言中有物。震为动，有巽有震之象，所以具备雷风恒之卦，所以行动有恒。《集解》引荀爽解释说："风火相与，必附于物，物大火大，物小火小，君子之言，必因其位，位大言大，位小言小，不在其位不谋其政，故'言有物'也。大暑烁金，火不增其烈，大寒凝冰，火不损其热，故曰'行有恒'矣。"君子从中体悟，说话的时候不能放空炮，要言之有物，在行动的时候，不能只冲动一时，要持之以恒。言而有信，持之以恒，作为家风代代相传。

家庭好坏对个人而言涉及利弊和幸福灾难。《易》在阐释坤卦的《文言》说："积善之家必有余庆，积不善之家必有余殃。臣弑其君，子弑其父，非一朝一夕之故，其所由来者渐矣，由辨之不早辨也。"要积善养德才能幸福安康。《大学》对家国关系进行了系统阐述："古之欲明明德于天下者，先治其国；欲治其国者，先齐其家；欲齐其家者，先修其身；欲修其身者，先正其心；欲正其心者，先诚其意；欲诚其意者，先致其知，致知在格物。物格而后知至，知至而后意诚，意诚而后心正，心正而后身修，身修而后家齐，家齐而后国治，国治而后天下平。"

一个完整的家是由男女组成，家庭内部自然有分工。在古代家庭，由于男尊女卑和其他封建礼教的约束，女人主持内务，家中饮食、祭祀等大多落在女人的身上。男人则主外，家中一切外交大多由男性来完成，包括养家赚钱，工作求仕，光宗耀祖等。无论是主内还是主外，都要心正，各守其道，父亲像父亲，儿子像儿子，这是和谐之家必有的礼节，礼是必须坚守的。良好的家风是必须的，好的家风影响每一个家庭成员，让每个人走正道。为了遵守家风，管教孩子是必须的。严格的教育是不可少的，棍棒教育看似残酷，但残酷的下面包含着深深的爱和期待。诚信是家庭的素质的基础，一个撒谎的家庭会相互撒谎，彼此缺乏信任，怎么会成为和谐家庭？其实，家有小家有大家，大家以国为家，以大同世界为一家，大家才是君子追求的最高目标，大同世界，相亲相爱。

中国古代对家的概念有独特之处，家国是联系在一起的，从家到国，从国到家是一个整体，修身齐家治国平天下，这是儒家处理家国关系的最高智慧，这个思想在家人卦中得到了充分体现。家人卦给我们重要启示：

各守其道各守其责。"女正位乎内，男正位乎外。男女正，天地之大义也。家人有严君焉，父母之谓也。父父，子子，兄兄，弟弟，夫夫，妇妇，而家道正。"成员各尽其道、各守其责。一个完整的家庭是由父母孩子组成的，父母孩子由于所处的地位不同，各有各的责任和义务，相互友爱，这就是一个和谐的家庭。《三字经》明确提出："养不教，父之过。"在《增广贤文》中讲到："养子不教如养驴，养女不教如养猪。""富若不教子，钱谷必消亡；贵若不教子，衣冠受不长。""训子须从胎教始，端蒙必自小学初。"

言之有物行之有恒。"君子以言有物而行有恒。"言之有物行之有恒，这是成功的秘诀。孔子对言之有物有深深的评述："一言可以兴邦，一言可以丧邦。"（《论语·子路》），孔子认为说话是进德、修业、治国的大事。他说："质胜文则野，文胜质则史。文质彬彬，然后君子。""言之无文，其行不远。"强调说话要言之有礼，言之有文，言之有情，言之有物。行之有恒说起来容易，但做起来难，能做到的都有一番大事业。

互敬互爱家庭和谐。"王假有家，勿恤，吉。"互敬互爱是家和谐的关键。天下一家，互敬互爱，家庭和谐，互敬互爱是核心，相互包容，相互理解，相互付出，多从对方的角度考虑问题，愿意为此奉献。互敬互爱是维护家庭的核心，让家庭充满温度。

优秀家风优秀家庭。"富家，大吉。"柔顺守正才能家庭幸福，这是好家风，有好家风才有好家庭。好家风出来的孩子品行不会差，因为从小就受好家风的熏陶，耳闻目染，好行为已经成为一种习惯，自然流露出来。好家风与孝密切相关，孝敬父母，为国尽忠都是好家风的重要内容。诚信威严，严以律己，以身作则，防微杜渐，防恶未萌，也是好家风中熏陶出来的优秀品格。百里负米的故事流传甚广，成为二十四孝中的一孝：仲由，字子路，春秋时期鲁国人，孔子弟子，十分孝顺。早年家中贫穷，自己常常采野菜做饭食，却从百里之外负米回家侍奉双亲。父母死后，他做了大官，奉命到楚国去，随从的车马有百乘之众，所积的粮食有万钟之多。坐在垒叠的锦褥上，吃着丰盛的筵席，他常常怀念双亲，慨叹说："即使我想吃野菜，为父母亲去负米，哪里能够再得呢？"孔子对其有过高度评价："你侍奉父母，可以说是生时尽力，死后思念呀！"

宽严结合事半功倍。"家人嗃嗃，悔厉吉；妇子嘻嘻，终吝。"家教严格从长远来看是利大于弊。无论是家庭教育还是学校教育，或者是单位教育，宽严结合是必须的策略，该严就严，该松就松。一直严肃会产生心里不适应，一直宽松会产生蔑视的心里。

【易水】

家人卦由下离（☲）和上巽（☴）构成。离为火为电为干燥，巽为风为木。从水的视角进行解释，别有一番意味。

水与家的关系十分密切，没有水就没有家，水是家庭存在的基础性生活资源，维系这家的运转，包括饮用、生产、环境等。水还是人类诞生的支撑物质。纵观世界四大古文明，都与水有密切关系。幼发拉底河、底格里斯河形成了两河文明，尼罗河流域诞生了古埃及文明，印度河和恒河流域产生了古印度文明，黄河流域发育了中国文明。水的重要性不言而喻。在我国西北缺水地区，依稀尚能看见将水作为重要财富严格保管，西北地区不少水窖都上锁。家可以不锁，但水窖不能不锁，防止水被偷，这是西北部分地区曾有的真实写照。

家人卦对涉水事务有重要的参考价值。

女性水教难替代。在家人卦中，女主内，女主人对家庭教育、家内部事物具有较高的地位，对孩子的影响也颇大。女主人的一言一行不知不觉地影响家风，对水的认识、利用和节水都有重要影响。女主人珍惜水、爱护水，这行为无声地会传导给家庭成员，特别是影响孩子的行为。因此充分发挥女性在水教育中的作用是非常重要的。

遵水道和谐社会。各守其道，这对正确处理人与水关系具有重要参考价值。人有人道，水有水道，各行其道，人水和谐。人毕竟要与水交往，利用水来满足人的需求，包括物质、精神需求，处理人水关系是躲不过的。人道与水道交集，处理不好就会引发不必要的矛盾。遵循水道是与水和谐相处的核心，也是构建和谐社会的重要内容。这就需要我们对水道有更深层次的认识，认识越深，遵循水道可能越准确。

　　爱水护水慈爱水。和谐的家庭充满着爱，这种爱将不同的个体紧紧地联结在一起。这种爱不是单向的，而是相互的，他是润滑剂，将一切不和谐化作和谐，让家庭充满欢乐，充满温暖。人与水构成一个家庭，只不过这个家庭有些特殊，一个是主观能动性特别强的人，一个是不会说话但能将爱洒向万物的水。水用行动将爱传递给人类，人类也应该用行动将爱传递给水，人水在爱的交融中获得和谐。

　　天下水利一大家。家人卦倡导天下一家亲，这也很适合水。全世界水是一样的，尽管在不同的国家或者区域流淌，但水性不变，从这个角度而言，天下水是不折不扣的一家亲。从河流的流向来看，天下水也是一家亲。全世界的国际河流大约有200条，其中148条流经两个国家，31条流经三个国家，21条流经四个以上的国家。我国主要国际河流有15条，数量仅次于俄罗斯和阿根廷，与智利并列世界第三位。国际河流将不同的国家串联起来，彼此相连。对于这样的水利利用，我们在尊重彼此主权的基础上，尽可能采取互谅互让、友好协商的方式面对水冲突。

38. 睽 上火下泽 ䷥ 求同存异

【原文】

睽：小事吉。

《彖》曰：睽，火动而上，泽动而下。二女同居，其志不同行。说而丽乎明，柔进而上行，得中而应乎刚，是以"小事吉"。天地睽而其事同也。男女睽而其志通也。万物睽而其事类也，睽之时用大矣哉！

《象》曰：上火下泽，睽。君子以同而异。

▬▬▬	上九，睽孤，见豕负涂，载鬼一车，先张之弧，后说之弧，匪寇，婚媾。往遇雨则吉。 《象》曰："遇雨之吉"，群疑亡也。
▬▬ ▬▬	六五，悔亡。厥宗噬肤，往何咎？ 《象》曰："厥宗噬肤"，往有庆也。
▬▬▬	九四，睽孤，遇元夫，交孚，厉无咎。 《象》曰："交孚无咎"，志行也。
▬▬ ▬▬	六三，见舆曳，其牛掣，其人天且劓，无初有终。 《象》曰："见舆曳"，位不当也。"无初有终"，遇刚也。
▬▬▬	九二，遇主于巷，无咎。 《象》曰："遇主于巷"，未失道也。
▬▬▬	初九，悔亡。丧马勿逐自复。见恶人，无咎。 《象》曰："见恶人"，以辟咎也。

【翻译】

原文	准直译	意译
睽：小事吉[①]。	睽，违背，小事吉祥。	睽，违背，小事吉祥。
《彖》曰：睽，火动而上，泽动而下。二女同居，其志不同行[②]。说而丽乎明，柔进而上行，得中而应乎刚，是以小事吉。天地睽而其事同也。男女睽而其志通也。万物睽而其事类也，睽之时用大矣哉[③]！	《彖》说：睽，火向上燃烧，泽向下流动。二位女子住在一起，其想法不能统一。在光明上愉悦，柔顺前行上进，获得中位且与阳刚相应，所以小事吉祥。天地相异但共育万物，男女有别但心意相通，万物不同却分门别类是相似的，睽的时机和功效多么重大呀。	《彖》说：睽，火燃烧向上，泽流动向下，方向相悖。恰似住在一起的小女儿和中女儿，想法南辕北辙。光明愉悦，柔顺上进前行，得中且与阳刚相应和，所以小事吉祥。天地相异但共育万物，男女有别但心志相通，万物不同但物以类聚，相悖的时机和功效多么重大呀。

· 245 ·

《象》曰：上火下泽，睽。君子以同而异。	《象》说：上卦火下卦泽，睽卦卦象。君子体察此象，求同存异。	《象》说：上火下泽是睽卦卦象。君子体察此象，求同存异。
初九，悔亡。丧马勿逐自复。见恶人，无咎④。《象》曰："见恶人"，以辟咎也。	初九，没有后悔。马丢失不用去寻，自己会回来。见到恶人没有灾祸。《象》说："见恶人"，是避免灾难呀。	初九，处睽违之初，阳刚无阴柔应和但遇同德，没有懊悔，就像丢马不寻自归一样。为了避免灾难接近敌视之人，没有过失。
九二，遇主于巷⑤，无咎。《象》曰："遇主于巷"，未失道也。	九二，在街巷中遇到主人，没有过错。《象》说："遇主于巷"，没有失去道义呀。	九二，天下睽违之时，阳刚居中大夫与柔顺君主相应和，就像仆人在街巷中遇到主人，不失道义，没有过错。
六三，见舆曳，其牛掣，其人天且劓，无初有终⑥。《象》曰："见舆曳"，位不当也。"无初有终"，遇刚也。	六三，见到大车被拽住，牛用力拉车，赶车的人受过额黥割鼻的刑罚，开始不好最终结果不错。《象》说："见舆曳"，阴占阳位不适当。"无初有终"，遇到阳刚。	六三，天下睽违之时，身为阴柔不正三公，上应阳刚不正宗庙，以阴乘刚，进退两难，犹如黥额割鼻的车夫，牛用力拉被拽住的大车，因阳刚相助，虽初始不好但最终脱困。
九四，睽孤，遇元夫，交孚⑦，厉无咎。《象》曰："交孚无咎"，志行也。	九四，离群孤独之时遇到初九元士，相互信任，有危险但没有灾难。《象》说："交孚无咎"，实现心志。	九四，天下睽违之时，阳刚不正诸侯离群索居，但与初九元夫志向相同，彼此相互信任，能实现心愿，虽危无难。
六五，悔亡。厥宗噬肤，往何咎⑧？《象》曰："厥宗噬肤"，往有庆也。	六五，没有悔恨，同宗亲如噬咬一样容易亲和，前往有什么过失呢？《象》说："厥宗噬肤"，前往会有吉庆。	六五，天下睽违之时，身为柔和居中九五之尊，与宗亲恰如啮合般亲和，行事吉庆，何错之有？
上九，睽孤，见豕负涂，载鬼一车，先张之弧，后说之弧，匪寇，婚媾⑨。往遇雨则吉⑩。《象》曰："遇雨之吉"，群疑亡也。	上九，离群孤独，看到满身是泥的猪，载了一车的鬼，先拉开弓，后高兴地放下，不是强盗，而是来婚配的。向前遇到下雨就吉祥。《象》说："遇雨之吉"，许多疑虑消失了。	上九，睽违之极，阳刚离群孤独，多疑转惊为喜，所有的疑虑都消除了，犹如看到满身涂泥之猪拉一车鬼，拉弓欲射，细瞧是迎亲队伍，不是强盗，高兴地放下弓。前行阴阳调和则吉祥。

【注释】

① 睽：小事吉：睽（kuí），卦名，违背，不合，乖违。《说文解字》谓"目不相听"，指两目相背，即"乖违"之意。小事吉，《集解》引虞翻说："小谓五，

阴称小，得中应刚故'吉'。"常见两种说法，一是细小之事吉祥。《正义》："物情乖异，不可大事。大事谓兴役动众，必须大同之世方可为之。小事谓饮食衣服，不待众力，虽乖而可。"一是指以柔做事，《折中》引何楷说："小事，犹言以柔为事，非大事不吉，而'小事吉'之谓。"本处取第一种说法。

② 火动而上，泽动而下。二女同居，其志不同行：火动而上，泽动而下，《集解》引虞翻说："离火炎上，泽水润下也。"二女同居，其志不同行，指下兑为少女，上离为中女。《正义》："中、少二女共居一家，理应同志，各自出适，志不同行，所以为异也。"

③ 万物睽而其事类也，睽之时用大矣哉：《集解》引崔憬曰："万物虽睽于形色，而生性事类言亦同也。"《程氏传》："天高地下，其体睽也，然阳降阴升，相合而成化育之事则同也。男女异质，睽也，而相求之志则通也。生物万殊，睽也，而得天地之和，禀阴阳之气，则相类也。物虽异而理本同，故天下之大，群生之众，睽散万殊，而圣人为能同之，处睽之时，合睽之用，其事至大，故云'大矣哉'。"

④ 丧马勿逐自复。见恶人，无咎：《大易缉说》："失马逐之，则逾逐逾远。恶人激之，则愈激愈睽。故勿逐而听其自复，见之而可以免咎也。处睽之初，其道当如此，不然，'睽'终于睽矣。"

⑤ 遇主于巷：遇，碰见。巷，街道。《周易注》王弼说："处睽失位，将无所安。然五亦失位，俱求其党，出门同趣，不期而遇，故曰遇主于巷。"

⑥ 见舆曳，其牛掣，其人天且劓，无初有终：舆，大车。曳：拖拉。掣，指牵制，阻挠。天，古时黥（qíng）额为天，指在罪人的额部刺字。劓（yì），割掉鼻子的刑罚。无初有终。程颐云："天而又劓，言重伤也。"劓：古代割掉鼻子的酷刑。

⑦ 睽孤，遇元夫，交孚：睽孤，乖离而独处。元夫，指初九。交孚，相互信任。《集解》引虞翻曰："孤，顾也。在两阴间，睽五顾三，故曰'睽孤'。"交孚，朱熹注："谓同德相信。"

⑧ 厥宗噬肤，往何咎：厥宗，跟他同宗族的人。噬肤，多种解释，一说噬为吃，肤为肉，噬肤为吃肉。一说为"亲和之情"。还有其他解释，本处取"亲和之情"。

⑨ 睽孤，见豕负涂，载鬼一车，先张之弧，后说之弧，匪寇，婚媾：豕，猪。负涂，背上有泥。张，拉开。弧，弓。说，"脱"的意思，放下。

⑩ 往遇雨则吉：《程氏传》："上于三始疑而睽，睽极则不疑而合，阴阳合而益，和则为雨，故云往遇雨则吉。往者，自此以往也，谓既合而益合则吉也。"

【宗旨】

睽卦主要阐述求同存异处事之道。卦象从火上泽下自然现象阐释，又从两女同居一室来说明。两女同为女性住在一个房间是同，但两人心志和性格不同这是异。虽同有异，但不失其求和之志，乖离好坏因"时用"大径相庭，选择乖离"时用"异常重要。小事乖离吉祥，大事乖离就有灾祸。睽卦根据人所处的地位提出应对乖违的办法。睽卦提出的"求同存异"的世界观和方法论，对于处理简单和复杂事物都有重要参考价值。

【体会】

睽字金文是 ，二目不能集中视线观看一物。《说文解字》解释说："睽，目不相视也。"也就是两目不相视，即两个眼睛不能集中看一物，引申违反、背离。《序卦》说："家道穷必乖，故受之以《睽》。睽者，乖也。"家道到了极点，接着出现的就是乖离。睽卦就是乖离。《杂卦》说："《睽》外也。"即睽卦是违背而见外。睽的含义就是违背、乖违、背离的意思。

睽卦（☲），下兑（☱）上离（☲），兑为泽，泽水向下浸透，向下流，火焰向上燃烧，越向上温度越高。一个向上，一个向下，方向上彼此背离。尽管如此，火、泽都是自然现象，他们本质都是一种物质，异中有同。

为什么君子看到上卦火下卦泽的卦象，提出"以同而异"？君子是大智慧之人，看到了泽火不同之处，更看到这种现象背后的本质相同之处。相同是共同共识的基础，是力量的源泉，可以合力去做一件事。相异是客观存在的，不可能完全统一。智慧的君子通过个别现象概括出"求同存异"，展现了高超的智慧，同时彰显了对待万物的世界观和方法论。

从人的角度来看，兑为少女，离为中女，中女和少女由于年龄不同，所经历的事情不一样，生理年龄存在差异，他们的想法和行为存在天壤之别。但他们都是女性，既然是女性就有共同的属性，他们同中有异。

睽卦强调了乖违"时用"，可以理解为时间和功效。什么时候乖违很重要，如对待坏人，什么时候都应该和坏人乖违，但你的力量不够强大时和他乖违，最终的命运你被消灭，这时候最重要的是和他周旋，保存实力。当你的力量能够制约他的时候乖违，你就成为强者胜利者。乖违的功效非常重要，在象辞中举了几个例子，天高地卑，天地相违养育万物，男刚女柔，男女相违心志相通让人类永续。

在乖违之时,我们应该怎么做?睽卦给我们指出了重要路径:保持乐观的心态,做事情要光明磊落,要以柔克刚,不能硬来,要讲究策略,要行中道,要与志同道合的人团结协作。睽违之时保持正道,展现君子高尚的品质。

睽卦给我们重要的启示。

求同存异处理矛盾。"君子以同而异。"求同存异处理问题。《礼记·乐记》说:"乐者为同,礼者为异。同则相亲,异则相敬,乐胜则流,礼胜则离。"找出共同点,保留不同意见,求同存异处理问题是中国的独特智慧。在不一致中寻求一致,共同致力于一件事,才能将事业推向成功。1955年周恩来率领中国代表团参加在万隆举行的亚非会议,这对新中国外交有着特殊的意义。在这次会议上,周恩来提出并坚持求同存异的方针,为会议的成功举行作出了重要贡献。4月19日周恩来登台发表讲话:"中国代表团是来求团结而不是来吵架的。我们共产党人从不讳言我们相信共产主义和认为社会主义制度是好的。但是,在这个会议上用不着来宣传个人的思想意识和各国的政治制度。"周恩来强调"求同"而不是"立异",主张不同思想意识和社会制度的存在并不妨碍亚非国家求同和团结,并表示中国准备在坚守五项原则的基础上与亚非各国建立正常关系。周恩来充满智慧地进行阐释和解惑,用平等的态度来平息争论,赢得了各方的尊敬和赞同。值得注意的是,讲求同存异并不是不讲原则、不讲道理地无条件地妥协,而是在坚持原则的基础上寻找共同点,以促进和维护存在不同观点的个体和团体之间的团结和协作。

团结同志共对逆境。"无初有终,遇刚也。"面对逆境,需要有人帮助才能转危为安。面对逆境,特别是国家处于混乱之时,明哲保身解决不了问题,匹夫之勇只能白白地牺牲生命,这时候需要志同道合的人团结起来共同迎战,才能凝集更大的正能量战胜逆境。

相互信任战胜逆境。"睽孤,遇元夫,交孚,厉无咎。"在逆境之中,有相互配合并且值得生命相托的朋友至关重要,既是力量的源泉,又是战胜困境的利器。"竹林七贤"嵇康和山涛,只见过一面就"契若金兰",成为无话不谈的至交好友。

睽违之时需要铁队。"悔亡,厥宗噬肤,往何咎。"睽违之时需要一支过得硬的队伍。与逆境作战,只有坚强的意志是不够的,还必须有一支心连心拧成一股绳的铁杆队伍,这样才更有战胜睽违的力量。这支队伍既可以由宗亲组成,也可以由志同道合、同仇敌忾的人聚集，为了一个共同目标，同逆势力奋战到底。

【易水】

睽卦与水有密切关系。下卦兑（☱），兑为泽，泽是低洼之处的积水，上卦离（☲），离为火为日。水能灭火，但火在水上面燃烧，水对火也无能为力，只能任其燃烧，直至火自然熄灭。本来是水火不容，但因为所处的位置相背，最终难以形成交叉，各随本性。如果离为日，泽水上面有太阳，晨出霞光万里，泽波粼粼，气象万千，一片仙人境界。日上头顶，泽被日照射，泽水被加速蒸发，参与大气循环，让水圈更为活跃。到了傍晚，日落西山，泽水一片余晖。

泽日是相互作用的。当没有降水的时候，泽在日的照射下，日益蒸发，逐渐减少，最终可能干涸。曾经碧波荡漾的罗布泊，现在变成荒无人烟的沙漠，体现了两者不协调的残酷。泽水被蒸发后参与大气循环，可能成为甘霖，滋润万物。当有降水的时候，泽面逐渐扩大，一些曾经裸露的土地被泽水淹没，在太阳的照射下，泽水会减少，被淹没的土地重新显现，又可以焕发勃勃生机。同时泽大如海，观泽日出有海上出日的感觉，颇有另一番感慨。

睽卦对涉水事物有重要启示。

处理水问题求同存异。睽卦给出了处理事物重要的求同存异的世界观和方法论，这对于处理水问题同样适用。由于利益关注点不同，或者受益大小存在差异，水问题处理异常复杂。如水资源开发利用过程中存在上下游、左右岸矛盾，当代和下一代矛盾，水资源开发利用过程中存在人与自然生态矛盾等等。如何正确地处理这些问题，关系到矛盾是否能够顺利解决、水利能否顺利开发的问题。我们可以充分利用求同存异的办法，寻求利益方共同之处，将问题聚焦到同上来，扩大共同点，同时对于不同点我们也要予以充分关注，尊重各自的意见，受益方对受损方给予适当补偿，争取双方在水利开发过程中都不受损失，以益补损，共融共处，协同发展。

同心协力面对水困境。团结志同道合的人一起面对逆境才能战胜它，这样的启示同样适用于水困境。我们面临着诸多的水困境，主要表现在：数量上短缺，整体上水资源数量不能满足人类的需求，存在着水资源供小于需的矛盾；质量上污染，水质污染是威胁人类健康的重要因素之一；水生态受到威胁。面对水困境，我们要统一思想，将战胜水困境作为重要任务来解决。

建立过硬的水利队伍。信任是战胜逆境的基础，睽违之时需要铁杆队伍。对水而言，水利需要一支值得信任过得硬的队伍应对各种挑战。

39. 蹇 山上有水 ☶☵ 见险而止

【原文】

蹇：利西南，不利东北。利见大人，贞吉。

《彖》曰：蹇，难也，险在前也。见险而能止，知矣哉！蹇"利西南"，往得中也。"不利东北"，其道穷也。"利见大人"，往有功也。当位"贞吉"，以正邦也。蹇之时用大矣哉！

《象》曰：山上有水，蹇。君子以反身修德。

▬▬ ▬▬	上六，往蹇，来硕，吉，利见大人。 《象》曰："往蹇，来硕"，志在内也。"利见大人"，以从贵也。
▬▬▬▬▬	九五，大蹇，朋来。 《象》曰："大蹇，朋来"，以中节也。
▬▬ ▬▬	六四，往蹇，来连。 《象》曰："往蹇，来连"，当位实也。
▬▬▬▬▬	九三，往蹇，来反。 《象》曰："往蹇，来反"，内喜之也。
▬▬ ▬▬	六二，王臣蹇蹇，匪躬之故。 《象》曰："王臣，蹇蹇"，终无尤也。
▬▬ ▬▬	初六，往蹇，来誉。 《象》曰："往蹇，来誉"，宜待也。

【翻译】

原文	准直译	意译
蹇：利西南，不利东北①。利见大人，贞吉。	蹇卦，西南方有利，东北方不利。宜见大人物，守正吉祥。	蹇卦，遇困之时，宜用柔顺、不用阳刚的方法应对。宜展现大人之德，守正吉祥。
《彖》曰：蹇，难也，险在前也。见险而能止，知矣哉！蹇"利西南"，往得中也。"不利东北"，其道穷也。"利见大人"，往有功也。当位"贞吉"，以正邦也。蹇之时用大矣哉！	《彖》说：蹇就是困难，遇到困境。遇到险境而能制止，智慧呀。遇到困难，"利西南"，前行获得中位，"不利东北"，因道路困阻不通。"利见大人"，前往能达到目的。当位时机和运用多么重大呀。	《彖》说：蹇就是困难，危险就在眼前。遇险知止，多么智慧呀。遇险之时，用柔顺不莽撞的方法突破，行事中正，展现大人之德，行事就会成功。站位正当守正才能治国安邦吉祥。蹇的时机和运用多么重大呀。
《象》曰：山上有水，蹇。君子以反身修德。	《象》说：水在山上，蹇卦卦象。君子体察此象，反省自身，修好美德。	《象》说：水在山上，蹇卦卦象。君子体察此象，反省自己，修身养德。

· 251 ·

初六，往蹇，来誉②。《象》曰："往蹇，来誉"，宜待也。	初六，前进就会遇到困境，返回就可以得到美誉。《象》说："往蹇，来誉"，应该相时而动。	初六，处蹇之初，前进遇到险阻，返回得到美誉，困境之时应待时而动。
六二，王臣蹇蹇，匪躬之故③。《象》曰："王臣蹇蹇"，终无尤也。	六二，臣为救君王遇到重重险阻，不是为自己原因。《象》说："王臣蹇蹇"，最终没有过失的。	六二，险境之时，身为中正大夫，为救君甘冒重重险阻，舍生忘死，最终没有过失。
九三，往蹇，来反④。《象》曰："往蹇，来反"，内喜之也。	九三，前往有险阻，返回来。《象》说："往蹇，来反"，内部喜欢他呀。	九三，险境之时，身为守正阳刚三公，若暴虎冯河前行会有危险，就地凝集内部力量，才能战胜困难，有喜庆。
六四，往蹇，来连⑤。《象》曰："往蹇，来连"，当位实也。	六四，前往有险境，回来联结人。《象》说："往蹇，来连"，位正且脚踏实地努力。	六四，险境之时，身居当位诸侯要职，进退皆险，安分守己战胜险境。
九五，大蹇，朋来⑥。《象》曰："大蹇，朋来"，以中节也。	九五，大险境之时，朋友到来。《象》说："大蹇，朋来"，因为居中而有节制。	九五，险境之时，身为九五之尊，居中守正有节，面临险境，四方援军救驾。
上六，往蹇，来硕⑦，吉，利见大人。《象》曰："往蹇，来硕"，志在内也。"利见大人"，以从贵也⑧。	上六，前往有险境，回来大丰收，适宜见到大人。《象》说："往蹇，来硕"，心志在内部。"利见大人"，因为跟随了贵人。	上六，处险境之极，不冒险前行，心志阳刚守正，跟随大中至正九五之尊，展现大人之德，吉祥如意。

【注释】

①蹇：利西南，不利东北：蹇（jiǎn），卦名，跛足，引申为困境、险境。《说文解字》："蹇，跛也。"行难谓之蹇。西南，八卦坤位西南，柔顺。东北，八卦艮的方位，艮为止为刚为刚躁。《王注》："西南，地也，东北，山也。以南之平则难解，以难之山则道穷。"《正义》："'蹇'，难也。西南顺位，平易之方。东北险位，阻碍之所。世道多难，率物以适平易，则蹇难可解。若入于险阻，则弥加拥塞。去就之宜，理须如此。"朱熹注："蹇，难也。足不能进，行之难也。"

②往蹇，来誉：往，前行。来，返回。誉，荣誉，美誉。《正义》："初六处蹇之初，往则遇难，来则得誉。初居艮始，是能见险而止。见险不往，则是来而得誉。"

③王臣蹇蹇，匪躬之故：王臣，君王之臣。蹇蹇，困难加困难，困难重重。

躬，一说自身，亲自。一说躬为信，匪躬就变成非信，即背信弃义。本处取前者。故，原因。《王注》："处难之时，履当其位，居不失中，以应于五。不以五在难中，私身远害，执心不回，志匡王室者也，故曰'王臣蹇蹇，匪躬之故'。"

④ 往蹇，来反：反，返回，回归。《王注》："进则入险，来则得位，故曰'往蹇来反'。"

⑤ 往蹇，来连：《王注》："往则无应，来则乘刚，往来皆难，故曰'往蹇来连'。"

⑥ 大蹇，朋来：朋，朋友，本卦指正应六二爻。《正义》："九五处难之时，独在险中，难之大者也，故曰'大蹇'。然得位履正，不改其节，如此同志者自远而来，故曰'朋来'。"

⑦ 往蹇，来硕：硕，旧读 shí。本意头大，后泛指大。《说文解字》解释说："硕，头大也。"《本义》："已在卦极，往无所之，益以蹇耳。来就九五，与之济蹇，则有硕大之功。"

⑧ "利见大人"，以从贵也：贵，指九五贵居君位。《程氏传》："六以阴柔当蹇之极，密近刚阳中正之君，自然其志从附，以求自济，故'利见大人'，谓从九五之贵也。所以云：从贵，恐人不知大人为指五也。"

【宗旨】

蹇卦是如何应对险境之卦。君子面对险境，三省吾身，修德养性，积极应对。应对困境原则是柔顺以待，避免横冲直撞，要坚守中正，同时安分守己，相时以待困。该卦为我们应对险境提供了世界观和方法论。

【体会】

作者没有找到蹇字的甲骨文和金文。《说文解字》为𹂛，并解释说："蹇，跛也。"蹇象征跛足，行走困难，不顺利，跛行艰难。《序卦》解释说："乖必有难，故受之以《蹇》。蹇者，难也。"乖违必定有灾祸，所以接着是蹇卦。蹇就是灾难。这就是蹇卦的内涵。

蹇卦（䷦），下艮（☶）上坎（☵），艮为山为止，坎为水为险，整个卦是水在山上。山高大，水蓄过高山，在高山之上，真可谓山高水深。山高行路难，水深渡过艰难。整体卦象在人世上，象征着困难重重，人生遇到艰难险境。如果智慧地应对，如见险而止，或者采取其他办法绕过艰难险阻，明哲保身，可谓有大智慧的人。

出现险境怎么办？悬崖勒马，化险为夷，蹇卦就是告诉我们在险境面前怎么做：面对险境，要冷静，要充分发挥自己的聪明才智，切莫冲动，要想办法

· 253 ·

越过险境，达到平安繁荣的彼岸。采用柔顺办法，以柔克刚。因为遇到险境，自己力量不足，要求助外界的力量来脱离险境，德高望重的人智慧多、人脉广、受人尊重，各方都给他面子。但无论如何，自己不能走歪门邪道，要走正道。这就是处理险境的基本原则，这蕴藏着无限的智慧。

　　面对险境，小人与君子态度截然不同。小人会同流合污，甚至出卖灵魂，卖国求荣。而君子则不同。君子会拯救危难，会三省吾身，会在困境中磨炼自己的意志，修身养德，让自己更纯洁，出污泥而不染，越是在险境之时，越能凸显君子特质。正如孔子所说："德之不修，是吾忧也。"这就是小人与君子的天壤之别。

　　面对险境，如何脱离是高超智慧，应时而动是非常重要的。在险境之时，抓住时机，一跃而起，就获得生机，改变自己的命运。在险境之极，不要绝望，说明黑暗已经到了尽头，前头就是曙光。险境之极是最艰难最危险的时候，这时候要坚持再坚持，更要守正再守正，不能功亏一篑，要凝聚可以凝聚的一切力量，团结可以团结的一切力量应对险境。险境之时需要别人的帮助，该求助就要求助，自身面对险境无能为力，而来自外界的力量却能帮助你渡过难关，走向光明的前程。一人的黑暗可能是黑暗，众人的黑暗就酝酿着革命，无限光明就在孕育之中，对未来要充满希望。

　　蹇卦给我们重要启示。

　　以柔克险最为重要。"利西南，不利东北。"提示我们以柔克险，忌讳以刚怼险。面对险境，柔的力量更强大，尽管看上去软趴趴，但水滴石穿，能看出柔的功夫。如果面对以刚灭亡的格局，而你以刚应对，就要慎之又慎。二桃杀三士的故事值得我们深思。

　　险中修身强大自己。"君子以反身修德。"在险境之时更加修炼自己，让自己品德更加高尚。高品质是历代仁人志士的追求，在家训中都占有重要地位。宋代大儒朱熹在《家训》中指出："有德者虽年下于我，我必尊之；不肖者，虽年高于我，我必远之。"

　　应对危险相时而动。"往蹇，来誉，宜待也。"要相时而动，出动早了不行，行动迟了也不好，要在恰当的时点作为才有最佳效果。时机很重要，就是我们所说的抓准时机。

　　团结一心战胜险境。"大蹇，朋来。"面对困境要团结一切可以团结的力量。团结就是力量，只要团结一心，就一定能战胜困难。面对险境，团结一心是重要的法宝。

得道多助脱离险境。"往蹇，来硕，吉，利见大人。"守道多助能脱离险境。团结一心脱离险境是内在因素，还需要外在协助。得道多助是获取外援的重要途径。《孟子·公孙丑下》说："天时不如地利，地利不如人和。""域民不以封疆之界，固国不以山溪之险，威天下不以兵革之利。得道者多助，失道者寡助。寡助之至，亲戚畔之；多助之至，天下顺之。以天下之所顺，攻亲戚之所畔，故君子有不战，战必胜矣。"

【易水】

蹇卦的卦象是山上有水，艮（☶）为山在下，坎（☵）为水在上。在自然界中，山上有水的情况还真不少。

一种是被水淹没的山。修建大型水利工程，原来的山就会被淹没在水中。这对于陆生生物来说是一种灾难，对于水生生物来说是一种机会。

一种是海中的山，他们可能从陆地中沉入大海，也可能是海中的火山爆发产生的新山。如海底山脉是绵延于海底的大洋中脊和海岭，其中大洋中脊是纵贯世界大洋的洋底山系，庞大的山在海中，真是山再高，也没有水深，水的宽大胸怀在这里得到了真实的体现。一种是水在山上，或不断地流淌，或静如秋月。吉林长白山天池，就是典型的山上有水。

蹇卦给我们涉水事务有一定的启示。

在水灾面前以柔克险。水灾害一直伴随着人类，无论是人类诞生时期技术原始，还是现代科技发达，水灾害一直没有远离我们。随着人类的进步，水灾害不仅没有减少而且有加大的趋势。这是因为我们还不能征服水灾害的时候，远离水灾害是最好的办法。当我们有一定能力与水灾害争上下的时候，一旦我们的防御措施失利，所带来的损失更大。其实远离水灾难就是最好的避险方法，就是以柔克险的一种表现，我们的先人就是用这种方法和水灾相处，这种方法到现在也很实用。

在水灾难中汲取教训。水灾不断地发生，我们会采取不同的方式积极应对，既有成功的经验，也有失败的教训。对于成功的经验，我们总结其使用条件，作为宝贵的知识进行传承。我们要学会与水灾和平相处的技巧。

应对水困境相机而动。水给我们带来的困境不只有水灾，还有水短缺、水污染、水生态恶化等等，对待这些困境，我们要相机而动。如水短缺我们采取的办法之一就是适当地调水，但调水也有合适的时机。

团结一心战胜水困境。团结是战胜水困境的重要基础，我们要充分发挥这个重要的软实力。水困境影响面广，面对水困境，相关领导想办法是责任也是义务。民众也不能袖手旁观，我们要善于组织民众，充分发挥他们的智慧，拧成一股绳共渡难关。领导要团结积极应对，更要团结上级有关部门和领导，让他们充分了解水困境及其危害，引起他们的高度重视，投入人力、物力、财力战胜水困境。

40. 解 雷下有雨 ䷧ 柔道致治

【原文】

解：利西南，无所往，其来复吉。有攸往，夙吉。

《彖》曰：解，险以动，动而免乎险，解。"解，利西南"，往得众也。"其来复吉"，乃得中也。"有攸往，夙吉"，往有功也。天地解而雷雨作，雷雨作而百果草木皆甲坼。解之时大矣哉！

《象》曰：雷雨作，解。君子以赦过宥罪。

▬▬ ▬▬	上六，公用射隼于高墉之上，获之，无不利。 《象》曰："公用射隼"，以解悖也。
▬▬ ▬▬	六五，君子维有解，吉，有孚于小人。 《象》曰：君子有解，小人退也。
▬▬▬▬	九四，解而拇，朋至斯孚。 《象》曰："解而拇"，未当位也。
▬▬ ▬▬	六三，负且乘，致寇至，贞吝。 《象》曰："负且乘"，亦可丑也。自我致戎，又谁咎也？
▬▬▬▬	九二，田获三狐，得黄矢，贞吉。 《象》曰：九二贞吉，得中道也。
▬▬ ▬▬	初六，无咎。 《象》曰：刚柔之际，义无咎也。

【翻译】

原文	准直译	意译
解：利西南，无所往，其来复吉。有攸往，夙吉①。	解：有利于西南方，无所前行，返回吉祥。有所前往，早些吉祥。	解，用柔顺方法解除困境，前行有困，严守本分职责，吉祥如意。若有祸乱及早解决，吉祥。
《彖》曰：解，险以动，动而免乎险，解。"解，利西南"，往得众也。"其来复吉"，乃得中也。"有攸往，夙吉"，往有功也。天地解而雷雨作，雷雨作而百果草木皆甲坼。解之时大矣哉②！	《彖》说：解，险以动，动而免乎险，解。"解，利西南"，前往解难得到众人拥护。"其来复吉"，就能合宜适中。"有攸往，夙吉"，前往解难必能建功。天地疏解雷雨兴起，百果草木种子破壳萌芽，解难之时的功效是多么弘大啊！	《彖》说：解是用行动解除困境灾难。用柔顺的方法解除困境灾难，才能得到众人拥护。严守本分责吉祥是因为中正，趁早行动解危必能成功。天地疏解雷雨兴作，万物萌发繁盛，解得适时伟大呀！

《象》曰：雷雨作，解。君子以赦过宥罪③。	《象》说：雷雨兴起草木萌芽，解卦卦象。君子体察此象，赦免过失，宽宥罪恶。	《象》说：雷雨交作，解卦卦象。君子体察此象精髓，赦过宥罪。
初六，无咎。《象》曰：刚柔之际，义无咎也。	初六，没有过错。《象》说：刚柔交接，理当没有过错。	初六，解难之初，刚柔兼济解除灾难，没有过错。
九二，田获三狐，得黄矢，贞吉④。《象》曰：九二贞吉，得中道也。	九二，狩猎时捕获多只狐狸，得到黄色的箭矢，守正吉祥。《象》说：九二贞吉，得到中道呀。	九二，解难之时，如箭一样正直，坚守正道、中道，助君解难，除暴安良，吉利。就像打猎获得多只狐狸，得到黄色箭矢。
六三，负且乘，致寇至，贞吝⑤。《象》曰："负且乘"，亦可丑也。自我致戎，又谁咎也？	六三，背负重物而身乘大车，招引盗寇，守正防灾。《象》说："负且乘"，行为丑恶。自身无德窃位而招致兵戎之难，又归咎于谁呢？	六三，解难之时，柔顺不正乘刚，行为丑恶，无德失礼招致兵戎之难，怪谁呢？应该守正防灾。就像肩扛重物，乘坐不符合身份的大车，招引强盗。
九四，解而拇，朋至斯孚⑥。《象》曰："解而拇"，未当位也。	九四，解开大脚趾，朋友到来才会有诚信。《象》说："解而拇"，没有在正确位置上。	九四，解难之时，阳居阴位不正，阳刚应和柔顺但皆不正位，若能正位守正，诚信天下，朋友就会蜂拥而至，帮助解难。
六五，君子维有解，吉，有孚于小人⑦。《象》曰：君子有解，小人退也。	六五，君子灾难解除，吉祥，对小人有诚信。《象》说：君子有解，小人退避了。	六五，解难之时，身为柔顺居中应刚的九五之尊，退避小人，解除君子灾难，小人被教化得有诚信，吉祥。
上六，公用射隼于高墉之上，获之，无不利⑧。《象》曰："公用射隼"，以解悖也⑨。	上六，王公射在高城之上的隼，击中，没有不利。《象》说："公用射隼"，解除悖乱。	上六，处解之极，解除悖乱，恰如王公用箭击获高城墙上的隼，没有不利的。

【注释】

① 解：利西南。无所往，其来复吉。有攸往，夙吉：解，卦名，解脱、解难、解除的意思。朱熹注："解，难之散也。"利西南，西南是坤卦，坤代表柔顺。攸，所。来复，回到原处。夙，早，指提早准备。《正义》："往之西南，得施解于众，所以为利也。"

② 天地解而雷雨作，雷雨作而百果草木皆甲坼。解之时大矣哉：雷，指上卦震。雨，指下卦坎。甲，指植物种子的皮壳。坼（chè），破裂，《说文解字》

解释说："裂也。"《尚氏学》："言草木当春，得雷雨胚胎迸裂，蓓蕾怒发，芽蘖（niè）潜滋而外甲坼也。"

③ 君子以赦过宥罪：《正义》："'赦'谓放免，'过'谓误失，'宥'谓宽宥，'罪'谓故犯。过轻则赦，罪重则宥，皆解缓之义也。"宥（yòu），宽恕、原谅。

④ 田获三狐，得黄矢，贞吉：田，打猎。《王注》："狐者，隐伏之物也。刚中而应，为五所任，处于险中，知险之情，以斯解物，能获隐伏也。故曰'田获三狐'也。黄，理中之称也。矢，直也。田而获三狐，得乎理中之道，不失枉直之实。能全其正者也，故曰'田获三狐，得黄矢，贞吉'也。"

⑤ 负且乘，致寇至，贞吝：《王注》："处非其位，履非其正，以附于四，用夫柔邪以自媚者也。乘二负四，以容其身。寇之来也，自己所致，虽幸而免，王之所贱也。"

⑥ 解而拇，朋至斯孚：而，《正义》："汝也。"拇，《释文》："足大趾也。"朱熹注："拇，指初。初与四皆不得其位而相应，应之不以正者也。然四阳初阴，其类不同，若能解而去之，则君子之朋至而相信也。"

⑦ 君子维有解，吉，有孚于小人：维，语气助词。《王注》："居尊履中而应乎刚，可以有解而获吉矣。以君子之道解难释险，小人虽间，犹知服之而无怨矣。故曰'有孚于小人'也。"

⑧ 公用射隼于高墉之上，获之，无不利：隼（sǔn），旧称鹘（hú），翅膀窄尖，嘴短宽，上嘴弯曲并有齿状突起，猛禽。墉（yōng），城墙、高墙。《王注》："初为四应，二为五应。三不应上，失位负乘，处下体之上，故曰'高墉'。'墉'非隼之所处，'高'非三之所履。上六居动之上，为解之极，将解荒悖而除秽乱者也。故用射之，极而后动，成而后举，故必'获之'而无不利也。"

⑨ 以解悖也：悖（bèi），违背常理，错误的。《集解》引九家易曰："隼，鸷鸟也。今捕食雀者，其性疾害，喻暴君也。阴盗阳位，万事悖乱，今射去之，故曰'以解悖也'。"

【宗旨】

解卦是阐述如何解除困境之道。面对困境，用柔顺的方法，争取更多人支持。柔道致治、刚柔兼济、中庸正直是解除困境的重要方法。解除困境要主动作为，尊礼而行，消除自身的原因，同时要宽以待人严于律己，教化小人使之诚信，善用德高望重的人也是解除困境的重要方法。

【体会】

解字的甲骨文为❀，会意字，上面左右各表示一只手，中间表示一头牛，牛角凸显，像两手在割牛角或拔牛角，表示解剖、宰杀牛。解字本义是杀牛、分解牛，引申为分割、分裂的意思。其意进一步扩展，将聚集在一起的东西或者事物分开就叫解。

《序卦》对解卦这样解释："物不可以终难，故受之以《解》，解者缓也。"意思是事物不可能一直处于危难之中，所以在表示险难的蹇卦之后接着是解卦。解就是缓解险难。《杂卦》解释说："《解》，缓也。"有人解释"解"字通"懈"，松懈、解脱、缓解的意思。一般认为解卦是解除、解困，解难。

解卦（䷧）下坎（☵）上震（☳），坎为水为险，震为雷，雷在水上或者说雷雨交作是其卦象。当大地干旱之时，雷雨交作给干渴的大地送来甘霖，让万物欣欣向荣。特别是春雨贵如油，春天的雷声和雨声更是大地的晨鸣曲，唤醒酣睡的万物，让冰封的大地转为生机勃勃的春天，鸟语花香，令人流连忘返。雷雨后的天空一片碧蓝，雷雨清除天上的乌云，天空像被清洗过一样，清爽纯净。雷雨令天下万物受益。这都是雷雨适度、适时的结果，是一种理想状态。雷雨过度会给人类带来灾难。君子体察此现象，抽取美的精髓，将其应用于人文领域。

解卦主要阐述解除困境之道，就是用柔顺的方法解除困境灾难。在困守之时，不能消极怠工，要积极行动，在行动中寻求脱离险境，其具体路径就是以柔克险，刚柔并用。当然行动必须坚守正道，歪门邪道摆脱不了困境，尽管不正可能解除当时困境，但会很快陷入另一种困境，最终没有好的结果。行动之时要尊礼，尊礼而行就是正道，不礼是招致困境的重要原因，是自找的困境，不能怨天尤人。面临困境还得在自身上找原因，这是内因。自以为是、刚愎自用导致困境，交往的朋友和圈子不正也是重要原因。只有消除这些因素，才可能得道多助。德高望重的人也能帮助你脱离困境，要充分利用这个资源。当然宽容能教育小人转正也能帮助你脱离困境。心宽是解除困境的重要手段，同样一件事，心眼小的人认为是天大的事，不解决好像世界就要灭亡一样。但心宽的人可能觉得没什么大不了的，心宽的人比心窄的人困境少得多。

孔子对解卦很重视，在《系辞》中两处进行了重点阐释。一是："公用射隼，于高墉之上，获之无不利。"孔子解释说："隼者禽也，弓矢者器也，射之者人也。君子藏器于身，待时而动，何不利之有？动而不括，是以出而不获。语成器而动者也。"即:"隼是猛禽,弓矢是武器,射箭者是人。君子绝技在身,等待合适机会行动,怎么会没有收获呢?君子不鸣则已一鸣惊人。此言告诉我们要练好本事再去行动。"一是:"负且乘,致寇至。"孔子解释说:"负也者,小人之事也;小人而乘君子之器,盗思夺矣!上慢下暴,盗思伐之矣!慢藏诲盗,冶容诲淫,《易》曰:'负且乘,致寇至。'盗之招也。"也就是说:"背负财物是低微人的事,身份低微却乘坐君子之车,强盗就想夺取!同理,居上傲慢,居下粗暴,下者就想讨伐上了。不及时收藏财物等于教诲盗寇来偷,打扮妖冶教唆别人调戏。《易》说:'负且乘,致寇至。'盗寇是自己招来的。"并且慨叹:"作易者其知盗乎?"

解卦给我们重要启示。

以柔克险脱困境。"解,利西南。"对待困境用柔顺的方法来解决。道家认为,天下柔者莫过于水,而能攻坚者又莫胜于水。水以柔克刚,能滴水穿石,能劈山凿河,柔弱的水之杰作让我们惊叹不已,柔弱的力量真是强大。诸葛亮说:"善将者,其刚不可折,其柔不可卷,故以弱制强,以柔制强。"

宽以待人宥过失。"君子以赦过宥罪。"人犯错或者犯罪不是一棍子打死,而是要以宽以待人的精神去拯救他的灵魂,让他从内心深处去改正,即便是即将处死的犯人,也要以人道为怀,让其深刻反省自己做过的事,带着纯净的心到另外一个世界。林则徐说:"海纳百川有容乃大,山高万仞无欲则刚。"对待人都宽容,宽容也能让自己脱离困境。

化险为夷靠行动。解卦说:"解,险以动,动而免乎险……往有功也。"解除困境只有靠行动,行动是解除困境的重要手段。

尊礼守正远险境。"田获三狐,得黄矢,贞吉。"战胜困境要坚守正道,如箭正直,保持中道就吉利。

三省吾身借高人。"解而拇,朋至斯孚。""公用射隼于高墉之上,获之,无不利。"要学会反思铲除自己身上的坏毛病才有人相助,才能脱离险境,必要的时候借助高人的力量,协助我们脱离困境。李世民说:"以铜为镜,可以正衣冠;以史为镜,可以知兴替;以人为镜,可以明得失。"反省检点自己是战神困境的利剑。

【易水】

解卦是与水密切相关的卦,它下坎(☵)上震(☳),坎为雨为水,震为动,雨上有雷,雷雨交加,这是解卦的自然现象。雷雨并作带来丰沛的降水,万物获得生机。雷雨交加也有一定限度，大地雨水过剩，万物可能因洪涝而遭殃，水库、池塘等水利工程也会因水多面临危险，甚至过多会引发溃坝造成更大的损失。

涉水事务可以从解卦中受到重要启发。

以柔克险脱离水困。以柔克险是解除困境的重要手段。水利中的"柔"可以有多种理解。以工程而言，可以分成硬工程和软工程，硬工程就是实实在在的修建各种水利工程，软工程就是政策、管理、技术等。以柔克险就是通过实施各种软工程来脱离水困。比如通过加强水资源管理，我国许多地方水困是因为管理不善而引起的，强化水资源管理就可以改善水困问题。"红线管理"就是以柔克险的重要手段之一。

水纠纷要宽以待人。宽以待人可以广泛应用于水领域。从事水工作者要严于律己宽以待人。在发生水纠纷的时候，要用宽以待人的精神去化解，互谅互让地解决问题，不要得理不饶人，要得饶人处且饶人。对待水犯罪该惩罚就惩罚，惩罚并不是不宽容，而是对其他人的警示，防止其他人触犯法律，是更大的宽以待人。处理水纠纷或者水犯罪，情法相融，以法为准绳，有温度地执法，让水犯罪者心服口服地认罪伏法。

用行动化解水灾害。化险为夷靠行动。在遇到水困境的时候，要主动去解决问题，要靠行动去化解困境。水灾害是水困境重要的一方面，我们也要主动用行动去化解。如该修建水利工程的就修建水利工程，该腾退侵占洪水地盘的要腾退，该准备备用水源的准备备用水源，该预测的做好预测准备，该制订法规的制订法规。我们采取行动，要有顶层设计，不能胡子眉毛一把抓，要科学地行动，充分地调动利益相关者的积极性。

守水道远离水灾害。尊礼守正能远离险境，本身要有正气，不搞歪门邪道，一切走正道，科学决策，这是避免水困境的重要因素。以科学精神研究水问题，提出科学对策解决水灾害。水利工程兴建与否要科学论证，要遵循水规律。

发挥退休人员作用。借高人是解卦给我们的重要启示。水利退休工作者长期从事水利工作，他们有丰富的水利工作经验，他们是知识、经验上的智者，他们的智慧对我们水利工作具有重要协助作用。我们要创造条件充分发挥他们的余热，经常就重大问题听取他们的意见。由于他们已经退休，各种利害关系相对干扰少，更容易说实话，接近真实。

41. 损 山下有泽 ䷨ 惩忿窒欲

【原文】

损：有孚，元吉，无咎。可贞，利有攸往。曷之用？二簋可用享。

《彖》曰：损，损下益上，其道上行。损而有孚，"元吉，无咎。可贞，利有攸往，曷之用？二簋可用享。"二簋应有时。损刚益柔有时，损益盈虚，与时偕行。

《象》曰：山下有泽，损。君子以惩忿窒欲。

	上九，弗损益之，无咎，贞吉，利有攸往，得臣无家。 《象》曰："弗损益之"，大得志也。
	六五，或益之十朋之龟，弗克违，元吉。 《象》曰：六五元吉，自上祐也。
	六四，损其疾，使遄有喜，无咎。 《象》曰："损其疾"，亦可喜也。
	六三，三人行则损一人，一人行则得其友。 《象》曰："一人行"，三则疑也。
	九二，利贞，征凶，弗损益之。 《象》曰：九二利贞，中以为志也。
	初九，已事遄往，无咎。酌损之。 《象》曰："已事遄往"，尚合志也。

【翻译】

原文	准直译	意译
损：有孚，元吉，无咎①。可贞，利有攸往。曷之用？二簋可用享②。	损卦，有诚信，特别吉祥，没有过失。能守正，适宜有所前往。使用什么？二簋可以用来献祭。	损卦，减损之时，若非常吉祥，必须有诚信、守正道行事。只要心诚，简陋的两盘饭也可以献祭。
《彖》曰：损，损下益上，其道上行。损而有孚，"元吉，无咎，可贞，利有攸往，曷之用？二簋可用享。"二簋应有时。损刚益柔有时，损益盈虚，与时偕行③。	《彖》说：减损，减损于下，增益于上，其道是下者尊上。减损之时心存诚信，至为吉祥，必无过失，能守正，利于有所前往。减损之道通过什么来体现？两簋就足以献祭。两簋献祭必须适时。适时减损下之阳刚增益上之阴柔，事物减损增益、盈满亏虚，都要与时俱进。	《彖》说：减损之时，下者尊上，所以下减损上增益。减损之时，有诚信、守正道行事，才能大吉。只要心诚，简陋的两簋饭也可以献祭。两簋献祭必须适时。适时减损，阳刚增益阴柔、减损增益、盈满亏虚，都要与时俱进。

· 263 ·

《象》曰：山下有泽，损。君子以惩忿窒欲④。	《象》说：山下有沼泽，损卦卦象。君子体察其精髓，抑止愤怒，遏制欲望。	《象》说：山下有沼泽，损卦卦象。君子体察此象精髓，遏制愤怒和欲望。
初九，已事遄往，无咎。酌损之⑤。《象》曰："已事遄往"，尚合志也。	初九，事成快速前往，没有过错。要斟酌减损。《象》说："已事遄往"，与上级心意相合。	初九，处损之初，与上级情投意合，既然减损难免，斟酌损失，快速停损，没有过错。
九二，利贞，征凶，弗损益之。《象》曰：九二利贞，中以为志也⑥。	九二，宜守正。前往有凶险，不用减损，有增益。《象》说：九二利贞，守着中正的心志。	九二，减损之时，阳刚中正，心向九五之尊，宜守正。行事有祸，想方设法增益，遏制减损。
六三，三人行则损一人，一人行则得其友⑦。《象》曰："一人行"，三则疑也。	六三，三人一起行会减损一人，一人行则获得朋友。《象》说："一人行"，三人会引起猜疑。	六三，减损之时，三人同行，三公独应阳刚宗庙，若一人行则获得友谊，要同心同德，避免相互猜疑，共谋救损之道。
六四，损其疾，使遄有喜，无咎⑧。《象》曰："损其疾"，亦可喜也。	六四，减少他的疾病，让他快速有喜事，没有灾祸。《象》说："损其疾"，也是可喜的。	六四，减损之时，柔顺守正应阳刚，快速改掉自身毛病，加速减损双喜临门，没有过错。
六五，或益之十朋之龟，弗克违，元吉⑨。《象》曰：六五元吉，自上祐也。	六五，或许有人增益其宝龟，不要拒绝，最为吉祥。《象》说：六五元吉，来自君王的保佑。	六五，身为柔顺守中应刚的九五之尊，减损之时，托先辈庇佑，大吉，犹如有人馈送珍贵的龟，难以拒绝。
上九，弗损益之，无咎，贞吉，利有攸往，得臣无家⑩。《象》曰："弗损益之"，大得志也。	上九，不减损，增益，没有过错，守正吉祥，宜有所前往，得到公而忘私的臣下。《象》说："弗损益之"，充分实现自己心志。	上九，处损之极，损极增来，大得心愿，没有过错，守正吉祥，利于前往，有德高望重者辅助，光耀天下。

【注释】

①损：有孚，元吉，无咎：损，卦名，象征减损。《释文》："损，亏减之义也。"《正义》："'损'者，减损之名。此卦明损下益上，故谓之'损'。"孚，诚信。元吉，至为吉祥。

②曷之用？二簋可用享：曷（hé），谁，什么。簋（guǐ），古代用于盛放煮熟饭食的器皿，也用作礼器，流行于商朝至东周。二簋，喻微薄之物。享，奉献，献祭。二簋用享是一种比喻，言当损之时，只要心存诚信，虽微薄之物亦

足以献祭。《正义》："申明二簋之礼，不可为常。二簋至约，惟在损时应时行之，非时不可也。"

③ 损刚益柔有时，损益盈虚，与时偕行：损益之道重在适"时"。《王注》："自然之质，各定其分，短者不为不足，长者不为有余，损益将何加焉？非道之常，故必'与时偕行'也。"

④ 山下有泽，损。君子以惩忿窒欲：《正义》："泽在山下，泽卑山高，似泽之自损，以崇山之象也。"惩，止也。窒（zhì），阻塞不通。这是说明"君子"观"损"象而知止忿堵欲，自损不善。忿（fèn），同愤。

⑤ 已事遄往，无咎。酌损之：已事，已经成为事实之事。已有两种读音，sì、yǐ，朱熹注读 yǐ。遄（chuán），快，急速。酌（zhuó），斟酌，考虑。《正义》："已，竟也。遄，速也。损之为道，损下益上，如人臣欲自损奉上。然各有所掌，若废事而往，咎莫大焉。若事已不往，则为傲慢。竟事速往，乃得'无咎'。"

⑥ 利贞，征凶，弗损益之：征，行。弗，不。

⑦ 三人行则损一人，一人行则得其友：《正义》："六三处损之时，居于下体。损之为义，'其道上行'。'三人，谓自六三已上三阴'。上一人，谓上九也。下一人，谓六三也。夫阴阳相应，万物化醇，男女匹配故能生育，六三应于上九，上有二阴，六四、六五也。损道上行，有相从之义。若与二阴并己俱行，虽欲益上九一人，更使上九怀疑，疑则失其适匹之义也。名之曰'益'，即不是减损，其实损之也，故曰'三人行则损一人'。若六三一人独行，则上九纳己无疑，则得其友矣，故曰：'一人行则得其友'也。"《集解》引荀爽曰："一阳在上，则教令行，三阳在下，则民众疑也。"朱熹注："戒占者当致一也。"

⑧ 损其疾，使遄有喜，无咎：疾，疾病，引申为缺点。朱熹注："以初九阳刚益几，而损其阴柔之疾，唯速则善。"

⑨ 或益之十朋之龟，弗克违，元吉：十朋，古代货币单位双贝为"朋"，"十朋"即"二十贝"，犹言价值昂贵。《集解》引崔憬曰："元龟价值二十大贝，龟之最神贵者。""双贝曰'朋'也。"《尔雅》云："十朋之龟者，一曰神龟，二曰灵龟，三曰摄龟，四曰宝龟，五曰文龟，六曰筮龟，七曰山龟，八曰泽龟，九曰水龟，十曰火龟。"

⑩ 得臣无家：《正义》："夫刚德'为物所归'，故曰'得臣'。'得臣则以天下为一'，故曰'无家'。'无家'者，光宅天下，无适一家也。"

· 265 ·

【宗旨】

损是减损，损卦主要阐述减损之道，核心是"损下益上"。减损是正常现象，减损之时要心存诚信、坚守正道。应对减损要同心同德，团结一致，有难同当，共谋减损之道。身在高位更应减损自己的威严，以柔对下，能收获更多的爱戴。作为君子要减损自己的怒气和欲望，损要与时俱进。

【体会】

作者未找到损字甲骨文和金文，其金文大篆是&#xFFFD;，本义是减少的意思。《说文解字》解释说："损，减也。"《序卦》说："解者，缓也。缓必有所失，故受之以《损》。"即解就是缓解，缓解必有所失，所以接着是损卦。这既道出了损卦排序的原因，也解释了损卦的意义，损卦就是减损。《杂卦》说："损益，盛衰之始也。"损的本义就是减少、损失。

损卦（䷨）下兑（☱）上艮（☶），兑为泽，艮为山，泽在山下。山有多高因泽的淹没不知道，当泽水减少的时候，就会显露出更多的山峰，泽卑山高。当然如果泽水增多的时候，山高就会减小；当泽足够大时，山可能会淹没在泽水之中，更能凸显泽之自损以增山高。

为什么君子看到损卦的卦象，提出"君子以惩忿窒欲"？凡是人都有七情六欲。七情一般指喜、怒、哀、惧、爱、恶、欲。六欲一般指色欲、形貌欲、威仪姿态欲、言语音声欲、细滑欲、人想欲。对于利益而言，得就高兴，失去就会愤怒，越得越想得，贪欲而生。对于上下级而言，下奉献上，下损则生气，上受益多则欲望更大，上欲下忿，产生矛盾，最终不和谐，离祸乱就不远了。要维持和谐的关系必须掌握一个度。因此君子在上下级方面勿使上欲而不厌，勿使下愤而生乱。对于君子个人而言，不贪不过欲是道德基本要求。《论语》中对制怒和欲望有好多处论述。子曰："爱之欲其生，恶之欲其死，既欲其生，又欲其死，是惑也。""一朝之忿，忘其身，以及其亲，非惑与？"《荀子·乐论》说："以道制欲，则乐而不乱；以欲忘道，则惑而不乐。"

减损之时，我们应该怎么做才能吉祥如意？减损之时不搞歪门邪道，一定要走正道，心诚则灵，心诚能感动人，也容易获得别人的谅解和同情。"东邻杀牛，不如西邻之禴（yuè）祭，实受其福。"只要心诚，在减损之时即便是简陋的两碗祭品都可行，神灵都会接纳不会怪罪，心诚正道是度过减损的最重要路径。对于人而言，要减损其愤怒，减少其欲望，要从全面的角度衡量减损利弊。《系辞》说："损，德之修也。"

减损之时，重要的是团结一致，共同对外。想明哲保身，最后一定是身败名裂。特别是身居高位之人，在减损之时更不能高高在上，要与民众站在一起，这样才能获得民众的信赖和拥护，才更能增加自己的威望，才更有群众基础。越是减损的时候我们越要有信心，要相信物极必反，要有更高的斗志，要公而忘私、国而忘家。

损卦给我们重要启示。

心诚守正感神灵。"有孚，元吉，无咎。可贞，利有攸往。曷之用？二簋可用享。"减损之时心诚守正可以感动神灵。"桐江一丝，系汉九鼎"是说严光虽为隐士不当官，对东汉江山却很重要。

修德养身遏怒欲。"君子以惩忿窒欲。"在减损之时要修德养身制怒，能够控制自己的欲望和怒火。苏格拉底说："在你发怒的时候，要紧闭你的嘴，免得增加你的怒气。"但丁说："容易发怒，是品格上最为显著的弱点。"《孟子》说："养心莫善于寡欲。其为人也寡欲，虽有不存焉者，寡矣；其为人也多欲，虽有存焉者，寡矣。"这些名言警句都是告诫我们修德养身要控制自己的怒气和欲望。

同心同德战损失。"三人行则损一人，一人行则得其友。"要团结一致才能战胜困难和挫折。《古今贤文·合作篇》说："人心齐，泰山移。"

众星捧月尊柔顺。"或益之十朋之龟，弗克违，元吉。"如果你虚心柔顺，人更加敬重你，会受到众人的拥戴。

痛改前非益成功。"损其疾，使遄有喜，无咎。"减损之时改掉自己的毛病有助于成功。损卦明确地指出了这一点，对我们全面考察减损有重要意义。有过是常态，有过即改则为君子，才能走向更大的成功。孔子说："过而不改，是谓过。"

【易水】

损卦是和水关系十分密切的一个卦。损卦下兑（☱）上艮（☶），兑为泽，艮为山。从水利的视角来看，水围着山转，山被水包围。水大则山矮，水小则山高，彼此呈现相反的关系，一损一益，和损卦"损下益上"相融在一起。

实际上，山和泽的关系非常密切，山上长满植被，涵养水源就好。降水之时，可以有效地涵养水源，对泽进行补给。泽补给之后，泽面积会扩大，也进一步增大水的蒸发，对调节小气候有一定作用，相互之间也是损益关系。两者一损一益，阴阳调和。

损卦对水利具有一定的启示。

一心一意用心做好水利。心诚守正感神灵，在水利方面就是一心一意做好水利。好的水利就是人与水和谐，制订好人与水和谐的顶层设计，设计要符合实际，从诸多方面进行规划，找到实现这种目标的路径。只要我们一心一意地努力，人与水和谐的目标就离我们越来越近。

控制对水过度索取欲望。修德养身遏怒欲是损卦给我们的启示。对于水利而言，就是控制人的欲望，将水的利用控制在水的承载力范围之内，在水资源开发利用过程中，要综合考虑水资源开发利用造成的影响，不能吃子孙饭造子孙孽，如以水定规模，以水定地，以水定城等。特别是面临着生存与发展的时候，控制人的欲望需要很大毅力，有时不得不伸手向大自然过度索取，遇到这种情况下，我们要"有借有还"，及时对水进行补偿。

同心同德做好水利工作。同心同德是战胜损失的关键。对于水利而言，共谋一件事，同心协力，才能将水利工作做得更好。水利是服务行业，需要满足各行业对水的需求。但是由于水资源的有限性，不可能无限制地供应，在水资源供不应求的情况下，各行各业也要有所回应，通过产业结构调整、技术改进等多种措施减少水的需求，同水利相关部门一起做好水资源供需平衡工作。水利发展涉及财政、发改委等多个行政部门，这些部门也要对水利有统一的认识，不能相互扯皮，支持水利基础产业发展。水利内部更应该团结一致，共同努力做好水利工作。同心同德并不是只服从领导意志，而是将把水利工作做好作为共同目标。

对水过失进行彻底反思。痛改前非益成功。认真反思水利，究竟存在哪些问题没有做好。特别是对那些认为是失败的工作或者工程，更要认真反思。该改革的就改革，该抛弃的就抛弃，该发扬的就发扬，用科学态度来处理，不要带个人恩怨。

42. 益 风下有雷 ䷩ 见善思齐

【原文】

益：利有攸往。利涉大川。

《彖》曰：益，损上益下，民说无疆。自上下下，其道大光。"利有攸往"，中正有庆。"利涉大川"，木道乃行。益动而巽，日进无疆。天施地生，其益无方。凡益之道，与时偕行。

《象》曰：风雷，益。君子以见善则迁，有过则改。

	上九，莫益之，或击之。立心勿恒，凶。 《象》曰："莫益之"，偏辞也。"或击之"，自外来也。
	九五，有孚惠心，勿问元吉。有孚惠我德。 《象》曰："有孚惠心"，勿问之矣。"惠我德"，大得志也。
	六四，中行，告公从，利用为依迁国。 《象》曰："告公从"，以益志也。
	六三，益之用凶事，无咎。有孚中行，告公用圭。 《象》曰："益用凶事"，固有之也。
	六二，或益之十朋之龟，弗克违，永贞吉。王用享于帝，吉。 《象》曰："或益之"，自外来也。
	初九，利用为大作，元吉，无咎。 《象》曰："元吉无咎"，下不厚事也。

【翻译】

原文	准直译	意译
益：利有攸往。利涉大川①。	益卦。适宜有所前往，利于跋涉大川。	益卦，利于行事，利于渡过艰难险阻。
《彖》曰：益，损上益下，民说无疆。自上下下，其道大光②。"利有攸往"，中正有庆。"利涉大川"，木道乃行。益动而巽，日进无疆。天施地生，其益无方。凡益之道，与时偕行③。	《彖》说：益，上减损下增益，民众高兴没有止境。上施利下方，道德大放光芒。"利有攸往"，居中守正呈庆祥。"利涉大川"，木舟渡水可行。增益之行动且谦卑，日日增进广大无疆。天施恩惠大地生生不息，受益万物。凡是增益之道，随时同行。	《彖》说：益卦，损上益下，民众喜悦无比。上施恩百姓，其德发扬光大。因为居中守正，适宜行事并且成功。也因为遵循舟道，可以越过大河。增益之时刚柔兼济，蒸蒸日上无边。天惠大地万物昌盛，受益无疆。凡增益之道，要适时同行。
《象》曰：风雷，益。君子以见善则迁，有过则改④。	《象》说：风雷交加，益卦卦象。君子体察此象精髓，见善则迁向于善，有过错则纠正。	《象》说：雷上有风，益卦卦象。君子体察此象精髓，见善则迁，有过则改。

· 269 ·

初九，利用为大作，元吉，无咎⑤。《象》曰："元吉无咎"，下不厚事也。	初九，利于大有作为，最吉祥，没有过错。《象》说："元吉，无咎"，在下不做与己身份不合的厚重事业。	初九，处益之初，受益于上，宜做好耕种等工作回报。身为百姓，应安分守己，不适做与自己身份不相称的大事大吉。
六二，或益之十朋之龟，弗克违，永贞吉。王用享于帝，吉⑥。《象》曰："或益之"，自外来也。	六二，有人赠送十朋之龟，不要拒绝，长久守正吉祥。君王用于祭献上帝，吉祥。《象》说："或益之"，从外部来的。	六二，损上益下之时，以柔居中得其位，与九五之尊相应和，永恒守正，吉祥。犹如有人奉送难以拒绝的珍贵大龟，君王将之敬献给天帝祈福，吉祥。
六三，益之用凶事，无咎。有孚中行，告公用圭⑦。《象》曰："益用凶事"，固有之也。	六三，将受益用于解危济困，没有过错。心存诚信，守中慎行，手执玉圭虔诚相见王公。《象》说："益用凶事"，牢固地保持益处。	六三，损上益下之时，只要心存诚信、守中慎行，像手执恒圭虔诚相见王公，增益于应承担的解危济困之事，没有过错。
六四，中行，告公从，利用为依迁国⑧。《象》曰："告公从"，以益志也。	六四，守中慎行，告诉王公跟从，适宜作为依靠迁移国都。《象》说："告公从"，增益他的心志。	六四，损上益下之时，守中慎行，获得君王充分信任，增加他的心志，可以做类似迁都大事。
九五，有孚惠心，勿问，元吉。有孚，惠我德⑨。《象》曰："有孚惠心"，勿问之矣。"惠我德"，大得志也。	九五，有诚实的恩惠仁慈之心，不用占卜就知道最吉祥。有诚信地感念我施恩。《象》说："有孚惠心"，不用占问。"惠我德"，充分实现减益福众心志。	九五，损上益下之时，身为大中至正九五之尊，拥有诚心诚意施惠之心，不用卜筮，必定最吉。有诚信地恩泽民众，实现安邦治国的鸿志。
上九，莫益之，或击之。立心勿恒，凶⑩。《象》曰："莫益之"，偏辞也⑪。"或击之"，自外来也。	上九，没有人增益，有人攻击他，确立的心志不恒定，有凶险。《象》说："莫益之"，普遍情况。"或击之"，攻击来自外面。	上九，处增益之极，阳刚过剩，背离损己益人的宗旨，不仅没有人来增益，即便遭到世人的唾弃攻击也毫不为奇。如果不持之以恒保持增益心志，有凶险。

【注释】

①益：利有攸往。利涉大川：益，卦名，增益。《释文》："增长之名，又以弘裕为义。"攸，所。涉，徒步从水里走过去。《正义》："既上行惠下之道，利益万物，动而无违，何往不利？故曰'利有攸往'。以益涉难，理绝险阻，故曰'利涉大川'。"

②益，损上益下，民说无疆。自上下下，其道大光：说，多音字，shuō、yuè和shuì。本处音yuè，同"悦"，高兴，喜悦。无疆，没有边界，无情无尽。

下下，前下为动词，后下为方位词，可以理解为恩惠下级。《集解》引虞翻曰："以贵下贱，大得民，故'说无疆'。"

③ "利有攸往"，中正有庆。"利涉大川"，木道乃行。益动而巽，日进无疆。天施地生，其益无方。凡益之道，与时偕行：中正，六二、九五分别居下上卦之中，且当位守正。木道，即舟道，木道乃行可以理解为乘舟而行。方，所也，无方理解为遍及万方。巽，柔顺，谦卑。偕，一同，偕同。

④ 君子以见善则迁，有过则改：迁，就也，移也。

⑤ 初九，利用为大作，元吉，无咎：大作，《正义》："兴作大事。"《集解》引虞翻曰："大作谓耕播耒耨（lěi nòu）之利，盖取诸此也。坤为用，乾为大，震为作，故'利用为大作'。"《王注》："处'益'之初，居动之始，体夫刚德，以莅其事，而之乎巽，以斯大作，必获大功。夫居下非厚事之地，在卑非任重之处，大作非小功所济，故元吉乃得无咎也。"

⑥ 王用享于帝，吉：享，祭祀。帝，天帝。《集解》引干宝曰："圣王先成其民而后致力于神，故'王用享于帝'。"《正义》："帝，天也。王用此时，以享祭于帝，明灵降福，故曰'王用享于帝，吉'也。"

⑦ 益之用凶事，无咎。有孚中行，告公用圭：凶事，凶礼之事。告，可以理解为晋见。圭，玉器名，古代天子诸侯祭祀、朝聘时，卿大夫等执此以表示"信"，《礼记·郊特牲》："大夫执圭而使，所以申信也。"《集解》引九家易曰："天子以尺二寸玄圭主事天，以九寸事地也。上公执恒圭九寸，诸侯执信圭七寸，诸伯执躬圭七寸，诸子执谷璧五寸，诸男执蒲璧五寸。五等诸侯各执之，以朝见天子也。"

⑧ 中行，告公从，利用为依迁国：迁国，迁移国都。《集解》引虞翻曰："若周平王之东迁，晋郑是从也。五为天子，益其忠志以勑（chì）之，故言'中行，告公从，利用为依迁国'矣。"

⑨ 有孚惠心，勿问，元吉。有孚惠我德：惠心，恩惠之心。勿问，不用占问。我，指九五。惠我德，可以理解为天下感惠我的恩德。《程氏传》："五阳刚中正居尊位，又得六二之中正相应，以行其益，何所不利？以阳实在中，有孚之象也。以九五之德、之才、之位，而中心至诚在惠益于物，其至善大吉，不问可知，故云'勿问元吉'。"《王注》："为益之大，莫大于信。为惠之大，莫大于心。因民所利而利之焉，惠而不费，惠心者也。信以惠心，尽物之愿，故不待而问'元吉有孚惠我德'。"

⑩ 莫益之，或击之。立心勿恒，凶：或，有也。立心，确立的心志。恒，长久。《王注》："处'益'之极，过盈者也。求益无已，心无恒者也。无厌之求，人弗与也。独唱莫和，是'偏辞也'。人道恶盈，怨者非一，故曰'或击之'也。"

⑪ 偏辞也：偏，片面。《正义》："此有求而彼不应，是'偏辞'也。"

【宗旨】

益卦主要阐述增益之道，其核心是损上益下。上者减损自己财富利益，使下者获取好处，获得下者拥护，有利于渡过艰难险阻。上损德扬，获得民众支持。君子则见善思迁，有过则改。增益要安分守己，守中慎行，诚信虔诚，心志恒定。增益要与时偕行。增益之时谦卑会让你蒸蒸日上。

【体会】

益字甲骨文是 ，会意字，上部是水向外溢出，下部是器皿容器，水满外溢之意，是"溢"的古字，形象地说明损上益下，上面损失，下面增益。《说文解字》解释说："益，饶也。"益卦就是增益、增加的意思。孔颖达指出："损卦则'损下益上'，益卦则'损上益下'，得名皆就下，而不据上者，向秀云：明王之道，志在惠下，故取下谓之'损'，与下谓之'益'。"将益卦的涵义讲解得很清楚了。《序卦》说："损而不已必益，故受之以《益》。"即损而不止必定会增益，所以接着是益卦。该解释说明了为什么益卦排在损卦之后，也说明了损极益来普遍真理。《杂卦》说："《益》盛衰之始也。""益，德之裕也。"

益卦（☴）下震（☳）上巽（☴），震为雷，巽为风，雷上有风或者风下有雷，风烈则雷声传播更远，所以风雷交加相互助益，益卦象征着增益。

为什么益卦是损上益下？雷声大作，大地都为之颤抖，雷往往伴随着雨，雨润大地，此时大风刮起来，吹动地上万物随之而振动，雨润风吹，万物受益。风吹万物，雨润万物，都是从上而下，上者使下者得益。人文社会，统治者同百姓的关系和益卦很相似。统治者减损财富、减少税收等，人民的收入就相对增加，会受到老百姓拥护，上级使下级得益，下级会更加拥护上级。为什么君子见到益卦的卦象，会产生"见善则迁，有过则改"？君子是道德模范，君子见善言善行，会见贤思齐，见别人过错会检讨自己有没有类似的错误，如果有会立即改正，修身齐家治国平天下，这和益卦精髓很类似，用别人的善补自己的不足，看别人的过错检讨自己的不足，改正弥补自己的缺陷。

益卦告诉我们增益之道。增益对于干事业是有利的，能够帮助你克服困难。上对下施恩，下会感恩戴德，上会获得群众支持，上下相得益彰，获得双赢。

增益不能无限增益，要有限度，要各守本分，要居中守正，要心存诚信，慎行守中，要随时而行。只有遵守增益之道，才能获得增益的好处。增益是一种智慧，如果不遵守增益之道，增益往往会带来祸害。

孔子对益卦特别关注，他推断："斲（zhuó）木为耜（sì），揉木为耒（lěi），耒耨（nòu）之利。"（砍削树木做犁，弯曲木头做犁柄，用来耕种除草）受益卦启发。他解释益卦上九爻"莫益之，或击之，立心勿恒，凶"说："君子安其身而后动，易其心而后语，定其交而后求。君子修此三者，故全也。危以动，则民不与也；惧以语，则民不应也；无交而求，则民不与也。莫之与，则伤之者至矣。"

益卦给我们很多启示。

损上益下百姓喜悦。"益，损上益下，民说无疆。自上下下，其道大光。"作为上级或者领导者，要减损自己的财富或者利益，惠及下级。上级虽然失去了财富等利益，但也取得巨大的政治利益。凡多予少取惠及民众，都会受到民众的欢迎。孟子对此有过详细阐述。《孟子·梁惠王上》说："王如施仁政于民，省刑罚，薄税敛，深耕易耨，壮者以暇日，修其孝悌忠信，入以事其父兄，出以事其长上。可使制梃（棍棒）以挞秦楚之坚甲利兵矣。"

一心为民受到拥护。"有孚惠心，勿问，元吉。有孚惠我德。"诚心诚意为民服务就会受到百姓的爱戴。"安得广厦千万间，大庇天下寒士俱欢颜，风雨不动安如山。"这是诗人杜甫心系寒士的情怀，彰显了诗人对百姓的关心。"知县民之父母，国以民为本，爱民所以敬君也！"

见善则迁有过则改。"君子以见善则迁，有过则改。"向善改过，增加自己的道德修养，这是君子的基本素质。孔子说："丘也幸，苟有过，人必知之。"孔子把有人发现、指正自己的过失是幸运之事。"择其善者而从之，其不善者而改之。"

心存诚信勇于承担。"益之用凶事，无咎。有孚中行，告公用圭。"增益之时要心存诚信地勇于承担该承担的凶险之事。

增益之时与时偕行。"凡益之道，与时偕行。"增益之道，要因时而行。"取天下与守天下，无机不能。"（苏洵《远虑》）苏轼说："来而不可失者时也，蹈而不可失者机也。"这都是强调时机的重要性。

【易水】

益卦风雷交加，从水利角度来看，风雷交加有利有弊。在干旱季节，风雷交加，雷往往伴随着降水，风能将云吹向更远方，降水面积更广，大地万物受益。水利实质与益卦有相通之处,如国家增大水利投入,水利设施完善,能抵抗一定程度的干旱和洪涝,这与"损上益下"有异曲同工之妙。

益卦对涉水事物有重要启示。

水利发展要多予少取。损上益下百姓喜悦。对于水利而言,就是水利要多予少取。水利为人民服务,但更多的是它是准公益行业,具有相对的垄断性,比如一地自来水公司就控制了当地生活水的供给,其他企业很难进入。同样一个水库基本决定了当地水资源的供给格局。

以民为中心发展水利。要一心为民,就是以人民为中心发展水利。由于人民的需求和水利供给可能存在不一致,此时要努力做好水利工作的同时,加强和人民的沟通,既要回应民意,也要善于引导民意。

汲取经验教训发展水利。要充分汲取经验和教训,将其应用于水利,将水利工作做得更好。在发展水利过程中,我们要时常回头看看,三省吾身,什么地方做得好,我们继续发扬;什么地方做得不好,我们分析为什么没有做好,要采取何种措施将其做得更好。见到好的我们就及时借鉴,见到不好的我们就及时改正。

诚信水利要勇担重任。心存诚信,勇于承担。水利要讲诚信,做好水利诚信工作,该承担的工作绝不推脱,体现水利勇于担当。诚信水利就是处处讲诚信,不骗人,不虚夸,实事求是,全心全意,有一说一,光明磊落,不搞阴谋诡计。

水利建设要与时偕行。增益要与时偕行,水利建设也同样需要与时偕行。不同历史发展阶段,对水利提出不同的要求。水利工程的兴建与废弃也要与时同行。一些对生态破坏较大的水利工程,本身也到了一定年限,该拆毁的就拆毁。一些水利工程因技术不成熟等问题没有兴建,现在条件已经成熟的可以兴建。对于一些不合理的需求该调整的就调整,对于不符合新时代需求的规划该修订就修订。

43. 夬 泽上于天 ䷪ 施恩布德

【原文】

夬：扬于王庭，孚号有厉，告自邑，不利即戎，利有攸往。

《彖》曰：夬，决也，刚决柔也。健而说，决而和。"扬于王庭"，柔乘五刚也。"孚号有厉"，其危乃光也。"告自邑，不利即戎"，所尚乃穷也。"利有攸往"，刚长乃终也。

《象》曰：泽上于天，夬。君子以施禄及下，居德则忌。

	上六，无号，终有凶。 《象》曰："无号之凶"，终不可长也。
	九五，苋陆夬夬，中行无咎。 《象》曰："中行无咎"，中未光也。
	九四，臀无肤，其行次且。牵羊悔亡，闻言不信。 《象》曰："其行次且"，位不当也。"闻言不信"，聪不明也。
	九三，壮于頄，有凶。君子夬夬，独行遇雨，若濡有愠，无咎。 《象》曰："君子夬夬"，终无咎也。
	九二，惕号，莫夜有戎，勿恤。 《象》曰："有戎勿恤"，得中道也。
	初九，壮于前趾，往不胜，为咎。 《象》曰：不胜而往，咎也。

【翻译】

原文	准直译	意译
夬：扬于王庭，孚号有厉[①]，告自邑，不利即戎，利有攸往[②]。	夬，在朝廷上得意洋洋，有诚信地呼喊有危险，告诉同乡之人，不适宜军事行动，适宜有所前往。	夬，清除洋洋得意的朝中小人，诚信地警示大家有危险，告诉同乡，准备不周不能动手，可以前往协助清除小人。
《彖》曰：夬，决也，刚决柔也。健而说，决而和。"扬于王庭"，柔乘五刚也。"孚号有厉"，其危乃光也。"告自邑，不利即戎"，所尚乃穷也。"利有攸往"，刚长乃终也。	《彖》说：夬，决断，阳刚决断阴柔。刚健和悦，决断和谐。"扬于王庭"，小人凌驾五君子呀。"孚号有厉"，危险之中排除有光明。"告自邑，不利即戎"，崇尚暴动就会陷入困境。"利有攸往"，阳刚者增长就会最终成功。	《彖》说：夬就是决断，君子对决小人。要刚健和悦，果断和谐。小人凌驾君子，在朝廷上得意洋洋，有诚信地号召清除小人彰显光明。崇尚暴力理屈词穷，柔顺防止陷入困境，正气增长最终会成功清除小人。

· 275 ·

《象》曰：泽上于天，夬。君子以施禄及下，居德则忌④。	《象》说：天上有沼泽，夬卦。君子恩施体禄给下属，停止惠德则是大忌。	《象》说：沼泽高于天，夬卦卦象。君子体察此象精髓，施恩于下，忌讳有德不施。
初九，壮于前趾，往不胜，为咎⑤。《象》曰：不胜而往，咎也。	初九，前脚趾受伤，前往不能胜利，变成灾难。《象》说：不能胜利前往，灾难呀。	初九，居夬之初，弱小能力不足，如果强行去清除小人，不能获胜招致灾难。
九二，惕号，莫夜有戎，勿恤⑥。《象》曰："有戎勿恤"，得中道也。	九二，警惕呼号，夜晚有战事，不用忧虑。《象》说："有戎勿恤"，因处于中正之道。	九二，对决之时，身为大夫，阳刚居柔守中，慎谋善断，虽有小人夜晚害己的警示，不必担忧。
九三，壮于頄，有凶。君子夬夬，独行遇雨，若濡有，无咎⑦。《象》曰："君子夬夬"，终无咎也。	九三，颧骨受伤，有凶险。君子果敢决断，独自行动遇雨，沾湿有愤怒，没有灾难。《象》说："君子夬夬"，最终没有灾难。	九三，对决之时，身为阳刚正位的三公，独应小人，犹如颧骨受伤，有凶险，若心怀清除小人之志，不露声色毅然决绝小人，劝化小人，就像遇雨沾湿，心恼无错。
九四，臀无肤，其行次且⑧。牵羊悔亡，闻言不信⑨。《象》曰："其行次且"，位不当也。"闻言不信"，聪不明也。	九四，臀部受伤，行走困难。牵羊而行没有懊悔，听到这样的话不相信。《象》说："其行次且"，位置不恰当。"闻言不信"，不明聪明。	九四，对决之时，身为不正阳刚诸侯，下据三阳不前行被侵伤，清除小人之时迟疑不决，深受其害，犹如臀部受伤行走困难。如被迫前行虽然没有悔恨，但有失聪明。
九五，苋陆夬夬，中行无咎⑩。《象》曰："中行无咎"，中未光也。	九五，像果断刚毅地拔除根深商陆一样清除小人，中正之道，没有灾难。《象》说："中行无咎"，九五居中但没有发扬光大。	九五，对决之时，身为阳刚九五之尊，行中正之道，虽然像拔除根深商陆一样果断清除小人，但未能发扬光大，没有灾难。
上六，无号，终有凶。《象》曰："无号之凶"，终不可长也。	上六，无需呼喊，最终有凶险。《象》说："无号之凶"，终究不会长久呀。	上六，处夬之极，不需要号召，小人终究不会长久，最终被清除。

【注释】

①夬：扬于王庭，孚号有厉：夬（guài），卦名，排除、决断、溃决的意思。扬，宣扬。王庭，《正义》："'王庭'是百官所在之处。以君子决小人，故可以显然发扬决断之事于王者之庭，示公正而无私隐也。故曰'扬于王庭'也。"号（háo），呼号，号召。

②告自邑，不利即戎，利有攸往：邑，县邑。《周礼》："四井为邑。"戎，

兵也。

③ 健而说，决而和：健，指下乾。说，即"悦"。刚健能决而令人悦服，并导致众物和谐喜悦。

④ 君子以施禄及下，居德则忌：禄，福禄恩泽。居德，有德不施。忌，忌讳，禁忌。

⑤ 壮于前趾，往不胜，为咎：壮，伤。前趾，前脚趾。

⑥ 惕号，莫夜有戎，勿恤：惕，警惕。号，呼喊。莫，即"暮"。恤，忧虑。《本义》："九二当决之时，刚而居柔，又得中道，故能忧惕号呼，以自戒备，而'莫夜有戎'，亦可无患也。"

⑦ 壮于頄，有凶。君子夬夬，独行遇雨，若濡有愠，无咎：頄（qiú），颧骨，面颊。夬夬，果断决断。王毅认为是"动作不连贯的样子"。濡（rú），沾湿。遇雨若濡，王毅解释为"遇到轻细的小雨"。愠（yùn），含怒，怨恨，愤怒。《集解》引王弼曰："若不与阳为群，而独行殊志，应于小人，则受其困。'遇雨，若濡有愠'，而终无所咎也。"

⑧ 臀无肤，其行次且：臀（tún），俗称"屁股"或"腚"。次且，趑趄（zī jū），行走不稳的样子。《释文》："趑趄，行止之碍也。"

⑨ 牵羊悔亡，闻言不信：牵，牵系附连，范常喜认为应是"丧"。羊，强健刚劲之物，喻九五。

⑩ 苋陆夬夬，中行无咎：苋陆（xiàn lù），商陆古名字，多年生草木，叶卵形而大，春开红紫盛白色小花，入秋结实，实多肉，赤黑色，嫩叶可食，其根有毒，可供药用。商陆根系发达，分布深而广，根肉质粗壮，枝叶生长快速繁茂。《子夏易传》云："苋陆，木根、草茎、刚下柔上也。"古人有除夕夜守岁且焚烧商陆的习俗。还有解释为马齿苋等。王毅解释为"看到高平之地"。

【宗旨】

夬卦是阐述清除邪恶小人之道。位高势大的小人，阴险奸巧，清除之时不能不慎之又慎，悄然进行，不露声色，戒骄戒躁，先谋后动，刚柔相济，要做充分准备，一举成功，否则必受其害。君子体察此卦的精髓，恩泽于下，忌有德不施。

【体会】

夬字甲骨文是 ㄓ（"又"的简写，抓）和 ㄈ（有缺口的玉环，即玦），有解释说一人持玦（jué）相赠，另一个人伸手接受。玦有缺口不圆满，象征分别。猜想君子清除小人，要与小人一刀两断一了百了。《序卦》说："《夬》决也，刚决柔也，君子道长，小人道忧也。"夬卦是齐心协力清除小人，君子与小人对决，君子之道增长，小人之道渐消。

夬卦（☱☰）乾（☰）下兑（☱）上，乾为天，兑为泽，泽在天上。泽怎么会在天上？有两种解释，一是泽水比较多，看上去要上天了，这时候考验堤坝，如果堤坝质量不可靠，有溃决的可能，溃决的泽水如脱缰的野马，横冲直撞，给社会带来巨大损失。与小人胡作非为、为非作歹扰乱社会一样，都带来危害。另一种解释泽水经过蒸发到了天上，水汽腾腾，最终凝集成雨露，洒向人间惠济四方万物。

观察夬卦，五阳一阴，可以说是五阳战一阴，正气远大于阴气，但是这个阴地位特殊，他不是一般的小人，而是曾经大权在握如今退休的位高无权但有势之人，虽然他现在无权了，但他当权之时利益相关者还在，在一定程度上对他还是有一定的感情，他的影响力依然不能忽视，仍然盘根错节，特别是他还跟现任最高领导者有理不清的关系。清除这样的小人，投鼠忌器，并不容易，必须下大决心将其清除，以绝后患。清除小人并不是一件容易的事，是一场特殊的斗智斗勇的战斗，不见刀枪，却有惊险，心里一定要做最坏的打算。因此要做好顶层设计，准备周详，不漏过每一个细节。要有清除小人的决心，并且坚定不移。清除手段是坚决果断，同时和颜悦色，保持整体和谐与稳定，要采用柔顺方法，防止清除之时自己陷入困境。当自己力量不足以清除之时，要积蓄力量，不能鲁莽行事，要慎谋善断，通过不同的方式提醒同仁，心怀纯正、中正之心，不喜形于色，快刀斩乱麻清除小人，处理好和现任领导关系增加战斗力。

夬卦给我们很多启示。

能谋善断免于不败。"扬于王庭，孚号有厉。告自邑，不利即戎，利有攸往。"在面对难于对付的位高势大的小人，不仅要精心筹划做到滴水不漏，而且还应该行事果断，快刀斩乱麻，及时做出正确的决策。否则，遇事优柔寡断，做决定时犹豫不决，或者做出决定又不能坚决实施，这样只能坐失良机。《史记·高祖本纪》说："运筹帷幄之中，决胜千里之外。"

果断柔顺彰显光明。"夬，决也，刚决柔也。健而说，决而和。"要清除小人，需要果断，但也要注意方法，果断而柔顺，刚健而和悦。

施恩不啬心存正念。"君子以施禄及下，居德则忌。"要恩泽于社会，不能有德不施。君子是社会的正能量，他们关注大家的利益，让社会充满正能量。

抓时机勿轻举妄动。"苋陆夬夬，中行无咎。"行中正之道，果断像拔除商陆一样清除小人。果断不是盲目蛮干，而是瞅准时机，以迅雷不及掩耳之势拿下小人，这样才避免引发祸乱，减少后遗症。时机不成熟的时候，决战小人不轻举妄动，这是重要的原则，一定要严守。

勿做小人免坠深渊。"无号，终有凶。"作为无恶不作、罪大恶极的小人，最终会被清除。纵观历史，作为小人没有一个好下场，尽管有时候活得顺风顺水，但也经受不起历史审判。

【易水】

夬卦是和水有密切关系的卦。夬卦乾（☰）下兑（☱）上，兑为泽，泽就是水流汇聚的地方，泽在天上。一种解释就是泽水蒸发变成水蒸气蒸腾到天上，最终还是以降水的形式回到地面。一种情况是泽水特别多，仿佛要溢出来。还有一种可能，泽特别大，泽水连天，泽就在天上。但无论是哪种情况，泽最终都恩惠于人，恩惠于万物。

夬卦对水利也有重要启示。

水利一定要能谋善断敢。能谋善断免于不败。水利同样需要能谋善断，要敢于担当。水利工程特别是大型水利工程，由于涉及面广，对社会经济环境影响全面深远，需要精心谋划，开展多方面论证，尽可能发挥其效益，将其负面影响降低到最低。

水利要和谐柔顺显风采。果断柔顺彰显光明，这个启示对水利也恰如其分。水是美的，要让其美保持下去，同时发挥水的多功能性，这时候就要从水利和谐着手，满足多方的要求。要对不和谐的水利行为果断清除，对利于水利和谐的行为大力支持。水利和谐，一是水能与社会经济发展相和谐，一是与自然环境相和谐。

水利要利国利民显正道。施恩不啬心存正念。对于水利而言，就是水利要利国利民。当少数人利益和大多数人利益相冲突的时候，要以大多数人的利益为准，但对少数人的利益也要给予适当的补偿。要正确处理水利与各方面的关系。一是少数人和多数人的关系。二是小集团和国家的关系。三是国内和国际的关系。四是水利与环境的关系。

水利要抓住机遇勿妄为。任何事物的发展都有机遇，抓住机遇促进发展具有普遍性。水利发展也要抓住机遇，为自己发展创造更有利空间。机遇表现在多个层面，如国家正在进行现代化建设，水利要抓住这个机遇，为现代化建设提供水利支撑。水利在提供服务的时候，本身也需要现代化，用现代水利支撑现代化建设才更符合潮流。生态文明建设是人类在经历生态破坏之后进入的新的文明形态，水利也要抓住这个机遇，在深入开展水利绿色发展的同时，支撑生态文明建设。水利发展要审时度势，抓住有利时机为我所用，不断构建水利发展新格局。

44. 姤 天下有风 品物咸章

【原文】

姤：女壮，勿用取女。

《彖》曰：姤，遇也，柔遇刚也。"勿用取女"，不可与长也。天地相遇，品物咸章也。刚遇中正，天下大行也。姤之时义大矣哉！

《象》曰：天下有风，姤。后以施命诰四方。

	上九，姤其角，吝，无咎。 《象》曰："姤其角"，上穷吝也。
	九五，以杞包瓜，含章，有陨自天。 《象》曰：九五含章，中正也。"有陨自天"，志不舍命也。
	九四，包无鱼，起凶。 《象》曰："无鱼之凶"，远民也。
	九三，臀无肤，其行次且，厉，无大咎。 《象》曰："其行次且"，行未牵也。
	九二，包有鱼，无咎，不利宾。 《象》曰："包有鱼"，义不及宾也。
	初六，系于金柅，贞吉。有攸往，见凶，羸豕孚蹢躅。 《象》曰："系于金柅"，柔道牵也。

【翻译】

原文	准直译	意译
姤：女壮，勿用取女①。	姤，相遇，女子过分强盛，不宜娶其为妻。	姤，相遇，不娶强悍之女为妻，不可用十足小人共创事业。
《彖》曰：姤，遇也，柔遇刚也。"勿用取女"，不可与长也。天地相遇，品物咸章也。刚遇中正，天下大行也②。姤之时义大矣哉！	《彖》说：姤，相遇，柔顺遇到阳刚。"勿用取女"，不能长久呀。天地相遇，万物都彰显。刚与中正相遇，天下就非常通畅。相遇的时刻多么伟大呀。	《彖》说：姤就是相遇，柔顺与阳刚相遇，不要娶强悍女子，不能白头到老。天地相遇，万物繁盛。阳刚与中正结合，万物通畅。相遇适时恰当意义重大呀。
《象》曰：天下有风，姤。后以施命诰四方③。	《象》说：天下有风，姤卦卦象。君王因此颁发政令，传告四方。	《象》说：天下有风，姤卦卦象。君子体察此象精髓，颁发政令，传令四方。

初六，系于金柅，贞吉。有攸往，见凶，羸豕孚蹢躅④。《象》曰："系于金柅"，柔道牵也。	初六，系在坚硬的刹车器上，守正吉祥。有所往，出现凶险，像母猪一样浮躁不安。《象》说："系于金柅"，牵系控制阴柔。	初六，处姤之始，以柔居刚，应像刹车一样宜止勿动，守正吉祥。否则妄行有凶险，就像母猪一样轻浮躁动不安。
九二，包有鱼，无咎，不利宾⑤。《象》曰："包有鱼"，义不及宾也。	九二，厨房里有鱼，没有过错，不利于用来宴享宾客。《象》说："包有鱼"，道义上不为，不及来宾。	九二，相遇之时，阳刚守中，控管小人不要有越轨行为，危及百姓官场，没有过错，就像没控制住厨房之鱼乱窜，无法用来招待嘉宾。
九三，臀无肤，其行次且，厉，无大咎⑥。《象》曰："其行次且"，行未牵也。	九三，臀部失去皮肤，行走困难，有凶险，但没有大过失。《象》说："其行次且"，行动未能牵制。	九三，相遇之时，身为阳刚守正的三公，上下无应，未能管控小人导致受损，但因自身行得正无大碍，就像臀部受伤行走困难一样，有危险没大害。
九四，包无鱼，起凶。《象》曰："无鱼之凶"，远民也。	九四，厨房里没有鱼，行事有凶险。《象》说："无鱼之凶"，疏远百姓关系。	九四，相遇之时，身为阳刚诸侯，脱离民众，未能有效控管小人，行事有凶险，就像厨房没控制住鱼无法招待嘉宾。
九五，以杞包瓜，含章，有陨自天⑦。《象》曰：九五含章，中正也。"有陨自天"，志不舍命也⑧。	九五，用杞筐装瓜果，内含文采，从天上掉下来。《象》说：九五含章，居中守正。"有陨自天"，心志不舍弃使命。	九五，身为阳刚中正九五之尊，相遇之时，应命而施，不辱使命，内含美德，礼贤下士，包容治理天下，就像用杞筐包装美味甜瓜不外露一样，两者完美遇合。
上九，姤其角，吝，无咎⑨。《象》曰："姤其角"，上穷吝也。	上九，遇到墙角，凶险，没有过失。《象》说："姤其角"，居上之极原因。	上九，处姤之极，阳刚居上，前无所遇，困穷不通，有遗憾但没有过失。

【注释】

① 姤：女壮，勿用取女：姤（gòu），卦，卦名，相遇。《正义》："姤，遇也，此卦一柔而遇五刚，故名为'姤'。"女壮，一阴五阳，一女战五男，女太强壮。用，宜。取，通"娶"。《集解》引虞翻曰："阴息剥阳，以柔变刚，故'勿用取女，不可与长也'。"

② 天地相遇，品物咸章也。刚遇中正，天下大行也：品物，各类事物，万物。咸，全部，都。章，同"彰"，彰显也。《正义》："庄氏云：一女而遇五男，

既不可取。天地匹配，则能成品物。由是言之，若刚遇中正之柔，男得幽贞之女，则天下人伦之化乃得大行也。"

③后以施命诰四方:《正义》:"风行天下，则无物不遇，故为'遇'象。"后，君王。诰（gào），告诫，晓谕。《集解》引翟玄曰:"天下有风，风无不周布，故君以施令，诰化四方之民矣。"

④系于金柅，贞吉。有攸往，见凶，羸豕孚蹢躅：柅（nǐ），挡住车轮不使其转动的木块，刹车器具。《正义》引马融曰:"在车之下，所以止轮令不动者也。"《王注》:"金者，坚刚之物。柅者，制动之主，谓九四也。初六处'遇'之始，以一柔而承五刚，体夫躁质，得遇而通，散而无主，自纵者也。柔之为物，不可以不牵。臣妾之道，不可以不贞，故必系于正应，乃得'贞吉'也。"侯乃峰认为柅是古代文献中记载的"珥"，即考古中发现的青铜弓形器，本处取前者。羸（léi）豕（shǐ），牝猪，母猪。孚，通"浮"，浮躁。蹢躅（zhí zhú），徘徊不进。《释文》:"蹢，一本作'踯'，躅，本亦作'躅'，蹢躅，不静也"。

⑤包有鱼，无咎，不利宾：包，一说通"庖"，厨房；一说包裹。本处取厨房。《集解》引王弼曰:"初阴而穷下，故称鱼也。不正之阴，处遇之始，不能逆近者也。初自乐来，应己之厨，非为犯夺，故'无咎'也。擅人之物，以为己惠，义所不为，故'不及宾'。"

⑥臀无肤，其行次且，厉，无大咎：臀（tún），臀部。次（zī）且（jū），孔颖达:"次且，行不前进也。"《王注》:"处下体之极，而二据于初，不为己乘，居不获安，行无其应，不能牵据，以固所处，故曰'臀无肤，其行次且'也。然履得其位，非为妄处，不遇其时，故使危厉。灾祸已招，是以'无大咎'也。"

⑦以杞包瓜，含章，有陨自天：杞，杞柳，灌木，枝条可以编织器具。含章，蕴藏着华美。陨，从高处向下掉，坠，降落。《集解》引虞翻曰:"杞，杞柳，木名也。巽为杞为包，乾圆程瓜，故'以杞包瓜'。"《程氏传》:"夫上下之遇，由相求也。杞，高木而叶大，处高体大而可以包物者，杞也。美实之在下者，瓜也。美而居下者，侧微之贤之象也。九五尊居君位，而下求贤才，以至高而求至下，犹以杞叶而包瓜，能自降屈如此，又其内蕴中正之德充实，章美人君如是，则无有不遇所求者也。"作者认为，此处相对瓜而言杞柳是高木。

⑧有陨自天，志不舍命也：志，心志，志向。舍，舍弃，抛弃。命，使命。《正义》:"'志不舍命'者，虽命未流行，而居尊当位，'志不舍命'，故曰'不可倾陨'也。"

·283·

⑨姤其角，吝，无咎：《集解》引虞翻曰："乾为首，位在首上，故称角。动而得正，故'无咎'。"《王注》："进之于极，无所复遇，遇角而已，故曰'姤其角'也。进而无遇，独恨而已。不与物争，其道不害，故无凶咎也。"

【宗旨】

姤卦主要阐述相遇之道。男女相遇阴阳结合人类才能延续，女强男弱婚姻难以持久；君子小人相遇钩心斗角，凸显君子小人异同；天地相遇万物繁盛，相遇万物才波澜起伏，相遇意义重大，启发君王像风一样施令。要牢牢地控制住小人，不能任其妄为才能吉祥如意。刚遇中正温柔，刚柔相济，才能万事皆顺。

【体会】

作者没有找到姤字甲骨文、金文。《说文新附》解释为："姤，偶也。"《广雅》解释为："姤，遇也。"《序卦》说："决必有所遇，故受之以《姤》，姤者，遇也。"夬是溃决，溃决必定有所相遇，所以接着是姤卦。姤是相遇。《杂卦》说："《姤》，遇也，柔遇刚也。"姤卦是相遇，即是阴柔碰上阳刚。

姤卦（☰）乾（☰）上巽（☴）下，巽为风，乾为天，风在天下，也可以说是风行天下。风在地面上，无物不遇，相遇是特征。从卦象来看，该卦除了初六为阴爻之外，其他五爻皆为阳爻，一阴五阳，阴为女为臣，阳为男为君，阳为天阴为地。一女遇到五男，即一女战五男，这个女子太强壮强盛，如果娶这样的女人为妻，婚姻一定不会长久。古圣人见微知著，警示这样的女人不可娶之为妻。小人遇见君子，小人和君子一起共事，小人如果任意妄为，事业难以成功。天地相遇，是最伟大的相遇，因为他们相遇才有万物，有万物才有人，才有君臣，才有君子和小人。姤卦用"天地相遇，品物咸章也""姤之时义大矣哉"来阐述这伟大相遇，平凡更显伟大。

纵观姤卦，初六一阴爻，九二到上九皆为阳爻，整个卦可以"浓缩"为巽（☴），巽为风，风在大地上吹拂，无所不到，无所不遇，也能解释姤卦的含义。

天为阳，天行健，阳没有什么不好。但太阳则不好，太阳刚容易折断。《后汉书》说："峣峣（yáo）者易折，皎皎者易污。"即过于坚硬刚强者容易折断，过于洁白者容易肮脏。不能十分强壮。十分强壮不会长久，强壮之极，等待他的命运是悲惨的。男人没有阳刚之气就不帅，没有阳刚之勇敢就不能干一番事业，但要注意度，该阳刚之时挺身而出，该温柔之时柔弱无比，能伸能屈。只阳刚不知弯曲是鲁莽，难以成大事。刚柔相济，才能实现其理想。

为什么君子观姤卦之象，要"后以施命诰四方"？天下有风，风无缝不钻，风的力量强大，大如飓风，无物不摧。君王统治民众，希望其美德天下传和继承，期待其政令晓谕天下，万民无所不感化。"百姓昭明，协和万邦。黎民于变时雍。"（《尚书·尧典》）即政事辨明，协调万邦诸侯，天下众民因此也就变得友好和睦。这是君王所期待的，和姤卦卦象十分类同。

小人不得人心，但小人常常得志。小人得志，公平受到挑战，君子遭殃，所以一个健康的团体包括国家都要慎防小人。小人有小聪明，其善于伪装和伪善，一些正人君子也常常被小人所蒙骗，所以尽管有防小人意识但未必能防得住。其原因正如《庄子·外篇·山木》所言："君子之交淡若水，小人之交甘若醴。"因此，姤卦特别对相遇小人给予重要警示，发现他是小人，就想办法控制住不能让他任意妄为，不要让其有越轨行为。

姤卦给我们重要启示：

女人过刚鸡犬不宁。"女壮，勿用取女。"不要娶过于阳刚的女性，如果娶了会鸡犬不宁。在《易》系统里，男阳刚，女柔顺。和谐家庭必须刚柔兼济，女性过于强硬确实不利于家庭和谐幸福。苏轼的一首诗将过于阳刚的妻子描绘得惟妙惟肖："龙邱居士亦可怜，谈空说有夜不眠，忽闻河东狮子吼，拄杖落手心茫然。"

遍知政令春风化雨。"天下有风，姤。后以施命诰四方。"政令需要人人皆知，如风一样畅通无阻。知法才能不犯法，让政令人人皆知这是一个长期过程，在传播工具有限与人们识字能力有限的时代，人人皆知政令是一件很困难的事。《尚书·胤征》说："圣有谟训，明征定保，先王克谨天戒，臣人克有常宪，百官修辅，厥后惟明明，每岁孟春，遒人以木铎徇于路，官师相规，工执艺事以谏，其或不恭，邦有常刑。"圣人有谟有训，清楚明白地指明了定国安邦的事。先王能谨慎对待上天的警戒，大臣能遵守常法，百官修治职事辅佐君主，君主就明而又明。每年孟春之月，宣令官员用木铎在路上宣布教令，官长互相规劝，百工依据他们从事的技艺进行谏说。他们有不奉行的，国家将有常刑。这就是古代传递政令的一种方式，其目的就是让政令广为人知，最终能遵守执行。

刚柔兼济行稳致远。"姤，柔遇刚也。'勿用取女'，不可与长也。"过刚是不可能长久的，那如何才能长？"刚遇中正，天下大行也。"刚柔兼济才能行稳致远。曾国藩说：从古帝王将相，无人不由自立自强做出，即为圣贤者，亦各有自立自强之道，故能独立不惧确乎不拔。昔余往年在京，好与诸有大名大位者为仇，亦未始无挺然特立不畏强御之意。近来见得天地之道，刚柔互用，不可偏废，太柔则靡，太刚则折。刚非暴虐之谓也，强矫而已；柔非卑弱之谓也，谦退而已。趋事赴公，则当强矫，争名逐利，则当谦退。开创家业，则当强矫，守成安乐，则当谦退。出与人物应接，则当强矫，入与妻孥享受，则当谦退。曾国藩用他自身的经历告诉我们刚柔兼济的重要性。

慎防小人远离灾害。"系于金柅，贞吉。有攸往，见凶，羸豕孚蹢躅。""包有鱼，无咎，不利宾。"慎防小人才能远离祸患。小人是事业的大敌，他们为了自己的利益毫无底线，甚至出卖自己的灵魂和亲人在所不惜，如果身边有这样的小人，就要牢牢地控制住，否则会引发不必要的麻烦甚至剥夺你的生命。

阳刚居正蕴含美德。"以杞包瓜，含章，有陨自天。"面对小人要阳刚、居正和包容，用美德不辱使命地完成大业。《孔子家语》说："宽以济猛，猛以济宽，政是以和。"

【易水】

姤卦卦象是天下有风，吹遍大地，风无所不遇。天地相遇，阴阳交合，万物繁盛。万物离不开水，必须与水相遇才能开花结果。所以姤卦相遇繁荣离不开水的支撑。

相遇处处可见，人与水相遇，水给人类生存除了提供了物质基础和生活资源，还提供丰富多彩的文化资源。中华文化就与水密切联系。河图洛书，由此演化出来的智慧是中华文明的精髓之一。

人与水相遇，人水和谐是一种理想方式，是我们永恒的追求。但理想与现实总会有差距。风调雨顺是人们的期待，但洪涝灾害总是不期而至，给人类带来不同程度的伤害。干旱也是如此，时常不定期光顾，大地饥渴，万物萧条。正因为如此，各地建了众多的龙王庙，期待龙王保平安。龙王庙也是中国文化的一个特殊存在，给人以精神寄托和安慰。

姤卦对涉水事务具有重要启示。

水法规制订要广为人知。遍知政令春风化雨。水法规也是政令，将水法规广为人知，才能更好地保护利用好水，这才是人与水的美好相遇。重要的是让官员懂水法规，要通过多种渠道向百姓宣传，宣传要有趣且准确无误，水法规宣传要从娃娃抓起，培养他们遵守水法规的习惯。

用水保水兼济行稳致远。刚柔兼济，行稳致远。对水而言，要刚柔兼济才能永葆水"年轻"。刚就是用水，对水资源开发利用；柔就是保护水，对水资源进行保护。只顾水资源开发利用，超过水资源承载力之后，就会引发水系统崩溃，带来系列的生态灾害，最终也会危及人类自身。只进行水资源保护，不进行水资源开发利用，水资源功能没有得到充分发挥，也影响社会经济的发展，最终也影响人类自身的幸福，也是不正确的对水方式。要正确地处理好水资源开发利用和保护的关系，让其保持动态平衡，在开发中注意保护，在保护中适当开发。

人水相遇树正确价值观。慎防小人，远离灾害。对于水而言，就是树立正确的人水相遇价值观。小人不正，就是因为价值观出现了问题。思想不正，导致行为不正，危害社会。如果我们水价值观不正，同样对水造成一定伤害。因此我们必须树立正确的水价值观。正确的水价值观至少应该包括：水是大自然的重要组成部分，有其自己的运行规律，其运动符合天道，我们与水相遇不能破坏水道。一切违反水道的行为都是错误的，都应该立即停止。认识水道、尊重水道、利用水道和保护水道就是最基本的水价值观，我们一定要将其深入到生产生活实践中去，为"人水合一"作出更大的贡献。

45. 萃 泽上于地 ䷬ 居安思危

【原文】

萃：亨，王假有庙，利见大人，亨，利贞。用大牲吉，利有攸往。

《彖》曰：萃，聚也。顺以说，刚中而应，故聚也。"王假有庙"，致孝享也。"利见大人亨"，聚以正也。"用大牲吉，利有攸往"，顺天命也。观其所聚，而天地万物之情可见矣。

《象》曰：泽上于地，萃。君子以除戎器，戒不虞。

▬▬ ▬▬	上六，赍咨涕洟，无咎。 《象》曰："赍咨涕洟"，未安上也。
▬▬▬▬▬	九五，萃有位，无咎。匪孚，元永贞，悔亡。 《象》曰："萃有位"，志未光也。
▬▬▬▬▬	九四，大吉无咎。 《象》曰："大吉无咎"，位不当也。
▬▬ ▬▬	六三，萃如嗟如，无攸利，往无咎，小吝。 《象》曰："往无咎"，上巽也。
▬▬ ▬▬	六二，引吉，无咎，孚乃利用禴。 《象》曰："引吉无咎"，中未变也。
▬▬ ▬▬	初六，有孚不终，乃乱乃萃，若号，一握为笑，勿恤，往无咎。 《象》曰："乃乱乃萃"，其志乱也。

【翻译】

原文	准直译	意译
萃：亨，王假有庙①，利见大人，亨，利贞。用大牲吉，利有攸往。	萃，荟聚，亨通，君王来到宗庙，适宜展现大人风范，亨通，守正。用大牲祭祀吉祥，适于有所前往。	萃，君王用至诚的祭祀宗庙精神对待荟聚，彰显大人之德，坚守正道，用心真诚，定能成功，行事畅通无阻。
《彖》曰："萃"，聚也。顺以说，刚中而应，故聚也。"王假有庙"，致孝享也。"利见大人亨"，聚以正也。"用大牲吉，利有攸往"，顺天命也。观其所聚，而天地万物之情可见矣。	《彖》说："萃"，聚集。和顺且喜悦，刚健而中道，所以聚集。"王假有庙"，尽至极孝心敬献祭祀。"利见大人亨"，用正道来聚集。"用大牲吉，利有攸往"，顺应天命。审视如何聚集，可见天地万物的情况了。	《彖》说：萃就是聚集。用和顺、喜悦、刚健、中道聚集。祭祀之时极尽孝心敬献，走正道，顺应天命。审视聚集，可见天地万物之真情。

· 288 ·

《象》曰：泽上于地，萃。君子以除戎器，戒不虞②。	《象》说：泽在地上，萃卦。君子修治兵器，警惕意外发生。	《象》说：泽在地上，萃卦卦象。君子体察此象精髓，修整兵器，预防不测。
初六，有孚不终，乃乱乃萃，若号，一握为笑，勿恤，往无咎③。《象》曰："乃乱乃萃"，其志乱也。	初六，诚信不到底，必紊乱妄聚，若与上呼应，能与九四把手言欢，不要停止，前往没有过错。《象》说："乃乱乃萃"，其心志乱了。	初六，处荟聚之始，不恒守诚信，心志乱必导致妄行妄聚。如果与上级相呼应把手言欢，没有忧虑，行事没有灾咎。
六二，引吉，无咎，孚乃利用禴④。《象》曰："引吉无咎"，中未变也。	六二，被牵引吉祥，没有过错，孚乃利用禴。《象》说："引吉无咎"，居中没有变化。	六二，荟聚之时，中正守恒且与君王呼应吉祥无错，心诚即便微薄的夏祭祀献享神灵也可以。
六三，萃如嗟如⑤，无攸利，往无咎，小吝。《象》曰："往无咎"，上巽也。	六三，聚集，叹息，没有所利，前往没有灾害，有小困难。《象》说："往无咎"，对上谦逊。	六三，荟聚之时，阴柔不中不正，无人应聚，慨叹连连，无所利。对上谦逊行事虽无过错，但仍有遗憾。
九四，大吉无咎。《象》曰："大吉无咎"，位不当也。	九四，非常吉祥，没有灾难。《象》说："大吉无咎"，位置不恰当。	九四，荟聚之时，上比九五之尊，下比众阴，得以荟聚，本来大吉，但因阳刚占柔顺之位不正，只有无过失。
九五，萃有位，无咎⑥。匪孚，元永贞，悔亡。《象》曰："萃有位"，志未光也。	九五，聚众有君位，没有过失。没有诚信，开始长久守正，没有懊恼。《象》说："萃有位"，未有信任。	九五，荟聚之时，身为大中至正九五之尊，自守没有获得广泛信任，不圆满，只要持之以恒地守正，才没有悔恨。
上六，赍咨涕洟，无咎⑦。《象》曰："赍咨涕洟"，未安上也。	上六，哀叹而痛哭流涕，没有灾害。《象》说："赍咨涕洟"，未能安居上位呀。	上六，处荟聚之极，凌驾九五之尊，内无应外无助，若恸哭流涕痛改前非安其位，没有过失。

【注释】

① 萃：亨，王假有庙：萃，卦名，聚集，荟萃，萃聚。孔颖达："萃，聚也，聚集之义也。能招民聚物，使物归而聚己，故名为'萃'也。"王假有庙，《尚氏学》："王假有庙，言王以至诚，格于宗庙而有事也。"《折中》："王假有庙者，神人之聚也。"《正义》："假，至也。天下崩离，则民怨神怒，虽复享祀，与无庙同。王至大聚之时，孝德乃昭，始可谓'有庙'矣，故曰'王假有庙'。"

② 君子以除戎器，戒不虞：除，修治。戎，兵器。不虞，不测。朱熹注：

· 289 ·

"除者，修而聚之之谓。"孔颖达注："人既聚会，不可无防备，故君子于此之时，修治戎器，以戒备不虞也。"

③ 有孚不终，乃乱乃萃，若号，一握为笑，勿恤，往无咎：孚，诚信。终，终点，到底。乃，语气词。若，如果。号，招呼，呼唤。恤，忧虑。《本义》："初六，上应九四，而隔于二阴，当'萃'之时，不能自守，是有孚而不终，志乱而妄聚也。"廖名春根据出土的楚简本、马王堆帛书本与传世文献对读，认为：爻辞"乃乱乃萃"当作"乃乱攸萃"，其第二个"乃"字本为"（攸）"。"若号，一握为笑"当作"若递，一屋为笑"。此处的"号"可视为"递"的误字，"递"有变更、变易的意思。"屋"当为行政区划单位，"一握（屋）"相当于整个地方的人，"恤"当训为止息、终止。

④ 引吉，无咎，孚乃利用禴：引，牵引。禴（yuè），同礿（yuè），夏、商两代在春天举行，周代在夏天举行，属微薄之祭。古代宗庙四季祭祀名称解释有差异。《尔雅·释天》：祠，春祭；尝，秋祭；烝，冬祭。汉毛亨传："春曰祠，夏曰禴，秋曰尝，冬曰烝。"《诗经·小雅·天保》："禴祠烝尝，于公先王。"

⑤ 萃如嗟如：如，样子。嗟（jiē），叹息、感叹。《折中》引俞琰曰："'萃'之时'利见大人'，三与五非应非比，而不得其萃，未免有嗟叹之声，则'无攸利'矣。"

⑥ 萃有位，无咎：位，君位。《王注》："处'聚'之时，最得盛位，故曰'萃有位'也。四专而据，己德不行，自守而已，故曰'无咎，匪孚'。"

⑦ 赍咨涕洟，无咎：赍（jī）咨，嗟叹。涕洟（tì yí），眼泪和鼻涕。《王注》："处聚之时，居于上极，五非所乘，内无应援。处上独立，近远无助，危莫甚焉。'赍咨'，嗟叹之辞也。若能知危之至，惧祸之深，忧病之甚，至于'涕洟'，不敢自安，亦众所不害，故得'无咎'也。"

【宗旨】

萃卦是阐述荟聚之道。愉快的荟聚是"顺以说，刚中而应。"即用和顺、喜悦、刚健和中道精神相聚，相聚要极尽诚挚，心不诚必有灾祸。德高望重者主持相聚必须持之以恒守正。相聚要安其位，要有忧患意识，为时刻发生不测做好准备。

【体会】

萃字金文是**芉**，本义是草木丛生的样子，由此引申为聚集、荟萃等聚集意思。《序卦》说："物相遇而后聚，故受之以《萃》。萃者，聚也。"即万物相遇后汇聚，所以接着是萃卦。萃就是荟聚。

萃卦（☷）下坤（☷）上兑（☱），坤为地，性柔顺，兑为泽，性喜悦，卦象是泽在地上，即水在地上聚集成为泽，泽水润下，滋润万物，万物繁荣昌盛，草木积聚，所以有聚集之象。

为什么君子见到此卦象会产生"君子以除戎器，戒不虞"？地上有泽，泽大必溢，给人带来困扰和灾害，不能不防。多人相聚为众为师，你好我好大家好，什么事情都没有。但是多人一条心很难很难，难免有人不愉快，难免有人心术不正，也难免有人看着你们欢聚心怀不轨搞破坏，出现难以预测的事件。小聚会如此，不能不防，大至国家，不能不设防保障安全，所以君子观萃之象，修治兵器，以防不测。由泽上有水联想到预防不测整兵器，联想丰富，展现了君子先天下之忧而忧的忧患意识，有忧患才能保欢乐和幸福。

什么样的荟聚是最好的？"顺以说，刚中而应。"满足五个条件：一是柔顺。阳刚太强不行；二是喜悦。荟聚是一件很喜兴的事情，愁眉苦脸心情不愉快，即便能聚到一起也是不祥之兆；三是刚健的精神。要柔中带刚，不能毫无原则地柔顺，不能无条件妥协；四是中道。保持中庸之道，去掉极端；五是呼应。上下级和谐呼应，相互关照。做到这些必须心怀至诚之心，要像到宗庙祭祀那样心怀诚信，人人诚信，诚信相聚，以诚相待，这样聚会没有不顺心的。如果个个心怀鬼胎，暗中钩心斗角，这样的相聚不聚也罢。聚会之时，需要有聚会主持者或者召集人，对这人也提出了要求，必须守正。荟聚的目标要正确，符合公义，正道。如果想达到歪门邪道或者违反法规的相聚，这是不正当，必将给自己带来灾难，也会牵连无辜。尽管荟聚为了一个共同目标，但每个人社会地位存在差异，也要安其位，不能喧宾夺主，也不能夸大其词地炫耀自己或者贬低别人。当然，荟聚要有忧患意识，要预防不当事件发生。其实，荟聚是要顺时顺势，就是所谓的天命，条件具备了就聚。

萃卦给我们重要启示。

至诚荟聚畅通无阻。"萃：亨，王假有庙。"荟萃必须至诚，要怀有去宗庙祭祀一样的至诚之心。虽然说诚信是金，但诚信无价。《论语·卫灵公》说："言语忠实诚信，行为笃厚恭敬，即使到了蛮貊地区，行得通。言语不忠实诚信，行为不笃厚恭敬，在本乡本土也行不通。站立时，就好像看见'忠实、诚信、笃厚、恭敬'的字样直立在面前；在车上时，就好像看见这几个字靠在车前横木上，这样才能处处行得通。"可见诚信至诚之重要。

荟聚之时严防不测。"泽上于地，萃。君子以除戎器，戒不虞。"在荟萃之时要有准备，防止发生不测。如果事前没有思想准备和预案，真的发生了就会手忙脚乱，无所适从。因此君子聚会前都会想得周全，以防发生不测。

守正荟聚行稳致远。"聚以正也。""有孚不终，乃乱乃萃。"要以正荟聚，否则最终会出现乱子，难以行稳致远。

志诚相投荟聚自然。"引吉，无咎，孚乃利用禴。""顺以说，刚中而应，故聚也。"带着守正至诚的心，秉持和顺、喜悦、刚健、中道，自然能有很好的荟聚。心不诚、办事不中道，即便用强大外力聚集在一起，也不会长久。

荟聚守礼吉祥如意。"萃有位，无咎。""赍咨涕洟，无咎。"相聚之时持恒守正、安其位就不会出错，荟聚守礼吉祥如意。守礼是君子的基本素质，无论是在家中私人空间还是在公共场所，守礼是必须的。《论语·尧曰》说："不学礼，无以立。"国尚礼则国昌，家尚礼则家大，身尚礼则身正，心尚礼则心泰，荟聚守礼才能常相聚。

【易水】

萃卦卦象下坤（☷）上兑（☱），坤为地，兑为泽，卦象就是地上有泽，这是一种常见的自然现象，泽一定在地上，如果在地下就违反了常规。大地低洼之处，众多的水汇集形成泽，这和萃卦的荟聚内涵高度吻合。

泽润下，泽也能调节小气候，局部地区空气更加湿润。泽还能给动植物提供水源，维护生物多样性，净化水质。

水汇泽中要适宜才好，汇入泽中水太少，入不敷出，泽就会逐渐萎缩，甚至会干涸，新疆塔里木盆地罗布泊就是如此。如果汇入的水太多，泽面会迅速扩大，会侵蚀人的生产空间，也可能对堤坝造成一定的威胁，甚至溃坝成为灾难。

萃卦给我们涉水事务重要启示。

水利工作严防不测。荟萃之时要严防不测，水利工作更是如此，尤其是水汇聚之时。水通常在雨季汇聚，我国降水比较集中，6-9月份是汛期，这时降水增多，是防汛任务最为严峻的时候，我们要对水库、堤坝等进行严格防护，防止出现意外。为了能及时应对可能出现的意外，平时就要做好充分准备，做好应急预案。预案做得尽可能详细些，将各种可能都要充分考虑，运用底线思维做预案，确保汛期安全。其他水利工作也要严防不测事件发生。如供水，要考虑供水管道破裂、水质突发性污染、来水突然减少等情况，如何应对这些不利情况都要有预案。用底线思维可以防止意外发生，降低损失，将水利工作做得更好。

水利守正行稳致远。守正荟聚行稳致远。水利守正关键是遵循自然规律和经济规律。水有水道，水利开发利用和保护要遵循水道，遵循水道实质上就是遵行天道，人与水和谐相处进而向人与自然和谐相处迈进。经济发展需要水资源支撑，水利在供给上在遵循水道的同时满足经济发展对水的需求。当不能满足经济需求的时候，我们要以水的承载力为底线，调整经济对水的需求，发展适水经济，这样水系统才不会遭到破坏。水利工作守正，就是遵守各种法规，不做违法乱纪之事，对水违法乱纪要及时纠正，水利守正才能走得更远，才能更持久地提供水利服务。

水利工作全力以赴。至诚荟聚畅通无阻，应用到水利中就是全心全意做好水利工作。

46. 升 地中生木 ䷭ 积善成德

【原文】

升：元亨。用见大人，勿恤。南征吉。

《彖》曰：柔以时升，巽而顺，刚中而应，是以大亨。"用见大人，勿恤"，有庆也。"南征吉"，志行也。

《象》曰：地中生木，升。君子以顺德，积小以高大。

▬▬ ▬▬	上六，冥升，利于不息之贞。 《象》曰：冥升在上，消不富也。
▬▬ ▬▬	六五，贞吉，升阶。 《象》曰："贞吉，升阶"，大得志也。
▬▬ ▬▬	六四，王用亨于岐山，吉，无咎。 《象》曰："王用亨于岐山"，顺事也。
▬▬▬▬	九三，升虚邑。 《象》曰："升虚邑"，无所疑也。
▬▬▬▬	九二，孚乃利用禴，无咎。 《象》曰：九二之孚，有喜也。
▬▬ ▬▬	初六，允升，大吉。 《象》曰："允升，大吉"，上合志也。

【翻译】

原文	准直译	意译
升：元亨。用见大人，勿恤。南征吉①。	升：大亨通。展现大人伟德，不用忧虑。向南行吉祥。	升，大成功。但需要满足：有大功绩；展现大人之德；努力乐观；行为光明正大。
《彖》曰：柔以时升，巽而顺，刚中而应，是以大亨②。"用见大人，勿恤"，有庆也。"南征吉"，志行也。	《彖》说：柔顺循时势而升，谦卑和顺，刚健居中有应，所以大亨通。"用见大人，勿恤"，有喜庆。"南征吉"，心志可以实现。	《彖》说：柔顺循势而升，谦卑和顺，刚健中道且与上相呼应，所以大亨通。彰显大人伟德有喜庆，不用忧虑。向着光明可以实现心愿，吉祥如意。
《象》曰：地中生木，升。君子以顺德，积小以高大③。	《象》说：地中长出树木，升卦。君子顺从德性，积小变成高大。	《象》说：树生在地中，升卦卦象。君子体察此象精髓，顺从美德，积小成大。
初六，允升，大吉④。《象》曰："允升，大吉"，上合志也。	初六，宜于上升，大为吉祥。《象》说："允升，大吉"，与上心意相合。	初六，处升之初，与上级心志相合，利于升迁，很吉祥。

九二，孚乃利用禴，无咎⑤。 《象》曰：九二之孚，有喜也。	九二，诚挚之心进行夏祭，没有过错。 《象》说：九二的诚信，有喜庆。	九二，晋升之时，居中阳刚，内心虔诚，与九五之尊相应和，即便俭约地祭拜神明祖先，也能得到福佑有喜，没有过错。
九三，升虚邑⑥。 《象》曰："升虚邑"，无所疑也。	九三，上升到空虚的城邑。 《象》说："升虚邑"，没有疑虑。	九三，阳刚守正，升迁确定无疑，就像走进空城一样，毫无阻拦。
六四，王用亨于岐山⑦，吉，无咎。 《象》曰："王用亨于岐山"，顺事也。	六四，君王在岐山祭祀，吉祥，没有过错。 《象》说："王用亨于岐山"，顺势而为。	六四，升迁之时，身为诸侯，柔顺守正，顺势而为，与君王一道参加岐山祭祀，没有过失。
六五，贞吉，升阶⑧。 《象》曰："贞吉，升阶"，大得志也。	六五，守正吉祥，上升高阶。 《象》说："贞吉，升阶"，大得志。	六五，晋升之时，身为柔顺守中九五之尊，礼贤下士，志满意得，守正吉祥，会更上一层楼。
上六，冥升，利于不息之贞⑨。 《象》曰：冥升在上，消不富也⑩。	上六，昏昧上升，利于不停息守正。 《象》说：居上位昏昧上升，消退不富裕。	上六，居升之极，若沉溺求升不知止，富贵不成反被消灭，宜持续守正。

【注释】

① 升：元亨。用见大人，勿恤。南征吉：升，卦名，晋升，升级，上升，升官。朱熹注："升，进而上也。"《集解》引郑玄曰："升，上也。"用，犹"宜"。恤，忧虑。南征，向着光明而行。南，离为南方之卦，光明。征，行。孔颖达注："非直须见大德之人，复宜适明阳之地。若以阴之阴，弥足其暗也。南是明阳之方，故云'南征吉'也。"

② 柔以时升，巽而顺，刚中而应，是以大亨：《王注》："纯柔则不能自升，刚亢则物不从。既以时升，又巽而顺，刚中而应，以此而升，故得'大亨'。"

③ 君子以顺德，积小以高大：顺，顺从。也有作"慎"。

④ 允升，大吉：《王注》："允，当也。巽三爻皆升者也。虽无其应，处升之初，与九二、九三合志俱升。当'升'之时，升必大得，是以'大吉'也。"也有将允解释为信的。

⑤ 孚乃利用禴，无咎：孚，诚信。禴（yuè），贡品简约的夏祭。

⑥ 升虚邑：虚，空。邑，村落。《王注》："履得其位，以阳升阴，以斯而举，莫之违距，故若'升虚邑'也。"

⑦ 王用亨于岐山：亨，祭献。岐山，位于陕西，周朝发源地，周太王古公亶父由豳迁往之地，后来周文王、周武王享祭于岐山。此爻有多种解释。《王注》："处升之际，下升而进，可纳而不可距也。距下之进，攘来自专，则殃咎至焉。若能不距而纳，顺物之情，以通庶志，则得'吉'而'无咎'矣。岐山之会，顺事之情，无不纳也。"

⑧ 贞吉，升阶：六五柔顺居中，顺时而升，如上台阶，获得君位。《王注》："升得尊位，体柔而应，纳而不距，任而不专，故得'贞吉升阶'而尊也。"

⑨ 冥升，利于不息之贞：冥，夜，引申为暗昧、昏昧。息，止。《王注》："处升之极，进而不息者也。进而不息，故虽冥犹升也。故施于不息之正则可，用于为物之主则丧矣。"

⑩ 消不富也：消，消退、消灭。富，富裕。

【宗旨】

升卦主要阐述升迁之道。树在地中生长是其卦象，君子从中体悟到积小善为大德。如果能够向上发展，需要做到：有显著功绩，展现大人之德，自己乐观地奋斗，要光明正大，顺势而为。要做到这一点，需要循势柔顺，和顺谦卑，向上中道，并且与上心志相合。诚信、守正、知止是升级不可缺少的美德。

【体会】

升字甲骨文是 或 ，字形像一把长柄勺子，上部为勺头，里面点表示盛装的物质，下部为勺子柄，周围两点表示勺子溢出的东西。其本义是一种量器，后渐渐变成容量单位，如我们常说多少升水等。后来逐渐有升高、升级等多种含义。由地位较低到地位较高都叫升，升官是最常见的用法。《序卦》说："聚而上者谓之升，故受之以《升》。"聚集而向上叫升，所以接着是升卦。《杂卦》说："《升》不来也。"升卦是升而不归。

升卦（䷭）下巽（☴）上坤（☷），巽为木，坤为地，木在地下。树木在地下发芽生根，根植于大地，会破土而出，渐渐生长，最终会成长为参天大树，这是一个渐渐上升过程，与卦意十分相符合。

为什么君子看到升卦的卦象，会得到"君子以顺德，积小以高大"启发？树在阳光、水分、土壤滋润下自然生长，这是天之道，顺应树的本性，它是从无到有，从有到弱小，从弱小逐步高大渐进的过程。这和顺道积善成德是高度一致的。

再上一个台阶是常人的夙愿。无功不受禄，升级必须有看得见的功绩，少有闲言碎语，这样大家才心服口服。只有功绩还不足够，要引起你上级关注，上级欣赏在升级过程中是不可缺少的。否则你尽管群众基础较好，但没有入领导法眼，也很难上升。所以和上级处理好关系，让他充分认识你的才能是非常必要的。第三要不断地努力，有理想，肯奋斗，对未来充满乐观态度，也就是积极向上，吃苦耐劳，任劳任怨。第四要光明正大，做人做事走大道，不搞歪门邪道，当一个正派之人，对偷鸡摸狗、打小报告、托人走关系等这类小人之事要远离。上述四个条件要同时满足，这样的上升才光明正大，才有底气，才真正地让人佩服，才受人尊崇。

升迁是一个渐进的过程，要厚积薄发，最好水到渠成。荀子云："积土成山，风雨兴焉；积水成渊，蛟龙生焉。""不积跬步，无以至千里；不积小流，无以成江海。骐骥一跃，不能十步；驽马十驾，功在不舍。锲而舍之，朽木不折；锲而不舍，金石可镂。"这也是对升迁的别样注解吧。

升卦给我们重要启示。

升迁要谦卑和顺。"柔以时升，巽而顺，刚中而应，是以大亨。"升级要柔顺谦卑和顺，阳刚向上与上级相应且中道。如果你夹枪带棒，趾高气扬，谁也不放在眼里，只能自取灭亡。晋代葛洪在《抱朴子·外篇·刺骄》说："劳谦虚己，则附之者众；骄慢倨傲，则去之者多。"

升迁要顺性积德。"地中生木，升。君子以顺德，积小以高大。"君子要像生长的树一样，顺性积德，不断地完善自己。顺性是大德之人必备素质之一，大德都是从小善积累起来的。《汉书传·董仲舒传》说："积善在身，犹长日加益而人不知也；积恶在身，犹火销膏而人不见也。""德善日积，则福禄日臻。""积善之家，必有余庆。"积德小为家和，大为国安。

升迁要诚挚向明。"孚乃利用禴。""南征吉。"升级必须有诚信，走正道，光明正大。那些靠歪门邪道、采取不正当手段获取的官位，早晚会出事，因为人不正派，做事肯定不公正难守正。《孟子·离娄上》说："诚者，天之道也；思诚者，人之道也。"程颢、程颐《二程集·论学篇》说："进学不诚则学杂，处事不诚则事败，自谋不诚则欺心而弃己，与人不诚则丧德而增怨。"《礼记》说："不宝金玉，而忠信以为宝。"

升迁要顺势而为。"王用亨于岐山，吉。"升级要顺势而为，不可逆势操作。《吕氏春秋》说："君子谋时而动，顺势而为。"顺势者昌，逆势者亡。升级之时，要顺势而为，借势而进，造势而起，乘势而上。二十四节气就是人们顺应自然

·297·

的智慧体现，顺势展现了人的高智慧。老子说："上善若水，水善利万物而不争，此乃谦下之德也；故江海所以能为百谷王者，以其善下之，则能为百谷王。天下莫柔弱于水，而攻坚强者莫之能胜，此乃柔德；故柔之胜刚，弱之胜强坚。因其无有，故能入于无之间，由此可知不言之教、无为之益也。"

升迁要自知之明。"冥升，利于不息之贞。"升级要有自知之明，若沉溺求升不知止，富贵不成反被消亡。《左传·隐公十一年》说："不度德，不量力，不亲亲，不征辞，不察有罪。"

【易水】

升卦卦象是木在地下，只从表象来看和水没有关系，从机制上来看关系很密切。树生长需要阳光土壤，但最终离不开水，没有水树就会死亡。当然，水太多也不行，水太多也会将树淹死，水适当才能助树健康成长。

其实在水的世界里，升是普遍存在的现象。水经过蒸发进入大气，参与水循环，就是一个新生过程。点点滴滴水汇聚成江河，流入大海，大海才如此广阔。降水之时，水位是不断上升的，如果水位超过一定程度，就会对大坝等水工程建筑物造成威胁，甚至冲垮大坝造成损失。

升卦给涉水事务重要启示。

水利要顺性升级。顺性积德是升的基础。水利要随着科技发展、社会需求和人的价值观念不断换代升级，才能永远立于不败之地。水利要升级换代提升，首先要遵循水规律和自然规律，以及社会经济规律，从相关各个方面进行不断改进。水利换代升级要立足于现实，要稳中求进求新，先从最容易做到的地方着手，对于最难做到的要努力进行攻关，克服困难，条件成熟之后再推进。如解决农村饮水问题，先解决无水可吃的困境，基本满足人的需求，然后再过渡到吃好水。水利现代化也是如此，传统的水利精髓要汲取不能丢掉，现代技术积极引进，实现传统与现代有机融合，让水利升级更稳更快。

水利要顺势而为。升级要顺势而为。水利顺势一要顺水势，水往低处流，这是自然规律，水利发展不能违背这个规律。二要顺水情，某地区水资源多寡是由地理等多种因素决定的，发展要适应这个水情。三要顺政情，虽然水利是客观的，但发展水利却离不开政情的因素，抓住政情适合发展水利的机会，促进水利发展。四是要顺民情，人民的需要是水利发展的最终目标。五是要顺社经情，社会经济发展情势是推动水利发展的重要推动力，根据社经情势适当调整水利。

水利要量力而行。水利发展要明确自己的优势、劣势、潜力和短处，量力而行，从实事求是出发，既不能揠苗助长，也不能自我设限，正确处理好发展与推动力的关系。如虽然有美好的规划或者设想，但目前资金、技术、政情等多方面因素还不足以实现设想时，我们只能暂定一个较低的目标努力实现。水资源的开发利用不能超过其承受能力，要在其限度之内。水利的能力是有限的，要视水利能力承担自己的功能。

　　水利要考虑累效。水利发展要考虑累积效应。水利发展是靠水利链条带动起来的，每个链条发展顺利，整个水利就健康发展。水利要特别考虑累积效应。梯级水库建设，每一个水库环境影响评价都可能过关，但流域众多水库穿成"糖葫芦"对环境累积影响可能是巨大的。每个污染者排放污染物都达标，但众多污染物却让水质整体恶化。水土保持也一样，每个工程水土保持能力不大，但众多工程却产生规模效应，能让水土流失情势发生根本变化。每个小水坑存水量不多，但众多池塘却能调节洪水。要从更宏观的角度考虑，既要考虑个体，也要虑及整体影响。

47. 困 泽中无水 ䷮ 致命遂志

【原文】

困：亨。贞大人吉，无咎。有言不信。

《彖》曰：困，刚掩也。险以说，困而不失其所亨，其唯君子乎！"贞大人吉"，以刚中也。"有言不信"，尚口乃穷也。

《象》曰：泽无水，困。君子以致命遂志。

▬▬ ▬▬	上六，困于葛藟，于臲卼，曰动悔有悔，征吉。 《象》曰："困于葛藟"，未当也。"动悔有悔"，吉行也。
▬▬▬▬▬	九五，劓刖，困于赤绂，乃徐有说，利用祭祀。 《象》曰："劓刖"，志未得也。"乃徐有说"，以中直也。"利用祭祀"，受福也。
▬▬▬▬▬	九四，来徐徐，困于金车，吝，有终。 《象》曰："来徐徐"，志在下也。虽不当位，有与也。
▬▬ ▬▬	六三，困于石，据于蒺藜，入于其宫，不见其妻，凶。 《象》曰："据于蒺藜"，乘刚也。"入于其宫，不见其妻"，不祥也。
▬▬▬▬▬	九二，困于酒食，朱绂方来。利用享祀。征凶，无咎。 《象》曰："困于酒食"，中有庆也。
▬▬ ▬▬	初六，臀困于株木，入于幽谷，三岁不觌。 《象》曰："入于幽谷"，幽不明也。

【翻译】

原文	准直译	意译
困：亨。贞大人吉，无咎。有言不信[①]。	困，困穷，亨通。守正的大人吉祥，没有过错。说话别人不相信。	困，困穷。困穷之时，伟大人物守正无过错。巧言善辩，令人难以置信。
《彖》曰：困，刚掩也。险以说，困而不失其所亨，其唯君子乎！"贞大人吉"，以刚中也。"有言不信"，尚口乃穷也。	《彖》说：困卦是阳刚被阻挡，困险还能喜悦，不失去其道，亨通，唯有君子能做到吧。"贞大人吉"，因为阳刚居中。"有言不信"，崇尚巧言善辩就会道困穷。	《彖》说：困卦是阳刚被小人围困，只有君子才能坦然面对困穷！守正的伟大人物刚守中，所以吉祥。困穷之时，他人不相信巧言善辩，多言道穷。
《象》曰：泽无水，困。君子以致命遂志[②]。	《象》说：沼泽没有水，困卦。君子以牺牲生命完成心愿。	《象》说：沼泽没有水，困卦卦象。君子体察此象精髓，致命遂志。

· 300 ·

初六，臀困于株木，入于幽谷，三岁不觌③。《象》曰："入于幽谷"，幽不明也。	初六，臀部被困在株木间，进入幽暗的深谷，三年不能相见。《象》说："入于幽谷"，幽暗不明。	初六，处困穷之初，阴柔处困底，困难重重，恰似隐入幽暗不明的山林，臀部被株木困住，三年动弹不得。
九二，困于酒食，朱绂方来。利用享祀④。征凶，无咎。《象》曰："困于酒食"，中有庆也。	九二，在酒食上困穷，大红官服即将到来。利于主持祭献。前进凶险，没有灾难。《象》说："困于酒食"，居中有喜庆。	九二，困穷之时，身居大夫之位，阳刚居中，有喜庆，就像困穷酒食之时，送来大红祭服。虔诚祭祀祖先及神祇祈福。安分守己无过错，若求进有灾难。
六三，困于石，据于蒺藜，入于其宫，不见其妻，凶⑤。《象》曰："据于蒺藜"，乘刚也。"入于其宫，不见其妻"，不祥也。	六三，困于坚石之间，遍布蒺藜，回到家中，不见妻子，凶险。《象》说："据于蒺藜"，阴柔凌驾阳刚。"入于其宫，不见其妻"，不祥之兆。	六三，困穷之时，身为三公，阴柔凌驾阳刚，进退失据，无所适从，困穷接二连三，犹如困于硬石之间，周围遍布蒺藜，脱困回家，不见妻子，不祥之兆，有凶险。
九四，来徐徐，困于金车⑥，吝，有终。《象》曰："来徐徐"，志在下也。虽不当位，有与也。	九四，缓缓来，被金车所困，有困难，最终好的结局。《象》说："来徐徐"，心志在下。虽然不当位，但有呼应。	九四，困穷之时，身居不正诸侯之位，心志济困下民，虽被阳刚困扰有小困，但终脱离困穷。
九五，劓刖，困于赤绂，乃徐有说，利用祭祀⑦。《象》曰："劓刖"，志未得也。"乃徐有说"，以中直也。"利用祭祀"，受福也。	九五，割掉鼻子砍掉了脚，被官服所困，可以渐渐地解脱，宜举行祭祀。《象》说："劓刖"，心志没有得到实现。"乃徐有说"，以中直也。"利用祭祀"，受到福佑。	九五，困穷之时，身为阳刚九五之尊，自己及上下皆困穷，难以执政，志向未遂，因阳刚中正守己，虔诚祭祀宗庙获得福佑，最终会缓慢地脱困。
上六，困于葛藟，于臲卼⑧，曰动悔有悔，征吉。《象》曰："困于葛藟"，未当也。"动悔有悔"，吉行也。	上六，被困在葛藟之中，于高危之地，行动悔中有悔，前进就会吉祥。《象》说："困于葛藟"，位置不当。"动悔有悔"，行动吉祥。	上六，处困穷之极，阴柔且凌驾阳刚，恰似被葛藟缠绕动摇不安，行动悔中有悔，不行动无法脱困有悔，前进吉祥。

【注释】

① 困：亨。贞大人吉，无咎。有言不信：困，卦名，困穷。朱熹注："穷而不能自振之义。"《正义》："困者，穷厄委顿之名，道穷力竭，不能自济，故名

为'困'。"《王注》："处困而言，不见信之时也。非行言之时，而欲用言以免，必穷者也。"

② 君子以致命遂志：致，委也。致命，舍弃生命。遂，成，达到。孔颖达："君子之人，守道而死，虽遭困厄之世，期于致命丧身，必当遂其高志，不屈挠而改移也。故曰'致命遂志'也。"

③ 臀困于株木，入于幽谷，三岁不觌：株木，树木根之上之干。幽谷，幽暗山谷。觌（dí），相见。《王注》："最处底下，沉滞卑困，居无所安，故曰'臀困于株木'也。""进不获拯，必隐遁者也，故曰'入于幽谷'也。困之为道，不过数岁者也，以困而藏，困解乃出，故曰'三岁不觌'也。"

④ 困于酒食，朱绂方来。利用享祀：朱绂（fú），古代礼服上的红色蔽膝。《尚氏学》："朱绂，贵人所服以祭宗庙者。"享祀，祭祀。《来氏易注》："九二以刚中之德，当困之时，甘贫以守中德，而为人君之所举用，故有'困于酒食，朱绂方来'之象。"

⑤ 困于石，据于蒺藜，入于其宫，不见其妻，凶：据，凭借，凭据。蒺藜，带刺的植物。宫，古代对房屋、居室的通称，秦汉以后特指帝王之宫。《王注》："石之为物，坚不可纳也，谓四也。三以阴居阳，志武者也。四自纳初，不受己者。二非所据，刚非所乘，上比困石，下据蒺藜。无应而入，焉得配偶？在困处斯，凶其宜也。"

⑥ 来徐徐，困于金车：徐徐，迟缓，缓慢。金车，喻九二。《王注》："'金车'，谓二也。二刚以载者也，故谓之金车。'徐徐'者，疑惧之辞也。志在于初，而隔于二，履不当位，威命不行。弃之则不能，欲往则畏二，故曰'来迟迟，困于金车'也。有应而不能济之，故曰'吝'也。然以阳居阴，履谦之道，量力而处，不与二争，虽不当位，物终与之，故曰'有终'也。"

⑦ 劓刖，困于赤绂，乃徐有说，利用祭祀：劓，古代割鼻子的酷刑。刖（yuè），古代砍脚的酷刑。赤绂，古代大夫之服。《集解》引崔憬曰："劓刖，刑之小者也。于困之时，不崇柔德，以刚遇刚，虽行其小刑，而失其大柄，故言'劓刖'也。赤绂，天子祭服之饰。所以称困者，被夺其政，唯得祭祀。若春秋传曰'政由宁氏，祭则寡人。故曰困于赤绂'。居中以直，在困思通，初虽穷，终则必喜，故曰'乃徐有说'。所以'险而能悦，穷而能通'者，在'困于赤绂'乎？故曰'利用祭祀'也。"

⑧ 困于葛藟，于臲卼：葛藟（gě lěi），植物名，也称"千岁藟"，落叶木

贡藤本，叶广卵形，夏季开花，圆锥花序，果实黑色，可入药。臲卼（niè wù），动摇不定的样子。

【宗旨】

困卦是阐述如何应对困穷之道，身困守道。困卦生动形象地描述了各阶层受困样态，并说明了困因和脱困的路径。努力脱困、乐观向上、阳刚守正、充满信心和少言多动是应对困穷的"妙方"。君子遇困守道，甚至致命遂志，舍生取义。

【体会】

困字甲骨文是囚，树木在囗（wéi，古同"围"，将四周围起来是囗之范式。）中，表示四周范围有限制，废弃的房屋。《说文解字》："困，故庐也。从木在囗中。"《说文解字注》解释说："困的本义是止而不过，引申为极尽。""从木在囗中，苦闷。"可以帮助我们体会困的内涵。《序卦》说："升而不已必困，故受之以《困》。"上升不止必有困穷，所以接着是困卦。《杂卦》说："《困》相遇也。"困卦就是困苦相遇。解释了困卦的排序和含义。困卦就是困穷、受困、困境等卦。而从爻象上看，困卦三阴三阳，一阳在内卦，两阳在外卦，而皆为阴所包，阳为君子，阴为小人，君子所困，为小人所包围，小人掩盖君子，君子有志难以发挥，陷入困境。

困卦（䷮）上兑（☱）下坎（☵），兑为泽，坎为水，水在泽下，泽中无水，泽干涸，困卦卦象，象征困穷。泽是聚集水之处，泽无水，那水哪里去了？水润下，水在泽下，泽无水，泽中的鱼虾等动物都受困甚至死亡，以此为条件生存的植物也将枯萎直至消亡，这是很大的困穷。

为什么君子看到此象产生"君子以致命遂志"思想？自然存在这种困穷，人同样也存在类似困穷，无论是在顺境还是在逆境，都存在不同的困顿，只是困顿问题不一样。穷人为吃穿发愁，富人为不健康长寿长吁短叹。小人为不能满足自己抓耳挠腮，君子为志向不能实现愁眉苦脸。但作为君子，是维护社会健康发展的精英，他们不为几斗米折腰，但可为自己志向不能实现仰天长叹，为了理想可以抛头颅洒热血。命存乎天，志存乎我，君子为志而存在。命由天定，志由己生，自己通过奋斗去实现。君子在遇到困穷之时，为了维护道义，舍生取义、杀身成仁在所不惜。

面对困穷，躺在那里一动不动，听天由命，自生自灭，但这不会摆脱困穷。只有行动，积极想办法摆脱困穷。困穷之时，要保持冷静头脑，不要惊慌失措，要树立信心，对未来充满希望。要保持一种谨慎乐观态度，困穷之时，乐观就是动力源之一。困穷之时，要管住自己，不可与小人同流合污，要守大道，越是有地位的人越要守节，安分守己。身处困穷，要谨言慎行，多说无益。人相信成功者的话比相信失败者之言多得多。

不同地位的人遇到困穷不同。身为百姓，为吃穿等各种琐事所困，其中贫穷是最大的困穷，上无片瓦下无落脚之地，连生存都很困难，可以说是艰困，这时候就需要得到外界帮助，但自己也不能没有摆脱困穷之志，心不困就不会长久陷入困穷，生活上贫穷，精神上要富有。身为官员，如何适应自己的职位并迅速上升，这是常见的困穷。特别是不大不小的官，上要想办法让官员提升，下要维护好群众关系支撑你上升。有时会陷入两难境地，官民意见不统一，是从官还是从民。身到一定位置，前怕得罪高官，后有觊觎者上位，胆战心惊，如履薄冰。即便身处高位，也有高处不胜寒，下面之官未必听你的。但无论如何，都要保持自己身正，身正不怕影子歪，越是困穷之时，越要有骨气守中道，通过智慧摆脱困穷。

孔子对困卦给予了特别关注。针对六三爻"困于石，据于蒺藜，入于其宫，不见其妻，凶。"孔子评价到："非所困而困焉，名必辱。非所据而据焉，身必危。既辱且危，死期将至，妻其可得见邪？"

困穷最能磨炼人，让你成熟智慧。孟子云：舜发于畎亩之中，傅说举于版筑之间，胶鬲举于鱼盐之中，管夷吾举于士，孙叔敖举于海，百里奚举于市。故天将降大任于是人也，必先苦其心志，劳其筋骨，饿其体肤，空乏其身，行拂乱其所为，所以动心忍性，曾益其所不能。

困卦给我们重要启示。

身处困穷致命遂志。"君子以致命遂志。"身处困穷之时，用生命捍卫自己的理想。士可杀不可辱，这就是君子气概。作为君子，浩气长存，为了自己的理想，生命在所不惜，这是何等正气！"身如逆流船，心比铁石坚。望父全儿志，至死不怕难。"

身处困穷奋斗不止。"'贞大人吉'，以刚中也。"身处困穷一定要守正，但同时要奋斗脱险，只有努力才有脱险机会。莎士比亚说："本来无望的事，大胆尝试，往往能成功。"荀子说："岁不寒无以知松柏，事不难无以知君子。"在困穷中正道求脱困是君子的重要品质。

身处困穷安困乐道。"'困'，刚掩也。险以说，因而不失其所，亨，其唯君子乎！"困穷之时君子应保持君子本色，用乐观的心态去对待，安困乐道，不失其志。"安贫乐道；恬于进趣；三辅诸儒莫不慕仰之。"《论语·述而》说："子曰：'饭疏食，饮水、曲肱而枕之，乐亦在其中矣。不义而富且贵，于我如浮云。'"

身处困穷成功在望。"困，亨。"虽然身处困穷，但是最终还是亨通的。当然亨通成果的获得不是靠恩赐，而是要靠自己的本事、不断努力和适宜的奋斗方法。经历磨难的人会更加成熟，处理问题会更得心应手。困穷是人生常态。

身处困穷安分守己。"劓刖，困于赤绂，乃徐有说，利用祭祀。"身处困穷但不能忘本，仍然要阳刚守正安分守己，这才是君子之风范。身处困穷安分守己并不是一件容易的事，特别是面临着生死抉择，能做到安分守己更是难得之英雄。

【易水】

困卦下坎（☵）上兑（☱），兑为泽，坎为水，水在泽下。水和泽都是水。泽是水汇集到低洼处。现在泽水全部渗到地下，泽干涸了，泽中的水生生物生命难保，面临极大的困境，这是困卦的卦象。

泽下的水到底去了哪里？从水的角度而言，它参与地下水循环，一部分成为浅层地下水，一部分继续向下渗透形成深层地下水。尽管出现了"漏库"情况，但未必是坏事，补充地下水，对地下水超采区来说是一件好事，可谓困中有亨，这和困卦的卦意有相通之处。

困卦对涉水事务有重要启示：

水利遇困不忘使命。身处困穷致命遂志，水利遇困也要不忘使命。水利发展会遇到各种各样的困难，如降水过少导致供水不足，农业发展、工业生产和生活饮水都可能面临困难；降水过多导致洪涝灾害，经济受损，有的付出生命代价。在水利科技方面，也会遇到经费短缺、技术瓶颈突破困难、人才储备不足等等困难。水利困穷以多种形式存在，但无论如何我们都不要忘记水利使命是全心全意为人民服务，无论遇到多大困难，都要以人民为中心，以人民的利益为重，将水利工作高质量推进下去，不辜负人民的重托和期待。

水利遇困自强不息。身处困穷奋斗不止，水利遇困也要自强不息。任何事情都不是一帆风顺的，遇到困难要迎难而上，自强不息，奋斗不止，直到克服困难。如农村饮水工程，我国地域广阔，农村情况千差万别，让全部农民喝上好水还存在很大困难。我们水利工作者要苦思冥想，克服重重困难，因地制宜圆满地解决：对于靠近城市的，采取城乡一体化方式供水；对于人口相对集中的大村镇采用集中供水；对于分散的农户，采取较方便的方式供水。分步实施提升供水质量工程。首先是解决有水吃，然后再逐步解决喝好水的问题。

水利遇困发展机遇。身处困穷成功在望。辩证地看待水利困境，将困境看作促进水利高质量发展的新机遇。水资源供需矛盾尖锐，说明我们在水资源开发利用和保护上遇到"瓶颈"，我们要采取办法解决这个问题。如在用水端节约用水，减少水资源需求，调整产业结构，建立与水相适应的节水型产业结构。抗旱救灾遇到困难，我们只要从群众的利益出发，不违背专业精神，建立防灾的水利体系，不断地进行完善，就是取得抗旱救灾的最后胜利。

48. 井 木上有水 ䷯ 劳民劝相

【原文】

井：改邑不改井，无丧无得。往来井井。汔至，亦未繘井，羸其瓶，凶。

《彖》曰：巽乎水而上水，井。井养而不穷也。"改邑不改井"，乃以刚中也。"汔至，亦未繘井"，未有功也。"羸其瓶"，是以凶也。

《象》曰：木上有水，井。君子以劳民劝相。

▬▬ ▬▬	上六，井收勿幕，有孚元吉。 《象》曰："元吉"在"上"，大成也。
▬▬▬▬▬	九五，井洌，寒泉食。 《象》曰："寒泉之食"，中正也。
▬▬ ▬▬	六四，井甃，无咎。 《象》曰："井甃，无咎"，修井也。
▬▬▬▬▬	九三，井渫不食，为我心恻。可用汲，王明并受其福。 《象》曰："井渫不食"，行恻也。求"王明"，受福也。
▬▬▬▬▬	九二，井谷射鲋，瓮敝漏。 《象》曰："井谷射鲋"，无与也。
▬▬ ▬▬	初六，井泥不食。旧井无禽。 《象》曰："井泥不食"，下也。"旧井无禽"，时舍也。

【翻译】

原文	准直译	意译
井：改邑不改井，无丧无得。往来井井①。汔至，亦未繘井，羸其瓶，凶②。	井：村庄可以移动井不能迁移，没有损失没有获得。反复不断依然为用。快到井口尚未出井，水瓶倾覆，有凶险。	井：村邑可迁水井不可移，井水取之不尽，水多不盈，无损无得，始终洁净。若有始无终必有凶险，犹如汲水绳短接近井口，或者汲水瓦罐倾覆，无法汲水利用。
《彖》曰：巽乎水而上水，井。井养而不穷也。"改邑不改井"，乃以刚中也。"汔至，亦未繘井"，未有功也。"羸其瓶"，是以凶也。	《彖》说：巽乎水而上水，井。水井养物功德无量。"改邑不改井"，因为阳刚居中。"汔至，亦未繘井"，没有实现功用。"羸其瓶"，所以有凶险。	《彖》说：入水汲水就是井卦。井养万物功德无量。君子阳刚居中，其德犹如水井养物矢志不渝，犹如迁村不移井。若君德有始无终，犹如汲水绳子短或者汲水器具颠覆，不能汲水利用一样，凶险。

· 307 ·

《象》曰：木上有水，井。君子以劳民劝相[3]。	《象》说：树木上有水，井卦卦象。君子为民操劳，劝勉百姓相互帮助。	《象》说：树木上有水，井卦卦象。君子体察此象精髓，为民操劳，劝勉百姓互助。
初六，井泥不食。旧井无禽[4]。《象》曰："井泥不食"，下也。"旧井无禽"，时舍也。	初六，井中淤泥不能食用。旧的水井没有禽兽。《象》说："井泥不食"，因为在下。"旧井无禽"，时舍也。	初六，处井之始，若不修身修德，难以为时代所用成废物，犹如井底淤泥不能食用。像废弃之井连禽兽都不光顾一样，被抛弃。
九二，井谷射鲋，瓮敝漏[5]。《象》曰："井谷射鲋"，无与也。	九二，在井中容水处射鱼，取水瓮破漏。《象》说："井谷射鲋"，没有相助之人。	九二，身为阳刚居中大夫，不得上级青睐相助，难以发挥贤才，犹如井中射鱼，击漏水瓮，难以取水利用。
九三，井渫不食，为我心恻[6]。可用汲，王明并受其福[7]。《象》曰："井渫不食"，行恻也。求"王明"，受福也。	九三，井清洁了不食用，让我内心伤悲。可以用来汲水，君王英明，一起受到福佑。《象》说："井渫不食"，行为让人伤悲。祈求君王圣明，接受他的福泽。	九三，身为阳刚得正应和宗庙的三公，井德具备，若明君识贤任用，天下共享其福。若不用，犹如清洁井水不食用，令人惋惜。
六四，井甃，无咎[8]。《象》曰："井甃，无咎"，修井也。	六四，砌好井壁，没有灾难。《象》说："井甃，无咎"，整修井。	六四，身为柔顺正位诸侯，助君治国为民，犹如整修好井壁养物无穷，没有过错。
九五，井洌，寒泉食[9]。《象》曰："寒泉之食"，中正也。	九五，井水清澈，清凉的泉水可食用。《象》说："寒泉之食"，大中至正。	九五，身为九五之尊，大中至正平天下，恰似清澈甘冽泉水食用可口。
上六，井收勿幕，有孚元吉[10]。《象》曰："元吉"在"上"，大成也。	上六，井建成后不加盖，有诚信大吉。《象》说："元吉"在上位，大功告成。	上六，处井之极，有亲君顾下之德，至诚天下，大功告成，犹如建好水井不加盖，为大众共享。

【注释】

①井：改邑不改井，无丧无得。往来井井：井，卦名。改，变更，迁移。邑，古代行政区划名，三朋为里，五里为邑，此处可以理解为村庄。有时为封地。井井，《本义》："井其井。"即反复不断地以井为用。《正义》："'井'者，物象之名也。古者穿地取水，以瓶引汲，谓之为'井'。此卦明君子修德养民，有常不变，始终无改，养物不穷，莫过乎井。故以修德之卦取譬，名之'井'焉。"《王注》："井，以不变为德者也。"

② 汔至，亦未繘井，羸其瓶，凶：汔（qì），接近。繘（jú），井上汲水的绳索。《王注》："已来至而未出井也。""繘"训为"出"。羸（léi），覆。瓶，《说文解字》本从缶。缶，瓦器，即陶制器皿。

③ 君子以劳民劝相：劳民，为民操劳。劝，劝勉。相，助，相互帮助。朱熹注："劳民者，以君养民。劝相者，使民相养。"《正义》："劳，谓劳赉；相，犹助也。井之为义，汲养而不穷。君子以劳来之恩，勤恤民隐，劝相百姓，使有功成，则此养而不穷也。"

④ 井泥不食。旧井无禽：井泥，井的淤泥。旧井，长期不用的井。禽，古代鸟兽总称。《王注》："最在井底，上又无应，沉滞滓秽，故曰'井泥不食'也。井泥而不可食，则是久井不见渫（xiè）治者也。久井不见渫治，禽所不向，而况人乎？一时所共弃舍也。"

⑤ 井谷射鲋，瓮敝漏：井谷，井中容水之处。鲋（fù），古书指鲫鱼，《子夏传》为虾蟆（má）。瓮（wèng），盛东西的陶器，腹部较大。敝，坏。

⑥ 井渫不食，为我心恻：渫（xiè），除去（污秽），也就是清洁。恻（cè），悲伤。《集解》引荀爽曰："渫，去秽浊，清洁之意也。三者得正，故曰'井渫'。不得据阴，喻不得用，故'不食'，道既不行，故'我心恻'。"

⑦ 可用汲，王明并受其福：汲（jí），从下往上打水。《正义》："有应于上，是'可汲'也。井之可汲，犹人可用，若不遇明王，则滞其才用。若遭遇贤主，则申其行能，贤主既嘉其行，又钦其用，故曰'可用汲，王明并受其福也。'"

⑧ 井甃，无咎：甃（zhòu），用砖砌井壁。《集解》引虞翻曰："以瓦甓（pì）垒（lěi）井曰甃。"

⑨ 井洌，寒泉食：洌，水清。寒泉，清冽的泉水或井水。朱熹注："洌，洁也。阳刚中正，功及于物。"《集解》引崔憬曰："洌，清洁也。居中得正而比于上，则是井渫水清。既寒且洁，汲上可食于人者也。"

⑩ 井收勿幕，有孚元吉：收，成。幕，盖。《王注》："处'井'上极，水已出井，井功大成，在此爻矣，故曰'井收'也。群下仰之以济，渊泉由之以通者也。幕，犹覆也。不擅其有，不私其利，则物归之，往无穷矣，故曰'勿幕，有孚，元吉'也。"

【宗旨】

井卦阐述井之道，以井喻人。井德恒养万物，城邑可移井不可迁，井水取之不尽，水注不盈，不分贵贱，其德恒定高尚，人应该向井学其德。人修德如

· 309 ·

井，君子有中正之美德，尽其才尽其用，善始善终。怀才不遇，不利于社会稳定。君子为民鞠躬尽瘁，劝民互助。

【体会】

井字甲骨文为 ⩜，传统认为甲骨文模拟的是木料或石料围起来的井栏杆，当中空为井口。西周以后，"井"字当中多出一圆点变成"丼"，指井中有水，也可能表示汲水用的桶或罐子。《说文解字》说："八家为一丼。""古者二十亩为一井。"《序卦》说："困乎上者必反下，故受之以《井》。"意思是上升受困一定会返回到下边来，所以困卦之后接着就是井卦。《系辞》说："《井》，德之地也。""《井》，居其所而迁。""《井》，以辨义。"都指向一个目标，井德，井之德，正是人学习的榜样。

井卦（䷯）下巽（☴）上坎（☵），巽为木，坎为水，木上有水。这可以理解树木能汲取地下之水满足生长之需求，也可以理解为用木桶汲水，两者最终是将水从地下运上来供利用，这是井卦的卦象。井卦卦辞以井喻人，先言"水井"的各种德性功用，再言"汲水"之道。《周易折中》引邱富国："'改邑不改井'，井之体也；'无丧无得'，井之德也；'往来井井'，井之用也：此三句言井之事。'汔至亦未繘井'，未及于用也；'羸其瓶'，失其用也，此二句言汲井之事。"朱熹在《朱子语类》说："草木之生，津润皆上行，直至树末，便是'木上有水'之义。虽至小之物亦然。如菖蒲叶，每晨叶尾皆有水如珠颗，虽藏之密室亦然，非露水也。""木上有水，便如水本在井底，却能汲上来给人之食，故取象如此。"。

为什么君子见到木上有水井卦卦象，勉励自己"君子以劳民劝相"？井养人养物，心中无我，大公无私，具有有恒、有始有终的美德。当然如果在汲水过程中方法不当，如绳短或者取水器损坏，即便再好的水也难以发挥作用。君子要学习井之美德，为民服务操劳，教化百姓相互帮助。

井是不可以动的，它深入地下，为地下水利用提供基础。正常的水井取之不尽用之不竭，即便你不断注入水，也不会盈满外溢，仍恒定如初，善终如始。井之德与谦谦君子之德极其相似。君子之才，用之造福社会，不仅是君子的志向，更是社会和民众的福分，人尽其才物尽其力，社会才更加和谐平安。作为君子，要不断提升自己的修养，掌握好本领时刻准备响应呼唤，为社会作出贡献。当然怀才不遇也是常有现象，虽然有些遗憾，但此时也不要苦闷，也要积极向上，过好自己的人生。

古人认为："羸其瓶，凶。"唐王昌龄《行路难》："双丝作绠系银瓶，百尺寒泉辘轳上。悬丝一绝不可望，似妾倾心在君掌。"南北朝时期释宝月的《估客乐》有言："有信数寄书，无信心相忆。莫作瓶落井，一去无消息。"白居易的《井底引银瓶·止淫奔也》："井底引银瓶，银瓶欲上丝绳绝。石上磨玉簪，玉簪欲成中央折。瓶沉簪折知奈何？似妾今朝与君别。"他们都从不同角度给此爻作了注解。

汉代司马迁在《史记》中用井卦为屈原打抱不平：怀王以不知忠臣之分，故内惑于郑袖，外欺于张仪，疏屈平而信上官大夫、令尹子兰。兵挫地削，亡其六郡，身客死于秦，为天下笑。此不知人之祸也。《易》曰："井渫不食，为我心恻；可用汲。王明并受其福。"王之不明，岂是福哉！

纵观《易》六十四卦，绝大多数上爻都为凶，但井卦例外。《程氏易传》程颐说："它卦之终，为极为变。唯《井》与《鼎》，终乃为成功，是以'吉'也。"可见做卦者对井卦的偏爱，这在一定程度上反映了人们对井的偏爱。

井卦给我们提供不少重要精神财富。

为民操劳。"君子以劳民劝相。"君子就要为民鞠躬尽瘁，全心全意为人民操劳。孟子说："民为贵，社稷次之，君为轻。"

修身养德。"井泥不食。旧井无禽。""井甃，无咎。"要修身养德才能为国所用，要加强自身修养，才能为民为国作出更大贡献。《四库全书》总纂纪晓岚去世后，嘉庆帝亲笔题写墓志铭："敏而好学可为文，授之以政无不达。"纪晓岚在《寄内子》中对如何加强孩子教养提出了"四戒""四宜"。四戒：一戒晚起，二戒懒惰，三戒奢华，四戒骄傲。四宜：一宜勤苦读书，二宜尊敬老师，三宜爱护众人，四宜谨慎饮食。

人尽其才。"井渫不食，为我心恻，可用汲，王明并受其福。"要人尽其才物尽其力，这样才不至于造成浪费，同时为民为社会造福。人是社会的重要财富，古往今外，善用人才者兴，不善于用人才者亡。一个好的领导最大智慧是知人善任。《资治通鉴·周纪》说："致天下之治者在人才。""功以才成，业由才广。""才者，德之资也；德者，才之帅也。"

与人为善。"井收勿幕，有孚元吉。"要与人为善，井建好了，可以为大家服务，这正是井德的进一步延伸。井成后想到的不仅仅是自己，而是大家，心中不仅仅有自己，更重要的是大家。人能帮助我，我有能力之时就尽可能帮助别人，在社会形成我为人人的社会氛围，最终会实现人人为我。与人为善，实际上也是对自己为善。善是有回报的，尽管付出的善意不需要回报，但最终让你享受善的付出结出的美好果实。

善始善终。"改邑不改井，无丧无得。往来井井。"要像井德那样做事善始善终。《诗经》说："靡不有初，鲜克有终。"《史记·乐毅列传》说："善始善终，善作善成。"那些有始有终的，最终大多都有一个理想的结果。做事情既要有好的开头，也要有好的结尾；既要善于做事，更要善于把事做成。《庄子·大宗师》说："善妖善老，善始善终。"唐代魏征在《谏太宗十思疏》里说："凡百元首，承天景命，莫不殷忧而道著，功成而德衰。有善始者实繁，能克终者盖寡。"

【易水】

井卦（䷯）的卦象是木上有水。在现实生活中，常见的有二种情景：一是通过树木吸收地下水。水在树木之上。二是通过降水或者霜冻等方式形成树上景观。如露水卦在树上，东北小丰满水库形成的雾凇景观等。

井卦和水有密切关系，特别是与地下水关系更为密切。地下水利用与井德有密切关系，我们可以充分吸收井德，充分利用和保护好水资源。井卦给涉水事物重要启示。

水利为民。为民操劳，对于水利而言，就是水利为民。水利发展是为了满足人民群众日益增长的对美好生活的追求。如人民对防洪抗旱有安全要求，要求供水有安全保障，对粮食安全要维护，我们要全心全意地做好此项工作。不同阶段水利发展面临的形势不一样，面对水资源供给需求的变化，始终围绕着人民的需求发展水利，这既是水利发展的出发点，也是水利发展的归宿。

护地下水。修身养德，保护好地下水。地下水保护好了，水井才能发挥作用。如果地下水保护不好，水质被污染，水井的作用就难以发挥，井德更难以持久稳定。目前，我国地下水保护存在一定问题，如过度地开采地下水，导致地下水位下降、部分水井干涸。由于地下水污染，导致部分水质不良。我们要采取有力措施有效地保护地下水。

水尽其用。人尽其才，水尽其用。我们不要浪费一滴水，要充分发挥其功能，提高水资源利用率和利用效率。循环用水或者多次利用都是水尽其用的重要形式，如生产生活废水，经过处理后再次投入生产生活之中，或者经过适当处理后改为他用，再次发挥其功能。水尽其用是用到该用的地方，比如水资源保护、保护生物多样性等，尽管没有直接用于生产生活，没有直接产生经济效益，但其作用是巨大的。要理解好用的内涵，不仅仅是生产生活之用，还包括生态之用,甚至还包括为下一代储备之用等。

与水为善。与人为善,与水为善。水利人,上善若水。人的行为要主动利水,建立人水互利互养体系,树立人与水生命共同体理念,相互支持。彻底改变只向水索取缺乏回报的掠夺性开发利用模式,建立新型的人水共同繁荣的新格局,人人"利水",形成"利水型社会"。

49. 革 泽中有火 ䷰ 革故鼎新

【原文】

革：巳日乃孚，元亨利贞，悔亡。

《彖》曰：革，水火相息，二女同居，其志不相得，曰革。"巳日乃孚"，革而信之。文明以说，大亨以正。革而当，其悔乃亡。天地革而四时成，汤武革命，顺乎天而应乎人。革之时大矣哉！

《象》曰：泽中有火，革。君子以治历明时。

☰	上六，君子豹变，小人革面，征凶，居贞吉。 《象》曰："君子豹变"，其文蔚也。"小人革面"，顺以从君也。
☰	九五，大人虎变，未占有孚。 《象》曰："大人虎变"，其文炳也。
☰	九四，悔亡，有孚，改命吉。 《象》曰："改命"之吉，信志也。
☰	九三，征凶，贞厉。革言三就，有孚。 《象》曰："革言三就"，又何之矣。
☰	六二，巳日乃革之，征吉，无咎。 《象》曰："巳日革之"，行有嘉也。
☰	初九，巩用黄牛之革。 《象》曰："巩用黄牛"，不可以有为也。

【翻译】

原文	准直译	意译
革：巳日乃孚[①]，元亨利贞，悔亡。	革，变革。巳日才有诚信，大成功，宜守正，没有悔恨。	革卦，革命。时机成熟，人民信任之时开展革命，秉持正道，才能得到拥护，获得伟大成功，革命才没有后遗症。
《彖》曰：革，水火相息，二女同居，其志不相得，曰革[②]。"巳日乃孚"，革而信之。文明以说，大亨以正。革而当，其悔乃亡。天地革而四时成，汤武革命，顺乎天而应乎人。革之时大矣哉！	《彖》说：革卦，水火互不相容，二个女人住在一起，其心志不能相投互相欣赏，称为革。"巳日乃孚"，革命得到人们信任。文明其喜悦，非常通达守正。革命适当，后悔消失。天地变革形成四季，商汤周武王革命，顺乎天道而呼应人心。改革之时机太重大了。	《彖》说：革卦，革命，犹如水火不相容，两女同住一室志不同生变。革命事关重大，必须等待时机成熟才为人信服。革命要光明、心悦、正道和正当，才能圆满成功，不留遗憾。天地变革有四季，商汤、周武王革命顺天道应人愿。革命之时机非常重要。

《象》曰：泽中有火，革。君子以治历明时③。	《象》说：沼泽中有火，革卦。君子制订历法，明辨时序。	《象》说：沼泽中有火，革卦卦象。君子体察此象精髓，制订历法，明辨时令。
初九，巩用黄牛之革④。《象》曰："巩用黄牛"，不可以有为也。	初九，用黄牛皮革捆绑。《象》说："巩用黄牛"，不可以有所作为。	初九，革命之初，坚守正道，不可有所作为，就像被黄牛皮绑住一样牢固不可为。
六二，巳日乃革之，征吉⑤，无咎。《象》曰："巳日革之"，行有嘉也。	六二，到了巳日进行革命，前进吉祥，没有过错。《象》说："巳日革之"，行动有好结果。	六二，革新之时，身为正位大夫，上合君王之意，下应百姓，时机成熟之时参加革命，行为有嘉吉祥，没有过错。
九三，征凶，贞厉。革言三就，有孚⑥。《象》曰："革言三就"，又何之矣。	九三，前进有凶祸，守正防危险。改革行动三思，有诚信。《象》说："革言三就"，又去哪里呢。	九三，革新之时，身为阳刚守正的三公，上应宗庙受阻，应守正防危，不能轻举妄动，出征有凶。革命之时三思而后行，要有诚信，明确革命目标。
九四，悔亡，有孚，改命吉⑦。《象》曰："改命"之吉，信志也。	九四，没有悔恨，有诚信改变旧，吉祥。《象》说："改命"之吉，相信心志。	九四，革新之时，身为阳刚占柔顺之位的诸侯，与九五之尊性同，有信心、有诚信进行革命，没有遗憾，吉祥。
九五，大人虎变，未占有孚⑧。《象》曰："大人虎变"，其文炳也。	九五，君王猛虎般革命，不用占卜就有诚信。《象》说："大人虎变"，其纹理显著。	九五，革新之时，身为阳刚大中至正九五之尊，非常自新新民、顺天应人，开展革命，伟业彪炳，定信天下，犹如百兽之王花纹美丽威武。
上六，君子豹变，小人革面⑨，征凶，居贞吉。《象》曰："君子豹变"，其文蔚也⑩。"小人革面"，顺以从君也。	上六，君子猎豹般革命，小人改变他的面目，前进凶险，守住守正吉祥。《象》说："君子豹变"，其纹理华丽。"小人革面"，顺从君王。	上六，革命结束之时，顺从君王、下应三公圣贤，像猛豹斑纹一样光彩夺目，民众顺从统治焕然一新，应固守革命成果，守正吉祥，若改变有凶险。

【注释】

① 革：巳日乃孚：革，卦名，革命，变革，改革。《集解》引干宝曰："天命已至之日也。乃孚，大信者也。武王陈兵孟津之上，诸侯不期而会者八百国，皆曰纣可伐矣。武王曰：'尔未知天命，未可也。'还归。二年，纣杀比干，囚箕子，尔乃伐之，所谓'巳日乃孚，革而信一也'。"《正义》："'革'者，改变之名也。此卦明改制革命，故名'革'也。"巳（sì），地支的第六位。关于此字，还有己说法。朱震《汉上易传》曰："（己）当读作'戊己'之'己'，十日至'庚'

· 315 ·

而更；更，革也。"另，赵清慎认为革应读"割"，并进行了卦阐释。

② 革，水火相息，二女同居，其志不相得，曰革：息，熄灭。二女，下离为中女，上兑为少女。同居，住在一个房间。《正义》："中、少二女而成一卦，此虽形同而志革也。一男一女，乃相感应，二女虽复同居，其志终不相得。志不相得则变必生矣，所以为'革'。"

③ 君子以治历明时：治历，制订历法。明时，明确春夏秋冬四季时序。《程氏传》："君子观变革之象，推日月星辰之迁易，以治历数，明四时之序也。"《正义》："天时变改，故须历数，所以君子观兹革象，修治历数，以明天市也。"

④ 巩用黄牛之革：巩，捆绑。黄，中之色。《王注》："在革之始，革道未成，固夫常中，未能应变者也。此可以守成，不可以有为也。巩，固也。黄，中也。牛之革，坚韧不可变也。固之所用常中，坚韧不肯变也。"

⑤ 巳日乃革之，征吉：六二与九五相应，均得正位，吉祥。《王注》："阴之为物，不能先唱，顺从者也。不能自革，革巳乃能从之，故曰'巳日乃革之'。"

⑥ 征凶，贞厉，革言三就，有孚：《集解》引崔憬曰："夫安者，有其危也。故受命之君，虽诛元恶，未改其命者，以即行改命，习俗不安，故曰'征凶'。犹以正自危，故曰'贞厉'。是以武王克纣，不即行周命，乃反商政，一就也。释箕子囚，封比干墓，式商容闾，二就也。散鹿台之财，发钜桥之粟，大赉于四海，三就也。故曰'革言三就'。"

⑦ 悔亡。有孚改命，吉：悔亡。改命，革命。《本义》："以阳居阴，故有悔。然卦已过中，水火之际，乃'革'之时，而刚柔不偏，又'革'之用也，是以'悔亡'。然又必'有孚'然后'革'，乃可获'吉'。"

⑧ 大人虎变，未占有孚：大人，指九五君王。占，占筮占卜。朱熹注："在大人则自新新民之极，顺天应人之时也。九五以阳刚中正为革之主。"《正义》："九五居中处尊，以大人之德为革之主，损益前王，创制立法，有文章之美，焕然可观，有似'虎变'，其文彪炳。则是汤、武革命，广大应人，不劳占决，信德自著。故曰'大人虎变，未占有孚也。'"《集解》引马融曰："大人虎变，虎变威德，折冲万里，望风而信。"

⑨ 君子豹变，小人革面：《正义》："上六居革之终，变道已成。君子处之，虽不能同九五革命创制，如虎文之彪炳，然亦润色鸿业，如豹文之蔚缛。"

⑩ "君子豹变"，其文蔚也：蔚，文采华丽，茂盛。《集解》引陆绩曰："豹，虎类而小者也。君子小于大人，故曰'君子豹变，其文蔚也'。"

【宗旨】

革卦主要阐述变革之道。变革事关重大，只有时机成熟、手段正当、目标正确、光明正大才能圆满成功。变革要顺乎天理，又要应乎人情。抓住变革的时机非常重要。时机不成熟，要积蓄力量，不可轻举妄动。革命要三思而后行，上下一条心，变革者阳刚中正。变革不易，固守变革成果也不轻松。

【体会】

革字金文有多个，如、、、。最初的字形像一张悬挂着的首、身、尾俱全的兽皮，中间的圆形物是被剥下的兽身皮，余下分别为兽的头、身和尾。《说文解字》中说"革"的本义是"兽皮治去其毛"，也就是去毛加工好的兽皮，由此衍生出除去的意思，进一步引申为变革，其近义词为改革、革命等。《序卦》说："井道不可不革，故受之以《革》。"井不可不改变（必须去污垢），所以接着是革卦。《杂卦》说："《革》去故也。"革卦是去旧，也就是迎新，就是变革、革命的意思。

革卦（䷰）下离（☲）上兑（☱），离为火，兑为泽，火上有泽。火向上，泽向下，水火不相容，熊熊的烈火遇到泽水从上而下倾泻，火必将熄灭，泽水也会因火热变成水蒸气发生变化，两者都发生改变，这就是革卦的象征。从另一个角度来看，离（☲）为中女，兑（☱）少女，革卦犹如中女和少女同居一室，两个女人经历不同，想法不一样，两个人长期住在一起定会引发矛盾。比如少女正处于幻想阶段，总想白马王子，言必某帅哥。而中女已经过了这个年龄段，可能想如何过好日子，柴米油盐糖醋茶。两个人可能相互看不上，会生变，也可能会吵架或者生闷气，总之闹得不愉快，亲姐妹也会变成陌路人，发生质的变化。

为什么君子看到革卦（䷰）泽中有火的卦象，会产生"君子以治历明时"？水火相遇，可以发生变化。从更大的角度来看，日月星辰也不断发生变化，这种变化的结果会产生春、夏、秋、冬四季明显变化。这与农时有密切关系。农时关系到吃饭穿衣，君子要制订历法，明确时序变化，为农业生产提供坚实基础。

变革或者说革命是重大的事情，不能不慎重。程子说："天下之事情，革之不得其道，则反致弊害，故革有悔之道。惟革之至当，则新旧之悔皆亡也。"革卦就是针对革命进行系统阐述。革命要想成功，要考虑时机、手段、目标。要选择适当时机，时机成熟，早晚都不行，要适中。革命手段要正道，靠歪门邪道不行。革命目标要正当，要光明正大，不能为小集团谋利益，要为大多数人谋利益。这样革命才能得到群众拥护，群众拥护才是改革的真正动力。革命要三思而后行，上下拧成一股绳，有福同享有难同当，要积极主动中正。革命到一定程度该止则止。革命成果来之不易，但能守住革命成果不比获得成果轻松，更要努力才行。

革卦给我们重要启示。

革命要适应民心。"天地革而四时成，汤武革命，顺乎天而应乎人。"革命要适应民心才能成功，没有人民的支持，革命难以成功。《尚书》说："民惟邦本，本固邦宁。"司马迁说："制国有常，利民为本。"根据《明史·卷三百九·李自成传》，李自成针对土地高度集中、赋税十分沉重的社会弊端，以"均田免粮""三年免粮，一民不杀""平买平卖"为口号，同时推行"劫富济贫"的政策。他强迫大官僚、大地主交出粮食和财物，打开官府的粮库救济饥民。这些惠民政策受到人民群众的欢迎。社会传唱："杀牛羊，备酒浆，开了城门迎闯王，闯王来时不纳粮"的歌谣。人民蜂拥而至参加起义军，李自成的队伍迅速增加到上百万人。

革命要人民信任。"革而信之。"革命要成功，需要得到人民的信任。《论语·为政》说："人而无信，不知其可也。"商汤是商族部落的首领，他宅心仁厚，重用贤臣伊尹，深受民众的信任与爱戴。《尚书·仲虺之诰》："惟王不迩声色，不殖货利，德懋懋官，功懋懋赏……"正因为如此，他领导四方诸侯一举推翻了腐朽的夏朝，建立了商朝。《孟子·梁惠王下》："书曰：'汤一征，自葛始，天下信之，东征则西夷怨，南征则北狄怨。'"他执政后，对内减轻征敛，鼓励生产，安抚民心，人民对他更加信任，其统治的疆域不断扩增，影响力不断扩大，不少部落纳贡归服。

革命要抓住机遇。"巳日乃孚。""革之时大矣哉。"革命要抓住机遇，等条件成熟了才革命。《易经·系辞》说："君子藏器于身，待时而动。"宋代文学家苏轼在《代侯公说项羽辞》中说："来而不可失者，时也；蹈而不可失者，机也。"古往今来，革命取得成功，都是革命者准确地把握住机遇的结果。

革命要适可而止。"君子豹变，小人革面，征凶，居贞吉。"革命要适可而止。《管子·重令》说："天道之数，至则反，盛则衰。"革命不能操之过急，也不能过度，要"有理、有利、有节"，恰到好处，革命才能成功。

【易水】

革卦（䷰）上兑（☱）下离（☲），兑为泽，离为火为日，泽下有火。在自然之中，泽上有日经常见。泽下有日有火会出现两种情况：一是俯瞰泽中日出日落与众不同，也是欣赏的一次革新。二是泽下火山爆发，发生如下变化：形成巨大的冲击浪，波浪滔天，对沿岸造成巨大损失，甚至剥夺人的生命；湖泽之水迅速升温，导致水生动植物迅速死亡，这是破坏性变革。革命既可以带来新气象，也可能带来大破坏，如何把握革命并向好的方向发展，这考验人的智慧。

革卦与水事密切相关的就是水利改革，革卦对水事有不少启示。

水利改革要适应民心。革命要适应民心，水利要改革必须顺应民心。由于时代的发展，水利要满足人民提出的新要求，就需要不断地进行调整改革。适应民心是水利改革的重要引擎。水利改革之时，充分激发民众的内在动力，让改革的动力和民众的动力合一，水利改革才会走得更顺畅。

水利改革要获得信任。水利改革如果不能获得人民信任将寸步难行。水利改革要充分建立在人民信任的基础上，这样才有改革坚实的基础。言必行，行必果，要建立起诚信政府，水利改革更容易推进成功。水利改革目标既要长远，同时又有现实，现实与长远相结合，民众既能摸得着看得见，同时又有前进目标，容易获得信任。

水利改革要抓住机遇。革命要抓住机遇，水利革命只有抓住机遇才能获得成功。水利革命既要上级领导支持，也要民众信任和支持，同时还需要政策、技术等支撑。水利政策出台都需要适当时机。如洪水泛滥，给人民群众带来巨大损失，这时候进行水利改革容易获得上下支持。天下大旱，农业生产受到致命打击，这时进行农水有关的改革容易进行，在资金、政策等方面都容易获得支持。当水利改革之时，要充分评估时机是否成熟，机会出现，立即抓住。抓住机遇考验水利人的智慧。

水利改革要适可而止。革命要适可而止，水利改革同样该行则行，该止则止。适可就是不偏不倚，恰到好处。水利改革过程中要正确地把握度，既要防止过度，又要注意不到度。把握度是一门高超的艺术，既要科学支撑，又需要智慧的决断力。比如节水是用水领域的一场革命，也是今后水资源高效利用的重要方向，提高水资源利用率和利用效率是一种必然。但节水要有一个度，有技术、经济约束，不能因追求高效率而牺牲经济性和技术可达性。过度节水以至于达到"苦节"是不正确的，当然应该节水而没有节水也是错误的。科学节水是技术、经济、可操作性的高度结合。科学地把握水利改革度非常重要，关系到水利改革的成败。

50. 鼎 木上有火 ䷱ 正位凝命

【原文】

鼎：元吉，亨。

《彖》曰：鼎，象也。以木巽火，亨饪也。圣人亨以享上帝，而大亨以养圣贤。巽而耳目聪明，柔进而上行，得中而应乎刚，是以元亨。

《象》曰：木上有火，鼎。君子以正位凝命。

▬▬▬▬	上九，鼎玉铉，大吉，无不利。 《象》曰：玉铉在上，刚柔节也。
▬▬ ▬▬	六五，鼎黄耳金铉，利贞。 《象》曰："鼎黄耳"，中以为实也。
▬▬▬▬	九四，鼎折足，覆公𫗧，其形渥，凶。 《象》曰："覆公𫗧"，信如何也。
▬▬▬▬	九三，鼎耳革，其行塞，雉膏不食，方雨亏悔，终吉。 《象》曰："鼎耳革"，失其义也。
▬▬▬▬	九二，鼎有实，我仇有疾，不我能即，吉。 《象》曰："鼎有实"，慎所之也。"我仇有疾"，终无尤也。
▬▬ ▬▬	初六，鼎颠趾，利出否。得妾以其子，无咎。 《象》曰："鼎颠趾"，未悖也。"利出否"，以从贵也。

【翻译】

原文	准直译	意译
鼎：元吉，亨①。	鼎，大吉祥，亨通。	鼎，除旧布新，大吉大利，亨通。
《彖》曰：鼎，象也②。以木巽火，亨饪也。圣人亨以享上帝，而大亨以养圣贤。巽而耳目聪明，柔进而上行，得中而应乎刚，是以元亨。	《彖》说：鼎卦，效仿鼎取名。将木材点燃，烹调食物。圣人烹调祭献天帝，君王烹饪大量食物供养圣贤。随顺耳聪目明，柔顺前行，居中并与阳刚相呼应，所以大亨通。	《彖》说：鼎卦仿效鼎命名，烧柴烹调食物。圣人烹调祭献天帝，以厚禄养圣贤。因此耳聪目明、政通人和，柔顺前行，居中守正并与阳刚相应和，所以非常成功。
《象》曰：木上有火，鼎。君子以正位凝命③。	《象》说：木上有火，鼎卦卦象。君子端正尊卑之序，坚守使命。	《象》说：木上有火，鼎卦卦象。君子体悟此卦象精髓，尊卑归位，不忘使命。

初六，鼎颠趾，利出否。得妾以其子，无咎④。《象》曰："鼎颠趾"，未悖也。"利出否"，以从贵也。	初六，倾斜鼎脚，容易倒出脏物。娶妾生儿子，没有过错。《象》说："鼎颠趾"，没有违道。"利出否"，因为弃恶从贵。	初六，除旧布新之初，正己改过，就像倾斜鼎倒出脏物弃秽纳新。娶妾生子延续香火，弃恶从新没有违背正道，无错。
九二，鼎有实，我仇有疾，不我能即，吉⑤。《象》曰："鼎有实"，慎所之也。"我仇有疾"，终无尤也。	九二，鼎中装满食物，我的对手有疾患，不能来与我就食，吉祥。《象》说："鼎有实"，谨慎所行。"我仇有疾"，最终没有忧虑。	九二，除旧布新之时，阳刚居中有实，若与不正之初相欢为恶，应谨行慎为，没有忧虑，就像鼎中装满美食，对手有疾不与我争夺，吉祥。
九三，鼎耳革，其行塞，雉膏不食，方雨亏悔，终吉⑥。《象》曰："鼎耳革"，失其义也。	九三，鼎耳变革，行动受阻，野鸡汤吃不到，等候下雨，悔恨消除，最终吉祥。《象》说："鼎耳革"，失去它本来的意义功能。	九三，除旧布新之时，身为阳刚得正三公，上无应下无援，行动受限，不为所用，无法除旧布新，待机行事，最终吉祥。就像鼎耳坏了移动困难，不能享受美味野鸡汤，等下雨鼎温低可享。
九四，鼎折足，覆公餗，其形渥，凶⑦。《象》曰："覆公餗"，信如何也。	九四，鼎足断了，鼎中食物洒了，身子弄脏了，有凶险。《象》说："覆公餗"，信用到哪里去了。	九四，除旧布新之时，身为阳刚居阴不正的诸侯，下应不正百姓，上承九五之尊，缺乏诚信，难以担当变革重任，祸及其身，就像鼎足断，美味洒在鼎上，有凶险。
六五，鼎黄耳金铉⑧，利贞。《象》曰："鼎黄耳"，中以为实也。	六五，鼎耳镶嵌黄金，鼎杠刚坚，利于守持正固。《象》说："鼎黄耳"，居中而笃实。	六五，身为柔顺居中的九五之尊，除旧布新之时，中道笃实，政顺国安，宜守正，就像鼎耳镶嵌黄金，鼎杠刚坚，革命根基成果牢固辉煌。
上九，鼎玉铉，大吉⑨，无不利。《象》曰：玉铉在上，刚柔节也。	上九，用玉装饰鼎杠，非常吉祥，没有不利的。《象》说：玉铉在上，刚柔有节制。	上九，革旧布新之极，辅佐君王，刚柔有节，就像玉镶鼎杠，非常吉祥，没有不利。

【注释】

①鼎：元吉，亨：鼎，卦名，革故取新，烹饪器物。《王注》："革去故而鼎取新，取新而当其人，易故而法制齐明，吉然后乃亨，故先'元吉'而后'亨'也。"

②鼎，象也：象，仿效、模拟。朱熹注："鼎，烹饪之器，为卦下阴为足，

二三四阳为腹，五阴为耳，上阳为铉，有鼎之象。又以巽木入离火，而致烹饪，鼎之用也。故其卦为鼎。"

③君子以正位凝命：正，端正，居正。凝，保持，坚定。命，使命，天命。《尚氏学》："鼎偏倚则势危，故贵正，不正则觫覆。鼎敛实于内，故贵凝，不凝则实漫矣。故君子取之，以正位凝命。"《正义》："凝者，严整之貌也。鼎既成新，即须制法。制法之美，莫若上下有序，正尊卑之位，轻而难犯，布严凝之命，故君子像此'正位凝命'也。"

④鼎颠趾，利出否。得妾以其子，无咎：趾（zhǐ），古指脚，今指脚指头。否，多音字，此处不读 pǐ、fǒu，读 bǐ，坏、恶的意思。得妾以其子，《正义》："妾者侧媵（yìng），非正室也。施之于人，正室虽亡，妾犹不得为室主。妾为室主，亦犹鼎之颠趾而有咎过。妾若有贤子，则母以子贵，以之继室，则得'无咎'。故曰'得妾以其子，无咎'也。"

⑤鼎有实，我仇有疾，不我能即，吉：鼎有实，《王注》："以阳之质，处鼎之中，有实者也。"我仇有疾，仇，音 qiú，对手，匹配。《王注》："有实之物，不可复加，益之则溢，反伤其实。'我仇'谓五也，困于乘刚之疾，不能就我，则我不溢，得全其吉也。"

⑥鼎耳革，其行塞，雉膏不食，方雨亏悔，终吉：雉膏，野鸡汤，至美美味。塞（sāi），堵塞。方，将要。亏，减少、减损。《王注》："三处下体之上，以阳居阳，守实无应，无所纳受。耳宜空以待铉，而反全其实塞，故曰'鼎耳革，其行塞'，虽有'雉膏'而终不能食也。雨者，阴阳交和，不偏亢者也。虽体阳爻，而统属阴卦，若不全任刚亢，务在和通，'方雨'则悔亏，终则吉也。"

⑦鼎折足，覆公觫，其形渥，凶：觫（sù），古代指鼎中的食物，后泛指美味佳肴。渥（wò），沾湿。《集解》引九家易曰："鼎者，三足一体，犹三公承天子也。三公谓调阴阳，鼎谓调五味，足折觫覆，犹三公不胜其任，倾败天子之美，故曰'覆觫'也。"有解释说形为刑，渥为大，形渥即大刑。朱熹认同此解释。

⑧鼎黄耳金铉：铉（xuàn），横贯鼎耳以举鼎的器具。《正义》："黄，中也；金，刚也。铉所以贯鼎而举之也。五为中位，故曰'黄耳'。应在九二，以柔纳刚，故曰'金铉'。所纳刚正，故曰'利贞'也。"《集解》引九家易曰："牛鼎受一斛，天子饰以黄金，诸侯白金，三足以象三台，足上鼻目为饰。羊鼎五斗，天子饰以黄金，诸侯白金，大夫以铜。豕鼎三斗，天子饰以黄金，诸侯白金，大夫铜，士铁。三鼎形同，烹饪烹肉。"三台，汉代对尚书、御史、谒者的总称。尚书为中台，御史为宪台，谒者为外台。

⑨鼎玉铉，大吉：《正义》："玉者，坚刚而有润者也。上九居鼎之终，鼎道之成，体刚处柔，则是用玉铉以自举者也，故曰'鼎玉铉'也。"

【宗旨】

鼎卦主要阐述除旧布新之道。鼎为炊具，让食材变成美味佳肴，君子从中体悟到应正位凝命。圣人烹制美味敬献天帝，国家厚禄养圣贤。居中守正，柔顺呼应阳刚就会顺达成功。要正己，谨行慎为，野无贤人，上下应和，刚柔有节。

【体会】

鼎字甲骨文是 ♅。上部像鼎的左右耳及鼎腹，下部像鼎足，很形象。其本义是古代烹煮用的器物。《释文》："鼎，法象也，即鼎器也。"《正义》："鼎者，器之名也。自火化之后，铸金而为此器，以供亨饪之用，谓之为鼎。"又曰："然则鼎之为器，且有二义：一有亨饪之用，二有物象之法。"《说文解字》："三足两耳，和五味之宝器也。昔禹收九牧之金，铸鼎荆山之下，入山林川泽，魑魅魍魉，莫能逢之，以协承天休。"《序卦》说："革物者莫若鼎，故受之以《鼎》。"变革物质没有超过鼎的，所以接着是鼎卦。《杂卦》说："《鼎》取新也。"鼎卦是布新。这是常规的解释，认同度比较高。

鼎卦（䷱）下巽（☴）上离（☲），巽为木，离为火，木上有火，即木上燃烧着火焰，呈烹饪的状态，鼎中的食材经过高温蒸煮发生变化，由生变熟，由硬变软，食材发生了革命性变化，完全变成了一种新的美味。

为什么君子看到鼎卦的卦象，会产生"君子以正位凝命"的联想？鼎正非常重要，如果鼎不正，则倾斜，倾斜就不稳，鼎中的食物会有抛洒的危险。正位非常重要，这和君子的要求是十分相符的。鼎中的食物要凝集于鼎内，否则鼎内食物就会漫溢。鼎中的食物是用来养人身体的，君子效仿鼎用来养德，因此，提出了"正位凝命"的观点。

鼎卦的核心是布新，布新的最终目的是养人养德，端正自己的位置。如果有不正行为，自我革除，自我纠正，这样才不会继续犯错误，就像鼎中有赃物需要倒掉一样。身为国家官员，就要为国为民日夜操劳，讲究信誉，不搞歪门邪道，就像鼎一样，烹调食物给大家。当然人不可能事事如意，如果有才不为所用，也不要悲伤，要不断地提升自己的素质，等待机会发挥作用。作为国家栋梁，更应该有栋梁的样子，谨言慎行，上情下达，下情上传，下应百姓，对上级负责，中道笃实守正。

孔子曾引用鼎卦九四爻评述德位关系。他说：德薄而地位尊贵，智慧小却图谋大事，力量小却担重任，很少不牵累自己的。《易》'鼎足折断，倾撒君王

· 323 ·

的食物，也将自己弄脏了，有凶祸。'这是说不胜其任。

减守虎对鼎卦解释可谓另辟蹊径，他认为：鼎卦本义实际上是围绕性展开的，以与饮食相关的事物、行为隐喻、象征古人难以启齿直言的男女两性生活，真可谓"言曲而中""事肆而隐"。其中初六以清除鼎中旧物而烹制新食隐喻、比拟停妻纳妾，因之而发生"鼎新"之义。

鼎卦对我们有重要参考价值。

不忘初心使命。"君子以正位凝命。"革旧布新之时，不忘初心使命，才能找到回家的路，前进的目标更加明确，步伐更加坚定。《大方广佛华严经》卷第十七和卷第十九说："三世一切诸如来，靡不护念初发心。""卷如菩萨初心，不与后心俱。"现在将其概括为："不忘初心，方得始终。"

心定排除干扰。"鼎有实，我仇有疾，不我能即，吉。"除旧布新之时，心有所属，谨行慎为，不为外界所干扰，这样才能心无旁骛，一心向着目标奔去，最终实现自己的理想。王阳明在《咏良知四首示诸生》其三说："人人自有定盘针，万化根源总在心。却笑从前颠倒见，枝枝叶叶外头寻。"明代陈继儒在《小窗幽记》写道："独坐禅房，潇然无事，烹茶一壶，烧香一炉，看达摩面壁图。垂帘少顷，不觉心静神清，气柔息定。"王阳明在《传习录》中说："人须在事上磨，方能立得住，方能静亦定、动亦定"。

乐对怀才不遇。"鼎耳革，其行塞，雉膏不食，方雨亏悔，终吉。"面对怀才不遇的困局，要正确地对待，对前途要充满信心，不能因怀才不遇而丧失信心。李白《宣州谢朓楼饯别校书叔云》描述了怀才不遇的境况："弃我去者，昨日之日不可留；乱我心者，今日之日多烦忧。长风万里送秋雁，对此可以酣高楼。蓬莱文章建安骨，中间小谢又清发。俱怀逸兴壮思飞，欲上青天揽明月。抽刀断水水更流，举杯消愁愁更愁。人生在世不称意，明朝散发弄扁舟。"李白对怀才不遇感到极端愤懑，但他没有放弃理想追求，"长风"二句、"俱怀"二句犹如穿破黑暗云层中明丽的霞光；"抽刀"二句在抒写强烈苦闷的同时表现出倔强的性格。整首诗句展现了诗人不屈服于压力、积极谋求出路的向上心志。

辅弼成就大业。"鼎黄耳金铉，利贞。"伟大的事业需要有出色的人辅弼。一个人的力量终归是有限的，若想成就大业，少不了志同道合的人鼎力相助，辅弼是成功的阶梯。三国时期的刘备在与诸葛亮隆中对找到了方向，终于三分天下，有了自己的江山。辅弼的力量多么重大呀。除旧布新是一项伟大的事业，需要有忠心耿耿的辅佐才能成功。

成功刚中带柔。"鼎玉铉，大吉，无不利。"成功需要毅力刚强，但不能没有温柔，刚中带柔是推动成功的重要动力。曾国藩曾说：从古帝王将相，无人不由自立自强做出，即为圣贤者，亦各有自立自强之道，故能独立不惧，确乎不拔。昔余往年在京，好与诸有大名大位者为仇，亦未始无挺然特立不畏强御之意。近来见得天地之道，刚柔互用，不可偏废，太柔则靡，太刚则折。刚非暴虐之谓也，强矫而已；柔非卑弱之谓也，谦退而已。趋事赴公，则当强矫，争名逐利，则当谦退。开创家业，则当强矫，守成安乐，则当谦退。出与人物应接，则当强矫，入与妻孥享受，则当谦退。

【易水】

　　鼎卦（䷱）由巽（☴）和离（☲）构成，火蒸煮食材，发生新的变化，食材变成美味。从表面上来看，和水没有直接关系，但深入到鼎中美食的制作过程，发现没有水，食材难以变成美味，通过水的运作和参与，食材才会成为佳肴。

　　水长期为社会和经济服务，但社会不断发展，水利也会因水资源不断变化和社会经济变化不断地进行调整，对原有的一些模式进行改进布新。鼎卦是阐述布新之卦，对水有重要的参考价值。

　　水利要不忘初心。革旧布新之时要不忘初心使命。水利全心全力为人民提供高质量服务的宗旨不会变，这是水利的初心和使命，以此为中心开展布新除旧，任何偏离这个宗旨的布新都是不正确的。水利本身就是具有高度准公益性的行业，水利改革不能掉到钱眼里，要服务于社会、经济和生态综合效益的提升。

　　水利要排除干扰。除旧布新之时要排除干扰。水利发展受到多种因素制约，我们要排除制约水利发展的不利因素，促进水利发展。尤其是水利布新的时候，不可避免地碰触到既有利益获得者，我们就要想办法将这反对声音化解。宣传、补偿、教育等多种措施不可少，还有技术、政策等多方干扰，我们要一一化解，为水利发展开辟道路。

　　水利起支撑作用。伟大的事业需要有出色的辅弼。水利本身就是社会经济发展的支撑，更好地发挥其作用是一种必然。水利是支撑性行业，为其他产业提供支撑服务，做好这些工作是水利的本质。

　　水利要布新向前。除旧布新的目的是为了更好地发展，水利更要除旧布新，大踏步向前行，更好地为社会经济服务。水资源高效利用技术要不断革新，提供效率高、成本低、可操性强的"傻瓜式"节水技术非常必要，要向此方向努力。水利布新要不断地满足国家发展目标，为国家战略服务。

51. 震 雷上有雷 ☳ 恐惧修省

【原文】

震：亨。震来虩虩，笑言哑哑，震惊百里，不丧匕鬯。

《彖》曰：震，亨。"震来虩虩"，恐致福也。"笑言哑哑"，后有则也。"震惊百里"，惊远而惧迩也。"不丧匕鬯"，出可以守宗庙社稷，以为祭主也。

《象》曰：洊雷，震。君子以恐惧修省。

▬▬ ▬▬	上六，震索索，视矍矍，征凶。震不于其躬，于其邻，无咎。婚媾有言。 《象》曰："震索索"，中未得也。虽凶无咎，畏邻戒也。
▬▬ ▬▬	六五，震往来，厉，亿无丧，有事。 《象》曰："震往来，厉"，危行也。其事在中，大无丧也。
▬▬▬▬	九四，震遂泥。 《象》曰："震遂泥"，未光也。
▬▬ ▬▬	六三，震苏苏，震行无眚。 《象》曰："震苏苏"，位不当也。
▬▬ ▬▬	六二，震来厉，亿丧贝，跻于九陵，勿逐，七日得。 《象》曰："震来厉"，乘刚也。
▬▬▬▬	初九，震来虩虩，后笑言哑哑，吉。 《象》曰："震来虩虩"，恐致福也。"笑言哑哑"，后有则也。

【翻译】

原文	准直译	意译
震：亨。震来虩虩，笑言哑哑，震惊百里，不丧匕鬯①。	震，亨通。震动袭来令人惊惧，然后有说有笑，震动惊传百里，不丢掉取牺牲和香酒。	震卦，亨通。雷声惊天动地，因惧守则，诚敬天地、谨慎之心永恒，能成就大事。就像雷声惊动百里，祭祀之时没有惊吓丢掉牺牲和香酒。
《彖》曰：震，亨。"震来虩虩"，恐致福也。"笑言哑哑"，后有则也。"震惊百里"，惊远而惧迩也。"不丧匕鬯"，出可以守宗庙社稷，以为祭主也。	《彖》说：震，亨通。"震来虩虩"，恐惧谨慎招致福泽。"笑言哑哑"，惊惧之后遵循法则。"震惊百里"，远惊近惧。"不丧匕鬯"，长子可以守宗庙社稷，成为祭祀的主人。	《彖》说：震，亨通。震动虽然巨大，但处惊不变，做事谨慎，遵循法则，会带来幸福。若是这样，长子可以守宗庙社稷，做祭主守江山。

《象》曰：洊雷，震②。君子以恐惧修省③。	《象》说：接二连三震动，震卦。君子因恐惧修正省察自己。	《象》说：接二连三雷动，震卦卦象。君子体察此象精髓，小心谨慎，三省吾身。
初九，震来虩虩，后笑言哑哑，吉。《象》曰："震来虩虩"，恐致福也。"笑言哑哑"，后有则也。	初九，震动来袭惊惧，然后说笑坦然，吉祥。《象》说："震来虩虩"，因恐惧招致福泽。"笑言哑哑"，然后遵循法则。	初九，震动之初，巨大震动来袭，身正处变不惊，因惧遵纪守法，小心谨慎会带来幸福，吉祥。
六二，震来厉，亿丧贝，跻于九陵，勿逐，七日得④。《象》曰："震来厉"，乘刚也。	六二，震动来了危险，丢失不少钱，登上九重山陵，不用寻找，七日后可得。《象》说："震来厉"，凌驾阳刚。	六二，震动之时，凌驾阳刚会有危险，但因居中守正，不会有危险，犹如丢失不少钱，不用登天入地寻找，七日后自动出现。
六三，震苏苏，震行无眚⑤。《象》曰："震苏苏"，位不当也。	六三，震动之时恐惧不安，震动行为没有造成灾难。《象》说："震苏苏"，位置不当。	六三，震动之时，身为阴居阳位不正之三公，恐惧不安，若保持清醒，谨慎归正，不会造成灾难。
九四，震遂泥⑥。《象》曰："震遂泥"，未光也。	九四，震动坠入泥中。《象》说："震遂泥"，没有发扬光大。	九四，震动之时，身为以刚处柔不正位诸侯，不能除恐，未能发扬光大，犹如震动之时坠入泥潭不能自拔。
六五，震往来，厉，亿无丧，有事⑦。《象》曰："震往来，厉"，危行也。其事在中，大无丧也。	六五，震动上下有危险，没有大量损失，发生事故。《象》说："震往来，厉"，危险行动。发生事时合乎中道，没有大的损失。	六五，震动之时，身为以柔居中的九五之尊，无时不危，若知恐谨慎，恪守中道，不会造成大损失。
上六，震索索，视矍矍，征凶⑧。震不于其躬，于其邻，无咎。婚媾有言⑨。《象》曰："震索索"，中未得也。虽凶无咎，畏邻戒也⑩。	上六，震动之时双足畏缩难行，两目惶顾不安，前行凶险。震动不在自身，在邻居，就没有灾难。婚配有争端。《象》说："震索索"，未得中位。虽然凶险但没有灾难，害怕邻居危险而警戒。	上六，处震动之极，未得中道，畏缩不前，惶恐不安，行事有凶险，引以为戒。若守正则祸不及身落其邻，没有过失，但不免发生类似婚媾争端。

【注释】

①震：亨。震来虩虩，笑言哑哑，震惊百里，不丧匕鬯：震，卦名，震动、雷震、震撼、地震，通常解释为雷。《正义》："震，动也，此象雷之卦，天之威动，故以'震'为名。"虩虩（xì xì），恐惧的样子。《释文》："恐惧儿"。哑，《释文》："笑声。"匕，古人取食的器具，羹匙由它演变而来。鬯（chàng），古代祭

祀用的香酒，用郁金草和黑黍酿成。《王注》："'匕'，所以载鼎实，'鬯'，香酒也，奉宗庙之盛者也。"《集解》引郑玄曰："雷发声闻于百里，古者诸侯之象。诸侯出教令，能警戒其国，内则守其宗庙社稷，为之祭主，不亡匕与鬯也。人君于祭之礼，匕牲体，荐鬯而已，其余不亲也。升牢于俎，君匕之，臣载之。鬯，秬（jù）酒，芬芳条鬯，因名焉。"

② 洊雷，震：洊（jiàn），再，一次又一次。《正义》："洊者，重也，因仍也。雷相因仍，乃为威震也。此是重震之卦，故曰'洊雷震'也。"

③ 君子以恐惧修省：《正义》："君子恒自战战兢兢，不敢懈惰，今见天之怒，畏雷之威，弥自修身，省察己过，故曰'君子以恐惧修省也'。"

④ 震来厉，亿丧贝，跻于九陵，勿逐，七日得：厉，危险。亿，数目非常大。跻（jī），登，上升。九陵，九天。七日得，古人认为天道循环七天为一周期，故曰七日得。

⑤ 震苏苏，震行无眚：苏苏，《释文》："苏苏，疑惧貌。王肃云'躁动貌'。郑云'不安也'。马云'尸禄素餐貌'。"《帛书周易》作'疏疏'，义比作'苏苏'胜。"眚，眼睛长白翳，过错。

⑥ 震遂泥：遂，坠。《正义》："九四处四阴之中，'为众阴之主'，当恐惧之时，'宜勇其身，以安于众'。若其自怀震惧，则遂滞溺而困难矣，故曰'震遂泥'也。然四失位违中，则是有罪自惧，遂沉泥者也。"

⑦ 震往来，厉，亿无丧，有事：高亨今注："巨雷往来，其势甚危，故曰往来厉。古人惧雷，盖或筮之，若遇此爻，惟无害于事，故曰德无丧，有事。"

⑧ 震索索，视矍矍，征凶：索索，内心不安的样子，《释文》："犹'缩缩'，足不正也。"矍矍（jué jué），惊惧四顾样子。《释文》："目不正。"《王注》："处震之极，极震者也。居震之极，求中未得，故惧而'索索'，视而'矍矍'，无所安亲也。已处动极而复征焉，凶其宜也。"

⑨ 婚媾有言：婚媾（gòu），婚配。有言，有争执。《正义》："居极惧之地，虽复婚媾相结，亦不能无相疑之言，故'婚媾有言'。"

⑩ 虽凶无咎，畏邻戒也：畏邻戒也，《正义》："畏邻之动，惧而自戒，乃得'无咎'。"

【宗旨】

震卦是阐述震动之道，以雷声或震动为象征。雷霆万钧，万物皆惧，因此要如履薄冰地为人处世，遵守规则，才有欢声笑语庆祝成功。学会处变不惊，做事谨慎，不受外界干扰，诚敬天地之心永恒，如此可以为王为主。君子以雷震为鉴，更应小心谨慎，三省吾身。

【体会】

作者没有找到震字甲骨文或者金文。《说文解字》为䨲，解释说："震，霹雳，振物者。"即是说震是天穹的霹雳，振动室内物品，实际上就是指雷。后来引申为震动，如地震，就是地的震动。《序卦》说："主器者莫若长子，故受之以《震》。震者，动也。"也即主器者没有比长子更适当，所以接着是震卦（震就是长子）。震就是动。《杂卦》说："《震》，起也。"震卦是动而行。

《系辞》对震给予了更多的解释。《系辞》说："雷以动之。""帝出乎震。""万物出乎震，震东方也。""动万物者，莫疾乎雷。"也就是说：雷（震）鼓动，万物天帝来源于震，万物出现于震，震是东方，震动万物没有超过雷的，这些解释都是对震的赞美。震是光明之源，是万物繁荣之引擎，是惊醒万物的利器。

震卦（䷲）上下皆震（☳），震为雷，雷上有雷，雷声滚滚，震惊百里。雷是带异性电荷的云相接触产生火花和声音的自然产物。可以分为直击雷、感应雷和球形雷。直击雷是直接在物体上作用的雷电，破坏性强，威力巨大，比较常见；感应雷即通过雷击目标旁边的金属物等导电体感应，间接打击到物体上，威力同样巨大，也是常见的雷；球形雷是一种球形、发红光或极亮白光的火球，它能从门、窗、烟囱等通道进入室内，极其危险，但不常见。无论是哪种雷，都令人胆战心惊。古人认为雷电是天神在执法，会击杀妖孽与不仁不义的坏人。当然，雷也给地球带来生机，春雷一声巨响，万物开始复苏。古人对雷充满敬畏，因为它的能量太大了。

雷霆万钧让人惧怕，君子将其借鉴于为人处世，借助于其威严教行于天下。君子小心谨慎地检点自己的行为，每日三省吾身。

无论身份高低贵贱，都有震动惧怕之事。身处震动之环境，心要坚定。首先要处变不惊，因惧守则；第二要小心谨慎，抱着前思后量、如临深渊的态度，严格遵循天道法则；第三有诚敬永恒不变之心；第四要保持清醒头脑；第五要做事适中。

震卦为我们为人处世提供了宝贵经验。

三省吾身完善自己。"君子以恐惧修省。"要三省吾身不断完善自己。《左传·宣公二年》说："人非圣贤，孰能无过，过而能改，善莫大焉。"《论语·学而》

中曾子说："吾日三省吾身：为人谋而不忠乎？与朋友交而不信乎？传不习乎？"身在动荡逆境之时，以更高的标准严格要求自己，才能彰显君子风范，才是真君子。

处变不惊泰然处之。"震来虩虩，后笑言哑哑，吉。"遇到大事之时要处变不惊，泰然处之，不能慌里慌张。处变不惊才能得心应手，慌里慌张会忙中出乱，会错上加错。苏洵在《权书·心术》中说："泰山崩于前而色不变，麋鹿兴于左而目不瞬。"

以退为进失而能得。"震来厉，亿丧贝，跻于九陵，勿逐，七日得。"以退为进，才能失而能得。世上有很多事，不全是靠竞争而来，有些事越是争抢反而离你越远，掌握进退尺度可以让你来往自由，遂心如意。《增广贤文》说："忍一时风平浪静，退一步海阔天空。"《道德经》第六十八章说："善为士者，不武；善战者，不怒；善胜敌者，不与；善用人者，为之下。"这对"不争"进行了深刻阐释。

身处逆境自我珍重。"震遂泥，未光也。"身在逆境之中要重视自我价值，砥砺前行，不怕风吹雨打。

以史为镜防患未然。"震索索，未得中也，虽凶无咎，畏邻戒也。"启示我们以史为鉴，防患未然。后晋赵莹《旧唐·魏征传》说："以铜为镜，可以正衣冠；以史为镜，可以知兴替；以人为镜，可以明得失。朕常保此三镜，以防己过。"

【易水】

震卦（☳）是与水关系最为密切卦之一。从卦结构来看，六二爻与上六爻之间的五个爻形成坎（☵），坎为水，也可以解释为震中有水。从自然现象来看，春雷伴随着立春节气，立春紧接着雨水，雨水预示着降水将逐渐增加。

震卦（☳）卦象就是雷上有雷，一雷都惊动百里，双雷合一威力更加巨大，也增加恐惧程度，随之而带来的降水将更加强大。大地通过雨水与天相连，见到大雨如泼，更加令人恐惧不安。洪水滔天，江湖河泽承接着雨水倾泻，最终流向大海，还可能带来巨大的洪涝灾害。雷声震动让人恐惧，也让人惊醒。

我们在开发利用水资源的时候，也会引发震动，水库引发的地震是最常见的现象。由于水库蓄水导致水压的改变，引起岩体发生变化，最终以地震方式释放能量。震卦给我们涉水事务重要启示。

水利要三省吾身。要三省吾身，不断完善自己。水利三省吾身，首先从战略层面检视，分析是否存在不足，如何进行改进或者调整。其次从战术上进行审视，在具体操作上是否存在不当之处，如何进行改进，排除障碍。第三，对于具体水利工程，存在哪些问题，考虑其最不利情况做好应急预案等。对水利不断进行体检，不断地警示自己，促进水利健康发展。

水灾要处变不惊。遇到大事之时要处变不惊，泰然处之。水利之大事也是存在的，如洪涝灾害、干旱缺水、溃坝等等，遇到类似情况，也要处变不惊，冷静处理，决策要理智，减少不必要失误。要做到处惊不变，需要满足以下几个条件：一是决策者高素质。决策者经历过大事处理，遇事冷静，不慌不忙，需要胆识；二是有应对水灾的丰富经验。经历过惊涛骇浪，所以面对水灾"见怪不怪"；三是有应急预案。针对水灾可能发生的情况，平时做好应急预案；四是训练有素。针对可能情况，平时加强训练，模拟演练。处变不惊是智慧的结晶，需要知识和经验的积累。

水利要以退为进。以退为进才能失而复得。要科学地以退为进。水利遇到重大技术"瓶颈"制约发展，我们此时不能贸然前进，等突破技术"瓶颈"之后再继续上马。水利工程兴建过程中，涉及众多的利益，当利益分配存在重大冲突时需要将工程停下来进行利益协调，解决后再进行。

水利要以史为镜。以史为鉴防患未然。发展水利我们要以史为鉴，这样才能促进水利可持续发展。比如黄河治理，经验繁多，教训也不少，我们要在充分汲取前人经验和教训基础上，结合现代科学技术开展黄河治理。

52. 艮 山外有山 ䷳ 止得其所

【原文】

艮：艮其背，不获其身。行其庭，不见其人，无咎。

《彖》曰：艮，止也。时止则止，时行则行，动静不失其时，其道光明。艮其止，止其所也。上下敌应，不相与也。是以"不获其身，行其庭，不见其人，无咎"也。

《象》曰：兼山，艮。君子以思不出其位。

▬▬▬	上九，敦艮，吉。 《象》曰："敦艮之吉"，以厚终也。
▬ ▬	六五，艮其辅，言有序，悔亡。 《象》曰："艮其辅"，以中正也。
▬ ▬	六四，艮其身，无咎。 《象》曰："艮其身"，止诸躬也。
▬▬▬	九三，艮其限，列其夤，厉熏心。 《象》曰："艮其限"，危熏心也。
▬ ▬	六二，艮其腓，不拯其随，其心不快。 《象》曰："不拯其随"，未退听也。
▬ ▬	初六，艮其趾，无咎，利永贞。 《象》曰："艮其趾"，未失正也。

【翻译】

原文	准直译	意译
艮：艮其背，不获其身。行其庭，不见其人[①]，无咎。	艮：止住背部，没有获得身体。在院里行走，不见其人，没有过错。	艮，止。面对欲望，视而不见，心静如水，知止而止，没有过失，就像看不见身后之人，两人在院内背对背行走，不见其人。
《彖》曰：艮，止也。时止则止，时行则行，动静不失其时，其道光明。艮其止，止其所也。上下敌应，不相与也。是以"不获其身，行其庭，不见其人，无咎"也。	《彖》说：艮，止住。该停止就停止，该行动就行动，行动与静止不失掉时机，其道路充满光明。"艮其止"，止得其所。上下敌视相应，不相往来。所以"不获其身，行其庭，不见其人，无咎"也。	《彖》说：艮，知止。该停止就停止，该行动就行动，动与止不失其时，止得其所，止道光明。上下敌应，不相往来，就像两人在院内背对背行走，不见其人，没有过失。

《象》曰：兼山，艮。君子以思不出其位②。	《象》说：两山相依，艮卦。君子以思虑不超出自己职位。	《象》说：山连山，艮卦卦象。君子体悟此象精髓，知其所止，不在其位不谋其政。
初六，艮其趾③，无咎，利永贞。《象》曰："艮其趾"，未失正也。	初六，止于脚，没有过失，宜永恒守正。《象》说："艮其趾"，没有失去正道。	初六，处止之初，柔顺止于动之初，不失正道，没有过失，宜永守正道。
六二，艮其腓，不拯其随，其心不快④。《象》曰："不拯其随"，未退听也。	六二，止住在小腿，不迈步所追随之人，内心不快。《象》说："不拯其随"，没有后退听从。	六二，艮止之时，柔顺居中守正，不能拯救跟随者，不肯退守其位，内心纠结，犹如行动止于小腿，进退两难。
九三，艮其限，列其夤，厉熏心⑤。《象》曰："艮其限"，危熏心也。	九三，止到腰部，撕裂脊肉，危险像烈火一样熏烧其心。《象》说："艮其限"，危险熏烧心。	九三，艮止之时，阳刚正位，上下亲和难以止步，就像运动止于腰部，撕裂背脊肉，危险如灼心。
六四，艮其身⑥，无咎。《象》曰："艮其身"，止诸躬也⑦。	六四，止住身体，没有过失。《象》说："艮其身"，止住自己。	六四，艮止之时，身为柔顺正位诸侯，安分守己，时止而止，没有过失，就像止于身体。
六五，艮其辅，言有序⑧，悔亡。《象》曰："艮其辅"，以中正也。	六五，止住牙床，说话有条理，没有悔恨。《象》说："艮其辅"，因为居中守正。	六五，艮止之时，柔顺守中位尊，说话有分寸，有条不紊，谨言慎语，没有懊悔。
上九，敦艮，吉⑨。《象》曰："敦艮之吉"，以厚终也⑩。	上九，敦厚知止，吉祥。《象》说："敦艮之吉"，以敦厚告终。	上九，居艮止之极，阳刚敦厚知止，得善终，吉祥如意。

【注释】

①艮：艮其背，不获其身。行其庭，不见其人：艮（gèn），卦名，止。《正义》："艮，止也，静止之义，此是象山之卦，其以'艮'为名。施之于人，则是止物之情，防其动欲，故谓之'止'。'艮其背'者，此明施止之所也。施止得所，则其道易成。施止不得其所，则其功难成。故《老子》曰：'不见可欲，使心不乱'也。"

②君子以思不出其位：位，本位，职位。《程氏传》："君子观艮止之象，而思安所止，不出其位也。位者，所处之分也。万事各有其所，得其所则止而安。若当行而止，当速而久，或过或不及，皆出其位也，况踰分非据乎。"

③艮其趾：趾（zhǐ），脚指头，古指脚。《程氏传》："六在最下，趾之象。趾，

动之先也。艮其趾，止于动之初也。事止于初，未至失正，故无咎也。以柔处下，当趾之时也，行则失其正矣，故止乃无咎。阴柔患其不能常也，不能固也，故方止之初，戒以利在常永贞固，则不失止之道也。"

④ 艮其腓，不拯其随，其心不快：腓（féi），胫骨后的肉，腿肚子。拯，《正义》："拯，举也。"随，《王注》："随，谓趾也。止其腓，故其趾不拯也。腓体躁而处止，而不得拯其随，又不能退听安静，故'其心不快'也。"

⑤ 艮其限，列其夤，厉熏心：限，限，身之中部，即腰。列其夤（yín），夤为夹脊肉，腰络。厉，危也。《王注》："限，身之中也，三当两象之中，故曰'艮其限'。夤，当中脊之肉也，止加其限，中体而分，故'列其夤'而忧危熏心也。"

⑥ 艮其身：《正义》："中上称身，六四据止之时，已入上体，履得其位，止求诸身，不陷于咎。"

⑦ 止诸躬也：《正义》："艮卦总其两体以为一身，两体不分，乃谓之全，全乃谓之身。以九三居两体之际，在于身中，未入上体，则是止于下体，不与上交，所以体分夤列。六四已入上体，则非上下不接，故能总止其身不分全体。然则身是总名，而言'中上称身'者何也？盖至中则体分而身丧，入上体则不分而身全。九三施止于分体，故谓之'限'，六四施止于全体，故谓之'身'。非中上独是其身，而中下非身也。"

⑧ 艮其辅，言有序：辅，面颊。《正义》："辅，颊车呀，能止于辅颊也。以处其中，故'口无择言'也。"言，说话。序，顺序，条理。

⑨ 敦艮，吉：《王注》："居止之极，极止者也。敦重在上，不陷非妄，宜其'吉'也。"

⑩ 以厚终也：厚，敦厚。终，结束，告终。《集解》引虞翻曰："坤为厚，阳上据坤，故'以厚终也'。"《正义》："言上九能以敦厚自终，所以获'吉'也。"

【宗旨】

艮卦是阐述止之道。山为静止，两山相连，静如泰山。面对荣禄物色等诱惑，心静如水，知止而止，止得其所，止得其时，止的最高境界是敦厚。止的结果是道光德明，吉祥善终。君子止的境界是不在其位不谋其政。

【体会】

艮字金文是⿰⿱日月人、⿰⿱日月人，是象形字，由上下两部分组成。上面是一只眼珠向左看的大眼睛，下面是一个面朝右站立的人，可以理解为人回头看。孔子将其训为止，止即为下基，足也，孔子取其引申之义。《序卦》说："物不可以终动，止之，故受之以《艮》。艮者，止也。"万物不可以长久地动，必定要止息，所以接着是艮卦。艮就是停止。艮卦就是静止、止住的意思。

艮卦（䷳）上艮（☶）下艮（☶），艮为山为止为静，一个山就稳重而止了，山连山或者山上有山，是双倍的静止，超静止。

为什么君子看到艮卦卦象，产生"君子以思不出其位"？艮卦山连山，止上又止，这和君子所行是完全相符合。《中庸》说：君子在自己所处的位置上行事，不会倾慕本位之外的东西。处于富贵的地位上，就做富贵地位上所应该做的事情；处于贫贱的地位上，就做在贫贱地位上所应该做的事情；处在夷狄的地位上，就做在夷狄地位上所应该做的事情；处于患难中，就做处在患难中应该做的事情。君子不在其位不谋其政。

艮卦以山为象征，阐述为人处世之道。山是不动的，任凭风吹雨打，山依然岿然不动。人的心却是随着外界变化而改变。但人应该有永恒的东西，这永恒就是对真善美的追求，不断提升道德水平，达到至善的地步。达到至善就保持，犹如停止在至善之地，这是最理想的境界。至善最终有光明大道，结局圆满。止重要的是在欲望利诱面前知止，不受诱惑。在高官厚禄、金钱美女面前，视之如无物，心静如水，止于不动心，止其所止。心止表现在嘴巴上，慎其言，慎是一种特殊的止。

仔细观察艮卦，你就会发现艮卦的最大特征是六爻无一相应，也就是象所提到的"敌应"。如何能止，一是止于背，就是不面对他，或者视之无物；一是止于时，该止则止。王弼对艮卦的解释浅显易懂："凡物对面而不相通，否之道也。《艮》者，止而不相交通之卦也。各止而不相与，何得'无咎'？唯不相见乃可也。施止于背，不隔物欲，得其所止也。背者，无见之物也。无见则自然静止，静止而无见，则'不获其身'矣。相背者，虽近而不相见，故'行其庭，不见其人'也。夫施止不于无见，令物自然而止，而强止之，则奸邪并兴。近而不相得，则凶。其得无咎，'艮其背不获其身，行其庭不见其人'故也。"《老子》第三章说："不可见欲，使心不可乱已。"《大学》说："为人君，止于仁；为人臣，止于敬；为人子，止于孝；为人父，止于慈；与国人交，止于信。"

艮卦给我们重要启示。

三缄其口福慎言。"艮其辅，言有序，悔亡。"慎言多福，言多必失。生活当中少说话是非常重要的，说话最大的智慧就是慎言。朱自清在《说话》一文中说:"说话并不是一件容易事。天天说话,不见得就会说话;许多人说了一辈子话,没有说好过几句话。""一言可以兴邦,一言可以丧邦。"《尚书·大禹谟》说:"唯口出好兴戎。"说话不慎会惹起争端。《孔子家语》记载:孔子到洛邑去游学时,参观了周朝的供奉周太祖后稷的宗庙。在庙右边的台阶前面有一个用铜浇铸的"金人",该人"三缄其口",背上写了一篇长长的铭文,其中写道:"古之慎言人也,戒之哉!无多言,多言多败;无多事,多事多患。安乐必戒,无所行悔。勿谓何伤,其祸将长;勿谓何害,其祸将大;勿谓不闻,神将伺人……"孔子认真读完了铭文,感触特别深,情不自禁地回头对学生说,要记住这些话,很中肯、合情和可信。孔子接着引用《诗经》上的话:"战战兢兢,如临深渊,如履薄冰。"

高山仰止得善终。"敦艮之吉,以厚终也。"止于敦厚得善终。《诗经·小雅·车辖(xiá)》有句话:"高山仰止,景行行止。"高山比喻高尚的品德,高山仰止比喻对高尚的品德的仰慕。司马迁在《史记·孔子世家》中专门引述这句话用以赞美孔子:"《诗》有之:高山仰止,景行行止。虽不能至,然心向往之。"

心如静水诱惑拒。"艮其背,不获其身。行于庭,不见其人,无咎。"面对诱惑要经得起考验,这样才能积德,才能行稳致远。《庄子·德充符》里写道:"人莫鉴于流水而鉴于止水。"流动的水不能成为镜子,只有安静的水才能做明镜。《庄子·达生》里记录了这样一个故事:纪渻子为周宣王驯养斗鸡。过了十天周宣王问:"鸡驯好了吗?"纪渻子回答说:"不行,正虚浮骄矜自恃意气。"十天后周宣王又问,回答说:"不行,还是听见响声就叫,看见影子就跳。"十天后周宣王又问,回答说:"还是那么怒目而视,盛气凌人。"又过了十天周宣王问,回答说:"差不多了。别的鸡即使鸣叫,它已没有什么反应,看上去像木鸡,它的德行完备了,别的鸡不敢挑战,就会掉头逃跑。"纪渻子将鸡训练得心静如水,挡得住诱惑。心中没有诱惑,天下无敌,不怒自威,哪只鸡见到它都会敬而远之,不战自胜。

思不出位君德显。"兼山,艮。君子以思不出其位。"考虑事情与自己的位置相适应。当政的就应该全心全意为人民服务,这是在其位谋其政。《论语·泰伯》说"不在其位,不谋其政。"《尚书·虞书·益稷》说:君王英明,大臣贤良,诸事安康;君王琐碎,大臣懈怠,诸事荒废。君干君事,臣干臣事,各司其职,百事兴旺,到位不越位是为人处世的重要原则。

去除心魔正道走。"艮其趾,无咎,利永贞。"坚守正道止于动之初。欲望是人的行动的重要推动力，心魔让人丧失自制力，最终走向灭亡。去除不正欲望，坚守正道才能行稳致远，即便不能大富大贵，也确保平安。平安就是最大的福。《增广贤文》说："宁可正而不足，不可邪而有余。"

【易水】

艮卦（☶）下艮（☶）上艮（☶），艮为山，山连山是艮卦的卦象。山是江河的源头，众多的江河湖泽源头都是山。长江、黄河的源头位于青藏高原巴颜喀拉山。我国的雪山，山上覆盖着厚厚的积雪，山水密切地融合在一起。

从艮卦结构来看，初爻—五爻和二爻—四爻形成☵（坎），坎就是水。水隐藏在山内部，意味着艮止的过程中如果处理不好会存在危险。

艮卦给涉水事务重要启示。

水利开发止于上限。艮卦核心是该止则止，止得其所。这意味着水资源不能无限地开发利用，要有一个限度，该止则止，将度控制在合理范围内。

水利发展高山仰止。高山仰止善终得。水利也要学习高山仰止的好典型。水利发展的好经验、好技术我们都要积极吸收。

面对利诱心静如水。心静如水抵得住诱惑。面对涉水诱惑，我们也要心静如水，抵制住诱惑，守住自己的底线。水利方面的诱惑一是来自水利本身特有的，如水利开发可能带来巨大的经济利益，但同时也会对生态带来难以恢复的破坏，这种情况下要保护生态停止水利开发，但有时经不住经济利益的诱惑，不顾生态影响进行开发利用。一是面对金钱高官等诱惑，违法违规进行水利相关活动，导致不同程度损失和社会不良影响。

水利发展树立正道。去除心魔走正道。水利发展要树立正确的价值观，要时刻检视水利行为，如果不正确，要及时纠正，回到正确的轨道上来。要尊重水道，不能为了满足人类私利而践踏水道。

53. 渐　山上有木 ䷴ 循序渐进

【原文】

渐：女归吉，利贞。

《彖》曰：渐之进也，女归吉也。进得位，往有功也。进以正，可以正邦也。其位刚得中也。止而巽，动不穷也。

《象》曰：山上有木，渐。君子以居贤德善俗。

䷙	上九，鸿渐于陆，其羽可用为仪，吉。 《象》曰："其羽可用为仪，吉"，不可乱也。
䷙	九五，鸿渐于陵，妇三岁不孕，终莫之胜，吉。 《象》曰："终莫之胜吉"，得所愿也。
䷙	六四，鸿渐于木，或得其桷，无咎。 《象》曰："或得其桷"，顺以巽也。
䷙	九三，鸿渐于陆，夫征不复，妇孕不育，凶。利御寇。 《象》曰："夫征不复"，离群丑也。"妇孕不育"，失其道也。"利用御寇"，顺相保也。
䷙	六二，鸿渐于磐，饮食衎衎，吉。 《象》曰："饮食衎衎"，不素饱也。
䷙	初六，鸿渐于干，小子厉，有言，无咎。 《象》曰：小子之厉，义无咎也。

【翻译】

原文	准直译	意译
渐：女归吉①，利贞。	渐，渐进，像女子出嫁礼节，吉祥，宜守正。	渐，渐进，像女子出嫁以礼而行，循序渐进，坚守正道，吉祥如意。
《彖》曰：渐之进也，女归吉也。进得位，往有功也。进以正，可以正邦也。其位刚得中也。止而巽，动不穷也。	《彖》说：渐渐地前进，女子出嫁吉祥。渐进得其位，前往成功。渐进得正道，可以正邦。阳刚居中。静止和谦逊，前行不会引发困穷。	《彖》说：为人处世逐渐深入，就像女子出嫁以礼循序渐进，吉祥如意。循序渐进能晋升，行事有功绩。正道循序渐进，可以正邦安天下。阳刚居中。内心知止外表卑顺，行事不会困穷。
《象》曰：山上有木，渐。君子以居贤德善俗②。	《象》说：山上有树，渐卦卦象。君子有善德才有美好的风俗。	《象》说：山上有树，渐卦卦象。君子体悟此象精髓，修身养性，移风易俗。

· 338 ·

初六，鸿渐于干，小子厉，有言③，无咎。 《象》曰：小子之厉，义无咎也。	初六，鸿雁渐渐到岸边。孩童危险，受到中伤，没有灾祸。 《象》说：小子之厉，合理没有灾咎。	初六，处渐之始，初出茅庐柔顺无应，犹如鸿雁渐渐飞到岸边，内心志忑，小子受辱受到中伤，以礼渐行没有过失。
六二，鸿渐于磐，饮食衎衎④，吉。 《象》曰："饮食衎衎"，不素饱也。	六二，鸿雁渐渐到磐石上，欢快地饮食，吉祥。 《象》说："饮食衎衎"，不白吃饱饭。	六二，渐进之时，身为居中得正的大夫，上应九五之尊，渐渐前行，不尸位素餐，愉快地为国出力，犹如鸿雁渐进栖于磐石，稍安和乐饮食。
九三，鸿渐于陆，夫征不复，妇孕不育⑤，凶。利御寇。 《象》曰："夫征不复"，离群丑也。"妇孕不育"，失其道也。"利用御寇"，顺相保也。	九三，鸿雁渐渐到较平的山顶。丈夫出征不复还，女人怀孕不能生，凶险。利于防御敌寇。 《象》说："夫征不复"，离开同伴。"妇孕不育"，失去其妇道。"利用御寇"，顺道相互为大。	九三，渐进之时，身为阳刚正位三公，过于阳刚，恰似丈夫出征离群不归，妻子失道怀孕不能生一样凶险。若能顺应天道，循序渐进，顺道为大，凶险消失。
六四，鸿渐于木，或得其桷⑥，无咎。 《象》曰："或得其桷"，顺以巽也。	六四，鸿雁渐渐到树上，或在平枝上，没有过错。 《象》说："或得其桷"，柔顺谦卑。	六四，渐进之时，身为正位诸侯，柔顺谦卑，上亲九五之尊，得以安栖，犹如鸿雁渐进飞入树林，栖息在平枝上，顺道以柔，没有过错。
九五，鸿渐于陵，妇三岁不孕⑦，终莫之胜，吉。 《象》曰："终莫之胜吉"，得所愿也。	九五，鸿雁渐渐到丘陵，妇女三年不怀孕，最终没有人战胜他，吉祥。 《象》说："终莫之胜吉"，得其所愿。	九五，渐进之时，身为大中至正阳刚九五之尊，虽经波折，战无不胜，得以正邦，终其所愿，好像鸿雁渐渐飞到丘陵，女人三年不孕后生，最终如愿吉祥。
上九，鸿渐于陆，其羽可用为仪⑧，吉。 《象》曰："其羽可用为仪，吉"，不可乱也⑨。	上九，鸿雁渐渐飞到云端，它的羽毛可以用礼仪饰品，吉祥。 《象》说："其羽可用为仪，吉"，高尚志向不能扰乱。	上九，处渐进之极，心志坚定高洁，不恋其位，仪态高贵，犹如鸿雁渐渐飞到云端，羽毛可做高贵装饰之物，吉祥如意。

【注释】

① 渐：女归吉：渐，卦名，渐进，渐渐。《正义》："渐者，不速之名也。凡物有变移，徐而不速，谓之'渐'也。"归，出嫁，女子出嫁要经过纳彩、问名、纳吉、纳征、请期、亲迎六礼，即提亲、问名生辰八字、占卜婚姻合适否、

给聘礼、择定婚期、迎娶。《王注》："渐者，渐进之卦也。'止而巽'，以斯适进，渐进者也。以止巽为进，故'女归吉'也。进而用正，故'利贞'也。"

② 君子以居贤德善俗：居，积。善俗，使风俗善，好风俗。《正义》："君子求贤得始居位，化风俗使清善，皆须文德谦下，渐以进之。若以卒暴威刑，物不从矣。"

③ 鸿渐于干，小子厉，有言：鸿，大雁，鸿雁。干（gàn），水涯，水岸。《正义》："鸿，水鸟也。干，水涯也。渐进之道，自下升高，故取譬鸿飞自下而上也。初之始进，未得禄位，上无应援，体又穷下，若鸿之进于河之干，不得安宁也。""始进未得显位，易致陵辱，则是危于'小子'，而被毁于谤言，故曰'小子厉，有言'。小人之言，未伤君子之义，故曰'无咎'也。"

④ 鸿渐于磐，饮食衎衎：衎衎（kàn kàn），和乐的样子。《集解》引虞翻曰："聚石称磐。"

⑤ 鸿渐于陆，夫征不复，妇孕不育：陆，《尔雅·释地》："高平曰陆。"《王注》："陆，高之顶也。进而之陆，与四相得，不能复反者也。'夫征不复'，乐于邪配，则妇亦不能执贞矣。非夫而孕，故不育也。三本艮体，而弃乎群丑，与四相得，遂乃不反，至使妇孕不育，见利忘义，贪进忘旧，凶之道也。"《集解》引虞翻曰："孕，妊娠也。育，生也。"

⑥ 鸿渐于木，或得其桷：木，树。桷（jué），方形的椽子。此处指横平可作桷的树枝。《王注》："鸟而之木，得其宜也。'或得其桷'，遇安栖也。虽乘于刚，志相得也。"

⑦ 鸿渐于陵，妇三岁不孕，终莫之胜：陵，丘陵。三岁，多年。《王注》："进得中位，而隔乎三四，不得与其应合，故'妇三岁不孕'也。各履正而居中，三四不能久塞其涂者也，不过三岁必得所愿矣。"

⑧ 鸿渐于陆，其羽可用为仪：《集解》引干宝曰："妇德既终，母教又明，有德可受，有仪可象，故曰'其羽可用为仪，不可乱也'。"《王注》："进处高洁，不累于位，无物可以屈其心而乱其志。峨峨清远，仪可贵也，故曰'其羽可用为仪，吉'。"朱熹注："胡氏程氏皆云：陆，谓云路也。"

⑨ 不可乱也：乱，扰乱。

【宗旨】

渐卦主要阐述循序渐进之道。该卦以鸿雁渐渐飞入吉祥栖息地为象征，强调循序渐进的重大意义。循序渐进是为人处世的重要方法，按照循序渐进的原则行事不仅促进个人进步，办事成功，也可以正邦平天下。

【体会】

作者没有找到"渐"字甲骨文或金文，《说文解字》将其解释为渐水（即今新安江及其下游钱塘江）和训"进"。渐水显然不适合本卦。《序卦》说："物不可以终止，故受之以《渐》。渐者，进也。"事物不会总是停留在静止状态中，所以在艮卦之后是渐卦。渐，就是渐进的意思。《杂卦》中说："《渐》，女归待男行也。"渐卦是循序渐进，女子出嫁要等待男子按礼而行。渐卦不是突飞猛进，是顺应时势渐进。渐就是慢慢地、一点儿一点儿地、逐渐、渐渐等由浅入深的意思。

渐卦（䷴），下艮（☶）上巽（☴），艮为山，巽为木，山上有木，山上的树木逐渐成长，由小树变成参天大树，这个过程是循序渐进。巽为风，山上有风，风长期吹，也会逐步消减山高，这更是一个缓慢的过程，同样含有渐渐的意思。

为什么君子看到渐卦的卦象，会产生"君子以居贤德善俗"的启迪？君子看到山上的树木慢慢长大，这和德性一点儿一点儿积累成为德高望重之人相似。改变风俗也是一个渐进过程。君子以修身齐家治国平天下为己任，什么事情都围绕这个目标而展开，于是产生这样的启迪在情理之中。

为人处世要循序渐进，女子出嫁不按礼循序而行，就会让人说三道四，尊礼循序渐进不仅会吉祥如意，而且在事业上也会成功顺利，行事上也少艰难困阻并且有助于成功，要不断地积累美德，让社会风俗慢慢变得更美好。渐进之时，要注意自己的身份，不同身份采取的渐进方式是存在差异的。身为百姓依礼而行。身为大夫，就要循序渐进地为国家做事。地位越高越应该顺应天道循序渐进，柔顺谦卑，否则就会带来凶险，犹如妻子怀孕但流产最终不能生儿育女。

渐卦得到先贤的特别关注。理学奠基人程颐说："天下之事，进必以渐者，莫如女归。臣之进于朝，人之进于事，固当有序，不以其序，则陵节犯义，凶咎随之。然以义之轻重，廉耻之道，女之从人，最为大也。故以女归为义。"北宋理学家胡瑗说："天下万事，莫不有渐。然于女子，尤须有渐。何则？女子处于闺门之内，必须男子之家问名、纳采、请期，以至于亲迎，其礼必备，然后乃成其礼，而正夫妇之道。君子之人，处穷贱不可以干时邀君，急于求进。处于下位者，不可谄谀佞媚，以希高位。皆由渐而致之，乃获其吉也。"

渐卦以鸿为象征。鸿就是一种大雁或雁族，其德高尚。他定时根据季节变

· 341 ·

化南北迁移,春天北方回暖,由南方飞向北方,秋冬之际北方转冷飞向南方。他有仁者之心,不会抛弃老弱病残,悉心照料。他有夫妻之义,雌雄相配,终生相守,从一而终。他长幼有序,飞翔迁移之时,排成"一"字或"人"字形,从头到尾依长幼排序,由老雁引领,不至于飞得太快落队。他机警有智,休息之时,会有一只雁放哨警戒,有大智。古代在女子出嫁"六礼"纳彩、问名、纳吉、纳征、请期、亲迎中,有五次用雁,纳彩即提亲的"采择之礼"送雁;问名即问女方姓名和生辰八字用雁;纳吉就是订婚用雁;请期即商定婚礼日期用雁;亲迎即新郎亲自往女家迎娶新娘用雁。唯一不用雁的环节是纳征,即男方向女方送聘礼。

文学家、历史学家元好问的《摸鱼儿·雁丘词》对雁有独特的阐述:乙丑岁赴试并州,道逢捕雁者云:"今旦获一雁,杀之矣。其脱网者悲鸣不能去,竟自投于地而死。"予因买得之,葬之汾水之上,垒石为识,号曰"雁丘"。同行者多为赋诗,予亦有《雁丘词》。旧所作无宫商,今改定之。问世间,情是何物,直教生死相许?天南地北双飞客,老翅几回寒暑。欢乐趣,离别苦,就中更有痴儿女。君应有语:渺万里层云,千山暮雪,只影向谁去?横汾路,寂寞当年箫鼓,荒烟依旧平楚。招魂楚些(suò)何嗟及,山鬼暗啼风雨。天也妒,未信与,莺儿燕子俱黄土。千秋万古,为留待骚人,狂歌痛饮,来访雁丘处。

渐卦给我们为人处世重要启示。

君子积德善俗。"君子以居贤德善俗。"要我们积德善俗。积德是修身,善俗是教化社会。《易》坤卦文言说:"积善之家,必有余庆。"《论语·公冶长》说:"勿以恶小而为之,勿以善小而不为。"管仲在《管子·霸形》中说:"善人者,人亦善之。"《孟子·公孙丑》说:"君子莫大乎与人为善。"《春秋·曾子》说:"人为善,福虽未至,祸已远离;人为恶,祸虽未至,福已远离;行善之人,如春园之草,不见其长,日有所增。作恶之人,如磨刀之石,不见其损,日有所亏。"这些名言都是奉劝要积德行善。

为人立信修德。"鸿渐于陵,妇三岁不孕,终莫之胜,吉。"大中至正立信修德,终有好的结果。诚信是通行证,德是润滑剂,信德并有,通行天下。《论语·为政》说:"人而无信,不知其可也。"《左传·襄公二十四年》说:"太上有立德,其次有立功,其次有立言。"

处事循序渐进。"渐之进也,女归吉也。进得位,往有功也。"告诫我们为人处世要循序渐进。《道德经》说:合抱的大树,生成于细小的树苗;九层的高台，兴起于一筐筐泥土；千里行程，从脚下起步，包含着循序渐进的大道。宋朝学者朱熹学识渊博，对经学、史学、文学、乐律以及自然科学都有深入研究，在读书上特别强调循序而渐进。朱熹《读书之要》记述了他的学习方法：要每一个字弄懂其含义，每句话弄清楚它的宗旨，前面没有明白之时，就不要急着后面内容，像这样循序渐进，意思和宗旨都掌握，这样就不会有疏漏错误了。说读书要扎实，由浅入深，循序渐进，以暂退求实为了更好地前进。

做事脚踏实地。"鸿渐于磐，饮食衎衎，吉。"渐进应稳当踏实。南宋祝穆的《方舆胜览·眉州·磨针溪》记载了李白与铁杵故事：世传李白在象耳山读书，学业没有大成，即弃学而去。他经过眉州的磨针溪，见到一位老婆婆在磨铁杵。李白很奇怪，问她做什么，老婆婆说，想用它做一根针。李白知道，将那么粗的铁棍子磨成一根针，得需要多长的工夫。他顿时悟出了一个深刻道理：只要脚踏实地功夫深，铁杵也能磨成针，于是李白放弃了退学念头，重新回到学堂读书。

行事刚柔有度。"鸿渐于陆，夫征不复，妇孕不育，凶。利御寇。"刚柔要有度。过刚易折，过柔寡断，都不利于事业成功。当然，该刚强之时必须刚强，外敌来侵，不勇敢果断地回击，就会丧权辱国。曾国藩说："天地之道，刚柔互用不可偏废，太柔则靡，太刚则折。刚非暴虐之谓也，强矫而已。柔非卑弱之谓也，谦退而已。"

【易水】

渐卦（䷴）上巽（☴）下艮（☶），巽为木，艮为山，卦象就是山上有木，树木生长是渐进的，渐卦主要针对循序渐进进行说明。树木生长需要雨露的滋润，如果没有水的参与，树木将枯死，持续适度水的供给是树木渐长的重要支撑。如果水供给太多，树木因此会涝死；水供给的太少，树木会枯死。水与渐有密切的关系。从渐卦结构来看，二爻、三爻、四爻组成坎（☵），坎为水为险，水镶嵌在渐卦之内，也意味着在渐进过程中如果处理不好，也会有危险。在爻辞上反映得很明确："夫征不复，妇孕不育，凶。"

渐卦之道对涉水事务有重要借鉴价值。

水利发展循序渐进。处事要循序渐进，水利发展更要循序渐进。正确处理好战略与战术关系，制订出既有长远目标又符合实际的水利发展战略规划。在战术上，逐渐将战略目标化作具体行动，循序渐进地努力实现。如对于一条具体河流而言，先确定河流整体开发利用与保护规划，然后再制订具体的实施项目，根据流域情况具体实施，有条不紊，年年有进步，最终逐步逼近战略目标。水资源开发利用和保护急不得，采取渐进式方式，边前进边观察，带来哪些影响，经过评估后再做些微调，改掉存在的不足，不断地汲取经验和教训，与时俱进，推进水利健康发展。

水利发展刚柔有度。行事要刚柔有度。水利发展也要借鉴刚柔有度的精神，促进水利可持续健康发展。水利发展刚柔主要展现在软硬措施上。如治理洪水，我们就要采取一手硬、一手软的措施。硬措施就是建设必要的控制性水利工程，能够调蓄洪水。当洪水来临之时，用库容消纳洪水，缓解下游洪水压力；当洪峰过后，适时排泄洪水。软措施包括将占有洪水的空间恢复，还给洪水，同时通过各种管理措施加强洪水管理。对于水资源短缺地区，划定水资源最高开发利用红线。在实施过程中各种管理措施包括政策、法规高度配合，刚柔兼济，刚柔有度。

水利发展脚踏实地。渐卦警示我们做事要脚踏实地。水利是基础性公益性产业，必须实实在在的。如农村饮水工程，关系到农业农村饮水和农民健康，必须脚踏实地做好，让农民满意。农业节水，需要靠实实在在的节水工程及其政策的支持，做好节水工程，才能提高农业用水效率。防洪抗旱工程同样要接受洪水和干旱的考验。

水利人要立信修德。人要立信修德。水具有高尚情操。水利人和水长期打交道，水不再是普通人眼中的水，而是有灵性、不会说话但比会说话更能动人的"圣物"。因此水利人要尊重水，接受水的熏陶和教育，更有诚信，更能以水为标杆修身，提升道德水平。

54. 归妹 泽上有雷 ☳ 永终知敝

【原文】

归妹：征凶，无攸利。

《彖》曰：归妹，天地之大义也。天地不交而万物不兴。归妹，人之终始也。说以动，所归妹也。"征凶"，位不当也。"无攸利"，柔乘刚也。

《象》曰：泽上有雷，归妹。君子以永终知敝。

▬▬ ▬▬	上六，女承筐无实，士刲羊无血，无攸利。 《象》曰：上六无实，承虚筐也。
▬▬ ▬▬	六五，帝乙归妹，其君之袂不如其娣之袂良。月几望，吉。 《象》曰："帝乙归妹，不如其娣之袂良"也。其位在中，以贵行也。
▬▬▬▬▬	九四，归妹愆期，迟归有时。 象曰："愆期"之志，有待而行也。
▬▬ ▬▬	六三，归妹以须，反归以娣。 《象》曰："归妹以须"，未当也。
▬▬▬▬▬	九二，眇能视，利幽人之贞。 《象》曰："利幽人之贞"，未变常也。
▬▬▬▬▬	初九，归妹以娣，跛能履，征吉。 《象》曰："归妹以娣"，以恒也。"跛能履吉"，相承也。

【翻译】

原文	准直译	意译
归妹[①]：征凶，无攸利。	归妹，少女出嫁，前行有凶险，没有益处。	归妹，少女出嫁，如果女人摆不正位置，强势主动不尊礼，有凶险，没有好处。
《彖》曰：归妹，天地之大义也。天地不交而万物不兴。归妹，人之终始也。说以动，所归妹也。"征凶"，位不当也。"无攸利"，柔乘刚也。	《彖》说：少女出嫁，天地之间意义重大。天地不相交万物不兴旺。少女出嫁，人类可以终而复始延续。内心喜悦外现行动，少女出嫁表征。"征凶"，位置不当。"无攸利"，阴柔凌驾阳刚。	《彖》说：少女出嫁，天地大事。天地相交，万物繁荣。女嫁男娶，繁衍生息。出嫁女归，生育人始。少女出嫁内心喜悦外现行动。如果女子不能摆正位置，强势主动不尊礼，则凶险。柔顺凌驾阳刚没有益处。
《象》曰：泽上有雷，归妹。君子以永终知敝[②]。	《象》说：泽上有雷鸣，归妹卦象。君子谋求永恒不决之道，知晓行为放荡坏处。	《象》说：泽上有雷鸣，归妹卦象。君子体察此象精髓，知晓终始，永恒防弊。

· 345 ·

初九，归妹以娣，跛能履，征吉③。《象》曰："归妹以娣"，以恒也。"跛能履吉"，相承也。	初九，少女出嫁做娣，跛脚能走路，前行吉利。《象》说："归妹以娣"，因为常道。"跛能履吉"，相互奉承丈夫。	初九，少女以娣身份出嫁，辅佐照顾丈夫是常道，恰似足跛能行走，行事吉祥。
九二，眇能视，利幽人之贞④。《象》曰："利幽人之贞"，未变常也。	九二，眼盲能看见，利于幽居隐士守正。《象》说："利幽人之贞"，能遵守常规。	九二，归妹之时，刚中淑女做娣嫁夫，嫁不良丈夫能守正，独善其身，符合常道，犹如抱道守正之人，怀才不遇仍坚贞不屈，眼睛虽盲但能看见东西一样。
六三，归妹以须，反归以娣⑤。《象》曰："归妹以须"，未当也。	六三，少女出嫁做妾，以娣身份陪嫁。《象》说："归妹以须"，未适当。	六三，归妹之时，阴占阳位且凌驾阳刚不正的少女，欲做正室不能如愿，只好以娣身份陪嫁做妾。
九四，归妹愆期，迟归有时⑥。象曰："愆期"之志，有待而行也。	九四，少女出嫁错过日期，推迟出嫁等待时机。象说："愆期"之志，等待时机而出嫁。	九四，归妹之时，出嫁需要适时，少女因选择如意郎君错过佳期，待机而嫁。
六五，帝乙归妹，其君之袂不如其娣之袂良⑦。月几望，吉。《象》曰："帝乙归妹，不如其娣之袂良"也。其位在中，以贵行也。	六五，帝乙出嫁妹妹，其女君衣服不如其妹衣服精美。月将近圆，吉祥。《象》说："帝乙归妹，不如其娣之袂良"也。其位居中，以尊贵身份行事。	六五，归妹之时，以柔居中君王之妹，遵守妇人之道，虽为尊贵的帝乙之妹下嫁，但贵德不贵饰。像月亮将圆未圆持盈保泰，吉祥。
上六，女承筐无实，士刲羊无血⑧，无攸利。《象》曰：上六无实，承虚筐也⑨。	上六，女子手中筐空空无物，士杀羊不见血，没有所利。《象》说：上六无实，拿着空虚的筐。	上六，女人没有尽到妻之职，士大夫没有尽丈夫之责，犹如祭祀女人捧着无物空筐，大夫杀羊不见血，无贡品可祭，没有利益。

【注释】

① 归妹：卦名，象征着女子出嫁。归，指女子出嫁。妹，少女。朱熹注："妇人谓嫁曰归。"

② 君子以永终知敝：《重定周易费氏学》引丁晏曰："永者，夫妇长久之道，'永'则可以有'终'。敝者，男女淫佚之行，'敝'则必不能'永'，自然之理也，思其永而防其敝，君子有戒心焉。"

③ 归妹以娣，跛能履，征吉：娣（dì），古代姐妹共嫁一夫，幼为娣，长为

以。跛，腿或脚有毛病，走起路来身体不平衡。履，走。《正义》："妹而继姊为娣，虽非正配，不失常道。譬犹跛人之足然，虽不正，不废能履，故曰'跛能履'也。'征吉'者，少长非偶，为妻而行则凶焉，为娣而行则吉。故曰'征吉'也。"

④ 眇能视，利幽人之贞：眇（miǎo），原指一只眼盲，后亦指两眼俱盲。幽人，幽隐之人，隐士，有正道不仕之人。《本义》："九二阳刚得中，女之贤也。上有正应，而反阴柔不正。乃女贤而配不良，不能大成内助之功，故为'眇能视'之象。而其占则'利幽人之贞'也。幽人，亦抱道守正而不偶者也。"

⑤ 归妹以须，反归以娣：须，等待。《集解》引虞翻曰："须，需也。"《王注》："室主犹存，而求进焉，进未值时，故有须也。不可以进，故反归待时，'以娣'乃行也。"

⑥ 归妹愆期，迟归有时：愆（qiān），错过，愆期，错过时期。《集解》引虞翻曰："愆，过也。"

⑦ 帝乙归妹，其君之袂不如其娣之袂良：帝乙，夏商周断代工程认定为商纣王父亲，在位26年。归妹，嫁妹妹。君，《释明》："妾谓夫之妻曰女君。"袂（mèi），衣袖。《本义》："六五柔中居尊，下应九二，尚德而不贵饰，故为帝女下嫁而服不盛之象。"

⑧ 女承筐无实，士刲羊无血：承，托着。实，物品。刲（kuī），杀。《来氏易注》："凡夫妇祭祀，承筐而采蘋者，女之事也。刲羊而实鼎俎者，男之事也。今上与三，皆阴爻，不成夫妇，则不能供祭祀矣。'无攸利'者，人伦以废，后嗣以绝，有何攸利？刲者，屠也。"

⑨ 承虚筐也：虚，空虚，什么都没有。《正义》："'承虚筐'者，筐本盛币，以币为实。今之'无实'，正是承捧虚筐，空无所有也。"

【宗旨】

归妹卦主要阐述女子婚嫁之道。女子出嫁是天下大事，是正道，是人类繁衍生息的要件。婚嫁要守妇道，尽职尽责，懂从夫之理，如果丈夫不正，自身要正，不同流合污，不可强势行事，君子更要严守夫妇之道，即便是君王也要遵守。超越夫妇之道，家弊国倾。

【体会】

归的繁体字为歸，甲骨文为𠂤。左部是"𠂤（duī）"，右部是"帚（zhǒu）"。收藏扫弓是打猎和战后归来必进行的事，在渔猎时期更为普遍，后来逐渐表示持弓从外归来之意。《说文解字》解释为："女嫁也。从止妇省，𠂤声。"妇女出

· 347 ·

嫁，出嫁后不久就回娘家省亲，有归还意思。公羊传、毛传皆说妇人谓嫁归。《序卦》说："进必有所归，故受之以《归妹》。"前进必定有所归，所以接着是归妹卦。《杂卦》说："《归妹》女之终也。"归妹卦是女子终身大事已成有归宿。

归妹（☳☱）下兑（☱）上震（☳），归妹卦，兑为泽为阴，性悦，震为雷为阳，性动。泽上有雷，归妹卦卦象。从男女的角度来看，兑为少女，震为长男，长男在少女之上，天地相交之象，象征着出嫁、婚嫁。

为什么君子看到归妹卦象，会产生"君子以永终知敝"的警示呢？泽上有雷，雷震泽动，男女相交互动之时，男主动女随从，两者高度相似。天地相交，万物繁荣昌盛。天地不交，万物萧条。男女相交，人类永续终始。生子，生君，生臣，生夫妇。夫妇之道，人伦源头，君子当然要永守夫妇之道，使之生生不息，同时也要知晓不守夫妇之道的弊端，警示自己更加严守夫妇之道。

归妹卦主要阐述女子婚嫁之道。男婚女嫁人之大伦，男大当婚女大当嫁这是常道，不仅仅是个人的事情，而是关系到人类的繁衍。越是大事，越要尊礼。在古代，诸侯一聘九女，也就是诸侯出嫁女儿，同姓之国以庶出之女随嫁，谓之媵，用今天的话来说就是妾。众妾相称为娣姒，其中长为姒，小为娣。女子以娣身份出嫁符合当时风俗习惯，属于常道。当然嫁夫就要从夫，就是我们现在常说的"嫁鸡随鸡嫁狗随狗"，不能强势行事。如凌驾于丈夫之上，就是不尊妇道，会被鄙视，难以生存。作为人妇，相夫教子应该尽职尽责，如果丈夫不务正业，要温柔相劝，劝其走上正轨。但自己一定要守妇道，独善其身，不能与不正丈夫沉瀣一气。无论你身份多么尊贵，身为人妻就要尽妻道。如果女人没有尽到妻子之责，小则家破人亡，大则江山易主。

读归妹卦，我们要有清醒的认识，因时代不同，夫妇之道不断进行调整。过去夫妇之道，女人属于从属地位，男尊女卑，要"三从四德"。今天审视归妹卦，对于那些有益于社会和谐发展的精髓我们还是要继承。

归妹卦给我们重要启示。

守常不在地位高低。"归妹以娣，跛能履，征吉。"守规矩不在地位高低，只要是常规，无论你是百姓还是高官都要遵守，没有高低之分、官民之别。《孟子·离娄上》说："离娄之明，公输子之巧，不以规矩，不能成方圆。"守规矩才能成大业。《商君书·画策》说："圣王者不贵义而贵法，法必明，令必行，则已矣。"

因势利导随遇而安。"眇能视，利幽人之贞。"为人处世要因势利导随遇而安，切不可好高骛远。宋代无门慧开禅师的《颂平常心是道》写道："春有百花秋有月，夏有凉风冬有雪。若无闲事挂心头，便是人间好时节。"

婚姻大事宁缺毋滥。"归妹愆期，迟归有时。"婚姻大事宁缺毋滥。婚姻不仅决定个人幸福，而且牵涉到家庭圆满，千万不能当儿戏、拉郎配凑合了事。暂时没有遇到如意郎君，可以适当等待，总有一位等待你的人出现。

不重形式重视内德。"帝乙归妹，其君之袂不如其娣之袂良。月几望，吉。"不重形式重视内德，形式固然重要，但内容实质更加无可替代。如果内德与形式完全统一是最完美的。《礼记·礼器》中列举了礼有多种表现方式，无论形式多么变化，都是服从于礼的实质，虔诚是其核心。《礼记·大学》说："自天子以至于庶人，壹是皆以修身为本。其本乱而末治者，否矣。其所厚者薄而其所薄者厚，未之有也。"

坚守正道永终知敝。"君子以永终知敝。"要知道弊端才能更好地巩固正道，知道坚守正道的重要性，也要知道不坚守正道的危害性，这样更有利于坚定坚守正道的决心和毅力。

【易水】

归妹卦（䷵）上震（☳）下兑（☱），兑为泽，震为雷，有雷有泽，以泽水和雷鸣取象，与水关系密切。在卦的内部，六三、九四和六四互体成坎（☵），坎为水为险，这也应了归妹卦如果位置摆不正有凶险的爻辞。

雷泽之间存在互动。雷震泽动，两者互动密切。降水使雷泽成为一体，水连泽，泽连天，同时也增加泽水量，使泽水更加丰沛，面积扩大，泽润物更能持久。水过多也会带来泽堤溃决和危害。

归妹卦对涉水事务有重要借鉴意义。

科学地配置水资源。归妹卦女出嫁，找到如意的郎君就幸福，没有如意郎君宁可待机而嫁，实质上就是婆家优化。其原理应用到水领域，就是水资源优化配置问题，科学地配置水资源。科学配置水资源，要根据时代需求，区分轻重缓急，对于重要的要优先配置，如生活用水无论如何都得优先保障，关系到生命，至高无上。其次要考虑整体效益最大化。对于特殊用水如消防用水等也要优先考虑。

严加防范水利弊端。坚守正道永终知敝，就是要清楚水利存在的弊端及其带来的负面影响，并且采取有效措施进行防范。水利开发利弊共存，如在河道上进行水库建设，我们会享受到水库建设的好处：水资源供应得到保障，具有一定的防洪功能，也有景观娱乐功能，可以进行养殖等等。但也会有一定负面影响：让自然流淌的水变成人工控制的水，水位变化导致水深、水流变化，水生生物环境发生变化，特别是截断河流，洄游性鱼类通道被切断等。在建设水库的时候，要充分认识到其不利影响，并且采取措施加以补救，如建设鱼道设施等等，不在敏感生态区进行建设，尽可能减少敏感生态区的环境影响等。长距离调水也是利弊共生，将弊处降低到最小，利处尽可能放大，达到整体效益最大化等。

因势利导开发水利。因势利导随遇而安，因势利导开发水利。水利开发因地域不同、地情不一样，根据地域地情因势利导进行开发，顺应其具体情况，尊重自然和社会文化，为水利发展提供自然社会动力，起到投入少效益大的效果。如地下水资源丰富，就可以在地下水承载力范围内充分开发利用地下水资源。若地表水资源丰富，就采取开发地表水资源。如水资源短缺，只适合旱作农业，就因势利导地大力发展高质量的旱作农业，充分利用降水。水资源极其丰富，可以通过适当调水来满足缺水地区。比如推广节水技术，宜喷灌则喷灌，宜滴灌则滴灌，宜地面灌溉则地面灌溉。在政策执行方面也要避免一刀切，结合实际推进。

重大决策慎之又慎。婚姻大事宁缺毋滥，水重大决策要慎之又慎。水重大决策是对水产生深刻长远影响的重大事件，涉及面广，对水的影响深远，在对重大决策可能产生的效益和弊端没有充分了解之前，应该慎之又慎。特别是大型水利工程，不仅要考虑社会经济效益，同时也要虑及生态效益，还要纳入政治、军事、国际影响等多种因素。我们对大型水利工程由于受人类认知限制，不可能把握那么准确，存在着不确定性，研究结论只适合特定条件。由于气候等多种因素存在不确定性，重大工程不确定性也随之增大。比如确定最大洪水量往往是根据调查历史最大洪水来确定，但历史上最大洪水未必是未来最大洪水，在极端气候增加的情况下这种可能风险更增大了，只依靠历史上最大洪水来确定存在一定的风险。重大决策慎之又慎，若有拿不准的重大问题就缓一缓。慎之又慎并不是不做决策，而是要求决策更加科学。

55. 丰 雷电皆至 ䷶ 日中则昃

【原文】

丰：亨，王假之。勿忧，宜日中。

《彖》曰：丰，大也。明以动，故丰。"王假之"，尚大也。"勿忧，宜日中"，宜照天下也。日中则昃，月盈则食，天地盈虚，与时消息，而况于人乎，况于鬼神乎？

《象》曰：雷电皆至，丰。君子以折狱致刑。

䷶	上六，丰其屋，蔀其家，窥其户，阒其无人，三岁不觌，凶。 《象》曰："丰其屋"，天际翔也。"窥其户，阒其无人"，自藏也。
䷶	六五，来章，有庆誉，吉。 《象》曰：六五之吉，有庆也。
䷶	九四，丰其蔀，日中见斗，遇其夷主，吉。 《象》曰："丰其蔀"，位不当也。"日中见斗"，幽不明也。"遇其夷主"，吉行也。
䷶	九三，丰其沛，日中见沫，折其右肱，无咎。 《象》曰："丰其沛"，不可大事也。"折其右肱"，终不可用也。
䷶	六二，丰其蔀，日中见斗。往得疑疾，有孚发若，吉。 《象》曰："有孚发若"，信以发志也。
䷶	初九，遇其配主，虽旬无咎，往有尚。 《象》曰："虽旬无咎"，过旬灾也。

【翻译】

原文	准直译	意译
丰：亨，王假之。勿忧，宜日中①。	丰，盛大，亨通，君王达到。不用忧虑，宜于太阳正中。	丰，盛大，成功。贤德君王能达到财多德大盛大境界。只要像中午阳光一样无私地普照大地，不必忧虑。
《彖》曰：丰，大也。明以动，故丰。"王假之"，尚大也。"勿忧宜日中"，宜照天下也。日中则昃，月盈则食，天地盈虚，与时消息，而况于人乎，况于鬼神乎②？	《彖》说：丰，是大。道德光明人行动，所以盛大。"王假之"，崇尚盛大美德。"勿忧宜日中"，适宜普照天下。太阳正中则偏西，月满之后则月缺，天地存在盈满和亏虚，随着时间消亡和生息，又何况人，何况鬼神呢？	《彖》说：丰就是盛大。德高且付之于行动，所以盛大。君王能够如此，是因为他崇尚盛大美德，像中午太阳一样普照大地，就不用担忧盛极变衰。日中则昃，月盈则亏，天地盈满亏虚，与时盛衰，何况是人及鬼神呢。

· 351 ·

《象》曰：雷电皆至，丰。君子以折狱致刑③。	《象》说：雷声闪电一起来，盛大。君子效法审理诉讼，使用刑律。	《象》说：雷鸣电闪，丰卦卦象。君子体悟此象精髓，效法此卦，审理案件之时，明威并举。
初九，遇其配主，虽旬无咎，往有尚④。《象》曰："虽旬无咎"，过旬灾也。	初九，遇到与自己匹配之人，虽然彼此均等没有过错，前往得到尊崇。《象》说："虽旬无咎"，过于均等有灾。	初九，盛大之初，碰到与己相配之人，虽然均等无失，过均则有灾难，前往获得尊荣。
六二，丰其蔀，日中见斗。往得疑疾，有孚发若，吉⑤。《象》曰："有孚发若"，信以发志也。	六二，遮掩盛大，太阳正中见到星斗。前往受人猜疑之患，发自内心诚信，吉祥。《象》说："有孚发若"，有诚信发扬盛大之志。	六二，盛大之时，身为居中守正大夫，前往有被怀疑大患，犹如中午太阳被遮蔽，暗得只见斗星，若真诚发扬盛大之志，吉祥。
九三，丰其沛，日中见沬，折其右肱，无咎⑥。《象》曰："丰其沛"，不可大事也。"折其右肱"，终不可用也。	九三，张大布幔，太阳正中见到小星星，折断右臂，没有灾难。《象》说："丰其沛"，不可以干大事。"折其右肱"，最终无法作为。	九三，盛大之时，身为阳刚正位三公，前行受阻，犹如中午太阳被遮蔽，暗无天日，不可做大事。若有所为，像折断右臂一样，明哲保身没有过错。
九四，丰其蔀，日中见斗，遇其夷主，吉⑦。《象》曰："丰其蔀"，位不当也。"日中见斗"，幽不明也。"遇其夷主"，吉行也。	九四，遮掩盛大，太阳正中见到星斗，遇见其君主，吉祥。《象》说："丰其蔀"，占位不当也。"日中见斗"，幽暗不光明。"遇其夷主"，前行是吉利的。	九四，盛大之时，身为阳刚不正位的诸侯，幽暗不明，恰似中午太阳被遮蔽见斗星一样。虽欺凌尊位，但能共筑伟业，也是吉行。
六五，来章，有庆誉⑧，吉。《象》曰：六五之吉，有庆也。	六五，引来彰显，有福庆和赞誉，吉祥。《象》说：六五之吉，有喜庆。	六五，盛大之时，身为柔顺居中九五之尊，若招引高德群贤鼎力相助，光明彰显天下，会盛大伟业，有福庆美誉，吉祥。
上六，丰其屋，蔀其家，窥其户，阗其无人，三岁不觌，凶⑨。《象》曰："丰其屋"，天际翔也。"窥其户，阗其无人"，自藏也。	上六，房屋盛大，遮蔽房间，窥视其门户，寂静无人，三年不见人影，凶险。《象》说："丰其屋"，在天边飞翔。"窥其户，阗其无人"，自己隐藏。	上六，居盛大之极，有凶险，犹如遮蔽高耸入云的房屋，障蔽居室，窥视门户，深藏三年寂静不见人影。

【注释】

① 丰：亨，王假之。勿忧，宜日中：丰，卦名，盛大、丰盛、丰硕等大的意思。《正义》："《彖》及《序卦》皆以'大'训'丰'也。然则丰者，'多'大之名，'盈'足之义，财多德大，故谓之丰。德大则无所不容，财多则无所不齐，

无所拥碍谓之为亨，故曰'丰，亨'。""假，至也。丰亨之道，王之所尚，非有王者之德，不能至之，故曰'王假之'也。"宜日中，太阳正中，喻保持丰德。

② 日中则昃，月盈则食，天地盈虚，与时消息，而况于人乎，况于鬼神乎：昃（zè），太阳偏西。盈，圆。食，蚀，亏。消息，消长，增减；盛衰。况，何况。

③ 雷电皆至，丰。君子以折狱致刑：雷电皆至，下卦为离，为闪电，上卦为震，震为雷。折狱致刑，动用刑罚。《正义》："断决狱讼，须得虚实之情，致用刑罚，必得轻重之中。若动而不明，则淫滥斯及。故君子象于此卦，而折狱致刑。"

④ 遇其配主，虽旬无咎，往有尚：《正义》："旬，均也。俱是阳爻，谓之为均，非是阴阳相应，嫌其有咎，以其能相光大，故虽均，可以无咎，而往有嘉尚也。故曰'虽旬无咎，往有尚'。"《折中》引胡瑗曰："旬者，十日也，谓数之盈满也。言初与四其德相符，虽居盈满盛大之时，可以无咎。"《尚氏学》："阴阳相配，配主谓二，二五为卦主，故五曰夷主。配，郑作妃，义同也。离为日。日之数十，十日为旬，初居日之末，故曰旬，至旬则癸日也。后汉邓禹传，明日癸亥，匡等以六甲穷日，不出，是至旬当有咎，自古相传如是也。虽旬无咎者，以初遇阴也，二阴，故往有尚。"尚，尊崇。

⑤ 丰其蔀，日中见斗。往得疑疾，有孚发若，吉：蔀（bù），遮蔽，隔离光明之物。《集解》引虞翻曰："日蔽云称蔀。"《王注》："处明动之时，不能自丰以光大之德，既处乎内，又以阴居阴，所丰在蔀，幽而无亲者也，故曰'丰其蔀，日中见斗'也。日中者，明之盛也。斗见者，暗之极也。处盛明而丰其蔀，故曰'日中见斗'。不能自发，故往得疑疾。"

⑥ 丰其沛，日中见沫，折其右肱，无咎：沛，通"旆"，布幔。沫（mèi），古同"昧"，微暗，"斗之辅星"，北斗七星第六颗星的伴星。折其右肱，《集解》引虞翻曰："日在云下称沛。沛，不明也。沫，小星也。"《集解》引九家易曰："大暗谓之沛，沫，斗杓后小星也。"《王注》："沛，幡幔，所以御盛光也。沫，微昧之明也。应在上六，志在乎阴，虽愈乎六二以阴处阴，亦未足以免于暗也。所丰在沛，日中则见沫之谓也。"

⑦ 遇其夷主，吉：《集解》案曰："四处上卦之下，以阳居阴，履非其位，而比于五，故曰'遇'也。夷者，伤也。主者，五也。谓四不期相遇，而能上行，伤五则吉，故曰'遇其夷主，吉'。"《正义》："夷，平也，四应在初，而同是阳爻，能相显发而得其吉，故曰'遇其夷主，吉'也。言四之与初交相为'主'者，

若宾主之义也。若据初适四，则以四为主，故曰'遇其配主'。自四之初，则以初为主，故曰'遇其夷主'也。二阳体敌，两主均平，故初谓四为'旬'，而四谓初为'夷'也。"两者注释有异，本处取前者。

⑧ 来章，有庆誉：章，通"彰"，即彰显。《集解》引虞翻曰："章，显也。"《本义》："质虽柔暗，若能来致天下之明，则有庆誉而吉矣。盖因其柔暗，而设此以开之。"

⑨ 丰其屋，蔀其家，窥其户，阒其无人，三岁不觌，凶：阒（qù），静寂，一点声音都没有。觌（dí），见，相见。《集解》引虞翻曰："丰，大；蔀，小也。""王者之王其家也，必天示其祥，地出其妖，人反其常，非斯三者，亦弗之亡也。故曰'三岁不觌，凶'。"《程氏传》："丰其屋，处太高也。蔀其家，居不明也。以阴柔居丰大，而在无位之地，乃高亢昏暗，自绝于人，人谁与之？故'窥其户，阒其无人'也。至于三岁之久，而不知变，其凶宜矣。'不觌'，谓尚不见人，盖不变也。六居卦终，有变之义，而不能迁，是其才不能也。"

【宗旨】

丰卦主要阐述盛大之道。丰的重点是光大，有德者盛大，高德君王盛德如阳光普照，让天下繁荣昌盛。盛大难以永恒，日中则昃，月盈则亏，天地都存在盈满亏虚，人世也不例外。君子要效法丰卦雷威电明审理案件，明威并用。

【体会】

丰，繁体字为"豐"，甲骨文是豐。下面是"豆"（古代盛器），上面像器物盛有玉，丰的本意是盛有贵重物品的礼器。《说文解字》说："豐，行礼之器也。"古人秋祭时，要用"豐"盛酒敬献，酒盛得很满，所以将其引申为丰满、丰盛、硕大、丰富。《说文解字》解释说："丰，豆之丰满者。"《序卦》说："得其所归者必大，故受之以《丰》。丰者，大也。"能够有归宿必定强大，所以接着是丰卦，丰就是盛大。《杂卦》说："《丰》多故也。"也就是说丰盛之时多事故。丰卦是盛大，但盛大之后容易多事，将走向衰落。

丰卦（䷶）下离（☲）上震（☳），离为电为火，震为雷，雷电俱至，威明备足。我们平时听见雷声不见闪电，或者只见闪电不闻雷声，丰卦描述的是雷鸣电闪，可谓威力强大无比，既看得见闪电刺眼，又听得到雷鸣刺耳，视觉听觉双重刺激令人震撼，用其描述盛大至极令人震惊再恰当不过了。

为什么君子看到丰卦卦象产生"君子以折狱致刑"启示？平安是最大的财富，诉讼案件则经常是毁掉平安的最大凶手，它关系到生死存亡。人一旦有纠纷，即便你非常有理，证据充足，一旦走向诉讼，遇到贪官或者不明事理的昏官，官司未必能赢，充满不确定性。官司深如海，不确定性永远存在。诉讼一旦败诉，不仅毁了声誉，生命财产安全也受到严重威胁。诉讼关系到生死，关系到平安幸福，也关系到社会公平公正，与统治者美誉紧紧地联系在一起。因此君子应该高度重视，重其威，明其刑。丰卦的卦象提供了这个生动的情景，与审案相似。

《正义》对丰卦有精彩的解释："此孔子因'丰'设戒。以上言王者以丰大之德照临天下，同于日中。然盛必有衰，自然常理：日中至盛，过中则昃；月满则盈，过盈则食；天之寒暑往来，地之陵谷迁贸，盈则与时而息，虚则与时而消。天地日月尚不能久，况于人与鬼神而能长保其盈盛乎？勉令及时修德，仍戒居存虑亡也。"《本义》曰："此又发明卦辞外意，言不可过中也。"

丰卦不是阐述如何达到盛大的目标，而是阐述盛大之后可能发生的各种情况，如何保持盛大局面。盛大之时，不能只盛大自己，而是要盛大他人和社会，要居中守正，不偏不斜，像中午阳光一样普施万物，让万物都得到恩惠，这样才没有后患。越是盛大，越应该有美德。盛大是不可能永恒的，就像怒放的鲜花，总有凋谢之时。过午之后，太阳西斜，月圆之后则亏蚀，这是天道，人世也脱离不了这个规律。人的圆满总是暂时的，不圆满则是常态，圆满则是高峰。人的事业也是如此，经过艰辛的努力达到了事业顶峰，不久则会从神坛上逐步跌落。人类的历史就是不断实现盛大的历史，因为有衰败，才有盛大。

盛大之时，最容易犯的错误就是骄傲自满，自以为是，唯我独尊，听不进别人的意见，特别是逆耳之言。盛大之初尚能容忍，对盛大影响不大，因为盛大有一态势。时间一长，就腐蚀了盛大的根基，为盛大消亡埋下了隐患。盛大之时，若不采取有效的预防措施，也是昏庸腐败发作生长之时，黑暗甚至达到暗无天日，有能之才不能做事，做事就有各种障碍甚至损失，因此越是盛大之时，越应该清醒，越应该找志同道合的同志共筑伟业，如何维护盛大，并且为盛大安排出路，克服危机，准备迎接另一个盛大。盛大之时，要聚集一批精英努力奋斗。盛大是不可能长久的，无论怎么努力，拼搏只是延缓盛大衰亡的速率，不能根本扭转其最终的结局。

丰卦就是盛大，包含事业顶峰、辉煌时光、得意之时等等，含有特别大的事物都适用此卦。丰卦给我们为人处世重要启示。

高德筑牢盛大。"王假之。勿忧，宜日中。""宜照天下也。"德高才能实现盛大，也只有将美德普照天下才没有忧患。盛大犹如直上云霄的山峰，人人向往，但只有德高望重的人才能达到顶峰。《礼记·大学》说："富润屋，德润身，心广体胖。"《菜根谭》说："德者事业之基。"

天道盛极必衰。"日中则昃，月盈则食，天地盈虚，与时消息，而况于人乎，况于鬼神乎？"盛极必衰是天道法则，无论在自然界还是人世间都普遍存在，最终结果我们无法阻挡，一定会成为现实。人们追求盛大，但盛大之后必然走向衰落，人类的历史就是由不断盛大构筑而成，一个盛大更替另一个盛大，盛大再被更替，永无止境。《菜根谭》说："盛极必衰，居安虑患。"《道德经》说："物壮则老，谓之不道，不道早已。"

延缓盛大衰减。"丰其蔀，日中见斗。往得疑疾，有孚发若，吉。""来章有庆誉，吉。"盛大虽然不能长久，但可以延缓。好的盛大人们所爱，都在极力地追求这盛大，盛大一旦实现，就想让之永恒，尽管永恒不现实，但一定会想方设法让盛大衰减延缓。内心诚信是延缓的方式之一，有忧患意识也是重要途径。《系辞》说："君子安而不忘危，存而不忘亡，治而不忘乱，是以身安而国家可保也。"刘仁轨是唐朝宰相、名将。

严防盛大损失。"丰其沛，日中见沫，折其右肱，无咎。"盛大之时奸臣当道，做事会受损，严防盛大损失很有必要。盛大之时，主事者往往骄傲自大受蒙蔽，正人君子做实事受排挤，这也是一大损失。

盛大重视创业。"丰其蔀，日中见斗，遇其夷主，吉。"尽管盛大之时有昏暗，但要采取一切必要措施，共筑伟业。

【易水】

丰卦（䷶）二至五爻互体为坎（☵），坎为水为险，可见丰卦与水是有关系的，也说明盛大之中蕴藏着危险。

丰卦（䷶）上震（☳）下离（☲），震为雷，离为电，电闪雷鸣，这是暴雨来临或者暴雨正在进行的情景。强风乌云，暗无天日，电闪雷鸣伴随着瓢泼大雨倾泻而下。古人用雷电形容非常盛大，同时也包含着强烈的忧患意识，令人深思。

暴雨是中国重要自然灾害，它导致山洪暴发，水库垮坝，江河横溢，房屋被毁，农田淹没，交通电讯中断，影响国民经济发展，甚至剥夺人民生命。这是降水盛大带来的危害。

水事物也有发展过程，由刚开始到发展的顶峰，有小到事业辉煌，再由辉煌到另一个辉煌，就是不断改革壮大的过程，有盛大有低谷，从低谷走向盛大。丰卦对涉水事务有重要的借鉴价值。

尊天道与洪和谐。要严防盛大损失。降水盛大如果处理不好，就会直接造成巨大损失，严防洪水伤害是要务。防止洪水灾害，我们首先要对洪水有正确的认识。洪水是一种自然现象，虽然我们视其猛兽，但它是一种自然存在，它同我们人类一样，是自然世界一分子，我们不可能消灭它。其次建立与洪水和谐相处的价值观。既然洪水不可避免，我们只能认识它，充分认识洪水发生、演替、时空分布等规律，在充分尊重其规律的基础上，想方设法利用它，与它和谐相处，建立人与洪水命运共同体理念。三是建立洪水利弊共存理念。洪水也是资源，充分利用其功能，让其发挥正能量。我们也要深刻认识其危害，尊重它是远离危害最好的方法。四是纠正不正确的做法。与水争地，超限度地控制洪水，认为洪水一无是处，这都是不正确的，要及时纠正。

再创水利新辉煌。天道盛极必衰。水利辉煌不可能永恒，由盛到衰是一个必然过程，因此我们需要不断创造新的水利辉煌，促进水利健康发展。水利辉煌的实现是多种因素共同作用的结果，我们要充分总结水利辉煌的经验、教训，分析水利辉煌动力机制，以此为起点，聚集有利要素，改革创新，去除影响水利发展的障碍，放大促进水利发展的新引擎，推进水利不断变革，再创水利新辉煌。水利发展就是从一个辉煌到另一个辉煌的过程。水利发展过程中可能存在低谷，低谷是促进辉煌的基础。新的辉煌还将被更新的辉煌替代，这就是水利发展的特点，是进步的表现。

发挥水德谱新篇。高德筑牢盛大，这是正道盛大的普遍规律。水利就是一项利国利民的伟大事业，水德本身就能促进人修身养德。水润万物而不自夸，水给万物维持生命而不争功，其德高尚无与伦比。水利在继承水德的基础上，更增添了助力，促进社会经济繁荣发展，甘为人梯。

维护水利的辉煌。要延缓盛大衰减就是维护水利辉煌，让水利稳步健康更快地发展。水利发展进入辉煌之后，会不知不觉地产生骄傲情绪，不可避免地或多或少地自高自大，不排除水利形势大好听不进不同意见，慢慢蚕食水利辉煌的成果，辉煌的光环会逐渐暗淡。尽管这是摆脱不掉的规律，但我们要尽力采取一些必要措施，延缓其衰减过程，尽最大努力维护水利辉煌成果。与此同时，我们必须做好新的预案，为效益持续衰减做好准备，为下一个水利辉煌奠定基础。

56. 旅 山上有火 ☲ 明慎用刑

【原文】

旅：小亨，旅贞吉。

《彖》曰：旅小亨，柔得中乎外，而顺乎刚，止而丽乎明，是以"小亨，旅贞吉"也。旅之时义大矣哉！

《象》曰：山上有火，旅。君子以明慎用刑而不留狱。

▬▬▬	上九，鸟焚其巢，旅人先笑后号咷。丧牛于易，凶。 《象》曰：以旅在上，其义焚也。"丧牛于易"，终莫之闻也。
▬ ▬	六五，射雉，一矢亡，终以誉命。 《象》曰："终以誉命"，上逮也。
▬▬▬	九四，旅于处，得其资斧，我心不快。 《象》曰："旅于处"，未得位也。"得其资斧"，心未快也。
▬▬▬	九三，旅焚其次，丧其童仆，贞厉。 《象》曰："旅焚其次"，亦以伤矣。以旅与下，其义丧也。
▬ ▬	六二，旅即次，怀其资，得童仆，贞。 《象》曰："得童仆贞"，终无尤也。
▬ ▬	初六，旅琐琐，斯其所取灾。 《象》曰："旅琐琐"，志穷灾也。

【翻译】

原文	准直译	意译
旅：小亨，旅贞吉①。	旅：羁旅，小亨通，羁旅守正吉祥。	旅，羁旅，小亨通，在外旅居，人生地不熟，小心守正才吉祥。
《彖》曰：旅小亨，柔得中乎外，而顺乎刚，止而丽乎明，是以"小亨，旅贞吉"也。旅之时义大矣哉！	《彖》曰：旅小亨，外卦阴柔居中，顺从于阳刚，静止附丽于光明，所以"小亨旅贞吉"。行旅之时机道义重大呀！	《彖》说：羁旅在外，要柔顺居中守正，适应阳刚环境，知止不贪心，行光明之道，羁旅就会小亨通，吉祥。在外羁旅时机道义重大！
《象》曰：山上有火，旅。君子以明慎用刑而不留狱②。	《象》说：山上有火，旅卦卦象。君子明察谨慎用刑律，不滞留诉讼。	《象》说：山上有火，旅卦卦象。君子体悟此象精髓，冷静明察谨慎用刑，不积压案件。
初六，旅琐琐，斯其所取灾③。 《象》曰："旅琐琐"，志穷灾也。	初六，羁旅之时举动卑贱猥琐，自我招取灾难。 《象》说："旅琐琐"，志气穷尽导致灾难。	初六，羁旅之始，柔顺且应和不正之上级，举止卑贱猥琐，毫无心志，自我招灾，咎由自取。

· 358 ·

六二，旅即次，怀其资，得童仆，贞④。 《象》曰："得童仆贞"，终无尤也。	六二，羁旅住进客舍，有资财，带着童仆，应守正。 《象》说："得童仆贞"，最终没有忧患。	六二，羁旅之时，居中守正柔顺，上承阳刚，金钱童仆俱备，旅居安逸，若守正，自始至终没有忧虑。
九三，旅焚其次，丧其童仆，贞厉⑤。 《象》曰："旅焚其次"，亦以伤矣。以旅与下，其义丧也⑥。	九三，羁旅客舍被焚烧，失去了童仆，守正防危。 《象》说："旅焚其次"，也悲伤。以羁旅态度对待童仆，失掉道义。	九三，羁旅之时，过刚不中，要守正防危，若霸凌童仆，则丧德失仆招灾，就像旅店被焚烧无处栖身。
九四，旅于处，得其资斧，我心不快⑦。 《象》曰："旅于处"，未得位也。"得其资斧"，心未快也。	九四，羁旅到某处，获得坎斧，我心情不高兴。 《象》说："旅于处"，没有得到地位。"得其资斧"，心中不满意。	九四，羁旅之时，阳刚不正欺上，没有获得心仪地位心不平，郁郁寡欢。
六五，射雉，一矢亡，终以誉命⑧。 《象》曰："终以誉命"，上逮也⑨。	六五，射野鸡，丢失一支箭，最终有荣誉之命。 《象》说："终以誉命"，君王赏赐。	六五，羁旅之时，柔顺守中居尊，欺刚承阳，虽然如射野鸡丢支箭有小损失，最终因居尊有誉。
上九，鸟焚其巢，旅人先笑后号咷⑩。丧牛于易，凶。 《象》曰：以旅在上，其义焚也。"丧牛于易"，终莫之闻也。	上九，鸟巢被焚烧，羁旅之人先笑后哭。在疆界上丢了牛，有凶险。 《象》说：客旅身处上位，按理招致焚灾。"丧牛于易"，最终没有音信。	上九，处羁旅之极，阳刚极骄，先笑后哭，就像火烧鸟巢失其居，疆界丢牛无音信，有凶险。

【注释】

①旅：小亨，旅贞吉：旅，卦名，行旅、旅居、羁旅等意思。《正义》："旅者，客寄之名，羁（jī）旅之称，失其本居，而寄他方，谓之为旅。"旅贞吉，《本义》："旅非常居，若可苟者。然道无不在，故自有其正，不可须臾离也。"

②君子以明慎用刑而不留狱：明，明智。慎，谨慎。用刑，运用刑律。留，滞留。朱熹注："慎刑如山，不留如火。"《程氏传》："火之在，高明无不照。君子观明照之象，则以明慎用刑。明不可恃，故戒于慎。明而止，亦慎象。观火，行不处之象，则不留狱。狱者，不得已而设，民有罪而入，岂可留滞淹久也。"

③旅琐琐，斯其所取灾：琐琐（suǒ suǒ），人品卑微、平庸、渺小，事情细小、不重要，疑虑不定等。《集解》引陆绩曰："琐琐，小也。"《程氏传》："六以阴柔，在旅之时，处于卑下。是柔弱之人，处旅困，而在卑贱，所存污下者也。志卑之人，既处旅困，鄙猥琐细，无所不至，乃其所以致侮辱，取灾咎也。"

· 359 ·

琐琐，猥细之状。当旅困之时，才质如是。上虽有援，无能为也。四阳性而离体，亦非就下者也。人在旅，与他卦为大臣之位者异矣。"

④旅即次，怀其资，得童仆，贞：次，客舍。童仆，佣人，强壮佣人叫仆，柔小曰童。《集解》引《九家易》曰："即，就。次，舍。资，财也。以阴居二，即就其舍，故'旅即次'。承阳有实，故'怀其资'。初者卑贱，二得履之，故'得童仆'。处和得位正居，是故曰'得童仆，贞'矣。"《王注》："次者，可以安行旅之地也。"

⑤旅焚其次，丧其童仆，贞厉：焚，焚烧。《王注》："居下体之上，与二相得，以寄旅之身而为施下之道，与萌侵权，主之所疑也，故次焚仆丧而身危也。"

⑥以旅与下，其义丧也：《折中》引潘梦旂曰："居刚而用刚，平时犹不可，况旅乎？以此与下，焚次丧仆，固其宜也。九三以刚居下体之上，则'焚次'。上九以刚居上体之上，则'焚巢'，位愈高，刚愈亢，则祸愈深矣。"

⑦旅于处，得其资斧，我心不快：《王注》："斧所以斫除荆棘，以安其舍者也。虽处上体之下，不先于物，然而不得其位，不获平坦之地。客于所处，不得其次，而得其资斧之地，故其心不快也。"有一说资斧为利斧，指旅费，盘缠。

⑧射雉，一矢亡，终以誉命：雉，野鸡。《本义》："雉，文明之物，离之象也。六五柔顺文明，又得中道，为离之主，故得此爻者，为'射雉'之象，虽不无亡矢之费，而所丧不多，终有'誉命'也。"

⑨上逮也：上，指君王。逮，及，引申为与。

⑩鸟焚其巢，旅人先笑后号咷：号咷，放声大哭。咷（táo），哭。《王注》："居高危而以为宅，巢之谓也。客旅得上位，故'先笑'也。以旅而处于上极，众之所嫉也，以不亲之身而当嫉害之地，必凶之道也，故曰'后号咷'。"

【宗旨】

旅卦是阐述羁旅之道，告诫我们旅居在外，人生地不熟，要柔顺、居中、守正，适应阳刚环境，知止防贪，行光明之道，才圆满。君子受此启发，冷静明察谨慎使用刑律，不积压诉讼案件。

【体会】

旅字甲骨文是𣃘。旅字由两部分组成，旗子之下有两人并排站着，本义指军队。《说文解字》说："军之五百人为旅。"《序卦》说："穷大者必失其所居，故

· 360 ·

受之以《旅》。"盛大至极一定失去住所，所以接着是旅卦。《杂卦》说："亲寡《旅》也。"旅卦是说羁旅在外亲友少。旅就是旅行，羁旅，漂泊在外的意思。

旅卦（䷷）下艮（☶）上离（☲），艮为山，离为火，火在山上燃烧，烧过一山又一山，像旅行，从一个地方到另一个地方，所以卦象和旅行本质有相似之处。羁旅就是离开自己家，到其他地方。羁旅在外，远离长期在家建立的关系，亲朋好友也不在身边，生活会发生很大变化，为人处世要不断地调整适应新的环境才能保平安。旅卦虽然通常指羁旅，但此羁旅并不仅仅指旅行，范围更广，漂泊在外就是旅。李白在《春夜宴桃李园序》中说："天地者，万物之逆旅；光阴者，百代之过客也。"即天地是万物的客舍，光阴是古往今来时间的过客。范仲淹在《范文正公集》对旅卦有精彩的论述："夫旅人之志，卑则自辱，高则见嫉，能执其中，可谓智矣。是故初'琐琐'，四'不快'者，以其处二体之下，卑以自辱者也；三'焚次'，而上'焚巢'者，以其据二体之上，高而见嫉也；二'怀资'，而五'誉命'者，柔而不失其中者也。"

为什么君子见到旅卦的卦象，会产生"君子以明慎用刑而不留狱"？山上起火，无论大小，火都发出光明。犯人入狱，也是一次特殊的羁旅，对其判决要慎之又慎。君子有宽宏之心，因此君子对己提出这种高要求，展现了君子的风范。张英在《易经衷论》说："犴狴桎梏（指监狱刑具），淹滞拘留，或为无辜之株连，或为老弱之累系，动经岁时；宜仁人君子隐恻于此。然非至明至慎，亦不敢轻言决狱。能明慎而不留狱，斯可谓祥刑矣。"

在羁旅之时如何为人处世？主要原则是：一要身段要柔软。柔顺对人对事，阳刚隐藏。二要守正居中。走正道，尊天道人道，办事光明磊落，不搞歪门邪道，行光明之大道，不偏不倚，去其两端，遵守中庸之道。三要适应环境。羁旅在外，人生地不熟，势单力薄，你改造不了环境，只能去适应环境。四要适可而止。按照这四项原则去做，羁旅会平安顺利。

旅卦给我们带来不少智慧。

审慎用刑不积案件。"君子以明慎用刑而不留狱。"明察谨慎用刑律，不积压诉讼案件。《尚书》曰："罪疑惟轻，功疑惟重。与其杀不辜，宁失不经。"唐太宗历来被视为宽容明君，他实行"慎刑宽法"的清明政治，在位期间，朝廷每处决一名重囚犯，都要"三覆五奏"，并把死刑的终审权收归中央，以免出现冤假错案。他还一再告诫大臣："死者不可复生，用法务在宽简。"

小事勿争大处着眼。"旅琐琐，斯其所取灾。"为人处世要从大处着眼，切勿在小事上斤斤计较。曾国藩曾谆谆告诫"大处着眼，小处着手"。一个人是否走得远，是否成为社会有大贡献的人，从他为人处世方法上可以显露出来。如果他格局很小，见利眼开，一叶障目不见泰山，只能蝇营狗苟，注定做不了大事。

一心坚守柔顺中正。"旅即次，怀其资，得童仆，贞。"羁旅之时要坚守柔顺中正。柔顺中正是获得幸福的源泉之一，刚直走歪门邪道则是幸福破坏凶手。《道德经》说：执持盈满，不如适可而止。显露锋芒，锐势难以保持长久。金玉满堂，无法守住。富贵而骄横，是给自己种下祸根。大功告成后隐退，符合天道。

不计得失光明磊落。"射雉，一失亡，终以誉命。"不能骄奢淫逸，要光明正大地在其位谋其政。《孟子·尽心上》说："仰不愧于天，俯不怍于人，二乐也。"唐代诗人杜甫在《三韵三篇》中说："君看磊落士，不肯易其身。"他们都说明维护光明磊落的重要性。

【易水】

旅卦（☶☲）下艮（☶）上离（☲），卦象是山上着火，和水有间接关系。山被烧了林草化为灰烬。林草是水源保护的重要载体，山没有林草，降水很快聚集，引发洪水，当降水停止的时候，由于没有林草的调节作用，河道很快干涸。

如果仔细分析旅卦（☶☲）结构就会发现，六二爻到六五爻可以组成☵，即坎，坎为水为险，说明旅卦内部和水有很大关系，这与羁旅过程中存在的危险不谋而合，所以羁旅之时要小心翼翼，避免危险的发生。

从水的运动情况来看，水的旅行一直没有停止过。主要表现：一是自然之水不断运动。二是河流的流动。三是地表水和地下水的旅行。四是自然之水变成社会经济用水。五是调水。

旅卦对水有重要的参考价值。

水利案件审慎不积案。审慎用刑不积案件。水的开发利用和保护都要遵循法制，在法制的规范下水才能有序利用和保护，这不可避免地存在立法、执法、纠纷甚至水犯罪等情况。审慎地处理水利案件，快速准确地处理，不积案成为现代社会的必然要求。在审理水案件之时，要审慎，明是非，以事实为依据，以法律为准绳，遵循疑罪从无，疑功从宽进行审理，要及时进行判决结案。水纠纷或犯罪得到及时处理，减轻涉案人负担，也是现代文明水执法的必然要求。

水利大处着眼小事精。小事勿争大处着眼，水利要大处着眼同时不放过小事精。水利大处着眼就是战略上要站得高，看得远，要高瞻远瞩，具有长期性、战略性和可预见性。小事精就是认真地从小事做起，要"脚踏实地"接地气，将水利做得更精、更强、更贴心。

水利宗旨要柔顺中正。一心坚守柔顺中正，坚定地践行水利宗旨，中正柔顺地执行。水"旅行"之时，调水区、受水区利益要协调，不能为了受水区利益牺牲调水区的利益，也不能为了调水区利益不顾受水区承受能力，通过协商、补偿等机制达到利益均衡。考虑利益均衡之时，要将自然、社会纳入均衡考量范畴，不能以破坏环境为代价，若有对环境产生不利影响要及时修复和校正。对人要柔顺中正，对自然同样中正柔顺。

水利光明磊落利天下。要不计得失光明磊落，水利光明磊落利天下。水是最无私的物质，润万物而无所求。水利利天下，既要服务社会经济，同时也要服务自然。过去我们非常重视利人，对于利水、利自然重视不足，要改变这种行为。特别是涉及水"旅行"相关事物时，更要光明磊落，不搞"黑箱"，整体利益达到最大，局部利益进行协调，创建和谐相处的新格局。

57. 巽 风上有风 ☴ 申命行事

【原文】

巽：小亨，利有攸往，利见大人。

《彖》曰：重巽以申命。刚巽乎中正而志行。柔皆顺乎刚，是以"小亨，利有攸往，利见大人"。

《象》曰：随风，巽。君子以申命行事。

▬▬▬	上九，巽在床下，丧其资斧，贞凶。 《象》曰："巽在床下"，上穷也。"丧其资斧"，正乎凶也。
▬▬▬	九五，贞吉，悔亡，无不利，无初有终。先庚三日，后庚三日，吉。 《象》曰：九五之吉，位正中也。
▬ ▬	六四，悔亡，田获三品。 《象》曰："田获三品"，有功也。
▬▬▬	九三，频巽，吝。 《象》曰："频巽之吝"，志穷也。
▬▬▬	九二，巽在床下，用史巫纷若，吉，无咎。 《象》曰："纷若之吉"，得中也。
▬ ▬	初六，进退，利武人之贞。 《象》曰："进退"，志疑也。"利武人之贞"，志治也。

【翻译】

原文	准直译	意译
巽：小亨，利有攸往，利见大人①。	巽，小亨通，宜有所前往，宜彰显大人之德。	巽，小成功，宜用恭顺态度处事，彰显大人高尚之美德。
《彖》曰：重巽以申命②。刚巽乎中正而志行。柔皆顺乎刚，是以"小亨，利有攸往，利见大人"。	《彖》说：上下顺从适宜申明号令。阳刚谦虚居中守正心志得以实现。阴柔皆顺从阳刚，所以"小亨通，宜有所前往，宜见伟大人物"。	《彖》说：上下皆顺有益申明号令。阳刚谦虚居中守正，心愿得以实施。阴柔皆顺从阳刚。所以"小有成功，宜于行事，宜彰显大人高尚之美德"。
《象》曰：随风，巽。君子以申命行事③。	《象》说：风连风，巽卦。君子效仿卦象申明号令行事。	《象》说：两风相随，巽卦卦象。君子体悟此象精髓，三令五申，施行政令。

初六，进退，利武人之贞④。《象》曰："进退"，志疑也。"利武人之贞"，志治也。	初六，处于进退之间，有利于勇敢之人守正。《象》说："进退"，心踌躇。"利武人之贞"，树立坚强意志。	初六，恭顺之初，过于柔顺意志不坚定，进退犹豫不决，若有武人治乱的坚强意志并守正，就能成功。
九二，巽在床下，用史巫纷若⑤，吉，无咎。《象》曰："纷若之吉"，得中也。	九二，恭顺在床下，用祝史、女巫虔敬地盛大祈祷，吉祥没有过错。《象》说："纷若之吉"，得中道。	九二，恭顺之时，身为阳刚居中大夫，不能申命行事，过于卑顺失正，恰似屈居于床下，若像祝史、女巫一样卑顺，虔敬行中道，吉祥无过。
九三，频巽，吝⑥。《象》曰："频巽之吝"，志穷也。	九三，过于卑顺，有忧吝。《象》说："频巽之吝"，志穷困。	九三，恭顺之时，身为阳刚得正三公，过于恭顺受辱，毫无志向，有忧吝。
六四，悔亡，田获三品⑦。《象》曰："田获三品"，有功也。	六四，没有悔恨，打猎获得三类物品。《象》说："田获三品"，前往有功。	六四，恭顺之时，身为柔顺得正的诸侯，上承居中守正阳刚君王，辅弼安邦治国大有建树，犹如狩猎时捕获丰富猎物，但因凌驾阳刚守正三公，只是没有后悔。
九五，贞吉，悔亡，无不利，无初有终。先庚三日，后庚三日⑧，吉。《象》曰：九五之吉，位正中也。	九五，守正吉祥，悔恨消失，没有什么不利的，没有好开始却有理想的结果。预先在"庚"日前三天发布新令，而在"庚"日后三天实行，吉祥。《象》说：九五之吉，大中至正。	九五，恭顺之时，身为阳刚大中至正九五之尊，守正吉祥无悔，无所不利，即便开局不利最终有好结局。谨慎颁布政令，充分宣导再酌情实施，吉祥。
上九，巽在床下，丧其资斧，贞凶⑨。《象》曰："巽在床下"，上穷也。"丧其资斧"，正乎凶也⑩。	上九，卑顺于床下，丢掉利斧，守正防凶险。《象》说："巽在床下"，上到极点。"丧其资斧"，必凶。	上九，处恭顺之极，过于卑顺失正，犹如屈居于床下，失阳刚之德，恰如打胜仗不告庙还君斧，不执臣节失礼，必凶。

【注释】

①巽：小亨，利有攸往，利见大人：巽，卦名，古同"逊"，谦让，恭顺。小亨，《尚氏学》："初、四皆承阳，故曰'巽'。巽，顺也，顺阳故'小亨'。"《集解》引虞翻曰："大人谓五"。《王注》："大人用之，道愈隆。"

②重巽以申命：重巽，上下皆巽，重复。申，申述。命，命令。上下皆顺，适宜申明号令。

③随风，巽，君子以申命行事：随，追随，跟随。朱熹注："随，相继之义。"行事，办事。《周易口义》："君子法此巽风之象，以申其命行其事于天下，无有不至，而无有不顺者也。"

④进退，利武人之贞：《本义》："初以阴居下，为巽之主，卑巽之过，故为进退不果之象。若以'武人之贞'处之，则有以济其所不及，而得所宜矣。"

⑤巽在床下，用史巫纷若：巽在床下，《王注》："处'巽'之中，既在下位，而复以阳居阴，卑巽之甚，故曰'巽在床下'也。"史巫，史，祝史；巫，巫觋（xí），男叫觋，女叫巫，古代事神者。纷，盛多。若，一说语助词，无实际意义；一说顺也。《王注》："卑甚失正，则入于咎过矣。能以居中而施至卑于神祇（qí），而不用之于威势，则乃至于纷若之吉，而亡其过矣。故曰'用史巫纷若吉，无咎'也。"《集解》引荀爽曰："床下以喻近也。二者，军帅，三者号令，故言'床下'，以言将之所专，不过军中事也。"

⑥频巽，吝：频，即古文"颦"（pín），皱眉，忧愁。还有解释为屡次，频数。本处选择后者。

⑦悔亡，田获三品：《谷梁传》曰："春猎曰田，夏曰苗，秋曰蒐（sōu），冬曰狩。"《王注》："乘刚，悔也。然得位承五，卑得所奉。虽以柔御刚，而依尊履正。以斯行命，必能获强暴，远不仁者也。获而有益，莫善三品，故曰'悔亡，田获三品'。一曰干豆，二曰宾客，三曰充君之庖。"（充庖，chōng páo，供作食用。）

⑧先庚三日，后庚三日：庚，"天干"数中居第七位。朱熹注："庚，更也，事之变也，先庚三日丁也，后庚三日癸也。丁所以丁宁于变之前，癸所以揆度于其变之后。"《程氏传》："'先庚三日，后庚三日，吉'，出命更改之道，当如是也。甲者，事之端也；庚者，变更之始也。十干'戊己'为中，过中则变，故谓之'庚'。事之改，更当原始要终，如先甲后甲之义，如是则吉也。"

⑨巽在床下，丧其资斧，贞凶：《集解》引荀爽曰："军罢师旋，亦告于庙，还斧于君，故'丧资斧'。正如其故，不执臣节，则'凶'，故曰'丧其资斧，贞凶'。"《王注》："处巽之极，极巽过甚，故曰'巽在床下'也。斧所以断者也。过巽失正，丧所以断，故曰'丧其资斧，贞凶'也。"

⑩正乎凶也：守正避免凶险。《正义》："'正乎凶'者，正理须当威断，而丧之，是'正乎凶'也。"朱熹注："言必凶。"

【宗旨】

巽卦主要阐述恭顺之道。巽卦卦象风上有风，风无所不入，无所不顺，启示君子三令五申施行政事。为人处世要恭顺才能成功，才能成为伟人。恭顺不分上下，阴柔顺从阳刚，阳刚居中守正。恭顺是美德，该恭顺则恭顺，该阳刚则阳刚，恭顺要适宜，过于恭顺则一事无成。

【体会】

作者没有找到巽字甲骨文或金文。《说文解字》写为丳。像两个孩子置于台基上做祭品。《说文解字》："巽，具也。"我猜想，一般牺牲都用牛等，用人做祭品，过于尊敬恭顺。《序卦》说："旅而无所容，故受之以《巽》。巽者，入也。"旅行于外无所从容，所以接着是巽卦。巽就是进入。《杂卦》说：《巽》伏也。"巽卦发自内心的谦卑和顺。

《系辞》说："巽，德之制也。""巽，称而隐。""巽，以行权。""风以散之。""帝出乎震，齐乎巽。"即巽卦是德之制宜，巽卦适时暖化人心，巽卦是教人适宜决断，风（巽）播散万物，天帝来源于震，整齐于巽，彰显了对巽卦美德赞美，从中可以窥测圣人内心的向往。

巽（䷸）上巽（☴）下巽（☴），巽为风，性入。卦象是风上有风，风上加风，风会加大，风的穿透能力会更强。当然，如果风力过大，破坏力也大，会产生破坏作用。春风吹走严寒，给世界带来美丽的春天，五彩缤纷，生机勃勃。风运用于人，就是恭顺，谦虚，能恭顺者，无所不容，原来难办的事情都会容易很多，恭顺就是润滑剂，起到桥梁沟通的作用。

为什么君子看到巽卦的卦象，产生"君子以申命行事"启示？因为巽为命令，重巽就是重复命令，三令五申就是再三重复命令。君子贵在服从命令，顺人心，随政令，行政事，能上顺下顺。国家上下皆顺，则国泰民安。

恭顺行事能够成功。不管地位高低，都要恭顺，下恭顺是正常，但要上恭顺很难，这就是上应该做的工作。上不恭顺下，则政令不通，难以施政。阴顺从阳，阴阳相配才风调雨顺。但恭顺是有度的，恰当的恭顺是合宜的。恭顺要真诚，是发自内心的，不要虚伪。恭顺要因地制宜，该恭顺就恭顺。《郭氏传家易说》说："君子之德，风也；有风之德，而下无不从。"要学习巽卦精神，申命行事，让政令更好地执行。

谦卦是阐述谦虚之道，巽卦是讲述恭顺之道，两卦都有谦卑的内涵。但两卦有什么不同？首先是卦象不同。谦卦是"地中有山"，山本高于地，但自愿低

· 367 ·

于地。巽卦是"随风"，风连风。其次是君子产生的启示不同。巽卦是"衰多益寡，称物平施"；谦卦"申命行事"。第三是结果不同。谦卦是"亨，君子有终。"巽卦是"小亨，利有攸往。利见大人"，前者通达更大。第四，谦卦是天地之道。巽卦更强调的是顺之道。前者更广大，后者稍微小些。相同之处就是共同强调谦卑。

巽卦给我们重要启示。

恭顺适可而止。"巽在床下，用史巫纷若，吉，无咎。""巽在床下，丧其资斧，贞凶。"恭顺要适可而止，傲慢不可，过分恭顺同样不可，掌握好恭顺度异常重要。如何把握度考验为人处世的智慧。

恭顺有助成功。"巽，小亨，利有攸往。利见大人。"恭顺是成功的助手，是成功的润滑剂，让你在成功的大道上增加动力。明朝方孝儒在《侯域杂赋》中说："虚己者进德之基。"晋代葛洪说："劳谦虚己，则附之者众；骄慢倨傲，则去之者多。"《菜根谭》里有言："疾风怒雨，禽鸟戚戚；霁日光风，草木欣欣。可见天地不可一日无和气，人心不可一日无喜神。"

恭顺申命行事。"君子以申命行事。"作为有德行的人奉命行事一丝不苟。执行命令是一大学问，将其落到实处需要高超的智慧。《韩非子·问辩篇》说："令者，言最贵者也；法者，事最适者也。"

恭顺诚实勿假。"频巽，吝。"过于恭顺无志之极，也是不诚实的表现，恭顺要诚实不虚伪。

【易水】

巽（☴）卦上下皆是风，从深层次来看，巽卦和水有密切关系。

清风拂煦，在水的助攻下，万物复苏，一片生机勃勃，水利万物而不争。巨浪拍出千堆雪。我国属于季风性气候，降水主要由夏季东南季风带来，东南季风吹来太平洋的水汽，在我国东南沿海地区，形成丰富的降水，成为我国年降水量最为丰富的地区。东南季风向西北吹去，水汽递减，所以我国年降水量总体上由东南往西北逐渐减少，西北成为我国年降水量最少的地区。而在冬季，我国盛行来自亚欧大陆内部的西北季风，水汽含量很少，形成的降水也不多。我国的降水主要是由季风带来的。

巽卦对涉水事务有几点启示。

对水恭顺归道。恭顺有助成功，对水恭顺才能保障人水和谐。水伴随着人类成长，为人类和世界提供多种服务。

对水申命行事。恭顺申命行事，水事物毫无疑问要申命行事。政令、法令畅通无阻，严格执行到位是管理好水的前提和基础。由于水具有特殊性，如水总体上来看是公共产品，既有环境生态属性，又有经济属性，还是战略资源。在严格执行过程时，要因地制宜地展现灵活性：法中有情，情中守法。坚决杜绝有令不行、有禁不止的行为。对不守法行为坚决纠正，确保政令法令真正落到实处。

对水政令宣行。颁布政令后充分宣导再实施吉祥，对水政令实施具有重要参考价值。政令人人皆知，知法才能尊法，才能去执行。对水政令要广泛地宣导，让人们充分地了解熟知，防止因不知而违令。要坚决避免水政令不宣而行，在处理不知政令而违令的案件时，宜从宽处理。水利相关部门要将水政令宣导作为一项重要工作纳入日程，并且注重宣导的实效。

对水恭顺至诚。恭顺诚实勿假。对水恭顺要至诚，发自内心对水恭顺，言行一致。我们常常犯的错误就是口口声声对水尊重，尊重自然规律，可是在实际行动上却以我为中心，"尊重"变成了"不顾"，最终导致恭顺只落实在口头上，实际依然我行我素。凡是对水不造成伤害的行为，都是对水恭顺。对水造成伤害的行为就是对水不恭顺，应该采取措施进行纠正，以防造成更大伤害。

58. 兑 泽上有泽 ☱ 朋友讲习

【原文】

兑：亨，利贞。

《彖》曰：兑，说也。刚中而柔外，说以利贞，是以顺乎天而应乎人。说以先民，民忘其劳。说以犯难，民忘其死。说之大，民劝矣哉！

《象》曰：丽泽，兑。君子以朋友讲习。

▬▬ ▬▬	上六，引兑。 《象》曰：上六"引兑"，未光也。
▬▬▬▬	九五，孚于剥，有厉。 《象》曰："孚于剥"，位正当也。
▬▬▬▬	九四，商兑未宁，介疾有喜。 《象》曰："九四之喜"，有庆也。
▬▬ ▬▬	六三，来兑，凶。 《象》曰："来兑之凶"，位不当也。
▬▬▬▬	九二，孚兑，吉，悔亡。 《象》曰："孚兑之吉"，信志也。
▬▬▬▬	初九，和兑，吉。 《象》曰："和兑之吉"，行未疑也。

【翻译】

原文	准直译	意译
兑：亨，利贞①。	兑，愉悦，亨通，宜守正。	兑，喜悦，以守正喜悦态度为人处世，亨通。
《彖》曰：兑，说也。刚中而柔外，说以利贞，是以顺乎天而应乎人。说以先民，民忘其劳。说以犯难，民忘其死。说之大，民劝矣哉！	《彖》说：兑，高兴。阳刚居中外阴柔，以愉悦而有利于守正，所以顺应天道顺应民众。引导民众愉悦，民众就会忘记劳累。愉悦态度对待危难，民众会以死相随。愉悦伟大，民众通过此获得勉励！	《彖》说：兑，喜悦。内刚中外柔顺，坚持正道喜悦，自然顺天意合人心。以喜悦之道引导民众，民忘其劳追随。以喜悦之道为民解难，民众誓死相随。喜悦之道伟大，在于引导民众相互劝勉。
《象》曰：丽泽，兑。君子以朋友讲习②。	《象》说：两泽相连，兑卦。君子与朋友论道习业。	《象》说：两泽相连，兑卦卦象。君子体察此象精髓，与朋友论道，切磋琢磨。
初九，和兑，吉③。 《象》曰："和兑之吉"，行未疑也。	初九，和睦愉悦，吉利。 《象》说："和兑之吉"，行事没有疑虑。	初九，喜悦之初，阳刚正派，以和睦愉悦态度为人处世，没有疑问，吉祥如意。

九二，孚兑，吉，悔亡④。《象》曰："孚兑之吉"，信志也。	九二，诚信愉悦，吉祥，没有悔恨。《象》说："孚兑之吉"，心志自信。	九二，喜悦之时，阳刚居中，诚信、愉悦和自信，吉祥无悔。
六三，来兑，凶⑤。《象》曰："来兑之凶"，位不当也。	六三，来谋求喜悦，凶险。《象》说："来兑之凶"，位置不当。	六三，喜悦之时，阴柔不正，凌驾阳刚，巧言令色，谄媚于上，不守正道，凶险。
九四，商兑未宁，介疾有喜⑥。《象》曰："九四之喜"，有庆也。	九四，商量喜悦没有安定，隔离疾病有喜庆。《象》说："九四之喜"，有喜庆。	九四，喜悦之时，阳刚不正，下近小人，殚精竭虑献媚君王，心绪不宁，犹豫不决，若果断排除小人有喜庆。
九五，孚于剥，有厉⑦。《象》曰："孚于剥"，位正当也。	九五，对小人讲诚信，有危险。《象》说："孚于剥"，位置正当。	九五，喜悦之时，身为大中至正九五之尊，若亲近不正妄悦小人，有危无险。
上六，引兑⑧。《象》曰：上六"引兑"，未光也。	上六，引导他人愉悦。《象》说：上六"引兑"，未能光大。	上六，处喜悦之极，诱惑九五之尊淫悦，没有发挥盛德。

【注释】

①兑：亨，利贞：兑，多音字，分别为 duì、ruì 和 yuè。本处为 duì，卦名。兑通"说""悦"，喜悦、高兴。《正义》："泽以润生万物，所以万物皆说；施于人事，犹人君以恩惠养民，民无不说也。惠施民说，所以为'亨'。以说说物，恐陷谄邪，其利在于贞正，故曰'兑，亨，利贞'。"

②丽泽，兑。君子以朋友讲习：丽，连。丽泽，两泽相连。讲习，"兑"为口，故象讲习。朱熹注："两泽相丽，互相滋益，朋友讲习，其象如此。"

③和兑，吉：和，多音字，读 hé、hè、huó、huò、hú。本处读 hé，和谐、和睦。《正义》："初九居兑之初，应不在一，无所私说，说之和也，说物以和，何往不吉，故曰'和兑，吉'。"

④孚兑，吉，悔亡：孚，诚信。朱熹注："刚中为孚，居阴为悔。占者以孚而说，则吉而悔亡矣。"

⑤来兑，凶：来，前来。《集解》案曰："以阴居阳，故'位不当'。滔邪求悦，所以必凶。"《王注》："以阴柔之质，履非其位，来求说者也。非正而求说，邪佞者也。"佞，花言巧语谄媚之人。

⑥商兑未宁，介疾有喜：商，量度、商量、裁制。宁，安定。介，隔。《王注》："商，商量裁制之谓也。介，隔也。"

⑦孚于剥，有厉：朱熹注："上六阴柔为说之主，处说之极，能妄说以剥阳者也。"《王注》："比于上六，而与相得，处尊正之位，不悦信乎阳，而悦信乎阴，'孚于剥'之义也。'剥'之为义，小人道长之谓。"

⑧引兑：朱熹注："上六成说之主，居说之极，引下二阳相与为说，而不能必其从也，故九五当戒。而此爻不言其吉凶。"《折中》引毛璞曰："所以为兑者，三与上也。三为内卦，故曰'来'，上为外卦，故曰'引'。"

【宗旨】

兑卦主要阐述为人处世喜悦之道。上下皆悦，内刚外柔，居中守正，顺应天道应和民众，不谄媚，不暴戾，才能真正做到喜悦亨通。最大喜悦是让民众喜悦，引导民众喜悦，引导民众克服困难、相互帮助。做到这一点，民众会誓死相随，社会就会和谐。君子从中体悟到要与朋友论道研习学业，切磋琢磨，提升自己的素质。

【体会】

兑字甲骨文是 ，字源解释说，下半部分是一个人，上半部分突出了人的嘴及其笑纹，表示喜悦。《说文解字》："兑，说也。"《说卦》说："兑以说之。""说言乎兑。""兑正秋也，万物之所说也，故曰说，言乎兑。"即泽悦于万物；和悦于兑；兑是喜悦，是正秋，被万物所喜悦，所以说万物喜悦。《序卦》说："入而后说之，故受之以《兑》。兑者，说也。"进入后就会喜悦，所以接着是兑卦。兑是喜悦的意思。与喜悦相应的近义词包括高兴、愉悦、快乐、愉快、开心等。

兑（䷹）卦上兑（☱）下兑（☱），兑为泽，泽上有泽，这是兑卦卦象。两泽相连，互联互通，相互交流渗透。两泽相连之后，泽面积扩大，泽水比一个泽水增加，泽如大海，让人更加心旷神怡。兑为少女，两泽相连犹如两个妙龄少女在一起，少女青春靓丽，赏心悦目，给人喜悦。

为什么君子看到兑卦的卦象，会提出"君子以朋友讲习"要求？两泽相会，泽水互通，相互渗透，互通有无，这和朋友相互切磋共同提升极其相似。孔子说："有朋自远方来，不亦说乎？""学而时习之，不亦说乎？"《孟子·告子上》说："理义之悦我心，犹刍豢之悦我口（刍豢指牛羊猪狗等牲畜）。"孔颖达说："同门曰朋，同志曰友，朋友聚居，讲习道义，相说之盛，莫过于此也。"君子以朋友讲习，切磋琢磨，和乐之至也。

高兴可以从多个渠道来获得，吃喝玩乐可以获得欢乐喜悦，但这种欢乐并不是积极向上的，为君子所不齿。吸毒、意外之财获得刺激性快乐也为世所不容。男欢女爱虽是人生重要组成部分,但不是人生的全部。兑卦所言愉悦,有着立场鲜明的道德准则,要求刚中柔外,以刚带柔,悦不失正,不以个人之乐而乐,主要阐述为人处世的喜悦之道,上升到更高层次即民众,修身齐家治国平天下,其心胸开阔豁达,展现的是君子之悦。北宋文学家张耒在《出山诗》中所言:"青山如君子,悦我非姿媚。相逢一开颜,便有论交意。"

如何喜悦地为人处世?首先是守正居中。价值观正确,杜绝歪门邪道、巧言令色、贿赂谄媚;其次是和悦态度。和颜悦色待人,恶人也不凶笑脸之人,用快乐的心态和行动为人处世;第三是内刚外柔。内心积极向上,内有刚健之动机,外有柔软的行动,阳刚与阴柔有机结合,就是《尚书·舜典》所说的"直而温";第四是心中有他。心中算盘不能为自己打,心中无我,为大众着想,以人民快乐为自己快乐,为人民解决其关切的问题,为人民服务。

兑卦给我们重要启示。

为民排忧解难。"说以先民,民忘其劳。说以犯难,民忘其死。"为民众排忧解难就能让民众快乐。民众是国家的主体,民众快乐国家才和谐快乐。文天祥在《五月十七日夜大雨歌》说:"但愿天下人,家家足稻粱,我命浑小事,我死庸何伤!"《韩非子》记载:齐桓公微服私访,见到一位孤独老人靠自己的劳动勉强维持生活。齐桓公问他为什么,老人说:我有三个儿子,因家穷没娶妻,现在给人干活谋生,还没有回家。齐桓公回到宫中将所见所闻告诉了管仲。管仲说:国库蓄积腐败不用,民间就有饥饿之人,宫中有已到婚龄无婚配的女子,民间就有大龄男子无妻。齐桓公深以为然,于是颁布文告,宫中成年女子一律出嫁,民间成年男子年满二十岁就要娶亲,成年女子年满十五岁就要出嫁。齐桓公想民之所想,为民做好事,得到民众拥护。

与友论道习业。"君子以朋友讲习。"以友论道为乐,这才是真正的好朋友,朋友交相互提升各自的素质,这是高质量的交友。《论语·颜渊》说:"君子以文会友,以友辅仁。"蒲松龄说:"天下快意之事莫若友,快友之事莫若谈。"不交不三不四朋友,不交酒肉朋友。虽说君子之交淡如水,但交往一定促德提升。根据《列子·汤问》等相关文献,伯牙出使楚国,因遇大风在汉阳江口停留。他仰视一轮明月从云中浮出,俯瞰江面水波涟漪,情不自禁地抚琴抒发情怀。妙曲即将结束,从草丛中走出一位樵夫,对伯牙的琴艺赞叹不已。伯牙大惊,难道这偏僻之地竟然有识琴者?问樵夫认识这琴吗?樵夫仔细看了看琴,不慌不忙地说:此琴叫瑶琴,伏羲氏所造,它取之于树中良材梧桐中段,其树必高三丈

·373·

三尺，截为三段，上段音太清，下段音太浊，只有中段，清浊相济，轻重相兼。把此木在水中浸泡七十二天，择良辰吉日，凿成乐器。此琴最初有五条弦，外按金、木、水、火、土，内按宫、商、角（jué）、徵（zhǐ）、羽，后来周文王增加一根弦，称为文弦。周武王再添一根弦，称为武弦。此琴又称文武七弦琴。"伯牙听罢，心悦诚服，又弹了一曲，樵夫评价说："善哉，峨峨乎若泰山。""善哉！洋洋乎若江河。"伯牙大喜，推琴而起，使礼请问樵夫姓名，才知道他叫钟子期。伯牙慨叹地说："相识满天下，知心能几人。"即命童子焚香燃烛，与子期结为兄弟，相约第二年中秋时节再见。谁知天有不测风云，钟子期不幸去世，伯牙知晓后悲伤万分，在坟前为钟子期弹奏了《高山流水》，曲罢割断琴弦，仰天长叹："知己不在，我鼓琴为谁？"用琴猛击祭台，伯牙的心和琴一起彻底破碎了。

切忌巧言令色。"来兑，凶。"巧言令色行事是不吉祥的。为人处世应该实事求是，这样才有根基，才能长久。建立在虚假谎言基础上处事，犹如将高楼大厦建立在沙滩上，虽然外观看上去很雄伟，但终因根基不稳会塌陷。《论语》说："巧言令色，鲜矣仁。"朱熹的《论语集注》中注释为："好其言，善其色，致饰于外，务以说人。"《论语·宪问篇》中记载子路问如何事君，孔子给出的回答是："勿欺也，而犯之。"所谓的犯之就是犯颜直谏，即使对于君主孔子提倡的也是直谏，绝不是巧言令色。

远离不正之人。"孚于剥，有厉。"愉悦要远离不正之人。不正之人也就是小人，心中只有自己，一切以自己为中心考虑问题，朋友、事业、爱心在他眼里都可以交易，和这种人交往，即便能得到愉悦，也是暂时的，最终以悲剧收场。唐代诗人孟郊《结交》说："铸镜须青铜，青铜易磨拭。结交远小人，小人难姑息。铸镜图鉴微，结交图相依。凡铜不可照，小人多是非。"北宋理学诗人邵雍《小人吟》说："小人无耻，重利轻死。不畏人诛，岂顾物议。"《论语·里仁》说："君子怀德，小人怀土；君子怀刑，小人怀惠。"

处世和颜悦色。"和兑，吉。"为人行事要和颜悦色，这样做事顺利。和颜悦色如春风细雨，润物无声，起到关键作用。微笑是世界上最美丽的语言，微笑让人感到友善，明末憺漪子《士商要览》中说："凡待人，必须和颜悦色，不得暴怒骄奢，年老务宜尊敬，幼辈不可欺凌，此为良善忠厚，五也。"

【易水】

兑卦（䷹）卦象泽上有泽，两泽相连。两泽相连的结果，泽面积比一个大，两泽之水相互渗透，水生动物生存有更大的空间，他们一定很快乐。两泽相连浩浩荡荡，小湖泽向大海方向演变，观赏之人心旷神怡，倍加喜悦。

是什么原因导致泽连泽？泽大部分分布在河道上，当河水足够大时，水量不断增加，湖面会不断扩大，两个相近的湖泽会连在一起。河水来源于降水。两泽相连暗含了大降水，可能蕴藏着洪涝灾害。两泽相连，一喜一忧，乐中有忧，忧中有乐，这也符合《易》核心思想。

泽卦给涉水事务重要启示。

水利为民排患解困。要为民排忧解难，水利应为民排水患解水困。风调雨顺是民众最大期盼，所以各地建有大量的龙王庙，希望他能带给人福祉，彰显了百姓的内心渴望。但在实际上风调雨顺不常有，洪涝干旱也不少见。水利就是要想办法满足民众渴望，如建立防灾抗灾体系，增大人适应水患的能力，加大投入保障民众用好水，保护水等。将为民排患解困放在首位，这是水利的中心任务。

与水为友向水学习。兑卦提示我们与友论道习业，将其应用到水上，与水"论道习业"。水特殊，它不会说话，更不会同你讲道理，但我们仍然与水论道。水不向我们言说，我们可以悟水之道。老子在《道德经》第八章中说："上善若水，水善利万物而不争，处众人之所恶，故几于道。"

保护湖泽功在千秋。我国湖泽存在的主要问题：一是萎缩严重，湖泊沼泽消失严重。其主要原因既有包括填湖造地、人为侵占的原因，也包括气候变化的自然原因。二是污染严重。由于向湖泽中排放污染物，导致部分湖泽污染严重，甚至变得恶臭。三是水资源过度利用导致湖泊沼泽来水量减少，入不敷出，最终湖泊逐渐缩小。

充分挖掘水多功能。切忌巧言令色。充分发挥水的多功能，发挥其效益，用最少的水提供更多价值和服务。水功能是多样的，尽可能挖掘其功能，让各功能充分发挥作用。

59. 涣 风行水上 ䷺ 涣汗大号

【原文】

涣：亨，王假有庙。利涉大川，利贞。

《彖》曰："涣，亨"，刚来而不穷，柔得位乎外而上同。"王假有庙"，王乃在中也。"利涉大川"，乘木有功也。

《象》曰：风行水上，涣。先王以享于帝立庙。

䷺	上九，涣其血，去逖出，无咎。 《象》曰："涣其血"，远害也。
	九五，涣汗其大号，涣王居，无咎。 《象》曰："王居无咎"，正位也。
	六四，涣其群，元吉。涣有丘，匪夷所思。 《象》曰："涣其群元吉"，光大也。
	六三，涣其躬，无悔。 《象》曰："涣其躬"，志在外也。
	九二，涣奔其机，悔亡。 《象》曰："涣奔其机"，得愿也。
	初六，用拯马壮，吉。 《象》曰：初六之吉，顺也。

【翻译】

原文	准直译	意译
涣：亨，王假有庙。利涉大川，利贞①。	涣，离散，亨通，君王到宗庙。有利于涉越大河川，宜守正。	涣，排除离散才亨通，条件是：有君王祭祀宗庙之至诚；跋涉大川之奋斗；守正居中之行动。
《彖》曰："涣，亨"，刚来而不穷，柔得位乎外而上同。"王假有庙"，王乃在中也。"利涉大川"，乘木有功也。	《彖》说："涣，亨"，阳刚来内源源不断，阴柔得位与上呼应。"王假有庙"，君王居中正位。"利涉大川"，乘木舟行水功能呢。	《彖》说：离散后亨通，阳刚行动不断驱散小人困境，柔顺得位并与上级相呼应。君王居正至诚，可乘舟涉水穿越大川。
《象》曰：风行水上，涣。先王以享于帝立庙②。	《象》说：风行在水上，涣卦。先王祭祀天帝建立宗庙。	《象》说：风在水上行，涣卦卦象。君子体察此象精髓，先王祭祀天帝建立宗庙，以至诚凝聚人心。

初六，用拯马壮，吉③。《象》曰：初六之吉，顺也。	初六，利用马壮来拯救，吉祥。《象》说：初六吉祥是因为顺成于上。	初六，离散之初，顺承上级，不与险争，可以自救，像危难之时壮马来拯救，吉祥。
九二，涣奔其机，悔亡④。《象》曰："涣奔其机"，得愿也。	九二，离散奔向几案，悔恨消亡。《象》说："涣奔其机"，获得心愿。	九二，离散之时，身为阳刚居中大夫，与知晓离散之道的人在一起，如愿得散道，没有后悔。
六三，涣其躬，无悔⑤。《象》曰："涣其躬"，志在外也。	六三，离散自身，没有悔恨。《象》说："涣其躬"，心志在外。	六三，离散之时，身为柔顺不正三公，与阳刚宗庙相呼应心志向外，离散自身毛病，没有悔恨。
六四，涣其群，元吉。涣有丘，匪夷所思⑥。《象》曰："涣其群，元吉"，光大也。	六四，离散其朋党，大吉。离散山丘似的朋党，匪夷所思。《象》说："涣其群，元吉"，品德得以光明正大。	六四，离散之时，身为正位诸侯，不结党营私，解散匪夷所思的庞大朋党，辅弼九五之尊离散危险，品德光明正大，大吉。
九五，涣汗其大号，涣王居，无咎⑦。《象》曰："王居无咎"，正位也。	九五，发散身上汗一样发布大政，离散王居，没有过错。《象》说："王居无咎"，处于正位。	九五，离散之时，身为大中至正九五之尊，义无反顾地发出政令，拯救天下之危，散小成大，没有过错。
上九，涣其血，去逖出，无咎⑧。《象》曰："涣其血"，远害也⑨。	上九，离散其伤，远离忧惧，没有过错。《象》说："涣其血"，远离伤害。	上九，处离散之极，远离伤害和忧惧，没有过错。

【注释】

①涣：亨，王假有庙。利涉大川，利贞：涣，卦名，离散，涣散。《说文解字》说："涣，流散也。"假（gé），通"格"，到，至。《折中》："'涣'与'萃'对。'假庙'者，所以聚鬼神之既散也；'涉川'者，所以聚人力之不齐也。盖尽诚以感格，则幽明无有不应，秦越而共舟，则心力无有不同，此二者，涣而求聚之大端也。然不以正行之，则必有黩神、犯难之事，故曰'利贞'。"

②先王以享于帝立庙：帝，天帝。《程氏传》："收合人心，无如宗庙祭祀之报出于其心，故享帝立庙，人心之所归也。系人心，合离散之道，无大于此。"

③用拯马壮，吉：用，利用。拯，拯救。马壮，壮马。《本义》："居卦之初，'涣'之始也。始涣而拯之，为力既易，又有壮马，其吉可知。初六非有济涣之才，但能顺乎九二，故其象占如此。"《王注》："处散之初，乘散未甚，故可以

游行，得其志而违于难也，不在危剧后乃逃窜，故曰'用拯马壮，吉'。"

④涣奔其机，悔亡：奔，疾走。机，通"几"，承物工具。《程氏传》："在涣离之时，而处险中，其有'悔'可知。若能奔就所安，则得'悔亡'也。机者，俯凭以为安者也。俯，就下也。奔，急往也。二与初虽非正应，而当涣离之时，两皆无与，以阴阳亲比相求，则相赖者也。故二目初为'机'，初谓二为'马'，二急就于初以为安，则能亡其悔矣。"《王注》："机，承物者也，谓初也。二五俱应，与初相得，而初得散道，离散而奔，得其所安，故'悔亡'也。"

⑤涣其躬，无悔：躬，身。《集解》引王弼曰："涣之为义，内险而外安者也。散躬志外，不固所守，与刚合志，故得无咎。"《折中》："《易》中六三应上九，少有吉义。惟当'涣'时，则有应于上者，忘身徇上之象也。"

⑥涣其群，元吉。涣有丘，匪夷所思：群，聚在一起的人或物，朋党。丘，山丘。匪，非。夷，平常。《本义》："居阴得正，上承九五，当济涣之任者也。下无应与，为能散其朋党之象。""又言能散其小群以成大群，使所散者聚而若丘，则非常人思虑之所及也。"

⑦涣汗其大号，涣王居，无咎：汗，汗液，发热或受惊出汗。号，号令。居，安居。《本义》："汗，谓如汗之出而不反也。涣王居，如陆贽所谓'散小储而成大储'之意。"《集解》引荀爽曰："布其德教，王居其所，故'无咎'也。"

⑧涣其血，去逖出，无咎：血，一说流血，指伤害；一说通"恤"，犹言"忧恤"，本处选择前者。逖（tì），一说远；一说惕。《本义》："'逖'当作'惕'。"本处选择惕。《正义》："血，伤也。逖，远也。上九处于卦上，最远于险，不近侵害，是能散其忧伤，去而逖出者也。故'涣其血，去逖出'。"朱熹注："血，谓伤害。""涣其血则去，涣其惕则出也。"

⑨"涣其血"，远害也：害，伤害。《正义》："居远害之地故也。"

【宗旨】

涣卦阐述离散之道。排除危险，离散灾难，即离散不利之事物，犹如打造穿越大川之舟，到达成功的彼岸。如果做到以君王祭祀宗庙的至诚精神、守中居正的行动、穿越大川的拼搏，就能成功。离散是为了更好相聚，再创成功。

【体会】

作者没有找到涣字甲骨文或金文写法。涣基本含义是散开，同时形容水盛大叫"涣涣"，形容文章有文采叫"涣烂"。《说文解字》说："涣，流散也。"《序卦》说："说而后散之，故受之以《涣》。"《杂卦》说："涣者，离也。"在一起欢聚高兴之后就会离散，所以接着就是涣卦。涣就是离。《康熙字典》解释："《易·正义》涣者，散释放之名。大德之人，建功立业。散难释险，故谓之涣。"在涣卦中，涣就是离散、流散、离开的意思。

涣卦（䷺）下坎（☵）上巽（☴），坎为水，巽为风，风行水上。风在水上，微风泛起层层涟漪，水波不断远去散开。风吹来，会吹散水上雾气，也有离散的内涵。古人对此理解更深，认为"风行水上"形成的波纹为自然之"文"。如苏洵在《嘉祐集》卷十四《仲兄字文甫说》说"风行水上"为"天下之至文"，并称"天下之无营而文生者，唯水与风而已"。明朝思想家李贽在《李氏焚书》卷三《杂说》中说："风行水上之文，决不在于一字一句之奇。"

为什么君子看到涣卦卦象，联想到"先王以享于帝立庙"？祭祀天帝、立庙都是用至诚之心祭祀上天、祖宗，感谢他们赐予，祈求福佑。《孝经》说："昔日者周公宗祀文王于明堂以配上帝。"《诗经·清庙》：肃穆清静宗庙中，助祭凸显高贵雍容。众士祭祀排成队，秉持牢记文王美德。遥应文王天之灵，奔走宗庙不停歇。光披四表后人承，仰慕之情永无穷。涣卦是离散，是聚合相反状态，聚合是另一种离散。散是为了聚，但都需要至诚之心。没有至诚之心聚不起来，没有至诚之心才离散。所以君子告诫自己要至诚。

涣卦离散不是分崩离析，而是排除掉导致分崩离析的因素，让事物向更有利的方向发展。排除掉这些不利因素，更能团结成功。排除困境不是一件容易的事情，但也不是做不到。只要做到：一是非常诚挚之心，像祭祀天地、祖先那样至诚；二是不懈地努力奋斗，有跋涉大川的决心和行动；三是非常守正道，居中守正，不搞歪门邪道。

身份地位不同，在离散之时采取的行动存在差异。对于士农工商较低身份的百姓，要正确地处理好和上级的关系，特别是有点小话柄被人抓着，不能和上级逆着来，要顺从上级，因为你没有抗逆的本领。如果你是稍有头脸的人物，应该走正道，对基层要好，对上更要好，找一个靠山，更有利于自己。如果你有一定社会地位，掌政一方，和已经退休的长官处理好关系，积极响应他们，积极想办法涣散自己可能的困境，这有利于巩固自己的地位，至少是没坏处。如果你的层级比较高，这时候要千万注意不要结党营私，即便曾经有的关系非常密切的小团体也不要参与，远离他，并且做事光明正大，这样才能保证自己平安无事。如果你为九五之尊，你的职责是治天下，以天下为己任，在排除困境之时，要有决心，果敢地颁布政令拯救天下。

《系辞》对涣卦进行了专门解释："刳木为舟，剡木为楫，舟楫之利，以济不通，致远以利天下，盖取诸涣。"

涣卦对我们有重要启示。

有虔诚恭敬之心。"先王以享于帝立庙。"在排除困境之时，要有祭祀天帝、祭祀先祖的虔诚恭敬之心。《论语·八佾》说："祭如在，祭神如神在。子曰：'吾不与祭，如不祭。'"

以行动驱散困境。"用拯马壮，吉。""刚来而不穷，柔得位乎外而上同。"只有用阳刚的行动才能驱散困境。困境不努力排除，它不会自动消失。

大公无私不结党。"涣其群，元吉。涣有丘，匪夷所思。"要大公无私，不要为了小集团利益结党营私，这是一种高尚的行为，需要更高的境界。党派之争、集团之争是当今世界重要矛盾，导致社会动荡不安，和平发展受到严重威胁。只有以天下为家，以天下利益为己利，才能心底无私天地宽。

要勇于承担责任。"涣汗其大号，涣王居，无咎。"在排除困境之时，要勇于承担责任。荀子在《荀子·修身》说："良农不为水旱不耕，良贾不为折阅不市，士君子不为贫穷怠乎道。"

至诚正道奔向前。"王假有庙。利涉大川，利贞。"做事情要诚心诚意，要走正道，这是奔向光明的阳光大道。那种靠小恩小惠，或者靠贿赂、靠雕虫小技得到的，也必将因此而失去。日本江户时代政治家西乡隆盛深受中国儒家传统思想的熏陶。他在《南洲翁遗训》中说："事无大小，踏正道推至诚，凡事不可使诈谋。人临障碍，多爱用计，一旦事畅，后伺机而动。然计必生烦，事必败矣。行正道，目下迂远，然先行则早成也。"

【易水】

涣卦（䷺）下坎（☵）上巽（☴），坎为水，巽为风为木，涣卦卦象可以说水上有风，说木飘在水上也可，这和舟船在水上行极其相似。船可以穿涉大江大河大湖大海，到达理想的彼岸。当然在水上行也有一定的风险，船本身问题、人为操作问题、不利气候问题，都可能导致船毁人亡。但总体来看，徒步涉水危险，相对乘船要安全得多，可以说是"济险有具"，与涣卦内涵十分贴切。

刘彬等认为涣卦是阐述洪水的。他们认为：初六"马壮"谓洪水泛滥冲击，某人乘矫健壮马奔逃；九二"涣，奔其阶"谓洪水泛滥冲击，人奔跑上较高的阶地台地；六三"涣其身"，谓洪水泛滥冲击某人；六四"涣其群"，谓洪水泛滥，冲击众人；"涣其丘"，谓洪水泛滥，冲击、包围、漫上高大的聚居之丘；"匪夷所思"，谓洪水水量之大远远超出人们平常想象和认知的程度；九五"涣其躬，大号"，谓洪水泛滥，冲击修复城墙所用的躬木，民众惊慌呼号；"涣王居"，谓洪水泛滥，冲击宫城内王的居处；上九"涣其血"，谓洪水冲击沟洫；"去逖出"，谓洪水沿沟洫排出，远离而去。

涣卦对涉水事务有如下几点启示。

对水有虔诚恭敬之心。对水要有虔诚恭敬之心，是人水和谐相处的基础。首先，对水充满敬畏之心。其次，对水充满尊重。第三，对水充满爱护。

勇于承担水保护责任。我们要勇担水保护责任。我们要建立和完善水保护的责任体系，将水保护与水开发利用放在同等位置上高度重视。

至诚正道推进水发展。至诚正道地推进水发展。水利发展必须走正道，要满足社会经济发展的需要。正确地处理好"三生"即生活、生产和生态之间关系，处理好当代人和后代的关系。

大公无私地解除水害。大公无私除水害，不为小利益集团谋利，谋利着眼于全局。站在人的立场上，水造成人的利益损失就是水害，若站在水角度，水无意与人为敌。水害有天灾有人祸，我们要排除人自身埋下的灾害。

60. 节 泽上有水 ䷻ 节以制度

【原文】

节：亨。苦节，不可贞。

《彖》曰："节亨"。刚柔分而刚得中。"苦节，不可贞"，其道穷也。说以行险，当位以节，中正以通。天地节而四时成。节以制度，不伤财，不害民。

《象》曰：泽上有水，节。君子以制数度，议德行。

▬▬ ▬▬	上六，苦节，贞凶，悔亡。 《象》曰："苦节，贞凶"，其道穷也。
▬▬▬▬▬	九五，甘节，吉，往有尚。 《象》曰："甘节之吉"，居位中也。
▬▬ ▬▬	六四，安节，亨。 《象》曰："安节之亨"，承上道也。
▬▬ ▬▬	六三，不节若，则嗟若，无咎。 《象》曰："不节之嗟"，又谁咎也。
▬▬▬▬▬	九二，不出门庭，凶。 《象》曰："不出门庭，凶"，失时极也。
▬▬▬▬▬	初九，不出户庭，无咎。 《象》曰："不出户庭"，知通塞也。

【翻译】

原文	准直译	意译
节：亨。苦节，不可贞①。	节，节制，亨通。过度节制，不可守正。	节，节制，亨通。但过度节制非正道。
《彖》曰："节亨"。刚柔分而刚得中。"苦节不可贞"，其道穷也。说以行险，当位以节，中正以通。天地节而四时成。节以制度，不伤财，不害民。	《彖》说："节亨"。上阳刚下阴柔区分，阳刚居中。"苦节不可贞"，节制之道困穷。用喜悦之情经历险情，当位以节制之道，居中守正通达。天地节制形成四季。以典章制度为节制，就能不浪费资财，不残害百姓。	《彖》说：因外刚内柔，阳刚居中，所以节制亨通。若过分节制，失节制之道。乐观对待凶险，安分守己，居中守正，可以度险成功。天地节制有四季。节以制度，不浪费资财，不戕害百姓。
《象》曰：泽上有水，节。君子以制数度，议德行②。	《象》说：泽上有水，节卦。君子用制度约束，衡量人们的德行。	《象》说：泽上有水，节卦卦象。君子体悟此象精髓，用制度制约行为道德，不蹈矩。

· 382 ·

初九，不出户庭，无咎③。《象》曰："不出户庭"，知通塞也。	初九，不出户外庭院，没有过错。《象》说："不出户庭"，知道畅通、阻塞之道。	初九，处节之初，阳刚节制，知通知塞，知止则止，知行则行，适时节制自己行为，没有过错。
九二，不出门庭，凶。《象》曰："不出门，庭凶"，失时极也④。	九二，不跨出门庭，有凶险。《象》说："不出门庭，凶"，失去了中道。	九二，节制之时，阳刚居中，若不实施节制，知节而不知通，失去中道，有凶险。
六三，不节若，则嗟若，无咎⑤。《象》曰："不节之嗟"，又谁咎也。	六三，不节制，于是嗟叹，没有灾祸。《象》说："不节之嗟"，又能责怪谁呢。	六三，节制之时，阴柔不中正，当节不节，失礼乘刚，哀嚎连连，咎由自取。
六四，安节，亨⑥。《象》曰："安节之亨"，承上道也。	六四，安于节制，亨通。《象》说："安节之亨"，顺承尊上之道。	六四，节制之时，柔顺得正，尊崇天子，心安理得节制约束自己，亨通。
九五，甘节，吉，往有尚⑦。《象》曰："甘节之吉"，居位中也。	九五，甘美节制，吉祥，前往有嘉赏。《象》说："甘节之吉"，居中位中。	九五，节制之时，身为九五之尊，阳刚中正，以节制为美，吉祥如意，行事有庆。
上六，苦节，贞凶，悔亡⑧。《象》曰："苦节，贞凶"，其道穷也。	上六，过分节制，守正防凶，没有悔恨。《象》说："苦节，贞凶"，其道穷尽。	上六，居节之极，过分节制则失道，守正防凶，礼奢宁俭，没有后悔。

【注释】

① 节：亨。苦节，不可贞：节，卦名，节约，节制。《说文解字》："竹约也，从竹、即声。"约，缠束也，竹节如缠束之状。《吴都赋》曰："苞笋抽节。"引申为节省、节制。苦，副词，甚，很，过分。《集解》引虞翻曰："五'当位以节，中正以通'，故'节亨'也。"《正义》："为节过苦，不可为正。若以苦节为正，则其道穷。"

② 君子以制数度，议德行：数度，礼数法度。议，评议、商度。《正义》："数度，谓尊卑礼命之多少。德行，谓人才堪任之优劣。君子象'节'，以制其礼数等差，皆使有度。议人之德行任用，皆使得宜。"

③ 不出户庭，无咎：户庭，户外庭院。《集解》引崔憬曰："为节之始，有应于四，四为坎险，不通之象。以节崇塞，虽不通，可谓'知通知塞'矣。户庭，室庭也。慎密守节，故'不出'焉'无咎'也。"《王注》："初已造之，至二宜

宣其制矣，而故匿之，失时之极，则遂废矣。故不出门庭，则凶也。"

④不出门庭凶，失时极也：门庭，门内庭院。《尚氏学》："二比重阴，阳遇阴则通。通则利往，乃竟不出，是失时也，故凶。"极，《集解》引虞翻曰："极，中也。"

⑤不节若，则嗟若，无咎：若，样子，貌。嗟，《集解》引虞翻曰："嗟，哀嚎声。"《集解》引王弼曰："以阴处阳，以柔乘刚，违节之道，以至哀嗟，自己所致，无所怨咎。"《正义》："节者，制度之卦，处节之时，位不可失，六三以阴处阳，以柔乘刚，失位骄逆，违节之道，祸将及己，以至哀嗟，故曰'不节苦，则嗟若'也。祸自己致，无所怨咎，故曰'无咎'。"

⑥安节，亨：安，安定，安宁。《集解》引虞翻曰："得正承五，有应于初，故'安节，亨'。"《王注》："得位而顺，不改其节，而能亨者也。承上以斯，得其道也。"

⑦甘节，吉，往有尚：甘，美。尚，崇尚。《集解》引虞翻曰："得正居中，坎为美，故'甘节，吉'。"《王注》："当位居中，为'节'之主，不失其中，不伤财，不害民之谓也。为节之不苦，非甘而何？术斯以往，'往有尚'也。"

⑧苦节，贞凶，悔亡：苦节，过分节制。贞凶，守正防凶。《集解》引干宝曰："秉险伏之教，怀贪狼之志，以苦节之性遇甘节之主，必受其诛，华士少正卯之交也。"《王注》："过节之中，以致亢极，'苦节'者也。以斯施人，物所不堪，正之凶也。以斯修身，行在无妄，故得'悔亡'。"

【宗旨】

节卦是阐述节制之道。节制亨通，不节制凶险。节制有度，当节则节为道，不当节而节失道。以节为美则吉，以节为苦则凶。节制是度过危险的重要途径，节制是天之道，节以制度，不伤民伤财。

【体会】

节字繁体字为節，金文是𥳑。《说文解字》解释为："竹约也。"约是缠束，竹约就是竹节缠束之壮。引申为节省、节制。《序卦》说："物不可以终离，故受之以《节》。"万物不可能长久离散，所以接着是节卦。《杂卦》说："节止也。"节卦是节制知止，明确了节卦顺序的缘由及其内涵。节就是节制、节度、节省、节俭等意思。

节卦（䷻）下兑（☱）上坎（☵），兑为泽，坎为水，泽上有水。泽有容量，泽上有水超过容量，就会溢出。为了防止此类情况发生，可以采取两种手段：一是减少泽上之水，二是增加泽堤坝高度。两者动作达到同一目的，就是不能让水溢出，即节制泽上之水。所以节卦就是节制的意思。节有止之义，象征节制。

为什么君子看到泽上有水的卦象会产生"君子以制数度，议德行"？泽有一定容量，如果超过容量必然流溢，甚至形成水灾，必须进行适当约束节制。君子重德，重节制，用礼约束自己，主张凡事能制度化、系统化，用道德标杆来衡量君子德行，内省为德，外发为行，行事有节有度。所以产生用法度、尺度来约束德行，不踰矩不足为奇。

节制是亨通的重要途径，因为内柔外刚，阳刚居中。节制要当位而节，中正而通节制有度，若过度则失节制之道，也是不利的，甚至带来灾难。节制是一种天道，天地节制才有春夏秋冬四季。我们要学习天道，根据时机知止则止、知行则行则给我们带来好运；知止则不止，知行则不行则带来凶险。为人做事要用礼来节制约束自己，否则给自己带来麻烦。以节制为美，自觉地进行节制，从节制中得到满足是最美的节制。过分节制有一定条件，那就是到了节制之极，通过过分节制守正防止凶祸。孔子说："道千乘之国，敬事而信，节用而爱人，使民以时。"《程氏传》对于节卦进行了阐释，他认为节卦体现了"尚中"的哲学思想、"节以制度"的政治思想、"养正于蒙"的教育思想等等。

孔子对节卦初九"不出户庭，无咎"有过精彩评论。他说："乱之所生也，则言语以为阶。君不密，则失臣；臣不密，则失身；几事不密，则害成；是以君子慎密而不也。"孔子将其引申为君子慎言，也就是节制语言，告诫我们言语甚至与性命攸关，不可不慎。

节卦给我们重要启示。

节制有功助成事业。"不出门庭凶，失时极也。""安节，亨。"节制对事业有重要推动作用。该出去做事不出去，失去中道，怎么成功？安心节制能够成功。《论语》云："君子食无求饱，居无求安。"《黄帝内经》提出："饮食有节。"王阳明家训："节饮食，戒游戏。"都指向节制。

节制有方以节为美。"甘节，吉，往有尚。"以节为美，发自内心地节制，是快乐节制的重要途径。节制动力是追求节制的美，这是一种自觉追求，是真正的原动力。

节制有度恰到好处。"节，亨。苦节，不可贞。"节制要有度，超过度就会产生反作用。适当适合的节制，有利于事物的顺利发展。人以典章制度为节制，以道德法律为准绳，就能够不伤害百姓、不浪费钱财，就能修身齐家。节制实质上说限制不过度，对自己有所约束，知道有所为有所不为，知道底线，知道适度。人都有欲望，超过合理范围就是奢望，就是贪婪。人可以控制自己的欲望，规正自己的言行。

节制有成居中守正。"说以行险，当位以节，中正以通。"节制要居中守正，即便当位也要节制。若做到这一点，能顺利地度过艰难困险。《汉书·刘向传》说："君子独处，守正不挠。"

节制有道修身齐家。"天地节而四时成。节以制度，不伤财，不害民。""君子以制数度，议德行。"节制是天道，也是修身齐家治国平天下的重要手段。君子检身，常若有过，其中节制否也是三省吾身不可或缺的重要内容。傅玄在《傅子·正心篇》说："立德之本，莫尚乎正心。心正而后身正，身正而后左右正，左右正而后朝廷正，朝廷正而后国家正，国家正而后天下正。故天下不正，修之国家；国家不正，修之朝廷；朝廷不正，修之左右，左右不正，修之身；身不正，修之心。所修弥近，而所济弥远。"

【易水】

节卦与水关系最为密切。节卦卦象是泽上有水，水上有水，水可谓多呀。

从水文学角度来看，水上有水，其结果是水位不断提升。在防汛中，一般有三条水位线，设防水位、警戒水位和保证水位。水位不断上升，对水利工程造成的威胁不断增大，必须进行控制水位，这和节卦的节制浑然一体。当水位不断下降的时候，也会对生态造成一定影响，不能无限制地任其下降，需要采取一定措施不让下降，也是对水位的一种节制。

在水资源开发利用保护方面，节制是不可缺少的。要节制自己的欲望，不要过度开采利用水资源，我们要节制浪费水资源，让最少的水产生更多价值和服务，提高水资源利用率和利用效率。在水资源保护的时候，要节制过多干预水资源，充分发挥水资源自身的修复能力等等。

节卦对涉水事务有重要参考价值。

节水制度助水发展。节制有助成功事业，节水制度助水发展。我国属于中度缺水国家，节水优先成为水资源利用的首要问题。节水要建立完善的节水制度体系，通过制度推动来节水，不仅仅依靠行政命令来节水。节水还有节能、减排、减碳等综合功效，必须从战略高度认识这个问题。节水是水利发展过程的重要一环，是水利由粗放型发展向高质量发展过渡的重要手段，必须将制度节水放在更重要的位置上。

节水激发内在动力。节制有方以节为美。节水是外力和内力共同作用的结果，其中内在动力起着决定性作用，所以节水制度设计要以激发内在动力为重要目标，让用水者真心实意地节水，实现要我节水向我要节水战略性转变，这样节水动力才更可持续。要树立正确的节水价值观，将节水作为一种习惯，就像渴了要喝水一样自然。节水有好处，让节水者受益，节水有益有大益是内在动力引擎，制度设计要将其作为重点进行考虑。

节水有度恰到好处。节制有度恰到好处，节水也要有度恰到好处。节水具有经济性，节水也要考虑水资源条件、节水成本、节水技术、节水心理承受能力等多方面因素，谋求多赢格局。我们提倡深度节水，但不提倡苦节。节水不能影响生产生活，为了节水而节水。节水要节出效益，节出成效。从经济成本角度来考虑，节水收益和成本至少应该相当，节水收益大于节水成本经济才具有可行性。当然有时不排除政治节水，但政治节水也要考虑可持续性问题，也要恰到好处。节水水平要与节水技术相适应，过高的节水水平需要更高的技术，超出现有技术水平节水没有可操作性。将节水限定在最佳水平是我们永恒的追求。

节水有道修身齐家。节制有道修身齐家。将节水作为人的基本素质，提升节水的道德修养，将节水作为品德的一个组成部分。一个浪费水资源的人，其节约资源意识不强，就不是一个高素质的人。形成这样的舆论氛围，就有利于促进节水道德化，推进节水文化深入人心，进而成为一种习惯。节水爱水护水，制止水的浪费和破坏，节制自己过度用水的欲望。

61. 中孚 泽上有风 ䷼ 诚信立身

【原文】

中孚：豚鱼吉。利涉大川，利贞。

《彖》曰：中孚，柔在内而刚得中，说而巽，孚乃化邦也。"豚鱼吉"，信及豚鱼也。"利涉大川"，乘木舟虚也。中孚以利贞，乃应乎天也。

《象》曰：泽上有风，中孚。君子以议狱缓死。

▬▬▬	上九，翰音登于天，贞凶。 《象》曰："翰音登于天"，何可长也？
▬▬▬	九五，有孚挛如，无咎。 《象》曰："有孚挛如"，位正当也。
▬ ▬	六四，月几望，马匹亡，无咎。 《象》曰："马匹亡"，绝类上也。
▬ ▬	六三，得敌，或鼓或罢，或泣或歌。 《象》曰："或鼓或罢"，位不当也。
▬▬▬	九二，鸣鹤在阴，其子和之。我有好爵，吾与尔靡之。 《象》曰："其子和之"，中心愿也。
▬▬▬	初九，虞吉，有它不燕。 《象》曰：初九"虞吉"，志未变也。

【翻译】

原文	准直译	意译
中孚：豚鱼吉①。利涉大川，利贞。	中孚：内心诚信，连猪鱼都被感化，吉祥。利于跋涉大河，宜守正。	中孚：心怀诚信，连猪鱼都被感化，吉祥。利于克服艰难困险。
《彖》曰：中孚，柔在内而刚得中，说而巽，孚乃化邦也。"豚鱼吉"，信及豚鱼也。"利涉大川"，乘木舟虚也。中孚以利贞，乃应乎天也②。	《彖》说：中孚，内心柔顺，阳刚守中，欢悦而谦逊，诚信教化邦国。"豚鱼吉"，猪鱼都被感化。"利涉大川"，外实内虚似船。心怀诚信宜守正，与天道相呼应。	《彖》说：中孚，内心柔顺阳刚守中，欢悦谦逊，诚信感化万邦。连猪鱼都被感化。外实内空之舟，可以穿越大川。心怀诚信守正，与天道相呼应。
《象》曰：泽上有风，中孚。君子以议狱缓死③。	《象》说：泽上有风，内心诚信中孚。君子以诚信之德审议讼狱、宽缓死刑。	《象》说：沼泽上有风，中孚卦卦象。君子体察此卦象精髓，用诚信谨慎审议诉讼，宽缓死刑。

初九，虞吉，有它不燕④。《象》曰：初九"虞吉"，志未变也。	初九，安于诚信吉祥，有其他则不安宁。《象》说：初九"虞吉"，心志没有变化。	初九，中孚之初，安信于六四，心志恒定，吉祥，否则难安宁。
九二，鸣鹤在阴，其子和之。我有好爵，吾与尔靡之⑤。《象》曰："其子和之"，中心愿也。	九二，鹤在幽暗处鸣叫，孩子应和。我有好酒，与你分享。《象》说："其子和之"，内心愿望。	九二，中孚之时，有刚中之贤，对君王诚信同愿，唯德不私，若有好事分享，恰似父子心灵相通，鹤鸣子应，好酒共享。
六三，得敌，或鼓或罢，或泣或歌⑥。《象》曰："或鼓或罢"，位不当也。	六三，遇到敌人，有时击鼓有时败退，有时哭泣，有时歌唱。《象》说："或鼓或罢"，居位不当。	六三，中孚之时，阴柔不诚，对不中正的宗庙诚信且乘刚，进退无恒，无所适从，犹如遇到政敌，有时鸣鼓进攻，有时止而不前，有时哭泣，有时高歌。
六四，月几望，马匹亡，无咎⑦。《象》曰："马匹亡"，绝类上也。	六四，月亮快要圆，丢失马匹，没有过错。《象》说："马匹亡"，抛弃私类诚信于君王。	六四，中孚之时，柔顺正位，讲诚信，抛弃私类，笃信君王，没有过失。
九五，有孚挛如，无咎⑧。《象》曰："有孚挛如"，位正当也。	九五，有诚信牵系，没有灾祸。《象》说："有孚挛如"，占位正当。	九五，中孚之时，阳刚中正处尊，心系阳刚中正，诚信治理天下，没有灾祸。
上九，翰音登于天，贞凶⑨。《象》曰："翰音登于天"，何可长也？	上九，鸡高飞于天，守正防凶。《象》说："翰音登于天"，怎么可以长久？	上九，处中孚之极，阳刚不正，犹如鸡高飞于天，怎么会长久？宜守正防凶。

【注释】

① 中孚：豚鱼，吉：中孚，卦名。中，中心，内心。孚，信用，中孚，内心诚信。《正义》："信发于中，谓之中孚。"豚（tún），猪。《集解》引荀爽曰："豚鱼，谓四、三也。艮为山陆，豚所处，三为兑泽，鱼所在。豚者卑贱，鱼为幽隐，中信之道，皆及之也。"《正义》："鱼者，虫之幽隐。豚者，兽之微贱。人主内有诚信，则虽微隐之物，信皆及矣。"《程氏传》："孚信能感于豚鱼，则无不至矣，所以吉也。"朱熹引伊川云："存于中为'孚'，见于事为'信'。"陈世忠认为"'豚鱼'应指一种鱼，如'河豚''江豚'，豚鱼的洄游时间很准时，有信。"

② 中孚以利贞，乃应乎天也：九五为天位，六二阳爻不正变阴爻与九五相呼应。《正义》："天德刚正而气序不差，是正而信也。今信不失正，乃得应于天，

是中孚之盛，故须济以'利贞'也。"

③ 君子以议狱缓死：《程氏传》："君子之于议狱，尽其忠而已。于决死，极其恻而已，故诚意常求于缓。缓，宽也。于天下之事，无所不尽其忠，而议狱缓死，最其大者也。"

④ 虞吉，有它不燕：虞，驺虞，义兽，白虎异文，食自死之肉，不食生物，有至信之德则应之。燕，假借字通"宴"，表示宴饮、安乐。《集解》引荀爽曰："虞，安也。初应于四，宜自安虞，无意于四则吉，故曰'虞吉'也。四者承五，有它意于四则不安，故曰'有它不燕'也。"

⑤ 鸣鹤在阴，其子和之。我有好爵，吾与尔靡之：阴，幽暗。有人认为山之北、水之南，阳光照不到的地方。和，应和。爵，古代的酒器，这里指代酒，或者爵位。靡，分享。《集解》引虞翻曰："靡，共也。"

⑥ 得敌，或鼓或罢，或泣或歌：敌，三四都是阴爻，称为"敌"。鼓，古代击鼓为进。罢，止。泣，哭泣。歌，歌唱。《王注》："以阴居阳，欲进者也。欲进而阂敌，故'或鼓'也。四履正而承五，非己所克，故'或罢'也。不胜而退，惧见侵陵，故'或泣'也。四履乎顺，不与物校，退而不见害，故'或歌'也。不量其力，进退无恒，愈可知也。"

⑦ 月几望，马匹亡，无咎：几，近，接近。望，阴历十五，月亮圆。匹，配也，指初与四阴阳互应。亡，无咎。《本义》："六四居阴得正，位近于君，为'月几望'之象。马匹，谓初与己为匹，四乃绝之，而上以信于五，故为'马匹亡'之象。占者如是，则'无咎'也。"

⑧ 有孚挛如，无咎：挛，互相牵系。如，表示状态。《集解》案云："以阳居五，有信挛二，使变已，是'位正当也'。"《折中》引胡瑗曰："居尊而有中正之德，是有至诚至信之心，发之于内而交之于下，以挛天下之心，上下内外，皆以诚信相通，是得为君之道，何咎之有？"

⑨ 翰音登于天，贞凶：翰（hàn），翰字本义指赤羽天鸡，引申为高飞。《集解》引虞翻曰："翰，高也。""礼，荐牲鸡称'翰音'也。"《王注》："翰，高飞也。飞音者，音飞而实不从之谓也。居卦之上，处信之终，信终则衰，忠笃内丧，华美外扬，故曰'翰音登于天'也。翰音登于天，正亦灭也。"

【宗旨】

中孚卦是阐述内心诚信之道，每爻吉凶悔吝都与诚信密切相关。诚信则吉，不诚则凶。心怀诚信，内柔外刚，守中守正，乐观谦卑，能感邦化物。诚信是立世之本，克服艰难困险之要。君子诚信断案，宽缓死刑。

【体会】

中字甲骨文有多个，⊕是其中之一。像旗杆，上有旌旗下有飘带，旗杆正中竖立，本义为中心、当中，即一定范围内适中的位置。孚字甲骨文为❦。像手捉幼儿而去之状。《说文解字》解释说："卵孚也。从爪从子。一曰信也。"鸡卵必生鸡，龟卵必生龟，不失信，所以孚表示诚信。中孚可以解释为内心诚信。发自于心的诚信，可谓至诚。《序卦》说："节而信之，故受之以《中孚》。"节制有诚信，所以接着是中孚卦。《杂卦》说："《中孚》信也。"中孚卦是内心有诚信，和上文中孚解释一致。

中孚卦（☲）下兑（☱）上巽（☴），兑为泽，巽为风。风行泽上。泽润下，养万物，有诚信之德。风抚万物，春风让万物复苏，每年准时来临，也充满了诚信。内卦诚信，外卦也诚信，诚上加诚，至诚也。所以中孚象征诚信。

为什么君子看到中孚卦卦象发出"君子以议狱缓死"？君子以诚信为根本，任何事都诚信于心，议狱缓死是最大者，在最大方面都诚信办理，对诉讼案件诚信处理。对死刑宽之，让犯罪者感知对其真诚，犯罪者更容易从内心深处反省自己，真正地服法。严罚重刑治理民众，民众也可能口服心不服，不能抓住民众的心。君民两条心，国不泰民不安。而宽厚地对待民众，民众会感恩戴德，服从治理，有助于国泰民安。

诚信是为人之根本，做事之要。中孚卦强调内心诚信，不是外表礼节，是发自内心的，是一种至高的诚信。诚信得连猪鱼都被感化，这是何等的诚信！若不诚信，则心无定数，彷徨难安。特别是高官厚禄者，更要抛弃私心，一心为公为民，如此才能做一个好官，像日月光明普照民众。但更应该注意的是，诚信之极，对自己要求几乎到苛刻地步，避免不了要走向另一端不诚信，犹如鸡高飞于天，即便守正也有凶险。

中孚卦选择的象征物都是诚信之物，鱼中的豚鱼等洄游性鱼、鹤的迁徙、月相的周期变化、公鸡报晓，其都在固定时间发生，十分"守信"。可见作者在做爻辞时十分用心，用诚信说明诚信。天性包含着诚信与坚贞，人们效法天性，心中诚信，坚守正道。《中庸》曰："唯天下至诚，为能经纶天下之大经，立天下之大本，知天地之化育。"

孔子对中孚卦九二爻"鸣鹤在阴，其子和之，我有好爵，吾与尔靡之"有过精彩评价。孔子说："君子居其室，出其言，善则千里之外应之，况其迩者乎？

居其室，出其言，不善千里之外违之，况其迩乎？言出乎身，加乎民；行发乎迩，见乎远；言行君子之枢机，枢机之发，荣辱之主也。言行，君子之所以动天地也，可不慎乎？"孔子从鹤鸣子应联想到言行，告诫谨言慎行、言行一致。

中孚卦给我们做人做事重要启示。

诚信做人做事之本。诚信是做人做事的根本。荀子说："言无常信，行无常贞，惟利所在，无所不倾，若是则可谓小人矣。"孔子说："人而无信，不知其可也。"人没有诚信，就没有真正的朋友；社会没有诚信，尔虞我诈，社会是一个混乱社会，相互之间都筑起一道高高的墙，社会经济成本都很高。诚信是君子的重要品质，人无诚信则不立。

诚信筑牢事业根基。"说而巽，孚乃化邦也。"诚信是群众信任的基础，是建立事业的根基。要想干一番事业，需要多种因素支持，其中诚信是万万缺不得的。《礼记》说："不宝金玉，而忠信以为宝。"《淮南子》说："马先驯而后求良，人先信而后求能。"《孟子·离娄》说："居下位而不获于上，民不可得而治也。获于上有道，不信于友，弗获于上矣。信于友有道，事亲弗悦，弗信于友矣。悦亲有道，反身不诚，不悦于亲矣。诚身有道，不明乎善，不诚其身矣。是故诚者，天之道也；思诚者，人之道也。"

诚信助推平安幸福。"虞吉，有它不燕。"诚信是平安幸福的重要推动力，有了他就吉祥如意，没有他就不平安。魏晋名臣及文学家傅玄在《傅子·义信》说："祸莫大于无信。"莎士比亚说："失去了诚信，就等同于敌人毁灭了自己。"

诚信感物呼应天道。"'豚鱼吉'，信及豚鱼也。""有孚挛如，无咎。"诚信与天道是一致的，诚信是人道，人道服从天道。豚鱼都被感化，也只有天道至诚才能做得到。北宋进士何铸说："动天之德莫大于孝，感物之道莫过于诚。"

诚信断案国泰民安。"君子以议狱缓死。"断案要诚信，以宽大为怀，这样才能国泰民安。《尚书·吕刑》说：要上下比较其罪行，不要错乱供词，不要采取已经废除的法律，应当认真察看案情遵循刑罚，并且要认真审核！如果犯了重罪，上刑宜于减轻，就减一等处治，犯的罪行较轻，但是情节恶劣最好可以从重论处的，要用重刑来处罚。

【易水】

中孚卦的卦象是风行泽上。风行天下，风在泽上穿行是一种自然现象，柔风则使泽掀起层层涟漪，稍大的风会让泽掀起波浪，再大的风会掀起巨浪，造成一定损失。还有一种飓风，能将泽水卷起，泽天相连，既是景观，也令人恐俱。无论是什么风，都会在泽上通过，风泽关系密切，风小起波澜，风大起巨浪，风将泽蒸发的水飘向远方，彰显了风必信，这与中孚密切相连。

中孚卦给涉水事务重要启示。

诚信尊重水。诚信是做人做事之本。要从内心深处尊重水，尊重水就是尊重水的本性，按照水的本性去办事。诚信地尊重水是在尊重水的基础上加以利用，对水的干扰不超过其弹性范围之内，使其具有恢复性。

诚信为水好。诚信断案国泰民安。诚信对水友好，建立利水型社会。所谓利水就是人的行为对水友好，不对水造成难以恢复的破坏。利水型社会就是整个社会都对水友好，形成一种社会氛围，对水友好成为社会价值观。比如采取各种措施保持水的清洁；让水自然流淌少干扰令水性自然发挥；用水的时候不超过水的承载力。对于已经破坏的水环境、水生态进行修复。诚信对水友好展现的是人对水真诚，也是人真诚对待自己的一种体现。

诚信循水道。诚信感物呼应天道，诚信遵循水道。水道是天道的一种表现形式，与水打交道要充分地了解水道，尊重水道。水道与人道相结合，建立一种新型的水利用保护观。诚信地遵循水道，也是诚信地遵循人道。

诚信育水人。诚信筑牢事业根基，诚信地培育水利人是水利健康发展的基础。任何事业做得好都是有人才作支撑，人是做事的根本。我们要培养诚信的水利人，在社会树立水利人是诚信之人的形象。这需要每个水利人自觉行动，通过每个诚实水利人树立整体形象。建立诚信育人的教育体系，包括教材、基地、评价体系等在内推进诚信育人机制形成。

62. 小过 山上有雷 ䷽ 适可而止

【原文】

小过：亨。利贞。可小事，不可大事。飞鸟遗之音，不宜上，宜下，大吉。

《彖》曰：小过，小者过而亨也。过以利贞，与时行也。柔得中，是以小事吉也。刚失位而不中，是以不可大事也。有飞鸟之象焉，"飞鸟遗之音，不宜上，宜下，大吉"，上逆而下顺也。

《象》曰：山上有雷，小过。君子以行过乎恭，丧过乎哀，用过乎俭。

䷶	上六，弗遇过之，飞鸟离之，凶，是谓灾眚。 《象》曰："弗遇过之"，已亢也。
䷶	六五，密云不雨，自我西郊。公弋取彼在穴。 《象》曰："密云不雨"，已上也。
䷶	九四，无咎，弗过遇之，往厉必戒，勿用永贞。 《象》曰："弗过遇之"，位不当也。"往厉必戒"，终不可长也。
䷶	九三，弗过防之，从或戕之，凶。 《象》曰："从或戕之"，凶如何也？
䷶	六二，过其祖，遇其妣。不及其君，遇其臣，无咎。 《象》曰："不及其君"，臣不可过也。
䷶	初六，飞鸟以凶。 《象》曰："飞鸟以凶"，不可如何也。

【翻译】

原文	准直译	意译
小过：亨[1]。利贞。可小事，不可大事。飞鸟遗之音，不宜上，宜下[2]，大吉。	小过，小有超过，亨通。宜守正。小事可超过，大事则不可。飞鸟鸣叫，不宜太上，宜向下，非常吉祥。	小过，小有超越，守正亨通。小事可行，大事则不可，就像鸟鸣叫，飞得太高听不见，低听得清，非常吉利。
《彖》曰：小过，小者过而亨也。过以利贞，与时行也。柔得中，是以小事吉也。刚失位而不中，是以不可大事也。有飞鸟之象焉，"飞鸟遗之音，不宜上，宜下，大吉"，上逆而下顺也。	《彖》说：小有超过，小事略超过亨通，超过宜守正，与时俱进。阴柔居中，所以小事吉祥。阳刚位不正且不居中，所以大事不可。有飞鸟之象焉，"飞鸟遗之音，不宜上，宜下，大吉"，向上相背向下顺利。	《彖》说：小有超越。小事应时守正，柔顺居中，略有超过亨通。阳刚、位不正且不居中，大事不可超过。就像飞鸟鸣叫，宜低不宜高，太高杳无音信，低清晰可闻，要下顺不逆上。

· 394 ·

《象》曰：山上有雷，小过。君子以行过乎恭，丧过乎哀，用过乎俭③。	《象》说：雷在山上，小过卦象。君子行事过于谦恭，丧事过于哀伤，用物过于节俭。	《象》说：雷在山上，小过卦卦象。君子体察此象精髓，行事过于谦恭，丧事过于哀伤，用物过于节俭。
初六，飞鸟以凶④。《象》曰："飞鸟以凶"，不可如何也。	初六，飞鸟逆势而上，凶险。《象》说："飞鸟以凶"，不知道如何挽救。	初六，处小过之始，阴柔应阳刚皆不正，好高骛远，自取灭亡，就像鸟飞得过高，无法挽救，有凶险。
六二，过其祖，遇其妣⑤。不及其君，遇其臣，无咎。《象》曰："不及其君"，臣不可过也。	六二，越过祖父，遇到祖母。不能越过君王，遇到其臣，没有过错。《象》说："不及其君"，臣子不可超过臣职。	六二，小过之时，柔顺守正得中，安分守己，亲和阳刚守正的三公。尽臣之职不僭越，没有过错。
九三，弗过防之，从或戕之，凶⑥。《象》曰："从或戕之"，凶如何也？	九三，不过分防备，随从或许被杀害，凶险。《象》说："从或戕之"，凶险如此之大。	九三，小过之时，过于阳刚守正不中，遭小人嫉恨，若不倍加小心，可能被小人杀害，大凶。
九四，无咎，弗过遇之，往厉必戒，勿用永贞⑦。《象》曰："弗过遇之"，位不当也。"往厉必戒"，终不可长也。	九四，没有过错，不要超过相遇，前行危险一定戒备，不能长久，保持正道。《象》说："弗过遇之"，占位不当。"往厉必戒"，最终不会长久。	九四，小过之时，阳刚不正，不可前行，若不警惕过刚，欺君罔上，最终不会长久，要阳刚适宜，不可墨守成规。
六五，密云不雨，自我西郊。公弋取彼在穴⑧。《象》曰："密云不雨"，已亢也。	六五，来自西郊浓云密布却不下雨。王公用将箭系上细绳猎取洞穴中的猎物。《象》说："密云不雨"，已处高高在上之位。	六五，小过之时，身为柔顺九五之尊，阴柔过剩，无阳刚相助，无法恩泽民众，恰似西郊浓云密布却不下雨。要立志为民，想方设法为民服务，犹如王公用带绳的箭捕获洞穴中的猎物。
上六，弗遇过之，飞鸟离之，凶，是谓灾眚⑨。《象》曰："弗遇过之"，已亢也⑩。	上六，没有相遇，超过了，飞鸟陷入罗网，凶险，是所谓的灾祸。《象》说："弗遇过之"，已经太高亢了。	上六，居小过之极，就像鸟飞得太高遭遇凶险，有灾祸。

【注释】

① 小过：亨：小过，卦名，小有超越，小有超过。朱熹注："小，谓阴也，卦四阴在外，二阳在内，阴多于阳，小者过也。"《程氏传》："过者，过其常也，若矫枉而过正，过所以就正也。事有时而当，然有待过而后能亨者，故小过自

有亨义。"

②飞鸟遗之音，不宜上，宜下：《集解》引宋衷曰："震为声音，鸟飞且鸣，鸟去而音止，故曰'遗之音'。"《重定周易费氏学》："飞鸟，高过于人矣，然遗音可闻，是亦未能过高，特'小过'耳。逆顺者飞而向上，有风气阻力，就下则势顺也。《管子》云：鸟之飞也，必还山集谷。不还山则困，不集谷则死。故曰'不宜上，宜下，大吉'。"《正义》："遗，失也，鸟之失声，必是穷迫，未得安处。""遗音即哀声也。"

③君子以行过乎恭，丧过乎哀，用过乎俭：恭，敬。丧，丧事。哀，哀伤，悲伤。用，用物。俭，节俭。

④飞鸟以凶：以，相当于"而"。初六已阴居阳位不正，又与以阳居阴位不正的九四相应，两不正又向上，所以凶。

⑤过其祖，遇其妣：妣，去世的母亲。《尔雅·释亲》曰："父为考，母为妣。"朱熹注："六二柔顺中正，进则过三四而遇六五，是过阳反遇阴也，如不过守正得中之意，无咎之道也。"《正义》："过而得之谓之遇，六二在小过而当位，是过而得之也。祖，始也，谓初也。妣者，母之称。六二居内，履中而正固谓之妣。已过于初，故曰'过其祖'也。履得中正，故曰'遇其妣'也。过不至于僭，尽于臣位而已，故曰'不及其君，遇其臣，无咎'。"

⑥弗过防之，从或戕之，凶：防，防备。从，跟随，应和。戕，杀害。《本义》："小过之时，事每过当，然后得中。九三以刚居正，众阴所欲害者也，而自恃其刚，不肯过为之备，故其象占如此。"

⑦弗过遇之，往厉必戒，勿用永贞：厉，危险。戒，戒备。《重定周易费氏学》："四应初六，合'宜下'之道，故'无咎'。然以失位之刚在上，虽应下而情亢，故又有'往厉'之戒，'勿用''永贞'皆戒辞。"

⑧密云不雨，自我西郊。公弋取彼在穴：《王注》："小过，小者过于大也。六得五位，阴之盛也，故密云不雨，至于西郊也。夫雨者，阴在于上，而阳薄之而不得通，则烝而为雨，今艮止于下而不交焉，故不雨也。是故'小畜'尚往而亨，则不雨也；'小过'阳不上交，亦不雨也。虽阴盛于上，未能行其施也。"公，指六五君王。弋，带有绳子的箭。穴，洞穴。

⑨弗遇过之，飞鸟离之，凶，是谓灾眚：离，通"罹"，遭难。灾眚，即灾殃祸患。《正义》："以小人之身，过而弗遇，必遭罗网，其犹飞鸟，飞而无托，必离矰（zēng）缴。"

⑩ 已亢也：亢，高亢。

【宗旨】

小过卦主要阐述小有超过之道。该卦卦象四阴两阳，阴小超阳，小有超越。小有超过要守正则吉祥，宜小不宜大，宜下不宜上，适用于日常小事。国之大事不可。君子严格要求自己，行事过于谦恭，丧事过于哀伤，用物过于节俭。

【体会】

过的金文见《大过》卦。《序卦》说："有信者必行之，故受之以《小过》。"有诚信必实行，所以接着是小过卦。《杂卦》说："《小过》过也。"小过卦是稍有超过。小过就是小有超越的意思。

小过卦（☷）下艮（☶）上震（☳），艮为山，震为雷，山上有雷。通常雷在天上，如今雷下沉了，降到山上，离人过近，超过了常规，雷声更大，更吓人，都超过了以往，小过卦象和意涵彰显无疑。小过卦是四阴爻两阳爻，阴略超过阳，阴大阳小，所以说是"小者过"，也能从一个侧面说"小过"。

为什么君子看到山上有雷卦象，得到"君子以行过乎恭，丧过乎哀，用过乎俭"的启示呢？行为、丧事、用物都是常见离不开的，恭敬、哀戚、节俭都是美德，君子对自己严格要求，要越过一般民众也是应该的，更显君子之风度。所以行为过分恭敬，遇到丧事过分悲哀，日常用度过分节俭，其目的是矫枉过正，更显恭、哀、俭。

从卦象上来看，小过卦就像一只飞鸟，中间两个阳爻为鸟身，上下四个阴爻为鸟翅，有小鸟飞过的形象。雁过留声，如果雁飞得过高，就听不见了，飞得低能听清楚。如果雁飞得非常高，也有危险，空气稀薄怎么能生存，一定要有个度，小过可以，大过则亡。就是飞鸟宜下不宜上的原因。

走正道的小过是亨通的，小过卦适用于小事，大事则不可。什么是小事？小事就是家事、日常事。大事就是国事，如祭祀与军队之事绝对不能超过，要按规矩来。用飞鸟来做比喻，宜下不宜上，形象地告诫我们大事不能超过。

孔子说："断木为杵，掘地为臼，臼杵之利，万民以济，盖取诸小过。"砍断树木做杵，挖掘地做臼，臼杵之利，万民受益，可能取象于小过卦，推测臼杵和小过卦的关系。

小过卦给我们重要启示。

严格要求自己。"君子以行过乎恭，丧过乎哀，用过乎俭。"做事做人要严格要求自己，要做到恭、哀、俭。"慎独"是严格要求自己的一种表现形式。

《礼记》说："莫显乎微，故君子慎其独也"。孔子说："三思而后行。"王阳明说："克己必须要扫除廓清，一毫不存方是，有一毫在，则众恶相引而来。"

适当打破常规。"小过：亨。利贞。可小事。"在小事上适当超越能够亨通，告诉我们要打破常规，适当创新。严守规矩是必然的，但如果不在守规矩的基础上求新求变，只能保持原状，不可能有大的发展，这实际上要求在不违背原则的情况下有所突破。打破常规关键在于敢想敢做，有担当。司马光跟大家一起玩耍，一个小孩不慎掉到装满水的水缸中，一些孩子害怕就吓跑了。司马光却急中生智，捡起一块大石头砸向水缸，水涌出来孩子得救了，这就是打破常规。哥伦布发现美洲新大陆后，许多人不服气，认为是他运气好凑巧看到，其他人如果有他的运气也能发现新大陆。在一个盛大的宴会上，一位贵族向他提出挑战。哥伦布拿起桌上的一枚鸡蛋问你们谁能够把鸡蛋立在桌子上，结果没有一个人成功。哥伦布拿起鸡蛋，在桌上轻轻一碰，就把鸡蛋立在那儿了。哥伦布将鸡蛋立起来就是打破常规，是一种创新。

脚踏地望天空。"飞鸟以凶。"不要好高骛远，只有脚踏实地才能行稳致远。人不能没有理想，理想是经过努力可以实现的志向。《尚书》有言："功崇惟志，业广惟勤。"《宋史·程颢传》说："病学者厌卑近而骛高远，卒无成焉。"告诫立志不要不切实际，否则一事无成。

做事适可而止。"过其祖，遇其妣，不及其君，遇其臣。无咎。"做事要适可而止，这是做事的基本原则。不知止，最终止于失败。可惜世人常常在得到甜头之后不满足，人心不足蛇吞象，教训多多，遇到好事古训都抛到九霄云外，所以总是重复过去的故事，这也是人性的弱点。朱熹在《四书集注》说："适可而止，无贪心也。"《道德经》说："罪莫大于可欲，祸莫大于不知足，咎莫大于欲得，故知足之足，常足矣。"

做事不走极端。"弗遇过之，飞鸟离之，凶，是谓灾眚。"处小过之极，引发灾难，做事不能走极端，走极端者，绝大多数会以失败而告终。走中庸之道是避免走极端的重要途径。《中庸》说："中也者，天下之大本也；和也者，天下之达道也。致中和，天地位焉，万物育焉。""中和"是天地万物秩序和发展相对理想的状态，要坚守中庸之道，就要做到不偏不倚，不要走极端。非常遗憾的是，"中庸之为也，其至矣乎！民鲜久矣！"

【易水】

小过卦与水有密切联系。小过卦有飞鸟之象，中实两翼虚，整个卦象可以浓缩为坎（☵），下两爻为"- -"，中两爻为"—"，上两爻为"- -"，坎为险为水，说明小过卦隐含着危险，飞鸟飞得过高就有难以挽救的危险。

纵观与涉水事务，与"过"密切相关。长期不降水导致干旱，长时间降水酿成洪涝灾害。水资源过度开发、水资源过渡保护、分溺爱水景观大造水景等，这些"过"的行为，应该受到约束。

小过卦对涉水事务有重要启示。

水利严格要求自己。水利必须严格要求自己，像君子行事过于谦恭、丧事过于哀伤、用物过于节俭一样更加严格要求自己。水利行业有各种标准，满足标准只是最低要求，如果可能高于标准质量会更提高。水利人要严格要求自己，只遵守法规是不够的，要从道德上更加严格要求自己。无论从宏观还是微观，无论是标准还是非标准，水利都要向着更高、更好、更美高标准前进，将水利推向高质量发展的新轨道，人与水、水与自然更加和谐共进。

水利发展稳中创新。水利也要适当打破常规，稳中创新。常规水利发展是非常必要的，但为了不断适应新形势、新技术、新材料，水利发展在继承传统精华的基础上，要不断创新，从机制、技术、政策、人才等诸多方面进行有益探索，成熟经验后因地制宜大面积推广，从而推动整个行业的迭代升级。水利必须为创新留下广阔的空间，创造创新宽松环境，支持创新，允许失败，增强水利创新发展的动力。

水利行为适可而止。做事要适可而止，水利也要适可而止。做水利要掌握一个度，既不会冒进也不会停滞不前。我们在水利上常自觉或不自觉地走极端，这种行为要纠正，将水利行为控制在适度范围内。

水利脚踏地望天空。水利是基础产业，要着眼于全局，对社会经济用水进行预判，适当超前发展，不打无准备之仗。水利发展要从全局去谋划，战略上早谋划早设计，战术上可行，战略与战术密切结合。借鉴世界先进经验、技术，结合中国本地实际进行运用，瞄准水利发展的关键问题进行攻关。

63. 既济 水在火上 ☵☲ 防患未然

【原文】

既济：亨小，利贞。初吉终乱。

《彖》曰："既济，亨"，小者亨也。"利贞"，刚柔正而位当也。"初吉"，柔得中也。"终止则乱"，其道穷也。

《象》曰：水在火上，既济。君子以思患而豫防之。

▬▬ ▬▬	上六，濡其首，厉。 《象》曰："濡其首，厉"，何可久也？
▬▬▬▬▬	九五，东邻杀牛，不如西邻之禴祭，实受其福。 《象》曰："东邻杀牛"，不如西邻之时也。"实受其福"，吉大来也。
▬▬ ▬▬	六四，繻有衣袽，终日戒。 《象》曰："终日戒"，有所疑也。
▬▬▬▬▬	九三，高宗伐鬼方，三年克之，小人勿用。 《象》曰："三年克之"，惫也。
▬▬ ▬▬	六二，妇丧其茀，勿逐，七日得。 《象》曰："七日得"，以中道也。
▬▬▬▬▬	初九，曳其轮，濡其尾，无咎。 《象》曰："曳其轮"，义无咎也。

【翻译】

原文	准直译	意译
既济：亨小，利贞。初吉终乱①。	既济，事已成功，连小事都亨通，宜守正。初始吉祥，最终危乱。	既济，连微小的事都成功，亨通，宜守正。若不小心谨慎，初始吉祥，终则危乱。
《彖》曰："既济，亨"，小者亨也。"利贞"，刚柔正而位当也。"初吉"，柔得中也。"终止则乱"，其道穷也。	《彖》说："既济，亨"，小的也亨通。"利贞"，刚柔各得其正，各居其位。"初吉"，六二柔得居中也。"终止则乱"，既济之道到了极点。	《彖》说：连小事都成功，何况大事。刚柔各得其位，宜守正。柔顺中道吉祥。成功之极因道穷则生乱。
《象》曰：水在火上，既济。君子以思患而豫防之②。	《象》说：水在火上，事已成功。君子思虑隐患预先防治。	《象》说：水在火上，既济卦卦象。君子体悟此卦象精髓，防患于未然。
初九，曳其轮，濡其尾，无咎③。《象》曰："曳其轮"，义无咎也。	初九，拖曳车轮，沾湿了尾巴，没有灾难。《象》说："曳其轮"，义理上无咎。	初九，居既济之初，小心谨慎，符合道义，没有过失，就像行走刹车、狐狸湿尾不过河一样谨慎。

400

六二，妇丧其茀，勿逐，七日得④。《象》曰："七日得"，以中道也。	六二，妇人丢失首饰，不用寻找，七日后就能回来。《象》说："七日得"，因处于中正之道。	六二，成功之时，柔顺居中并应和大中至正的君王，不求自得，犹如有夫之妇丢了装饰，不用寻找，到时失而复得。
九三，高宗伐鬼方，三年克之，小人勿用⑤。《象》曰："三年克之"，惫也⑥。	九三，殷高宗讨伐鬼方，三年终于获胜，小人不可任用。《象》说："三年克之"，疲惫。	九三，成功之时，阳刚正位，当思成功来之不易，不可轻举妄动，不可任用小人，如殷高宗用三年讨伐鬼方，艰难不易。
六四，繻有衣袽，终日戒⑦。《象》曰："终日戒"，有所疑也。	六四，华美的衣服变成破烂衣服，整日戒备。《象》说："终日戒"，有所怀疑。	六四，成功之时，身为柔顺守正诸侯，居安思危，如履薄冰，犹如行舟之时，准备破烂衣服堵塞防止漏水。
九五，东邻杀牛，不如西邻之禴祭，实受其福⑧。《象》曰："东邻杀牛"，不如西邻之时也。"实受其福"，吉大来也。	九五，东边邻居杀牛盛大祭祀，不如西边邻居适时微薄禴祭，实实在在接受福泽。《象》说："东邻杀牛"，不如西邻合于时宜。"实受其福"，大吉祥到来。	九五，成功之时，身为大中至正的九五之尊，不骄奢淫逸，勤俭治国，犹如西邻周文王修德适时微薄禴祭，胜过东邻商纣杀牛大祭，实受其福，大吉祥。
上六，濡其首，厉⑨。《象》曰："濡其首，厉"，何可久也？	上六，濡其首，厉。《象》说："濡其首，厉"，怎么可以长久？	上六，居成功之极，失成功之道，欺凌君王，极其危险，恰似渡河淹没了头，怎么可以长久？

【注释】

① 既济：亨小，利贞。初吉终乱：既济，卦名，已经渡过彼岸，事已成。既，已经。济，渡河。《正义》："济者，济渡之名，既者，皆尽之称。万事皆济，故以'既济'为名。"亨小，即是小亨。《正义》："既万事皆济，若小者不通，则有所未济，故曰'既济，亨小'也。小者尚亨，何况于大？则大小刚柔各当其位，皆得其所。当此之时，非正不利，故曰'利贞'也。"初吉终乱，《正义》："人皆不能居安思危，慎终如始，故戒以今日'既济'之初，虽皆获吉，若不进德修业，至于终极，则危乱及之。"《乾凿度》曰："既济未济，所以明戒慎，全王道也。"

② 君子以思患而豫防之：患，祸害，隐患。豫，预先。《集解》引荀爽曰："六爻既正，必当复乱，故君子象之，思患而预防之，治不忘乱也。"《王注》："存不忘亡，既济不忘未济也。"

③曳其轮，濡其尾，无咎：曳，拖拉，拖曳。濡，沾湿。《王注》："最处既济之初，始济者也。始济未涉于燥，故轮曳而尾濡也。虽未造易，心无顾恋，志弃难者也。其为义也，无所咎也。"

④妇丧其茀，勿逐，七日得：茀（fú），女人首饰。逐，寻找。《周易学说》引刘沅曰："六二柔中得位，上应九五中正之主，光明中正，不以去茀为嫌，静以俟之。此柔中之最美者。"《正义》："茀者，妇人之首饰也。六二居中履正，处文明之盛，而应乎五，阴之光盛者也，然居初、三之间，而近不相得。夫以光盛之阴，处于二阳之间，近而不相得，能无见侵乎？故曰'妇丧其茀'。称'妇'者，以明自有夫，而他人侵之也。夫以中道执乎贞正，而见侵者，物之所助也。处既济之时，不容邪道者也。时既明峻，众又助之，窃之者逃窜而莫之归矣。量斯势也，不过七日，不须己逐而自得，故曰'勿逐七日得'。"

⑤高宗伐鬼方，三年克之，小人勿用：高宗，殷王武丁之号。伐，征伐。鬼方，国名。三年克之，《淮南九师道训》："鬼方，小蛮夷也；高宗，殷之盛天子也。以盛天子伐小蛮夷，三年而后克之，言用心之不可不重也。"《集解》引侯果曰："伐鬼方者，兴衰除暗之征也。上六暗极，九三征之，三举方极，故曰'三年克之'。兴役动众，圣犹疲惫，则非小人能为，故曰'小人勿用'。"

⑥惫也：惫，疲惫。

⑦繻有衣袽，终日戒：《王注》："繻（xū）宜曰濡，衣袽（rú），所以塞舟漏也。履得其正，而近不与三、五相得。夫有隙之弃舟，而得济者，有衣袽也。邻于不亲，而得全者，终日戒也。"《集解》引卢氏曰："繻者，布帛端末之识也。袽者，残弊帛，可拂拭器物也。繻有为衣袽之道也。四处明暗之际，贵贱无恒，犹或为衣，或为袽也。履多惧之地，上承帝主，故终日戒慎，有所疑惧也。"

⑧东邻杀牛，不如西邻之禴祭，实受其福：东邻杀牛，指纣王举行隆重的祭祀。西邻之禴祭，指周文王举行的贡品简陋的夏祭。禴，夏祭名。《集解》引卢氏曰："明鬼享德不享味也，故德厚者'吉大来也'。"

⑨濡其首，厉：濡，沾湿。首，头。厉，凶险。《集解》引荀爽曰："居上濡五，处高居盛，必当复危。"《王注》："处既济之极，既济道穷，则之于未济，之于未济，则首先犯焉。过惟不已，则遇于难，故濡其首也。将没不久，危莫先焉。"

【宗旨】

既济象征事情已经成功。既济卦阐述如何维护成功之道。此卦各爻皆正而当位，是六十四卦中唯一的一卦。成功不易，如何保住成功更不容易，既济卦充满

·402·

了忧虑：要居安思危，防止初吉终乱。君子应该防患于未然，坚守正道，继续奋发努力，诚实节制，刚柔当位。

【体会】

济的金文是㴉。一种解释是由水和齐构成，本义是同舟共济。既济，成功渡过河流。《序卦》说："有过物者必济，故受之以《既济》。"有超过事物的人必定成功，所以接着是既济卦。《杂卦》说："《既济》定也。"既济卦是已经成功。

既济卦（䷾）离（☲）下坎（☵）上，离为火，坎为水，水在火上。这里有两种景象，如果水火直接接触，水将火熄灭；如果中间有物质相隔，如鼎中有水，火烧鼎，鼎中的水会逐渐变热，水会被烧开，一部分水会变成水蒸气蒸发。两种情况存在共同特征，水火相交相融，阴阳二气相感，大功告成，所以事情已经成功。

为什么君子看到此卦象，会感悟到"君子以思患而豫防之"？既济卦六爻皆当位，秩序没有不当，是和谐成功的象征，成功意味着如果不好好维护，就是失败的开始，成功之极就走下坡路。《系辞》说："危者，安其位者也；亡者，保其存者也；乱者，有其治者也。是故，君子安而不忘危，存而不忘亡，治而不忘乱；是以，身安而国家可保也。"

既济卦是《易》中唯一六爻皆当位有应的卦，可以说达到了理想的程度。有的人将它作为一个标准，衡量其他不当位卦并向其调整，从中可以观察到既济卦的地位。值得注意的是，既卦爻辞并不是六十四卦中最好的，但没有一个有凶。该卦涉及祭祀与战争，这都是国之大事，这样的大事都能成功，当然小事更不用说也能成功了。该卦的卦辞说"既济，亨小"，连小事都成功，何况大事？两者形成了一个闭合链，大小都成功，充满了成功的赞美。

既济卦也解释了为什么成功。首先强调守正，走正道，循天道。其次是刚柔兼济，该刚则刚，该柔则柔，刚柔相应。第三各守本分，到位不越位，做事不出格，守礼把握分寸。第四中庸，走中道，不走极端。

既济卦昭示了成功来之不易。"曳其轮，濡其尾。""高宗伐鬼方，三年克之。"经过艰难险阻才达到成功彼岸。因此要保持成功，必须戒骄戒躁，防患于未然，成功之后要十分冷静，充满忧虑，居安思危是守住成功的秘诀。成功之后还要节制自己，防止私欲膨胀、骄奢淫逸，蚕食成功的果实，并直接提出警告预防"初吉终乱"，告诫成功之极要出现突变，用"濡其首，厉"来明示。过河淹没了头，这是多么危险的事，进一步提出警戒。

人人都追求成功，成功之后常常猪羊变色，和你一起打天下的人，只能共患难不能同享幸福，兔死狗烹不断上演，任用溜须拍马的小人屡见不鲜。既济卦给出了明确的警告："小人勿用。"过奢侈生活感觉理所当然，既济卦明确地告诫："繻有衣袽，终日戒。"成功后该做什么不该做什么，既济卦都给予了明确说明。

既济卦给我们重要启示：

成功防患于未然。"君子以思患而豫防之。"成功之后要思患而预防，也就是防患于未然。《汉书·陈汤传》说："安不忘危，盛必虑衰。"欧阳修《五代史伶官传序》总结经验和教训："忧劳可以兴国，逸豫可以亡身。""祸患常积于忽微，而智勇多困于所溺。"东汉经史学家荀悦在《申鉴·杂言上》中提到对皇帝进献忠告的三种方法："事情没有发生前提出忠告叫防，事情已经发生能采取有效措施弥补叫救，事情已经形成恶果再去责备叫戒。三者防为上策，补救次之，责戒为下策。"魏征《谏太宗十思疏》说：所有的帝王一旦功业建成就德性衰减。他提出了十戒：喜好的东西自我克制，兴建就要适可而止百姓安定，高高在上要谦虚并自我约束，骄傲自满就要像江海那样处于河流的下游，喜爱狩猎就网留一面，担心意志松懈就要慎始慎终，担心言路不通就虚心采纳臣下意见，考虑到谗佞奸邪让自身端正，施加恩泽就要防止奖赏不当，动用刑罚就要防止滥用刑罚。

成功要有始有终。"初吉终乱。"要有始有终。《论语·子张》说："有始有卒者，其惟圣人乎！"唯有圣人才能做到有始有终。有始有终是美德，但做到很不容易。老子《道德经》说："民之从事，常于几成而败之。慎终如始，则无败事。"

成功要用人得当。"小人勿用。"成功之时不能用小人。《易》多处告诫我们小人不能用，防小人，因为小人得志必私欲膨胀，心中只有自己，将葬送事业。《易》说："大君有命，开国承家。小人勿用。大君有命，以正功也。小人勿用，必乱邦也。"君王的使命是建立诸侯国家安民乐业，小人不能担当治理国家的责任，使国家管理混乱。

成功要防奢节欲。"东邻杀牛，不如西邻之禴祭，实受其福。"成功之后要勤俭持家，防奢节欲修德。奋斗之时，吃点苦算不了什么，什么苦都可以吃，一旦成功之后，骄奢淫逸都开始滋长，最终葬送成功。《菜根谭》说："勤则兴，懒则败；成由勤俭败由奢，一粥一饭当思来之不易。"

成功知来之不易。"曳其轮，濡其尾。""高宗伐鬼方，三年克之。"要小心谨慎。成功来之不易，应该倍加珍惜，让来之不易的成功尽可能保持长久些。

【易水】

既济卦坎（☵）上离（☲）下，坎为水为泽，离为火为日，火在水下。灭火是最常见的现象，因水火不容。我们的食物都是用火煮（烤）熟的，只要火不直接接触水，火使水温度升高，渐渐加热，直至水沸腾，水也发生变化，变成水蒸气，变成云，变成大气水，参与水的循环。这时候水火相容，共同作用，将生的食物变成可食用的美食，火水的完美结合，给人类带来了幸福。

既济卦给涉水事务重要启示。

水利要防患未然。成功之后要防患于未然。水利无论成功与否都要防患于未然。水利是国民经济发展的基础产业，如果出现问题波及面广，影响较大。在水安全的问题上，要想到哪些地方可能存在不安全因素，要及时查缺补漏，确保水安全。水利要有忧患意识，居安思危，防患于未然。

水利要有始有终。成功之时要有始有终。水利也要有始有终，不能半途而废。我们要始终高质量地做好水利工作，防止出现"半拉子"工程。我国灌区还存在"最后一公里"卡脖子工程，主要是由于过去投资体制造成的，主体工程由国家投资，配套工程由地方投资，结果国家投资部分资金全额到位，工程得以完成。但地方投资由于没有完全到位结果工程没有完工，最终出现配套工程不配套现象，使工程不能完全发挥效应，这是今后工作应尽可能避免的。做一项工程，要进行全面考虑，从近期和长远两方面来打算，从施工难度到资金等全方位考虑，避免出现开工之时热热闹闹，最终因资金或者其他原因工程停工停产。

水利要防奢节欲。成功之后要防奢节欲，水利也要将防奢节欲放在重要位置上。水利防奢节欲就是防止奢侈用水，节制人们的欲望，节约用水。要根据水资源供需状况科学用水，将水用在刀刃上，防止出现过度奢侈用水。同时要开展节水运动，避免高耗水产业发展，发展适水产业等。

水利要知难而进。成功来之不易，水利成功同样来之不易，其成功背后有众多水利人和民众的辛勤汗水，有的成功是建立在多次失败基础上。因此我们要更加珍惜水利成果，高效用好每一滴水。

64. 未济 火在水上 ䷿ 辨物居方

【原文】

未济：亨。小狐汔济，濡其尾，无攸利。

《彖》曰："未济，亨"，柔得中也。"小狐汔济"，未出中也。"濡其尾，无攸利"，不续终也。虽不当位，刚柔应也。

《象》曰：火在水上，未济。君子以慎辨物居方。

䷿	上九，有孚于饮酒，无咎。濡其首，有孚失是。 《象》曰："饮酒濡首"，亦不知节也。
	六五，贞吉，无悔。君子之光，有孚吉。 《象》曰："君子之光"，其辉吉也。
	九四，贞吉，悔亡，震用伐鬼方，三年，有赏于大国。 《象》曰："贞吉，悔亡"，志行也。
	六三，未济，征凶，利涉大川。 《象》曰："未济，征凶"，位不当也。
	九二，曳其轮，贞吉。 《象》曰：九二贞吉，中以行正也。
	初六，濡其尾，吝。 《象》曰："濡其尾"，亦不知极也。

【翻译】

原文	准直译	意译
未济：亨。小狐汔济，濡其尾，无攸利①。	未济，尚未成功，亨通。小狐狸即将过河，沾湿了尾巴，无所利。	未济，尚未成功，只有刚柔兼济执中方能成功。犹如小狐狸过河快到彼岸沾湿了尾巴，功亏一篑，无所利。
《彖》曰："未济，亨"，柔得中也。"小狐汔济"，未出中也。"濡其尾，无攸利"，不续终也。虽不当位，刚柔应也。	《彖》曰："未济，亨"，柔顺中道。"小狐汔济"，尚未脱离中道。"濡其尾，无攸利"，不能持续到终。虽然不当位，刚柔相应。	《彖》曰：只有柔顺中道才能转败为胜。因为未脱离中道，小狐过河才接近彼岸。沾湿尾巴无所利，有始无终。虽然六爻皆不当位，但刚柔相配，成功在望。
《象》曰：火在水上，未济。君子以慎辨物居方②。	《象》说：火在水上，没有成功。君子审慎分辨诸物，使之各居其位。	《象》说：火在水上，水火不交，未济卦卦象。君子体察此象精髓，审慎分辨物类，使之各行其道，各居其位。

· 406 ·

初六，濡其尾，吝。《象》曰："濡其尾"，亦不知极也③。	初六，沾湿尾巴，有吝。《象》说："濡其尾"，不知道能力有限。	初六，处未济之初，以阴居下，高估自己能力，功亏一篑，有遗憾，犹如小狐狸过河接近彼岸沾湿尾巴。
九二，曳其轮，贞吉④。《象》曰：九二贞吉，中以行正也。	九二，拖曳车轮，守正吉祥。《象》说：九二贞吉，居中行正道。	九二，未济之时，守中行正道，阳刚有节制，犹如刹车不冒进，守正吉祥。
六三，未济，征凶，利涉大川。《象》曰："未济，征凶"，位不当也。	六三，尚未成功，前行凶险，有利跋涉大河。《象》说："未济，征凶"，失位不当。	六三，未济之时，阴居阳位不当且乘刚，不成功，行事有凶险。只有奋力一搏，有可能度过艰难困险。
九四，贞吉，悔亡，震用伐鬼方，三年，有赏于大国⑤。《象》曰："贞吉，悔亡"，志行也。	九四，守正吉祥，没有悔恨，以雷霆之势讨伐鬼方，三年功成，封赏为大国诸侯。《象》说："贞吉，悔亡"，志向得以实行。	九四，未济之时，阳刚不正，只有持久追求守正才没有悔恨，像殷商以雷霆之势讨伐鬼方，三年功成名就，封赏为大国诸侯。
六五，贞吉，无悔。君子之光，有孚吉⑥。《象》曰："君子之光"，其辉吉也。	六五，守正吉祥，没有悔恨。君子之光辉，有诚信吉祥。《象》说："君子之光"，他的光辉吉祥。	六五，未济之时，以柔居天子尊位，有阳刚贤臣辅佐，礼贤下士，守正诚信，光辉普照天下，守正吉祥无悔。
上九，有孚于饮酒，无咎⑦。濡其首，有孚失是。《象》曰："饮酒濡首"，亦不知节也。	上九，有诚信地饮酒，没有灾祸。沾湿了头部，失去诚信。《象》说："饮酒濡首"，不知道礼节。	上九，处未济之极，转为成功，诚信有节制饮酒无错。若骄奢淫逸，沉溺于酒，失去诚信，必亡无疑。

【注释】

① 未济，亨。小狐汔济，濡其尾，无攸利：未济，卦名，尚未成功。朱熹注："事未成之时也。"《本义》："未济，事未成之时也。"汔（qì），接近，几乎。济，过河。濡，沾湿。

② 君子以慎辨物居方：慎，谨慎。辨，分辨。居，处。方，犹"所"。朱熹注："水火异物，各居其所，故君子观象审辨之。"《王注》："辨物居方，令物各兰其所也。"《来氏易注》："慎辨物，使物以群分。慎居方，使方以类聚，则分定不乱，阳居阳位，阴居阴位，'未济'而成'既济'矣。"

③ 亦不知极也：《集解》："极，中也。"朱熹注："极字未详……或恐是敬字。"

④ 曳其轮，贞吉：曳，拖，拉，牵引。《折中》引潘梦旂（qí）曰："九二刚中，力足以济者也。然身在坎中，未可以大用，故曳其车轮，不敢轻进，待时而动，乃为吉也。不量时度力，而勇于赴难，适以败事矣。"

⑤ 贞吉，悔亡，震用伐鬼方，三年，有赏于大国：贞吉，悔亡，《本义》："以九居四，不正而有悔也。能勉而贞，则悔亡矣。"震，雷。伐，讨伐。鬼方，国名。《本义》："然以不贞之资，欲勉而贞，非极其阳刚用力之久不能也，故为伐鬼方三年而受赏之象。"

⑥ 君子之光，有孚吉：《集解》引干宝曰："以六居五，周公摄政之象也，故曰'贞吉，无悔'。制礼作乐，复子明辟，天下乃名其道，乃信其诚，故'君子之光，有孚吉'。"《本义》："以六居五，亦非正也。然文明之主，居中应刚，虚心以求下之助，故得'贞'而'吉'且'无悔'。又有光辉之盛，信实而不妄，吉而又吉也。"

⑦ 有孚于饮酒，无咎。濡其首，有孚失是：是，正。《集解》引虞翻曰："谓若殷纣沉湎于酒，以失天下也。"《王注》："'未济'之极，则反于'既济'。'既济'之道，所任者当也。所任者当，则可信之无疑，而己逸焉，故曰'有孚于饮酒，无咎'也。以其能信于物，故得逸豫而不忧于事之废。苟不忧于事之废，而耽于乐之甚，则至于失节矣。由于有孚，失于是矣，故曰'濡其首，有孚失是'也。"

【宗旨】

未济卦主要阐述尚未成功如何走向成功之道。只要刚柔相配、笃守中道，就能将不成功推向成功。主要途径是：阳刚阴柔兼济再加上中道，奋力一搏。但要正确认识自己，守中行正，阳刚有节，有得力助手，不放纵自己。君子要审慎分辨物类，使之各行其道、各居其位，这是君子未成功时应遵循之道。

【体会】

《序卦》说："物不可穷也，故受之以《未济》。终焉。"说万物是不可能穷尽的，所以接着是未济卦，《易》六十四卦终始。既济卦成功，成功之极意味着衰落的开始，成功向衰落即不成功转变，未济卦开始，进行新的循环。《易》将未济卦安排在最后一卦，有其深刻的含义。《集解》引崔憬语道出了真谛："夫《周易》之为道，穷则变，变则通，而以'未济'终者，亦物不可穷也。"未济即未穷也，未穷则有"生生之义"，它是《易》最后一卦，但它没有停下来，以终点

· 408 ·

为起点又展开新一轮循环,展现了变易不穷的《易》之原理。清代龚自珍在《己亥杂诗》对未济卦有评价:"未济终焉心缥缈,百事翻从缺陷好。吟道夕阳山外山,古今谁免余情绕。"

未济卦(䷿),离(☲)上坎下(☵),离为火,坎为水,火在水上,火向上,水润下,水火异物,各居其所,不相济益,这是未济卦的卦象,象征着尚未成功。为什么君子看到此卦卦象体悟到"君子以慎辨物居方"?我们常说"水火不相容",但这是有条件的。水在火的上方,水能灭火,但是如果水在火的下方,两物却是互不干扰,水向下火不干扰,火向上水也对其无可奈何,就像水中船燃烧,水对其不起作用一样。水火是两类东西,物多且复杂,同时有些物又有相似性。君子必须谨慎地分辨才不能出错,物各归其位,各行其道,才能尊重物性,才是遵守天道。

未济卦是尚未成功,犹如小狐狸渡河快要到岸了却沾湿了尾巴,功亏一篑。为什么会出现这种情况?主要是小狐狸经验不足,能力不够,同时又高估了自己的能力,以为自己过河能成功。未济卦对尚未成功并不悲观,而是充满了乐观主义精神,寻求对策如何将不成功转化为成功,关键的一点就是从失败中汲取经验和教训。

要将未成功转化为成功,需要做到:一是刚柔相应。也就是刚柔适应,刚时有柔来配合,柔时有刚相呼应,刚柔适宜;二是守中正道。走中庸之道,阳刚有节制,不能贸然前行,不冒进;三是要有拼搏精神。不成功的原因之一就是没有铆足劲,在最后之时泄气,功亏一篑,就像打井找水,只要再深挖一尺就有水,但最后却放弃了;四是需要时间打磨。有些成功需要时间来陪伴,铁杵磨成针靠、水滴石穿需要时间;五是需要有得力助手。无论自己多么能干,如果没有得力干将辅助,最终难以成功,一人能不算能,一群人能才算能,才能行稳致远干大事;六要节制。特别是对酒要节制。

未济卦给我们重要启示。

谨防功亏一篑。"小狐汔济,濡其尾,无攸利。"小狐狸快要到对岸了,结果沾湿了尾巴,有始无终,功亏一篑。做事情要防止功亏一篑,越是快要成功的时候,越要小心,不能盲目乐观,小心谨慎达到理想的彼岸。《尚书·旅獒(áo)》:"为山九仞,功亏一篑。"要防止在成功的最后一环节失足留下遗憾。

行事不可冒进。"曳其轮,贞吉。"要有节制,不冒进。

节制守礼有成。"有孚于饮酒,无咎。濡其首,有孚失是。"要有节制饮酒,不可骄奢淫逸，失去诚信导致失败，深一层次地说要节制守礼。《尚书·酒诰》专门警示饮酒，关系到国家存亡。

辨物各行其道。"君子以慎辨物居方。"要审慎分辨事物，使之各归其位各行其道。认识事物是复杂的过程，掌握清楚并不是一件容易的事，特别是有的事物存在相似性，外观极端相似，本质却存在很大差异。事情尚未成功，原因是多样的，什么主因决定事物的走向必须弄清楚，才能汲取经验，才能从失败中走出来迈向胜利。

岁月浇筑成功。"贞吉，悔亡，震用伐鬼方，三年，有赏于大国。"只要守正，最终会成功，犹如殷商虽以雷霆之势征讨鬼方仍然三年才成功。成功有时来得很快，有时来得很慢，但只要你孜孜不懈地努力，时间会帮助你成功。

【易水】

未济卦与水的关系十分密切。从卦本身来看，下卦为坎（☵）为水，上卦为离（☲）为火为日，其卦象就是水上有火，也可以说水上有太阳。这两种景色都很美。在大海或者大湖看日出或者日落，日在水上的情景特别明显，这是一种视觉上水上日。太阳总会升起和落下，但水依然是水，两者性质上互不相同，但都为世界添彩。

未济卦给涉水事物重要启示。

水利发展永恒主题。未济卦尚未成功，所以尚需要继续努力。无论水利发展是否成功，都需要继续努力，在已有成就的基础上，不断地满足人类对水的需求。水利发展是一个永恒的主题，不存在停滞的问题。水利要不断地向前发展，只有向前才有希望，才能不断适应新形势。一项水利工程成功了，需要不断地获得新的成功。工程的成功背后也可能存在一些问题，重视这些问题并加以解决，才能让成功更持久。如刚修建成功大坝，坝体可能出现裂缝等常见问题，如果不注意这些细节问题以及隐患，成功可能会被小问题吞噬。水利发展永远在路上，需要我们持续不断地努力！

水利发展严防蚁穴。谨防功亏一篑，水利要严防溃于蚁穴。大坝是重要的水工物，对于出现的小问题不能忽略，要高度重视。《韩非子·喻老》说："千丈之堤，以蝼蚁之穴溃；百尺之室，以突隙之烟焚。"水利发展要在细节上下功夫。蚁穴在某种程度上来说更是一个象征，告诉我们要严防在细节上酿成大祸。水利小问题不及时解决，可能酿成大问题。

水利发展适当超前。行事不可冒进，水利发展也不能冒进。水利发展要符合实际，不能冒险。如在防洪问题上，保险系数尽可能大些，不能有赌的心态，防止发生大的灾难，因为人命关天，险是冒不得的。但是水利发展要适当超前，如果不适当超前，其他产业需要水利服务不能及时供给，会带来更大的损失。水利发展适当超前不是冒进，而是符合水利发展的客观规律。超前什么，超前多少，都涉及适当或者度的问题，这需要在科学预测的基础上进行，一定要建立在科学的基础上。

水利发展适度节制。未济卦要求节制守礼。水利发展也要适度节制，不能无限制地发展。水利发展速度要与国民经济发展相适应，要与人类需求相配合。但也要有自己的红线，有节制的水利发展最终才能行稳致远。

水利发展遵循水道。辨物各行其道。水利发展也要遵其道，这道既是自然之道，也包括水道。水利发展首先要遵循水道。水利发展要和水道结合起来，适应水道，遵循水道，利用水道，这是我们必须遵循的重要原则。

系辞·上

系辞章节划分根据朱熹注《周易本义》。

第一章

原文	意译
天尊地卑，乾坤定矣①。卑高以陈，贵贱位矣。动静有常，刚柔断矣。方以类聚，物以群分②，吉凶生矣。在天成象，在地成形，变化见矣。	天在上尊贵，地在下卑微，天乾地坤有了明确定位。高低陈列，贵贱明了。天动与地静有常规，确定了刚柔。物以类聚，众以群分，产生吉祥凶险。在天成天文，在地成地理，乾坤可以彰显其变化。
是故刚柔相摩，八卦相荡。鼓之以雷霆，润之以风雨，日月运行，一寒一暑。	所以，阳刚与阴柔相互作用，八卦相互交融。雷霆鼓动万物，风雨滋润众生，日月运转，寒暑交替。
乾道成男，坤道成女。乾知大始，坤作成物。乾以易知，坤以简能③。	乾道成就男性，坤道造就女性。乾道首创万物，坤道助成众生。乾健平易智慧，坤顺简易有为。
易则易知，简则易从。易知则有亲，易从则有功。有亲则可久，有功则可大。可久则贤人之德，可大则贤人之业。	平易则容易认识，简易则容易随从。容易认识则能亲近，简易随从则能实现。亲近可持之以恒，建功立业可发扬光大。可长久是贤人之美德，可功大是贤人之伟业。
易简，而天下之理得矣。天下之理得，而成位乎其中矣。	乾坤乃天下之理。得天下之理，可以创造卦象言说天地。

【注释】

此章以实例阐述《易》之理，同时说明天尊地卑、贵贱有位、乾坤之德。

① 天尊地卑，乾坤定矣：乾坤，天应乾、阳、刚，地应坤、阴、柔。

② 方以类聚，物以群分：方，观念，意识，道。

③ 乾以易知，坤以简能：易，平易，容易。简，简单，简约。

第二章

原文	意译
圣人设卦，观象系辞焉，而明吉凶，刚柔相推而生变化。	圣人观察万象创立六十四卦，用系辞明确吉祥和凶险，阴阳相互作用产生各种变化。
是故，吉凶者，失得之象也。悔吝者，忧虞之象也①。变化者，进退之象也。刚柔者，昼夜之象也。六爻之动，三极之道也②。	所以，所谓的吉凶就是得失。悔吝即是小失得和忧虑。变化象征前进或者后退。刚柔象征白天夜晚。六爻变化，彰显天地人三才之道。

原文	意译
是故，君子所居而安者，易之序也③。所乐而玩者，爻之辞也。是故，君子居则观其象，而玩其辞；动则观其变，而玩其占。是故自天佑之，吉无不利。	因此，君子安居，符合《易》之法。君子以玩味爻辞为乐。所以，君子居家时观象品味爻辞内涵；行动时体察卦象变化，琢磨卜筮之意。如此得到上天佑助，吉祥如意。

【注释】

此章阐述圣人创《易》，君子研《易》。圣人设卦观象，吉凶悔吝有细微差别，君子乐玩《易》之道。

① 悔吝者，忧虞之象也：《王注》："失得之微者，足以至忧虞而已，故曰悔吝。"《正义》："悔者，其事已过，意有追悔之也。吝者，当事之时，可轻鄙耻，故云吝。"

② 三极之道也：三极，三材也，指天地人。

③ 易之序也：《王注》："序，易象之次序。"

第三章

原文	意译
彖者，言乎象也。爻者，言乎变者也。吉凶者，言乎其失得也。悔吝者，言乎其小疵也。无咎者，善补过也。	彖辞解说卦象。爻辞解释爻变。吉凶说明得失。悔吝表示小过失。无咎诠释善于补过。
是故，列贵贱者存乎位。齐小大者①存乎卦。辩吉凶者存乎辞。忧悔吝者存乎介②。震无咎者存乎悔③。是故，卦有小大，辞有险易。辞也者，各指其所之。	所以，贵贱尊卑顺序与六爻之位有关。各爻大小由卦象而定。辞用来判断吉凶，忧虑悔吝存在小瑕疵。改正无咎在于内心悔悟。因此，卦有小事大事之分，辞有凶险平易之别。辞用来揭示发展趋势。

【注释】

此章进一步解释卦爻辞通常用法。

① 齐小大者：齐，此处有确定的意思。《王注》："卦有大小也，齐犹言辨也，即彖者言乎象也。"

② 忧悔吝者，存乎介：介，纤细，微小。王弼曰："悔吝者言乎小疵也。"

③ 震无咎者，存乎悔：震，动，变化。

第四章

原文	意译
易与天地准，故能弥纶天地之道①。	《易》模拟天地，所以它能够圆满地涵盖天地大道。

原文	意译
仰以观于天文，俯以察于地理，是故知幽明之故②。原始反终，故知死生之说。精气为物，游魂为变③，是故知鬼神之情状。	圣贤仰头观察天象，低头究察地理，所以能深明神秘之道。追本溯源探究未来，所以知晓终始死生之理。精气聚合是生物，精气飘散为死亡，因此明知鬼神之情态。
与天地相似，故不违。知周乎万物，而道济天下④，故不过。旁行而不流，乐天知命⑤，故不忧。安土敦乎仁⑥，故能爱。	《易》与天地相似，所以与天地不违背。它周知万物道济天下，所以不会有过错。它有变通之智，守正之仁，乐天道，知天命，所以没有忧虑。它令人安分守己，敦厚为仁，所以能爱人。
范围天地之化而不过，曲成万物而不遗，通乎昼夜之道而知，故神无方而易无体。	《易》周备地模拟天地化育而不违，想方设法成就万物没有遗漏，全面智慧地通晓阴阳之道，神虽无方可通晓，《易》随物应变可明确。

【注释】

此章阐述《易》之伟大，隐含学《易》必要性。

① 易与天地准，故能弥纶天地之道：准，法则，准绳。弥纶，弥漫经纶。

② 是故知幽明之故：《王注》："幽明者，有形无形之象。死生者，终始之数也。"

③ 精气为物，游魂为变：精气，精神气力。游魂，灵魂游荡，言其游散也。

④ 知周乎万物，而道济天下：周，普及、笼罩。

⑤ 旁行而不流，乐天知命：《正义》："言圣人之德，樱饼旁行，无不被及，而不有流移淫过。若不应变化，非理而动，则为流淫也。"。

⑥ 安土敦乎仁：敦，敦厚。

第五章

原文	意译
一阴一阳之谓道①，继之者善也，成之者性也。仁者见之谓之仁，知者见之谓之知，百姓日用不知，故君子之道鲜矣②！	阴中有阳阳中有阴就是道，善能继道，本性成就道。仁者成就此道为仁道，智者成就此道为智慧，百姓日常使用却毫无知晓，所以明晓此道的君子鲜少呀。
显诸仁，藏诸用③，鼓万物而不与圣人同忧④，盛德大业至矣哉！	道显现于万物，日用而不知，它化育万物却没有圣人般的忧虑，大德伟业无与伦比！
富有之谓大业，日新之谓盛德⑤。生生之谓易，成象之谓乾，效法之谓坤，极数知来之谓占，通变之谓事，阴阳不测之谓神。	广大悉备称之为伟业，日日弥新称之为大德。阴阳互转生生不息叫做易，画象健叫乾，与此类同顺叫坤，穷极蓍策之数预知未来叫占筮，物极通变生万事，阴阳不测称为神。

【注释】

此章阐述道之本质就是阴阳，说明阴阳的重要性。

① 一阴一阳之谓道：《正义》："'在阴为无阴，阴以之生'者，谓道虽在于阴，言道所生皆无阴也。虽无于阴，阴终由道而生，故言'阴以之生'也。'在阳为无阳，阳以之成'者，谓道虽在阳，阳中必无道也。虽无于阳，阳必由道而成。故'阳以成之'也。道虽无于阴阳，然亦不离于阴阳，阴阳虽由道成，即阴阳亦非道，故曰'一阴一阳'也。"道：《王注》："道者何？无之称也，无不通，无不由也，况之曰道。""至乎'神无方，而易无体'，则道可见矣。"

② 故君子之道鲜矣：鲜（xiǎn），少，不多。

③ 显诸仁，藏诸用：诸，之于。藏诸用，《王注》："日用而不知。"

④ 鼓万物而不与圣人同忧：《正义》："言道之功用，能鼓动万物，使之化育，故云'鼓万物'。圣人化物，不能全无以为体，犹有经营之忧；道则虚无为用，无事无为，不与圣人同用，有经营之忧也。"

⑤ 日新之谓盛德：日新，汤之盘铭曰："苟日新，日日新，又日新。"

第六章

原文	意译
夫易，广矣，大矣！以言乎远则不御①；以言乎迩则静而正②；以言乎天地之间则备矣！	《易》确实广大！论说远则永无止境；论说近则宁静正直；论说天地则非常普遍完美！
夫乾，其静也专，其动也直，是以大生焉。夫坤，其静也翕，其动也辟，是以广生焉③。	乾，静止时专一，变动时刚正，所以创生宇宙万物。坤，静止时收敛，变动时养物，因此万物广生。
广大配天地，变通配四时，阴阳之义配日月。易简之善配至德。	广大配匹天地，变化匹配四季，阴阳合日月。乾健坤顺之美与至高无上德性相配。

【注释】

此章阐述《易》之广备，乾坤之德。

① 以言乎远，则不御：御，止。

② 以言乎迩，则静而正：迩，近。

③ 夫乾，其静也专，其动也直，是以大生焉：专，专一。《正义》："乾是纯阳，德能普备，无所偏主，唯专一而已。若气不发动，则静而专一，故云'其静也专'。若其运转，则四时不忒，寒暑无差，则而得正，故云'其动也直'。以其动静如此，故能大生焉。"

④ 夫坤，其静也翕，其动也辟，是以广生焉：翕，关闭，合也。《正义》："坤是阴柔，闭藏翕敛，故'其静也翕'；动则开生万物，故'其动也辟'。以其如此，故能生于物焉。天体高远，故乾云'大生'；地体广博，故坤云'广生'。对则乾为物始，坤为物生，散则始亦为生，故总云生也。"

第七章

原文	意译
子曰："易其至矣乎！夫易，圣人所以崇德而广业也。知崇礼卑，崇效天，卑法地，天地设位，而易行乎其中矣。成性存存，道义之门①"。	孔子说：《易》已达到极致！《易》使圣人增崇其德广大其业。智慧崇高尊礼谦卑，崇高仿效天，谦卑效法地，天地位定，《易》在天地与知礼中并行。万物始终不失其本性，易道之门户。

【注释】

此章阐述《易》之神圣，修德立业无所不在。

① 成性存存，道义之门：存存，保持存在。性，天性。《王注》："物之存成，由乎道义也。"

第八章

原文	意译
圣人有以见天下之赜①，而拟诸其形容，象其物宜，是故谓之象。圣人有以见天下之动，而观其会通②，以行其典礼③，系辞焉，以断其吉凶，是故谓之爻。	圣人观察到天下万物繁杂幽深，便模拟其形态，画其物象，称之为卦象。圣人见到天下万物变化，观察它们融会贯通之道，适时施行，系辞用来断定吉凶，仿效万物变化叫爻。
言天下之至赜，而不可恶也。言天下之至动，而不可乱也。拟之而后言，议之而后动，拟议以成其变化。	论说天下最繁杂高深的万物，必须慎明不可轻恶。说天下最复杂的万物变化，不会令人混乱。模拟之后解释，琢磨之后行事，模拟深究成就其变化之道。
"鸣鹤在阴，其子和之，我有好爵，吾与尔靡之。"子曰："君子居其室，出其言善，则千里之外应之，况其迩者乎？居其室，出其言不善，千里之外违之，况其迩者乎？言出乎身，加乎民；行发乎迩，见乎远。言行，君子之枢机，枢机之发，荣辱之主也。言行，君子之所以动天地也，可不慎乎？"	"鹤鸣于阴处，其子应和，我有好物，与你共享。"孔子说："君子居家善言，千里之外有人响应，何况身边的人呢？恶言千里之外有人反驳，何况其身边的人呢？言语出口影响民众；近存远效。言谈举止是君子关键，言行决定了你的荣辱。君子言行撼动天地，能不谨慎吗？"

同人，"先号咷而后笑。"子曰："君子之道，或出或处，或默或语。二人同心，其利断金。同心之言，其臭如兰。"	同人卦说："与人和同，先痛哭后大笑。"孔子说："君子之道，入仕或者隐退，不言或者发言。二人同心，其利断金，同心之言，其臭如兰。"
"初六，藉用白茅，无咎。"子曰："苟错诸地而可矣④，席用白茅，何咎之有？慎之至也。夫茅之为物薄，而用可重也。慎斯术也以往，其无所失矣。"	大过卦说："初六，祭器下面垫上白茅草，没有过失。"孔子说："祭器直接放在地上就可以，现在祭器铺上白茅，哪里有过失？这样做是无上谨慎。白茅是最常见的物品，用其放置祭器就尊贵了。这样谨慎做事，没有过错。"
"劳谦君子，有终吉。"子曰："劳而不伐，有功而不德，厚之至也，语以其功下人者也。德言盛，礼言恭。谦也者，致恭以存其位者也。"	谦卦说："有功劳保持谦虚，结局好且吉祥。"孔子说："有功劳不夸耀，有功绩不求回报，是至高无上的敦厚，是赞美有功劳依然对人谦虚。德讲盛美，礼讲恭敬。谦虚之人因恭谨确保其位。"
"亢龙有悔。"子曰："贵而无位，高而无民，贤人在下位而无辅，是以动而有悔也。"	乾卦说："高高在上龙有悔。"孔子说："尊贵没有权位，高高在上没有民众支持，贤人在野却没有辅佐，所以动辄得咎。"
"不出户庭，无咎。"子曰："乱之所生也，则言语以为阶。君不密则失臣；臣不密则失身；几事不密则害成。是以君子慎密而不出也。"	"不离开家没有过失。"孔子说："言语是祸乱产生的阶梯。君主说话不谨慎，就会失去臣子；臣子说话不慎密就会丧命；小事不保密就有祸害。所以君子要谨慎缜密，不妄出言语。"
子曰："作《易》者其知盗乎？《易》曰：'负且乘，致寇至。'负也者，小人之事也。乘也者，君子之器也。小人而乘君子之器，盗思夺矣！上慢下暴，盗思伐之矣！慢藏诲盗，冶容诲淫。《易》曰：'负且乘，致寇至。'盗之招也。"	孔子说："创作《易》的人熟知盗寇吗？《易》说：'背负财物却乘车辆，招来盗寇。'背负财物是低微人的事。身份低微却乘坐君子之车，强盗就想夺取！同理，居上傲慢，居下粗暴，下就想讨伐上。不及时收藏财物等于告诉盗寇来偷，打扮妖冶教唆别人调戏。《易》说：'负且乘，致寇至。'盗寇是自己招来的。"

【注释】

此章通过中孚等卦，说明卦爻对人道具有重要借鉴作用。

① 圣人有以见天下之赜：赜（zé），《正义》："赜谓幽深难见。"可以理解为繁杂高深。

② 圣人有以见天下之动，而观其会通：会通，荀爽曰："三百八十四爻，阴阳动移，各有所会，各有所通。"

③ 以行其典礼：典礼，《王注》："适时之所用。"

④ 苟错诸地而可矣：《正义》："苟，且也。错，置也。"

· 417 ·

第九章

原文	意译
天一地二，天三地四，天五地六，天七地八，天九地十。天数五，地数五，五位相得而各有合。天数二十有五，地数三十，凡天地之数五十有五，此所以成变化而行鬼神也。	天数一地数二，天三地四，天五地六，天七地八，天九地十。天数、地数各五个，五数相配各自相加。天数二十五，地数三十，天地相加五十五，他们相互交融变化，行鬼神莫测之道。
大衍之数五十①，其用四十有九。分而为二以象两，挂一以象三，揲之以四以象四时②，归奇于扐以象闰，五岁再闰，故再扐而后挂③。	占筮总数五十，用四十九，留一象征太极。将四十九根蓍草任意分成左右两部分，象征阴阳两仪，从右部分取出一根挟在左无名指和小指中间，象征天地人三才，将左右蓍草四根四根地数，象征四季四象，四根四根地数左边的蓍草，将剩余挂于左中指与十指之间，象征着农历五年两闰。将挂于左手蓍草取出，非五即九，形成一爻。复将左右蓍草放在一起，按照上面的方法操作，形成第二爻，以此类推。
乾之策二百一十有六。坤之策百四十有四。凡三百有六十，当期之日。二篇之策万有一千五百二十，当万物之数也。	乾卦策数二百一十六，坤卦策数一百四十四。合计三百六十，大致一年的天数。《易》上下两篇六十四卦策数有一万一千五百二十，相当于万物之数。
是故四营而成易④，十有八变而成卦，八卦而小成，引而伸之，触类而长之，天下之能事毕矣。	所以，占筮经过四营得一爻，经过十八次变化得到一卦，八卦是初步成果，以此类推，顺其类推演，天下万物变化囊括其中。
显道神德行，是故可与酬酢⑤，可与佑神矣。子曰："知变化之道者，其知神之所为乎！"	《易》将天道地道彰显于天下，所以可以应对万物，可以获得神助。孔子说："知道《易》变化之道者，能了解神所作所为！"

【注释】

此章说明占筮方法，同时慨叹《易》的伟大。

① 大衍之数五十，其用四十有九：大衍，大型推演。

② 挂一以象三，揲之以四以象四时：揲（shé），《说文解字》解释为阅持。

③ 归奇于扐以象闰，故再扐而后挂：扐（lè），数蓍草占筮，将零数夹在手指中间。

④ 四营而成易：《王注》："分为二，以象两，一营也。挂一以象三，二营也。揲之以四，三营也。归奇于扐，四营也。"

⑤ 显道神德行，是故可与酬酢：酬酢，酬，主人向客人敬酒。酢（zuò），客人回敬主人。酬酢，应酬，交际。

第十章

原文	意译
易有圣人之道四焉：以言者尚其辞，以动者尚其变，以制器者尚其象，以卜筮者尚其占。	《易》有圣人之道四个：圣人之言情见于卦爻辞，贤人之行为崇尚其卦爻变，爱好制器者欣赏其图像，爱好卜筮者崇拜其占断。
是以君子将以有为也，将以有行也，问焉而以言。其受命也如响①，无有远近幽深，遂知来物。非天下之至精，其孰能与于此②？	所以君子有所为、有所行时求问《易》。犹如回音一样得到答复，无论远近幽深，都能预知未来。如果不是天下最精通者，谁能如此呢？
参伍以变，错综其数③，通其变，遂成天地之文；极其数，遂定天下之象。非天下之至变，其孰能与于此？	三才五行变化，错综复杂演化，通达变化，造就了天地万态；穷尽其数，确定天下万象。若不是天地间最玄妙变化之道，谁能如此呢？
易无思也，无为也，寂然不动，感而遂通天下之故。非天下之至神，其孰能与于此？	《易》没有思虑，没有作为，无思无为寂静不动，感应贯通天下万物之理。若不是天地最神妙，谁能如此呢？
夫易，圣人之所以极深而研几也④。唯深也，故能通天下之志；唯几也，故能成天下之务；唯神也，故不疾而速，不行而至。子曰："易有圣人之道四焉者，此之谓也。"	《易》是圣人用来极尽幽深和研究微变的著作。幽深能通晓天下万物本质；微变能成就天下事物；之所以神妙，它不疾而速，不动而到。孔子说："《易》包含四种圣人之道，就是指此而言。"

【注释】

此章阐释《易》道深远，圣人之道有四，深入研究可以达到出神入化的地步。

① 其受命也如响：《正义》："谓蓍受人命，报人吉凶，如响之应声也。"

② 非天下之至精，其孰能与于此：孰，谁。与，参与。

③ 参伍以变，错综其数：对此解释有多种，历代不少名家都有探索。此处解释为三才五行，三才即天地人，五行即金木水火土。

④ 圣人之所以极深而研几也：《王注》："极未形之理曰深，适动微之会则曰几。"

第十一章

原文	意译
子曰："夫易何为者也①？夫易，开物成务，冒天下之道，如斯而已者也。"是故圣人以通天下之志，以定天下之业，以断天下之疑。	孔子说："《易》究竟有什么用？《易》通晓万物之理，成就天下之物，覆盖天下之道。"所以，圣人用它来通晓天下人所思，奠定天下之伟业，决断天下之疑虑。

是故蓍之德，圆而神，卦之德方以知，六爻之义易以贡。圣人以此洗心，退藏于密，吉凶与民同患。神以知来，知以藏往，其孰能与于此哉！古之聪明睿知，神武而不杀者夫？	所以占筮之德神妙变化无方，卦之德事有定理，六爻变易，告诉人吉凶。圣人用它洗涤万物之心，万物日用不知，与民同忧。神奇地知晓过去和未来，谁能如此！唯有古代聪明睿智神武不嗜杀之大人才能做到吧！
是以明于天之道，而察于民之故，是兴神物，以前民用。圣人以此齐戒，以神明其德夫！	所以，明晓天道，通晓民事，创作神奇的《易》供前民所用。圣人用它来革心防患，自戒明德。
是故阖户谓之坤②，辟户谓之乾，一阖一辟谓之变，往来不穷谓之通。见乃谓之象，形乃谓之器，制而用之谓之法；利用出入，民咸用之，谓之神。	所以用门来比喻，关门就是坤，开门就是乾，开关就是变，持久开合就是通。看到的就是象，成形就是器，制器而使用就是效仿；圣人利用它出入，民众全利用它，真实神妙。
是故易有太极，是生两仪，两仪生四象，四象生八卦，八卦定吉凶，吉凶生大业。	所以，易之始有太极，太极生两仪，两仪生四象，四象生八卦，八卦断定吉凶，吉凶广大悉备成就天下伟业。
是故法象莫大乎天地，变通莫大乎四时，悬象著明莫大乎日月，崇高莫大乎富贵，备物致用，立成器以为天下利，莫大乎圣人，探赜索隐，钩深致远③，以定天下之吉凶，成天下之亹亹者，莫大乎蓍龟。	所以，取象没有超过天地的，变通没有超过四季的，高悬明亮日月是桂冠，崇高之极为九五之尊，准备万物天下使用，建立成就天下之器为天下谋利，只有圣人才能做到。探求幽深，求索隐秘，探索深奥的道理，断定天下之吉凶，成就天下之伟业，非蓍草龟甲莫及。
是故天生神物，圣人则之；天地变化，圣人效之；天垂象，见吉凶，圣人象之；河出图，洛出书④，圣人则之。易有四象，所以示也；系辞焉，所以告也；定之以吉凶，所以断也。	所以天生神奇的蓍草龟甲，圣人用它们来卜筮；圣人效法天地变化；天象呈现吉凶之兆，圣人效仿天；黄河出龙图，洛河现龟书，圣人效仿它。易用四象来表示；将卦爻附上辞告知内涵；判定其吉凶，用来决断。

【注释】

此章专门论说卜筮。

① 夫易何为者也：《正义》："言易之功用。"

② 阖户谓之坤：阖（hé），关闭，合。

③ 钩深致远：《正义》："物在深处，能钩取之；物在远方，能招致之，卜筮能然。"

④ 河出图，洛出书：河指黄河，洛指洛水。

第十二章

原文	意译
《易》曰："自天佑之，吉无不利。"子曰："佑者，助也。天之所助者，顺也。人之所助者，信也。'履信思乎顺'，又以尚贤也。是以'自天佑之，吉无不利'也。"	《易》说："自天佑之，吉无不利。"孔子说："佑是佑助。天助是顺天行道。人助源于诚信。践诺思顺天道，又能崇尚贤人。所以'天会保佑，吉祥而无不利。'"
子曰："书不尽言，言不尽意。"然则圣人之意，其不可见乎？子曰："圣人立象以尽意，设卦以尽情伪，系辞焉以尽其言，变而通之以尽利，鼓之舞之以尽神。乾坤，其《易》之蕴邪①？"	孔子说："书不尽言，言不尽意。"那么圣人的思想就不能呈现了吗？孔子说："圣人设立卦象尽表深意，设置六十四卦尽展万物情态，附上系辞尽其言，化而裁之推而广之尽物利，立象尽意，系辞尽言，尽显神妙。天地乾坤是《易》根源吧。"
乾坤成列，而《易》立乎其中矣。乾坤毁，则无以见《易》。《易》不可见，则乾坤或几乎息矣。是故形而上者谓之道，形而下者谓之器②；化而裁之谓之变，推而行之谓之通；举而错之天下之民谓之事业。	乾坤排列，《易》道变化在乾坤之中。没有乾坤就没有《易》。《易》若不能显现，乾坤或几乎终结了。所以形而上（抽象）称之为道，形而下（具体）称之为器；阴阳变化相互影响称之为变，推广此变化而施行称之为通；推易道并在天下百姓中运用称之为事业。
是故夫象，圣人有以见天下之赜，而拟诸其形容，象其物宜，是故谓之象。圣人有以见天下之动，而观其会通以行其典礼，系辞焉以断其吉凶，是故谓之爻。极天下之赜者存乎卦，鼓天下之动者存乎辞；化而裁之存乎变，推而行之存乎通；神而明之，存乎其人；默而成之，不言而信，存乎德行。	所以，象是圣人揭示天下繁杂万物奥秘形态，模拟万物的画像。圣人们观察到天下万物变化，将其融会贯通，制定其常规法则，添加系辞断定吉凶，称之为爻辞。卦尽天下繁杂万物神妙，爻辞尽发挥天下变化；变是阴阳交错相互影响，通是变通施行；圣人神奇彰显卦象。圣人之德是顺理默行，不言而信。

【注释】

此章主要阐述立象尽意，系辞尽言，《易》之兴废在人事。

① 乾坤，其《易》之蕴邪：蕴（yùn），精蕴，有精华、根源的意思。

② 是故形而上者谓之道，形而下者谓之器：形而上，指无形的道理、法则、精神等。形而下，指有形的事物。

系辞·下

第一章

原文	意译
八卦成列，象在其中矣①。因而重之，爻在其中矣。刚柔相推，变在其中矣。系辞焉而命之②，动在其中矣。	八卦排列组合，囊括宇宙万象。八卦两两重叠，形成六爻之卦。阴阳相互影响生变，世间万变就在其中。每爻添加注解说明吉凶悔吝，如何行动一目了然。
吉凶悔吝者，生乎动者也。刚柔，立本者也。变通者，趣时者也③。	行为产生吉凶悔吝。阴阳是万物之源。变通要随机应变。
吉凶者，贞胜者也④。天地之道，贞观者也。日月之道，贞明者也。天下之动，贞夫一者也。	吉凶以守正为标准。天地之道是正道。日月之道，守正光明。天下万事变化，归结为守正。
夫乾，确然示人易矣。夫坤，隤然示人简矣⑤。爻也者，效此者也。	乾，以刚健示人和易。坤，以柔顺明示简明。爻就是效法乾坤。
象也者，像此者也。爻象动乎内，吉凶见乎外，功业见乎变，圣人之情见乎辞。	象，就是模拟象征万物。爻象在内变化，在事就是吉凶得失，功业在变化中实现，圣人之情展现在卦辞爻辞中。
天地之大德曰生，圣人之大宝曰位⑥。何以守位曰仁，何以聚人曰财，理财正辞，禁民为非曰义。	天地之大德是生息，圣人之大宝是效法天地。仁守地位，财聚众人。理财用之有节，说话守正有理，禁止百姓为非作歹就是义。

【注释】

此章详细解释象爻刚吉凶悔吝功用。

① 八卦成列，象在其中矣：《正义》："言八卦各成列位，万物之象，在八卦之中也。"

② 系辞焉而命之：命，指示。

③ 变通者，趣时者也：趣，通趋。

④ 吉凶者，贞胜者也：《正义》："贞者，正也，一也。"

⑤ 隤然示人简矣：隤（tuí），柔顺、柔弱貌。

⑥ 天地之大德曰生，圣人之大宝曰位：《王注》："施生而不为，故能常生，故曰大德也。""无用则无所宝，有用则有所宝也。"《正义》："圣人大可宝爱者在于位耳，位是有用之地，宝是有用之物，若以居盛位，能广用无疆，故称大宝也。"

第二章

原文	意译
古者包羲氏之王天下也①，仰则观象于天，俯则观法于地，观鸟兽之文，与地之宜，近取诸身，远取诸物，于是始作八卦，以通神明之德，以类万物之情。	古代伏羲氏君临天下，仰观天象，俯效大地，观察鸟兽花纹，以及与地相适应的动植物，近取人体，远选万物，于是创作八卦，通晓神明之美德，模拟万物之情态。
作结绳而为网罟，以佃以渔②，盖取诸离。	伏羲氏用绳结网，用来打猎捕鱼，大概效仿离卦（☲）。
包羲氏没，神农氏作，斫木为耜，揉木为耒，耒耨之利③，以教天下，盖取诸益。	伏羲氏去世后，神农氏为王，削木为犁，曲木为犁柄，教天下百姓犁地除草，可能效仿益卦（☴）。
日中为市，致天下之民，聚天下之货，交易而退，各得其所，盖取诸噬嗑。	正午开市，聚集天下之货物和民众，买卖交易，各取所需后归去，可能效仿噬嗑卦（☲）。
神农氏没，黄帝、尧、舜氏作，通其变，使民不倦；神而化之，使民宜之。易穷则变，变则通，通则久。是以"自天佑之，吉无不利"，黄帝、尧、舜垂衣裳而天下治，盖取诸乾坤。	神农氏离世后，黄帝、尧、舜为王，他们进行变革，让百姓百用不倦，消除神秘，百姓能用。《易》之理，到了极端就生变，变后就通，通则长久。所以"上天福佑，吉祥无不利。"黄帝、尧、舜根据衣服分辨尊贵卑贱，无为而治，可能取象乾（☰）坤（☷）两卦。
刳木为舟，剡木为楫④，舟楫之利，以济不通，致远以利天下，盖取诸涣。	将木头凿成船，削木变成桨，用船渡江河，致远利天下，可能效仿涣卦（☴）。
服牛乘马，引重致远，以利天下，盖取诸随。	服牛乘马牵引重物到远方，天下得利，可能效仿随卦（☱）。
重门击柝，以待暴客，盖取诸豫。	设立重门，敲打木梆巡夜，防止强盗，可能效仿豫卦（☳）。
断木为杵，掘地为臼，臼杵之利，万民以济，盖取诸小过。	截木为杵，挖地为臼，臼杵惠及万民，可能效仿小过卦（☳）。
弦木为弧，剡木为矢，弧矢之利，以威天下，盖取诸睽。	曲木为弓，削木为矢，弓箭威震天下，可能效法睽卦（☲）。
上古穴居而野处，后世圣人易之以宫室，上栋下宇，以待风雨，盖取诸大壮。	远古人们穴居野外，后来圣人变革为住房屋，上有栋梁，下有宇檐，遮风避雨，可能效仿大壮卦（☳）。
古之葬者，厚衣之以薪，葬之中野，不封不树，丧期无数，后世圣人易之以棺椁，盖取诸大过。	古时候埋葬死者，用厚厚的薪柴覆盖，葬在荒野中，不造坟种树，服丧时间不定，后来圣人改用棺椁，可能效仿大过卦（☱）。

原文	意译
上古结绳而治⑤，后世圣人易之以书契，百官以治，万民以察，盖取诸夬。	远古时候人们用结绳记事管理事务，后世圣人换成文字刻木记事，百官用书契治国理政，万民用书契明察其事，可能效仿夬卦（☱）。

【注释】

此章主要阐述圣人效仿自然创作《易》，模仿《易》创造器具利天下。

① 古者包羲氏之王天下也：包羲氏，伏羲氏。

② 作结绳而为网罟，以佃以渔：罟（gǔ），捕鱼的网。佃，捕捉野兽。

③ 斲木为耜，揉木为耒，耒耜之利：斲（zhuó），用刀斧砍。耜(si)，犁头。耒耜，犁柄除草工具。

④ 刳木为舟，剡木为楫：刳，钻凿。剡（yǎn），削。

⑤ 上古结绳而治：郑康成注云："事大大结其绳，事小小结其绳。"

第三章

原文	意译
是故易者，象也。象也者，像也。彖者，材也。爻也者，效天下之动也。	所以《易》就是卦象。卦象就是模拟象征万物。彖辞是解释卦意和构成。爻辞仿效天下万物变化。
是故吉凶生，而悔吝著也。	所以产生吉祥凶险，出现悔恨和忧虑。

【注释】

此章进一步阐述易象彖爻吉凶悔吝功用。

第四章

原文	意译
阳卦多阴，阴卦多阳，其故何也？阳卦奇，阴卦耦①。其德行何也？阳一君而二民，君子之道也。阴二君而一民，小人之道也②。	阳卦多阴爻，阴卦多阳爻，为什么？阳卦是奇数，阴卦是偶数。阴阳德性如何？阳爻以一为君，阴爻以二为民，这是君子之道。阴卦以二为君，以一为民，这是小人之道。

【注释】

此章主要阐述阳卦多阴，阴卦多阳之理。

① 阳卦多阴，阴卦多阳，其故何也？阳卦奇，阴卦耦：《王注》："夫少者，多之所宗；一者，众之所归。阳卦二阴，故奇为之君，阴卦二阳，故耦为之主。"

② 阳一君而二民，君子之道也。阴二君而一民，小人之道也：《正义》："'阳

一君而二民，君子之道'者，夫君以无为统众，无为者，为每事因循，委任臣下，不司其事，故称一也。臣则有事代终，各司其职，有职则有对，故称二也。今阳爻以一为君，以二为民，得其尊卑相正之道，故为君子之道者也。'阴二君而一民，小人之道'者，阴卦则以二为君，是失其正，以一为臣，乖反于理，上下失序，故称小人之道也。"

第五章

原文	意译
《易》曰："憧憧往来，朋从尔思①。"子曰："天下何思何虑？天下同归而殊途，一致而百虑，天下何思何虑？"	《易》说："往来心意不定，朋友们顺从你的想法。"孔子说："天下有什么可思虑的？条条大路通罗马，同归路径不同，同一目标百种考虑，天下有什么思虑的？"
日往则月来，月往则日来，日月相推而明生焉。寒往则暑来，暑往则寒来，寒暑相推而岁成焉。往者屈也，来者信也②，屈信相感而利生焉。	太阳落山则月亮升起，月亮下山则太阳升起，日月往来交替产生光明。寒去则暑来，寒暑交替就是一年。前进要伸缩，返回要伸展，缩展相互作用产生利益。
尺蠖之屈，以求信也。龙蛇之蛰，以存身也③。精义入神，以致用也。利用安身，以崇德也。过此以往，未之或知也。穷神知化，德之盛也。	尺蠖弯曲是为了前行。龙蛇蛰伏是为了生存。先静后动。君子利用此道，安身后动，崇尚其美德。不用此道，微妙难知。格物致知，就是盛德。
《易》曰："困于石，据于蒺藜，入于其宫，不见其妻，凶。"子曰："非所困而困焉，名必辱。非所据而据焉，身必危。既辱且危，死期将至，妻其可得见邪？"	《易》说："受困于坚石之间，又有蒺藜缠绕，回家不见妻子，凶险。"孔子说："不应受困而受困，必然身败名裂。不该依靠却依靠，身必陷入险境。损名且危身，死期要来临，怎么可能见到妻子？"
《易》曰："公用射隼于高墉之上④，获之无不利。"子曰："隼者，禽也，弓矢者，器也，射之者，人也。君子藏器于身，待时而动，何不利之有？动而不括，是以出而不获⑤。语成器而动者也。"	《易》说："王公射立在城墙上的鹰隼，命中无往不利。"孔子说："隼是猛禽，弓矢是武器，射箭者是人。君子绝技在身，等待合适机会显身手，怎么会没有收获呢？君子不鸣则已一鸣惊人。此言告诉我们要练好本事再去行动。"
子曰："小人不耻不仁，不畏不义，不见利而不劝，不威不惩。小惩而大诫，此小人之福也。《易》曰：'履校灭趾，无咎。'此之谓也。"	孔子说："小人不知羞耻，无所畏惧就不会行仁义，不见利不行动，必用刑罚来惩罚才知晓利害。小惩罚使他避免大惩戒，这是小人的福气。《易》噬嗑卦说：'戴上脚镣，砍去脚趾，没有过错。'就是惩小错避大祸。"

· 425 ·

"善不积，不足以成名。恶不积，不足以灭身。小人以小善为无益而弗为也，以小恶为无伤而弗去也，故恶积而不可掩，罪大而不可解。《易》曰：'履校灭耳，凶。'"	"不积善不足以成名；不积恶不足以灭身。小人认为做小善没有好处而不为，做小恶没有伤害而续为，所以不断做坏事招致恶贯满盈，最终罪孽深重难以解救。《易》噬嗑卦上九说：'刑具戴在头上，盖过两耳，大凶。'"
子曰："危者，安其位者也。亡者，保其存者也。乱者，有其治者也。是故君子安而不忘危，存而不忘亡，治而不忘乱。是以身安而国家可保也。《易》曰：'其亡其亡，系于包桑。'"	孔子说："安逸其职位危险。自以为保持长久者灭亡。有乱就有人治。所以君子安不忘危，存不忘亡，平安不忘动乱。如此才能安身保国。《易》否卦说：'国家将要灭亡，将要灭亡，就像系在包桑上一样。'"不断地警戒自己。
子曰："德薄而位尊，知小而谋大，力小而任重，鲜不及矣。《易》曰：'鼎折足，覆公𫗧，其形渥，凶。'言不胜其任也。"	孔子说："德薄而地位尊贵，智短却图谋大事，力小却担负重任，很少不牵累自己的。《易》说：'鼎足折断，食物倾撒，弄脏自身，有凶祸。'这是说不胜其任。"
子曰："知几，其神乎？君子上交不谄，下交不渎，其知几乎？几者动之微，吉之先见者也。君子见几而作，不俟终日。《易》曰：'介于石，不终日，贞吉。'介如石焉，宁用终日？断可识矣，君子知微知彰，知柔知刚，万夫之望。"	孔子说："见几知著算是神奇吧？君子上交不谄媚，下交不怠慢，这是知道几微吧？几是微小的变化，有先见之明是吉祥的。君子见几而行动，不等事情完结。《易》豫卦说：'中正如磐石，始终如一，守正吉祥。'正直坚固，宁守终生，可以断定是智慧，君子见微知著，知柔知刚，万众敬仰。"
子曰："颜氏之子，其殆庶几乎？有不善未尝不知，知之未尝复行也。《易》曰：'不远复，无祗悔，元吉。'"	孔子说："颜氏之子颜回，算是知几吧？有差错很快能察觉，知道了不会犯第二次。《易》复卦说：'走不远就返回，没有到懊悔地步，大吉。'"
天地絪缊，万物化醇⑥。男女构精，万物化生。《易》曰："三人行，则损一人；一人行，则得其友。"言致一也。	天地和融，万物旺盛。雌雄交媾，众物方生。《易》说："三人行，三心二意，则减损一人，一人行，则得其友。"说阴阳和谐重要性。
子曰："君子安其身而后动，易其心而后语，定其交而后求。君子修此三者，故全也。危以动，则民不与也。惧以语，则民不应也。无交而求，则民不与也。莫之与，则伤之者至矣。《易》曰：'莫益之，或击之，立心勿恒，凶。'"	孔子说："君子先安其身然后才有所为，心平气和才言语，先有交情才求人。君子有了这三项修养，才能万无一失。冒险的行动不会有随从，语言威逼百姓不会有响应。没有交情而有求民众不会伸手。若无人理会，则有伤害你的人。《易》说：'没有人帮助，或许遭到攻击，所立志向不会长久，凶险。'"

【注释】

此章主要阐述阴阳日月相推成岁，圣人用其安身盛德。

① 憧憧往来，朋从尔思：憧憧，往来不定或摇曳不定。

② 往者屈也，来者信也：信，伸张，伸。

③ 尺蠖之屈，以求信也。龙蛇之蛰：尺蠖，尺蛾的幼虫，行动时一屈一伸像个拱桥。蛰，动物冬眠。

④ 公用射隼，于高墉之上：隼，猛禽，嘴短而宽，上嘴弯曲并有齿状突起。墉，城墙，高墙。

⑤ 天地絪缊，万物化醇：絪缊，古代指天地阴阳二气交互作用的状态，现在指云烟弥漫、气氛浓盛。醇，纯粹，纯正，香醇。

第六章

原文	意译
子曰："乾坤，其易之门邪？"乾，阳物也；坤，阴物也。阴阳合德而刚柔有体，以体天地之撰，以通神明之德①。其称名也杂而不越②。于稽其类，其衰世之意邪？	孔子说："乾坤两卦是《易》的门户？"乾为阳；坤为阴。阴阳和谐，刚柔有规则，用来体察天地之道，通晓出神入化之德。其名称杂而有理。考察其涉及的事类，有衰世之意？
夫易，彰往而察来，而微显阐幽，开而当名，辨物正言，断辞则备矣。其称名也小，其取类也大。其旨远，其辞文，其言曲而中，其事肆而隐，因贰以济民行③，以明失得之报。	《易》彰显过去预知未来，使细微变得显著阐发宇宙奥秘，翻开《易》可以知道卦名，明辨万物和准确的断语，断辞完美。所涉及的名物虽少，但代表的种类多。意义深远，爻辞象辞文辞委婉而中肯，所涉及的事易懂而有内涵，它用失得指导民众行为，明察得失之道。

【注释】

此章主要阐述《易》之用途，理深邃，民可用，失得之报。

① 以体天地之撰，以通神明之德：撰，事。《正义》："万物变化，或生或成，是神明之德。"

② 其称名也，杂而不越：《正义》："万事论说，故辞理杂碎，各有伦叙，而不相乖越。"

③ 因贰以济民行：贰，二也，谓吉凶、失得。

第七章

原文	意译
易之兴也，其于中古乎？作易者，其有忧患乎？	《易》之兴起，大概是在中古时代吧？《易》的作者有忧患意识？

· 427 ·

原文	意译
是故履，德之基也。谦，德之柄也。复，德之本也。恒，德之固也。损，德之修也。益，德之裕也。困，德之辨也。井，德之地也。巽，德之制也。	因此，履卦是德之根基。谦卦是德之抓手。复卦是德之根本。恒卦是德之持久。损卦是德之修养。益卦是德之宽容。困卦是德之辨别。井卦是德之泽养。巽卦是德之原则。
履和而至，谦尊而光，复小而辨于物，恒杂而不厌，损先难而后易，益长裕而不设，困穷而通①，井居其所而迁，巽称而隐②。	履卦和谐事成，谦卦谦卑德尊，复卦初微辨物，恒卦物杂守正，损卦减损先难后易，益卦益物兴务不虚，困卦处穷守其道，井卦安居不移施惠于外，巽卦不知不觉宣扬政令。
履以和行，谦以制礼，复以自知，恒以一德，损以远害，益以兴利，困以寡怨，井以辨义，巽以行权。	履卦教人以和谐做事，谦卦是教人以礼自制，复卦是教人回归本性，恒卦是教人美德恒久，损卦是教人修身远害，益卦是教人益物益己，困卦是教人守节无怨，井卦是教人施而无私，巽卦是教人顺时权行。

【注释】

此章主要阐述《易》产生于忧患，所以需要修德避患，用履履谦复恒损益，德之裕也；困井巽九卦说明如何修德。

① 困，穷而通：《王注》："处穷而不屈其道也。"

② 巽，称而隐：《王注》："称扬命令，而百姓不知其由也。"

第八章

原文	意译
易之为书也不可远①，为道也屡迁，变动不居，周流六虚②，上下无常，刚柔相易，不可为典要，唯变所适③。	《易》不可远离阴阳妄为，易道阴阳不断变化，阴阳变动不拘一体，阴阳遍布六位。其变化不是僵化的，系统地看，上下位没有常规，阴阳交易没有固定模式，唯有随机应变。
其出入以度，外内使知惧④，又明于忧患与故，无有师保，如临父母。初率其辞而揆其方，既有曲常，苟非其人，道不虚行。	出入行藏有度不违时，无论隐显都要戒惧谨慎，同时清楚忧患原因，不需老师教导，如父母在旁。开始依循文辞，揣度其理，就会找到《易》之规律。如果不是这样，《易》道不会凭空流行。

【注释】

此章阐述创作《易》要点及用途。

① 易之为书也，不可远：不可远，《正义》："言《易》之书体，皆仿法阴阳，拟议而动，不可远离阴阳物象而妄为也。"远，朱熹注解为忘。

② 变动不居，周流六虚：变动不居，《正义》："言阴阳六爻，更互变动，不

恒居一体也。"周流六虚,《正义》:"言阴阳周遍,流动在六位之虚。"朱熹注解:阴阳流行于卦之六位。虚,《正义》:"位本无体,因爻始见,故称'虚'也。"《集解》引虞翻曰:"六虚,六位也。"

③ 上下无常,刚柔相易,不可为典要,唯变所适:上下无常,《正义》:"初居一位,又居二位,是上无常定也。既穷上位之极,又下来居于初,是上下无常定也。"刚柔相易,不可为典要。《正义》:"言阴阳六爻,两相交易,或以阴易阳,或以阳易阴,或在初位相易,在二位相易,六位错综上下,所易者不同,是不可为典常要会也。"

④ 其出入以度,外内使知惧:《王注》:"出入犹行藏,外内犹隐显。"

第九章

原文	意译
易之为书也,原始要终,以为质也。六爻相杂,唯其时物也。其初难知,其上易知,本末也。初辞拟之,卒成之终。	《易》这部书,其本质是探究万物始终。六爻相互交错变化,依据时和事判定吉凶。初爻难知,上爻易晓,由于事物开始和结束。先拟定初爻之辞,然后按照顺序拟定其他爻辞,上爻是卦之终结。
若夫杂物撰德①,辨是与非,则非其中爻不备②。噫!亦要存亡吉凶,则居可知矣。知者观其彖辞,则思过半矣。	言天下繁杂万物,认知其本性,分辨是非,必须统筹考虑二、三、四、五中爻才完备。啊!要判定此卦存亡吉凶,观中爻豁然开朗。聪明贤达之人揣摩深思彖辞,可知晓大半。
二与四同功而异位③,其善不同。二多誉,四多惧,近也。柔之为道,不利远者。其要无咎,其用柔中也。三与五同功而异位,三多凶,五多功,贵贱之等也。其柔危,其刚胜邪。	二爻和四爻,同属阴位,但其地位不同(二是大夫之位,四是诸侯之位),吉祥程度有别。二爻处中多赞誉,由于接近君王四爻多警惧。阴柔之道利近不利远,关键是没有过失,阴柔居中。三爻和五爻同为阳刚,其地位不同(三是三公之位,五是君王之位),三爻多凶,五爻多功,贵贱有别。阳位若阴柔处之则危险,阳刚处之则吉祥。

【注释】

此章阐述《易》中辞如何揣摩运用。

① 若夫杂物撰德:撰,叙述,编撰。

② 则非其中爻不备:中爻,除初爻、上爻之外的爻,二三四五爻。

第十章

原文	意译
易之为书也,广大悉备。有天道焉,有人道焉,有地道焉。兼三才而两之,故六①。六者,非它也,三才之道也。	《易》之书,广大无所不包。有天道、人道和地道。两爻组成一道,所以一卦六爻。六爻指三才之道。
道有变动,故曰爻。爻有等,故曰物②。物相杂,故曰文。文不当,故吉凶生焉。	三才之道有变化,模拟其称为爻。爻有阴阳贵贱等级,象征万物种类。万物错杂形成各种现象叫文。文不合理,就产生吉凶。

【注释】

此章阐述三才和六爻相互作用之道。

① 兼三才而两之,故六:三才,指天、人、地。一卦有六爻,上两爻指天,中两爻为人,初两爻地。三画之卦,初爻为地,中爻为人,上爻为天。

② 爻有等,故曰物:等,类也。物,万物,事物。

③ 二与四同功而异位:位,在卦中每爻地位不同,初爻是士位,二爻大夫之位,三爻三公之位,四爻诸侯之位,五爻君王之位,六爻上庙之位。

第十一章

原文	意译
易之兴也,其当殷之末世,周之盛德邪?当文王与纣之事邪?	《易》之创作在殷商末世,周朝道德兴盛时代?周文王被商纣王囚禁时代?
是故其辞危。危者使平,易者使倾①,其道甚大,百物不废②。惧以终始,其要无咎,此之谓易之道也。	所以爻辞采用化险为夷、居安思危手法,充满了忧惧,《易》之道非常广大,放之四海而皆准。惧终戒始,主旨是没有差错,这就是《易》之道。

【注释】

此章阐述《易》可能产生在纣王末世,其理由是爻辞充满了忧患意识。

① 易者使倾:倾,倾斜,危险。

② 百物不废:废,废弃。

第十二章

原文	意译
夫乾,天下之至健也,德行恒易以知险。夫坤,天下之至顺也,德行恒简以知阻。	乾是天下最刚健的,其德生生不息,知道大险。坤是天下最柔顺的,其德厚德载物,明察小难。

能说诸心，能研诸侯之虑，定天下之吉凶，成天下之亹亹者①。	《易》能和悦万物，能精释各种疑虑，判定天下吉凶祸福，成就天下勤勉之人伟业。
是故变化云为②，吉事有祥。象事知器，占事未来。	所以，言行变化，吉事有祥兆。观象知道造物方法，深研卜筮可预知未来。
天地设位，圣人成能。人谋鬼谋，百姓与能③。	圣人依据天地设立贵贱之位，万物各呈其功。得失不思自明，吉凶不研自显，连百姓都能乐而不厌。
八卦以象告，爻象以情言，刚柔杂居，而吉凶可见矣。	八卦以卦象告知，爻辞和象辞以妙语展现，刚柔交错变化，吉凶可见。
变动以利言，吉凶以情迁，是故爱恶相攻而吉凶生。远近相取而悔吝生，情伪相感而利害生④。凡易之情，近而不相得则凶。或害之，悔且吝。	变动以利而言，吉凶唯人而动，所以喜欢和憎恶相互攻击产生吉凶。远近相互呼应产生悔吝，真情与虚伪相互感应产生利害。《易》之道，两爻相近而不相得凶。或者有灾祸、悔恨和过失。
将叛者其辞惭⑤，中心疑者其辞枝，吉人之辞寡，躁人之辞多，诬善之人其辞游，失其守者其辞屈。	欲谋叛者言辞问心有愧，心疑者杂乱无章，吉善者直言寡语，浮躁者滔滔不绝，诬陷者浮游不实，失操者理屈词穷。

【注释】

此章在赞美《易》的同时，指出不同的辞是根据爱恶等产生吉凶悔吝而撰写的。

① 成天下之亹亹者：亹亹，勤勉不断。

② 变化云为：云为，言行。

③ 人谋鬼谋，百姓与能：《王注》："人谋，况议于众以定失得也；鬼谋，况寄卜筮以考吉凶也。不役思虑，而失得自明；不劳探讨，而吉凶自著。类万物之情，通幽深之故，故百姓与能，乐推而不厌也。"《集解》引朱仰之曰："人谋，谋及卿士。鬼谋，谋及卜筮也。又谋及庶民，故曰'百姓与能'。"

④ 情伪相感而利害生：情伪，实情与虚伪。

⑤ 将叛者，其辞惭：惭，惭愧。

说卦

第一章

原文	意译
昔者圣人之作易也，幽赞神明而生蓍。	从前圣人创作《易》，发明蓍草占筮方法，彰显神明之道。
参天两地而倚数，观变于阴阳而立卦，发挥于刚柔而生爻，和顺于道德而理于义，穷理尽性以至于命。	天三地奇二偶创立阴阳数，观察天地阴阳变化创设卦，爻在其中刚柔尽变，上和圣人之德，下顺人伦正义，格物尽性，达到天性。

第二章

原文	意译
昔者圣人之作易也，将以顺性命之理。是以立天之道曰阴与阳，立地之道曰柔与刚，立人之道曰仁与义。兼三才而两之，故易六画而成卦。分阴分阳，迭用柔刚，故易六位而成章。	从前圣人创作《易》，是用来顺应本性及天理。所以立天之道—阴与阳，立地之道—柔与刚，立人之道—仁与义。天地人各两爻形成一卦，《易》之卦由六爻组成。阴与阳、柔与刚交错，六爻成卦定位有章法。

第三章

原文	意译
天地定位，山泽通气，雷风相薄，水火不相射。	天地定位，山泽两气相融，雷风相互交错，水火相背相资。
八卦相错。数往者顺，知来者逆，是故易逆数也。	八卦相互交错。溯往知来，所以《易》是用来预测未来的学问。

第四章

原文	意译
雷以动之，风以散之，雨以润之，日以烜之。	雷（震）鼓动万物，风（巽）播散万物，雨（坎）湿润万物。日（离）照耀万物。
艮以止之，兑以说之，乾以君之，坤以藏之。	艮（山）止息万物，兑（泽）悦于万物，乾（天）主宰万物，坤（地）承载万物。

第五章

原文	意译
帝出乎震，齐乎巽，相见乎离，致役乎坤，说言乎兑，战乎乾，劳乎坎，成言乎艮。	创造万物在震，整齐万物在巽，万物相见在离，役养万物在坤，和悦万物在兑，阴阳相成在乾，纳物勤劳在坎，定成万物在艮。

原文	意译
万物出乎震，震，东方也。齐乎巽，巽，东南也。齐也者，言万物之絜齐也。离也者，明也，万物皆相见，南方之卦也。圣人南面而听天下，向明而治，盖取诸此也。	万物初始于震，震是东方。整齐于巽，巽是东南方。齐是悦万物完备整齐。离就是光明，令万物显现，是南方之位。圣人坐北向南听治天下，向明而治，可能来源于此。
坤也者，地也，万物皆致养焉，故曰"致役乎坤"。兑，正秋也，万物之所说也，故曰"说言乎兑"。战乎乾，乾，西北之卦也，言阴阳相薄也。	坤是地，生养万物，所以说"致役乎坤"。兑是正秋，万物喜悦，所以"说言乎兑"。阴阳相成在乾，乾是西北方之卦，所以说"阳阴相博弈"。
坎者，水也，正北方之卦也，劳卦也，万物之所归也，故曰"劳乎坎"。艮，东北之卦也，万物之所成，终而所成始也，故曰"成言乎艮"。	坎是水，是正北方之卦，劳役之卦，是万物归属之地，所以说"劳乎坎"。艮是东北方之卦，万物成功终始之地，所以说"成言乎艮"。

第六章

原文	意译
神也者，妙万物而为言者也。动万物者莫疾乎雷，挠万物者莫疾乎风，燥万物者莫熯乎火，说万物者莫说乎泽，润万物者莫润乎水，终万物、始万物者莫盛乎艮。	所谓神就是描绘万物的奇妙。震动万物没有超过雷霆的，扰动万物风是第一，干燥万物火是冠军，喜悦万物没有超过湖泽的，滋润万物非水莫属，终始万物艮登峰造极。
故水火相逮，雷风不相悖，山泽通气，然后能变化，既成万物也。	所以水火相背相资，雷风不相悖，山泽气相通，六者相互交错变化，成就万物。

第七章

原文	意译
乾，健也。坤，顺也。震，动也。巽，入也。坎，陷也。离，丽也。艮，止也。兑，说也。	乾为刚健。坤为柔顺。震为震动。巽为进入。坎为陷阱。离为靓丽。艮为止息。兑为喜悦。

第八章

原文	意译
乾为马，坤为牛，震为龙，巽为鸡，坎为豕，离为雉，艮为狗，兑为羊。	以动物而言，乾为马，坤为牛，震为龙，巽为鸡，坎为猪，离野鸡，艮为狗，兑为羊。

第九章

原文	意译
乾为首，坤为腹，震为足，巽为股，坎为耳，离为目，艮为手，兑为口。	以人而言，乾为头，坤为腹，震为足，巽大腿，坎为耳，离为目，艮为手，兑为口。

第十章

原文	意译
乾，天也，故称父。坤，地也，故称母。震一索而得男，故谓之长男。巽一索而得女，故谓之长女。坎再索而得男，故谓之中男。离再索而得女，故谓之中女。艮三索而得男，故谓之少男。兑三索而得女，故谓之少女。	乾（☰）是天，称为父。坤（☷）是地，称为母。震（☳）是长男，是坤第一爻变阳而得。巽（☴）为长女，是乾第一爻变阴而得。坎（☵）为中男，是坤第二爻变阳而来。离（☲）为中女，是从乾第二爻变阴而得。艮（☶）为少男，是从坤第三爻变阳而来。兑（☱）为少女，是从乾第三爻变阴而来。

第十一章

原文	意译
乾为天，为圜，为君，为父，为玉，为金，为寒，为冰，为大赤，为良马，为瘠马，为驳马，为木果。	乾象征：天，圆，君王，父亲，金，寒，冰，大红，良马，瘦马，杂色马，树果。
坤为地，为母，为布，为釜，为吝啬，为均，为子母牛，为大舆，为文，为众，为柄，其于地也为黑。	坤象征：地，母亲，货币，锅，吝啬，均匀，小母牛，大车，花样，众人，把柄，就地而言是黑色的。
震为雷，为龙，为玄黄，为旉，为大涂，为长子，为决躁，为苍筤竹，为萑苇。其于马也为善鸣，为馵（zhù）足，为的颡。其于稼也，为反生。其究为健，为蕃鲜。	震象征：雷，龙，天地色，花朵，大路，长子，急躁，幼竹，芦荻苇子。对于马而言，善鸣，后左蹄子白色，白额头。对于庄稼而言，根茎类。变到最后为阳刚乾卦，茂盛鲜明。
巽为木，为风，为长女，为绳直，为工，为白，为长，为高，为进退，为不果，为臭。其于人也为寡发，为广颡，为多白眼，为近利市三倍。其究为躁卦。	巽象征：木，风，长女，准绳，工匠，白，长，高，进退，不果，气味。对于人而言，寡发，大脑袋，白眼，利润丰厚。变到最后为震卦。
坎为水，为沟渎，为隐伏，为矫輮，为弓轮。其于人也为加忧，为心病，为耳痛，为血卦，为赤。其于马也为美脊，为亟心，为下首，为薄蹄，为曳。其于舆也为多眚。为通，为月，为盗。其于木也为坚多心。	坎象征着：水，沟渠，隐伏，可弯直，弓轮。对人而言，多忧，心病，耳痛，血象，红色。对马而言，美脊，急躁，头低，薄蹄，肯拉车。对于车而言，多灾。通行，月亮，强盗。对于木而言，内坚硬。
离为火，为日，为电，为中女，为甲胄，为戈兵。其于人也为大腹，为干卦。为鳖，为蟹，为蠃，为蚌，为龟。其于木也为科上槁。	离象征：火，日，电，中女，甲胄，戈兵。就人而言，为大腹，为干燥。鳖，蟹，蠃虫（裸露无毛无鳞的生物，如蚯蚓），蚌，龟。就树木而言，干枯死树。
艮为山，为径路，为小石，为门阙，为果蓏，为阍寺，为指，为拘，为鼠，为黔喙之属。其于木也为坚多节。	艮象征：山，径路，小石，门阙，草本果实，守门人，手指，伸缩物，鼠，黑嘴禽兽类。对于木而言，坚硬多节。
兑为泽，为少女，为巫，为口舌，为毁折，为附决。其于地也刚卤，为妾，为羊。	兑象征：泽，少女，巫，口舌，毁折，脱落。就地而言坚硬多盐碱，为妾，为羊。

· 434 ·

序卦

原文	意译
有天地，然后万物生焉。盈天地之间者唯万物，故受之以《屯》。屯者，盈也。物之始生也。物生必蒙，故受之以《蒙》。蒙者，蒙也，物之稚也。物稚不可不养也，故受之以《需》。需者，饮食之道也。饮食必有讼，故受之以《讼》。	先有天地，后生万物。万物充盈天地之间，所以接着是屯卦。屯就是万物始生，充满天地。事物刚出生一定懵懂无知，所以接着就是蒙卦。蒙就是蒙昧，事物尚处于幼小。事物稚嫩要养育，所以接着是需卦。需卦是说饮食养生之道。饮食不公难免争执，所以接着就是讼卦。
讼必有众起，故受之以《师》。师者，众也。众必有所比，故受之以《比》。比者，比也。比必有所畜，故受之以《小畜》。物畜然后有礼，故受之以《履》。履者，礼也。履而泰然后安，故受之以《泰》。泰者，通也。物不可以终通，故受之以《否》。物不可以终否，故受之以《同人》。与人同者物必归焉，故受之以《大有》。有大者不可以盈，故受之以《谦》。	争讼定有众人相随，接着就是师卦。师就是众起。众起必有亲比，所以接着就是比卦。比卦就是亲比，亲比之后一定有所积蓄，所以接着是小畜卦。物丰宜用有礼，所以接着是履卦。履就是礼。有礼则平安，所以接着是泰卦。泰是通泰。万物不可能长泰，所以接着是否卦。万物不能长久闭塞不通，所以接着是同人卦。与人大同者，万物必归服他，所以接着是大有卦。大有者不可以自满，所以接着是谦卦。
有大而能谦必豫，故受之以《豫》。豫必有随，故受之以《随》。以喜随人者必有事，故受之以《蛊》。蛊者，事也。有事而后可大，故受之以《临》。临者，大也。物大然后可观，故受之以《观》。可观而后有所合，故受之以《噬嗑》。嗑者，合也。物不可苟合而已，故受之以《贲》。贲者，饰也。致饰然后亨则尽矣，故受之以《剥》。	大有且谦虚一定快乐，所以接着是豫卦。快乐一定有人跟随，所以接着是随卦。喜悦追随必定出事，所以接着是蛊卦。蛊就是多事。多事生大业，所以接着是临卦。临就是盛大，物大可以观赏，所以接着是观卦。观赏以后有所融合，所以接着是噬嗑卦。嗑是啮合的意思。万物不可以苟且求合，所以接着是贲卦。贲就是修饰。修饰至极亨通沦丧，所以接着是剥卦。
剥者，剥也。物不可以终尽，剥穷上反下，故受之以《复》。复则不妄矣，故受之以《无妄》。有无妄，物然后可畜，故受之以《大畜》。物畜然后可养，故受之以《颐》。颐者，养也。不养则不可动，故受之以《大过》。物不可以终过，故受之以《坎》。坎者，陷也。陷必有所丽，故受之以《离》。离者，丽也。	剥卦就是剥落。事物不可以终久剥落，剥落至极必定回返，所以接着是复卦。恢复就不妄为，所以接着是无妄卦。无妄就可以积蓄，所以接着是大畜卦。物丰可以养人，所以接着是颐卦。颐就是养。过养则厚，所以接着是大过卦。事物不可以始终大过，所以接着是坎卦。坎就是陷阱。陷阱必有绚丽诱饵，所以接着是离卦。离是附丽。

有天地，然后有万物；有万物，然后有男女；有男女，然后有夫妇；有夫妇，然后有父子；有父子，然后有君臣；有君臣，然后有上下；有上下，然后礼义有所错。夫妇之道，不可以不久也，故受之以《恒》。恒者，久也。物不可以久居其所，故受之以《遁》。遁者，退也。物不可以终遁，故受之以《大壮》。物不可以终壮，故受之以《晋》。	有天地，然后有万物；有万物，然后有男女；有男女，然后有夫妇；有夫妇，然后有父子；有父子然后有君臣；有君臣，然后有上下；有上下，然后设定礼义分尊卑。夫妇之道，不可以不久也，所以接着是恒卦。恒是长久。事物不可能长居不变，所以接着就是遁卦。遁就是退。物不可能始终退，所以接着就是阳盛阴消大壮卦。事物不可能长久壮盛，所以紧接着就是晋卦。
晋者，进也。晋必有所伤，故受之以《明夷》。夷者，伤也。伤于外者必反于家，故受之以《家人》。家道穷必乖，故受之以《睽》。睽者，乖也。乖必有难，故受之以《蹇》。蹇者，难也。物不可以终难，故受之以《解》。解者，缓也。缓必有所失，故受之以《损》。损而不已必益，故受之以《益》。益而不已必决，故受之以《夬》。夬者，决也。决必有所遇，故受之以《姤》。姤者，遇也。	晋卦是以柔而进。前进必定有所伤害，所以接着是明夷卦。夷就是受伤。在外受伤必定回家，所以接着是家人卦。家道困穷一定乖违，所以接着是睽卦。睽就是乖违。乖违必定有灾祸，所以接着是蹇卦。蹇就是灾难。事物不可能长久有灾祸，所以接着是解卦。解卦就是解难。解难必有所失，所以接着是损卦。损而不止必有增益，所以接着是益卦。增益不止盈满必溃决，所以接着是夬卦。夬卦是以正决邪。对决必定有喜遇，所以接着是姤卦。姤是相遇。
物相遇而后聚，故受之以《萃》。萃者，聚也。聚而上者谓之升，故受之以《升》。升而不已必困，故受之以《困》。困乎上者必反下，故受之以《井》。井道不可不革，故受之以《革》。革物者莫若鼎，故受之以《鼎》。主器者莫若长子，故受之以《震》。震者，动也。物不可以终动，止之，故受之以《艮》。艮者，止也。物不可以终止，故受之以《渐》。渐者，进也。进必有所归，故受之以《归妹》。得其所归者必大，故受之以《丰》。	万物相遇后会聚，所以接着是萃卦。萃就是聚合。聚集而向上叫升，所以接着是升卦。上升不止必遇困难，所以接着是困卦。极端受困必有好转，所以接着是井卦。井久则秽必须革弊，所以接着是革卦。革物没有超过鼎的，所以接着是鼎卦。主器者就是长子，所以接着是震卦（震即长子）。震就是震动。万物不能长久震动必止息，所以接着是艮卦。艮就是停止。物不可以终久止息，所以接着是渐卦。渐卦就是循序渐进。前进必有归宿，所以接着是归妹卦。能够娶亲者一定强大，所以接着是丰卦。
丰者，大也。穷大者必失其所居，故受之以《旅》。旅而无所容，故受之以《巽》。巽者，入也。入而后说之，故受之以《兑》。兑者，说也。说而后散之，故受之以《涣》。涣者，离也。物不可以终离，故受之以《节》。节而信之，故受之以《中孚》。有其信者必行之，故受之以《小过》。有过物者必济，故受之以《既济》。物不可穷也，故受之以《未济》，终焉。	丰卦就是盛大。盛大至极必失所居，所以接着是旅卦。旅居于外无所不容，所以接着是巽卦。巽卦就是顺入。顺入后喜悦，所以接着是兑卦。兑卦是喜悦。喜悦至极离散，所以接着是涣卦。涣卦就是离散。万物不会长久离散，所以接着是节卦。节制有诚信，所以接着是中孚卦。有诚信实践必稍过承诺，所以接着是小过卦。略有超过事物必成功，所以接着是既济卦。万物不可能穷尽其功，所以接着是未济卦，《易》六十四卦终始。

杂卦

原文	意译
《乾》刚《坤》柔，《比》乐《师》忧。《临》、《观》之义，或与或求。《屯》见而不失其居，《蒙》杂而著。《震》，起也。《艮》，止也。《损》、《益》盛衰之始也。《大畜》，时也。《无妄》，灾也。	乾卦刚健，坤卦柔顺。比卦亲比快乐，师卦动众忧愁。临卦以我临物，观卦物来观我。屯卦是事物开始不失所贞，蒙卦是始昧终正。震卦是兴起。艮卦是停止。损卦和益卦是盛衰之始。大畜卦是因时蓄积而大。无妄卦是预防无妄之灾。
《萃》聚而《升》不来也，《谦》轻而《豫》怠也。《噬嗑》，食也。《贲》，无色也。《兑》见而《巽》伏也。《随》，无故也。《蛊》，则饬也。	萃卦是聚集，升卦是上升而不归，谦卦是谦虚不自大，豫卦是快乐防怠。噬嗑是消灭异己。贲卦是饰极无华。兑卦是喜形于外，巽卦是谦卑和顺。随卦是适时诚随无灾。蛊卦是谨慎治理弊端。
《剥》，烂也。《复》，反也。《晋》，昼也。《明夷》，诛也。《井》通而《困》相遇也。《咸》，速也。《恒》，久也。《涣》，离也。《节》，止也。《解》，缓也。《蹇》，难也。《睽》，外也。《家人》，内也。《否》、《泰》反其类也。《大壮》则止，《遁》则退也。	剥卦是剥烂。复卦是复正。晋卦是光明。明夷卦是埋没光明。井卦是养人通达，困卦是安遇节制。咸卦是感应不行而至。恒卦是日照永恒长久。涣卦是离散。节卦是节制有度。解卦是缓解除灾。蹇卦是面临险境。睽卦是违背而见外。家人卦是女正而在内。否卦是否极泰来，泰卦是泰极否来。大壮卦是强壮适可，遁卦是退避隐退。
《大有》，众也。《同人》，亲也。《革》，去故也。《鼎》，取新也。《小过》，过也。《中孚》，信也。《丰》，多故也。亲寡《旅》也。《离》上而《坎》下也。《小畜》，寡也。《履》，不处也。	大有卦是拥多而大。同人卦是彼此同心。革卦是去旧。鼎卦是布新。小过卦是阴稍过阳。中孚卦是信及豚鱼。丰卦是丰盛多事。旅卦是旅外少亲。离卦是火向上，坎卦是水润下。小畜卦是蓄少难兼济。履卦谦卑不正也吉祥。
《需》，不进也。《讼》，不亲也。《大过》，颠也。《姤》，遇也，柔遇刚也。《渐》，女归，待男行也。《颐》，养正也。《既济》，定也。《归妹》，女之终也。《未济》，男之穷也。《夬》，决也，刚决柔也，君子道长，小人道忧也。	需卦是畏险而止。讼卦是争诉不亲。大过卦本末弱将覆。姤卦是不期而遇。渐卦是女待男按礼迎娶。颐卦是养生养正。既济卦是六爻位定。归妹卦是女从一而终。未济卦刚柔失位道未成。夬卦是对决小人，君子之道渐增，小人之道渐消。

· 437 ·

六十四卦表

八卦上卦／八卦下卦	☰ 乾天	☷ 坤地	☱ 兑泽	☶ 艮山	☳ 震雷	☴ 巽风	☵ 坎水	☲ 离火
☰ 乾天	1.乾	11.泰	43.夬	26.大畜	34.大壮	9.小畜	5.需	14.大有
☷ 坤地	12.否	2.坤	45.萃	23.剥	16.豫	20.观	8.比	35.晋
☱ 兑泽	10.履	19.临	58.兑	41.损	54.归妹	61.中孚	60.节	38.睽
☶ 艮山	33.遁	15.谦	31.咸	52.艮	62.小过	53.渐	39.蹇	56.旅
☳ 震雷	25.无妄	24.复	17.随	27.颐	51.震	42.益	3.屯	21.噬嗑
☴ 巽风	44.姤	46.升	28.大过	18.蛊	32.恒	57.巽	48.井	50.鼎
☲ 离火	13.同人	36.明夷	49.革	22.贲	55.丰	37.家人	63.既济	30.离
☵ 坎水	6.讼	7.师	47.困	4.蒙	40.解	59.涣	29.坎	64.未济

注：

1. 64卦是由八卦两两上下组合形成的，如同人卦（☲）就是下离（☲）上乾（☰）组合而成。

2. 卦的前面数字表示此卦在64卦中的卦序，如"25.无妄"表示无妄卦的卦序为25。通过此数字可以迅速找到该卦阐释。

3. 查阅卦时，分别找出上卦（最上横向排列）和下卦（最左竖向排列），如上坤（☷）垂直向下划线，下坎（☵）水平向右划线，两线交叉点就是师卦（䷆）。

《易》基础知识

《汉书·艺文志》说："(《易》)人更三圣，世历三古。"上古伏羲依据燧皇之图创立八卦后，经过中古周文王、周公旦（周公）父子和近古孔子丰富完善，《易》逐渐成熟。伏羲创作《易》之初有象无字，周文王添加了卦辞，周公旦添注了爻辞，于是《易》成为象字并存的书。孔子在此基础上创作《十翼》，给《易》安上了飞翔的翅膀，为《易》广泛流传注入了强大的引擎。历经六千余年沧桑绵延不断，经过百家圣贤传注不断探索阐释，《易》生生不息，枝繁叶茂。《易》理论之根扎得更深，实践之果结得更大，堪称世界传奇。

《易》已经被神化到无与伦比的程度。《系辞》称《易》为天下"至精""至神"；"易，圣人之所以极深而研几也。唯深也，故能通天下之志；唯几也，故能成天下之务；唯神也，故不疾而速，不行而至。"《易》"广大悉备，有天道焉，有人道焉，有地道焉"，成为"推天道以明人事"的神奇圣经。如今，《易》在继承其初卜预测功能基础上，不断地向更深度更广度扩展。《易》已经发展为集数学、伦理、政治、历史、符号等为一体的具有中国特色的哲学，并继续向多个领域渗透。我相信其顽强的生命力，它仍然会与时俱进，彰显其神奇与功效。本人尝试将《易》之理应用到水领域，为水安上《易》之翅膀，阐释"水道"，人水合一，更好地认识水，与水融合相处。

为了顺利阅读《易》，现将其有关基础知识简要介绍。

1、三易

《易》相传有三种，即《连山》《归藏》和《周易》。前两种已经佚失不全，《周易》等同《易经》。周有两种说法：一是周备，即无所不包；二指周文王、周公父子。《易》有三义：简易、变易和不易。简易就是简单容易，易知易行；变易就是变动、变化，随时发生变化；不易就是永远不变，如天尊地卑，以及《易》所揭示的宇宙人生之哲理永恒。

2、太极、两仪、四象

太极：描述天地未开、混沌未明之前的状态，可以借用《吕氏春秋》的话解释："其大无外，其小无内。"解释太极著作颇多，曾仕强教授将其通俗地解释为："太极就是宇宙万物万象共同的基因。"即宇宙万物共同生存的平台。也可以将"太极"理解为"道可道，非常道"中的"道"。

· 440 ·

两仪：解释有多种，通常指阴阳。在《易》中用阳爻、阴爻来表示。阳爻用符号"—"表示，阴爻用符号"--"来表示。阳代表天，阳刚。阴代表地，柔顺。古人将天地万物、世间万事抽象为由阴阳构成。

四象：两仪生四象。四象指少阳、太阳、少阴、太阴，分别代表春、夏、秋、冬四季。对事物而言，指生、长、老、死等。

上述可以用下图来表示①。

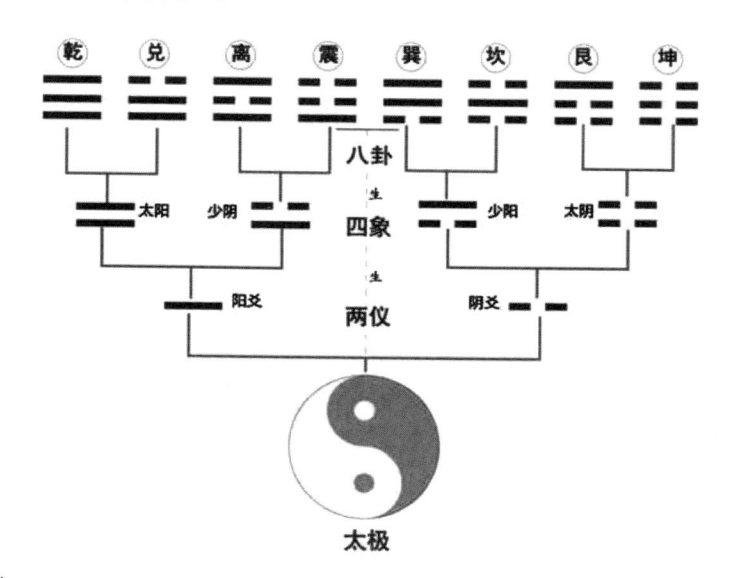

3、八卦

八卦为伏羲始作，包括：☰（乾天），☷（坤地），☳（震动），☶（艮山），☲（离火），☵（坎水），☱（兑泽），☴（巽风）。八卦口诀：乾三连，坤六断，震仰盂，艮覆碗，离中虚，坎中满，兑上缺，巽下断。

4、六十四卦

八卦上下两两组合，最终形成六十四卦，象征宇宙人世发展变化的法则与现象。如未济卦（䷿）就是离（☲）上坎（☵）下组成的卦，卦象是火在水上，象征事业未成，还需继续努力。

5、爻序

卦中爻的性质和顺序表达如下：阳爻曰九，阴爻曰六。卦的顺序由下而上，最下称初，初始，以上依次为二、三、四、五，第六爻称上，在卦最上端。表示爻顺序时，"九""六"在前，如九四、六二，这一点要注意。乾卦、坤卦有

---

① 资料来源：国易堂，https://www.guoyi360.com。

用九、用六，"用"专用于乾坤卦，凸显其特殊。

6、爻、位等

爻、位等见下表。

爻	阴阳位	贵贱位	当位否	例卦	天地人位	爻位
上爻	阴位	宗庙	阳占阴位，不当位	▬▬	天位，阴阳	上卦上
五爻	阳位	天子	阴占阳位，不当位	▬ ▬		上卦中
四爻	阴位	诸侯	阳占阴位，不当位	▬▬	人位，仁义	上卦初
三爻	阳位	三公	阳占阳位，当位	▬▬	人位，仁义	下卦上
二爻	阴位	大夫	阴占阴位，当位	▬ ▬	地位，柔刚	下卦中
初爻	阳位	元士	阴占阳位，不当位	▬ ▬		下卦初

说明：

① 《乾凿度》认为：初为元士，二为大夫，三为三公，四为诸侯，五为天子，上为宗庙。周代称天子之士为元士，指低级官吏，现在可以理解为基层、百姓。宗庙指太上皇等有势无权的人，单位组织中可以视为曾任最高领导人而离职者。

② 当位：阴占阴位、阳占阳位叫当位。当位叫正，否则如阴占阳位叫不当位。不当位叫不正。不当位就要变，变通与变动，如阳变阴或阴变阳，行动的方向或者结果就会发生变化。

③ 中：二居内卦（下卦）之中，五居外卦（上卦）之中，多以中取象，如守中、中行、中道等。

④ 乘：两爻相对而言指上之爻，多指阴爻上乘阳爻。

⑤ 承：两爻相对而言指下之爻，奉承上爻。

⑥ 比：相邻的爻称为比。

⑦ 据：阳爻在阴爻之上。

⑧ 应：指初与四、二与五、三与上阴阳相配，否则称不应。

⑨往来：外卦曰往，内卦曰来，往外曰往，返回曰来。

⑩六爻位中，二多誉，三多凶，四多惧，五多功。

⑪《正义》"辩位"认为："案《象》无初上得位失位之文，又《系辞》但论三五二四同功异位，唯《乾·上九·文言》云'贵而无位'，《需·上六》云'虽不当位'。""然则初上者事之终始，无阴阳定位也。""爻者，守位分之任，应贵贱之序者也。"徐芹庭认为《正义》"辩位"有误。

7、辞

卦辞：指紧接着卦名的文辞，如中孚䷼：豚鱼，吉。利涉大川，利贞。"中孚"为卦名，䷼为其符号。"豚鱼，吉。利涉大川，利贞"为卦辞。大多学者认为周文王所加。

爻辞：带有爻序的文辞称为爻，如中孚卦："六三，得敌，或鼓或罢，或泣或歌。"就是爻辞。大多学者认为周公旦所加。

彖辞：彖，音 tuàn。带有"彖曰"那段文字就是彖辞，用来解释卦名、卦辞、卦象、卦德。绝大多数学者认为孔子所作。

象辞：带有"象曰"文字段为象辞，分为大象和小象。在彖辞下面的象辞叫大象，在每爻下面的叫小象。大象说明全卦，同时指示人世应用及人事，体现"天人合一"的思想；小象从爻位角度说明爻辞。象辞在预测中有重要的作用，象辞有时阐述得比爻辞更清楚，有时又是卦辞、爻辞的补充。其中，大象也反映全卦的特性。绝大多数学者认为象辞为孔子所作。

8、卦德

卦德指从卦中凝练出卦的特征及其本质属性，并以此引申到为人处世的理念和准则，即人生哲学，主要体现在《象》中。卦德是卦的核心。如《乾》卦卦德是"刚健"，推及到人就是："天行健，君子以自强不息。"

9、互卦、反对、旁通

互卦：指二爻三爻四爻构成一卦作为下卦，三爻四爻五爻构成一卦作为上卦，下卦与上卦构成一新卦。如涣卦䷺，二爻三爻四爻构成震（☳），三爻四爻五爻构成艮（☶），下震上艮形成颐卦（䷚），颐卦是涣卦的互卦。

反对：有三种情况：（1）指上卦变下卦或者下卦变成上卦，如明夷（䷣）上下卦变动形成晋卦（䷢），晋卦是明夷卦反对卦；（2）上卦以相反的方向变为下卦，下卦不变而变成上卦，如《观》（䷓）的上卦（☴）相反的方向变成兑（☱），形成《临》（䷒）；（3）上卦以相反的方向变成下卦，下卦以相反变成上卦，如《渐》

443

（☳）变成《归妹》（☳）等。

旁通：卦的六爻同时变，阴爻变阳爻，阳爻变阴爻，如比卦（☵）阴阳爻全变，变成大有卦（☰）。

10、十翼

指《易传》，是对《易》所作注释的解说，包括《彖》（上下）、《象》（上下）、《文言》《系辞》（上下）、《说卦》《序卦》《杂卦》共十篇，故称《十翼》。现在《易》书，将《彖》《象》《文言》分列在每一卦中，便于阅读。《文言》只有乾坤两卦特有，分别成为《乾文言》和《坤文言》，用来详细阐述乾坤两卦的宗旨。绝大多数学者认为《十翼》为孔子所作。北宋欧阳修始否定非孔子所作，此后少部分学者怀疑不绝。

11、元亨利贞

元亨利贞是卦辞中出现最为频繁的术语，《子夏传》分别将其解释为"始、通、和、正"。

元：始也。通常翻译为原始、首创、大等。

亨：通也。通常翻译为通、亨通、成功等。

利：和也。通常翻译为和谐、有利、宜等。

贞：正也。通常翻译为正固、守正等。

12、吉凶悔吝无咎

吉凶悔吝无咎是《易》常用的术语，用来描述事物吉凶的程度。

吉：吉祥，大吉，得。吉凶以守正为标准，守正符合天道和自然规律吉祥。

凶：凶祸，大灾，失。不守正不符合天道和自然规律凶祸。

悔：内心后悔，懊悔，小失，懊恼做得不对。王弼曰："悔吝者言乎小疵也。"《正义》："悔者，其事已过，意有追悔之也。"

吝：痛悔，行事过程不顺。《说文解字》："恨也。"《正义》："吝者，当事之时，可轻鄙耻，故云吝。"虞翻曰："吝，疵也。"即瑕疵，毛病，缺点。

无咎：干宝解释为："忧中之喜，善补过者也。"即忧中有喜，以善补过。

13、大人、大川

《易》中常见"利见大人""利涉大川"。大川和大人并非指大河和大人，有特殊的含义。

大川：大难，特别大的艰难险阻。何妥曰："大川者，大难也。"

大人：有天德的人，圣人。《乾凿度》："圣明德备，曰大人。"《乾·文言》：

"夫大人者，与天地合其德，与日月合其明，与四时合其序，与鬼神合其吉凶，先天而天弗违，后天而奉天时。"即抚育无私，同天地之覆载；威恩远被，若日月之照临；赏罚严明，顺四时之时序；祸淫福善，叶鬼神之吉凶；行人事合天心，奉天时布政。

14、消息卦

消是消弱，息是滋生。阳爻变阴爻称为"消"，阴爻变阳爻称"息"。十二消息卦是由"乾""坤"两卦各爻"消""息"演化而来。将每年十二个月每月配上一卦，该卦称为此月之主，十二个月就对应十二个卦。泰卦一（正）月，大壮卦二月，夬卦三月，乾卦四月，姤卦五月，遁卦六月，否卦七月，观卦八月，剥卦九月，坤卦十月，复卦十一月，临卦十二月。

十二个消息卦是相互连续循环变化的，其阴阳消息的规律和四季更替、昼夜变化的规律完全一致。

15、二派六宗

经过六千多年的发展，《易》之学派林立，各具特色。但从总体情况来看，可以概括为二派六宗。二派指象数派、义理派；六宗指占筮、图象、机（jī）祥、老庄、儒理与史事。《四库全书总目提要》将易学分为二派六宗："易之为书，推天道以明人事者也。《左传》所记诸占，盖犹太卜之遗法，汉儒言象数，去古未远也。一变而为京焦，入于机祥。再变而为陈、邵，务穷造化。王弼尽黜象数，说以老庄，一变而胡瑗、程子，始阐明儒理。再变而李光、杨万里又参证史事。易遂日启期论端，此两派六宗，已互相攻驳。又易道广大，无所不包，旁及天文、地理、乐律、兵法、韵学、算术，以逮方外之炉火，皆可援易以为说，而好异者又援以入易，故易说愈繁。"

二派

象数：象指卦象、爻象，即卦爻所象之事物及其时位关系。数指阴阳数、爻数。八卦之象为天地风雷水火山泽，用象数以范畴群品。除此之外，有象征、现象之象。象数为易之主流。

义理：探求卦名、卦爻辞和卦爻象蕴含的道理。代表人物三国时期王弼。

六宗

占筮：以占筮言《易》，借此教化。卜筮中，卜用龟之腹甲与牛之肩胛骨，筮用蓍草。卜繁琐不传，流行筮，并且筮法也不断简化，如三枚硬币、六枚硬币占筮。

图象：以图象解《易》证《易》，将复杂之理概化为图，始于邵康节，自宋兼与象数学合流，徐芹庭专门探讨了其源流（《易图源流》）。

礼祥：通过阴阳灾异推祸福，借气候卦，示阴阳灾异，正君臣关系。始于孟喜，成于焦赣，盛于京房。

老庄：老庄玄言解释易经，代表人物王弼、孔颖达。魏晋南朝与隋唐盛行，至今仍存。

儒理：以理学解《易》，如周敦颐、张载、程子、朱子。

史事：以史实探究《易》，如汉儒韩婴、马融、虞翻等。

《易》学百花齐放，用《易》之森林来形容不为过。古易派、集解派、疑古派、佛理心性派、辑佚派、易林火珠林派、天文律历派、哲学科学宗教派、音训派、易学别传派、易之流变与丹道、易与（医术、堪舆、阳宅、拳术、兵权谋、数学、算命、相学、姓名学）等，五花八门（徐芹庭）。《易》之世界，丰富多彩，鱼龙混杂。我们要学会去粗取精，去伪存真，取其精华，去其糟粕，使《易》在正确轨道上生生不息。

《易》占筮法

占筮（现在称为预测或是算卦）是《易》重要功能之一，古代非常重视，国家甚至成立专门机构开展相关工作。后来《易》在保持占筮功能的同时，向天道、地道、人道等多极方向发展，《易》之哲理越来越被重视。人们对未来充满好奇早想预知，所以《易》的预测功能未来也不会消失。

卜筮历史久远。卜是用龟甲或者牛肩胛骨预测吉凶。制作龟甲和牛肩胛骨非常繁琐。先捉适合卜卦的龟，宰杀龟，清空内脏，用工具分开背甲和腹甲，去除腹甲附着物，打磨龟甲凹凸不平之处，使之光滑备用。占卜时，用锥子等工具在龟甲上钻眼，少则几个，多则几十个甚至上百个。以火灼之（春灼后左，夏灼前左，秋灼前右，冬灼后右），根据裂纹走向、长短、深浅、多少等做出吉或凶的预言，然后将卜辞即占卜内容和结果刻到龟甲上，就是我们今天看到的甲骨文。商代重视龟卜，留下了大量的甲骨文。筮是用蓍五十根以断吉凶。筮用蓍草植物，制作方法较容易且易得。由于筮材料制作简单易得，筮过程和解释容易且易掌握，所以蓍渐渐流行，卜逐渐衰败。《易》汲取卜辞之精华，在东周之后盛行，最后取代了龟卜。有人觉得筮也麻烦，对其进一步改进，发明了金钱课等多种方法。但万变不离其宗，通过适当方式求得六十四卦中的一卦，据此解释预测结果。

一、最简占卦法

准备三枚铜钱或硬币、纸、笔、《易》书。

（1）确定硬币阴阳面

将硬币带字的一面确定为阳，不带字一面确定为阴（也可以相反，根据自己习惯确定，下面以字为阳为例）。

（2）画卦的方法

画卦由下向上，分别为初爻、二爻、三爻、四爻、五爻、上爻。

（3）摇卦

将三枚硬币放在手中，双手手心合扣，留有一定空间，双手不断摇晃，心中想念要预测事件，最后将三枚硬币同时摊撒在平坦桌面上，观察记录字面的个数确定阴爻和阳爻：

全部为字，记为阳爻"—"。

两面为字，记为阳爻"—"。

一面为字，记为"--"。

全部不带字，记为"--"。

以上连续操作六次，形成一卦。

（4）查卦

根据画出的卦，查找《易》书，找到相应的卦。

（5）解卦

根据《易》书卦辞，结合自己预测的事情对卦进行解读，得知预测结果，并根据《易》书提示，经过认真思考，采取行动。

（6）简评

此法最为简单，老少皆可操作，重点难点是如何解释卦。

二、简易变卦法

其他步骤与"最简占卦法"相同，只是步骤（3）摇卦计数和增加变卦有差异。具体差异如下。

（3）摇卦计数

将三枚硬币放在手中，双手手心合扣，留有一定空间，双手不断摇晃，心中想念要预测事件，最后将三枚硬币同时摊撒在平坦桌面上，观察记录字面的个数：

全部为字，记为阳爻"—"，在其旁标一记号，如 X 等，表示老阳。

两面为字，记为阳爻"—"。

一面为字，记为"--"。

全部不带字，记为"--"，在其旁标一记号，如＊等，表示老阴。

以上连续操作六次，形成一卦。

（4）变卦

如果不存在老阴老阳，直接查卦进行预测，与最简占卦法相同。

如果存在老阴或者老阳，将其进行改变，阴爻变成阳爻，阳爻变成阴爻，形成新的一卦叫变卦，改变的那爻叫变爻，预测按照新的变爻卦进行。按照下面方法进行确定：

① 有一个变爻，以该爻爻辞来解释。

② 有两个变爻，以上面的爻辞为主，下面爻辞做辅助进行解释。

③ 有三个变爻，以本卦卦辞为主，变卦为辅助进行解释。

④ 有四个变爻，以本卦未变的爻辞来解释。

⑤ 有五个变爻，以变卦之未变爻辞来解释。

⑥ 有六个变爻，若为乾卦，用乾卦的"用九"来解释。若为坤卦，用坤卦的"用六"来解释。

（5）简评

此法虽然比最简占卦法稍微复杂，但老少仍然可操作，重点难点也是如何解释卦。

三、筮卦法

1、材料

① 准备大致相同的蓍草50根。没有蓍草可以用筷子、木棍、竹棍、草棍等替代品，其形状、长短、粗细大致相同。

② 记录纸、笔和《易》书。

2、调整心情

预测者要调整心情，心平气和，意念自己要预测的事情。

3、预测方法

① 用五十根蓍草，抽取出一根，放在一边，其象征太极。

② 将剩下四十九根任意分成两部分，象征两仪。

③ 从右边抽出一根，象征人，将其加在左无名指和小指间。

④ 将左边蓍草四根一组、四根一组进行分组。四象征四季，最后剩余数（包括四根）加在中指和无名指中间，象征闰月。

⑤ 将右边的蓍草同样四根一组、四根一组进行分组，最后剩余数（包括四根）加在食指与中指之间。然后将夹在手指中蓍草合并放置一边。

⑥ 将剩下的蓍草合拢到一起，按照②③④⑤的步骤操作两遍，数剩下的蓍草的分组的组数，记录下来。如果是6、8，记为阴爻"--"，若是7、9记为阳爻"—"，完成初始爻即第一爻。

⑦ 再重复①—⑥五次，得到余下五爻，最终按照由下向上的顺序组成一卦。

⑧ 变卦，将6阴爻变阳爻，将9阳爻变阴爻，得到新卦叫之卦或变卦；原

卦叫本卦。

⑨ 根据所得卦查找《易》书，进行解读。

没有爻变的，看本卦《象辞》；

有一爻变，用本卦变爻爻辞占断；

有两爻变，用本卦两变爻爻辞判断，而以上爻爻辞为主；

有三爻变，以本卦和之卦的《象辞》判断；

有四爻变，以之卦的两个不变爻为准进行判断，而以下爻为主；

有五爻变，看之卦不变的一爻；

六爻皆变，乾变坤看乾卦用九；坤变乾看坤卦用六。其余各卦看之卦《象辞》。

⑩ 根据解读，采取相应的措施。

3、结束

将材料收起、储藏，以便下次再次使用。

4、简评

此法比上述两者方法复杂得多，中间操作过程稍不留意容易出错，所需要时间较长，一般需要 20-30 分钟，平心静气等待结果，有利于修身养性。

四、几点看法

上述列举了三种《易》的预测方法。实际上预测方法多种多样，究竟哪种方法最好，是一个难以回答的问题。有一点需要认知，预测方法复杂并不意味着好，预测方法简单也不意味着不好。在现实预测中，选择你认为合适的方法就是最好的方法。

《易》预测究竟准不准？这也是一个很难回答的问题。预测结果和现实一样，就是准，但不能排除凑巧的可能。预测的结论和现实差异很大，就是不准。准与不准都是正常现象，未来充满了太多不确定性，我们不是神仙，不可能神准。现在天气预报动用了最先进的科学技术以及优秀人才，短期预报相对准，中长期预报准确性不理想，这只是面对天气问题。我们要预测的人事受自然、经济和社会等多方面的影响，不确定性更大。

如何对待《易》的预测结果，个人认为只能作为参考，不能将其作为行动的准绳。预测结果理想并不意味着事事如意，预测结果不理想也不能说明事事会不如愿，关键是根据《易》的预测结果，扩展你思考的广度和深度，让你的决策更加周延，这样才能减少失误。预测理想别高兴和骄傲，要冷静思考不理想的可能对策。预测不理想不要悲伤和沮丧，要沉着思虑如何将不理想转化为理想之策。胜不骄，败不馁，乐极生悲，否极泰来，这才是《易》之道。我猜想，蓍草预测时间稍微长并不一定是坏事，时间长可以增加思考的时间，让心情更加沉淀，避免匆忙冲动决策。冲动是魔鬼，冷静能成事。

适当地进行《易》预测，不仅增加生活乐趣，而且认真琢磨《易》之神妙，更加熟知《易》之道，有利于修身养性，增加智慧。

以上是作者对《易》预测浅显的认识，不一定合适，仅供参考。

参考文献

程颐.周易程氏传［M］.北京：中华书局，2011.

陈世忠.《周易》"中孚"卦卦辞"豚鱼吉"解—兼释《中孚》卦各爻辞［J］.阜阳师范学院学报（社会科学版），2003(06):32-35.

陈寿.三国志［M］.北京：中华书局，2009.

蔡沈注.书经集传［M］.上海：上海古籍出版社，1987.

丁晏.易林释文［M］.台北：成文出版社，1976.

范常喜.简帛《周易·夬卦》"丧"字补说［J］.周易研究，2006(04):39-42.

范晔.后汉书［M］.北京：中华书局，2007.

范仲淹.范文正公集［M］.上海：上海书店，1989.

方玉润.诗经原始［M］.北京：中华书局，2005.

法救撰.法句经［M］.台北：新文丰出版公司，1993.

费直，马其昶.复位周易费氏学［M］.台中，文听阁图书有限公司，2008.

伏胜.尚书大传［M］.北京：中华书局，1985.

傅佩荣.傅佩荣译解易经［M］.北京：东方出版社，2012.

郭立珍.《周易》"节"卦思想阐微—以《周易程氏传》为例［J］.周易研究，2006(02):21-25.

郭沫若.郭沫若全集-第二卷-考古编卜辞通纂［M］.北京：科学出版社，2002.

龚自珍撰，刘逸生注.龚自珍己亥杂诗注［M］.北京：中华书局，2019.

管仲.管子［M］.北京：华夏出版社，2001.

洪应明.菜根谭［M］.北京：高等教育出版社，2010.

胡厚宣.甲骨文合集释文［M］.北京：中国社会科学出版社，2009.

胡平生，张萌译注.礼记［M］.北京：中华书局，2017.

胡棣华，杨誉龙.文字源流［M］.台中：文听阁图书有限公司，2009.

侯乃峰.《周易·姤卦》"金柅"考辨［J］.周易研究，2010(06):21-27.

韩非.韩非子［M］.呼和浩特：内蒙古人民出版社，2008.

姜文来.水资源价值论［M］.北京：科学出版社，1998.

姜文来.水资源管理学导论［M］.北京：化学工业出版社，2005.

姜文来，王建.利水型社会［M］.北京：中国水利水电出版社，2012.

姜文来，王红瑞.中国农业用水安全［M］.武汉：湖北科学技术出版社，2021.

姜文来.水利绿色发展［M］.北京：中国水利水电出版社，2016.

焦延寿.易林释文［M］.新北：广文书局有限公司，1994.

孔颖达.余培德点校.周易正义［M］.北京：九州出版社，2004.

康绍忠.农业水管理学［M］.北京：中国农业出版社，1996.

刘昌明.中国可持续发展水资源战略研究报告［M］.北京：中国水利水电出版社，2017.

刘亮，雒金文.释明赵时吉夫妇墓志铭［J］.考古与文物，1994(01):77-81+112.

刘彬，刘永昆.《周易》古经《涣》卦当为发洪水之义［J］.孔子研究，2018(05):77-85.

廖名春.从新出简帛释《周易·萃》卦初六爻辞［J］.湖北大学学报(哲学社会科学版)，2009，36(01):19-23.

刘向.战国策［M］.上海：上海古籍出版社，2008.

廖名春.从帛书《二三子》论《周易·蹇卦》六二爻辞的本义［J］.文献，2018(03):3-13.

林语堂.孔子的智慧［M］.南京：江苏人民出版社，2014.

吕不韦.吕氏春秋（陆玖译注）［M］.北京：中华书局，2011.

李鼎祚撰.王丰先点校.周易集解［M］.北京：中华书局，2021.

李光地.周易折中［M］.成都：巴蜀书社，2006.

李树青.金文字典［M］.天津：天津古籍出版社，2019.

李镜池.周易探源［M］.北京：中华书局，1978.

李金昌，姜文来，靳乐山.生态价值论［M］.重庆：重庆大学出版社，1999.

栗欣如，姜文来.中国水利绿色发展研究［M］.北京：中国农业科技出版社，2011.

老子.道德经［M］.合肥：安徽人民出版社，2001.

来知德.周易集注［M］.北京：九州出版社，2012.

陆德明.经典释文［M］.杭州：浙江大学出版社，2022.

马其昶注释.重定周易费氏学［M］.台中：文听阁图书有限公司，2008.

马王堆汉墓帛书整理小组.马王堆帛书《六十四卦》释文［J］.文物，1984(03):1-8+97-98.

孟子.孟子［M］.长春：吉林文史出版社，2001.

欧阳修.新唐书［M］.北京：中华书局，1975.

司马迁.史记［M］.北京：中华书局，2014.

司马光.资治通鉴［M］.北京：中华书局，2011.

尚秉和.周易尚氏学［M］.北京：中华书局，1980.

孙毅.群鸟学艺[M].北京：二十一世纪出版社，2012.

脱脱.宋史[M].北京：中华书局，2000.

汤可敬译注.说文解字[M].北京：中华书局，2019.

万斯同.明史[M].上海：上海古籍出版社，2008.

王浩.中国水资源问题与可持续发展战略研究[M].北京：中国电力出版社，2010.

王弼.周易正义[M].北京：北京大学出版社，2000.

王弼.周易注[M].北京：全国图书馆文献缩微中心，1987.

王献唐.炎黄氏族文化考[M].青岛：青岛出版社，2006.

王申子.大易辑说[M].上海古籍出版社，1990.

王毅.《周易》夬卦疑难词释义三则[J].周易文化研究，2014(00):258-265.

王毅.《周易》晋卦"鼫鼠"新证[J].周易研究，2011(06):71-75.

王世舜，王翠叶译注.尚书[M].北京：中华书局，2012.

王国轩，王秀梅译注.孔子家语[M].北京：中华书局，2011.

王阳明.传习录[M].郑州：中州古籍出版社，2008.

王本兴.金文字典[M].北京：北京工艺美术出版社，2016.

夏军.中国水资源安全[M].武汉：湖北科学技术出版社，2022.

徐芹庭.细说易经[M].北京：中国书店，2009.

徐芹庭.细说易经六十四卦[M].北京：中国书店，2009.

徐芹庭.易经源流—中国易经学史[M].北京：中国书店，2009.

徐中舒等.甲骨文字典[M].成都：四川辞书出版社，2006.

荀况.荀子[M].上海：上海古籍出版社，2001.

许慎撰，段玉裁注.说文解字注[M].郑州：中州古籍出版社，2006.

于豪亮.马王堆帛书周易释文校注[M].上海：上海古籍出版社，2013.

杨天才.《周易正义》研究[D].福建师范大学，2007.

赵清慎.《周易·革卦》卦义的重新认识[J].复旦学报(社会科学版)，1989(06):98-100.

赵尔巽.清史稿[M].北京：中华书局，1977.

臧守虎.饮食·男女·鼎新—《易经·鼎卦》及"鼎新"之义的发生新解[J].古籍整理研究学刊，2004(06):29-34.

宗白华，沈笑英.美学散步[J].教学月刊·中学版(政治教学)，2019(Z2):103-104.

朱熹注.周易本义[M].北京：中华书局，2009.

曾仕强.易经的奥秘[M].西安：陕西师范大学出版社，2009.

曾仕强.易经智慧［M］.西安：陕西师范大学出版社，2009.

曾国藩.曾国藩全集［M］.北京：燕山出版社，2009.

左其亭.和谐论理论·方法·应用［M］.北京：科学出版社，2012.

左丘明.左传［M］.长春：吉林大学出版社，2011.

庄周.庄子［M］.长春：吉林文史出版社，2004.

周宾.基于"易"理论的水资源循环经济管理研究与实例［M］.北京：经济日报出版社，2013.

后记

我什么时候接触《易》已经模糊不清了，但最早的印象它是用来算卦的，我不相信迷信，所以没有打算认真研读。后来发现好多书都引用《易》的话，渐渐感觉它很伟大很神圣。

我很早就买了《易》相关书，但读不懂，屡读屡弃，记不清有多少次。曾仕强的《易经智慧》及相关视频浅显易懂，提高了我对《易》的认知，觉得非常有必要系统地读《易》。于是先后读了徐芹庭的《细说易经》《细说易经六十四卦》《易经源流—中国易经学史》，傅佩荣的《傅佩荣译解易经》，杨天才译注的《周易》等等。说实话，读完这些书还是有些懵懂，我没有放弃，继续研读《周易正义》《周易集解》等书。我意识到，像我这样想读《易》又读下去的人一定多如牛毛，如果有这样一本书该有多好：保持原汁原味，通俗易懂，历史故事阐释，提纲挈领，启示凸显，易于掌握。我查找这样的书，很遗憾没有如愿。既然如此，我何不编撰一本这样的书，满足类似我这样人的心愿？我为自己的大胆想法吃惊。《易》可谓博大精深，真想实现这样的理想谈何容易。我说服自己，如果不去尝试，怎么知道自己究竟能爬多高？不断地为自己打气加油。我从事水相关研究工作，在读《易》过程中，看到《易》八卦有两卦与水密切相关，即坎卦（☵）和兑卦（☱），由坎、兑两卦构成的卦和互坎互兑的卦更多。河出图，洛出书。《易》与水关系如此密切，这是我细读《易》之前没有意识到的。如果将《易》与涉水事务密切融合也是一件很有意思的事。没有看到深入系统地将《易》与水融合的书，我猜想可能有三方面原因：通晓《易》的学者对水不是十分了解，水专家对《易》不怎么精通，或者有两方面都精通但没有做这方面工作，因此将《易》水交融起来的工作搁置了。如果我能做点这方面的尝试，对水而言，将《易》之理应用于水，给水安上具有中国特色《易》之翅膀，用更高的智慧处理涉水事务意义非凡；对于《易》而言，将《易》系统地扩展到水领域是对《易》的弘扬，彰显《易》之伟大。有了上述想法，我下定决心勇敢地啃这只螃蟹。这是一个严峻的挑战，尽管很难很难，我很庆幸自己坚持下来了，写了大量的笔记和心得体会，他凝集了我对《易》、水以及《易》与水相融的思考，也凝集了我对人生、社会和自然宇宙的理解和认知。现将之与您分享，意在发挥抛砖引玉的效应，期待更多《易》研究成果问世，将《易》独特的中国智慧在诸多领域开花结果，进一步弘扬《易》之智慧，惠及中国及全世界。

此书是在新冠肺炎疫情肆虐背景下完成的。自从 2019 年 12 月武汉新冠肺炎疫情爆发，到 2022 年 12 月北京宣布进一步放开管控，整整三年时间。由于疫情该出差的没出，该开的会没开，疫情深深地影响了世界格局，也不同程度地影响了我的生活和工作。我两次被封控在家足不出户。第一次 10 天，第二次要求 5 天但新政策发布了不到 3 天就解封了。在疫情的日子里，尽可能将工作做好，同时注意防护。我的心也渐渐平静下来，安心地写作。新冠病毒确实很有穿透力，我们防护得很严，但防不胜防，不知道通过什么渠道新冠病毒和我们夫妇有了密切接触。我们成了他的俘虏，好在我们体质还好，也没有那么恐惧，经过三天特别难受期，慢慢地康复了。在我不能出门恢复身体的日子，我继续修改书稿。看来人类与新冠等病毒长期共存共处是必由之路，想彻底消灭他们不可行。《易》让我对疫情、人世和世界认识更深入一步。学《易》有利于正确认识人世和世界，这是我个人的亲身体验。

非常感谢党和国家多年来对我的辛勤培养，将我这个知识狭窄、见识不广的农村娃，蝶变成对社会有所贡献的教授。感恩在心，永远铭记党和国家的恩情！

感谢我的爸爸妈妈，现在想起来，他们对我的好多教诲都是《易》中反复强调的。尽管他们不懂《易》，但他们的生活智慧深深地镶嵌着《易》之哲理，不知不觉地向我渗透。感谢岳父岳母，他们勤勤恳恳，为人善良，生活简朴，处事以和为贵，他们将自己挚爱的女儿托付给我，改变了我的人生。记住他们的名字：爸爸姜学严，妈妈赵素英，岳父李连起，岳母刘云霞，他们永远活在我心中。感谢我的亲朋好友的鼎力支持！

特别感谢妻子李昕，在我一无所有的时候我们相识相爱，一路相伴，生儿育女，她用柔弱的身体为家操劳，让我有一个温馨的港湾，如果我在工作上有一点成绩，这功劳一多半应归功于她。她与人为善，不争名争利，工作认真守正，默默付出。在我写作本书之时，端茶送水，水果都洗好切好送到我跟前，我过着饭来张口、衣来伸手的生活，这是不是对她的剥削？退休之后，她更注重加强自身修养，每天为一日三餐煞费苦心，习练书法、锻炼身体、学习弹唱、阅读《史记》等经典，忙碌而充实。我看到她平和的心态，感觉《易》已经深入她的心中。她不断地鼓励我，检查我的写作进度，她将自己书法习作挂到我的书房，激励我："功名著于景钟，名称垂于竹帛。""方而不割，廉而不刿，直而不肆，光而不耀。""玉井无声户已扃，一庭霜月冷如凝。谁怜寂寞书窗下，冻影梅花伴夜灯。""立定脚跟撑起脊,展开眼界放平心。"这是一种深沉的爱,也是一种殷切期待,指明我继续奋斗的方向。她是本书的第一个读者,并提出了具体修改意见。如书中"体会"原来叫"姜释",她认为不妥并说出了理由。她的建议很有道理,我立即修改。我想让她给本书插页题写"易经·水",她谦虚地婉拒了。非常感谢女儿姜雨皓,她的到来给家庭增添了无穷快乐和幸福。她自立自强,心地善良,勇于面对挑战,从小到大,学习努力认真,很少让我们操心。她做事追求完美,积极向上,认准一件事就认真付出和坚持,是我学习的榜样。回想起牵着她的小手送她进幼儿园,骑着自行车接送她上下学一路欢声笑语,日子在不经意间溜过,转眼她已经成为一个大姑娘,过去的美丽幸福时光依然在我们心中荡漾。如今她在异国他乡求学,一切事情都自己处理,又加上新冠肺炎疫情尚未得到控制,欧洲动荡不安,更加牵挂我们的心,但看到她将学习生活处理得井井有条,事情处理得恰到好处,我都佩服她的担当和能力,牵挂的心稍稍放下。2022年12月中旬,当她得知我们新冠病毒检测异常的时候,很关心挂念我们,特别叮嘱我们等抗原检测正常后再出门,以免传染给他人。当时北京抗疫检测阳性出门否靠自觉,即便出去也没有人管,她提醒我们自己管好自己,体现了良好的社会公德。通过此事我进一步看到了女儿善良的心,这是为人做事的根基。如今她正在向成为对社会有益的人目标奋进,我倍感欣慰。我将此书作为生日礼物献给她,期待她用《易》之智慧武装自己。她即将获得博士学位走向社会,在此给她深深的祝福,祝福她身体健康,一切平安顺利如意!祝福我们全家更和谐欢乐幸福!!

  感谢中国农业科学院农业资源与农业区划研究所各位领导和同事给予的无私帮助和大力支持!感谢农业资源与农业区划研究所农业布局与区域发展团队首席科学家罗其友研究员。在他的带领下,团队团结向上,已经成长为国家重要农业智库,成为国家农业农村决策的重要技术支撑力量。我作为团队中的一员,感到非常高兴和自豪,在这宽松紧张的平台中愉快地工作,积极思考,为本书的完成起到了重要支撑作用。宫连英老师既是我的同事,也是我的长辈和好朋友。2012年8月曾在《中国农科院报》为我写《七绝·赞》:"鲧禹截疏水涌流,都江筑堰益千秋。启蒙知潦著新论,碧浪蓝天任竞游。"这是对我的鼓励和殷切期待,我铭记在心。刘洋副研究员提出增加索引的好建议我采纳了。感谢团队的每一位同事!

  感谢北京师范大学博士生导师王华东教授、吉林大学硕士生导师于连生教授，高中班主任刘凤霞老师、赵宇老师，小学班主任孙义老师、孙义珍老师，锦西化工研究院宋子军先生，阜新的郑铨、李玉学等老朋友，他们在我人生转折点上曾给予重要的指点和帮助。感谢吉林大学师弟妹房春生教授、李巍教授和王淑华副总裁。感谢光明日报出版社樊仙桃编辑给予的大力支持及一位匿名专家的鞭策。感谢中国自然经济研究院姚霖副研究员，我们时常开展学术交流，受益匪浅。感谢我的研究生关鑫、冯欣、栗欣如、刘聪、刘韵非、周怡汶、杨利洪，他们辛勤学习研究，协助我完成了大量的科研工作，让我有更多的时间思考写作本书。感谢对我工作、学习、生活支持过的所有好心人，因为有你们陪伴，我才顺利地走到今天，我的工作生活才如此美好快乐！

本书是作者研读《易》与水的一些思考。由于本人水平有限，肯定存在这样或那样不足，如果您有什么意见和建议，欢迎与我交流，以便改正和提升。联系方式：北京海淀区中关村南大街12号（100081），中国农业科学院农业资源与农业区划研究所。电话：010-82109630（办）。E-mail：jiangwl@126.com。QQ：503463675。再次感谢您阅读本书，如果对您有所裨益，作者感到特别欣慰！

姜文来

2022年7月15日（初稿）
2023年7月15日（修改）
2023年10月8日（终稿）